高等院校
管理学科

"十二五"
规划教材

U0649627

Management

管理学

周文坤◎主编

格致出版社　上海人民出版社

本书对管理学研究对象、历史演变、发展趋势,以及计划、组织、领导和控制四大职能进行了系统的描述,构建了管理学清晰的结构体系,反映了管理学的最新进展。

　　本书参考国内外管理理论研究的最新成果,以企业管理为主线阐述一般管理理论、方法与案例,力求概念准确、逻辑明晰、论述清楚、结合实际、通俗易懂。可作为经济管理类各专业本科生、研究生的教材,也可供管理人员在工作实践中学习参考。

　　进入 21 世纪,组织和管理者面对的环境发生了很大变化。首先,组织外部环境的不确定性增加了,比如经济发展的动荡加大、全球性疫病大流行的威胁、震惊世界的全球经济危机等。其次,在信息时代,人们获得信息和学习方法改变了。在互联网的支持下,人们可以快速获得最新信息,开展自我学习和研究型学习。

　　在新的环境下,要求现有和未来的管理者把握管理学科的系统框架,了解管理理论和管理方法,注重个人素质的提升,建立全球观和大局观,遵守管理道德,承担社会责任,开展研究型学习,不断推动管理创新。

　　本书试为读者提供一种研究型的管理学学习模式。本书建立了清晰的学科结构框架,并通过案例研究、研究型学习和自我学习,不断加深对现有管理理论和方法的理解,并在管理实践中不断创新和提高。

　　本书的撰写主要有三个特色:

　　其一,逻辑框架十分清晰,主要包含管理基础与管理职能等两个组成部分。

　　其二,系统归纳了管理的新理论和新方法。

　　其三,给出了若干具有中国企业背景的管理案例。

　　本书的逻辑框架如下:

```
┌──────────────┐ ┌────────────────────────┐
│  管理基础     >│ │      管理职能           >│
└──────────────┘ └────────────────────────┘
┌──────────────┐ ┌────────────────────────┐
│              │ │         计划            │
│   绪论        │ └────────────────────────┘
│              │ ┌────────────────────────┐
│              │ │         组织            │
└──────────────┘ └────────────────────────┘
                 ┌────────────────────────┐
                 │         领导            │
                 └────────────────────────┘
                 ┌────────────────────────┐
                 │         控制            │
                 └────────────────────────┘
```

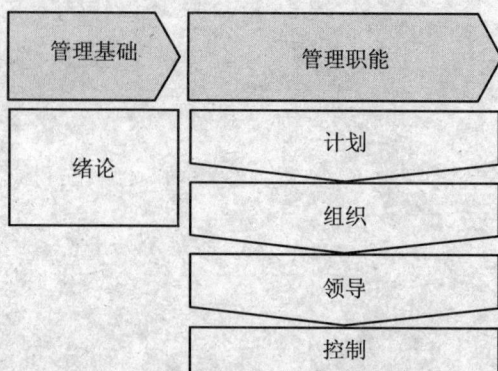

　　本书可以作为高等教育经济管理门类专业"管理学"课程教材或教学参考书，也可以作为企业管理人员探讨管理理论和方法的学习用书。

　　在本书的撰写过程中，参考和引用了许多国内外有关研究成果和文献，在此表示感谢！同时，向所有曾经帮助过本书撰写和出版的朋友们表示诚挚的谢意！

周文坤

目录

第一篇 绪 论

第一章

管理活动

本章学习目标

通过本章的学习,理解并掌握:

1. 管理的基本含义、性质以及管理二重性、职能;

2. 管理者的类型、承担的角色与需要的管理技能;

3. 企业的含义、类型以及企业管理的主要内容。

引导案例

美国国民捷运航空的盛衰历程

美国从 20 世纪 70 年代末起,工业经济开始衰退,美元贬值。1973 年中东国家发起的石油禁运引起石油价格高涨,使航空工业遭受沉重打击。而 1982 年美国成立"专业空运管理组织"(PATCO)后,工会开始强硬罢工,里根政府下令解雇罢工者,导致劳资双方矛盾激化。

在严峻的国内外形势下,1981 年新成立的国民捷运航空公司,却在短短的几年内迅速成长起来,蓬勃发展,甚至在 1984 年收购边疆航空公司,一跃成为美国第五大航空公司。按照总经理马丁的说法,除了使用低成本的飞机和低收费的机场外,其成功还来源于创始人兼董事长伯尔所倡导的管理风格:既严格督导,又营造富有人情味的管理氛围。公司都是干劲十足的年轻人,尽管薪资仅为 4 万美元,比其他航空公司的资深售票员还低,但是他们经常承担多种工作:飞机驾驶员有时兼售票员,售票员有时去搬运行李;甚至高管人员从董事长开始,也要到各个岗位去学习业务,甚至还得负责调度与行李处置的工作。公司不雇用任何秘书,通常也不解雇员工。公司鼓励员工参与管理,让大家对经营管理工作多提意见与建议,甚至让员工持股。

1984年合并边疆航空公司后9个月,国民捷运航空就亏损7 000万美元。为了扭转亏损局面,伯尔带头改变自己倡导的家庭式管理风格,逐渐向传统官僚制管理风格看齐。他不仅不愿意倾听员工意见,甚至对提意见的员工施加压力或者解雇。尽管如此,捷运航空仍然每况愈下,公司股价不断下跌,下降到鼎盛时期的1/4左右。最后,捷运航空完全消失,到1986年其不得不把公司出售给德萨航空。

（资料来源:王凤彬、刘松博、朱克强:《管理学教学案例精选》,复旦大学出版社2009年版。）

思考题:

通过本案例,可以发现国民捷运航空公司从昌盛到衰败的过程中,管理上存在什么问题? 为什么国民捷运航空公司早期的人情味管理风格不能使它一直昌盛下去? 为什么即使改变管理风格也无法扭转败局?

第一节　管理概述

一、管理的含义

（一）管理的定义

目前,管理有多种多样的不同定义。由于不同环境中的管理者经历的千差万别,他们对管理有着自己特殊的理解,进而给出了不同的定义。

（1）弗雷德里克·泰勒认为,管理就是确切地知道自己要别人干什么,并使他们用最好的方法去干。根据泰勒的看法,管理者应该头脑清晰,在自己脑海中有完整的计划和方法,然后明确地分配工作,并教授大家好的工作方法,通过集体的努力,去实现工作目标。并且,管理者应该善于谋划,亲力亲为,以身作则。

（2）赫伯特·西蒙认为,管理就是通过计划、组织、领导和控制工作的过程来协调所有的资源，以便达到既定的目标。这种定义既强调管理的职能对资源的配置作用，又强调目标对管理的影响。

（3）哈罗德·孔茨认为，管理是设计和维持一种良好的环境，使集体工作的人们能够有效地完成预定目标的过程。对组织来说，高明的管理者更为注重形成良好的组织氛围，比如群策群力、集思广益、鼓励创新等。这种定义强调了管理工作对于形成良好氛围的重要性。在良好的氛围里，员工们能够更好地发挥个人才能和潜力，以共同实现组织目标。

（4）罗宾斯和库尔塔认为，管理是指和其他人一起并且通过其他人来有效地完成工作的过程。这种定义把管理视为过程，同时强调了人的因素以及效率与工作的双重目标。

（5）徐国华认为，管理是通过计划、组织、控制、激励和领导等环节来协调人力、物力和财力资源，以期待更好地达成组织目标的过程。这种定义强调管理的五大职能和管理所要达到的目的。

（6）杨文士和张雁认为，管理是指组织中的管理者通过实施计划、组织、人员配备、指导与领导、控制等职能来协调他人的活动，使他人与自己一起实现既定目标的活动过程。这种定义既强调管理的职能，又强调人在实现管理目标过程中的作用。

概括起来，本书给出了管理的一般定义：管理是指在一个组织中，管理者通过计划、组织、领导和控制等职能来分配和协调各种资源，进而有效地实现组织目标的过程。

因此，管理的含义主要包括以下内容：

（1）管理的载体是组织。组织是管理发挥作用的物质基础，它可以表现为企事业单位、国家机关、政治党派、社会团体、军队以及宗教组织等各种类型的不同形式。

（2）管理的本质是分配与协调。分配就是把组织的资源配置到最能发挥效率的地方，为实现组织目标提供物质保障；协调就是使个人与组织的预期目标保持一致。

（3）管理的主体是管理者。任何管理活动都需要管理者执行，并且管理的效果在很大程度上取决于管理者的决策与执行结果。

（4）管理的职能是计划、组织、领导与控制。管理的职能具体表现在计划、组织、领导与控制等活动过程中。

（5）管理的对象是资源。管理的对象包括组织所有的人力、财力、物力与信息等一切资源，它们是实现组织目标的物质基础。

（6）管理的目的是实现组织目标。组织汇聚各种资源的目的就是为了完成既定的任务，实现组织目标。

（二）组织与管理

管理工作存在于一切组织之中。在现代社会里，人们为了实现自我生存与发展，都会依附于一定的组织，借以实现自己的人生目标。然而，个人目标与组织目标往往不一致，有时甚至完全冲突。因此，通过管理来协调各种资源，在确保组织目标优先实现的同时，也要满足个人目标的实现。

组织是指由两个或两个以上的个人，为了实现共同的目标而结合起来的相互依存、相互作用的有机整体。比如，慈善团体、妇女组织、政府部门、教堂、商店、医院等都是典型的组织。

任何组织都具有三种共同的特征：明确的目的、组成人员与精细的结构。明确的目的通常是以一个目标或一组目标来表达的，它反映了组织所希望达到的状态；同时，任何组织都是由人员组成的，单独的个人不能独自实现组织目标，组织必须借助于人员之间的分工与协作才能完成任务；所有的组织都具有一些精细的结构，以便其中的人员能够从事自己的工作。

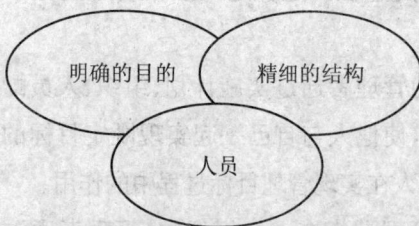

图 1.1　组织的特征

组织的存在是进行分工与合作的基础，是实施管理活动的载体，而管理则是组织高效地实现目标的必然要求。组织内部需要分工与合作，才能实现既定的目标。通过管理职能的发挥，可以有效地配置组织资源，顺利地完成组织任务，以便实现组织目标。因此，科学的管理是组织提高运行效率、实现目标的关键。

（三）效果与效率

效果是指管理人员在工作中实现组织目标的程度。当管理者实现了组织的预定目标时，管理者的工作是有效果的。反之，如果没有实现组织的预定目标，则管理就没有达到预定的效果。

效率是指管理过程中投入和产出之间的对比关系。常常使用下列公式来衡量：效率＝产出/投入。对于给定的投入，如果管理者能够获得更多的产出，则提高了运行效率。同样，如果对于较少的投入，管理者能够得到同样的产出，也提高了运行效率。由于资源比如资金、人力资源和设备的稀缺性，管理者必须关心资源的有效利用，以努力提高资源的利用效率。

效率涉及的是活动的方式,效果涉及的是活动的结果,它们构成管理工作的两个基本层面的内容,并且彼此互相联系。在大多数情况下,管理的高效率和高效果是相关联的,体现了组织高水平的管理工作。低水平的管理绝大多数是无效率和无效果的,或者以牺牲效率来取得某些效果。

管理工作可能有效果,但是缺乏效率。例如,政府部门工作是有效果的,但是有时效率太低,因为它往往耗费公众过多的资金和时间。管理工作不仅应该实现目标,而且要尽可能做得有效率。

组织工作也有可能有效率,但是缺乏效果。例如,我国某些学校大规模招收学生,广泛采用计算机辅助学习设备,大课堂的教学方式,过分依赖兼职教师,学校管理层可以大幅度削减单位学生的教学费用。这从表面上看提高了教学管理的效率,却潜在降低了学生教学质量。

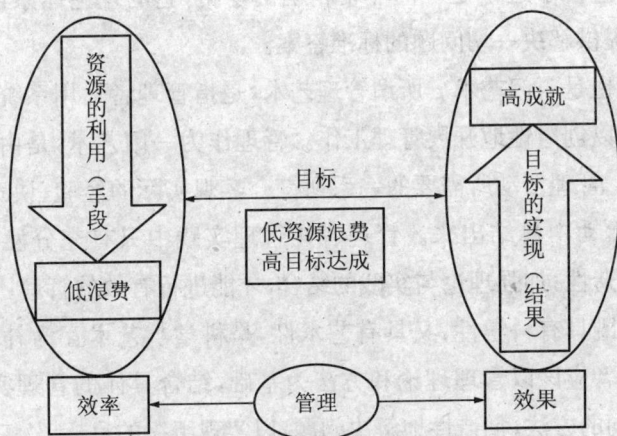

图 1.2　管理活动追求的效率与效果

二、管理的性质

(一) 管理的二重性

根据马克思主义政治经济学的基本观点,任何社会生产都是在一定的生产关系下进行的。生产过程具有两重性——既是物质资料的再生产,同时又是生产关系的再生产。

因此,生产过程进行的管理活动也存在着两重属性:一种是与生产力相联系的管理的自然属性;另一种是与生产关系相联系的管理的社会属性。自然属性涉及各种经济资源的安排、协调活动,而社会属性则涉及人员间的安排,以及所有者与经营者、管理者与雇员、上级与下级、命令与服从等体现人与人之间关系的内容。

(二)管理是科学性和艺术性的统一

首先,管理是一门科学。它的科学性是指管理以反映管理工作的客观规律的理论和方法为指导,有一整套分析问题、解决问题的理论体系与方法论。

自19世纪初以来,在管理实践的推动下,经过长期的探索、研究和总结,管理学科已经形成了比较系统化的理论体系,它们共同构成了管理科学的基本框架。管理理论是理论分析与科学实践的产物,反映了管理工作中的客观规律。人们利用管理理论和方法来指导管理实践,又以管理活动的结果来衡量理论和方法的有效性,从而使管理的科学理论和方法在实践中得到不断的验证和丰富。然而,与自然科学相比,管理科学还不是一门非常精确的学科,它的理论体系还比较粗糙,还不能为管理者提供解决一切问题的标准答案。

同时,管理也是一门艺术。所谓管理艺术,是指管理者运用系统化的知识并结合实际情况,可以创造性地开展管理工作。管理作为一门艺术,是由它的实践性和创新性决定的。管理活动所需要的一系列符合客观实际的经验、诀窍和准则,只能从长期的实践活动中总结出来。管理者在管理实践中只有充分发挥自己的积极性、主动性和创造性,加强理论与实践的结合,才能进行有效的管理。

因此,管理既具有科学性,又具有艺术性,是科学与艺术互为补充的有机统一体。因而,管理者应该以管理理论和方法为基础,结合具体的管理实践,针对具体的问题采用不同的方法,创造性地解决问题,以实现组织的目标。

三、管理的职能

在日常生活中,尽管存在着各种各样的不同管理活动,管理者也从事着差异巨大的各项工作,但是管理活动都遵循着一般的规律,这些共同之处就是管理的职能。

(一)管理的职能

管理职能主要包括:计划、组织、领导和控制等四个方面。

(1)计划。

计划是指管理者根据实际情况,通过科学地预测与权衡客观的需要,提出在未来一定时期内所要达到的目标以及实现目标的方案与途径。

(2) 组织。

组织指管理者通过设计和协调组织内部的结构和相互关系,使员工为实现组织目标而相互协调工作的过程。组织工作主要包括组织设计和组织协调两部分。

(3) 领导。

领导是指管理者指导和影响组织成员为实现组织目标的工作努力与艺术。领导职能主要包括指导、激励和协调等内容。

(4) 控制。

控制是指管理者系统地设置标准,然后以此与计划对照,必要时采取纠正措施,将工作纳入规划和预定的轨道。因而,计划与控制构成了一个闭环和连续的整体过程。

(二) 管理职能间的关系

管理的四大职能之间存在着相互联系、相互作用的依存关系。计划是管理的首要职能,是组织、领导和控制等其他三项职能发挥作用的前提,没有计划,组织协调、监督、控制都无从谈起;而组织、领导和控制则旨在保证计划的顺利实施,没有组织、领导和控制,计划也不能有效落实,特别是控制职能,它可以对其他三项职能的有效实施起到很好的反馈作用。

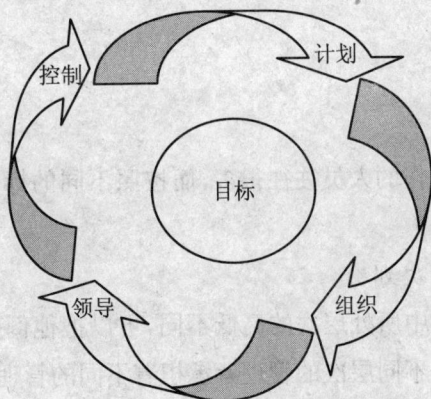

图1.3　管理职能之间的相互关系

上述四大职能共同构成了一个有机联系的整体。但是,它们又相对独立地发挥作用。计划工作主要涉及计划安排与实施,组织工作主要涉及组织结构设计、人员管理与文化塑造,领导工作主要涉及激励与沟通,而控制则主要涉及控制原理与方法。只有统一协调这四项职能,并形成连续一致的管理活动过程,才能保证管理工作的顺利进行和组织目标的圆满实现。

第二节　管理者

一、管理者的定义

管理者是指协调和监督组织中其他相关成员的活动,以实现组织目标的人员。

根据员工在组织中的地位和作用的不同,可以将他们大致分为两类:操作者和管理者。

操作者是指在组织中直接从事具体的业务,而且不承担对他人工作监督职责的人,例如,政府机关里的办事员、工厂里的工人、医院的护士、商店的售货员、学校的教师等。操作者的任务就是做好组织所安排的具体的操作性工作。

管理者则是指那些在组织中行使管理职能,指挥或协调他人完成具体任务的人,例如,工厂的厂长、医院的院长、商店的经理、学校的校长、政府的行政长官等。管理者是组织的核心与灵魂,其工作的效果直接关系着组织的绩效。

二、管理者的类型

组织中从事管理工作的人员往往很多,而按照不同的标准进行分类,可以得到不同的分类结果。

(一)按照管理层次划分

按照管理者在组织中所处层次的高低不同,可以把他们分为高层管理者、中层管理者和基层管理者。不同层次的管理者承担着不同的管理职能。

1. 高层管理者

高层管理者是对整个组织的管理活动负有全面责任的人,其主要职责是:制定组织的总体目标、战略与大政方针,评价整个组织的绩效,以及承担组织与外界的交往、沟通等工作。高层管理者的决策是否正确,职权的运用是否恰当,都直接关系到整个组织的命运与成败。公司总经理、工厂厂长、医院院长、商店经理、大学校长、城市市长等都是相应组织的高层管理者。

2. 中层管理者

中层管理者通常是指处于高层管理者与基层管理者之间的若干中间层次的管理者,其主要职责是:贯彻执行高层管理者所制定的重大决策,并监督与协调基层管理者的工作。与高层管理者相比,中层管理者更注重日常的管理事务,对上下信息沟通、政令传达负责,在组织中起到承上启下的作用。政府职能部门的首长、公司职能部门的经理、车间主任、商店部门负责人、区域总经理、系主任等都是相应组织的中层管理者。

3. 基层管理者

基层管理者是组织中处于最低层次的管理者,其主要职责是:给下属作业人员分派具体工作,并直接指挥和监督现场,保证上级下达的各项计划和任务的有效完成。基层管理者又称一线管理者,是组织中处于最低层次的管理者,直接与具体的作业人员产生联系,是整个管理系统的基础。车间班组组长、领班、教研室主任、公司的主管等都是相应组织的基层管理者。

不同层次的管理人员,在行使管理职能时的工作侧重点有很大的差异。高层管理者将较多地行使计划、组织和控制等职能,而对员工面对面的具体指导所花费的时间则较少。基层管理者侧重于对员工的激励,开展面对面的指导,建立沟通机制以完成组织预定的工作。高层管理者制定组织未来的计划、组织架构和监控体系等总体方案,而基层管理者则落实和执行具体工作。

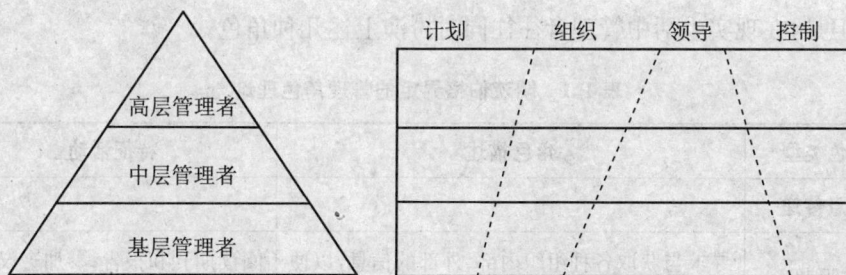

图 1.4 组织的管理层次与管理职能工作

(二)按照管理范围划分

按照管理者所从事的管理领域和性质的不同,可以将他们划分为综合管理者和专业管理者。

1. 综合管理者

综合管理者是指负责管理整个组织或组织中某个事业部的全部活动的管理者。对一般的中小企业,可能只有厂长或总经理一个综合管理者。总经理负责管理生产、营销、财务、人事、公关和研发等在内的全部活动。而对大型组织,由于往往按产品类别或地区设立分公司(分部),它的综合管理者则包括集团总裁和分公司的总经理,分别管理总部和分公司的"全部"活动。

2. 专业管理者

专业管理者是指那些仅仅负责组织中某一类活动或职能的管理者。根据管理的专业领域性质的不同,又可以将他们分为生产管理者、营销管理者、财务管理者、研发管理者、人事管理者等。传统企业一般分设各专业副厂长及相关科室长等专业管理者。比如,主管人事的副厂长及人事科的管理者、主管销售的副厂长及销售科的管理者等。不同的职能部门分设生产经理、营销经理、财务经理等专业管理者,他们只负责某一类活动或职能的管理工作。

三、管理者的角色

20世纪60年代末,美国著名管理学家亨利·明茨伯格分析了管理者所从事的工作,提出了管理者在工作中所扮演的十种角色。他认为,管理者通过这些角色的履行,来影响组织内部和外部人们的行为。

明茨伯格将管理者需要扮演的三种类型概括为信息传递、人际关系和决策制定。但是,在现实生活中管理者往往同时扮演上述几种角色。

表 1.1　明茨伯格界定的管理角色理论

角色类型	角色描述	特征活动
信息传递		
1. 监听者	寻求与获取各种组织内部、外部的信息,以便透彻地理解组织与环境	阅读期刊和报告;参加会议;保持外部联络
2. 传播者	将信息传递给组织的其他成员	举行信息交流会;传达重要文件;打电话转达信息
3. 发言人	向外界发布组织的计划、政策、行动和结果	召开董事会;向媒体发布信息

角色类型	角色描述	特征活动
人际关系		
4. 挂名首脑	象征性的首脑；履行法律性或社会性的例行义务	接待来访者；签署法律文件
5. 领导者	负责激励下属；承担人员配备、培训与有关的职责	从事下级参与的活动；表扬先进
6. 联络者	维护自行发展起来的外部关系和信息来源	发感谢信；从事外部委员会的工作
决策制定		
7. 企业家	识别发展机会，制定"改进方案"并发起变革	制定组织战略和检查会议；开发新的项目
8. 混乱驾驭者	当组织面对重大意外事件时，负责采取纠正行动	制定应对混乱和危机的战略和检查会议
9. 资源分配者	负责分配组织的各种资源；制定和批准所有有关的组织决策	调度、授权、开展预算活动，安排下级的工作
10. 谈判者	作为组织的代表，参加重大的谈判活动	参加与工会的合同谈判

（一）信息传递角色

信息传递角色是指所有的管理者不仅要从组织的外部接受和传递信息，而且还要从组织内部接受和传递信息。管理者的信息传递角色具体表现在三个方面：

（1）监听，即使用各种办法从不同渠道接受、了解信息。

（2）传播，即把组织的信息等向员工宣布、传递，以便组织成员共享信息，进而高效地工作；

（3）发言，即管理者必要时代表组织向外界公布组织的态度、决定、报表、报告以及进行演讲等活动。

管理者在信息传递角色上，需要头脑清晰、思路开阔、善于总结、精于沟通，能够把握全局，具有较强的语言和书面表达能力。

（二）人际关系角色

人际关系角色通常是指所有的管理者在组织中履行礼仪性和象征性的义务。管理者的人际关系角色具体表现在以下三个方面：

（1）挂名，即管理者履行许多法律性、社会性的例行义务。例如，大学校长在毕业生的毕业证书与学位证书上签名、学院院长在典礼上授予学位、总经理带领一些员工参观企业的生产线以及军队领导人视察部队等,都扮演了挂名首脑角色。

（2）领导,即管理者如何激励、培训、惩戒员工,团结大家共同努力,以实现组织目标。

（3）联络,即管理者代表所在组织与其他组织或同级部门开展联络工作。因此,联络不仅可以获得各种对组织有用的信息,而且还可以发展组织的关系资源。

（三）决策制定角色

制定决策是管理者最重要的角色。管理者主要负责处理信息并得出结论,分配资源以保证决策方案的实施。明茨伯格将决策制定分解为四个方面的工作:

（1）企业家,即管理者要识别市场机遇,制定新的发展战略,实施和监督新的投资项目,比如开发新产品、提供新服务或发明新工艺等。

（2）混乱驾驭者,即管理者迅速采取行动,正确处理各种突发事件,比如,平息客户的怒气、与不合作的供应商进行谈判、调解员工之间的纠纷等。

（3）分配者,即管理者分配人力资源、资金和物资等资源,以高效地完成组织任务,并实现组织目标,比如,管理者调拨物资以保证某个项目的顺利实施、分配时间完成某个任务等。

（4）谈判者,即为了组织的利益,管理者与员工、供应商、客户或其他团体进行谈判,商谈交易条件和签署合同协议等。

四、管理技能

每一位管理人员都在组织中从事某一方面的管理工作,都要行使一定的权力并承担相应的责任。因此,管理是否有效在很大程度上取决于管理者的能力。通常而言,作为一名管理人员,应该具备概念技能、人际技能和业务技能等三方面的管理技能。

（一）概念技能

概念技能是指管理者对事物整体及相关关系进行认识、洞察、分析、判断和概括的能力。它要求管理人员能够正确、迅速地看到组织的全貌,了解组织内部以及组织与外部环境之间的关系,找出其中关键性的影响因素,抓住问题的实质,果断地作出正确的决策。一般来说,管理人员所处的管理层次越高,概念技能对其而言就越重要。

（二）人际技能

人际技能是指管理者处理组织内外各种人际关系的能力。人际技能不但包括领导能力,而且包括处理好与上级、同事以及组织内外其他相关人员关系的能力。它要求管理者了解和尊重别人的感情、思维、文化和个性,能够敏锐地觉察别人的动机和需要,掌握评价员工的技术和方法,能够有效激励员工努力,实现人际关系的和谐,最大限度地调动员工的积极性,最终实现组织的目标。

（三）业务技能

业务技能是指管理者使用某一专业领域内有关的工作程序、技术和知识,完成组织任务的能力。虽然管理人员不必像专业技术人员那样掌握精深的专业知识和技能,但是他必须了解并初步掌握与其管理的领域相关的基本知识和技能,否则就很难与他所主管领域内的专业技术人员进行有效的沟通、交流。对于基层管理人员来说,业务技能尤为重要,因为他需要经常与下属作业人员打交道。因此,基层管理人员必须具备一定的业务技能,才能更好地指导和培养下属,才能成为受到下属尊敬的有效管理者。

上述三种技能是所有管理人员都必须具备的。但是,管理人员所处的层次不同,所需要的技能也有所区别。对于高层管理者而言,其对组织的全局性工作负责,需要制定组织发展战略,需要代表组织对外沟通与联络。所以,高层管理者应具备较强的概念技能和人际技能。基层管理者的主要任务是完成组织具体的业务工作,在管理技能方面侧重于业务技能。

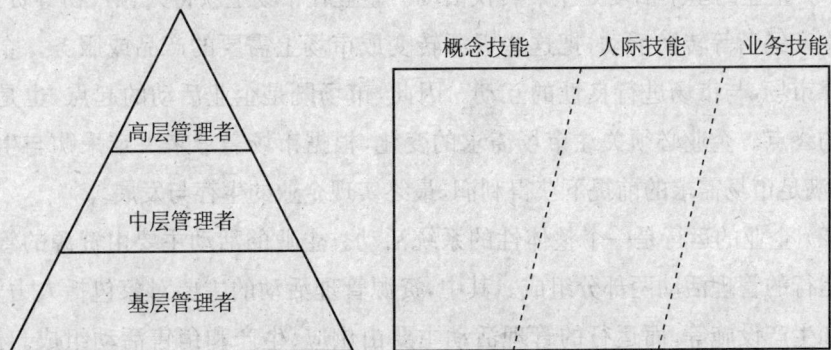

图 1.5 不同层次管理者的管理技能构成比例

第三节　企业管理

管理工作是伴随着人类产生而出现的一种群体性活动。但是，直到 20 世纪初期，当商品经济发展到一定的阶段，机器大工业代替工场手工业之后，人类才逐步发展出一种新型的社会化大生产组织形式——企业。

一、企业

18 世纪的工业革命催生了企业这种重要的经济组织形式。在人类开始大规模使用机器设备以后，企业作为适应机器生产的组织形式就逐渐发展起来了。企业的产生给人类经济带来了前所未有的巨大影响。

企业是指为了满足社会需要，从事生产、流通等经济活动而进行自主经营、独立核算的具有法人资格的基本经济单位。

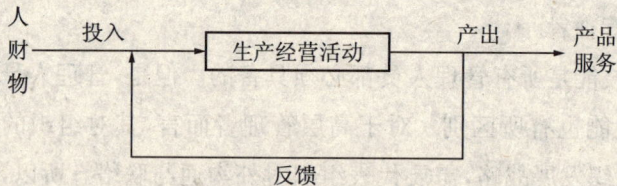

图 1.6　企业的运行结构

企业作为人类组织的一种形式，它具有以下显著特点：

（1）企业的基本活动是生产转换活动。企业在市场上获得人、财、物等资源后，经过生产经营等转换活动，把这些资源转变成市场上需要的产品或服务。企业必须依靠市场，与市场进行良性的互动。因此，市场既是企业活动的起点，也是企业活动的终点。企业必须关注市场需求的变化，根据市场需求来决定采购与生产活动，在满足市场需求的前提下获得利润，最终实现企业的生存与发展。

（2）企业的运行是一个整体性的系统活动。企业的活动主要由资源的管理活动和运行的管理活动两部分组成。其中，资源管理活动的主要对象包括人力资源、资本和生产设施等，而运行的管理活动主要由供应、生产和销售活动组成。但是，企业的运行是一个整体活动，人、财、物、供、产、销都必须相互协调，这样才能实现良好的运行与发展,并实现企业的目标。

(3) 企业是一个价值放大功能的组织。从表面上看,企业的运行实质上是一个投入—产出的过程。而从价值上看,企业的产出价值必须大于投入价值。因此,企业的运行活动必须是一个增值过程。否则,当企业的产品或服务销售出去以后,获得的资金还不足以弥补投入的费用,就难以维持企业生产活动的正常运行。企业只有获得超出成本的利润,才能扩大生产运行活动,也才能为社会创造财富。

二、企业的类型

企业作为以盈利为目的,通过组合各种生产要素进行转换并向社会提供产品或服务的经济实体,它的存在主要有两个方面原因:一是社会化分工,二是更有效地组织生产。

企业的分类有多种不同的方法,比如,按产业类型划分、按企业所在的行业划分、按所有制结构划分以及按地区划分等等。通过对企业的细分和统计,可以得到一个国家和地区企业状态的总体情形。例如,按不同的产业和行业划分,企业可分为制造企业、建筑企业、电力企业、燃气和水供应企业、零售企业、批发企业、餐饮企业、金融机构以及各类服务型企业。

尽管不同国家的企业法律形式并不完全相同,但是一般都有个人独资企业、合伙企业和公司等三种类型。

(一) 个人独资企业

1. 个人独资企业的定义

个人独资企业是指依照有关法律,由一个自然人投资,财产为投资者个人所有,投资者以其个人财产对企业债务承担无限责任的经营实体。个人独资企业在法律上为自然人企业,不具有法人资格。

根据我国的《个人独资企业法》,设立个人独资企业应当具备下列条件:(1)投资人为一个自然人;(2)有合法的企业名称;(3)有投资人申报的出资;(4)有固定的生产经营场所和必要的生产经营条件;(5)有必要的从业人员。个人独资企业的名称应当与其责任形式及从事的营业一致。

个人独资企业投资人对本企业的财产依法享有所有权,其有关权利可以依法进行转让或继承。同时,个人独资企业投资人在申请企业设立登记时明确以其家庭共有财产作为个人出资的,应当依法以家庭共有财产对企业债务承担无限责任。

个人独资企业是世界上最古老、最简单的一种企业形式。通常这种企业在数量上也占多数。美国的个人独资企业约占所有企业总数的 75%。

2. 个人独资企业的主要优点

(1) 利润归个人所有。

企业由个人出资、个人所有、个人经营,从而利润也归个人所得。这类企业也要交纳所得税,但是不需要双重课税,只需交纳个人所得税。

(2) 经营上制约因素较少。

企业主自主决定如何经营,无需和别的股东商量。因为规模较小,事务不太复杂,故而这类企业的问题管理起来比较机动和敏捷。

(3) 容易保守商业秘密。

在竞争性的市场经济环境下,保守商业秘密是很重要的。成功往往是在保密基础上取得的。竞争对手对你的销售数量、利润、生产工艺、财务状况知道得越少,自己就越有利。而个人独资企业除了所得税表格中需要填写的项目外,其他都可以保密。

(4) 能够实现个人的满足。

个人独资企业可以按照个人愿望和方式来经营,这可以使业主得到很大满足。企业所追求的目标,也是企业主追求的目标。如果获得成功,企业主会感到这是他努力的结果。许多企业主在经营企业中主要收获的是个人满足而非利润。

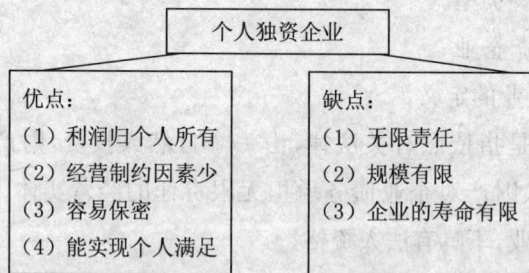

图 1.7　个人独资企业的优缺点

3. 个人独资企业的主要缺点

(1) 无限的责任。

个人独资企业要对企业的全部债务承担无限责任。当企业的资产不足以清偿企业的债务时,企业主就要用个人的财产来清偿。因此,企业主所有的财产都是有风险的。对于风险性较大的行业来说,建立个人独资企业不是很适宜的。

（2）规模有限。

因为个人独资企业业主只有一人，故而其出资有限。若想扩大资本，完全要依靠利润的再投资。所以，这种企业的发展往往受到限制，它不可能用来经营需要大量资本的事业。从管理的角度来看，企业主一人要负担经营管理的全部职能，从筹款、经营、广告以及雇工，都需要业主自己承担。若企业规模扩大，这种负担就会很重。

（3）企业的寿命有限。

个人独资企业的存在，完全取决于企业主。如果企业主死亡，企业主破产；企业主犯罪被关押，或企业主不愿意继续经营，企业也就死亡了，所以企业的寿命有限。因此，企业雇员和债权人不得不承受很大的风险。因而，债权人往往要求企业主进行人寿保险，以便企业主突然死亡时可以用保险公司付给的保险金偿还债务。

（二）合伙企业

1. 合伙企业

合伙企业是指依照有关法律，由各合伙人订立合伙协议，共同出资、合伙经营、共享收益、共担风险，并对合伙企业债务承担无限连带责任的营利性组织。合伙企业在其名称中不得使用"有限"或者"有限责任"字样。

合伙企业的合伙协议应当依法由全体合伙人协商一致，以书面形式订立。订立合伙协议与设立合伙企业，都应当遵循自愿、平等、公平、诚实信用原则。合伙协议经全体合伙人签名、盖章后生效。合伙人应当为具有完全民事行为能力的人。合伙人依照合伙协议享有权利，并承担相应的责任。

根据我国的《合伙企业法》，合伙协议应当包括以下九个方面的内容：（1）合伙企业的名称和主要经营场所的地点；（2）合伙目的和合伙企业的经营范围；（3）合伙人的姓名及其住所；（4）合伙人出资的方式、数额和缴付出资的期限；（5）利润分配和亏损分担办法；（6）合伙企业事务的执行；（7）入伙与退伙；（8）合伙企业的解散与清算；（9）违约责任。另外，合伙协议可以明确合伙企业的经营期限和合伙人争议的解决方式。

合伙协议中应该对经营利润和亏损的分配有所约定。我国《合伙企业法》规定：（1）合伙企业的利润和亏损，由合伙人依照合伙协议约定的比例分配和分担；（2）合伙协议未约定利润分配和亏损分担比例的，由各合伙人平均分配和分担。合伙协议不得约定将全部利润分配给部分合伙人或者由部分合伙人承担全部亏损。

2. 合伙人的类型

在合伙企业中,拥有这一企业的人,称为合伙人或股东。合伙人有很多类型,有的参与企业经营管理,有的不参与企业经营管理,因此合伙人所负的责任也有所不同。

就合伙人及其责任来看,我国《合伙企业法》规定:

首先,各合伙人对执行合伙企业事务享有同等的权利,可以由全体合伙人共同执行合伙企业事务,也可以由合伙协议约定或者全体合伙人决定,委托一名或者数名合伙人执行合伙企业事务。

其次,合伙企业对其债务,应先以其全部财产进行清偿。合伙企业财产不足清偿到期债务的,各合伙人应当承担无限连带清偿责任。当合伙企业财产不足以清偿合伙企业债务时,则不足部分由各合伙人按照合伙协议约定的利润分配和亏损分担比例,用他们在合伙企业出资以外的财产承担清偿责任。

同时,加入合伙企业的新合伙人与原合伙人享有同等权利,承担同等责任。入伙协议另有约定的,按照约定执行。入伙的新合伙人对入伙前合伙企业的债务承担连带责任。

3. 合伙企业的主要优点

合伙企业的主要优点包括以下几个方面:

(1) 扩大资金来源和信用能力。

合伙企业由多个股东合伙,扩大了资金来源。当企业财务上发生困难时,有更多的人对债务承担责任,债权人会感到比个人独资企业更安全些,因而能够得到债权人更多的信任。

(2) 提高经营决策能力。

合伙企业股东人数多,可以集思广益,决策质量将高于个人独资企业。若各个合伙人各有所长,则决策效果更为明显。

(3) 增加扩大发展的可能性。

合伙企业资金来源增加,决策能力提高,就有可能管理更多的雇员,从而能够生产和提供更多、更好的产品和服务,增加了扩大发展的可能性。

(4) 明确法律地位。

在国际上合伙企业有着数百年的历史。对于合伙企业的各类法律问题,法院判决都有先例。所以,当今称职的律师应该能够解答这类企业所遇到了各类法律问题,比如,合伙人权利和义务、新合伙人、企业破产等。

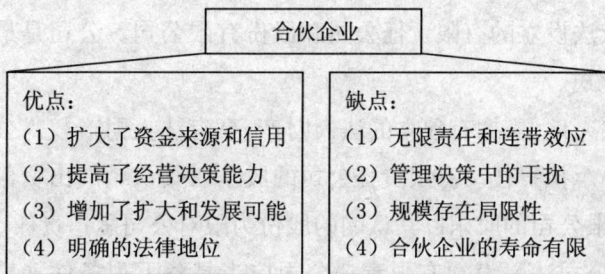

图 1.8 合伙企业的优点和缺点

4. 合伙企业的主要缺点

合伙企业的主要缺点包括以下几个方面:

(1) 具有无限责任和连带效应。

普通合伙人对企业所有债务都负有无限责任,所以合伙人的财产都具有风险。当有多个合伙人时,合伙人之间存在着一种连带责任的关系。假设某合伙人作出了不利于企业的决策,由此产生了亏损,后果将由各个合伙人共同承担。当亏损超出企业财产时,按合伙协议规定的比例,各个合伙人按比例承担无限责任,但当其中某人个人财产难以承担按比例的无限责任时,其他合伙人就要分担该部分责任,由此形成连带效应。

(2) 管理决策中的干扰。

所有普通合伙人,原则上都参与企业的经营,都拥有决策权,从而其经营的独立性不如个人独资企业大,遇到重要的事项需要互相商量。如果合伙人互相不信任,则难以取得一致意见,就会影响企业的有效经营。

(3) 规模存在局限性。

虽然合伙企业比个人独资企业能够筹集更多的资金,但毕竟还是资金有限。因此,合伙企业的规模仍然比较小。

(4) 合伙企业的寿命有限。

当某一合伙人发生事故,或者希望退出时,往往会采取关闭合伙企业的方式。合伙人的数量较多,这种可能性就越大。因为合伙人之间存在权益和无限责任的连带效应,如果有人要购买退出合伙人的股份或有新入伙者,必须要得到全体合伙人的一致同意。

（三）公司

1. 公司概念

公司是指依法设立的有限责任公司和股份有限公司。公司是最适合现代大企业的一种法律形式。

公司具有法人地位，拥有独立的法人财产，享有法人财产权。公司以其全部财产对公司的债务承担责任。有限责任公司的股东以其认缴的出资额为限对公司承担责任；股份有限公司的股东以其认购的股份为限对公司承担责任。

根据我国《公司法》，设立有限责任公司应当具备下列条件：(1)股东符合法定人数(50个以下股东)；(2)股东出资达到法定资本最低限额；(3)股东共同制定公司章程；(4)有公司名称，建立符合有限责任公司要求的组织机构；(5)有公司住所。依法设立的有限责任公司，必须在公司名称中标明有限责任公司或者有限公司字样。

根据《公司法》，有限责任公司注册资本的最低限额为人民币3万元。法律、行政法规对有限责任公司注册资本的最低限额有较高规定的，从其规定。有限责任公司的注册资本为在公司登记机关登记的全体股东认缴的出资额。公司全体股东的首次出资额不得低于注册资本的20%，也不得低于法定的注册资本最低限额，其余部分由股东自公司成立之日起2年内缴足；其中，投资公司可以在5年内缴足。

我国《公司法》规定，允许设立一人有限责任公司。一人有限责任公司，是指只有一个自然人股东或者一个法人股东的有限责任公司。一人有限责任公司的注册资本最低限额为人民币10万元。股东应当一次足额缴纳公司章程规定的出资额。一个自然人只能投资设立一个一人有限责任公司。一人有限责任公司应当在公司登记中注明自然人独资或者法人独资，并在公司营业执照中载明。

我国《公司法》规定，设立股份有限公司应当具备下列条件：(1)发起人符合法定人数(2人以上200人以下)；(2)发起人认购和募集的股本达到法定资本最低限额；(3)股份发行、筹办事项符合法律规定；(4)发起人制订公司章程，采用募集方式设立的经创立大会通过；(5)有公司名称，建立符合股份有限公司要求的组织机构；(6)有公司住所。依法设立的股份有限公司，必须在公司名称中标明股份有限公司或者股份公司字样。

根据我国《公司法》，股份有限公司注册资本的最低限额为人民币500万元。法律、行政法规对股份有限公司注册资本的最低限额有较高规定的，从其规定。股份有限公司采取发起设立方式设立的，注册资本为在公司登记机关登记的全体发起人认购的股本总额。公司全体发起人的首次出资额不得低于注册资本的 20%，其余部分由发起人自公司成立之日起 2 年内缴足；其中，投资公司可以在 5 年内缴足。在缴足前，不得向他人募集股份。

2. 公司的主要优点

公司的主要优点包括以下几个方面：

(1) 有限责任。

公司的股东对于公司的亏损和债务，仅仅承担有限责任，即责任限于他投资的部分。公司是法人，在法律上具有独立的人格，公司经营造成的亏损和债务，应由公司负担，而不是由股东负担。

(2) 管理效率高和具有发展潜力。

对于个人独资企业和合伙企业，往往是出资者兼任管理的全部职能。随着企业规模的扩大，公司所有权和经营权逐渐分离，股东不再直接管理公司。公司的经营管理职能转由各方面的专家来承担，比股东更有效率。同时，公司可以拥有众多的股东，在融资方面有很大优势。

(3) 所有权转移方便。

股东认购了股份，获得公司股票，这些股票在大多数情况下可以根据股东的愿望出售，实现公司所有权的转移。而这种股东所有权的转移，可以不影响公司的正常经营。对于上市股份有限公司，则可以通过证券市场进行转让。

(4) 企业寿命可以很长。

公司作为法律上的实体，又加上股东只负有限责任，所有权与经营权的分离，股东或高层经营者的人事变动，公司仍然可以存在和发展，这与个人独资企业、合伙企业有很大的区别。国际上很多大公司已经有上百年的历史，比如美国通用电气(GE)和 IBM 公司分别成立于 1892 年和 1911 年。而通用(GM)汽车和福特汽车分别成立于 1916 年和 1903 年。

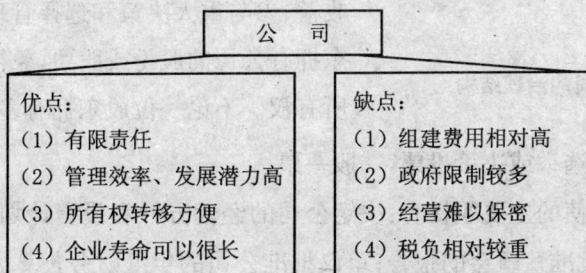

公司	
优点： (1) 有限责任 (2) 管理效率、发展潜力高 (3) 所有权转移方便 (4) 企业寿命可以很长	缺点： (1) 组建费用相对高 (2) 政府限制较多 (3) 经营难以保密 (4) 税负相对较重

图 1.9 公司的优点和缺点

3. 公司的主要缺点

公司的主要缺点包括以下几个方面：

(1) 组建费用相对高。

组建公司要经过规定的程序，组建费用相对较高。另外，公司要开展年检，公司运作需要聘请会计师、律师、纳税代理等，管理费用较高。

(2) 政府限制较多。

政府对公司的运作、公司的合并、上市股份有限公司的财务报表和披露制度等，都有明确的规定。因此，与个人独资企业和合伙企业相比，政府的管理要严格得多。

(3) 经营难以保密。

公司要有记录，要向政府报告，政府还可以检查。若是上市股份有限公司，公司重大事项和信息，必须按规定的方式及时公开披露。因此，竞争对手都能知道公司的销售收入、毛利润、纯利润、总资产和重大投资项目。

(4) 税负相对较重。

公司要交纳企业所得税，公司中经营者和员工的个人收入，按规定要交纳个人所得税。公司股东获得的股息或红利，也要交纳个人所得税。因此，公司的所得要付双重税。

4. 公司的治理结构

当公司有了营业执照，表明股东们拥有了企业并有权选举董事会。然后，由董事会成员决定谁担任公司总裁(首席执行官、总经理)。再由公司总裁任命其他高级职员和员工。公司员工包括公司总裁在内，都对董事会负责，董事会对股东负责。

(1) 股东。

公司股东是企业的出资者，依法享有资产收益、参与重大决策和选择管理者等权利。股东拥有公司的股份或股票，象征着握有公司的所有权。不论一位股东拥有多少股份，在股东大会上都有权利选举或决策投票，一股一票。

股东大会行使的主要职权有：决定公司的经营方针和投资计划；选举和更换董事和监事；审议批准董事会的报告；审议批准公司的年度财务预算方案、决算方案；审议批准公司的利润分配方案和弥补亏损方案；对公司合并、分立、解散和清算等

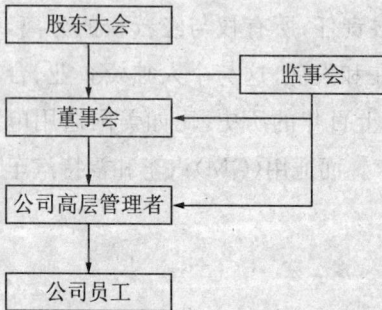

图 1.10　公司的治理结构

作出决议;修改公司章程等。监事会代表股东大会,监督董事会的工作。

(2) 董事会。

董事会帮助制定公司的长远规划,聘任高层管理人员,批准最高管理层的计划,决定主要的经营管理政策,还有权向股东宣布应付股息和分红。但是,不管成功与否,都不由董事个人对公司负责,而是由董事会负责,但董事个人欺诈行为和犯罪例外。

(3) 高层管理者。

高层管理者是由董事会通过选举或任命来决定的。这些人包括总裁、副总裁、秘书、财务主管等。这些人都可以代表公司与他人签订合同,并对企业的日常经营活动和效果负责。

三、企业管理

管理是一种普遍的社会现象和实践活动。它由共同劳动引起,是社会化大生产的客观要求和直接产物。管理活动广泛地存在于人类的一切共同活动之中。只要有组织的存在,就必然产生管理活动。

企业管理就是对企业的生产经营进行计划、组织、领导和控制的活动过程。当社会发展到一定的阶段,市场交换日益频繁,机器大工业逐步代替了工场手工业,商品的生产日益发达,以机器大生产为特点、以盈利为目的的生产经营单位——企业成为社会生产的基本单位以后,才出现了企业管理。

(一) 企业管理是管理研究的核心

任何管理问题的研究都必须以工商管理为中心,以企业管理为载体。其主要原因有:

(1) 从人类发展历史上看,企业是最先出现的现代组织。

20 世纪 30 年代,人们开始系统地研究管理的基本内容和基本职能。企业不仅是管理思想、管理理论的重要发源地,而且也是管理理论的大规模实践基地。从管理理论的发展历史来看,企业一直承担着管理创新的重要任务。

(2) 企业是现代社会中社会财富的主要来源,是现代社会科学技术研究与应用的主要场所,是社会进步的重要动力源。

现代人类社会中,国家与国家之间的竞争归根到底其实是不同国家的企业与企业之间的竞争。其原因是,企业是国家的基本组成实体,它不仅通过产品创新获得大量的利润,而且还承担着技术创新的重要使命。而现代国家之间的竞争主要发生在经济和技术两个层面。没有大量强大的企业,就没有强大的国家。因此,从企业的管理活动中抽象出来的理论就成为管理理论研究的主要内容。

(3) 企业是任何国家数量最庞大的一种组织。

2006 年,美国大约有 2 500 多万家中小企业,其数量约占美国企业数量的98%,是全世界企业影响最大、数量最多的国家。根据国家发改委、国务院信息办和工信部联合发布的《中国中小企业信息化发展报告》与《全国中小企业信息化调查报告》,2007 年我国中小企业和非公有制企业已经超过 4 200 万户,占全国企业总数的 99.8%,我国企业总数大约为 4 208 万家,数量巨大。因此,无论是我国还是其他国家,企业都是最为庞大的经济组织类型。管理理论自然就把企业作为关注的主要对象。

(二) 企业管理的主要内容

企业管理以生产经营过程的不同阶段和构成要素为对象,形成了研发管理、生产管理、采购管理、营销管理、财务管理与人事管理等一系列内容。

企业进行生产经营活动的前提是从事研发活动,主要包括:产品开发、工艺开发、设备开发、材料开发、能源开发等具体活动,这些活动为企业生产和营销提供技术保证。

生产活动是企业的基本活动。生产管理就是对企业日常生产活动的组织、计划、领导和控制等一系列管理工作的总称,主要包括工厂布置、生产过程组织、劳动组织、生产计划、生产作业计划、生产控制、质量管理、设备管理和环境管理等工作。

企业采购管理主要包括物资的采购、储备、保管、发放和合理使用等管理工作。它为企业创造物质技术条件,保证企业生产经营的正常运转。

企业的营销是指企业在变化不定的市场环境中,满足顾客的需要,实现企业目标的商务活动过程。市场营销主要包括市场研究、订货合同、销售渠道、广告宣传、产品定价、为用户服务等管理工作,是实现产品价值、树立企业形象、保证生产过程连续不断进行的重要环节。

企业从事生产经营活动的过程,同时也是资金的运动过程。财务管理是资金筹集、分配和使用过程,主要包括资金筹措、固定资金和流动资金管理、成本费用管理、利润管理等。

人是企业最宝贵的资源。人事管理是指根据企业合理的生产组织、劳动组织和管理组织对各类人员的需要,对人员的招收、录用、调配、考核、培训、升迁等工作进行管理。因此,人事管理主要包括员工工资与奖金、员工福利、员工培训与激励等重要内容。

案例分析一

国美对决格力

2004年12月中旬,成都国美和成都格力爆发争端,原因是国内家电连锁老大国美开展"空调大战"计划,成都国美分公司几乎对所有空调品牌进行大幅度促销,其中,两款格力空调为降价之首,降幅高达40%,给格力经销商带来了极大的混乱。格力认为国美擅自降低格力空调品牌价格,破坏了格力空调在市场中长期稳定、统一的价格体系,并有损其一线品牌良好形象,要求国美立即终止低价销售行为。在交涉未果后,2月24日格力空调决定正式停止向国美供货。3月9日,国美总部向各地分公司下发了一份《关于清理格力空调库存的紧急通知》,要求各地分公司将格力空调的库存及业务清理完毕,3月11日国美在全国卖场清理格力空调。14日,格力也宣布全面从国美电器卖场撤出,双方正式结束合作伙伴关系。国美坚持以直接供货的方式进入,把中间的利润空间打下来,而格力仍通过代理商走货,价格上不肯让步,与国美的经营思路相互冲突。而格力总部则极力反击,如果国美不按照格力的游戏规则处事,格力将把国美清除出自己的销售体系。3月中旬,格力宣布将联合大中电器在北京市场销售7—8万台格力空调,实现销售额1.8亿元。双方的斗争日益升级,最终导致僵局形成。

一、国美:继续低价神话

时任国美电器总部企划部部长的江波认为,"国美代表了流通渠道的先进生产力。坚持直供模式,这是国美价格上最终有优势的主要原因。"国美在全国有150家店的庞大网络,有强大的吸纳能力,能够同主流品牌或知名厂家签订直供条约取消中间环节,降低流通成本,加快周转速度。

从1987年北京珠市口大街路边一间几十平方米的小店,到今天坐拥150余家连锁商城;从2000年30.2亿元的销售额,到2003年178亿元销售额,年均增长速度大于50%。国美的高速发展创造了连锁神话,而这个神话直接源于国美薄利多销的低价战略。

国美认为,中间环节并非是利润的概念,而是不该发生的成本。国美降低中间成本,使消费者、厂家和商家都受益。首先,消费者买到了物美价廉的商品;其次,由于价格低,商家扩大了销售量,扩大了市场占有率;最后,商家也可以因为销售量大而获利甚丰。

二、格力:坚持多元化渠道

格力新闻中心发言人黄芳华认为,国美不与格力合作源于渠道模式的冲突。格力走多元化的渠道模式,与家电连锁渠道并没有冲突。格力与江苏苏宁、北京大中、上海永乐、武汉工贸、深圳顺电等合作得愉快,并不是格力的模式不好,而是国美有自己的考虑。

同时,黄芳华还认为格力模式是其成功之道。格力坚持多元化的渠道,只要适应市场,对格力有利,对消费者有利,都欢迎经销商加入销售渠道中来,平等互利。

三、平等互利是正道

2005年左右,广州、福建、河南等地区的格力代理商向国美供货。2007年上半年,国美电器广州分公司与格力广州公司同时宣布,格力空调将全面进入广州国美旗下33个门店销售。双方开始破冰,合作关系又峰回路转。但是,国美与苏宁仍坚持认为,格力必须"自毁渠道",才能开拓厂商合作的前景。据统计,格力目前已经自建3 500家专卖店,90%以上的产品都通过这些专卖店销售。

(资料来源:根据有关资料整理。)

案例思考题:

1. 国美与格力纷争产生的原因是什么?
2. 未来家电产品的销售将采用什么模式?
3. 解决家电生产商与销售商之间的纷争,对企业高层管理者提出了什么要求?

案例分析二

香格里拉副总裁的信念:可以追求细节

瑞士人简永添自2001年12月调任上海浦东香格里拉酒店总经理以来,已经在上海度过了3年半的时间,其间见证了许多激动人心的时刻。但如今,他正期待着一个更加激动人心的时刻:7月,浦东香格里拉酒店"二座"正式竣工,他执掌的这家酒店总客房增至 981 间，一跃成为亚洲地区最大的五星级豪华酒店。

当然，"大"并不是简永添刻意追求的，拥有近 20 年酒店管理经验的他显然更看重别的东西。

地处上海陆家嘴的浦东香格里拉酒店沿江而建，对岸便是著名的"万国博览建筑群"，而酒店在设计方面秉承了香格里拉酒店的一贯特征：清新的园林美景、富有浓厚亚洲气息的大堂，堂皇的大理石地面，令人瞠目的威尼斯水晶大吊灯。但如果你有机会请简永添做"导游"，他多半会更乐意带你深入酒店的客房。

在浦东香格里拉酒店客房窗边的小桌上，都摆放着一架望远镜，这是为了让客人更好地欣赏对岸外滩景色而准备的。望远镜的旁边还有一张示意图，上面印的就是对岸的风景。"我们 90% 的客人都从国外来，他们并不了解上海，站在这扇窗户面前，他们一定很想知道自己看到的究竟是什么建筑。在这份地图上，我们把每栋建筑都标上名字，并在背后附上每栋建筑历史的说明。"这便是简永添与他执掌下的浦东香格里拉酒店。这个小小的细节正是简永添引以为荣的"殷勤好客的香格里拉情"的表现之一。

一、亚洲式的好客

1994 年，当简永添加盟香格里拉的时候，其"亚洲式的好客"的鲜明特色打动了他。简永添一直认为，除了颇具创意的设计与舒适的装修外，"殷勤好客的香格里拉情"这一富有亚洲特色的核心价值乃是香格里拉酒店最大的财富。

众所周知，香格里拉是一个纯亚洲血统的酒店管理集团，其创始人是被称为"亚洲糖王"的传奇商人郭鹤年。郭鹤年出生于马来西亚的一个殷实人家，父亲去世后，他和家人组成郭氏兄弟有限公司，经营大豆、面粉、食糖等。1959 年，郭鹤年创办了马来西亚第一家炼糖厂，40 岁出头就登上"亚洲糖王"的宝座。1971 年，他又建立了新加坡第一家豪华大酒店——香格里拉大酒店。如今，拥有 48 家酒店的香格里拉酒店集团已成为亚洲最大的豪华酒店集团之一。在简永添看来，正因为具有如此浓厚的亚洲背景，香格里拉酒店才会深谙亚洲的待客之道。

在培训新员工时，简永添最经常问的一个问题是："试着想象一下，假如你的祖母到你家里做客，而你的公寓里只有一个卧室。这时你会怎么做？"由于文化背景不同，亚洲人的回答一般都是让祖母住卧室，自己睡沙发——这就是亚洲人特有的好客之道；而在欧洲，一般答案是安排祖母到酒店。所以，简永添时刻注意提醒员工像对待家人一样对待客人，以"亚洲式的好客"打动来宾。

"雇用看态度，技术靠培训"，这是简永添的用人之道。浦东香格里拉酒店一共有1 700名员工,无论是副总还是洗碗工,每个员工进入香格里拉之前简永添都要亲自面试。"只需要一两分钟,我就可以对他们作出判断,因为从说话、走路等细小之处便能反映出一个人的本质。""比如,一个洗碗工进来面试,我会和他打招呼,问他几个问题。他不需要懂英语,但我会观察他的态度,如果他是一个热心、亲切的人,我就会雇用他。虽然他的工作是洗盘子,但他也要像洗自己家里的盘子一样用心,这是我对员工的要求。"在简永添看来,所谓"亚洲式的好客"必须有所附着,其落点正是细节。

二、瑞士人的细节

似乎没有一个行业比五星级酒店更强调细节,也似乎没有一个国度能像瑞士那样强调细节。就像英格兰盛产管家、苏格兰生产银行家一样,瑞士则盛产酒店管理专家。正如简永添所言:"瑞士人天生就在乎精确的细节。"事实上,也正是瑞士人追求精确,强调细节完美的个性和香格里拉浓郁的亚洲情调,造就了简永添对酒店管理的独特理念。

"细节可以透视本质。要做成一个成功的国际化酒店,就必须注意细节,只有细节才能显示你的与众不同。虽然很多东西看似微不足道,但却能构成酒店服务的基础,就像一座房子,如果没有基础,屋顶、墙壁都不能存在,台风来的时候,房子就不能保存下来。"

因此,服务的各个方面,简永添认为只有一丝不苟地做到完美,才能算是真正"殷勤好客"。例如,在香格里拉的咖啡吧,供应日本、泰国、印度等8个国家的菜系。为了确保真正的原汁原味,所有菜系聘请的厨师都是该国当地人。"只有印度厨师做的印度菜,才能保持最原始的风味,这也是我们一贯坚持的细节。"简永添说。

作为酒店的总经理,简永添还经常亲自向员工讲授看似细枝末节的东西——正确的用餐礼仪。"喝水之前,要先用餐巾擦干净嘴,然后再把杯子拿起来喝,这样杯子上就不会留下油迹。喝的时候不要发出声音,喝完了再用餐巾擦嘴,以免水痕留在嘴上。"简永添通常会一边讲解,一边亲自示范。因为他认为,当酒店正在争取新客人的时候,酒店员工却在进餐的时候胡乱用刀切牛排,或者喝汤时发出很大声音,会对酒店形象产生巨大的伤害。"看一个人如何用餐,就知道他是个怎样的人。"这是简永添多年修炼的本领。早在孩提时代,他就随在瑞士航空工作的父亲到世界各地旅行,经常住在很好的酒店里。

"有一次,我们在一个酒店住了一个月,我每天会吃一种奶油焦糖。虽然那是很久以前的事情,但我现在仍然记得那道甜点的美味。"回顾起当时的情景,简永添的脸上露出温馨的笑容。正是因为儿时的经历，简永添与酒店管理结下了不解之缘，从著名的洛桑酒店管理学院酒店管理专业毕业后，他先后在香港、曼谷和雅加达的东方文华酒店，东京的OKURA酒店，芝加哥及伊斯坦布尔的瑞士酒店工作，直至1994年加盟香格里拉集团。

三、最有潜力的城市是上海

目前，上海已经出现了五星级豪华酒店短缺的现象，随着2010年世博会的召开，上海酒店业将迎来发展的高峰期。"如今，中国已经向世界敞开了大门，我们已经体会到，中国最有潜力的城市是上海。毫无疑问，上海将与伦敦、纽约、巴黎、东京一起，成为世界5个超级大都市之一。2010年世博会是上海的一个契机，上海酒店业将借此进入高速发展阶段。"

当然，香格里拉集团绝对不会满足于拥有亚洲最大的五星级酒店，简永添还向《每日经济新闻》透露，香格里拉接下来将在内地有大行动。香格里拉目前在内地有28家酒店，而到2012年后，这个数字将上升为33家。

当《每日经济新闻》对这种惊人的速度进行质疑时，简永添回应说："在进入一个城市前，我们会进行大量的调研工作，将有市场潜力的城市作为目标。我们发现，很多城市目前还没有五星级酒店，但是我们已经看到了潜在的市场需求，比如苏州、温州都是不错的选择，呼和浩特、成都也已在香格里拉的候选名单上。此外，由于我们需要与当地的商业伙伴合作，所以事先会仔细研究合作伙伴的前景。他们是谁？他们如何成功的？他们的财务状况如何？总之，我们不会盲目行事。"

（资料来源：改编自邱婷婷：《香格里拉副总裁简永添：刻意追求小细节》，《每日经济新闻》，2005年7月27日。）

案例思考题：

1. 简永添将亚洲式的好客和瑞士人注重细节的哪些结合之处应用到了酒店经营管理之中？作为一个中国酒店管理者，你认为还有可以进一步结合之处吗？

2. 作为酒店的高层管理者，简永添投入巨大的精力注意细节，会不会迷失在细节之中，怎么平衡注重细节和注重战略的关系？

3. 根据这个案例，说明服务企业注重细节的必要性。

4. 简永添非常注重员工的态度，并且练就了一双慧眼，总结了一套经验。你认为简永添的这种观点和经验是否有失偏颇？

本章小结

　　管理是对一个组织所拥有的资源以有效果和有效率的方式，进行计划、组织、领导和控制，以实现组织目标的过程。在管理的概念中，它强调了管理适合任何组织，管理的职能，以及管理的效率和效果。管理具有两重性，一种是与生产力相联系的管理的自然属性；另一种是与生产关系相联系的管理的社会属性。因此，管理是一门科学，也是一门艺术。

　　管理主要包括计划、组织、领导和控制等四项职能。管理者可以分为高层管理者、中层管理者和基层管理者，也可以分为综合管理人员和专业管理人员。

　　管理者角色是指组织中管理者所需要做的一系列特定的工作。明茨伯格将管理者要扮演的三种类型概括为信息传递、人际关系和决策制定。管理技能包括概念技能、人际技能和业务技能。高层管理者应具备较强的概念技能和人际技能。

　　企业是一种从事生产转换活动过程的组织。目前，国内外主要有个人企业、合伙企业与公司三种类型。而企业管理主要涉及到研发管理、生产管理、采购管理、营销管理、财务管理与人事管理等一系列管理活动。

本章思考题

1. 您能给管理下一个定义吗？这一定义对实际工作有什么指导意义？

2. 管理主要有哪些职能？给出各项管理职能的定义，并举例说明。

3. 简述管理效率与管理效果两者之间的关系。

4. 简述管理的两重性。

5. 明茨伯格对管理者的工作角色是如何分析的？

6. 简述概念技能、人际技能和业务技能的概念，分别举例说明。

7. 不同层次的管理者在应具备的技能上有何侧重？请举例说明。

8. 简述企业的类型及其优缺点。

9. 简述企业管理的主要内容。

第二章

管理理论的形成

引导案例

管理理念决定企业绩效

1993 年,全球的许多著名计算机公司大规模进入中国,纷纷抢滩设点,占据广阔的市场。面对外国公司的强大攻势,中国的计算机公司遇到了极其严峻的挑战,生存非常困难。许多中国计算机公司纷纷倒闭,或者被外国公司并购,已溃不成军。联想也走到发展十字路口,举步维艰。

1989 年杨元庆进入联想工作,主要负责代理 HP、SUN 等品牌业务。1994 年,他临危受命,出任计算机事业部总经理。一上任,杨元庆就开始大幅度地改革管理工作,彻底改变公司原有的管理模式,逐渐采用西方先进企业的组织架构。首先,取消残存计划经济管理模式,实现完全的以销定产经营模式。其次,将销售方式由直销改为分销,降低管理成本。再次,大幅度裁减公司冗员,销售人员从100多人减少为18人,公司员工由300多人减少到125人。在新的管理模式下,1994年联想计算机的销售量达到4.5万台,1995年达到10.5万台。而1990—1993年,联想的计算机销售量总共才只有5.6万台,大大超过了这4年之和,几乎是它的2倍。

在代理惠普PC的过程中,杨元庆深深感到联想自身管理理念的落后,只有"师夷之长技以制夷",才能走出困境、迈向光明之路。1994年,联想已经推出了"联想"品牌电脑,杨元庆作为负责人的首创之举就是复制"惠普模式"——从直销转变为完全的代理制,让中国人用得起先进的国产计算机。同时,杨元庆还学习惠普的组织销售队伍的技巧,根据惠普公司的"十步计划法"制定计划,把"管理过程控制"列为属下经理们的必修课,大大提升了对销售渠道的控制能力,降低了渠道成本。

当时,在中国市场上的外国计算机往往比国外低一两个档次,同时价格却不菲,达到每台15 000元,大大超过了中国人的购买能力。其实,联想已经具备了生产同等档次计算机的能力。于是,杨元庆重新设计了联想计算机的生产模式:一方面,联想通过"小步快走"采购模式,应对计算机零部件更新速度快的要求,同时控制计算机的成本;另一方面,联想采取"高成本、低利润"的产品运营模式,将"奔腾"计算机的价格从15 000元降低到9 999元,大大提升了自身的价格竞争力。1996年,联想台式计算机在中国市场的销售量排名第一,获得了丰厚的市场回报。同时,全球著名的IT咨询商IDC的市场份额排行榜上,联想已经跃居首位,市场占有率已经达到8.3%。

杨元庆深刻地体会到,将先进的西方管理理念与中国的本土市场环境相结合,才是中国企业成长的必经之路。

(资料来源:谭力文、刘林青主编:《管理学》,科学出版社2009年版。)

思考题:

在上述案例中,杨元庆的先进管理理念体现在哪些方面?这些管理理念是怎样形成的?

第一节　早期西方管理思想

一、早期西方管理理论的萌芽

西方管理实践和管理思想有着悠久的历史。在奴隶社会,管理实践和管理思想主要体现在指挥军队作战、治国施政和管理教会等活动上,取得了一系列重要成果。古巴比伦人、古埃及人和古罗马人在管理实践中作出了重要贡献。无论是巴比伦古城,还是埃及金字塔,在当时的技术条件下,兴建如此浩大的工程,不但是劳动人民勤劳智慧的结晶,而且也是历史上伟大的管理实践。而古罗马帝国的兴盛在很大程度上归功于其管理者卓越的组织才能,他们采用分权的组织管理形式,使古罗马从一个小城市发展成为一个世界帝国,在公元 2 世纪统治欧洲和北非。

在欧洲文艺复兴时期,也出现过许多管理思想著作。比如,16 世纪莫尔(Thomas More, 1478—1535)的《乌托邦》,为人们描绘了一幅理想的国家形态。而同一时期意大利的马基雅维利(Niccolo Machiavelli, 1469—1527)的《君主论》对统治者怎样管理国家、怎样更好地运用权威提出了四条原则:(1)群众认可,权威来自群众;(2)内聚力,组织要能够长期存在,就要有内聚力,而权威是必须在组织当中行使的;(3)领导能力,掌权之后要能够维持下去,就必须具备领导能力;(4)求生存的意志,就是要居安思危。

18 世纪 60 年代开始的工业革命,不仅在工业技术上而且在社会关系上都对整个社会产生了巨大的影响,加速了资本主义生产的发展。以机器大工业为代表的先进生产力,严重地摧毁了手工作坊式的小生产方式,从根本上改变了生产模式和生产组织形式,不仅大大地提高了生产效率,而且催生了以市场为导向的社会生产关系,对管理理论的建立和发展具有重大的影响。

（一）亚当·斯密的劳动分工观点和经济人的观点

1776 年,英国古典政治经济学家亚当·斯密(Adam Smith, 1723—1790)在《国民财富的性质和原因研究》中,系统地阐述了劳动分工理论。这是他对管理理论发展的一个重要贡献。亚当·斯密认为,劳动分工是增进劳动生产力的重要因素。其原因是:(1)分工可以使劳动者专门从事一种单纯的操作,从而提高劳动熟练程度、增进劳动技能;(2)分工可以减少劳动者的工作转换,节约通常由一种工作转换到另一种工作所损失的时间;(3)分工可以使劳动简化,使劳动者的精力集中在一种特定的对象上,有利于发现比较简便的工作方法,促进工具的改进和技术的创新。劳动分工的观点适应了工业革命对提高生产力的迫切要求,成为管理理论的一条基本原理。

同时,亚当·斯密还提出了关于市场经济中经济人的基本假设。经济人是指经济决策的主体都充满理智,既不会感情用事,也不会轻信盲从,而是精于判断和计算,其行为符合始终如一的偏好原则。而决策的主体可以包括资本家和消费者甚至组织等抽象意义上的人。

（二）小瓦特和博尔顿的科学管理制度

小瓦特(James Watt Jr.，1769—1848)和博尔顿(Mattew R. Boulton，1770—1842)分别是蒸汽机的发明者瓦特和他的合作者马修·博尔顿的儿子。1800 年,他们接管了一家铸造厂,小瓦特就着手改革工厂的组织和管理,博尔顿则特别关注营销活动。小瓦特和博尔顿采取了不少有效的管理方法,建立起许多管理制度:(1)在生产管理和销售方面,根据生产流程的要求,配置机器设备,编制生产计划,制定生产作业标准,实行零部件生产标准化,研究市场动态,进行预测;(2)在成本管理方面,建立起详细的记录和先进的监督制度;(3)在人事管理方面,制定工人和管理人员的培训与发展规划;(4)进行工作研究,按工作研究结果确定工资的支付办法;(5)实行由职工选举的委员会来管理医疗费制度等福利制度。这些管理制度在今天仍然具有广泛的借鉴意义。

（三）马萨诸塞车祸导致所有权与管理权的分离

1841 年 10 月 5 日,从美国马萨诸塞到纽约的西部铁路上,两列火车迎头相撞,导致近 20 人伤亡。事故发生后,整个社会一片哗然,在马萨诸塞州议会的推动下,铁路公司不得不对低劣的管理工作进行改革。结果,老板交出企业的管理权,只拿红利,企业聘请专职的管理人员担任领导,直接导致企业所有权与管理权分离。因此,这起事件对管理理论产生了以下影响:(1)独立的管理职能和专业的管理人员正式得到承认,管理不仅是一种活动,而且还是一种职业;(2)随着所有权和管理权的分离,横向的管理分工开始出现,这不仅提高了管理效率,而且也为企业组织形式的进一步发展奠定了基础;(3)具有管理才能的人员担任专职的管理职务,为科学管理理论的产生创造了条件。这是历史上第一次在企业管理中实行所有权与管理权分离,对现代公司制度的产生具有深远的影响。

（四）欧文的人事管理

欧文（Robert Owen，1771—1858）是19世纪初英国著名的空想社会主义者。他为实践自己的政治主张而进行"纽兰纳克"（Newlanark）与"新协和村"（New Community）试验，同时在自己的纺纱厂里进行工人劳动条件与生活水平的改革，主要包括改善工作条件、缩短工作日、提高工资、改善生活条件、发放抚恤金等内容，积极探索对工人和工厂所有者双方都有利的管理方法和制度。另外，他还重视对工人的行为教育。欧文开创了在企业中重视人的地位和作用的先河，被称为"人事管理之父"。

（五）巴贝奇的作业研究和报酬制度

1832年，英国人查理·巴贝奇（Charles Babbag，1792—1871）在《机器与制造业经济学》一书中，进一步阐述了劳动分工和报酬的关系，对专业化问题进行了深入研究。他对管理的贡献主要有：（1）对工作方法的研究。劳动者如果使用形状、重量和大小都合适的工具，就可以大大提高工作效率。因此，要提高工作效率，就必须仔细研究工作方法。（2）对报酬制度的研究。巴贝奇主张按照对生产率贡献的大小来确定工人的报酬，收入主要包括固定工资、利润和奖金等三个部分。而固定工资由工作性质来确定，利润由对生产率作出的贡献来确定，奖金则由提出增进生产力的建议而确定。

（六）亨利·汤的收益分享制度

亨利·汤（Henry R. Towne，1844—1924）在1889年发表的《收益分享》论文中提出了采取收益分享制度的思想。其主要思想是：（1）每个职工享有一种保证工资，使职工具有安全感；（2）每个部门按科学方法制定工作标准，并确定生产成本，如部门超过定额，由部门职工和管理阶层各得一半；（3）工作定额在3—5年内维持不变，以免降低工资。因此，收益分享制度可以克服利润分配不公平的弊端。

（七）哈尔西的奖金方案

哈尔西（Frederick A. Halsey，1856—1935）在1891年向美国机械工程学会提交了《劳动报酬的奖金方案》的论文，针对当时普遍采用的报酬制度，提出了自己的奖金方案。这种方案按每个工人来设计：（1）每个工人每天享有"保证工资"；（2）以工人过去的业绩为基础，超额者发给约为正常工资率1/3的奖金。哈尔西认为，计时制对员工积极性的发挥无激励作用，计件制常因雇主降低工资率而扼杀工人提高产量的积极性，而利润分享制度导致部门之间好坏不分、有失公允。

因此,哈尔西的奖金方案既可以保证员工的安全感,又可以促进员工提高生产效率。

二、管理理论形成的原因

18 世纪 60 年代开始的工业革命,不仅在工业技术上极大地提高了生产效率,而且在社会关系上产生了巨大的变化,加速了资本主义生产的发展。因此,这场革命对 19 世纪末管理理论的系统形成和发展具有重要的影响。

(一)科学技术的发展引起了工业革命

在人类历史上曾经经历三次科技革命,都毫无例外地对生产率产生了巨大的影响。第一次科技革命(1760—1840 年)以纺织机的出现和蒸汽机的广泛应用为标志,是牛顿力学和热力学结成的丰硕成果,使得英国从农业国一跃而起成为工业发达的国家,对全世界的生产效率产生了极大的影响。第二次科技革命(1870—1940 年),以电机的发明和电力的广泛应用为标志,以电磁理论为基础,中心地在德国。电力的应用解决了机器的动力问题,进一步深化了工业革命,推动了生产组织和管理的重大变革,迫切需要新的管理理论和方法来实现组织的有序安排。

(二)所有权与经营权的分离

早期英国、德国、法国等工业国的企业制度大都采用家族制的管理方式,这种管理方式在发展过程中常常出现内部"管理瓶颈"与对外"人才壁垒",导致企业管理效率低下。1841 年美国马萨诸塞的火车相撞事件直接导致企业所有权与管理权分离,这种新型的企业制度设计使外部管理人员具有进入企业参与管理的可能。因此,在社会上出现了一个新型的管理职业,吸引了大批年轻人转变成为经理阶层,为企业管理带来了新生力量。同时,迫切需要对新管理人员进行实践培训,进一步促进了管理理论的系统发展。

(三)市场交换的扩大化

15 世纪至 17 世纪中叶,西欧商品经济得到迅速的发展,城市手工业逐渐扩大,与封建自然经济相对立的商业资本的作用日益加强。随着自然经济的瓦解,形成了统一的国内市场,地理大发现又促进了世界市场的形成,迫使生产者脱离生产资料的原始积累,为资本主义生产提供了资金和劳动力,并扩展了国内市场。新的生产方式进一步促进了市场交换,而且交换的频率、规模和范围都发生了前所未有的变化。普遍的市场交换为管理实践提供了广阔的空间,催生了许多管理思想,孕育了管理理论的形成。

　　19 世纪末以来的一百余年时间里,管理理论的发展经历了古典管理理论、行为科学理论、管理科学理论、管理理论丛林以及管理理论新发展等不同时期。各种管理理论和方法的交汇,使管理学科的内容更为丰富和系统化,并且不断创新和与时俱进。

三、管理活动、思想与理论的关系

　　在人类历史上,自从产生了有组织的活动,就有管理活动存在。人类的基本生存活动离不开管理活动,管理活动是伴随着人类产生而产生的。管理活动的出现促使人们对它进行研究与探索。经过长期的积累和总结,人们对管理活动有了初步的认识和理解,从而形成了一些朴素的管理思想。随着社会的发展,科学技术的进步,人们对管理思想加以提炼和概括,找出其中蕴涵着有规律的东西,并将其作为一种假设,在管理活动中进行检验,继而对检验结果加以分析、研究,从中找

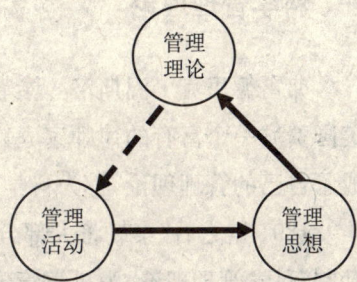

图 2.1　管理活动、思想与理论的关系

出具有普遍规律性的东西。这些原理经过抽象和综合就形成了管理理论。

　　管理理论被应用于管理活动,指导管理活动的进行,同时对这些理论进行实践检验。这就是管理理论反过来对管理实践的应用与指导。人类正是利用管理理论对生产、经济、军事以及水利等活动进行有效指导,才创造出无数辉煌的历史文明和现代文化。今天我们仍然可以从历史的痕迹中找到闪烁着管理理论的思想光芒。比如,埃及的金字塔修建、秦始皇时期修建的万里长城、四川都江堰的水利工程以及现代的阿波罗登月工程。

　　管理活动、管理思想和管理理论三者之间的关系是:管理活动是管理思想的根基,管理思想来自管理活动中的经验;管理思想是管理理论的基础,管理理论是管理思想的提炼、概括和升华,是比较成熟的、系统化程度比较高的管理思想,但是并非所有的管理思想都是管理理论;管理理论对管理活动具有指导意义,同时它又受到管理活动的检验。

第二节　古典管理理论

19世纪末到20世纪30年代是古典管理理论的产生、发展时期,主要代表人物有泰勒、法约尔和韦伯等,其理论成果分别为科学管理理论、一般管理理论和行政组织理论。这些管理理论已经成为现代管理思想的重要基础。早期人类存在大量的管理实践和理论探索,而管理学作为一个独立的学科则形成于19世纪末,它对社会经济的发展发挥了巨大的作用。

一、科学管理理论

弗雷德里克·温斯洛·泰勒(Frederick Winslow Taylor,1856—1917)出身于美国费城一个富有的律师家庭,在其十多年的工厂管理实践中,泰勒逐渐探索和形成了自己的管理理论,称为科学管理理论。

1891年之后,泰勒将大部分时间从事咨询、写作和演讲等工作,以宣传他的"泰勒制"科学管理理论,为科学管理理论在美国和国外的传播作出了贡献。经过毕生的努力,他为管理的革新奠定了基础,成为古典管理学派的创始人。

泰勒的主要著作有:(1)《计件工资制》(1895年);(2)《车间管理》(1903年);(3)《科学管理原理》(1911年)。《科学管理原理》一书,奠定了科学管理的理论基础,泰勒本人也因此被誉为"科学管理之父"。

(一)泰勒的管理实践

泰勒的管理实践,始于他担任米德瓦尔钢铁厂的工长职务。当时,他发现生产效率不高是由于工人们"故意偷懒"造成的,泰勒确信工人的生产率只达到了其应有水平的1/3。于是他开始着手制定工作规范和工作量。从1881年起,他进行了一项"金属切削试验",研究每个金属切削工人的每天合适工作量。泰勒在该厂的金属切削试验延续了长达20多年,各项试验达3万次以上,被试验的钢铁达80万磅,总耗费约15万美元。试验结果发现了能大大提高金属切削机工作量的高速工具钢,并取得了各种机床适当的转速和进刀量,相关的切削用量标准,以及整套作业程序和工作量标准。泰勒认为,米德瓦尔的试验是工时研究的开端。

1. 搬生铁块试验

在伯利恒钢铁厂工作期间,泰勒进行了著名的"搬生铁块试验"。这一试验是在工厂5座高炉的75名产品搬运工中进行的,工人们要把92磅重的生铁块装到铁路货车上。通过试验,泰勒发现铁块搬运效率与运送量、搬运时间和疲劳程度有关,从而确定了铁块搬运的科学操作方法。这项研究结果使得该厂生铁块搬运效率提高了3倍,工人每天的搬运量从12.5吨/天,增加到47—48吨/天,而每个工人的日工资从1.15美元提高到1.85美元,工人在工作中受伤的风险也大大降低。

表2.1　搬运生铁试验效果对比分析

项　　目	试验前	试验后	试验效果
生产效率	12.5 吨/天	47—48 吨/天	提高 276%—284%
工　　资	1.15 美元/天	1.85 美元/天	提高 60.87%

2. 铁锹试验

"铁锹试验"研究的问题是如何提高工人们用铁锹装卸不同比重货物的效率。在另一场"铁锹试验"中,泰勒发现美国成年男性使用铁锹装卸货物时,最为顺手的重量为21磅/锹。于是,他设计了多种尺寸不同的铁锹,适用于各种比重的货物,使得每铁锹的装卸量保持在22磅/锹。这项研究成果使得堆料场劳动力从400—600人减少为140人,平均每人每天的操作量从16吨提高到59吨,每个工人的日工资从1.15美元提高到1.88美元。

表2.2　铁锹试验效果对比分析

项　　目	试验前	试验后	试验效果
生产效率	16 吨/天	59 吨/天	提高 276%—284%
工　　资	1.15 美元/天	1.88 美元/天	提高 60.87%
工 人 数	400—600 名	140 名	减少 65%—76.67%

泰勒的管理实践主要集中于"动作"和"工时"的研究,以及机器、材料、工具和工作环境等的标准化研究,并根据这些研究成果制定出一整套科学的工作定额、工作流程和标准化工具。

泰勒一生从事"科学管理研究",但他的做法和主张并非一开始就被人们所接受。相反,当时还引起了社会舆论的种种非议。1912年美国国会举行了对"泰勒制"和其他工场管理制的听证会。在听证会上,泰勒作了题为"什么是科学管理"的精彩演讲,向公众宣传了科学管理的原理及其具体的方法和技术,引起了极大的反响。

(二) 科学管理的主要内容

1. 工时研究和标准化

工时研究是"泰勒制"的基础。工时研究不是简单地对工人完成的一件规定工作做出时间估计,而是将一件工作分解成各种基本的组成部分,经过测试来确定各项基本工作的必要性和合理性,然后重新进行安排,以确定最佳的工作方法。工时研究通常分为"分析阶段"和"建设阶段"。在分析阶段,每一件工作都将被分解为尽可能多的简单基本动作,然后去掉无用的动作,并通过对熟练工人的动作观察,选出每个基本动作的最快和最好方法,记录完成这个动作所需要的时间,再附加一些不可避免的耽搁和停顿时间。而在建设阶段,则建立基本动作和时间的档案资料,并进行推广应用。同时,还需要考虑对工具、机器、原料和方法等进行必要改进,最终实现工时和作业的标准化。

事实上,工时研究方法在目前仍有广泛的应用价值。例如,提高流水线上各个工位的工作效率和协调性;通过运动员竞赛动作研究,分析关键动作和加以优化,以提高竞赛的成绩;在服务行业的微笑标准化建设,提高服务人员的亲切感和服务质量。

2. 差别计件工资制

泰勒在《计件工资制》中批评了普通计件工资制,指出"这种制度败坏工人士气的后果是严重的",它迫使工人弄虚作假。同时,他也抨击了"利益分享制度",认为其致命缺点是"不承认每一个工人的优点"。对于"合作制"和"分红制"(企业和职工共同盈亏),他认为这会使"少数没有适当安排好的懒汉在企业中闲游,但又与别人分享企业的利益",当企业出现亏损时,这种现象使得对于亏损的解决更为复杂。

泰勒认为,车间要达到最大产量,又符合工人利益,就是实行差别计件工资制。其基本内容是:对同一种工作设有两个不同的工资率,对那些用最短时间完成工作,质量又比较高的工人,按高的工资率付酬;对那些用时长和质量差的工人,则按低的工资率付酬。例如,一般工人每天完成产品 5 件,单位产品工资率 15 元,由此一般工人每天工资为 $5 \times 15 = 75$ 元。优秀工人每天完成产品 8 件,并且产品质量优异,单位产品工资率则为 20 元,每天工资为 $8 \times 20 = 160$ 元。由此可见,差别计件工资制实质上是一种同时按工作数量和质量支付工资的方法,对优秀的员工有较大激励作用。

3. 计划职能与执行职能分开

泰勒认为,工人凭经验是不能找到科学方法的,而且也没有时间和条件从事这方面的试验和研究。于是,他主张在企业中应把计划职能与生产操作分开,成立专门的计划管理部门承担计划工作,而所有的工人和部分工长只承担执行职能。这种观点更加明确了计划管理者的重要作用,同时体现了不同管理者之间的专业化分工。

4. 职能工长制

泰勒认为,作为一名工长,需要全面负责班组的工作,其应该具备九种品质:智能、教育水平较高、具备专门知识或技术、手艺和体力较好、机智老练、有干劲、刚毅不屈、忠诚老实、有判断力和常识、身体健康。他还提出设立"职能工长制",把旧式组织中一个班组长所做的工作分为八项职能:(工作流程)调度员、指示卡片管理员、工时成本管理员、工作分派负责人、速度管理员、检验员、维修保养员与车间纪律管理员。这八项职能工作可以概括为两种类型:计划类型和执行类型。调度员、指示卡片管理员、工时成本管理员和车间纪律管理员属于计划类型,剩余工作则属于执行类型。因此,泰勒"职能工长制"观点对于职能权利划分、组织结构的构建和专业化人员分工管理,均产生了重大影响。

5. 例外原理

泰勒指出,企业中经理人员应抓大事,处理出现的一些特殊问题,而把日常例行化的事务留给专门人员去处理。例外原理指导经理们摆脱日常具体事务,集中精力对重大问题进行决策和监督。实施例外原理,不仅需要授权给下级,而且应当把日常业务工作标准化、制度化,并提炼出科学的原则。泰勒认为,权利应以知识为基础,而不是依靠地位和权力。同时,应用例外原理可以检验经理们是否履行了相应的职责。

另外,应用例外原理还可以提高经理们的工作效率。例如,经理收到的报告应该简洁明了并具有对比性。再如,分析报告的主要内容应该包含在过去未出现过的或非标准的各种例外情况;既有特别好的例外情况,也有特别坏的,这样有助于经理迅速了解整个事态和进程。

(三)科学管理的四项原则

泰勒在工人们和管理当局双方掀起一场思想革命,其方式是通过明确规定提高生产率的指导方针。同时，泰勒还定义了科学管理的四项原则，如下图 2.2 所示。

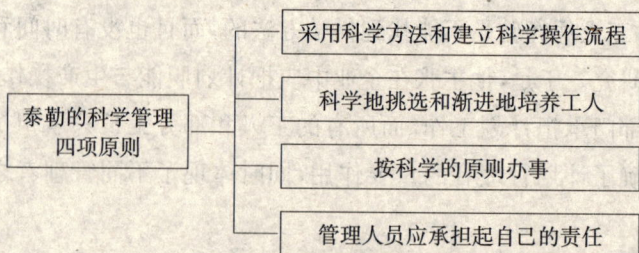

图 2.2　泰勒的科学管理四项原则

（1）采用科学方法并建立科学操作流程。

泰勒认为，应对工人工作的每一个要素开发出科学方法，用科学的方法替代老的经验方法。例如，采用"工时研究和标准化"和"差别计件工资制"，需要深入研究工人在适宜条件下的科学操作过程，获得较高的劳动生产率。如果工人完成了较高的劳动生产率，则通过差别计件工资制可以获得较高的报酬。

（2）科学地挑选和渐进地培养工人。

为了落实科学的操作过程，工人必须经过科学的挑选，并对工人们进行培训教育并使之成长，而在过去则由工人们自己挑选工作，并尽自己的可能进行自我培训。

（3）按科学的原则办事。

管理者应与工人们齐心地合作，以保证一切工作都按已经形成的科学原则去办。

（4）管理人员应承担起自己的责任。

管理部门与工人在工作和职责的划分上几乎是相等的，管理部门应把自己比工人更胜任的各种工作都承担起来，而在过去几乎所有的工作和大部分职责都由工人们承担。

（三）泰勒科学管理的进步意义和局限性

1. 泰勒的科学管理原理的进步意义

1910 年期间，美国铁路运输业在科学管理原理的指导下，每天可以节约 100 万美元的运行费用（相当于 1994 年的 1 400 万美元），因此美国铁路票价可以大幅度降低。由于美国制造公司较早地接受了科学管理方法,从而使它们比外国公司处于相对优势的地位,至少在泰勒其后的 50 年里,美国制造业的效率一直在世界上处于领先地位。

泰勒的科学管理原理,不仅在美国各地广泛应用,而且还传播到法国、德国、俄国和日本。第二次世界大战之后,日本将泰勒科学管理原理引入汽车制造业和家用电器制造业中,并发展出独具日本特色的质量管理模式,制造出价廉物美的产品,在全球市场上具有很强的竞争能力,有效促进了日本经济的复苏和繁荣。

目前,许多大公司的管理仍然遵循了泰勒的科学管理。例如,美国 UPS 联合邮包服务应用泰勒制,它的送货司机工资是每小时 18 美元,加上加班工资,每年的平均收入超过 50 000 美元,同时公司也能够持续地获得高利润。

2. 泰勒的科学管理的局限性

(1)"经济人"的假设。泰勒认为,经济动机是人们工作的主要目的。例如,企业家的目的是获取最大限度的利润,工人的目的是获取最大限度的工资收入。基于经济人假设,管理者一方面需要采用科学的方法,另一方面需要采用报酬激励,这样才能有效提高生产效率。然而,事实上这种"经济人"假设是不全面的,因为人的需求是多方面的。

(2)机械模式。泰勒把管理职能与执行职能分开后,工人仅仅是接受监督命令和从事作业的被动生产工具,就像机器人那样被当作时间和动作研究的对象。事实上,泰勒对工人是同情的,当他进行时间研究时,总是事先向工人进行说明,强调要取得工人的同意,指出与工人对话的重要性。然而,由于科学管理总体上是以科学的管理体制取代靠个人经验和主观判断的工作方法,故其对人的因素缺乏充分的考察和研究。

二、组织管理理论

法国的亨利·法约尔(Henri Fayol,1841—1925),采矿工程师,总经理。在数十年的管理生涯中,法约尔积累了丰富的经验,晚年他总结归纳并著书《工业管理与一般管理》。法约尔认为,他的管理理论虽然是以大企业为研究对象,但除了可以应用于工商企业之外,还可以适用于政府、教会、慈善团体、军事组织以及其他各种组织机构。

法约尔是第一个概括和阐述管理理论的管理学家,从理论上总结出一般管理的职能、要素和原则,将管理提高到一个新的高度。法约尔对管理职能的划分,至今影响着几乎所有管理学著作的逻辑框架结构。

（一）组织管理理论

1. 企业经营的基本活动

法约尔认为,任何企业经营都存在着技术、商务、财务、安全、会计和管理等六种基本活动。技术活动指生产、制造和加工等活动;商务活动指采购、销售和交换等;财务活动指资金的筹措、运用和控制;安全活动指设备维护和员工的保护等;会计活动指货物盘点、成本统计与核算等;管理活动指计划、组织、指挥、协调和控制等工作。

在企业经营的六项基本活动中,管理活动处于核心地位,其他活动则处于从属地位。管理职能涉及人的活动,是以组织为基础。同时,企业经营本身需要管理,同样其他五项活动涉及物的活动,是对管理的执行。

2. 管理职能

法约尔重点分析了企业的第六种活动——管理活动,并提出了管理活动的五项职能:计划、组织、指挥、协调和控制。

法约尔认为,管理意味着要考虑未来,这就使得预测和计划过程成为主要的经营管理活动。计划的本质是未来最有效地利用企业的资源,因此计划必须有"统一性、连续性、灵活性和精确性"。法约还认为,确立企业的组织结构是管理部门所要解决的中心问题。组织结构必须能以最有效的方式从事基本的活动,必须能使企业的计划得到很好的制定和实施。指挥是为了使企业人员的活动得到保证。管理人员应依靠自己的指挥能力,尽可能地使下级有上乘的工作表现,增进下级的工作责任感,有效展开整个企业的工作。协调是让企业人员团结一致,使企业中的所有活动和努力得到统一和谐。控制是保证企业中所进行的一切活动符合制定的计划、既定的原则和发布的命令。

另外,为了有效开展指挥,法约尔对行使指挥权的管理人员提出了八项要求:(1)透彻地了解下级;(2)淘汰不胜任工作的人;(3)十分了解约束企业和其雇员的协议;(4)树立好的榜样;(5)定期检查组织账目,并用概括的图表来促进这项工作;(6)召开会议,主要助手也参加,讨论决定统一指导和集中努力的问题;(7)不要陷入日常琐碎事务中;(8)力争使成员中充满团结、积极、主动和忠诚的精神。

3. 法约尔的十四项管理原则

法约尔根据自己的工作经验,归纳出了简明的十四条管理原则:

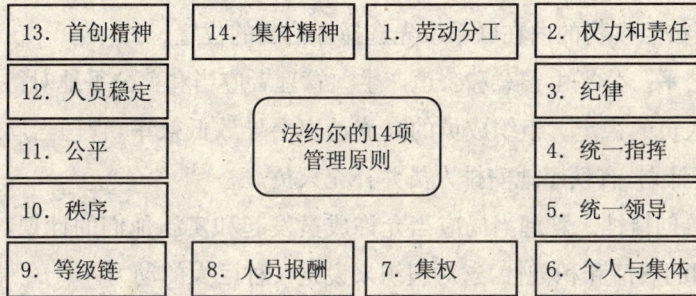

13. 首创精神	14. 集体精神	1. 劳动分工	2. 权力和责任
12. 人员稳定			3. 纪律
11. 公平	法约尔的14项 管理原则		4. 统一指挥
10. 秩序			5. 统一领导
9. 等级链	8. 人员报酬	7. 集权	6. 个人与集体

图 2.3　法约尔的十四项管理原则

（1）劳动分工。这一原则与亚当·斯密的"劳动分工"原则是一致的。专业化分工能够提高个人的工作技能,从而提高了工作效率和工作成果。分工不仅可用于技术工作,也可用于管理工作。

（2）权力和责任。管理者必须有命令下属的权力,职权赋予了管理者的就是这种权力。同时,责任应当是权力的孪生物,凡行使职权的地方,就应当建立责任。

（3）纪律。雇员必须遵守和尊重组织的规则。纪律实际上是管理者与下属之间在服从、勤勉、积极、举止和尊重方面所达成的一种协议。纪律对于企业取得成功是绝对必要的,纪律是否严明,主要取决于领导人能否以身作则,赏罚分明。领导者应该明智地运用惩罚,以对付违反规则的行为。

（4）统一指挥。每一个雇员应当只接受来自一位上级的命令。

（5）统一领导。每一组具有同一目标的组织活动,应当在一位管理者和一个计划的指导下进行。

（6）个人利益服从整体利益。任何雇员个人或者雇员集体的利益,不应置于组织的整体利益之上。

（7）集权。集权是指下级参与决策的程度。集权在任何组织中都是一个适度的问题。管理当局的任务是找到在各种情况下最适合的集权程度。

（8）人员的报酬。人员的报酬是其服务的价格,应当公正和合理,对工作成绩与工作效率优良者应给予奖励,但不应超过合理的限度。任何优良的报酬制度都无法取代优良的管理。

（9）等级链。从高层管理到最底层管理的直线职权构成一个等级链,信息应当按等级链传递,但为了避免信息的延迟,可允许进行横向交流,条件是所有当事人同意和通知各自的上级。

(10) 秩序。秩序是指凡事各有其位,既适用于物质资源,也适用于人力资源。关键在于要按照事物的内在联系事先选择好恰当的位置。

(11) 公平。公平由善意和公道产生。管理者应当和蔼公平地对待其下属。

(12) 人员的稳定。组织成员的高流动率会导致低效率,管理当局应当提供有规则的人事计划,有秩序地安排人员并补充人员。

(13) 首创精神。管理当局应当允许成员发起和实施他们的计划,这会极大地调动员工们的热情和积极性,这对组织来说是一种巨大的动力。

(14) 集体精神。鼓励团队精神,并在组织中建立起和谐和团结的氛围,全体成员的和谐和团结是企业发展的巨大力量。

三、行政组织理论

马克斯·韦伯(Max Weber, 1864—1920)是德国著名的社会学家,对法学、经济学、政治学、历史学和宗教学都有广泛的兴趣。他在管理理论上的研究主要集中在行政组织理论方面,其主要贡献是提出了"理想的行政组织体系"。韦伯的主要代表作有:《经济史》、《新教伦理和资本主义精神》、《社会组织和经济组织理论》等。

马克斯·韦伯是与泰勒、法约尔同时代的另一位古典管理理论的代表人物。由于他对理想的行政组织体系理论的贡献,从而被称为"组织理论之父"。

(一) 权力、权威和组织状态

韦伯从组织内部的权力关系入手开展对行政组织问题的研究,揭示出不同组织的特性和运行效率。

韦伯提出以下基本的组织问题:个人为何会服从命令?人们为什么会按他们被告知的方式去做事?

韦伯引入了"权力"和"权威"的概念,试图解释行政组织体系中人们的行为方式。所谓权力,就是组织赋予个人的一种力量,按组织内部职位高低分配。权力无视人们内心的意见和反对,具有强制服从的能力。所谓权威,则意味着人们在接受命令时是自愿的,是出于对领导者个人魅力的信服和依赖。因此,在权威制度体系里,下级把上级发布的命令看作是合法的。

韦伯认为,按不同组织权力和权威类型的划分,存在三种不同类型的组织状态。

1. 个人崇拜式组织

这种组织形态是以组织领袖人物的超凡魅力为基础的。组织领袖被赋予了超自然与超人的权力权威。先知、救世主、政治领袖就属于这类人物。韦伯认为，以宗教或政治形式出现的小规模革命运动，许多的著名企业在创业阶段都有这种具有"超凡魅力"的创始人。例如，美国福特汽车公司的创始人亨利·福特就是一位具有超凡魅力的管理者。但是，个人崇拜式组织的内在基础并不稳固，领袖人物一旦离去，这类组织就有可能出现分裂和瓦解。

2. 传统式组织

这种组织的基础是先例、惯例和传统。它的组织行为方式往往不是基于理性分析，而是根据习惯或者组织以往一直采用的工作方式来确定。这种组织认为，过去一直采用的工作方式就是合理的本身。这类组织的运行较为稳定，但往往缺乏活力和创新。

3. 理性—合法的组织

这种组织的基础是理性、法律、规则和制度。下级对上级的服从是由于已经具有依法建立的等级制度。例如，企业、军事组织、政府机构和社会团体。韦伯认为，这类组织是现代社会中占主导地位的组织形态，具有合理性和合法性。其"合理性"表现在这种组织具有既定目标和功能体系，整个组织好比一架精心设计的机器，而机器上的每一个部件都为整个机器发挥最大功能而起着各自的作用。其"合法性"表现在这种组织有一系列的规则和程序，组织成员都应该按相应的规则和制度执行。

韦伯分析和比较三种类型的组织状态之后，得出以下结论：从纯技术的角度分析，个人崇拜式组织是能够取得最大程度的效率的，就对人进行绝对必要的控制而言，这种组织状态无疑是最合理的方式。然而，理想行政组织体系应该是理性—合法的组织。因为"理想"一词不仅指合乎需要，而且还应包括人与人之间的协调，以及组织的长期发展。因此，韦伯进一步提出了"理想行政组织体系"的概念。

（二）理想的行政组织体系

1. 社会组织应当是理性和法律型的组织

在依法而治的组织里，通过正式的方式选拔领导人，使能力较强提升上来的人获得权力，这种权力是理性和法律的。只有理性和法律权力才能作为行政组织体系的基础。

2. 理想行政组织体系的特点

（1）劳动分工。工作应当分解成为简单的、例行的和明确定义的任务。组织成员按职业进行专业化分工。

（2）职权等级。组织内部的职位和岗位按权力等级组织起来,形成一个自上而下的指挥链,每个下级应当接受上级的控制和监督,每个管理者不仅要对自己的决定和行动负责,而且要对下级的决定和行动负责。

（3）正式选拔。所有的组织成员应该通过正式考试选拔,或者通过训练和教育,使其获得技术资格,然后才能得到选拔。

（4）正式的规章制度。为了确保一贯性和全体雇员的协调工作,管理者必须依靠正式的组织规则。组织成员的活动应该受到组织正式规则和制度的约束和限制。

（5）非人格化。组织规则和控制的实施应该具有一致性,避免掺杂个人感情和偏好。

（6）职业导向。管理者是职业化的人员,而不是其所管理组织的所有者,管理者领取固定的工资,在组织中追求其职业生涯的成就,并且有明文规定的升迁制度。

表 2.3　韦伯的理想行政组织的结构特征

特　征	含　　义
劳动分工	把各种工作分解成简单、例行、明确的任务,明确规定每个人的权利和责任
职权等级	公职和职位按等级来组织,每个下属都应当接受上级的控制与监督
正式选拔	全体组织成员必须经过正式考试或培训、教育所获得的技术资格来获得选拔
正式的规章制度	为了确保一贯性和全体员工活动的一致性,管理者必须依靠正式的组织规则
非人格化	组织规则和制度是组织中每个人都必须遵守的,它不受个人的情感和背景的影响
职业导向	组织中的管理者是职业化的官员,但不是组织的所有者,他们领取固定的工资,并在组织中追求自己的职业成就

韦伯提出的理想行政组织,实际上是以制度为中心的、等级化和专业化的组织形态。这是一种体现合理的劳动分工、明确的组织等级和详细的规则制度,同时避免掺杂个人情感和偏好的组织模式。韦伯认为,尽管这种"理想行政组织体系"在现实中是不存在的,但它为现实世界提供了一种目标组织模式。事实上,在设计大型企业组织模式中,韦伯的理想行政组织体系已经成为重要的理论基础之一。

第三节 行为管理理论

行为管理理论起源于 20 世纪 30 年代,它力图克服科学管理理论的缺点,从社会学、心理学和人类学的角度出发,研究工作环境中的个人和群体行为。行为管理理论是管理理论发展史上的一个重要阶段。早期的行为管理理论被称为人际关系学说,以后发展成为行为科学,也称为组织行为理论。

行为管理理论利用许多学科的知识来研究人类行为的产生、发展和变化的规律,同时预测、引导和控制人的行为,达到充分发挥人的作用、调动人的积极性的目的。行为管理理论中的主要理论有:梅奥的霍桑试验、马斯洛的需求层次理论、赫茨伯格的双因素理论、麦格雷戈的 X-Y 理论、弗洛姆的期望理论、布莱克和穆顿的管理方格理论等。

一、梅奥的霍桑试验

(一)梅奥领导的霍桑试验

1924—1932 年在西方电气公司的霍桑工厂,美国心理学家、管理学家梅奥领导并开展了一系列试验,以确定与工人生产效率有关的各项因素。

(1) 第一阶段:工作场所照明试验(1924—1927 年)。

最初,试验由西方电气公司的工程师设计。研究人员设立了试验组和对照组,试验组被给予不同的照明强度,而对照组则保持原有的照明强度不变。试验假设个人产量与照明强度应该有直接的关系。但是,试验结果表明,当试验组的照明强度增加时,两个组的产量都增加。同时,当试验组照明强度下降时,两个组的生产率也继续提高。只有当照明强度下降到月光的水平时,试验组的生产率才有所下降。试验研究表明,照明强度和生产率没有关系,照明强度的变化对生产效率几乎没有影响。

(2) 第二阶段:继电器装配试验(1927 年 8 月—1928 年 4 月)。

1927 年,哈佛大学的埃尔顿 · 梅奥(Elton Mayo)教授被邀请作为顾问参加这项试验。新的研究方案选择了 5 名女装配工和 1 名女画线工在单独的一间工作室内工作,1 名观察员被指派加入这个小组,记录室内所发生的一切,以便对影响工作效果的因素进行控制。

同时,梅奥在试验中改善工作条件,重新设计工作,比如,改进材料供应方式、改变工作周和工作日的长度、增加工间休息时间、采用弹性工作制、供应午餐和茶点、实行集体计件工资制等。这些措施的实施使女工们的产量明显上升。即使在一年半后,取消工间休息与供应午餐和茶点,并且恢复每周工作六天后,工人们仍然维持较高的产量水平。研究结果表明,监督和指导方式的改善能够促使工人们改变工作态度、提高产量,而其他因素对产量则没有多大的影响。

(3) 第三阶段:大规模访谈(1928—1931 年)。

研究团队在全公司范围内进一步引入大规模访谈,访问、调查了多达 2 万人次以上,以便了解工人们的态度与生产率的影响因素。研究发现,影响生产力的最重要因素是工作中发展起来的人际关系,而不是工作环境与待遇。每个工人的生产效率不仅取决于他们自己的情况,而且还与其所在小组中的同事有关。任何一个人的工作效率都要受到同事们的影响,生产过程中形成了默契的行为规范,大家都不想做太多工作而成为害人精,也不想做太少的工作而成为懒惰鬼。

(4) 第四阶段:接线板接线工作室试验(1931—1932 年)。

接线板工作室有 9 名接线工、3 名焊接工与 2 名检查员。他们大都自行限制产量,与同事的生产率基本保持一致。公司规定的定额为每天焊接 7 312 个接点,但是工人们只完成 6 000—6 600 个接点,然后就自然松懈下来。主要原因是,工人们担心公司再提高工作定额,也担心造成一部分效率低的工人失业。

同时,工人们对待不同级别的上级持有不同的态度。工人们把小组长看成小组成员,与他们关系比较随意。而把小组长以上的管理者当成局外人,越是级别高的管理者,尽管工人们越尊敬他们,但是工人们对他们的顾忌心理越强,不会和他们交流内心的真实想法。

在工作室里存在着派系,每个派系都有自己的行为规范。如果某个工人要加入这个派系,那么他就必须接受这些规范,自觉地按照这些规范来行动。相反,如果某个派系成员违反了这些规范,就必然要受到惩罚。

(二) 人际关系学说的主要内容

梅奥在总结这些试验结果的基础上,发表了《工业文明中人的问题》,形成了人际关系理论的主要观点。

(1) 企业的员工是社会人。

科学管理理论认为,金钱是刺激人的积极性的唯一动力,把人看做经济人。而霍桑试验表明,工人是社会人,他们不仅追求物质利益,而且追求人与人之间的友情、归属感、安全感和受人尊敬等社会、心理需求。

(2)企业中存在着非正式组织。

企业员工在共同工作中,相互之间必然产生共同的感情、态度和倾向,形成共同的行为准则和惯例,这就构成了"非正式组织"。因此,企业里除了存在"正式组织"以外,还存在"非正式组织"。非正式组织以它独特的感情、规范和倾向,影响着其成员的行为。任何组织中都必然存在着非正式组织,它与正式组织相互依存,并且影响工人的工作态度,进而影响着企业的生产效率。因而,管理人员必须重视非正式组织的存在。

(3)生产效率主要取决于工人的工作态度以及他们与周围人的关系。

生产效率主要取决于职工的态度以及他和周围人的关系。为了提高职工的满足程度,管理者不仅要具有解决技术和经济问题的能力,为职工提供舒适的工作环境,还要与职工建立良好的人际关系。因此,要改变传统的领导方式,提高工人的满足度,使他们有机会参与管理。

梅奥教授的人际关系学说在管理学界产生了很大的影响。许多管理学家、社会学家、心理学家从各种角度开展对人的行为研究,使得行为管理成为现代管理理论的一个重要流派。

二、行为科学

1949年,在美国芝加哥大学召开了一次有哲学家、精神病学家、心理学家、生物学家与社会学家参加的跨学科会议,讨论了运用现代科学知识来研究人类行为的一般理论。

行为科学蓬勃发展,产生了一批影响力巨大的行为科学家及其理论。行为科学家依靠科学方法研究组织行为,追求严格的研究设计,避免个人信仰卷进研究工作,希望各自的研究能够被其他行为科学家复制,其目的在于希望建立组织行为的科学理论。

目前,行为科学理论的代表主要有:马斯洛的需要层次理论、麦格雷戈的X-Y理论、麦克利兰的成就需要理论、赫兹伯格的双因素理论、弗鲁姆的期望理论等。

三、行为管理思想发展的主要方向

梅奥奠定了行为科学的基础,此后西方管理学界涌现了一大批行为科学家,进行了更深入、更广泛的研究,取得了举世瞩目的成就。这些研究成果主要体现在:

(1) 关于人的需求、动机与激励问题的研究。

这方面的代表人物与成果主要有:马斯洛的需要层次理论、赫兹伯格的双因素理论以及弗鲁姆的期望理论等。

(2) 关于人性问题的研究。

这方面的代表人物与理论主要有:麦格雷戈的 X-Y 理论、阿吉里斯的不成熟—成熟理论。

(3) 关于组织中非正式组织以及人与人之间的关系研究。

这方面的代表人物与成果主要有:库尔特·卢因的团体力学理论、布雷德福的敏感性训练方法。

(4) 关于组织中领导方式问题的研究。

这方面的代表人物与成果主要有:坦南鲍姆与施米特的领导方式连续统一体理论、利克特的支持关系理论、斯托格弟与沙特尔的双因素模式以及布莱克与穆顿的管理方格理论。

第四节　管理科学理论

管理科学产生于第二次世界大战期间,是管理定量研究方法。它是从对军事问题的数学和统计解法基础上发展起来的。例如,在第二次世界大战中英国空军面对如何使用有限空军与德国大规模空军对抗,转而向数学家寻求最优配置模式。而美国在反潜战斗中,确定飞机和水面舰队攻击德国 U 形潜艇的最佳投弹深度,建立数学模型求解也获得了比较满意的效果。

第二次世界大战后,许多用于解决军事问题的定量方法被应用到工商管理领域,并开始用统计方法来改进公司的决策工作。管理科学理论综合了管理方法、计算机技术、数学方法、信息论、控制论和系统论等,开拓了管理学的新领域。

一、运筹学

运筹学（operations research，OR）是管理科学的基础。这种方法是英国科学家为解决雷达的合理布置问题而发展起来的数学模型。它专门研究在既定的约束条件下，如人力、财力、物力等资源约束条件下，统筹兼顾、均衡关系，使得目标函数达到最大或最小等。

运筹学是当今比较成熟的学科，它的主要内容有：

（1）线性规划和非线性规划。

规划被用于研究如何充分利用企业的有限资源，如人、财、设备、设施和原材料等，最大限度地优化目标值，取得最优的效益和效果。根据模型的数学特征，又可以细分为线性规划、非线性规划、整数规划和动态规划等。

（2）博弈分析。

主要用于研究在利益互相矛盾的竞争性活动中，分析各方竞争博弈过程以及竞争博弈的最终结果，比如"零和"或"双赢"结果等。例如，分析厂商经营活动的博弈关系，企业之间建立互信关系的博弈模型。

（3）库存模型。

库存模型用于研究物品的库存时间、库存数量、库存方式、库存地点等，既保证企业能有效运转，商品的及时补充，又使得库存和采购的总成本最少。库存模型可以具体细分为确定型与随机型两种类型。

（4）排队模型。

排队模型用于研究宾馆、园区、交通和各类公共服务设施系统的排队现象，着眼于提高系统的运行效率，安排多少服务人员和设施最为合理，既不使消费者或用户在过长的排队等候，又不使服务人员和设施出现闲置和多余。

（5）网络分析。

网络分析采用网络图法，具体分析工程作业的关键路线和总工期，开展时间和资源的优化配置，对工程项目进行整体计划和控制。常用方法有计划评审技术（简称 PERT）和关键路线法（简称 CPM）。

目前，已经开发多种计算机软件，如 SPSS 软件、SAS 软件、MATLAB 软件、PROJECT 软件等，分别适用于求解不同的数学模型，为管理定量研究提供了方便。同时，网络分析也促进了管理科学理论和方法的推广。

二、系统工程

(一) 系统工程的概念

所谓系统工程,就是为完成某一目标,整合人、财、物等各项要素,使系统整体达到最优状态的理论与方法。

事实上,系统工程的研究和应用有着悠久的历史。比如,1930 年,美国无线电公司采用系统的观点,开发与研究电视广播。20 世纪 40 年代,美国贝尔公司在电话系统拓展和升级时,使用了"系统工程"这一词汇。1949 年,美国兰德公司提出了系统分析的概念。1950 年,美国麻省理工学院创办了系统工程学的教育。目前,系统工程理论已经逐步成熟。

(二) 系统分析和系统设计

系统分析和系统设计是系统工程的两项主要工作。

1. 系统分析

系统分析是将系统的观点和思想引入研究工作中,运用科学和数学的方法,对系统中的事件进行研究分析。例如,对城市大型地铁建设项目开展系统分析,主要工作包括:以系统的观点,分析其内部条件和外部环境,以及这些因素之间的互相关系;分析工程建设中的各项约束条件;分析地铁建设的各个子系统,子系统互相之间的关系;分析各项作业的互相关系和进程安排等。通过系统分析,可以从总体上把握整个工程项目的建设。

开展系统分析,主要有五个步骤:(1)提出问题。对面临的问题提出合乎逻辑的系统描述,确定系统的目标,明确分析工作重点。(2)提出方案。即收集资料、分析问题,提出各种可能的方案。(3)评价方案。比较各种方案,分析它们的后果,然后进行综合评估。(4)选择方案。利用评价准则对各种方案进行优劣选择。(5)检验核实。采用试验或模拟的方法,对所选择的方案进行检验,最终提出一个或多个供决策的可行方案。

2. 系统设计

系统设计是通过一个确定的程序,如初步设计、详细设计和开发建设等,根据既定的系统目标,设计和建设一个完整的系统。

系统设计含三个阶段:(1)系统初步设计。主要包含系统设计概念形成、评价和选择初步设计方案和形成系统总体架构。(2)系统详细设计。主要包含技术方案的设计、经济合理性的测算、详细的工程图纸、新系统模型试制、确定技术要求和程序说明等。(3)系统开发建设。其基本工作是功能模块的建设、子系统的建设和系统联调,以及系统试运行。

（三）系统工程的主要概念

系统工程作为一门比较成熟的学科,具有自己的一些基本概念。

(1) 边界。边界是指系统与环境的分界,由此可以识别系统范围和系统环境。

(2) 事件循环。任何系统都具有特定的模块,即输入、转换、输出和反馈。输入、转换和输出形成了系统的最基本的循环过程,应仔细分析这种循环过程的内容和特征。

(3) 子系统。大系统中的相对独立的局部为子系统。通过系统细分的方法,可以深入了解各个子系统的特性,以及其内在不同的结构。

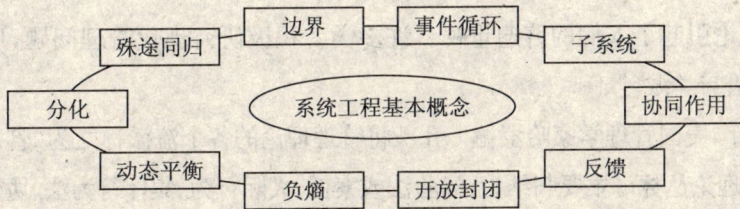

图 2.4　系统工程的概念

(4) 协同作用。协同作用是指整体大于各个部分之和,实现 $1+1>2$ 的效应。各个子系统之间、系统要素之间需要有效整合和协同。

(5) 开放系统和封闭系统。如果系统与环境互动和交换能量,则为开放系统,反之为封闭系统。开放系统和封闭系统下的管理模式有明显的区别。

(6) 反馈。开放系统具有反馈机制。反馈有正反馈和负反馈两种形式,当系统的输出得到环境的肯定时,将产生正反馈效应,系统将增加输入量和转换,从而增加系统输出,当系统输出受到环境约束和限制时,将产生负反馈效应,系统将减少输入量和转换,减少输出。

(7) 负熵。熵是一种热扩散现象,是系统能量向环境释放的过程。若系统只存在熵现象,而没有能量补充,系统就会消亡。为了使得系统能够长期运转和存在,系统必须得到外部环境的新机遇和能量补充。

(8) 动态平衡。动态平衡是指在运动中的一种稳定状态,具体表现为系统与环境变化之间的动态平衡,子系统之间的动态平衡,系统要素之间的动态平衡等,要研究特定系统动态平衡的规律、基本形式和特征值。

(9) 分化。系统本身也会变化,趋向完善或衰落、趋向复杂或简单、出现综合或分化。

(10) 殊途同归。开放系统能以不同的方式,取得同样满意的结果,即从理论上说,组织实现其目标的途径是多种多样的。

第五节　管理理论丛林

第二次世界大战以后,现代科学和技术迅速发展,使生产和组织规模急剧扩大,管理理论引起了人们的普遍重视。许多学者积极研究现代管理问题,形成了多种管理方法与学派。

1967 年,美国管理学家哈罗德·孔茨将管理理论的各个流派称之为"管理理论丛林"。管理理论丛林可主要归纳为:经验法或案例、人际行为、集体行为法、协作社会系统、社会技术系统、决策理论、系统工程、管理科学、权变管理、麦金西的 7-S 理论等。

一、麦金西的 7-S 理论

为开展企业诊断或管理分析,麦金西企业咨询公司推行了一种 7-S 体系。

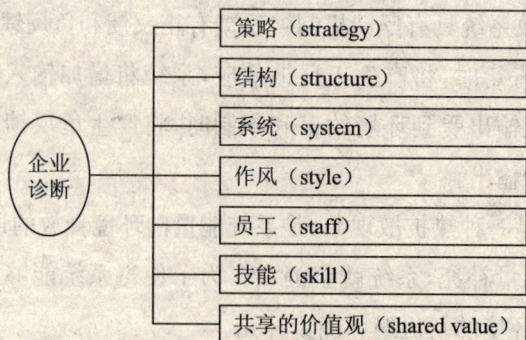

图 2.5　麦金西的 7-S 理论

其中,(1)策略(strategy)是指为实现组织目标而展开的系统活动和资源分配;(2)结构(structure)是指组织结构和组织形态;(3)系统(system)是指管理方法、模式和程序,如信息系统、业务流程、预算和控制等;(4)作风(style)是指管理行为和风格以及集体花费时间的方式;(5)员工(staff)是指员工结构和员工素质;(6)技能(skill)是指企业所掌握的技术、技能和方法以及有特色的组织能力;(7)共享的价值观(shared value)是指由组织成员所分享的价值理念。

7-S模式的优点是简明易懂,方便记忆和概括性强。

二、经验法或案例分析

经验法或案例分析是指通过案例来分析管理问题。通过典型案例分析,可掌握管理工作成功或失败的原因,使得管理者在类似的环境下避免失败或获得成功。开展案例分析,应该把握两个要点:一是询问为什么某些事物会或不会发生,其外部原因和内部原因是什么;二是能否从案例分析中提炼出普遍化的观点。

案例分析可以对管理原理与方法进行验证、解释和实验,给管理者提供了生动和容易记忆的实例。但是,由于时间和环境的变迁,要寻找与案例完全相同的事物是非常困难的,照搬案例经验或教训在现实生活中也是不可行的。同时,面对复杂而又广泛的管理问题,经验管理方法本身具有一定的局限性。

三、权变理论学派

权变就是具体问题具体分析,要根据组织不同的内外环境情况权衡变通。其核心思想是:企业管理要根据内外条件随机应变,不存在一成不变的、无条件适用于一切组织的最好的管理方法,而必须针对不同情况采取不同的方案和方法。

面对所要解决的问题,管理者可以从"共性"和"个性"两个角度分析问题。"共性"的角度就是从管理理论和方法出发,探索是否存在最好的方法。而"个性"角度就是从个案的特殊性出发,有针对性地解决问题,从而形成权变的观点。

权变理论在提出以后的几十年内,其理论意义和应用价值日益为管理实践所证实,因而得到了越来越多的管理学家的支持,成为具有重大影响的管理学派之一。

四、协作社会系统学派

美国学者切斯特·巴纳德在《高级主管人员的职能》中指出,高层管理者的工作是经营和维护一个协作的社会系统。这种观点后来形成协作社会系统学派。它从社会学的角度来研究管理,而系统论是它的理论基础。因此,它把企业组织及其成员的关系看成是一种协作的社会系统。

在巴纳德看来,组织是一个由两个或两个以上的人有意识地加以协调活动的系统。作为一个组织,必须具备三个要素:协作的意愿、共同的目标、成员间的信息沟通。管理者是组织成员协作活动相互联系的中心。管理者的基本任务是建立整个组织的信息系统并保持其畅通,保证其成员进行充分协作以及确定组织目标。

五、社会技术系统学派

英国学者特里斯特(E. L. Trist)和他的同事们发现,技术系统(机器和方法)对于社会系统有强烈的影响,而个人态度和集体行为则受到人们工作所在的技术系统的影响。例如,运输、产品装配和化学加工等过程,技术的采用对业务流程和管理方法有很大影响。社会技术系统学派主张社会系统与技术系统必须协调。如果这两者不相协调,通常要在技术系统中作出必要的变革,因此这个学派主张研究工业工程学。

案例分析一

威尼斯造船厂的管理经验

威尼斯为了保护它日益增长的海上贸易,在1436年建立了政府的造船厂(即兵工厂)以改变私人造船厂的状况。到16世纪时,威尼斯的兵工厂成为当时最大的工厂,占有陆地和水面积60英亩,雇用工人2 000名左右。

兵工厂设有一位正厂长和两位副厂长。威尼斯元老院除了有时直接过问兵工厂的事以外,还派了一名特派员作为与兵工厂的联系者。兵工厂内部分成多个巨大的作业部门,由工长和技术人员领导。正副厂长和特派员主要从事财务管理、采购等职能,生产和技术问题则由各作业部门的工长和技术人员负责。在兵工厂的领导工作中,较好地体现了互相制约和平衡的原则。

兵工厂的任务不只是造船,而是有着三重任务:制造军舰和武器装备;储存装备,以备急用;装备和整修储备中的船只。为了接到通知后立即可以安装舰船,兵工厂必须储备必需的船具和索具。比如仓库中必须经常备有以下部件:500 块坐板、100 个舵、100 根桅杆、200 根圆材、5 000 付足带、500—1 500 根桨,再加上相应的索具支架、沥青、铁制品等。把这些部件都编上号码,并储存在指定的地方,这样有助于实行装配线作业和精确计算存货。木料的储存初期没有次序,以致一个人需要一块木料时要在大堆木料中寻找,所花的费用达木料本身价值的 3 倍,所以后来就把木料加以分类并有次序地安放,因而提高了效率。

兵工厂在安装舰船时采用了类似于现代装配线生产的制度,各种部件和备品仓库都安排在运河的两岸,并按舰船的安装顺序排列。当舰船在运河中被拖引着经过各个仓库时,各种部件和武器等从各个仓库窗口传送出来进行装配。兵工厂中的职员也是按部件和装备的种类安排在各个部门的。第一个工长负责武器,第二个工长负责桅杆,第三个工长负责检查船缝,第四个工长则负责船装,等等。

为了既能提高生产效率,又降低成本,兵工厂计划委员会发布的政策规定:所有的弓都应制造得使所有的箭都能适用;所有的船尾柱应按同一设计建造,以便每一个舵无需特别改装即可适用于船尾柱;所有的索具和甲板用具应该统一,不允许每个工人按自己的设计生产,以免在制造中造成浪费并使舰只不统一。

西班牙的一位旅行者曾参观过兵工厂,并对其装配生产线作了如下描述:"人们一走进大门就会看到一条运河。运河的两边都是从兵工厂的房子里开出的窗口。当舰只由一只船拖着经过这些窗口时,从一个窗口传出索具,一个窗口传出武器,又一个窗传出空炮和白炮。这样,以各个窗口中传出所需的各种东西,当舰只到达运河的另一端时,所有的水手连同木桨都已在舰上了。整个舰只便装备完毕。这样,在数小时内,就安装好了 10 条全副武装的舰船。"当法国的亨利三世于 1574 年参观兵工厂时,在 1 个小时内就安装并下水了一条全副武装的舰船。1570 年 1 月得知土耳其人准备进攻塞浦路斯岛时,威尼斯元老院命令在 3 月中旬左右安装好 100 条舰船,结果在 3 月初就完成了。

（资料来源:鲍丽娜、李孟涛、李浇主编:《管理学习题与案例》,东北财经大学出版社 2007 年版。）

案例思考题：

这个案例反映了威尼斯兵工厂的哪些管理思想和经验？

案例分析二

四川长虹公司早期的战略选择

老牌绩优股四川长虹遭遇滑铁卢。其1999年的业绩令市场大吃一惊：主营业务收入由上年116.02亿元减少到100.95亿元，净利润由20.04亿元减少到5.25亿元，每股收益由0.876 2元减少到0.243元，净资产收益率由16.31％减少到4.06％。这意味着四川长虹已沦落为一般的绩平股，今后3年也丧失了宝贵的配股权。

过去几年，从证券市场源源不断的融资，无疑是长虹锻造业绩丰碑的物质基础。据统计，1995年通过配股筹资约4.7亿元；1997年中期配股筹资约22.99亿元；1999年配股筹资约17.11亿元，三次筹资合计约50亿元。

一方面靠配股融资，一方面靠产品盈利，长虹的总资产迅速膨胀壮大。长虹从1984年起步，其彩电年产量不足8万台。长虹高层管理者抓住商机，通过1989年彩电降价，扩大了市场份额。1996年对抗大举压境的洋彩电，于3月26日宣布降价18％，把外来洋品牌挤出彩电业前10名。1998年，长虹再次降价，使得长虹彩电国内市场占有率上升为35％，四川长虹集团公司成为中国最大的彩电生产企业。按1999年4月30日的数据，长虹15年向国家纳税43亿元，连续4年雄踞电子行业排名第一。

然而，长虹也有败笔。1998年11月18日，长虹宣布已垄断了76％的21英寸彩管，63％的25英寸彩管，以及近100％的29英寸彩管。本想通过垄断上游产品，实现垄断50％彩电市场的梦想，但市场是无情的，彩管厂放水，资源没有垄断住，其他彩电生产企业也趁机降价。让人想不通的是，长虹放弃了最好的降价时机，长虹彩电卖不出去了。

但是，长虹的业绩滑坡在1999年呈现的加速度之大，还是令投资者大呼意外。统计表明，其1999年度主营业务收入降幅为12.99％，净利润降幅为73.80％，每股收益降幅为72.27％，净资产收益率降幅为75.11％，除主营业务收入外，其余主要指标降幅均大大超过上年。

一、依赖价格战，错失大商机

从1998年底开始，国内市场上开始出现进口纯平彩电，视觉效果上了一个大台阶，但价格昂贵。在短短的一年时间里，国内各彩电生产企业纷纷上马纯平彩电生产线。

长虹虽然拥有国内最多的彩电生产线(11条)，但超平彩管刚刚面市，日本韩国生产厂商供应不足，长虹在国内各彩电企业大举推出超平产品后的1—2个月内，甚至没有超平产品供货。后来虽然也争取到了一定数量的超平彩管，但无法获得与其生产能力相适应的超平彩管供应，长虹彩电的市场销售进一步陷于被动。

1998年，为展开新一轮价格战而实施的囤积彩管战略受阻，致使1999年下半年长虹在忙于消化库存时，康佳、TCL等彩电企业乘势而上，推出纯平彩电，投身信息产业，开拓国外市场。可以说，长虹成于价格，亦败于价格，对于价格战的过分依赖恰恰使其失去了对未来的把握。

二、树大招风，长虹受攻

长虹自从家大业大之后，腰杆子粗了，说话做事多了几分霸气，少了几分谨慎，这使得投资者有点不大放心。举例来说，长虹近年先后采取过垄断彩管，挑动降价等比较极端的市场措施，以为凭一手遮天的实力，便可以在国内市场"要风有风，要雨有雨"，可是后来却没有吃到"好果子"。

没有充分与竞争对手以及商家利益进行协调，使得长虹受到家电市场的诸多非议，长虹曾经在资金结算和给商家利益的保证上不够灵活，这带给竞争日益激烈的商场零售业企业很大的压力。长期以来，长虹凭借其规模优势，频使"价格"撒手锏，国内彩电厂商怨声不断。长虹虽然在后来进行了补救工作，但商家和国内彩电同行在直接面对消费者的时候，常常是不约而同地不给彩电"老大哥"面子，把长虹作为最大的对手看待，使得长虹在销售回款和促销宣传等方面处于不利地位。

据年报透露，1999年公司在销售方面还深受降价之累。长虹在同行之间的协同方面鲜有主动表现，相反在市场及产品开发的合作过程中，却每每有失信于人的记录，前者如与郑白文中止销售代理关系，后者如与厦华电子中止联合开发手机协议，这些都在一定程度上损害了长虹的市场形象。

三、"独生子女"不再吃香

长虹靠配股筹资扩大了主导产品生产能力，特别是1997年投建的红太阳1号工程，于1998年投产，1999年彩电年生产规模达1 000万台，从而成为全球第三大彩电生产基地。长虹彩电的国内市场占有率连续多年居行业第一，品牌价值260

亿元,这里面无疑也有证券市场投资者的功劳。

长虹靠彩电起家,可是多年来,其一贯奉行"独生子女"政策,大有靠一台彩电吃一世的气概。虽然在彩电的品种和市场开发上近来年年出新招,无奈我国彩电市场整体上已出现供过于求的趋势,而长虹的新产品在技术上又无特别过人之处。在长虹的近1000辆阳光快车开到的农村市场,别人的大篷车也并不落后。

所以长虹在产品和市场方面的优势早已不很多了,这几年,长虹虽然开始实施多元化调整,但至今未有明显建树;在国外市场方面,当海尔早就在国外吆喝"海尔——中国造"时,长虹才刚刚起步,缺乏更新换代产品和后续市场开发措施是长虹经营战略方面最大的缺陷,也是长虹后继乏力的重要原因。

长虹自身具有较强的技术开发能力,本可以利用资本市场融资的优势,在技术创新上为自身未来的发展杀开一条血路来,但是,从几次配股投资项目来看,长虹的资金投向既缺乏明确的方向,显得重点散乱,又没有扬长避短,发挥自己的特长,因而都未能有效地形成新的利润增长点。

例如,长虹先后投资开发 VCD、空调、数字视频网络产品、数字通讯项目、激光读写系列产品、镍氢电池等。有的属于拾人牙慧、步人后尘,有的则未免有轧闹猛之嫌。这除了说明处在转型关头的长虹缺乏明确的前进方向之外,还说明钱多了也不是太好的事。俗话说,"石头往山里搬",长虹又有配股资金,又有银行授信额度,似乎想搞什么就可以搞什么。可是在心中没有底的情况下,光是见猎心喜式地上项目,就项目而言,凭长虹的资金实力和技术能力或许还不至于搞不成。但即使搞成了,对长虹的长远发展有何战略意义呢? 对长虹迈向 500 强有何好处? 在这种情况下,长虹今后 3 年内不再有配股资格,也可以说是好事。

长虹能否东山再起? 这就要看长虹自己如何对待这次"滑铁卢"了,可惜的是,长虹在年报中所分析的失利原因,只有外因,没有内因,这对于其吸取教训是没有什么帮助的,对此,不能不令人感到遗憾。

(资料来源:孙元欣:《管理学——原理·方法·案例》,北京:科学出版社 2006 年版。)

案例思考题:

1. 简单归纳四川长虹 1984 年至 1999 年的发展历史和阶段。

2. 从战略决策和业务决策两个层面,分析四川长虹发展中的经验和教训。

3. 请为四川长虹的将来发展战略提出建议。

本章小结

在整个人类发展史中,始终贯穿着管理实践和理论创新。而 19 世纪末管理理论的形成和发展,有三个重要的社会经济历史背景原因:科技革命引起的工业革命、所有权与经营权的分离以及市场交换的扩大化。

古典管理理论的代表人物主要有泰勒、法约尔和韦伯等,分别代表了科学管理理论、一般管理理论和行政组织理论。古典管理理论是管理学科发展的重要基石,但其对人的基本假设是经济人假设,具有一定的局限性。

行为管理主要研究人类行为的产生、发展和变化的规律,以预测、引导和控制人的行为,达到充分发挥人的作用、调动人的积极性的目的。其代表理论有梅奥与霍桑试验、马斯洛的需求层次理论、赫茨伯格的双因素理论、麦格雷戈的 X-Y 理论等。

管理科学理论综合了管理方法、计算机技术、数学方法、信息论、控制论和系统论等,主要包括运筹学和系统工程等内容。系统工程的基本概念包括:边界、事件循环、子系统、协同作用、开放系统和封闭系统、反馈、负熵、动态平衡和分化。

管理理论丛林归纳的管理方法有:经验法或案例;人际行为;集体行为法;协作社会系统;社会技术系统;决策理论;系统工程;管理科学;权变管理;管理任务;麦金西的 7-S 理论;经营管理等。

本章思考题

1. 简述泰勒科学管理的四项原则。
2. 请解释工时研究和标准化。
3. 简述法约尔的十四项管理原则。
4. 霍桑试验中揭示的人际关系学说的主要观点是什么?
5. 简述韦伯理想行政组织应该具备的特点。
6. 简述管理理论的"经济人"假设和"社会人"假设,请举例说明。
7. 阐述系统工程有哪些基本概念。

第三章

管理环境

本章学习目标

通过本章的学习,理解并掌握:

1. 组织的内外部环境及其作用;

2. 组织的一般管理环境的主要指标,霍夫斯泰德和全球文化评估框架两个模型的主要指标;

3. 组织具体环境的内容;

4. 组织管理环境的评价方法,包括环境扫描、等级尺度法与多因素评价法。

引导案例

乐凯面临的管理环境

2002 年,数码相机销售太热,国内总共销售量达到 35 万—40 万台,比上一年增长 150%左右。预计 2003 年,数码相机即便增长率较小,也不会低于 50%。数码照片输出市场——数码冲印服务也骤然火爆起来。柯达、富士和乐凯等知名的感光胶片商都加入了这场争夺战。

柯达是中国目前最大的彩色冲印服务商。它已在中国投入 12 亿美元,开设了 7 000 家快速彩色加盟店,其中包括 1 000 家数码店,2003 年还将增加 700 家数码冲印店。到 2004 年,其数码领域的业务量将达到全国同类业务总量的 40%。今后,他们计划把70％研发费用投入数码领域，目标是平均每1万人拥有一家柯达快速彩色冲印店。

柯达认为自己是数码影像领域的真正领跑者。理由是柯达在品牌、营销网络、人才网络和电子影像技术4个方面都具备其他厂商所不能比拟的优势：柯达在中国有7 000多家加盟店而富士可能连3 000家都不到，基本上每一个中国大城市都有柯达自己的团队和分销网络，柯达掌握着50％以上的电子影像核心技术。

富士毫不示弱，宣布将投资5 000万元人民币，在2003年年底开设1 000家数码激光冲印店，并加强广告宣传攻势。富士透露，柯达在北京开第一家数码冲印店时，富士已经有了6家数码激光店，卖出去了10台数码冲扩机，买主甚至包括原来柯达的加盟商。富士引以为傲的正是它自己生产的数码冲扩机。它为这种机器取名为"魔术手"。目前，"魔术手"在中国已经售出300多台，在全世界则已卖出逾7 000台。富士特别提到，柯达自己并不生产数码冲印设备，它使用的是日本的"诺日士"冲扩机。

乐凯和柯达、富士比起来，处于弱势。乐凯自己承认做的是低端产品，目前在国内市场上有20％占有率，是在低于柯达售价20％的情况下取得的。从1999年数据来看，乐凯销售额不到1亿美元，而柯达是14 089亿美元；柯达当年研发费用不达817亿美元，乐凯则不足1 000万美元；乐凯的市场拓展人员只有200多人，不及柯达在中国的1/4。中国加入WTO之后，对乐凯威胁最大的是专利。富士、柯达在国外银盐感光材料和数码领域申请了上万件专利，而乐凯仅有9件专利。

（资料来源：鲍丽娜、李孟涛、李浇主编：《管理学习题与案例》，东北财经大学出版社2007年版。）

思考题：

通过以上案例，分析一下哪些企业管理环境使乐凯经营困难？

第一节　组织环境

组织是整个社会的基本构成元素之一，它从来就不是孤立地存在的，需要不断地与内外环境相互作用。组织不仅要从环境中获得自身发展所需的资源，而且还要肩负起回馈社会的责任。

一、组织环境

组织环境是指存在于一个组织内部和外部的各种影响因素,这些因素共同构成了作用于组织绩效的各种综合力量。组织环境不仅包括组织的外部环境,而且还包括组织的内部环境。

根据各种因素对组织绩效的影响程度不同,可将组织外部环境分为一般环境和任务环境。一般环境是指可能对组织的活动产生影响的各种宏观因素,主要包括政治、经济、法律、文化和科学技术等因素。任务环境是指对某一具体组织的目标产生直接影响的外部环境因素。而组织比较典型的任务环境包括资源供应者、竞争者、服务对象、政府管理部门以及社会上的各种利益群体。

组织环境除组织外部环境以外,还包括组织内部的环境。组织内部环境是由组织文化和组织经营条件两大部分组成的。组织文化是指在一定经济社会文化背景下,由组织在长期的发展过程中逐步产生和发展起来的相对稳定的独特的价值观、行为规范、道德准则、群体意识和风俗习惯等。组织文化是构成组织的软件内容,一般来说它的形成是比较缓慢的、稳固的。而组织经营条件是指组织经营所拥有的各种资源的数量和质量情况,主要包括人力资源、资金实力、科研力量和信誉等。组织经营条件是构成组织的硬件内容,一般说来它的特征是形成比较快捷而易变。

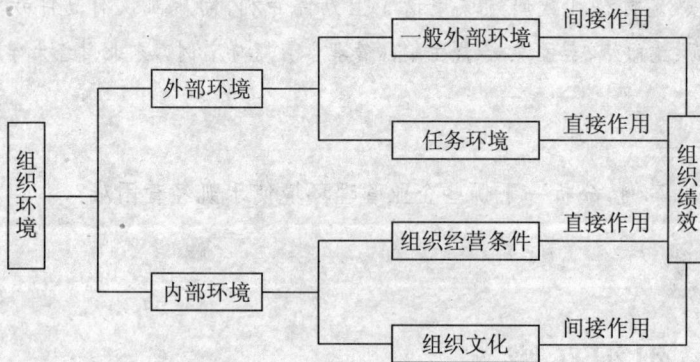

图 3.1　组织环境的构成

二、环境分析的作用

任何组织都是整个社会大系统中的一个开放子系统,其生存与发展是以它必须与环境相互交换物质、能量与信息等为前提的,因而总是受到社会各方面因素的影响和制约。反之,如果组织脱离了整个社会,就会丧失生存与发展的土壤,也会失去生命力。

环境对组织的影响主要体现在:

(1)环境分析有助于正确认识影响组织绩效的因素。

外部环境是组织的生存土壤,不仅为组织活动提供条件,而且也约束着组织的活动。而内部环境决定着组织活动能否顺利开展,以及能否实现组织预定的目标。内外部环境都影响着组织的绩效,决定着组织的生存与发展。管理者关注组织内外部环境的变化,有助于把握问题的实质,从更广阔的视角来设计组织的发展战略。

(2)环境分析有助于发现组织管理中存在的问题。

组织总是在一定的宏观环境中生存的,它的发展会受到各种内外部环境因素的影响。如果组织的业绩水平下降,管理者通过内外部环境的分析,可以找到产生问题的根源,为组织的顺利发展提供对策。

(3)环境分析有助于组织作出正确的决策。

外部环境分析能为组织提供大量的运行信息,反映组织的运行状况,内外部环境分析可以明确组织所具有的条件及可利用的资源,了解员工的价值观和行为习惯的影响。因而环境分析有助于组织作出符合环境要求,同时也被员工所接受的正确决策。

第二节 管理的外部环境

任何组织都存在于一定的环境之中,环境对组织的管理活动产生各种影响,而组织的管理实践也会作用于环境。例如,在全球经济一体化背景下,企业开展跨地区和跨国经营,开发国际市场,在更大范围配置资源,并促进科学技术的转移。组织的外部环境包括一般环境因素和具体环境因素。

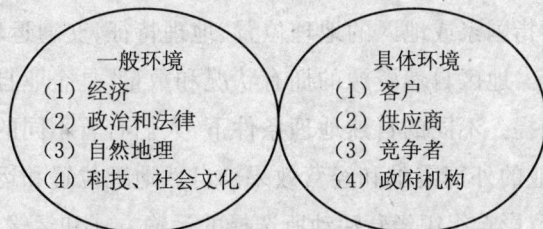

一般环境
(1)经济
(2)政治和法律
(3)自然地理
(4)科技、社会文化

具体环境
(1)客户
(2)供应商
(3)竞争者
(4)政府机构

图3.2 组织的外部环境

一、一般环境

一般环境是指对组织的活动产生影响的宏观环境因素或区域环境因素,主要包括经济、政治和法律、自然地理、科技、社会文化等因素。

（一）一般环境的主要内容

1. 经济因素

经济因素是指组织所在国家或地区的经济发展水平、产业结构、发展特征和景气状况等总体经济状况。经济因素深刻地影响着组织的运作能力和战略选择,它能给管理者带来更多的机遇,也能给组织带来威胁。

采用各种经济分析指标,可以识别和分析经济环境。例如,国内生产总值(GDP)或地区生产总值、利率、通货膨胀率、可支配收入的变动、证券市场指数、市场景气指数等。经济因素从资金来源、人员供给、市场需求和原材料价格等方面,影响组织的投入和产出。就企业而言,若经济形势良好,行业周期处于上升阶段,企业发展则较为有利,若经济萧条,企业发展会面临较多的困难。

2. 政治和法律因素

政治因素指国家或地区政局的总体稳定性、国际关系、重大事件的发生和政局发展趋势等。政治因素会对组织的管理活动产生直接而明显的影响。例如,国家或地区的政局稳定,有利于组织制定长期发展计划,有利于吸引国际投资。再如,若两个国家国际关系的长期融洽和友好,则会促进企业之间合作和交流,促进跨国投资和建立合资企业。国家(或地区)有着自身的法律法规体系。例如,有关法律法规明确了企业类型和企业登记注册的审批程序,对企业经营范围、职工最低工资、工作环境条件等提出了明确要求,规定了企业或产品市场准入的条件和规范,以及监督和制裁企业不法行为的方式。

3. 自然地理因素

自然地理因素指国家或地区的地理位置、地理特征、交通运输条件、自然资源禀赋和气候条件等。地区自然资源的拥有状况和数量,是企业自然资源开发和原材料获取的重要前提。不同的自然地理条件下,人们有着不同的生活习惯和消费方式,从而影响企业的外部需求和经营效果。自然地理位置和运输条件会直接影响组织的选址决策,影响组织经营活动所选择的运输方式和运输工具,以及组织运营成本及其构成。过于炎热和寒冷的气候,将不适合于某些经济活动的展开。台风、大雾、沙尘暴和暴风雨等灾难性气候,是组织经营活动外部风险的重要因素。

4. 科学技术因素

科学技术因素是指科学技术状况、新科技和新工艺的发明和应用等。当代社会科学技术的发展日新月异,包括信息技术、生物技术、新能源、新材料、航天科技等等。科学技术的发明和应用,给组织运作提供了外部机遇和新的挑战。在新的科学技术支持下,组织可以开发出新产品和新的服务方式,采用新的工艺流程和管理模式。科学技术的发展和应用,也从根本上改变了人们的生活方式和消费方式,进而改变了产品结构、产业结构和社会组织。

5. 社会文化因素

社会文化因素是指一个社会所形成的传统习俗、人文历史、生活习惯、语言文字、道德观念和价值取向等。任何组织都是由人组成的,组织及其员工都处在一定的社会文化环境之中,会受到各种社会因素的影响和渗透,从而影响组织的运作方式和效率。例如,不同的社会文化背景,人们有着各自的语言和文字,以及特殊的表达形式,若处于相同的社会文化背景下,人们之间的沟通就比较方便。再如,面对不同文化背景的员工,管理者应该了解其风俗的差异,加强沟通,采用不同的管理方法和手段。

(二)霍夫斯泰德文化环境模型

民族文化(national culture)是一个国家全体或绝大多数居民共有的价值观,民族文化决定了人们的行为规范和看待世界的方式。在经济全球化的背景下,当组织开展跨国经营或活动时,如身处异国他乡,正确识别异国环境,特别是民族文化,则是生存和发展的重要前提。

荷兰学者吉尔特·霍夫斯泰德(Geert Hofstede)对不同国家文化差异特征进行了研究。他对 40 个国家的 11.6 万名雇员开展了调查,数据分析表明,民族文化

表 3.1　吉尔特·霍夫斯泰德识别民族文化的四个维度

民族文化的四个维度	概 念 解 释
1. 个人主义与集体主义	个人主义是指一种松散结合的社会结构,人们只关系自己的或直系亲属的利益;集体主义是指一种紧密结合的社会结构
2. 权利差距	社会承认机构和组织内权利分配的不平等程度
3. 不确定性的规避	人们承受风险和非传统行为的程度
4. 生活的数量与质量	强调生活的数量,过分自信和物质主义;强调生活的质量,关注人与人之间的关系,以及对他人幸福的敏感和关心

对雇员与工作相关的价值观和态度,起着主要的影响作用。民族文化比年龄、性别、职业或组织中的职位更能解释差异的原因。通过研究分析,吉尔特·霍夫斯泰德归纳指出了识别不同民族文化差异的四个维度:个人主义与集体主义;权利差距;不确定性的规避;生活数量与生活质量。

1. 个人主义与集体主义

个人主义是指一种松散结合的社会结构,在这一结构中,人们只关系自己的或直系亲属的利益。这在一个允许个人拥有相当大自由度的社会中是可能的。集体主义是一种紧密结合的社会结构,在这一结构中,人们希望从群体或团体(如家庭、组织)中获得力量和帮助。集体主义换来的是成员对团体的绝对忠诚。霍夫斯泰德发现,一个国家的个人主义程度与国家的财富密切相关。例如,美国、英国和荷兰等富裕国家倾向个人主义。而哥伦比亚和巴基斯坦等贫穷国家,则盛行集体主义。

2. 权利差距

霍夫斯泰德认为,权利差距可以用来衡量社会承认机构和组织内权利分配的不平等程度的尺度。一个权利差距较大的社会,承认组织内权利的巨大差别,雇员对权威显示出极大的尊敬,称号、头衔和地位是极其重要的。人们发现,若与权利差距较大国家的组织谈判时,自己一方所派出的谈判代表,应该至少与对方派出的谈判代表头衔相同才有利。这样的国家有菲律宾、委内瑞拉和印度等。相反,权利差距小的社会尽可能减少不平等。上级仍然拥有权威,但雇员并不恐惧或敬畏老板;丹麦、爱尔兰及奥地利是这类国家的典型。

3. 不确定性规避

不确定性规避被用于衡量人们承受风险和非传统行为程度的尺度。事实上,人们实际生活在不确定的环境中,未来在很大程度上是未知的。然而,不同的文化以不同的方式,对这种不确定性做出反应。低不确定性规避文化的领导喜欢更大的灵活性,允许下属在工作中有更多的选择,其组织的设计具有更大的自由度。

当人们有较强承受风险的能力,能够容忍不同于自己的行为和意见,霍夫斯泰德把这样的社会描述为低不确定性规避的社会,属于这个类型的国家有新加坡和丹麦等。在高不确定性规避社会中,人们表现出日益增长的焦虑,高度的神经紧张、压力和进取心,人们感到社会中不确定性和模糊性的威胁。人们对非传统思想和行为缺乏容忍,组织可能采用更正式的规则,社会成员趋于相信绝对真理。在高不确定性规避的国家中,组织成员表现出较低的工作流动性,终身雇佣是一种普遍实行的政策,属于这个类型的国家有日本、葡萄牙和希腊等。

4. 生活的数量和质量

有的民族文化强调生活的数量,这种文化的特征是过分自信和物质主义;还有的民族文化则强调生活的质量,这种文化强调人与人之间的关系,以及对他人幸福的敏感和关心。霍夫斯泰德发现,日本和奥地利的文化更倾向于生活的数量维度;相反,挪威、瑞典、丹麦和芬兰的文化,则更倾向于生活的质量维度。

霍夫斯泰德识别民族文化四个维度的研究成果,有助于管理者把握国家之间民族文化的相似性和差异性。显然,当两个国家的民族文化较为相似时,若管理者从一个国家到另一国家展开经营活动,会较少地调整管理模式。当两个国家的民族文化差异性很大时,霍夫斯泰德的模型可以帮助管理者寻找差异最大的维度,并事先寻找解决问题的方案。

(三) 全球文化评估框架

世界上不同的国家,存在不同的政治、法律体系、经济制度和运行方式以及文化环境。其中,文化环境对企业开展跨国界经营活动的影响是难以短期内改变的。

通过跨文化领导行为进行调查,全球领导和组织行为效力(global leadership and organizationl behavior effectiveness,GLOBE)研究计划扩展了霍夫斯泰德的研究成果,并且为管理者提供了其他的信息,以帮助他们认识和管理文化差异。由罗伯特·豪斯(Robert House)领导的 GLOBE 研究团队,使用来自 62 个国家 18 000多名管理者的数据确定了九个用来区分不同民族文化的维度。其中,权力距离和不确定性规避与霍夫斯泰德的维度一致,果断、人本导向、未来导向与制度集体主义与霍夫斯泰德维度类似,对应于男性化、女性化、长期/短期以及个人主义/集体主义。而性别差异、圈内集体主义和绩效导向则进一步提供了对一个国家文化的见解和洞察。因此,全球文化评估框架的九个维度分别为:

1. 权力距离

一个社会的成员期望权力被不平等分配的程度。一个社会权力距离越大,人与人之间越不平等,越呈现等级化现象。相反,一个社会权力距离越小,人与人之间的地位越平等。

2. 不确定性规避

一个社会依赖社会规范和程序,来降低未来不可预见性的程度。高不确定性规避国家的文化具有可以使组织和员工依赖的、可预期的管理制度和程序。其中,规章制度占主导地位。而风险会使人们紧张和不安,人们总是力图避免这种行为。高不确定性规避文化的人们不喜欢冒险,通常也害怕失败,在决策方面比较保守。

3. 果断

一个社会鼓励其成员变得坚强、对抗、果断和竞争,而不是谦虚、温和的程度。这个指标反映了人们处理事情的直率程度。

4. 人本导向

人本导向即一个社会鼓励和奖励个体公正、无私、慷慨、关心、友善地对待他人的程度。

5. 未来导向

一个社会鼓励和奖励其成员的周密计划、为未来投资、推迟享乐之类的以未来为导向的行为的程度。

6. 制度集体主义

社会制度鼓励个体融入社会和组织中的各种群体的程度。从制度层面来区分个人与集体的关系,体现了不同的国家制度文化。

7. 性别差异

一个社会强调性别角色差异的程度,并且以女性拥有的地位和决策权来衡量。它体现了男女社会地位的平等状况。

8. 圈内集体主义

一个社会的成员对获得家庭、朋友圈、工作单位等小规模群体的成员资格感到自豪的程度。这个指标体现了社会的认同还是小团体的认同。

9. 绩效导向

一个社会鼓励和奖励成员追求绩效改进和卓越的程度。它涉及社会是以工作为导向还是以人际关系为导向。

表 3.2　GLOBE 的研究成果表

维　度	低	中　等	高
果断	瑞典、新西兰、瑞士	埃及、爱尔兰、菲律宾	西班牙、美国、希腊
未来导向	俄罗斯、阿根廷、波兰	斯洛文尼亚、埃及、爱尔兰	丹麦、加拿大、荷兰
性别差异	瑞典、丹麦、斯洛文尼亚	意大利、巴西、阿根廷	韩国、埃及、摩洛哥
不确定性规避	俄罗斯、匈牙利、玻利维亚	以色列、美国、墨西哥	澳大利亚、丹麦、德国
权力距离	丹麦、荷兰、南非	英格兰、法国、巴西	俄罗斯、西班牙、泰国
制度集体主义	丹麦、新加坡、日本	中国香港、美国、埃及	希腊、匈牙利、德国
圈内集体主义	丹麦、瑞典、新西兰	日本、以色列、卡塔尔	埃及、中国大陆、摩洛哥
绩效导向	俄罗斯、阿根廷、希腊	瑞典、以色列、西班牙	美国、中国台湾、新西兰
人本导向	德国、西班牙、法国	中国香港、瑞典、中国台湾	印度尼西亚、埃及、马来西亚

二、具体环境

具体环境指直接影响组织活动的具体环境因素,如消费者、供应商、竞争对手、投资者、政府管理部门、中介组织、工会组织和社会团体等。

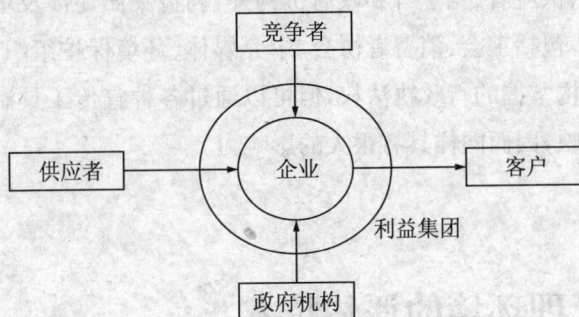

图 3.3　企业的具体环境

(一)客户

客户是组织生产产品或提供服务的直接消费者。一个组织是否能够获得成功,关键在于能否满足客户的需要,提高客户的满意度和忠诚度。因此,正确开展组织的各项管理活动,需要识别客户的需求和偏好,了解市场需求和发展趋势,及时开发满足客户需要的产品或服务,不断提高产品和服务的质量,形成广泛而稳定的消费群体。

(二)供应者

供应者是向组织提供资源的单位。从广义上讲,原材料供应商、银行和学校等,向组织提供了不同类型的资源,都是组织的供应者。若组织在资源供应方面得不到充分保障,就无法完成组织的预定工作和目标。因而,组织的管理者应该努力寻求高质量、低成本和运营可靠的供应者,谋求与供应者之间的合作和双赢。

(三)竞争者

竞争者是指能够提供相同或替代产品的组织,竞争者之间互为竞争对手。组织之间的竞争是多方面的,主要表现在市场和资源方面的竞争。由于组织之间的竞争,对市场条件和资源配置会造成直接的影响,管理者必须正确估计自身和竞争对手的优劣势,根据竞争环境的特点制定有效的组织发展战略,以期在激烈的竞争中,形成自身的竞争优势。

(四)政府机构

政府机构作为行政管理部门,负责制定各种法律法规,规范各类组织的活动。

政府可以通过制定政策和措施引导各类组织的行为,以及通过市场监管促使各类组织活动符合法律法规的要求。政府根据法律法规,可以处罚某些组织的不法行为。组织应该在政府的指导下,在法律允许的范围内开展活动。一旦政府的政策法规发生了变化,组织的战略也应该随之变化。

(五)相关的利益集团

除上述客户、供应者、竞争者和政府机构外,利益集团还涉及中介组织、员工组织和社会团体等,包括工会、消费者协会、中介媒体、环境保护组织。这些利益集团虽然没有政府机构掌握的行政执法权,但可以通过各种宣传工具制造舆论,或者直接向政府机构反映,因而同样具有很大的影响力。

第三节　管理环境的评估技术

一、环境扫描

环境扫描(environmental scanning)是指浏览大量的信息,以识别环境中正在发生的趋势性和动态性的变化,并逐步形成对未来发展的构想。环境扫描将重点放在容易被疏忽的因素与正在重大变化的因素上,因为它可能揭示出能够影响组织当前或未来行动的事项和问题。

例如,20世纪70年代,美国人寿保险获得大量环境信息,反映了家庭人寿市场的有利因素很多,预计家庭人寿保险额将大幅增加,然而现实中保险额却在大幅缩减。后来研究发现,原因是美国家庭结构正在发生重大变化,丁克族(不要孩子的家庭)日益增多。这类家庭对人寿保险的需要,远远小于一般家庭的人寿保险需要。

管理者应十分关注竞争者情报,以获得竞争者有价值的基本信息:谁是竞争者? 竞争者在做什么? 竞争者的行为对本企业有哪些影响? 例如,邓白氏公司(Dun & Bradsteet)是一家领先的商业信息提供商,拥有一个活跃的商业情报部门。而情报部门的经理接到一个来自本公司某地区的销售副总裁助理的电话,告诉他本公司的一位大客户刚处理完另一家公司对这位大客户的拜访,于是情报经理立即开始调查这家公司的情况,收集到相关信息,发现这家公司尽管不在邓白氏公司的竞争对手名单里,但是它正在"拿枪瞄准我们"。因此,邓白氏公司立即行动,制定应对方案来抵御这个竞争对手发起的攻击。

竞争情报专家指出,竞争情报不是谍报,因为组织制定战略所需的95%的竞争者信息,都可以从公开出版物中得到。例如,广告、推销材料、印刷品、企业年度报告、上市公司重大投资项目公告、新闻报道、产业研究报告、贸易展览会等。

环境扫描技术包括:阅读报纸、杂志、书籍和贸易期刊,阅读竞争者的广告、促销材料和印刷品;参加贸易展览会;征求销售人员的意见,及拆开竞争对手的产品仔细研究等。此外,互联网也提供了竞争者情报的大量来源,因为许多公司的网页上都包含了新产品信息以及各种新闻发布会的信息。

二、等级尺度法

等级尺度法(又称环境因素分析法)是由美国经济学家罗伯特·斯托鲍夫于1969年提出的投资环境评分法,它以东道国政府对外国投资的限制和鼓励政策为出发点,偏重于将各种投资因素定量化,进行微观因素的分析和比较,使投资者容易对不同的投资环境进行合理的评估,总分越高,则投资环境越好。环境因素分析法将投资环境分为八个因素,每个因素又包括若干子因素并标有分数,最高总分为100分,投资者可以根据东道国投资环境的实际情况选择具体指标下的子因素。

表3.3 环境因素分析法

指标序号	投资环境因素	子因素	评分
指标一	资本抽回	无限制 只有时间上的限制 对资本有限制 对资本和红利都有限制 限制繁多 禁止资本抽回	12 8 6 4 2 0
指标二	外商股权	准许并欢迎全部外资股权 准许全部外资股权但不欢迎 准许外资占大部分股权 外资最多不得超过股权半数 只准外资占小部分股权 外资不得超过股权的三成 不准外资控制任何股权	12 10 8 6 4 2 0

续表

指标序号	投资环境因素	子因素	评分
指标三	对外商的管制程度	外商与本国企业一视同仁	12
		对外商略有限制但无管制	10
		对外商有少许管制	8
		对外商有限制并有管制	6
		对外商有限制并严加管制	4
		对外商严行限制并严加管制	2
		禁止外商投资	0
指标四	货币稳定性	完全自由兑换	20
		黑市与官价差距小于一成	18
		黑市与官价差距在一成至四成之间	14
		黑市与官价差距在四成至一倍之间	8
		黑市与官价差距在一倍以上	4
指标五	政治稳定性	长期稳定	12
		稳定但因人而治	10
		内部分裂但政府掌权	8
		国内外有强大的反对力量	4
		有政变和动荡的可能	2
		不稳定,极有可能发生政变和动荡	0
指标六	给予关税保护的意愿	给予关税充分保护	8
		给予相当保护但以新工业为主	6
		给予少许保护但以新工业为主	4
		很少或不予以保护	2
指标七	当地资金的可供程度	成熟的资本市场,有公开的证券交易所	10
		少许当地资本,有投机性的证券交易所	8
		当地资本有限,外来资本不多	6
		短期资本极其有限	4
		资本管制很严格	2
		高度的资本外流	0
指标八	近五年的通货膨胀率	小于1%	14
		1%至3%	12
		3%至7%	10
		7%至10%	8
		10%至15%	6
		15%至35%	4
		35%以上	2

三、多因素评价法

1987 年,香港学者闵建蜀教授提出一个多因素评价模型,从多角度采用多指标来衡量一个国家的投资环境。他将投资环境因素分为:政治、经济、财务、市场、基础设施、技术条件、辅助工业、法律制度、行政机构效率、文化与竞争等十一种环境。每一个因素又由一系列子因素构成。

首先,对各类因素的子因素作出综合评价;然后,对各类因素作出优、良、中、可、差等五个等级的判断;最后,在综合计算出各因素的加权值基础上,汇总各因素加权值得到投资环境的总分:

$$G = \sum_{i=1}^{11} W_i (5A_i + 4B_i + 3C_i + 2D_i + E_i) \tag{3.1}$$

式中,G 为投资环境总分数;W_i 为第 i 类因素的权重;A_i、B_i、C_i、D_i、E_i 分别为第 i 类因素被评为优、良、中、可、差的百分比。

投资环境总分的取值在 11—55 之间,越接近 55 分,说明投资环境越佳;反之,越接近 11 分,则说明投资环境越差。多因素评价法是一般性的投资环境评价方法,适合于对各国投资环境的全面评价。

表 3.4 多因素评价法

因　素	子　因　素
政治环境	政治稳定性、国有化可能性、当地政府的外资政策
经济环境	经济增长、物价水平
财务环境	资本和利润汇出、汇率、集资和借款的可能性
市场环境	市场规模、分销网点、营销辅助机构、地理位置
基础设施	国际通信设备、交通与能源动力项目、外部经济
技术条件	科技水平、适合的劳动力、专业人才的供应
辅助工业	辅助工业的发展水平、辅助工业的配套情况
法律制度	各项法律制度是否健全、法律是否得到很好的执行
行政机构效率	机构的设置、办事效率、工作人员的素质
文化环境	当时社会是否接纳外国公司及对其的信任与合作程度、外国公司是否适应当地社会风俗
竞争环境	当地竞争对手的强弱、同类产品进口配额在当地市场的份额

案例分析一

未雨绸缪——通用电气面对环境变化的改革历程

1981 年杰克·韦尔奇(Jack Welch)继任通用电气(GE)公司总裁。当时,公司内外,几乎没有人认为公司需要重新整顿,因为公司一直是备受全球敬重的知名企业,通用电气的股票还是上市公司绩优股中的绩优股。然而,韦尔奇却认为通用电气的主管萧规曹随,善于守成,但拙于开创。当外部环境开始剧烈变动时,通用电气的诸多程序及制度就显得不合时宜,窘态毕露,公司经理们惯有的自信也逐渐丧失。若是再放任发展下去,不作一点调整改革,可能不出十年,这个表面上看起来健全蓬勃的企业可能也会遭到和克莱斯勒汽车公司一样的命运。

韦尔奇认为,一个强大的企业必须有持续增长的收益和利润,收益的增加来自源源不断的新主意和产品创新;利润的增长则要依靠生产率的不断提高。两者缺一不可。而通用电气已存在收益及利益无法提高的障碍。威胁收益增长的因素是公司高度发展的官僚体制以及在背后支撑的企业文化。这个机构曾是那么有效率,然而现在却变得僵硬而不能适应环境的变化,它延误决策,忽视反应,打击共识,使得通用电气新产品上市的脚步跟不上其他企业。对于主管们来说,掌握那些繁文缛节已成为封官晋爵、晋升荣华的必备艺术和必要条件。结果,许多通用电气的优秀管理者将大部分精力用来应付内部的琐事,而非关注顾客的真正需求,关注环境变化可能对公司发展带来什么样的机会和威胁。事实上,当日本的企业每年的生产率提高达 8% 之际,通用电气的生产率每年提高不到 1.5%。

韦尔奇决心对通用电气目前的状况进行改革,甚至不顾大多数员工的反对。

一、业务重组

韦尔奇认为,通用电气旗下的所有企业都必须在其产品市场上名列第一或第二,不能达到这个标准的企业,将被整顿、关闭或出售。为此,他推动通用电气公司的业务领域重组,共出售了价值 110 亿美元的企业,包括煤矿、半导体和电视机;另外,买进了价值 260 亿美元的新企业,包括基德尔投资银行、雇主再保险公司和全国广播公司(NBC)的后台老板美国无线电公司(RCA)。业务重组的目的实际上要使通用电气的利润来源重组,使公司有更高的回报率回报股东与社会。

二、管理重组

韦尔奇坚持通用电气的管理人员必须突破传统管理概念本身的约束,迎接21世纪。韦尔奇认为未来的成功将属于那些"精简敏捷"的组织。这种组织的结构流畅、简洁,可以快速地适应环境的变化,在精神上比较民主,以开放、坦率和不同功能及阶层间的使用,取代僵硬的权威领导。但组织内的员工必须学会团队合作、自我负责。通用电气应尽可能地去除监督管理的职位,给予员工更多的权力控制自己的工作,对工作负责,使员工不再像孩子般地接受父母的命令,而是像成人或同辈那样与上司互动。

韦尔奇经常要求经营主管准备几张简单的幻灯片,简述各企业的经营现况。幻灯片的内容大致包括下面几个基本问题:

1. 你所处的全球竞争环境如何?

2. 在最近3年内,竞争对手有何作为?

3. 在同期内,你的对应措施是什么?

4. 将来他们可能会如何攻击你?

5. 你准备如何超越对手?

三、改革带来的业绩

在韦尔奇上任之前,通用电气与西屋电气及美国电话电报公司(AT&T)一样,都是所谓的"GNP公司"。因为这些公司的利润增长幅度几乎和国民生产总值(GNP)的年增长率一致。但是,到1991年年底,通用电气的利润比10年前增长了10%,是同期GNP增长率的1.5倍,这对像通用电气这么大规模的公司而言实属不易。1991年度的全年营业额为600亿美元,利润为44亿美元,以衡量公司的经营业绩的关键指标——每股收益而言,其高达20%,比美国前500家大企业的12%高出许多。1992年4月,通用电气的市值超过670亿美元,是全美排名第三位的企业,比1980年时的第十一名进步了许多。美国企业除了埃克森、飞利浦·莫利斯,外国企业除了荷兰壳牌和日本NTT之外,全都瞠乎其后。根据收益、利润、市场价值及资产的综合评比,《幸福》杂志将通用电气列为全球最具竞争力的企业。

(资料来源:诺尔·蒂奇等:《掌握命运——通用电气的改革历程》,上海译文出版社1996年版。)

案例思考题:

1. 为什么韦尔奇要对通用电气公司进行改革?

2. 通用电气业务重组的出发点是什么？怎样进行业务重组？

3. 环境变化对通用电气管理模式重组的影响力如何？

4. 韦尔奇怎样推动通用电气的改革？

5. 韦尔奇要求下属汇报工作时的基本内容你认为它是否正确？还要增加什么内容？

案例分析二

五粮液：多元化道路能否突出重围？

五粮液集团有限公司位于"万里长江第一城"的四川省宜宾市，20世纪50年代由几家古传酿酒作坊联合而成。当时，五粮液集团被称为"中国专卖公司四川省宜宾酒厂"，1959年正式命名为"宜宾五粮液酒厂"，1998年改制为"五粮液集团有限公司"。

五粮液以"香气悠久、味道醇厚、入口甘美、回味无穷"的独特风格闻名于世，是四川白酒行业的五朵金花之一，与茅台并驾齐驱、享誉中外，是当今酒类行业中出类拔萃的珍品。五粮液以独有的自然生态环境和600多年的古窖工艺，以及五种粮食配方等优势，创造了一个又一个辉煌。比如，2008年，五粮液集团以上一年度252.38亿元的销售收入上榜"中国企业500强"，以34.60纳税额位列"中国企业纳税200佳"第84名、"中国企业效益200佳"第113名。

一、白酒行业一片哀鸿

较低的进入门槛让白酒业竞争十分激烈，许多新的企业集团纷纷进入白酒行业，买断经营的现象一度成为时尚。比如，娃哈哈集团、红豆集团、重庆力帆和万达集团，在2001年白酒产业调整之际，重兵杀入白酒行业。同时，白酒行业里部分买断品牌也迅速崛起，并取得了瞩目的业绩，比如，金六福、浏阳河、金剑南、剑南娇子等。其中，金六福在不到四年的时间里销售收入达20亿。另外，还有一些小型的酒厂也纷纷扩大规模，趁机崛起，整个白酒市场杀气腾腾。

目前，白酒产业全国市场出现萎缩，主要有以下几个方面的原因。首先，替代品的快速增长，限制了白酒扩张边界。比如，葡萄酒、啤酒以及保健酒和各种酒精饮料的市场份额增加，侵吞了部分白酒市场。白酒的产生与发展有着悠久的历史，它充分融入了中国地域性和民族性的特征。其次，白酒消费群体的减少和消费观念的转变。由于经济全球化的发展,葡萄酒逐渐被越来越多的国人所接受,再加上健康理念的原因,葡萄酒等对白酒的替代性增强。再次,白酒行业的成本暴涨,使得白酒价格也跟着上升,进而影响市场对白酒的需求。另外,从 2001 年开始,白酒企业的 OEM 商增加很快,直接增加了市场供给,导致市场竞争异常激烈。根据业内估计,平均每个白酒传统品牌(比如五粮液、茅台、水井坊、沱牌、泸州老窖和剑南春)贴牌商已经超过其自有品牌 200% 以上。最后,自从 2012 年我国新一届政府先后颁布一系列法令和法规,调整国家产业政策,禁止铺张浪费,倡导节俭办事,压缩政府开支,政府和军队也掀起"禁酒令",这也对白酒市场产生了严重的冲击。

二、汽车行业竞争炽烈

尽管在 21 世纪初看来汽车产业还算是一个朝阳产业,但是经过十几年的发展,汽车产业已经今非昔比,呈现出江河日下的态势。目前,汽车产业仍然是我国的支柱产业,但是市场竞争非常激烈,价格战每天都在上演。在全球经济危机下,整个汽车产业都不景气,进口车通过降低价格来争夺中国市场,导致合资品牌和自主品牌汽车也跟着纷纷降价。由于我国一线城市和省会城市的汽车需求已经基本饱和,因此汽车的市场空间主要在二三线城市和广大农村。但是,由于中国宏观经济增速的下调,对汽车的需求自然下降,再加上汽车行业存在产能过剩的现象,使得汽车产业前景黯淡。

2002 年,五粮液与重庆长安合作,为长安代工一种"长安星"的赠品酒,同时也开始了自己的"造车梦"。通过这次合作,五粮液发现自己的酒模具制造或许可以跨入汽车模具领域。当年 12 月,五粮液集团引进北京一家汽车模具公司,为旗下的普什集团提供全套产品的制造方案。2003 年底,普什接到重庆长安与日本汽车生产商价值 1 000 万元的汽车模具订单,从此五粮液就踏进了汽车行业。

在政府有关部门的撮合之下,2006 年 8 月五粮液集团与华晨集团、绵阳市政府达成一致协议,三方将在四川省绵阳市合作生产整车。同时,华晨将旗下发动机企业 46.5% 的股份折合现金 3.84 亿元转给普什集团,从而使五粮液以战略投资者的身份进入华晨在四川的汽车制造,而后五粮液走上了漫长的申请牌照之路。尽管五粮液具有大量的资本进入汽车领域,但是汽车行业是一个与白酒相关度极低的行业,无论是管理经验还是品牌优势都难以移植到汽车行业,这就注定了五粮液的汽车梦还很遥远。

三、五粮液多元化道路坎坷

五粮液一直以来都试图摆脱困境、突出重围,走可持续发展道路,但其发展一直坎坷重重。1997年建成的5万吨酒精生产线刚投产就告夭折。最初被称为"亚洲第一流"的制药集团也无疾而终。而"安培纳丝"亚洲威士忌项目白白丢掉了几千万元,目前已经陷入停产状态。五粮液集团先期曾投资4亿元人民币设立环球塑胶有限公司,目前看来也显得"太过鲁莽"。除了自建项目的失败以外,在对外投资上五粮液也未建起色。1998年9月,五粮液集团从宜宾市国资委受让了宜宾纸业2 000万股国家股,成为第二大股东。但是,五粮液集团一直没有对宜宾纸业进行实质性重组,最终把这部分股权托管给了宜宾天原集团。此外,五粮液急于入主华西证券,虽然与四川省国资委达成转让协议,但是在股权过户前却又宣告终止。今天,五粮液还在多元化道路上苦苦求索!

五粮液现在的目标是上市公司高度专业化、集团多元化。当企业发展到一定阶段,在积累了一定资金和管理能力的前提下,横向发展是势在必行。但是,传统行业出身的五粮液能否找到适合自己的多元化道路?

（资料来源：作者根据有关资料编写）

案例思考题：

1. 为什么白酒行业呈现不景气的状态？
2. 五粮液选择了哪些多元化道路？效果如何？为什么？
3. 如果你是五粮液高管,你打算走什么样的多元化道路？

本章小结

管理环境是指对组织绩效起着潜在影响的外部因素或力量。它主要有三个方面的作用：找出影响绩效的因素、发现问题与正确决策。组织环境对组织的生存与发展往往起着制约作用。

管理环境有多种多样的分类方法。一般环境主要包括经济、政治和法律、自然地理、科技、社会文化等因素。荷兰学者吉尔特·霍夫斯泰德认为,识别不同民族文化的差异有四个维度：个人主义与集体主义；权利差距；不确定性的规避；生活数量与生活质量。而全球文化评估框架则扩展了霍夫斯泰德模型,建立了九个维度为:权力距离;不确定性规避;果断;人本导向;未来导向;制度集体主义;性别差异;圈内集体主义;绩效导向。

具体环境指直接影响组织活动的具体环境因素,如消费者、供应商、竞争对手、投资者、政府管理部门、中介组织、工会组织和社会团体等。

管理环境的评估技术包括环境扫描、等级尺度法和多因素评价法。环境扫描是一种定性的技术,主要用于快速获取关键信息。等级尺度法和多因素评价法是定量方法,都涉及多个影响因素,用于对管理环境的综合评价。

本章思考题

1. 简述管理环境的基本含义与主要作用。
2. 一般管理环境主要包括哪些指标?
3. 简述荷兰学者吉尔特·霍夫斯泰德对民族文化差异的四个维度与主要内容。
4. 简述全球文化评估框架的九个维度内容,描述它与霍夫斯泰德模型有什么不同。
5. 简述管理的具体环境的内容。
6. 简述环境扫描技术的主要内容。
7. 理解等级尺度法的具体实施过程。
8. 理解多因素评价法的具体实施过程。
9. 理解等级尺度法与多因素评价法的差别。

第四章

管理道德

本章学习目标

通过本章的学习,理解并掌握:

1. 管理道德的含义、影响因素;

2. 关于道德的四种观点;

3. 管理道德的特征与改善途径;

4. 企业的社会责任与类型。

引导案例

肯德基的道德问题

2005 年 5 月,山西省 13 家肯德基的"新奥尔良烤翅"和"新奥尔良烤鸡"停止售卖。同时,由于相关调料中发现含有"苏丹红一号"成分,肯德基的母公司中国百胜餐饮集团于 5 月 16 日发表公开声明称:"对此次食品安全事件,肯德基深表遗憾,并向公众致歉。"

发生了这么大的一起公共卫生事件,不是一句轻描淡写的"深表遗憾,并向公众致歉"就可以过关的。作为一家全球著名的食品企业,尽管它通知了国内所有肯德基餐厅停止售卖这两种产品,但是以外交辞令来搪塞消费者实在有违起码的道德水准。

早在 2004 年 6 月 14 日,英国就向消费者和贸易机构发出"苏丹红"警示。2005 年 2 月 23 日,在英国宣布召回含有"苏丹红"食品 5 天之后,中国国家质检总局就发出通知,要求各地加强对含有"苏丹红"的食品的检验监管。随后,国家工商总局、国家质检总局在执法检查中查出广东亨氏"美味源"牌金桂林辣椒酱、辣椒油等含有"苏丹红一号"。为防止含有"苏丹红一号"的食品危害消费者身体健康,国家工商总局、国家质检总局、卫生部紧急部署,要求各级工商、质检、卫生部门,从生产、流通、餐饮等各个环节全方位进行执法检查,并责成经销企业对照已经公布的419种名单进行自查,一旦发现,必须立即下架。

国家有关部门的正式通知已经过了三周时间,肯德基才公布自己的产品含有违禁原料,这样的速度是不是太慢了?在这三周时间里,全国各地星罗棋布的肯德基餐厅究竟卖出了多少份新奥尔良烤翅和新奥尔良烤鸡腿堡?有多少消费者食用了这种含有致癌物质的速食产品?其中又有多少小孩和老人?

尽管肯德基已经向公众致歉,但是作为它的消费者,如果因为食用肯德基产品导致身体健康受到损害,完全有权要求它补偿由于它的过错而给自己造成的损失。肯德基的母公司中国百胜餐饮集团川渝黔市场公共事务部人士已经作出相关承诺,但是消费者更有理由期待中国百胜餐饮集团总部的类似积极表态和行动。

思考题:

通过以上案例可以看出,肯德基在"苏丹红"事件中的道德水准如何?

第一节　管理道德概述

美国安然公司做假账事件、中国三鹿奶粉事件、麦道夫诈骗案等全球无数事例,都在向全世界表明,没有节制的自利与贪婪都会造成严重的后果。因此,企业在追求自身利润的同时,必须遵守基本的管理道德,并承担必要的社会责任。这是企业作为社会的基本组成单位应该接受的起码约束。否则,整个社会将会因为它的组成个体之间的内耗而混乱不堪。

一、管理道德的含义

管理道德是指企业在调节与社会、与其他企业的关系以及内部关系等管理活动中,应该遵守的判别是非的规范、原则或惯例。管理者在做出某项决策的过程中,需要认真考虑这项决策是否符合某种道德规范,这项决策可能产生的后果,可能影响到哪些利益群体,特别是对哪些利益群体产生负面影响和不良后果。例如,在经济萧条时期,员工在获取某个工作岗位时,有意低报自身的真实学历,因为这项工作不需要很高学历就可以承担,这是符合管理道德的行为吗? 再如,有人将公司的车辆和汽油,用于私人的用途,这是道德的行为吗? 若用公司电话打个人长途电话,请公司秘书帮助处理诸如打印个人信件等私人事务,这是符合管理道德的行为吗? 某推销员在营销过程中贿赂采购员,以诱导采购员做出采购决定,这是道德的行为吗?

在经营过程中,管理道德作为企业的重要精神资本,主要具有以下两方面的重要价值:一方面,管理道德可以从宏观方面起到协调社会与企业之间关系的作用,支撑企业的经营活动,规范企业的基本行为;另一方面,管理道德作为一种内在的精神力量,可以激励员工发挥积极性和创造性,减少企业的管理成本,提高企业的内在效率。

管理道德通常包含着企业与三个方面的主体之间的关系:(1)企业对员工的关系,比如雇用与解雇、薪酬与工作条件、隐私权与职场关系;(2)员工对企业的关系,比如,利益冲突、诚实、守纪律等;(3)企业与其他组织的关系,比如,顾客、竞争者、股东、供应商、工会和社区等。

二、管理与道德的关系

管理道德作为企业文化的组成部分,渗透企业的各个方面,既包括集权与分权、公平与效率等普遍的原则问题,也包括企业现场管理、财务、人力资源开发与管理、市场营销、研究与开发等职能管理中的道德问题。它体现了组织所确立的价值观,反映了组织对某些事情、某些问题的观点和态度,并在很大程度上决定了组织在承担社会责任方面的自觉性。

任何组织的管理行为都在文化深层上体现它所秉持的道德观,并形成自己的管理道德。如果组织能够有效地强化其道德行为,则有助于强化组织管理,提高组织运作效率。因此,构建良好的组织道德是增强管理效率、提高管理效果的基本途径。

(1)组织的道德品质和道德文化有助于管理者制定正确的决策。

如果组织具有较高的道德品质,它的管理者则能够发扬民主,倾听各方意见,具有较强的责任感,下属也乐于参与决策。反之,如果组织缺乏基本的道德品质,它的管理者就会以权谋私或刚愎自用,对组织也会不负责任,难以作出科学的决策,甚至故意损害组织的利益。

(2) 良好的道德品质和组织文化是获取、留住关键人才并激发员工热情工作的基础。

良好的组织道德文化与公平、公正、和谐的工作环境是互相依存的因果关系,同时它还是展示给社会的光辉形象的内在支持。因此,良好的道德文化是组织的无形资产,是企业的品牌,具有重大的价值。它能够吸引有知识、有文化、有修养的关键人才不断地投奔企业而来,也能够增强员工的工作责任心、激发其创造性与积极性。

(3) 组织的道德文化可以促进组织与它的内外环境之间的协调。

组织的道德文化可以促使组织内外坦诚相待,建立人与人之间的相互信任,有助于组织内部与组织之间的相互帮助,增进整个社会的利益。因此,组织内外的协调就更加容易实现。相反,不道德的组织则更多地诱发员工以自我为中心,处处损人利己、尔虞我诈,人与人之间也相互猜疑,组织内外也不协调。

(4) 良好的道德品质和组织文化能推进组织创新与变革。

组织经常会面临创新与变革的压力,而阻碍创新与变革的原因往往是员工的本位主义。他们对组织变革不理解,对组织缺乏信任,对未来不确定性充满忧虑。而具有较高道德品质的员工和部门则会顾全大局,处事公正、相互支持,组织会为员工着想,员工也会支持组织,最大限度地减少未来的不确定性。

三、影响管理道德的因素

组织的管理行为是否合乎道德,取决于管理者的道德发展阶段、管理者个人特征、组织结构设计、组织文化和道德问题强度等多种因素。

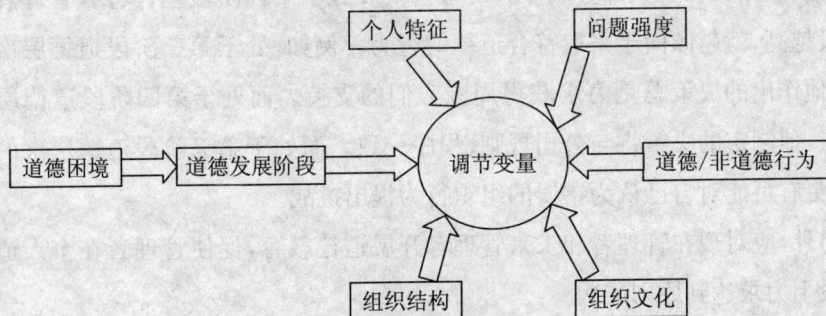

图 4.1　管理道德的影响因素

（一）道德的发展阶段

国内外研究表明,道德的发展要经历前后相继的三个递阶层次,而每个层次又分为两个阶段。随着阶段的递阶上升,个人的道德判断变得越来越不受外部因素的影响,表现出很强的个体自主性。

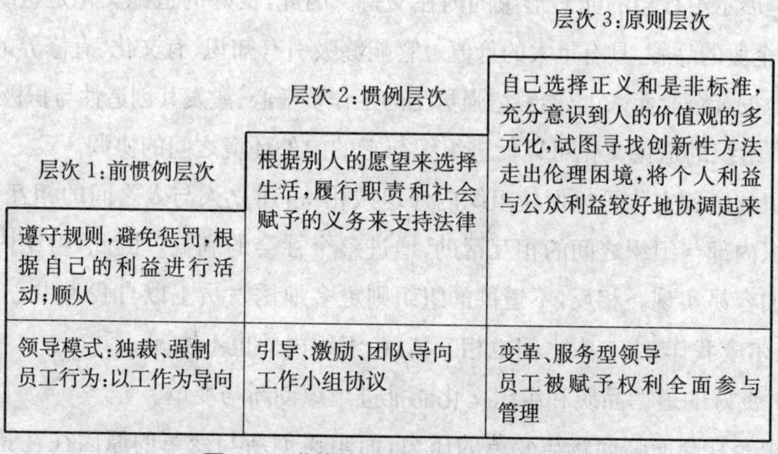

层次3:原则层次

层次1:前惯例层次	层次2:惯例层次	自己选择正义和是非标准,充分意识到人的价值观的多元化,试图寻找创新性方法走出伦理困境,将个人利益与公众利益较好地协调起来
遵守规则,避免惩罚,根据自己的利益进行活动;顺从	根据别人的愿望来选择生活,履行职责和社会赋予的义务来支持法律	
领导模式:独裁、强制员工行为:以工作为导向	引导、激励、团队导向工作小组协议	变革、服务型领导员工被赋予权利全面参与管理

图4.2　道德的发展阶段与管理行为

道德发展的第一层次是前惯例层次,其主要特征是:决策者根据个人利益以及行为可能导致的奖赏和惩罚,来决定自己的行为选择。第二层次是惯例层次,其主要特征是:决策者受他人期望的影响,遵守法律和规则,并保持对人们的期望的一致性。第三层次是原则层次,其主要特征是:决策者按自己认为的道德原则行事,与社会准则和法律可能一致或不一致。

研究发现道德发展阶段之间呈现出如下的特征:其一,个人道德发展阶段依次递进,逐步提高;其二,不存在道德发展阶段的障碍,但是个人道德发展最终会停留在某个阶段上;其三,大部分成年人的道德发展处于第四阶段上;其四,管理者达到的阶段越高,就越倾向于采取符合道德的行为。例如,处于第三阶段道德层次的管理者,他作出的决策总是力求获得周围人们的支持。而处于第四阶段道德层次的管理者,他制定的决策将与公司规则、程序一致。而处于第五阶段道德层次的管理者,他更有可能对自己认为错误的组织行为提出挑战。

另外,应对现在管理者和未来管理者开展道德教育,促使管理者在个人道德发展阶段上力求达到原则层次。

表 4.1　道德的发展阶段

层　次	内容描述	阶　段
前惯例层次	根据个人利益以及行为可能导致的奖赏和惩罚,来决定个人的行为	1. 学习遵守规范,以避免惩罚 2. 当符合自身直接利益时就遵守规则
惯例层次	受他人期望的影响,遵守法律和规则,并保持对人们的期望的一致性	3. 做周围人们所期望的事情 4. 履行所赞同的准则,维护传统的秩序
原则层次	按自己认为的道德原则行事,与社会准则和法律可能一致或不一致	5. 尊重他人权利,对错误提出挑战 6. 按自己选择的道德原则行事

（二）个人特征

管理者的个人价值观、自信心和自控力等特性对组织的管理道德有着直接的影响。而个人价值观是由家庭、朋友、社区环境、教育环境、宗教信仰、生活和工作经历等因素影响而逐渐形成的。由于每个人的成长过程存在着千差万别,外界环境因素对每个人会产生不同的影响,因而每个人判断是非善恶的标准不可能完全相同。同时,每个人对待权力、财富、爱情、家庭、子女、人生以及个人责任等问题的态度也各不相同,因而在面临相同的管理道德问题时,每个管理者表现出不同的决策态度和思路。

管理者个人的自信心和自控力与管理道德也有很强的相关性。一般而言,自信心和自控力强的人往往都会相信自己的判断,并且具有较强的毅力来控制自己的行为,努力去做自己认为正确的事情。虽然他们也会倾听别人的不同意见,但是自己确定的方向和底线不会轻易改变。相反,自信心和自控力弱的人面临有争议的管理道德问题,常常会摇摆不定、困惑不解,很容易屈服于外界的压力,而难于坚持自己的主张。

（三）组织结构

组织结构同样会影响管理者的道德行为。一般而言,清晰的组织结构、正式的制度和规则、目标导向、高层管理者的态度等均对管理者行为产生直接的影响。

（1）清晰的组织结构对管理者的行为有明显的约束作用。如果组织内部机构和职责分工有必要的权力制衡、监督、检查与审计机制,以及外部群众和舆论的监督,就可以大大预防和制止不道德的管理行为产生。

（2）组织内部明确的规章制度对管理者具有显著的指导作用。组织内清晰说明管理职务的实施细则和应遵守的道德准则,能够清楚地向管理者表达道德与非道德行为的边界,从而有效地预防不道德管理行为的产生。

（3）上级管理者的行为对下属的个人道德和不道德行为具有最强有力的示范作用。在组织内部，下属往往会关注上级的管理行为，并弄清哪些管理行为是上级可以接受的，然后上行下效，而完全不理睬规章制度的具体规定。

（4）组织绩效评价方法对管理者行为也有直接导向作用。若绩效评价过分偏重于成果，并与分配方式和奖惩相关，则有可能促使员工不择手段地追求成果目标，并在管理道德方面松懈而引发不道德的管理行为。

另外，时间、竞争、成本和工作的压力越大，管理者就越可能放弃良好的道德标准，而选择有利于自己的不道德行为。

（四）组织文化

从道德规范的角度来看，组织文化有高道德规范文化与低道德规范文化之分。高道德规范文化是指对冲突高度宽容、具有高风险承受度与高度控制的组织文化。在高道德规范的组织文化里，组织鼓励管理者积极进取与创新，敢于向不合理的现状质疑与挑战，即使遭受挫折与失败也不会受到组织的歧视和惩罚。相反，如果通过采用不道德的行为取得成果，将会被员工揭露和鄙视，甚至受到严厉的惩罚。而低道德规范文化则没有表现出对良好道德行为的鼓励，也没有对不道德行为的约束和惩罚，整个组织似乎是非不分。

从文化对组织的影响来看，组织文化有强文化和弱文化之分。强文化是指有明确的共享价值观和组织文化导向。强文化把组织价值观渗透到员工的具体行为中，员工的行为明显具有组织价值观的烙印，因此强文化比弱文化对管理者具有更大的影响。一般而言，奉行诚信做事的组织文化必然减少不道德的管理行为。

例如，美国强生公司奉行对用户、雇员、社会和股东履行义务的长期承诺文化，曾帮助强生公司在危机面前渡过难关。1982年和1986年，当强生公司生产的污染有毒的泰诺胶囊在商店货架上被发现，而强生总公司尚未发布中毒事件的声明之前，美国各地强生公司的雇员就已主动将这些胶囊从货架上取下，体现了公司与员工的诚信、负责的精神，避免了有毒胶囊的不良影响进一步扩大。

（五）道德问题的强度

道德问题强度，是指道德问题可能产生的后果的严重程度。因此，管理道德问题会直接影响管理者的决策效果。

（1）危害的严重性。危害的严重性是指管理者作出的某项决策，将有多少可能的直接受害者或受益者，这些人群将受到多大的伤害或受益，另外还有哪些间接受

效果集中度　　　　　　危害的严重性

后果的接近度　→　问题强度　←　社会舆论反应

后果的直接性　　　　　　危害的可能性

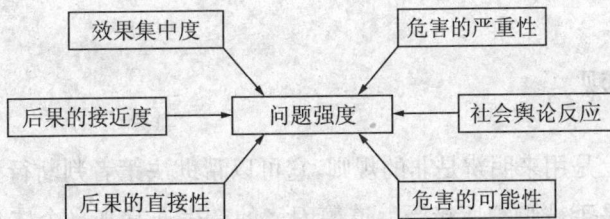

图 4.3　道德问题的强度

害者或受益者以及影响程度。例如,使 10 000 人失业的行为就比使 10 人失业的行为产生的伤害大得多。

(2) 社会舆论反应。对于某项管理行为,社会舆论将认为这种行动是邪恶的或善良的,新闻媒介和社会舆论将对此作出反应。例如,多数中国人认为节假日朋友、亲戚之间送礼是正常的人际交往,但是也有少数人没有认识到为了获得职位晋升以及商业中标而送礼是错误的行贿行为,因为这会导致其他参与者的机会不平等而影响社会的公平、效率。

(3) 危害的可能性。管理决策将引起哪些可预见的危害,这种危害发生的可能性有多大,能否估算这种可能性的百分比? 例如,如果允许家庭拥有枪支,那么家庭拥有枪支后,将增加故意枪支伤害和无意枪支伤害的可能性有多大?

(4) 后果的直接性。管理决策后果的时效或持续时间是多少? 例如,减少目前退休人员的退休金,比减少目前年龄在 40—50 岁的雇员的退休金的后果要更加严重。

(5) 与危害的接近度。管理决策所产生的影响,与人们的接近度如何。如果与人们距离相对接近,就会感受比较直接;如果与人们距离相对较远,则感受会比较轻微。例如,自己工作单位的同事被解雇,比远方城市的人被解雇对你造成的伤害更大。

(6) 效果的集中度。决策所产生的效应和后果,是集中作用于少数人身上,还是分散在大多数人身上? 若决策集中作用在少数人身上,效果就十分强烈和明显。

根据以上管理问题的内容,倘若某种管理行为造成人们受到的伤害很大,社会舆论反应强烈,可预见危害的可能性较大,行为到后果的时间短,观察者与受害者接近和感觉明显,不良后果集中在少数人群身上,则问题强度就大;反之则问题强度相对较小。对问题强度大的管理决策,管理者应该更加谨慎。若采取不道德的行为,其后果将十分严重,反应也将十分强烈。

四、四种道德观

　　道德本质上是用来明辨是非的规则,它可以帮助决策者判断行为的正确与否,以及这种行为是否被组织所接受。道德困境的产生通常来自个体与整体的矛盾,如个人与组织的矛盾、组织与整个社会的矛盾、组织与组织之间的矛盾。因此,管理者在处理矛盾问题的决策依据通常是建立在价值观基础之上的道德准则。这些准则指导着人们如何与其他人、团体交往,并向人们提供了一个判断自己行为是否正确的基础标准。而不同的组织具有不同的道德标准,组织发展的不同时期也有不同的道德标准。

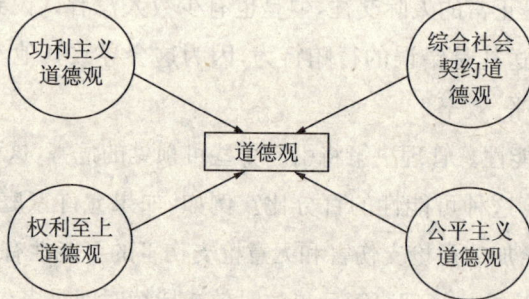

图 4.4　四种道德观

(一)道德的功利观

　　道德的功利观是完全按照成果或结果制定决策的一种道德观点。决策者完全把后果作为行动的准则,比如直接的效果。功利观的目标是为绝大多数人提供尽可能多的利益。例如,当企业经营发生困难时,管理者认为解雇 20% 的工人是正当的,因为这将降低成本并增加工厂利润,同时提高剩余的 80% 员工的工作保障,并使股东获得较高的收益。一方面,功利主义提倡效率和生产力,以符合组织利润最大化目标;另一方面,功利主义也可能导致组织资源的配置不合理,甚至利益相关者的权利被忽视,尤其是那些受影响的部门或处于劣势地位的个人。例如,功利观推崇者究竟代表了谁的利益,代表全体股东利益还是代表少数大股东的利益。同时,决策者是否可能由于追求短期效益而忽略长期效益,造成新的资源不合理配置。此外,功利观推崇者会忽视缺少代表和缺少话语权的利益群体,甚至损害这些利益群体的利益,如被解雇员工的正当权益。

（二）道德的权利观

道德的权利观尊重和维护个人自由和人的基本权利,比如,隐私权、人身自由、言论自由和法律规定的各种权利。因此,权利观是从个体的观点来表达道德。例如,员工有权告发雇主的违法行为,员工的言论自由的权力应该得到尊重和保护。权利原则主张权利不能简单地被功利所摈弃,它只能被另一个更基本的权利所超越。特别是对于弱势群体,管理者要保护他们的合法权利,维护其道德权利,比如,残疾人的权利、老年人的权利和民工的权利等。

权利观在保护个人自由和隐私方面起到了积极作用。但是,它的消极作用是由于过分强调个人权利的保护,可能造成一种过分墨守规章的工作氛围,从而阻碍生产力和效率的提高。

（三）道德的公正观

道德的公正观要求管理者公平和公正地制定、实施和贯彻规则。例如,管理者认为现有最低工资标准不足以维持基本生活水准,会给予新员工超过最低工资的薪酬,但是这样又增加了企业的成本,也不利于平衡新老员工之间的关系。因此,实行公正观的道德在保护了弱势群体的同时,也可能助长组织降低风险承诺,淡化创新和效率意识。

（四）道德的综合社会契约观

综合社会契约观的道德要求管理者在制定决策时,综合考虑实证和规范两个方面的因素。它综合了两种契约:一是经济参与人当中的一般社会契约,这些现存的社会契约构成了企业道德规范的重要基础;二是群体中较为特定的人当中的较为特定的契约,这些契约规定了哪些行为方式是可以接受的。因此,综合社会契约观提倡把广泛而传统的社会契约方法与现实的社会契约结合起来。

例如,美国公司在中国的员工与美国本土的同等技能、同等绩效的员工相比,工资待遇差别可能达5—10倍之多,并且在失业、医疗、休假等方面的保障也差别很大。这种道德通常并不认为不道德,而被认为是正常的。只要按照企业所在地区政府和员工都能接受的社会契约所进行的管理行为就是正确的。

但是,综合社会契约观也有很大的局限性。因为契约具有很强的情景特征,在很多场合是相关各方利益博弈的结果,与合理性无关。而且,契约的对象必须严格限制,如果让契约主义泛滥,将会导致严重的经济、社会后果。比如,人格、道德、婚姻是绝对不可以契约化的。

第二节　管理道德的改善途径

一、管理道德的特征

管理道德是组织的一种基本规范,它规范、维系组织成员共同完成组织任务、实现组织目标。但是,管理道德作为软性约束又不像法律、制度等规范具有一定的强制性。因此,管理道德具有自身的特征。

(一) 责任感

管理道德不仅把遵守道德规范作为组织获取利益的一种手段,而且还把它作为组织的一项责任。在遵守道德规范会带来利益或不遵守道德规范会带来损失的情况下,组织一般都会选择遵守道德规范。但是,在遵守道德规范会带来损失或不遵守道德规范会带来利益时,组织仍然选择遵守道德规范就是责任的具体表现。因此,组织在道德教化的过程中就是为了让道德超越利益而变成一种责任。

(二) 社会性

崇尚道德的管理不仅从组织自身角度,更从社会整体角度来思考决策问题,甚至为了社会的整体利益,不惜牺牲组织自身的短期利益。管理道德作为调整个人利益与社会集体利益的行为规范,它的宗旨和使命在于维护社会共同利益的尊严。只有超越个人的短期利益,为他人和社会利益着想,管理道德才具有约束自身行为而放大社会利益的价值。

(三) 利他性

管理道德尊重利益相关者的利益,善于处理组织与利益相关者之间的关系,也善于处理管理者与一般员工之间以及一般员工内部的关系。只有在尊重别人利益的基础上,组织自身的利益才能得到有效的保障。如果不尊重利益相关者的利益,组织自身的利益也容易遭到侵犯;因为组织与利益相关者之间存在着相互依赖、相互作用的关系。

(四) 目的性

管理道德不仅把人看做手段,而且还把人看做目的,组织行为的目的是为了人。尊重人、视人为目的的思想正逐渐进入管理领域,它已经成为企业社会责任概念的核心。其实,人类的一切活动的根本目的最终还是为了人的生存与发展。如果没有人,就没有人的一切,因为人的各种活动都必须依附于人这个中心。

（五）超越性

管理道德超越了法律的要求,能让组织取得卓越的成就。法律是所有社会成员必须共同遵守的最起码的行为规范。因此,法律的规定是处理与其他人、组织之间关系的最基本底线。与法律相比,管理道德对人的要求就要高得多,对人的约束就要严格得多。它要求组织成员必须具有更高的自律性来维护道德的尊严,自觉地控制自己的行为。

（六）自律性

管理道德具有自律的特征。与法律相比,管理道德不具有外界环境的强制力约束和惩戒,它必须依靠组织成员的自身素质和道德修养作为实施的保证。因此,管理道德是一种软性约束。同时,社会舆论和内心信念能唤醒人们的良知、羞耻感和内疚感,从而对自己的行为进行自我调节。

（七）导向性

组织的价值观可以代替对组织内的某些行为进行"对错"和"应该不应该"的判断。管理道德为组织建立起崇高的价值观,以此来引导组织及其成员的一切行为。同时,它也能激发组织成员去作不平凡的贡献,给组织带来生机与活力。

二、改善管理道德的途径

根据对影响管理道德的主要因素分析,可以有目的地制定计划和措施,以提高整个组织的管理道德水平。

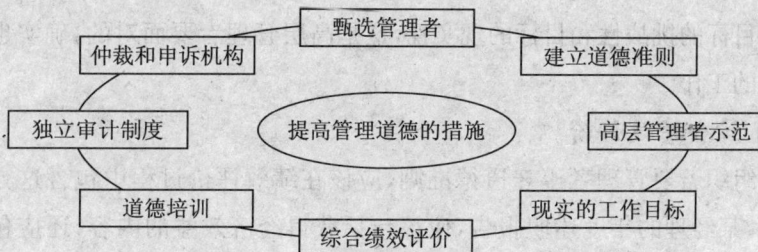

图 4.5 提高管理道德的主要措施

（一）招聘道德素质高的员工

人在道德发展阶段、个人价值体系和个性上的差异,使管理者有可能通过严格的招聘过程,将低道德素质的求职者排除在外。组织对雇员的甄选工作,可以采用面试、笔试和背景测试以及试用等手段,从多个角度对应聘者进行全面测试。招聘过程有助于管理者了解求职者的个人道德发展阶段、个人价值观、自我强度和控制中心。

（二）建立道德准则

组织应该建立清晰的道德准则和决策规范(code of ethics and decision rules),表明公司的价值观和希望雇员遵守的道德准则。制定道德准则,一方面应尽量具体和明确,另一方面要允许雇员拥有判断问题的自由。据对美国 83 家大型企业的调查(含杜邦、埃克森、波士顿银行和威斯康星电力公司等),公司道德准则内容主要包含三个方面:(1)做一个可靠的组织公民;(2)不做任何损害组织的不合法和不恰当的事;(3)为顾客着想。然而,从社会角度看,公司道德准则的主要作用是制约对公司不利的非法和不道德行为,对制约公司整体的不道德行为,仍然作用十分有限。

（三）高层管理者示范

遵守道德准则,需要高层管理者以身作则。首先,高层管理者建立了组织文化基调,他们是表率,人们听其言观其行,高层管理者做的比说的更重要。若高层管理者占用公物,以权谋私,下属则会效仿。高层管理者决定奖励、晋升和惩罚,并向员工传递信息。若采用不正当行为获取成果的经理被晋升,员工则认为,公司鼓励这样的不正当行为。若对某些雇员进行惩罚,应该公布事实,让其他雇员知道原因和后果。

（四）现实的工作目标

雇员应该有明确和现实的工作目标。若目标十分明确,但不现实,会诱导雇员采用不正当手段来实现目标。在不现实目标的压力下,即使有道德的员工也会采用"不择手段"的方式。当目标清晰而又现实时,会使雇员受到激励而不是误导。要把握好目标的挑战性和目标的现实性,这是高层管理者要面对的,确实也是一项难度较高的工作。

（五）综合绩效评价

一个组织若要管理者遵守道德准则,应该在绩效评价过程中包含这方面的内容。例如,某经理的年度述职报告,应该包括获得经济效益的内容,还应包括他的决策多大程度上符合组织的道德准则,其他雇员对其的评价等。若组织仅仅考核经济指标,会引导管理者忽略道德准则的要求。

（六）道德培训

为了提高组织管理道德水准,组织应当开设研讨会、专题讨论会、演讲、专题测试和有奖竞猜等道德培训。其目的是提高组织全体员工的管理道德意识，并明确告知员工某些行为方式。例如，公司价值观的内容；再如，如何处置合作伙伴或客户的送礼；还有，如何正确处理不同类型的人际矛盾。

（七）独立审计制度

制约非道德行为的一项重要措施是监督。开展独立审计是实施监督的主要内容，它应该采取常规和抽查两种形式。为了保证公正，审计员应对组织的董事会负责，并直接将审计结果呈交董事会。这样，可以减少被审计部门对审计工作的影响和干扰。

（八）仲裁和申诉机构

组织内部应该建立仲裁和申诉机构，以便雇员们能够按照公司道德准则行事，独立判断问题。若对现有决策有异议，可以付诸仲裁，若个人有意见，应有申诉的通道。有些组织还专门设置道德咨询员的岗位，以便员工们遇到"道德困境"问题时，可以得到专家们的帮助和指导。

表 4.2　决策道德分析的 12 个问题

序　号	问　题
1	你准确地确定问题了吗？
2	如果你站在对方的立场上，你将如何确定问题？
3	这种情况首次发生时会是怎样？
4	作为一个人和作为公司的一员，你对谁和对什么事表现忠诚？
5	在制定决策时，你的意图是什么？
6	这一意图和可能的结果相比如何？
7	你的决策或行动可能伤害谁？
8	在你作决策前，你能和受影响的当事人讨论问题吗？
9	你能自信你的观点在长时间内将和现在一样有效吗？
10	你的决策或行动，能问心无愧地告诉外界（上司、家庭、董事会、新闻媒体）吗？
11	如果你的行动为人们所了解，它的象征意义是什么？如果被误解，又该如何？
12	在什么情况下，你将允许发生意外？

第三节　企业社会责任

面对全球金融危机，许多企业纷纷裁员，而政府则制定法律限制企业随意裁员,这在企业界引起很大的争议。企业是否做慈善事业? 企业是否保护环境? 怎样保护环境? 作为社会的成员,企业究竟应该服从谁的利益? 企业是否应当承担社会责任? 企业又该承担什么样的社会责任? 如何才能实现经济利润与道德形象的同步增长? 这些问题都与社会责任有关,是现代管理者在经营和决策过程中必须面对的基本问题。

一、企业社会责任的含义

最早提出企业社会责任概念的是英国学者奥利弗·谢尔顿。由于受到自由资本主义条件下自由放任思潮的影响,国家"守夜人"角色的不作为和鼓吹公司自由、市场自由,导致资本家盲目地追逐私利,从而引起公司的一系列社会问题,企业对社会的负面影响也日益严重。企业社会责任的主要代表人物布鲁曼认为,企业除了需要承担经济责任、法律责任、道德责任外,还要承担社会责任。

管理学者斯蒂芬·P. 罗宾斯把企业社会责任定义为"超过法律和经济要求的、企业为谋求对社会有利的长远目标所承担的责任"。哈罗德·孔茨和海因茨·韦里克则认为,公司的社会责任就是认真地考虑公司的一举一动对社会的影响。世界银行把企业社会责任定义为:企业与关键利益相关者的关系、价值观、遵纪守法以及尊重人、社区和环境有关的政策的集合。它是企业为改善利益相关者的生活质量而采取的贡献于可持续发展的一种承诺。

企业社会责任是社会在经济发展的特定阶段,根据当时社会的道德准则对企业作出的期望和要求。因此,具有社会责任的企业不仅承担了法律上和经济上的义务,而且还肩负着促进社会发展的长远目标。

二、企业社会责任的演变

社会对企业的期望和要求随着道德规范和价值观的演变而变化。西方市场经济国家最初的企业并没有社会责任的概念,企业在经营管理上以利润为导向。随着经济的发展与社会的进步,逐渐衍生出一系列新的社会矛盾,社会对企业有着更多的期望,越来越多的人们认同企业承担社会责任。

关于企业的社会责任,主要有两种观点:一种是纯经济的古典观;另一种是站在社会经济立场上的社会经济观。

(一) 古典观

古典观认为,管理的唯一目标就是利润最大化,企业的社会责任仅仅是使股东财务回报最大化。因此,古典观把市场经济条件下企业的功能等同于企业的社会责任。

诺贝尔经济学奖获得者米尔顿·弗里德曼(Milton Friedman)是企业社会责任古典观的代表人物。他认为,大部分职业经理并不拥有所经营的企业,他们的主要责任是按股东利益来经营企业业务,而股东利益则主要表现为资产收益率。如果经理们将企业资源用于"社会产品"时,则会削弱市场机制的基础。企业承担社会责任,就会付出代价。如果因此降低了利润和股息,则股东将受损失;如果降低了员工的工资和福利,则雇员会受到损失;如果企业采用商品提价的方法,则消费者会受损失;如果市场不接受高价格产品,则会造成销售额的下降,企业的全部投入要素都会受损失。同时,如果要让企业经理们承担社会责任,他们是否有足够的能力和专长。

支持古典观的经济学家们推断,如果企业承担社会责任,将提高企业的经营成本,进而会降低企业的竞争能力,甚至导致投资资金流向具有高回报的其他企业。因此,企业只要在法律允许的范围内,尽可能高效率地使用资源以生产社会需要的产品和服务,并以公平合理的价格销售给消费者,就尽到了自己最基本的社会责任。

(二) 社会经济观

坚持企业社会经济观的学者提出了不同的看法,随着时代的改变,社会对企业的预期也在不断地变化。企业不再只是对股东负责的独立实体,同时还是整个社会的一个组成部分,因此企业要对维持他们生存与发展的社会负责。例如,我国《公司法》第五条规定,公司从事经营活动,必须遵守法律、行政法规,恪守社会公德及商业道德,诚实守信,接受政府和社会公众的监督,承担社会责任。而国际上其他各国法律也有类似的规定。

从社会经济观角度看,古典观的主要缺陷在于时间框架。社会经济观认为,管理者应该关心长期的资本收益率最大化,用承担社会责任换取收益时间的延伸。为了实现资本收益率最大化,企业必须承担社会义务以及由此产生的成本。企业必须以不污染、不歧视、不从事欺骗性的广告宣传等方式来维护社会利益,增进整个社会的福利。同时,企业还必须融入所在的社区和资助慈善组织,在改善社会福利中扮演积极的角色,比如,参加所在社区的一些活动、捐钱赠物给慈善组织、帮助社会上的弱势群体。

社会经济观还认为,古典观只是触及了现实的表面,现代企业不再仅仅是经济组织,它们与政治发展、社会趋势以及法律制度有着广泛的联系。因此,孤立的、纯经济的观点和行为已经不适用于现代社会。

表 4.3   企业社会责任的观点比较

内 容	古典观	社会经济观
利 润	社会活动消耗企业的资源；目标的多元化会冲淡企业的基本目标——提高生产率因而减少利润	企业参与社会活动会使自身的社会形象得到提升，与社区、政府的关系更加融洽因而增加利润，尤其是长期利润
股东利益	企业参与社会活动实际上是管理者用股东的资金为自己捞取名声等好处，而损害股东的利益	承担社会责任的企业通常被认为风险低、透明度高，它的股票因符合股东利益而受到广大投资者的欢迎
权 力	企业承担社会责任会使自己已经十分强大的权力更加强大	企业在社会中的地位与拥有的权力都有限，企业必须遵守法律，接受社会舆论的监督
责 任	从事社会活动是政治家的责任，而企业家不要越俎代庖	企业在社会上有一定的权力，根据权力与责任对等的原则，它应该承担相应的社会责任
社会基础	公众在社会责任问题上意见不统一，企业承担社会责任缺乏一定的社会基础	企业承担社会责任并不缺乏社会基础，现代社会对企业追求社会目标具有更多的期望
资 源	企业不具备承担社会责任所需的资源，比如，企业管理者的视角和能力基本是经济方面的，不适合处理社会问题	企业拥有承担社会责任所需的资源，可以为那些需要援助的公共工程和慈善事业提供支持

三、企业社会责任的类型

目前，无论是发达国家还是发展中国家都尚未制定企业的社会责任标准。1979 年，美国学者卡罗尔(Carroll)把企业的社会责任归纳为：经济责任、法律责任、道德责任和自觉行为责任等四个方面。

（一）经济责任

经济责任要求企业不断地创造财富，实现销售收入的增加和成本的降低。它是企业承担社会责任的物质基础。因为企业作为经济组织，它的首要任务就是通过向社会提供产品和服务以满足社会需求，同时还要回报投资者并保证债权人和股东利益。如果企业不能创造财富，那么它就无法实现股东财富的增长，也无法实现社会就业和创造税收。同时，企业承担其他社会责任还需要一定物质条件，而经济责任可以创造承担其他社会责任的保障。

(二)法律责任

法律责任要求企业合法经营,遵纪守法,按章纳税,履行合同义务。它是企业承担责任的底线。超越了这条底线,任何企业最终都要付出巨大的代价。因为企业在社会中生存,必须与政府和其他企业打交道。而对国家来说,企业的法律责任主要是按期缴纳税收,合法经营。对其他企业而言,企业的法律责任就是认真履行合同中约定的义务。否则,企业就会因为没有履行法律责任而受到制裁。

(三)道德责任

企业的道德责任是指法律规定以外的而社会成员希望发生或禁止的行为与结果。由于法律的滞后性和不完备性,企业的行为应该超越法律的最起码规定,主动承担社会道德责任。企业承担道德责任,体现了企业作为社会成员的道德义务与担当,它将因为承担道德责任而受到社会的尊重。同时,道德责任还将使企业具有更高的品牌价值。

(四)自觉行为责任

企业的自觉行为主要包括为了公共需要的自愿服务、自愿联合与自愿捐赠。尽管企业承担自觉责任的动机非常复杂,但是自觉行为可以用仁慈的做法来体现对人类的爱。企业管理者可以将自觉行为与企业目标的实现协调起来,进行事业的营销活动与战略慈善。

企业承担社会责任是随着时间而演化的。当前,在社会大众要求企业承担的社会责任中,经济责任所占比重不断下降,而法律责任、道德责任与自主行为责任所占比重不断增大。企业组织的目标也从传统的追求利润最大化,转变为赚取合理利润并给社会提供良好的生活质量。

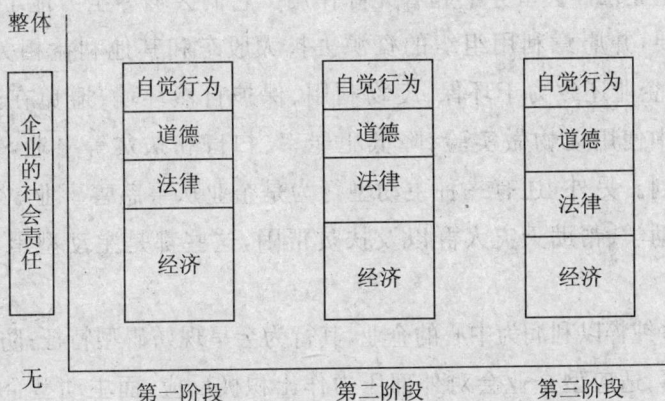

图 4.6 不同时期的企业社会责任

四、企业对社会责任的态度

当面临一种特殊的社会要求时，不同的企业会作出不同的反应。企业对社会责任的承诺有高低程度不同。根据企业对社会责任的不同承诺程度，可以将社会责任的态度分为：妨碍型、防卫型、适应型和主动型等四种类型。

（一）妨碍型

妨碍型的企业不愿意承担任何社会责任，它们的行为极不道德甚至违法，并尽力不让其行为被企业利益相关者和社会获知。这种企业坚决否认其不良行为，并隐藏甚至扭曲证据，以及对调查设置种种障碍。

（二）防卫型

防卫型企业通常会承认由于企业的疏忽而导致的错误和犯罪行为，而且它们也会为自己进行辩护。但是，它们通常不会阻碍外部力量对其错误行为的修正。采用防卫型策略的企业，其管理人员通常会严格遵守法律，一点也不敢违背。但是，它们也会作出法律规定以外的对社会负责的行为。

（三）适应型

适应型企业会按照社会公认的法律和道德准则运行。这种企业通常会自觉履行自己的经济、法律和道德等方面的社会责任。如果存在外部压力，它们通常会修正自己有问题的行为。同时，适应型企业会聘请道德顾问，帮助其整肃自己的行为，改善企业的公众形象。

（四）主动型

主动型企业在社会事务中起着先导作用。它们会竭尽全力地了解不同利益相关者的需要，并愿意利用组织的资源去扩大股东和其他利益相关者的利益。同时，主动型企业还致力于环保、废物利用、保护自然环境、避免在药物和化妆品安全测试中使用动物做实验、降低犯罪率、扫盲和扶贫等事业，并在社会事业上走在前列。另外，还有一种主动型行为是企业从事慈善事业。很多企业都热衷于捐资助学、帮助天灾人群以及扶贫帮困，这些都是主动型承担社会责任的行为。

通常那些纯粹以利润为中心的企业，其行为会呈现妨碍型特征；防卫型企业则愿意依法行事；适应型企业会对外部压力作出积极反应；而主动型企业则尽其所能，主动改善社会，提高社会道德和经济生活水平。

五、社会责任的四个阶段

对于管理者来说,在追求社会目标方面,所做的一切取决于他所认为对其负有责任的人或人们。同时,美国学者给出了社会责任拓展的四个阶段模型。

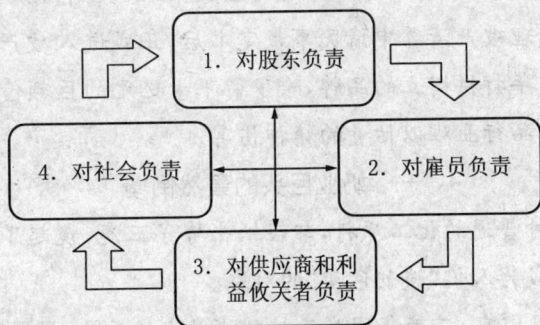

图 4.7　社会责任拓展的四个阶段

第一阶段,管理者应努力实现成本最小化和利润最大化来提高股东的利益。管理者应实现投资者预定的效益指标,应维护投资者的权益。

第二阶段,管理者将承认他们对雇员的责任,并集中注意力于人力资源管理。因为企业需要获得、保留和激励优秀的雇员。管理者将改善工作条件、鼓励员工参与管理、增加工作保障等。

第三阶段,管理者将扩展其目标,包括公平的价格、高质量的产品和服务,安全的产品、良好的供应商关系。处于第三阶段的管理者,察觉到只有通过间接地满足企业利害攸关者的需要,才能履行对股东们的责任。

第四阶段,管理者对社会整体负责。该阶段采用严格意义上的社会责任概念,将管理者经营的事业视为公众财产,管理者对提高公众利益负有责任。承担这样的责任,意味着管理者应该积极促进社会公正、保护环境、支持社会活动和文化活动。即使这样的活动对利润产生消极影响,管理者的态度也不会改变。

上述四个阶段的递进,都伴随着管理者自主决策权程度的提高。管理者要作出正确的判断和决策,与管理者自身素质、道德观念和个人阅历有关。

案例分析一

三鹿奶粉事件

三鹿,曾经在中国乳品行业称雄一时的企业,在 2008 年 12 月 23 日接到石家庄市中级人民法院受理破产清算申请民事裁定书后,正式进入破产清算的法律程序。三鹿,这个经过 50 年打拼树立的品牌,除了留下十亿元的巨额债务"遗产"外,还有对整个乳品乃至食品行业难以估量的精神伤害。

一、奶业巨头的轰然倒塌

三聚氰胺,一种普通的化工原料,却轻松击垮了三鹿,搅起了 2008 年中国食品行业的惊涛骇浪,成为人们"谈奶色变"的对象。

自 2008 年 3 月以来,三鹿集团先后接到消费者的反映,说婴幼儿在食用了三鹿婴幼儿奶粉后,出现了尿液变色或尿液中有颗粒的现象。8 月 1 日,三鹿集团送检的奶粉中被检测出含有三聚氰胺,但是之后石家庄市政府部门并没有及时上报。9 月 11 日卫生部指出,近期甘肃等地报告多例婴幼儿泌尿系统结石病例,调查发现患儿多有食用三鹿牌婴幼儿配方奶粉的历史,于是高度怀疑由石家庄三鹿集团生产的婴幼儿配方奶粉受到了三聚氰胺的污染。三鹿集团紧接着在当晚发布产品召回声明,称经公司自检发现,2008 年 8 月 6 日前出厂的部分批次三鹿婴幼儿奶粉受到了三聚氰胺的污染。9 月 12 日,三鹿集团全面停产。

9 月 13 日,国务院新闻办召开新闻发布会,卫生部党组书记高强指出,三鹿牌婴幼儿配方奶粉事故是一起重大的食品安全事故。当时据卫生部通报,全国累计报告食用三鹿牌奶粉和其他个别问题奶粉导致泌尿系统出现异常的患儿达 29 万余人。"三鹿奶粉"成为"问题奶粉"的代名词。曾经称霸一世的英雄三鹿注定走向没落。

坐落在石家庄和平路上的三鹿集团,从醒目的公司标牌上还依稀可见其曾经的辉煌:中国食品工业百强,中国企业 500 强,农业产业化国家重点龙头企业,奶粉产销量连续 14 年居全国第一,酸牛奶居全国第二,液体奶进入全国前四名,"国家免检产品","中国名牌产品"……,一系列荣誉等身,其品牌价值一度高达 149.07 亿元。

曾经门前车水马龙的三鹿集团总部,近日又出现人声鼎沸的"盛况",但是与以往不同的是,曾经作为三鹿"亲密伙伴"的经销商,现在却高喊"三鹿集团,欠债还钱"。

二、难以估量的严重后果

经财务审计和资产评估,截至 2008 年 10 月 31 日,三鹿集团的资产总额为 15.61 亿元,总负债 17.62 亿元,净资产为-2.01 亿元。12 月 19 日,三鹿集团又借款 9.02 亿元付给全国奶业协会,用于支付患病婴幼儿的治疗和赔偿费用。因此,三鹿集团净资产将达到-11.03 亿元(不包括 10 月 31 日后企业新发布的各种费用),已经到了严重的资不抵债的地步。

据有关资料显示,三鹿集团生产的奶粉和液态奶共有一级经销商 1 454 个,二级经销商和零售商约 40 万个。这些经销商比三鹿集团更早受到直接冲击,各个渠道的问题奶粉下架和消费者的退货损失大多由他们直接承担,而对于其中大部分费用,三鹿并没有及时赔付。经测算,三鹿集团的奶粉和液态奶产品召回资金,除之前已经支付的 1 亿多元外,还需资金超过 9 亿元。12 月 23 日晚,三鹿集团在当地政府的主持下,与经销商达成了分期还款的计划,将于 2009 年 1 月 10 日前偿还 60%,其余 40%欠款则视三鹿集团重组后的生产经营情况,在 6 个月内偿还。

在"三鹿奶粉事件"中,人们最为关注的当数 29 万余名"结石宝宝"。2008 年 12 月 19 日,三鹿集团借款 9.02 亿元付给全国奶业协会,用于支付患病婴幼儿的治疗和赔偿费用。但是,多少钱才能弥补这些无辜的宝宝们曾经受到的伤害?

同时,受到伤害的还有三鹿集团的 1 万多名职工!企业破产以后,他们将何处安身?对于已经出现和尚未出现的巨额债务,钱从何处来,又由谁来承担?

"三鹿奶粉事件"也使全国乳品行业、食品行业受到严重伤害,使整个奶业发展陷入困境和危机:消费者的信心严重受挫,乳制品市场一度陷入低迷;生产企业的产品大量积压,流动资金紧张,陷于停产、半停产状态;牛奶主产区普遍出现倒奶现象,甚至个别地区还出现宰杀奶牛现象,广大奶农的生产积极性受到沉重打击;民族品牌的信誉受损,一些国家(地区)已经禁止进口我国的乳制品。有关资料显示,在三鹿奶粉事件后,我国乳产品出口一度下降了九成。

三、质量检测系统还是管理系统出问题

三鹿集团专设了由 100 名检测人员组成的检测中心,设备包括从德国进口的乳成分分析仪、从美国进口的微生物快速分析仪、从英国进口的马色斯微生物快速分析仪和抗菌素仪等。这些设备可以对"乳品中全部指标进行检验,其中,包括许

多专业检测机构无法检测的维生素和微量元素指标",在生产过程中,对每道工序都实行严格的自检、互检和专检。然而,在"问题奶粉"事件中,三鹿的质量关卡似乎统统失去了效果。

"三鹿奶粉事件"导致多名企业高层管理人员身陷囹圄,沦为阶下囚。他们对于三鹿奶粉中的三聚氰胺是否知情?他们对发现奶粉中出现三聚氰胺又采取过什么措施?以至于企业的轰然倒塌与公众的信心泯灭!对于一个历经50年风雨才艰难成长起来的奶粉企业,其倒下竟然是这么的容易!在反思"三鹿奶粉事件"中,我们不禁要问:企业的管理究竟是干什么的?

(资料来源:谭力文、刘林青:《管理学》,北京:科学出版社2009年版。)

案例思考题:

根据上述资料,可以看出三鹿是如何走向没落的?在生产过程中,企业应该承担什么样的道德?

案例分析二

双汇瘦肉精事件引发行业地震

2011年3月15日,在一年一度的消费者节日,中央电视台再次抛出重磅炸弹。央视曝光了河南济源双汇食品有限公司连续多年收购由"瘦肉精"养殖的所谓"加精"猪,尿检等检测程序形同虚设。受此消息影响,双汇发展股票于当天立即跌停。

双汇集团是国内规模最大的肉制品企业,瘦肉精事件令其声誉大受影响,对其品牌将造成永久性伤害。目前,双汇集团总资产100多亿元,员工6万多人,年产肉类总量300万吨,是中国最大的肉类加工基地,2010年双汇集团销售额突破500亿元。双汇集团总经理游牧曾在"百家食品企业践行道德承诺网上行"活动上表示,双汇集团"把'消费者的健康和安全高于一切'作为质量方针,始终坚持'产品质量无小事,食品安全大如天'的思想"。可是,作为肉制行业中第一品牌的双汇,在真相曝光之后立即轰然倒塌,谎言立即现出原形。

据业内人士介绍,在饲料中掺入瘦肉精的作用主要是加快生猪的生长,提高瘦肉所占的比例。某些屠宰场收购生猪,结算并不是以毛重为依据,而是以胴体重为准,如果胴体瘦肉较多,每斤的价格要比肥膘较多的胴体价格高上0.2元—0.3元,如果1头猪有200斤的胴体,养殖户或者贸易商可以多挣40元—60元,因此养殖户愿意铤而走险使用瘦肉精饲养生猪;生猪如果大量食用瘦肉精,会出现呼吸加快、全身抽搐等症状,严重者将导致死亡。同时,猪肉中残留的瘦肉精对人体健康也有较大影响。

全国范围内双汇产品的销售量呈现明显的下降趋势。自"瘦肉精"事件以来,华南地区的华润万家超市双汇产品销售量减少了六成左右。河南洛阳的一家小型超市,尽管其销售的肉制品是双汇漯河总部的不含瘦肉精肉源,也从原来的每天700多元销售额降到现在的200元左右。北京朝阳区的一家双汇专卖店每晚的销售额从1.5万元直线降到1万元不到。

同时,竞争对手已开始摩拳擦掌,准备向双汇的大本营河南市场进军。目前,中国肉食行业呈现"三国"鼎立的割据称雄局面。双汇的主要竞争对手是金锣集团(母公司为新加坡上市的大众食品)和雨润集团。金锣的市场主要在中国北方,双汇的市场主要分布在河南及南方,而雨润则有较多重合之处。2009年,大众食品收入为104.98亿元,雨润食品为138.7亿港元,而双汇集团的上市平台双汇发展的收入为283.5亿元,远远高出雨润食品和大众食品。"瘦肉精"事件后,南方双汇产品下架和专卖店"倒戈"所造成的市场真空,金锣和雨润都有机会予以填补,而雨润由于距离较近,填补双汇的市场空白希望更大。

"瘦肉精"事件曝光以后,河南济源双汇食品有限公司生猪待宰圈的存栏生猪随即被封存,在这批总数为689头的生猪中,经过普检后发现有19头"瘦肉精"疑似阳性生猪,最终17头被确认。并且,有关部门对"瘦肉精"猪及其余存栏生猪一并进行无害化处理。

截至3月21日,济源市政府相关部门在全市的7家双汇连锁店和59家双汇冷鲜肉专营店现场封存了双汇冷鲜猪肉1 877.9公斤,共抽样46个,其中6个确认为阳性,34个为阴性,另有6个样品正在等待检测结果。同时,自3月17日宣布召回市场流通产品起,济源双汇已经召回肉制品2 000多吨、冷鲜肉70多吨。"瘦肉精"事件导致济源双汇食品有限公司一直处于停产整顿状态。而内外交困的双汇最终命运如何呢?这将取决于双汇的市场危机表现和消费者的信任投票,但注定了未来双汇命运是坎坷的。

(资料来源:作者根据《第一财经日报》2011年3月16日、3月18日版改写。)

案例思考题：

1. 双汇出现"瘦肉精"事件的根源在哪里？怎样应对？

2. "瘦肉精"事件给双汇造成了什么影响？其未来的战略应怎样调整？

本章小结

管理道德是指企业在调节与社会、与其他企业的关系以及内部关系等管理活动中，应遵守的判别是非的规范、原则或惯例。

管理与道德之间存在着如下关系：(1)组织的道德品质和道德文化有助于管理者制定正确的决策；(2)良好的道德品质和组织文化是获取、留住关键人才并激发员工热情工作的基础；(3)组织的道德文化促进组织与它的内外环境之间的协调；(4)良好的道德品质和组织文化能推进组织创新与变革。

影响组织管理道德的因素主要有：管理者的道德发展阶段、管理者个人特征、组织结构设计、组织文化和道德问题强度等多种因素。目前，关于道德有四种不同的观点：道德的功利观、道德的权利观、道德的公正观以及道德的综合社会契约观。

管理道德具有以下特征：责任感、社会性、利他性、目的性、超越性、自律性以及导向性。改善管理道德的主要途径有：(1)招聘高道德素质的员工；(2)建立道德准则；(3)高层管理者示范；(4)现实的工作目标；(5)综合绩效评价；(6)道德培训；(7)独立审计制度；(8)仲裁和申诉机构。

企业社会责任是社会在经济发展的特定阶段，根据当时社会的道德准则对企业作出的期望和要求。关于企业的社会责任，主要有两种观点：一种是纯经济的古典观；另一种是站在社会经济的立场上的社会经济观。

企业的社会责任主要有：经济责任、法律责任、道德责任和自觉行为责任等四种。根据企业对社会责任的不同承诺程度，可以将社会责任的态度分为：妨碍型、防卫型、适应型和主动型等四种类型。企业承担社会责任往往要经历四个阶段。

本章思考题

1. 阐述管理道德的含义。
2. 阐述管理与道德之间的关系。
3. 影响管理道德的因素有哪些?
4. 关于管理道德观点有哪些?
5. 管理道德有哪些特征?
6. 怎样改善管理道德?
7. 关于企业社会责任有哪两种观点?
8. 企业社会责任有哪些类型?
9. 企业社会责任有哪四个阶段?

第五章

管理的发展

本章学习目标

通过本章的学习,理解并掌握:

1. 全球化管理的主要思想;

2. 全球化管理者的特殊技能;

3. 全球化管理的进入方式及组织模式;

4. 信息的含义与信息系统的基本构成要素;

5. 企业信息化发展的四个阶段;

6. 业务流程再造、学习型组织以及团队管理的含义等。

引导案例

联合邮包服务公司

联合邮包服务公司(UPS)雇用了 15 万名员工,平均每天将 900 万包裹发送到美国各地和其他 180 个国家。为了实现他们的宗旨"在邮运业中办理最快捷的运送",UPS 的管理当局系统地培训他们的员工,使他们以尽可能高的效率从事工作。UPS 的工程师们对每一位司机的行驶路线都进行了时间研究,并对每种运货、暂停和取货活动都设立了标准。这些工程师记录了红灯、通行、按门铃、穿过院子、上楼梯、中间休息喝咖啡的时间,甚至上厕所的时间,将这些数据输入计算机中,从而给出每一位司机每天工作的详细时间标准。

为完成每天取送130件包裹的目标，司机们必须严格遵循工程师设计的程序。当他们接近发送站时，他们松开安全带，按喇叭，关发动机，拉起紧急制动，把变速器推到1档上，为送货完毕的启动离开做好准备，这一系列动作严丝合缝。然后，司机从驾驶室出溜到地面上，右臂夹着文件夹，左手拿着包裹，右手拿着车钥匙。他们看一眼包裹上的地址把它记在脑子里，然后以每秒钟3英尺的速度快步走到顾客的门前，先敲一下门以免浪费时间找门铃。送货完毕后，他们在回到卡车上的路途中完成登录工作。

（资料来源：鲍丽娜、李孟涛、李浇主编：《管理学习题与案例》，东北财经大学出版社2007年版。）

思考题：

本案例中联合邮包服务公司体现了哪些现代管理思想？

第一节　全球化管理

21世纪将是一个经济日益全球化的时代。目前，管理已经成为组织在世界范围内的一种经常性活动。许多组织将从事全球化的经营，并通过对分布在世界各地的子公司、分公司和代理机构有效地规划人力、物力、财力等生产要素，并从全球的视角来高效地进行组织、协调、指挥和控制活动，尽力争取谋取全球范围内的竞争优势。

一、全球化的内涵

由于社会发展和技术进步，世界各国之间在经济、政治和社会方面表现出越来越强的依赖性。一方面，随着交通、信息与通信技术的发展，全球范围内的协调与交流变得越来越便捷，世界正在成为一个地球村。比如，高速飞机、移动电话、因特网和可视电话都是促进世界快速交流的有效工具。另一方面，各种政治、经济和文化的力量都在促进着全球化的进程，许多国际问题往往需要世界各国共同努力才能有效地解决。比如,世界范围内的贸易争端、地区之间的领土冲突、全球环境污染的治理、多元化的全球文化共存等等都是任何单个的国家所不能解决的难题,全球化的趋势已经成为世界各国的共识。

从世界层面来看,全球化是指国家之间日益增长的经济上相互依赖性,表现在商品、服务、资本和信息等方面不断增长的跨国流通上。在全球化进程中,跨国公司扮演着主要角色并承担着重要作用。其主要目的在于扩大销售、获取资源和实现多元化经营。目前,全球的主要跨国公司几乎都在从事多元化经营。

二、全球化管理者的特殊技能

企业从事跨国生产经营时,其管理者的视野必须更加宽阔、深邃,能够从全球的视角来处理企业所面临的问题。

（一）全球化管理者的知识与能力

一般而言,全球化管理需要知识面宽广、能力较强的复合型人才。全球化管理者通常必须具备多种知识与能力,才能驾驭复杂多变的国际商业环境。

1. 国际商务知识

作为一名成功的全球化管理者,需要掌握的国际商务知识包含三个层次:一是对管理者所负责的所有国家或地区的一般环境的深入理解,比如,政治、法律、文化、经济、历史、教育、科技等;二是对管理者所负责业务的任务环境因素的深入理解,比如,竞争对手、顾客、供应商、销售商等;三是深入理解一般环境和任务环境对市场和商业活动的影响,并能够结合实际情况有效地开展一系列的管理活动。

2. 文化适应能力

全球化管理者理解了所负责业务的国家或地区文化的价值、特点和行为倾向之后,更为重要的是改变自己的行为、适应当地的文化并按当地文化习惯处理事务。文化知识是文化适应能力的重要组成部分,而不同的文化会产生管理上的各种压力,因此全球化管理者要能够学习和理解不同文化的特点与性质,以改变自己的行为来适应这些文化的要求。

3. 视角转换能力

每个管理者都有自己独特的价值观和行为方式。当管理者从事跨国生产经营活动时,会接触到一种不同于自己的文化,必须在思想里对那种文化有个基本的框架,并从这个框架确定的视角来审视事物。因此,转换到别人的视角来看待问题就可以明白别人对事物的看法，理解他人认为事物是什么样的或者应该是什么样的想法。作为一位有效的全球化管理者，突破自己已有的价值观和信仰，转换视角去处理跨文化的管理问题是获取成功的关键环节。

4. 国际视野

跨国企业在从事国际化经营时，全球化管理者必须具备国际视野，能够从全球的角度来把握问题。国际环境是一个错综复杂的宏观环境，其主要特点是影响因素多、变化快以及影响长远。因此，全球化管理者需要高瞻远瞩、目光深邃，能够从国际的视野来分析复杂的宏观因素对企业战略、生产、财务、营销、人力资源等管理工作产生的影响，把握问题的关键与本质所在，扬长避短、顺势而为，进而调整自己的管理方法和管理模式。

5. 创新能力

全球化管理者往往面临着不同的政治、经济和文化环境，会遇到许多新的问题，需要转换思维的视角，从不同文化价值结构去理解这些新事物，适应不同的文化期望，创造出新的有效的管理方式。因此，创造新事物正是一个有效的全球化管理者的本职工作。

全球化管理者的五种特殊能力是一个相互依存的整体。其中，国际商务知识是基础，视角转换能力与国际视野是立场，文化适应能力是手段，而创新能力是目的，最终为企业经营目标服务。一个成功的全球化管理者，在国际化的视野下，通过视角的转换来调整看待问题的立场，改变自己的行为以适应不同文化的期望，通过组建跨文化的合作团队、与他人良好的沟通交流、进行良好的倾听等，从而创造出新的管理模式，提升企业在产品、服务、规则、程序与方法上的竞争力。

（二）全球化管理者能力的培养

一个成功的全球化管理者获得跨文化的关键能力是其驾驭企业的基础。那么，如何才能培养出全球化管理的能力呢？

其一，从人生经历中学习。你可以讲多少种语言？你在多少个国家生活过？你是否在跨国公司工作过？研究表明，全球化管理者会说的语言种类越多，他越有可能具有更多的国际商务知识、多元文化的国际视野，以及更高的文化适应能力和创新能力。同时，那些在许多国家生活过的管理者更有可能具有更多的国际商务知识和更高的文化适应能力。一名有效的全球化管理者需要花费大量时间学习不同的文化，尽可能到不同文化的国家或地区旅游、生活或工作。另外，他们还可以从跨国公司里性别不同、种族不同、宗教信仰不同或民族不同的员工身上学习不同的文化,学会从别人的视角来看待这个世界。

其二,从工作任务中学习。在跨国经营活动中,管理者通过完成一系列任务学会了解问题、处理各项关系的技巧与能力。尤其在负责跨地区、跨文化的工作任务时,管理者能够学习与国家、地区相关的政治、经济、法律、教育、宗教文化等方面的知识,培养文化适应能力和视角转换能力,创造性地完成工作任务。

其三,从人际关系中学习。管理者可以从周围的他人身上学习全球化管理能力,他们可能是上级、同事、下属和朋友。每个人都有自己独特的思考角度和管理特点,从不同的管理者身上可以学习到多种有效的方法。比如,可以从效率高的上司身上学习他怎样处理问题,也可以从效率低的上司身上促进自己反思。比如,可以从一位有效的全球化管理者身上,学会如何培养人,如何组建团队,如何倾听和协调,如何换位思考,如何与他人一道完成任务等。

三、全球化管理的经营模式

(一) 出口

出口是指企业将国内生产和加工的产品输往海外目标市场的经营活动。它既是一个国家的企业实施国际化经营在初级阶段的表现形式,也是一个企业进入海外市场传统的基本经营方式。根据企业与目标市场联系的紧密程度不同,可以将其划分为间接出口与直接出口两种类型。

1. 间接出口

间接出口是一种与东道国目标市场联系较为松散的跨国进入方式,一般也是国际化经营的最初阶段。在间接出口方式下,企业通过本国的中间商向海外市场销售产品、服务,以达到市场进入与扩张的经营目的。这种进入东道国的方式比较适合于中小企业和刚刚介入对外贸易活动的企业。

2. 直接出口

直接出口是出口阶段的高级形式。一般而言,当企业通过间接出口积累了一定的经验后,往往采用直接出口方式加强对产品渠道和成本的控制。在直接出口方式下,企业绕开国内中间商直接与海外需求者联系,以实现对海外目标市场的进入与扩张。其贸易对象可以是海外中间商、分销商和最终消费者。

一般而言,出口是国际经营的初级方式,往往并不需要企业拥有丰富的国际化经营的知识和经验。同时,出口方式的资源投入相对较少,风险也比较小。非生产性成本支出占出口经营成本的最大比例,是出口进入方式面临的主要问题。在出口进入方式下,企业往往会遇到东道国的关税、非关税壁垒,也需要承担高昂的运输费和保险费。控制程度低是出口方式的又一个缺点。在出口进入方式下,企业往往难以对其行为进行直接干预,对营销渠道及其运行效率的控制程度也大大下降,因而跨国计划的实施与发展所必需的稳定性也受到很大的影响。

(二)非股权安排

非股权安排又称为合同安排。非股权安排是国际化经营的第二阶段,其主要的特征是不以股权控制为目标,并且所涉及的财务风险也比较小。非股权安排主要包括特许经营、合同制造和管理合同等具体形式。

1. 特许经营

特许经营是跨国经营的一方当事人将自己的技术、商标或专利的使用权转让给另一方当事人使用,由使用方按照合同规定使用这些权利的交易行为。技术、商标和专利是企业所有权优势的重要资源,也是企业赖以开展对外经济及贸易的重要条件。

2. 合同制造

合同制造是指跨国企业利用目标市场国厂商现有的设备和条件生产规定产品的经营方式。合同制造与特许贸易的主要区别在于:在合同制造下跨国企业仍然保持着所制造产品的营销权和售后服务权。合同制造主要适用于目标市场规模较小、对进口有限制以及经营成本比较高的东道国。

3. 管理合同

管理合同是指通过跨国企业向目标市场的某一企业提供管理技术,或者负责这个企业的经营管理活动,从而进入海外市场的一种经营方式。在管理合同条件下,跨国企业可能取得部分或全面的管理权限,但是都不享有被管理企业的所有权,只是取得合同规定的报酬。

与出口方式相比,非股权安排的资源投入增大,面临的风险也增大。但是,从事非股权安排的企业在进入东道国时,可以绕开贸易壁垒,节省关税支出;还可以通过技术渗透实施对东道国企业的控制。同时,非股权安排对东道国企业的控制相当有限,而且还极易造成技术泄密,使企业丧失所有权优势。比如,东道国企业在特许的情况下可以接触、使用许可技术、品牌或专利,因此可能掌握其中的诀窍和商业秘密。

（三）国际直接投资

国际直接投资是指以控制权为目的的国际资本流动，控制权的获得是通过股权的占有来实现的。国际直接投资主要包括合资经营、独资经营、新建企业和购并企业等方式。

1. 合资经营

合资是指企业通过与东道国投资者共同投资，依照东道国法律在其境内设立实体的经营方式。合资具有两个明显的特点：一是共同投资，由投资各方共同拥有股权，股权的比例可以不同；二是共同经营，共负盈亏，共担风险，投资各方均拥有对企业的经营管理权，并依据各自的出资比例获得利益与承担风险。

合资经营可以使东道国企业获得国外企业的知识外溢，因此东道国政府往往欢迎和鼓励合资方式，使它享受比较好的优惠待遇；与东道国投资者共同投资经营，可以减少由于东道国政治环境因素变化而带来的政治风险；由于东道国投资方熟悉当地的情况，有利于提高企业对东道国政治、经济、文化环境的适应能力。

合资经营不利的地方主要表现在：一是由于合资企业由合资各方共同管理，而投资者各方投资动机不尽相同，因而会造成合资企业在经营目标、经营战略和策略等方面难以协调一致，从而影响合资企业的生产经营活动；二是由于不能独立地掌握企业完全的经营自主权，因此企业在制定、调整和实现整体经营战略方面会受到一定的制约；三是合资经营经常会受到跨文化冲突的困扰，会影响到企业正常的经营活动，进而增加企业生产经营成本。

2. 独资经营

独资经营是指企业依据东道国的法律，在东道国境内建立全部资本为投资者所有的跨国企业。独资经营的投资者拥有企业的全部股权，因而可以享有企业的全部所有权和经营权，并独立承担企业经营的全部责任和风险。

独资经营在所有权和经营权上具有独特的优势：一是独资经营者不存在与其他投资者的利益冲突和调整问题，并享有完全的经营自主权；二是有利于企业在跨国经营中整体利益的制定、调整和实现，有利于在资源和生产配置、利益实现方面进行最佳的组织；三是有利于母公司对子公司的控制，使母子公司之间协调统一，保证子公司的经营活动符合母公司的全球战略利益；四是可以保证母公司转移给子公司的技术资产不易扩散。

独资经营也存在着许多不利之处。一方面，许多国家通常对独资经营设置了较高的门槛，进入东道国的难度较大，对独资经营与合资经营采取区别对待，比如，有的国家不允许外资独占全部股权;有的国家对独资经营审批非常严格,要求其承担高技术投入或产品出口义务,给予的优惠措施也少于合资经营等。另一方面,独资经营者在东道国独自经营,对东道国的政治、经济、文化环境的适应能力较差,使经营活动的顺利开展有一定的难度,投入大、风险也大。

3. 新建企业

新建企业是指国际企业在对外直接投资过程中,通过建立一个新的企业进入国外市场的行为。新建企业要求跨国公司投资时必须从选择厂址开始,进入企业的基本建设,购置安装设备,招聘与培训员工,直至企业正式投入生产。

企业通过新建的方式进行对外直接投资的有利之处在于:一是有利于与跨国企业整体战略更紧密地协调配合。新建企业完全可以按照自己的意愿,在生产选址、布局、规模、适用技术等方面,作出符合自己战略规划的选择。二是有利于母公司对子公司的控制和管理。新建企业完全是从零开始的白手起家行为,没有固定的管理模式束缚,跨国公司可以采用更适合自己的管理模式。

新建企业的不利之处在于:首先,形成生产能力所需的投入大、周期长,由于新建企业需要大量的筹建工作,其资金投入大、耗费周期长,不利于企业快速进入市场。其次,通过新建企业方式会增加整个社会的生产能力,加剧市场的竞争程度,容易导致竞争对手的阻挠,从而加大企业进入市场的难度。

4. 购并企业

购并是指跨国企业通过收购投资所在国的企业的股份或购买企业产权,以达到控制被收购企业并进入东道国市场的目的。实施购并战略基本特点是以占有被购并企业的股份份额,获得被购并企业的控制权,从而达到对被购并企业的实际控制。

通过购并方式进行对外直接投资的优越性有以下几点:一是有利于企业迅速进入目标市场,节省大量建厂时间,迅速建立起国外的产销体系。二是有利于节省企业的资金投入,因为在大多数情况下,企业购并成本大大低于新建成本。三是有利于充分利用被购并企业的现有资源,获得被购并企业的先进技术和分销渠道。四是有利于降低行业进入障碍。由于被购并企业仍在原行业内,整个市场的生产能力并没有扩大,原有的市场格局没有发生改变,故而可以减少直接竞争对手的作用。

购并方式的不利之处在于:首先,由于国家之间的会计准则不同,国外市场信息的收集难度大以及无形资产价值难以估计,因此对目标企业价值评估的难度往往较大。其次,被购并企业固有的管理模式、企业文化的不同,需要进行购并后的全方位整合,因而购并企业往往面临着风险甚至失败。

四、全球化管理的组织形式

20世纪90年代以来,在现代信息技术、航运和计算机技术的支持下,经济全球化已经成为大趋势。在国家之间的贸易和投资交往中,跨国企业发挥了重大的联结作用。

(一)全球化管理面临的两大压力

1. 全球化的压力

由于产品需求的同质性,因此降低产品成本是企业获得竞争优势的唯一源泉。在全球化进程中,跨国公司往往把世界市场作为一个同质的整体,它们在世界范围内寻找低劳动力成本、低能源成本和资源丰富的国家和地区,进而可以降低产品成本、增加商品的竞争力。

同时,全球市场上跨国企业也面临来自全球的竞争者,因而对企业提出了更高的要求和面临更大的压力。跨国企业对全球竞争作出反应需要进行全球战略协调,也同样给竞争者施加了压力。例如,美国电脑业三巨头IBM、HP和DELL在全球实施跨国经营时,给中国的联想带来了很大的压力,联想在品质和品牌上还无法与之抗衡,则通过收购IBM的PC业务来提高自己的竞争力。

2. 当地化的压力

当不同国家的政策导向、市场需求存在差异时,国际企业就面临当地化的压力。例如,自2008年全球金融危机以来,欧美国家的政府和大众都十分关注节能环保型、电油混合型和太阳能型汽车,而中国政府在产业转型中也对节能环保车和国产车给予一些优惠和补贴。因此,汽车厂商需要根据不同国家、地区的政策导向和需求的差异来改变其经营策略。

当不同国家的消费习惯不同时,当地化压力也会产生。例如,世界最大的牛肉生产供应商——巴西JBS公司(Jose Batista Sobrinho)根据不同的文化背景,提供不同类型的牛肉,如在埃及市场,其根据伊斯兰法律供应清真牛肉,在西班牙市场上供应牛肚,在俄罗斯则供应牛心脏。而运营全球化和按文化规范提供产品是JBS公司创造价值的关键所在。

不同国家之间分销渠道和销售方式也会带来当地化的压力。例如,在制药业中,日本的分销体制和美国的分销体制有着根本的差别,批发商在日本的分销渠道中占据重要地位,而美国则强调硬性推销方式,因此美国的制药公司在日本也不得不改变其销售策略。

东道国政府在政治、经济上的要求也可能造成一定程度的当地化压力。例如，在政府采购中，世界上大多数国家一般都倾向于采购在本国生产的产品。另外，许多国家和政府对外资有解决当地就业的要求，也造成当地化的压力。

（二）全球化管理的组织形式

在选择目标市场和东道国市场的进入方式以后，全球化管理者需要在战略目标的指引下，选择适当的组织形式来管理和组织世界各地的子公司和代理机构。

根据全球化和当地化的侧重点不同，将跨国经营组织分为：国际组织模式、多国组织模式、全球组织模式和跨国组织模式。采用不同的组织模式，企业在资产和能力配置、海外业务的角色、知识的开发和扩散等方面有着不同的特点。

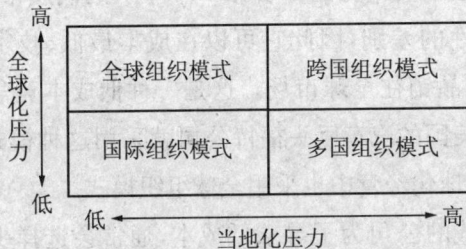

图 5.1　全球化经营的组织模式

1. 多国组织模式

多国组织模式是最普及的一种分权联盟模式，也是第二次世界大战前海外扩张的古典组织模式。多国组织模式被联合利华、壳牌石油公司等欧洲企业所普遍采用。

在多国组织模式中母公司虽然行使最终控制权，但是它赋予子公司很大的自主权，各子公司可以根据东道国的情况作出相应的改变。在多国组织模式下，每个子公司是一个自治的单位，往往都有自己的制造、销售、研发和人事等职能部门，具备在东道国市场运作所需的所有功能。由于子公司具备较强的自主性，故其能按照当地的客户需求与当地的竞争环境、政治、法律和社会结构等，对产品和策略进行有效地设计和实施。

多国组织模式的优点是允许子公司根据当地市场的情况作出反应，很少需要公司总部来进行协调和指导。同时，产品和服务很少在子公司之间相互转移。而它的主要缺点是制造成本较高、职能设置重复。

2. 国际组织模式

国际组织模式是一种由母公司开发现有的核心能力并传递给子公司的协同联

盟战略模式。在国际组织模式下,核心能力倾向于集中在母公司,子公司有一定的自由进行产品革新,在新产品、新工艺、新概念上依赖于母公司,需要母公司进行大量的协调与控制。

在国际组织模式下,母公司向世界各地的子公司转移技术和知识,实现对核心能力的控制与公司内部转移。例如,美国的 IBM、施乐公司、柯达公司均受益于将其核心技术向海外转移。但是,国际组织模式的一个突出缺点是它不能为子公司提供最大限度的自由,使其能够根据当地的情况作出反应。同时,它通常不能以规模经济实现低成本。

3. 全球组织模式

全球组织模式是由母公司集中决策,并对海外的大部分业务实行严格控制的集权中心结构。全球组织模式将全球看做一个单一的同质市场,而不同国家的消费者的偏好没有实质性的差别,因此它可以在成本最低、技术最好的地方进行生产,然后把标准化的产品销往全球市场。这是一种低成本竞争战略的公司常常采用的经营模式,比如,美国的汽车巨头福特公司就采用这种模式。20 世纪 70 至 80 年代,日本的企业在全球化经营中也采用全球组织模式。

采用全球组织模式的公司为了寻求低成本,通常会选择少数几个成本低廉的地方建立全球规模的加工设施以实现规模经济。规模经济可以通过在新产品开发、工厂和设备以及全球营销中分摊投资的固定成本而实现,通过集中制造和全球市场战略而实现。例如,日本的索尼公司就采取全球模式取得了成功。

采用全球组织模式的企业几乎没有对不同国家客户的不同品味和喜好作出反应,它往往将商品的全球市场看做无差别的市场。例如,可口可乐公司生产的各种饮料在全球市场都一样,甚至连广告都相同。使用全球组织模式的公司需要做大量的协调工作,还必须为在不同国家的子公司之间进行的产品转移确定价格。

表 5.1　全球化公司的组织特征

组织特征	多国公司	全球公司	国际公司	跨国公司
资产和能力配置	分散,各国自足	集中,全球规模	核心能力的来源集中,其他分散	细分,相互依存,专业化
海外业务的角色	寻找和利用各地机会	贯彻母公司的战略	调整并利用母公司的能力	各子公司对全球经营的贡献不同
知识的开发和扩散	各单位自己开发和保有知识	母公司开发并拥有知识	母公司开发知识并将其转移到海外各单位	世界范围地开发和分享知识

4. 跨国组织模式

在全球经济中,企业一方面需要确定自己的全球竞争战略,另一方面需要从适应当地情况、转移技术和节约成本中追求利润,从而使得企业能够同时获得全球扩展的所有利益。这种一体化的组织结构就是跨国组织模式。

跨国组织模式的特点是,将某些职能集中在最能节约成本的地方,把其他一些职能交给子公司以便更多地适应当地的情况,并促进子公司之间的交流与技术转移。在跨国组织模式下,公司的某些职能,比如研发倾向于集中在本国进行,其他一些职能也集中,但不一定必须在母国。为了节约成本,公司可以把劳动力密集型产品的全球规模的生产厂设立在低劳动力成本的国家,把需要技术型劳动力的工厂设立在科学技术发达的国家。而销售、服务和最后组装等职能,倾向于交给各国的子公司,以便更大程度地适应当地的情况。因此,大部分零部件在集中的工厂制造以实现规模经济,然后运到各地的工厂组装成最终产品,并按当地的情况对产品作出改动。比如,日本的丰田汽车公司、欧洲的空中客车公司等都采用跨国组织模式,强调人、财、物、信息在跨国之间的流动。

跨国组织模式需要子公司之间的大量而广泛的沟通。子公司之间为了互利,相互转让技术和知识,从而高效率地运行全球集成的生产体系。例如,成立于1925年的美国卡特彼勒是世界上最大的工程机械和矿山设备、燃气发动机和工业用燃气轮机生产厂家之一,也是世界上最大的柴油机厂家之一,它将产品分解成许多完全相同的标准零部件,投资建立大规模的零部件加工厂,以实现规模经济。同时,在大市场地区还建有组装厂,根据市场需求来改变产品,以解决当地化问题。

第二节　信息化管理

随着信息时代的来临,信息在现代管理中越来越重要。管理者在日常工作中要获得适量的有用信息,加强组织内部各部门之间的沟通,降低组织运行成本,提高组织运作效率。

一、信息的含义

信息在不同的学科中有不同的定义。一般地,信息是指经过加工处理后呈现出一定规律的数据。

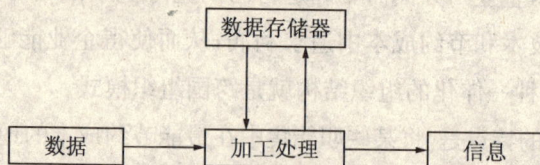

图 5.2　信息处理过程

　　信息和数据是两个既有密切联系又有重要区别的概念。数据是记录客观事物性质、形态和数量特征的抽象符号，比如，文字、数字、图形、表格和曲线等。数据往往表现出含义混乱的特征，不能直接为管理者所用。信息由数据生成，是数据经过加工处理后得到的，比如，报表、账册和图纸等。信息被用来反映客观事物的规律，从而为管理工作提供依据。同时，数据与组织管理层次的高低有关。在组织的较低层次获得的信息，在组织的较高层次往往看来只是数据。因而，信息和数据的区别又具有相对性。

　　对管理者来说，有用的信息具有高质量、及时和完全等三个特征。首先，质量是有用信息最重要的特征，它直接影响到信息的价值大小。其次，信息是时间敏感性的，错过了时机的信息就丧失了应有的价值。再次，信息的范围是完全的，有一定的深度和广度。

二、信息系统的要素

　　信息系统是组织信息化管理的基础。一般的信息系统包括输入、处理、输出、反馈和控制等五个基本要素。其中，输入是指系统所要处理的原始数据或提供原始数据的设备；处理是把原始数据加工或转换成有一定规律的有用信息的过程；输出是系统处理后的结果；反馈是指当管理者对输出的结果不满意或希望得到更好的结果时对输入的调整；控制是对输入、处理、输出和反馈等活动过程进行监督和指挥，使这些活动保持正常状态。

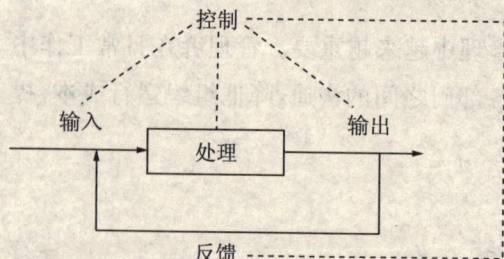

图 5.3　信息系统的构成

三、管理信息系统

管理信息系统的概念最早起源于 20 世纪 30 年代,柏德强调决策在组织管理中的作用。50 年代西蒙提出了管理依赖于信息和决策的概念。但是,这个词最早出现于 1970 年瓦尔特·肯尼万(Walter T. Kennevan)给出的定义中:"以书面或口头的形式,在合适的时间向经理、职员以及外界人员提供过去的、现在的、预测未来的有关企业内部及其环境的信息,以帮助他们进行决策。"随着计算机技术的快速发展,管理信息系统在组织管理中发挥着越来越重要的作用。

管理信息系统是一个以人为主导,利用计算机硬件、软件、网络通信设备以及其他办公设备,进行信息的收集、传播、加工、储存、更新和维护,以企业战略竞优、提高效益和效率为目的,支持企业高层决策、中层控制、基层运作的集成化的人机系统。因此,管理信息系统不仅是一个技术系统,而且也是包括人在内的人机系统,因而它是一个管理系统、社会系统。

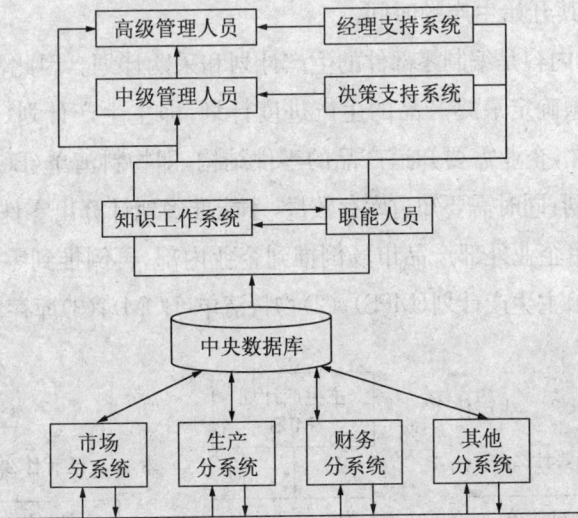

图 5.4　管理信息系统

四、企业信息化管理的发展阶段

信息系统为管理者提供了一种组织内收集、处理、维持和分配信息的系统方法。随着计算机的普及与网络的高度发展,信息系统越来越电子化、网络化,组织也越来越信息化。

（一）开环的物料需求计划

20世纪60年代提出了的开环物料需求计划（material requirement planning，MRP），其基本思想是按最终产品的需求量来推算零部件的需求量和投产时间。

按需求的来源不同，可将企业内部的物料分为：独立需求和相关需求两种类型。独立需求是指物品需求量和需求时间由企业外部的市场需求来决定。这是因为市场需求完全是随机的，企业没有办法来决定和控制其需求数量和时间，最多只能根据历史数据和预订来初步估计。比如，客户订购的产品、科研试制需要的样品、销售后维修需要的备品备件等。而相关需求则是指根据物料之间的结构组成关系由独立需求的物料所产生的需求。这是因为相关需求一般指构成市场需求的成品的组成部分，它完全由成品的结构来决定，企业可以通过预测市场需求来决定和控制的相关需求。例如，半成品、零部件和原材料等。

MRP的基本任务是：（1）从最终产品的生产计划（独立需求）引导出相关物料（原材料、零部件等）的需求量和需求时间（相关需求）；（2）根据物料的需求时间和生产周期来确定其开始生产的时间。

MRP的基本内容是编制零部件的生产计划和采购计划。因此，要正确编制零部件计划：首先，必须确定最终产品的生产进度计划，即主生产计划（MPS），这是开展MRP的依据；其次，企业需要知道产品的零件结构，即物料清单（BOM），把主生产计划展开成零件计划；同时需要知道库存数量，才能准确地计算出零件的采购数量。因此，MRP计划是由企业外部产品市场倒推到企业内部，再倒推到零件市场的逆向思维。其依据是：（1）主生产计划（MPS）；（2）物料清单（BOM）；（3）库存信息。

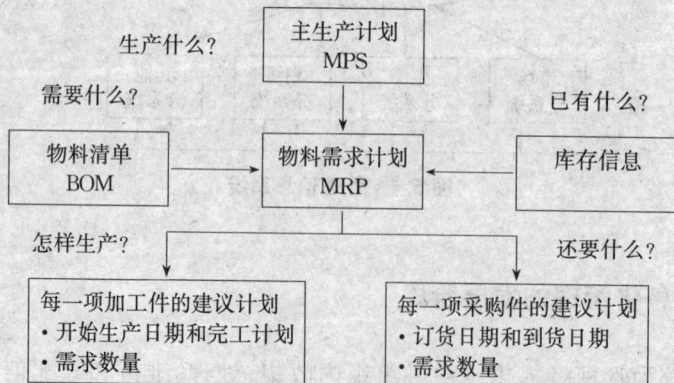

图5.5　开环的物料需求计划

（二）闭环的物料需求计划

20 世纪 60 年代开环的 MRP 能够根据有关数据计算出相关物料需求的准确时间与数量,但是没有考虑到企业的生产能力和采购能力的有关约束条件。因此,开环的 MRP 下的物料需求的数量和日期,可能因为设备的生产能力、原料和工时的不足而无法满足。同时,开环的物料需求计划也缺乏计划实施情况的反馈信息,不能对计划进行有效的调整。

20 世纪 70 年代发展起来的闭环的 MRP,它除了能够解决开环 MRP 的问题以外,还将生产能力需求计划、车间作业计划和采购作业计划结合起来,形成一个封闭的、现实可行的主生产计划系统。只有在采取了措施做到能力与资源都满足负荷需求时,才能开始执行计划。在能力需求计划中,生产通知单按照它们对设备产生的负荷进行评估,采购通知单需要检查它们对分包商和经销商所产生的工作量。执行 MRP 时,要用生产通知单来控制加工的优先级,用采购通知单来控制采购的优先级,从而形成了基本 MRP 与能力需求计划、执行及控制功能的环形回路。因此,闭环 MRP 成为一个完整的生产计划与控制系统。

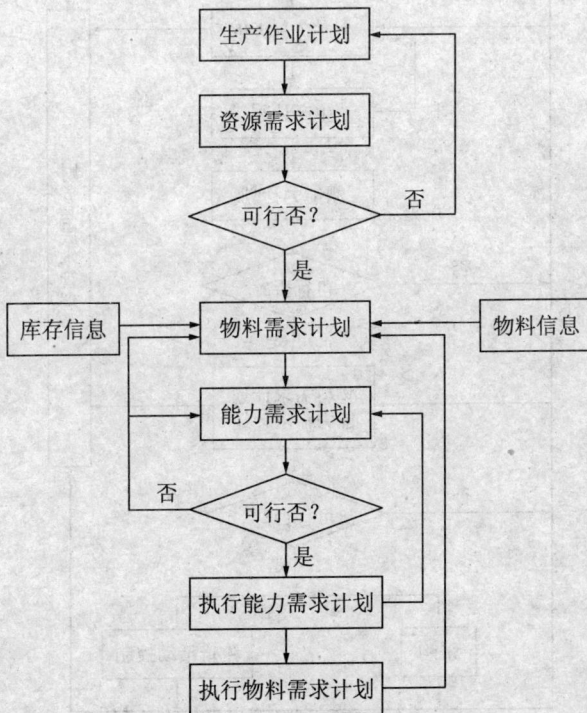

图 5.6 闭环 MRP 的逻辑流程图

（三）制造资源计划

尽管闭环 MRP 系统的出现使得生产活动的各个子系统统一起来了,但是它只涉及生产管理的物流方面,还没有把人财物和产供销以及信息等子系统组成一个更加广阔的综合系统。因此,20 世纪 80 年代把销售、采购、生产、财务、工程技术和信息等各个子系统进行集成,形成了制造资源计划(manufactuing resource planning)系统,简称 MRP II。

由于计算机信息技术的发展,企业对生产经营的管理能力大大加强,从以产品为对象的管理进入到以零部件为对象的管理,MRP II 实现了企业经营信息的集成。MRP II 的主要成就体现在:第一,在物料需求计划的基础上向物料管理延伸,实施采购计划、进货计划、供应商账务和档案管理、库存账务管理等一系列采购管理工作;第二,由于系统具备记录物料信息、加工工时等制造信息的能力,可以将管理活动扩展到产品成本核算、成本分析等方面;第三,主要生产计划和生产计划大纲面向市场,依据客户订单来确定生产计划,因此企业又可以将生产管理活动扩展到销售管理业务。

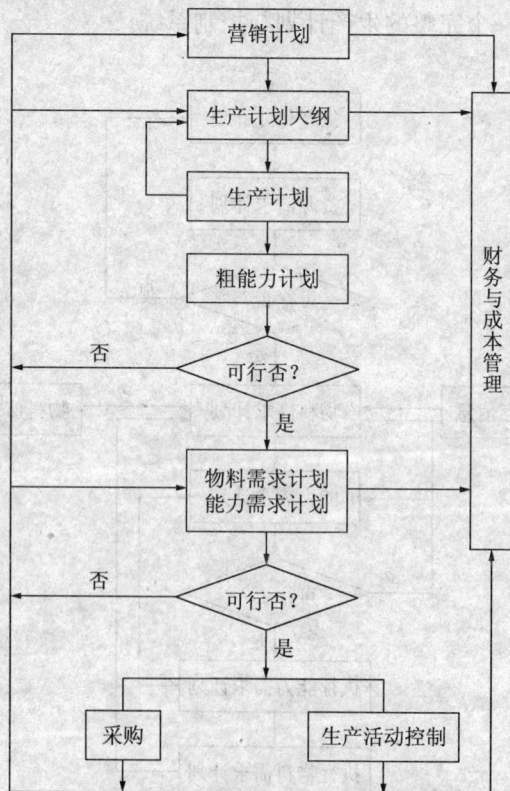

图 5.7　MRP II 的工作逻辑流程图

MRP II 在实践中取得了显著的成效。根据美国成功实施 MRP II 的企业调查，其可以使库存减少 25%—30%；库存周转率提高 50%；准时交货率提高 55%；装配车间劳动生产率提高 20%—40%；采购资金节约 5%；降低成品库存 30%—40%；缩短生产周期 10%—15%；提高生产率 10%—15%；突击加工减少 25%。因此，MRP II 通过对企业的产、供、销、人、财、物、设备和信息的规范化管理，可以大大提高企业的生产效率，增强企业的市场竞争能力。

（四）企业资源计划

随着全球化和信息化进一步发展，企业与企业之间的竞争越来越激烈。20 世纪 80 年代 MRP II 是主要面向企业内部资源的全面计划管理，到 90 年代逐步发展为有效利用和管理企业的整体资源的 ERP(enterprise resources planning)系统，拓展了企业管理的范围。

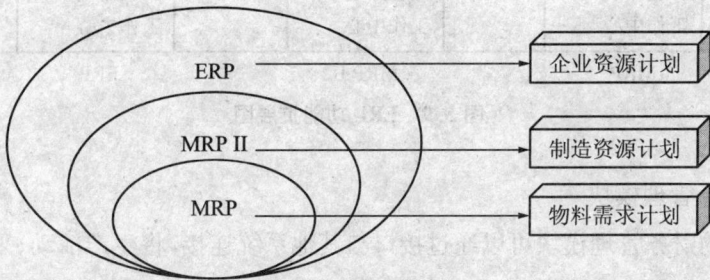

图 5.8　从 MRP 到 ERP

从开环 MRP 经过闭环 MRP 直到 MRP II，其发展基本上沿着两个方面展开：其一是资源概念内涵的不断扩大；其二是计划闭环的形成。但是，这种发展存在着两个局限性：其一，从物料资源到制造资源，资源的范畴还限于企业内部资源；其二，功能上以优先级计划与需求、能力平衡计划为核心，基本上是处理例行问题的结构化决策。

ERP 将企业所有资源进行整合集成管理，体现在物流、资金流和信息流的全面一体化管理。它的应用领域从生产企业的管理，拓展到非生产、公益事业企业的资源计划与管理。

在企业内部管理中，一般包括：生产控制(计划、制造)、物流管理(分销、采购、库存管理)和财务(会计核算、财务管理)等三个方面的内容。这三大系统之间本身存在关联性，可以通过互相之间的接口进行集成，有效地整合在一起对企业进行管理。同时,由于人力资源的重要性越来越明显,许多企业 ERP 厂商把人力资源管理也作为 ERP 系统的一个重要组成部分。

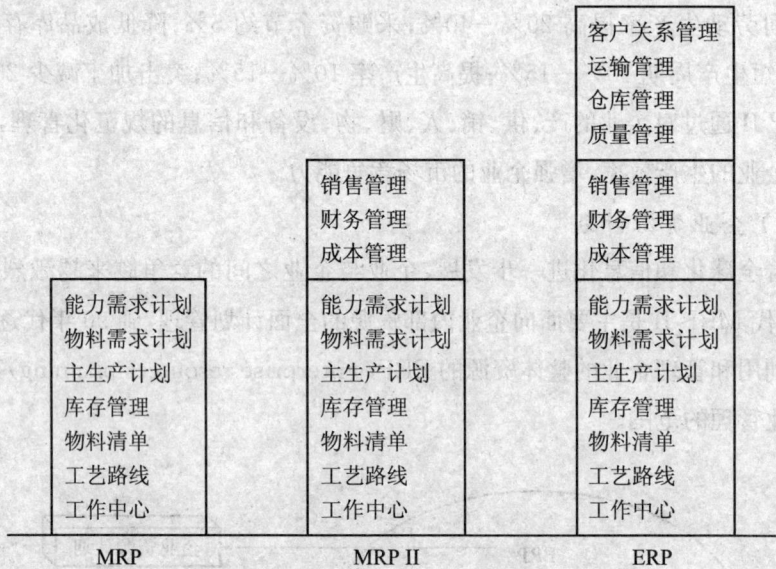

图 5.9　ERP 功能扩展图

1. 财务管理模块

ERP 的财务管理模块可以通过接口与其他系统连接,将生产活动、采购活动输入的信息自动计入财务模块,并生成总账和会计报表,几乎替代了以往传统的手工操作,取消了繁琐的凭证输入过程。一般的 ERP 软件的财务管理模块分为会计核算与财务管理两大块。

(1) 会计核算。会计核算主要记录、核算、反映和分析资金在企业经济活动中的变动过程与结果。它由总账、应收账、应付账、现金、固定资产、多币制等部分组成。

(2) 财务管理。财务管理主要基于会计核算的数据,再加以分析和利用,从而进行相应的预测、管理和控制活动。它侧重于财务计划、控制、分析和预测。其中,财务计划主要根据前期财务分析做出下一期的财务计划和预算等;财务分析则提供查询功能和根据用户定义的差异数据的图形显示进行财务绩效评估和账户分析;而财务决策则作出有关资金的筹集、投放与管理决策。

2. 生产控制管理模块

根据企业信息化发展的历程,生产管理始终是企业管理发展的主线。而生产控制管理模块将企业的整个生产过程有机地结合起来,使企业能够有效地降低库存,提高运行效率。企业首先确定一个总生产计划,再经过系统层层细分后下达到各部门去执行,由生产部门进行生产,采购部门进行采购。

(1) 主生产计划。它是根据生产计划、预测和客户订单的输入来安排将来的各周期中提供的产品种类和数量。一般地,它将生产计划转化为产品计划,在平衡了物料和能力以后,做出精确到时间、数量的详细的进度计划。主生产计划是企业在一段时期内的总的活动安排,往往是由生产计划、实际订单和历史销售数据分析的预测所产生的稳定计划。

(2) 物料需求计划。在主生产计划决定生产多少最终产品后,再根据物料清单(BOM),把整个企业需要生产的产品数量转变为所需要生产的零部件数量,并结合现有的库存量,再决定需要加工多少、采购多少数量。

(3) 能力需求计划。企业在得到初步的物料需求计划之后,会将所有工作中心的总工作负荷与工作中心的能力平衡之后,产生比较详细的工作计划以确定生成的物料需求计划是否是企业生产能力上可行的需求计划。因此,能力需求计划是一种当前实际应用的短期计划。

(4) 车间控制。车间控制将作业分配到具体的各个车间,再进行作业排序、作业管理和作业监控。这是随时间变化的动态作业计划。

(5) 制造标准。在编制计划中需要许多关于生产的基本信息作为制造标准,主要包括零部件、产品结构、工序和工作中心等,用唯一的代码在计算机中标出,作为处理信息的依据。

3. 物流管理

企业的物流是物料和产品流动的方向,它的管理主要包括:分销管理、库存管理和采购管理。

(1) 分销管理。销售的管理是从产品的销售计划开始的一系列管理活动,主要包括对销售产品、地区和客户等各种信息的管理和统计,并对销售数量、金额、利润、绩效和客户服务作出全面的分析。

(2) 库存控制。它的主要功能是采购部门用来确定物料的订货数量和订货时间,保证稳定的物流支持正常的生活活动,同时实现成本最小化。库存控制能够精确地反映库存现状,并随时间变化动态地调整库存,因此是一种相关的、真实的动态控制系统。

(3) 采购管理。企业采购管理主要包括三个方面的工作:其一,确定合理的订货量、选择优秀的供应商和保持最佳的安全库存;其二,能够随时提供定购、验收的信息,跟踪和催促外购或委托加工的物料,保证货物及时安全到达;其三,建立供应商的档案,实现客户关系管理,用最新的成本信息来调整库存成本。

第三节　新的组织方法

　　组织结构是企业生产经营管理活动有序化进行的支撑体系。而组织结构创新是指创设一个新的组织结构,并使之有效运转以适应社会环境的变化。从企业发展史来看,企业组织结构的演变过程是一个不断创新的发展过程。从直线职能制到事业部制再到超事业部制,企业组织结构始终是随着企业的变化而不断创新的。由于信息技术的发展,企业管理现代化的程度也越来越高。因此,企业必须不断进行组织结构的创新,以适应其内外环境变化的需要。例如,20 世纪20 年代,通用汽车公司在组织结构方面有过重大创新,形成了后来的分权型事业部制结构模式,现在已经成为大企业适应大规模多样化生产经营的典型组织结构模式。

一、业务流程再造

　　1990 年,美国管理学家迈克尔·哈默(Michael Hammer)在《哈佛商业评论》上首先提出了业务流程再造的概念。而 1993 年,迈克尔·哈默和詹姆斯·钱皮(James Champy)又提出了业务流程再造理论,在美国企业界取得了巨大的成功,并迅速风靡全球。

　　(一)业务流程再造的含义

　　1776 年,英国经济学家亚当·斯密提出了劳动分工的理论,认为将产品的生产过程分解为一道道简单的工序,每个人只操作劳动任务中的一个环节,就可以大大提高专业化程度和劳动效率,同时也有助于降低成本。把劳动分工理论应用到组织设计中,就出现了分工细致的多职能、多层次的等级制度结构,影响到职能部门之间的合作与协调,降低了组织的竞争力。因此,业务流程再造的基本思想就是以业务流程为中心,摆脱传统的组织分工理论的束缚,提倡顾客导向、组织变通、员工授权与运用信息技术,达到适应外界环境变化的目的。

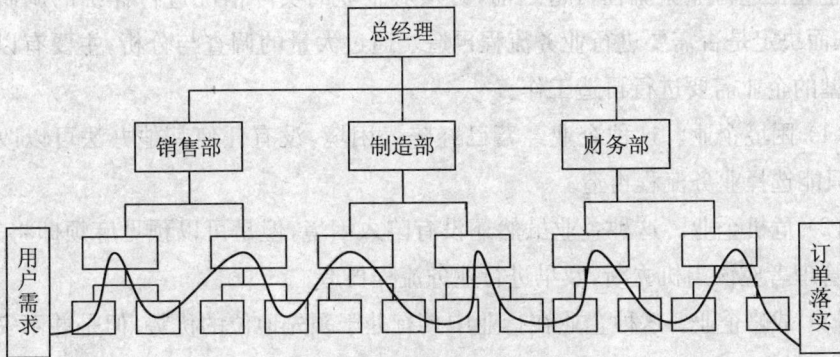

图 5.10　传统的专业分工结构

业务流程再造是指对企业的业务流程进行根本性的再思考和彻底性的再设计,从而获得成本、质量、服务和速度等方面衡量的显著成就。因此,业务流程再造就是围绕企业的业务流程,重新关注已经形成的基本理念,对企业的业务流程进行脱胎换骨的彻底改造,使其业绩获得突飞猛进的质的增长。

业务流程再造的内涵决定了它具有以下主要特征。

(1)业务流程再造是以顾客为导向而不是以上级为导向的。

传统的劳动分工理论的弊端之一,就是员工只对自己的上级而非顾客负责,因此在企业里很难实现以顾客为导向的理念。而业务流程再造的关键就是要改变企业现存的错误观念,让企业员工的工作驱动力转移到追求顾客的满意度上去。

(2)业务流程再造的对象是流程而不是整个组织结构。

企业面临困境的本质原因是业务流程不适应组织内外环境的要求,因此必须从流程入手改变企业处理事务的方式,分解企业业务流程的处理过程,重构与企业业务匹配的组织结构,调整组织运行机制以适应新流程的需要,但是组织结构并不是问题的关键所在。

(3)业务流程再造是一项复杂的系统工程。

业务流程再造的实施需要运用工程技术、运筹学、管理学、社会科学以及信息技术的知识,同时影响到组织的人、经营过程、技术、组织结构和企业文化等方面的内容。因此,企业必须让全体员工参与到业务流程再造活动过程中,建立包括组织内外顾客需求为导向的业务流程。

（二）业务流程再造的条件

企业在进行业务流程再造之前,必须对企业的实际情况进行详细的调研与分析,从而决定是否需要进行业务流程再造。通过大量的调查与分析,主要有以下三种类型的企业需要进行再造工作。

(1)困境企业。这种企业经营已经陷入困境,没有任何其他办法可以改变现状,只能选择业务流程再造。

(2)危机企业。这种企业虽然还没有陷入困境,但是可以预见麻烦即将来临,因此管理者应该当机立断,及早进行业务流程再造。

(3)战略企业。这种企业在行业中具有处于领先地位的优势,但是并不安于现状,希望谋求更大的发展以获取更多的优势,而业务流程再造是超越对手的重要途径。

（三）业务流程再造的步骤

再造就是通过对企业原有生产经营过程的各个方面、各个环节进行全面的调查研究和周密分析,对其中不合理、不必要的环节进行彻底的变革。因此,在具体的实施过程中,可以按以下步骤进行。

1. 分析问题

根据企业现行的作业程序,绘制细致而明晰的业务流程图。一般来说,原来的作业程序是与过去的市场环境、技术条件相适应的,并以一定的组织结构和作业规范作为保障。但是,当市场需求与技术条件发生改变,而现有的作业程序难以适应时,组织的作业效率会大大下降。因此,必须对原有业务流程进行全面的功能与效率分析,发现其存在的问题。

目前,主要分析业务流程以下几个方面的问题:(1)是否具有功能障碍? 随着科学技术的发展,技术上具有不可分性的团队工作以及个人可以完成的工作都可能发生改变,这将导致原来的作业流程呈现出支离破碎的状态,使得权责分离,造成组织机构设计的不合理,形成企业发展的瓶颈。(2)是否重要? 不同的业务流程环节对企业的影响是不同的。随着市场的改变,顾客对产品、服务的需求发生了变化,业务流程中的关键环节及其重要性都会发生改变。(3)是否可行? 根据市场与技术变化的特点,结合企业的实际情况,需要分清问题的轻重缓急,找出流程再造的切入点。同时,还需要深入现场,具体观测和分析现存业务流程的功能、制约因素以及表现出的关键问题。

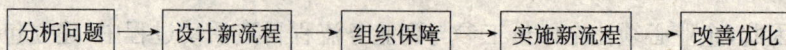

分析问题 → 设计新流程 → 组织保障 → 实施新流程 → 改善优化

图 5.11　业务流程重组过程

2. 设计新流程

为了设计更加科学、合理的业务流程,必须结合企业实际情况发挥专家与员工的集体智慧。在设计新的流程改进方案时,可以将现在的几项业务合并,或按照自然顺序设置工作的各个步骤,或下放权力给职工,或减少检查、控制与调整等管理工作。根据企业的现场实际情况,确定旧的业务流程属于哪种情形,按照系统规划的要求来调整与改进,制定出高效、精简的新流程。

3. 组织保障

确定流程负责人,负责管理完整的流程,不仅要起到协调与沟通的作用,还要拥有实际的工作安排、人员调动与奖惩的权力。同时,建立相应的组织结构保障业务规范、沟通顺畅,实现预期的设计目标。

4. 实施新流程

按照新的业务流程组织开展工作,检查新的业务流程是否满足目前业务的基本要求,是否还有进一步改进的空间,以及是否适应组织未来发展的需要。因此,通过实施新的流程可以检验它的运行效果,及时地发现新的问题,为进一步改善优化提供依据。

5. 改善优化

根据实施新的业务流程中发现的问题,组织相关的企业力量与专家共同参与,及时改进新流程的不足之处,以迎接企业面临的新挑战,适应新形势的需要。

例如,福特汽车公司(Ford)北美财务部原有 500 多人负责账务和付款事项。在原先的付款流程中,当采购部的采购单、接收部的到货单和供应商的发票等三张单据验明一致后,财务部才会予以付款,财务部需要花费大量的时间查对采购单、到货单与发票等相关的 14 个数据是否相符。重新设计付款流程后,由计算机将采

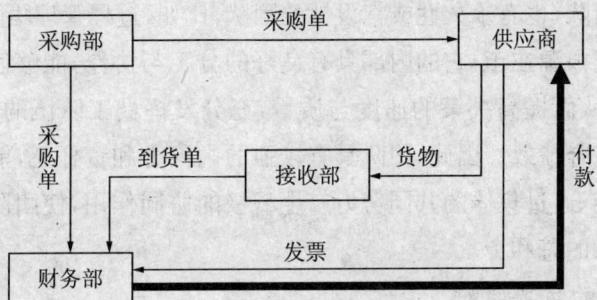

图 5.12 福特公司北美财务部的原付款流程

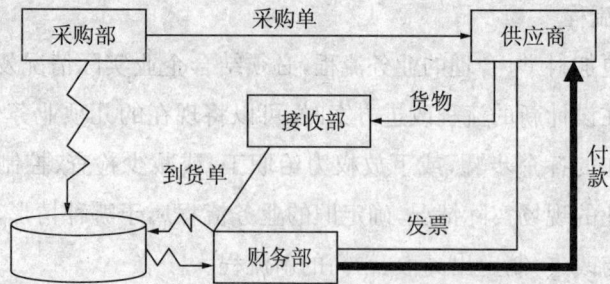

图 5.13　福特公司北美财务部的新付款流程

购部、接收部和财务部连接起来,采购部每发出一张采购单,同时就往联网的实时数据库中传送相同的信息,不必再向财务部递送采购单复印件。当货物到达接收部后,由接收人员对照检查货物单号与数据库中的采购单号,两者相符后也送入数据库。最后由计算机自动检查采购记录与接收记录,自动生成付款单据。经过对付款流程进行了重组,财务部的人员减少了75%,大大提高了公司整体效率。

二、团队管理

团队是现代管理中经常使用的一种组织形式。它发端于 20 世纪 60 年代日本的"品管圈"(quality circle)和员工参与运动,而品管圈是指在同一工作现场自主开展质量管理活动的小团体。根据对全美 476 家大公司的调查发现,有 7% 的员工是在团队中工作的,进而估计美国大概有 800—900 万人在团队方式下工作。

(一)团队的概念

团队是指由具有互补技能和共同责任并执行相互依存的任务,以完成共同使命的一种特殊类型的群体。因此,团队是为满足创造性、灵活性和高水平绩效的新型组织。根据不同的设计目标,既有临时性的团队,比如,新产品开发团队、攻关团队和过程改进团队,也有永久性或常设性的团队,比如,过程管理团队。

团队的产生根源在于,它的内部具有良好的分工与协作,能够使管理层有时间进行战略思考,从而提高决策的速度与质量,充分发挥员工队伍的才能与智慧,创造出高效率的综合绩效。因此,团队具有较强的内聚力和责任感,能够使员工充分发挥自己的才能,通过集体的共同努力产生积极的协同作用,使团队绩效水平远大于个体成员绩效的总和。

(二)团队的主要特征

团队组织突破部门之间分工的严格界限,为实现某一特定目标和任务而进行

了功能的重新组合。与其他社会组织相比较,团队具有以下主要特征:

(1)目标明确。任何团队的组建与形成,都以具体的、清晰的目标为前提条件。任何一个团队成员,绝不会无缘无故地集合在一起,他们都是由于共同的任务和目标才聚集起来的。没有明确目标的团队既无法有效地规划工作,也无法顺利开展工作,因此团队成员必须或愿意为同一个目标而努力。例如,新产品开发团队,其目标是开发新产品;再造企业工程团队,其目标是再造企业。

(2)界限不明。团队组织是由不同部门、不同技能的员工构成,当员工进入团队以后,就不再受到原职能部门左右,而是直接面对顾客根据现场情况作出决定。因此,团队组织打破了原来垂直模式中各功能部门之间分明的层次和界限,减少了进行信息传递的中层管理工作,避免了交流不畅与信息阻塞。

(3)角色分工。有效团队的成员必须在清楚的组织架构下,具有清晰的角色定位和任务分工。同时,成员也清楚地了解自己的定位与责任。管理人员必须了解团队组织的目标与任务需要,以成员能够给团队带来贡献为出发点,选择合适的团队成员,根据用人所长的原则来分配工作任务。这样既可以使团队成员和平相处,又可以发挥集体的协同优势。

(4)共同承诺。有效的团队必须有一个成员共同追求的、有意义的目标,它能够为团队成员指引方向、提供推动力,让团队成员愿意为实现目标贡献自己的力量。因此,成功团队的成员通常会花大量的时间和精力来讨论、修改、完善组织目标,让组织目标能够在集体层次和个体层次上被大家广泛地认同与接受,发挥它指引方向的作用。

(5)领导结构。高效的团队需要领导和组织结构来提供方向与焦点,以确定一种大家认同的方式,保证成员在实现组织目标的方向上团结一致,保持信息沟通渠道的畅通无阻,建立起组织良好的支持环境。在团队的运行过程中,对于如何安排工作日程、开发什么样的技能、怎样处理冲突以及决定成员的具体工作任务内容,都需要团队的管理者协调团队结构来发挥作用,使工作任务适应成员的个人技能水平。

(6)责任感强。成功的团队能使其成员在集体层次和个人层次上都承担责任,同时既各自地也共同地为团队目标和行动方式承担责任。对于团队目标和利益的忠诚与责任,是团队成功的关键,它是汇聚人心的精神动力。

(7)公平评估。高绩效的团队是以群体为基础进行绩效评估的,进而实现利润的分享。在成功的团队中,必须建立相对公平的绩效评估机制,这样才能有效地激励团队成员努力工作,充分发挥他们的主观能动性,积极为团队发展建言献策,有效避免社会惰性效应的发生。

(8) 相互信任。高绩效的团队成员之间相互高度信任,团队成员彼此相信各自的正直、个性特征和工作能力,进而形成沟通良好、人心一致的集体。这是团队发挥作用的基础。

(三) 团队的类型

根据团队的性质、团队的效率、团队的职能和团队的存在目的等不同的角度,可以将团队分成不同的类型。

(1) 根据团队的性质划分,将团队划分为工作团队、任务团队、管理团队、虚拟团队和质量圆桌等五种类型。

工作团队是永久性的团队,从事日复一日的工作任务。如果工作团队能够自行决定完成工作的策略,则可以称为自我管理型或高效型团队。任务团队是为了解决特定问题而建立的,完成任务后就自行解散。这是美国企业中最为常见的团队类型。管理团队是由企业各个部门的管理者组建的,主要起协调其他团队工作的作用。虚拟团队是指组织任务经常发生变化的团队。因此,虚拟团队的成员是不固定的,导致员工的工作技能不断地改变,或者成员的工作经常轮换。质量圆桌是就质量问题形成的圆桌管理团队。它主要关注质量问题,不提供改进质量的重大措施,通常其绩效水平比较低。

(2) 根据团队的效率划分,可以将团队分为工作群体、伪团队、准团队、真团队和高效团队。

工作群体,就是指那些简单地将人员集中在一起,而并不要求显著提高绩效的组织。工作群体最初的组建目的是为了共享信息、经验或其他资源。伪团队是没有共同目标或其他预期结果的团队,它是所有团队类型中最弱的一种,甚至并没有实际的产出。准团队则强调生产过程,但是缺乏明确的职责,因此,它对组织绩效有显著的影响。真团队是指成员平等承担共同目标、任务或结果的团队。而高效团队是效率最高的团队,它的部分成员承担着其他成员的职业发展和成功的责任。高效团队的绩效要显著高于其他类型的团队。

(3) 根据团队的职能,可以将团队分为工作团队、项目开发团队、平行团队和管理团队等四种类型。

工作团队从事制造、装配、销售或提供服务。这些通常被明确定义为正式组织结构的一部分,由全职稳定的成员组成。项目开发团队则长期致力于具体的产品项目，一旦完成后就自行解散。比如，负责研究和开发新产品就是项目开发团队。IBM 公司的第一台 PC 电脑的开发就是由一个非常成功的项目团队来完成的。平行团队的成员来自不同的单位或岗位，承担标准的组织结构不做的工作。因此，平行团队完全不同于组织的常规工作结构，它经常没有实际的职权，主要用来解决特殊问题。例如，研究出现特殊问题的质量团队、安全团队或任务小组。而管理团队对下属部门提供指导，并使其成为一体。它依靠与等级制度不同的职权对事业单位的整体绩效负责。比如，在组织最高层由高层管理团队制定战略指导并管理公司的整体绩效。

（4）根据团队的存在目的分类，可以把团队分为：职能型团队、自我管理型团队、虚拟团队和跨职能团队等四种类型。

职能型团队由一名管理者与来自特定职能领域的若干下属组成。它经常在特定的职能领域中进行改进工作的活动，以努力解决具体的问题。职能型团队的职权、决策、领导以及交互作用集中、简单、明确。

自我管理型团队是一种由 10—15 人组成的真正独立自主的团队，它不仅注意问题的解决，而且执行解决问题的方案，并对工作结果承担全部责任。它的责任范围包括控制工作节奏、决定工作任务的分配、安排工间休息等，甚至挑选自己的成员并让成员相互进行绩效评估。自我管理型团队中主管人员的重要性下降甚至可以取消，员工满意度有所提高，但是成员缺勤率和流动率偏高。

虚拟团队是指那些利用计算机技术把实际上分散的成员联系起来，以实现共同目标的工作团队。在虚拟团队中，成员之间通过宽带网、可视电话会议系统、传真、电子邮件，甚至互联网上的在线会议进行沟通与联系。虚拟团队可以完成其他团队能够完成的所有工作——分享信息、作出决策和完成任务，但是由于缺少面对面的"说与听的互换式"讨论，使得成员之间的感情成分减少，更倾向于任务取向。

跨职能团队也称为多功能型团队，它由来自同一等级、不同工作领域的员工组成。其目的是完成一项任务，当任务完成以后又回到各自的部门。跨职能团队使组织内不同领域的员工之间交换信息，激发出新的观念，解决面临的问题，协调复杂的项目。

（四）建设成功团队的具体步骤

美国质量研究所在大量实际项目的调查研究基础上，总结出了组建和运行成功团队的七个步骤。

（1）建立领导团队。领导团队负责指导和建立组织的团队结构和运行过程，有责任监督组织内的所有团队,确保这些团队没有重复劳动,以及批准或创建新的团队。领导团队成员要以身作则,坚定不移地倡导团队模式,在言行中体现出对团队模式的热情与信念。领导团队是组织的核心与灵魂,其最重要的功能是授权,要让其他团队都感到职权在肩、责任重大,相信组织将会支持他们作出的决定。

(2)制定行动指南。行动指南是指导员工如何创建团队、如何建立日常工作日程、如何检验工作进度等活动的文件。这个文件要方便员工获取,而且文字简约、易于阅读。在行动指南的帮助下,团队能够方便地建立内部机制,进行自我管理。

(3)满足客户需求。不管是组织内部还是外部的客户,他们都是项目服务的对象,因此他们到底需要什么、喜欢什么、有什么样的承受能力,这些都是团队考虑问题的出发点。通常需要团队作一个客户调查,画出工作过程的流程图,弄清相关的问题与机遇。

(4)制定标准程序。在团队内部建立标准的程序,既可以作为团队处理问题的工作流程,又可以使客户清楚地知道团队处理问题的权力与责任范围。因此,标准程序可以使团队工作有序展开,责任分明。

(5)制定绩效评估体系。在组织内部建立一个全新的绩效评估和奖励体系,要体现公平合理的基本原则,能够有效激励员工努力工作。同时,还要强调团队成员进行过程管理的意识,改变员工惯常的思维模式。

(6)营造相互支持的氛围。在新旧工作方式的转变过程中,员工需要得到上级的热情支持与帮助,相互信任、相互支持、共享知识的氛围是团队模式成功的关键因素。

(7)培训团队员工。团队工作是一种自我管理的新型工作模式,所有员工都必须通过适当的培训方法来适应团队工作,学会并接受团队方式的权威、职责和决策,积极支持团队成员的工作。同时,还需要学习有关过程优化、问题解决、交流沟通与工作方法等技巧。

三、虚拟企业

由于全球性的竞争使得市场变化很快,企业依靠自己的资源进行整合的策略已经无能为力了,因此虚拟企业方式成为企业与企业之间进行战略竞争的选择。

(一)虚拟企业的含义

虚拟企业的观点是由美国李海大学于 20 世纪 90 年代在《21 世纪制造企业战

略》的报告中首先提出来的,它是以目标为导向的共享收益、共担风险的长期合作关系。

虚拟企业是指为了一个特定的商业目标而建立起来的企业与企业之间的组织网络。其目的是通过借用外力来整合外部资源优势,进而创造出不同寻常的竞争优势。这种组织形式具有寿命短、目标导向和基于时间竞争等特点。建立虚拟企业,实际上是借用企业外部力量以整合资源的一种经营策略。因为它一方面可以防止纵向一体化带来的组织缺陷,另一方面可以在共同目标的基础上实现企业之间的资源共享。

(二)虚拟企业的特点

虚拟企业具有以下主要特点:

(1)投资较少。

与实体企业相比,虚拟企业所要求的各方面投资比较少,主要包括人力资源、设备和设施等方面的投资。由于投资减少,可以降低产品的单位成本,使企业取得较大的竞争优势。

(2)优势互补。

通过分工与合作方式,每个企业都致力于自己的优势业务,相互之间取长补短,使自己的核心竞争力不断增强。

(3)快速响应。

由于虚拟企业可以根据市场变化快速地组织队伍,并能有效地配置资源,因而虚拟企业可以快速地响应市场需求而研发与生产新产品。

(三)虚拟企业的作用

采用虚拟企业的组织方式,有助于企业解决以下主要问题。

(1)增加产品的价值。采用虚拟企业的方式,可以实现与外部企业之间的分工与合作,发挥企业的核心专业优势,进而有助于增加产品的价值。例如,通过建立虚拟企业改善投放市场的时间与分销渠道,增加产品的价值。

(2)改善营销渠道。与合适的企业合作能产生更高的广告效果,增加新的营销渠道的机会。

(3)强化运营管理。当企业之间的合作使设备和资源可以得到有效的利用时,这种合作可以降低系统成本和改善运营管理。

(4)增强技术力量。技术合作有助于增强双方的技能,发挥各自的专业优势。例如,美国苹果公司将 iPhone 手机的生产加工业务外包给富士康公司,既可以发挥自身的研发优势,又可以发挥富士康公司的制造加工优势,实现提高产品的认知价值。

案例分析一

Google 的 创 新

　　Google 因能更准确更快速地为用户提供他们想要的信息而迅速成为因特网上最受欢迎的搜索引擎,但是要想保持成功,管理者们明白公司需要不断创新。

　　产品经理玛丽莎·梅尔(Marissa Mayer)建议公司采用类似搜索引擎搜索网络一样的方法来得到新的构想。为了让用户体验到最好的网络搜索,Google 的搜索范围十分宽广,结合了数十亿份文件,然后根据相关度将搜索结果进行排序,再把排序后的资料迅速传达给用户。搜寻想法的过程极似在组织中投掷一张大网。这个过程始于建立一个易于使用的企业内部网,使得哪怕是专业技能有限的员工也能迅速写出一整页的想法。"我们从来不说'这个团队应该创新而其他团队应该只干分内的活'。"产品管理副总裁乔纳森·罗森伯格(Jonathan Rosenberg)说道,"每个人每天都要花一部分时间用于研发。"企业内部网也从那些懂得技术但在会议上不爱出声或不够自信的员工那儿获得了更多的构想。梅尔说,有些工程师本来有很多好的构想,但不愿意在公开会议上提出来,现在员工可以把他们的想法粘贴在内部网上并得到相应的回复。

　　梅尔每天都浏览网页,看看哪些构想会引起最大的兴奋程度和最多的议论。每周一次,她会和一个团队坐到一起详细商讨这周的构想,并将至少 6 到 7 个可迅速列入发展轨道的构想进一步充实。除了内部网搜索过程以外,用户在创新中继续扮演着重要角色。公司安排了 10 个全职员工来阅读和回复用户的电子邮件,并将用户的想法转达给那些不断改进 Google 服务的项目团队。工程师同时参与三个项目团队,并且有权做任何能够提高顾客体验品质和消除障碍的改进。此外,Google 允许任何软件开发商在他们的应用中结合自己的搜索引擎,下载方便且许可免费。对有的企业而言,这样做似乎很疯狂,但 Google 认为这恰恰是"把全世界都纳入 Google 的开发团队"。

　　Google 创新的有机方式是相当成功的。更确切地说,公司不再只是一个获得了巨大成功的搜索引擎,而是发展成了一个对微软的统治地位都造成巨大威胁的软件公司。当微软在搜索的竞赛中奋力追赶时,Google 已经不动声色地向市场投放了一系列产品,比如,桌面搜索,Gmail 邮箱,可管理、编辑和发送数码照片的软件,可生成、编辑和上传文件的程序等。Google 未来有一天将可能边缘化微软的操作系统并越过其视窗程序,这已经引起了微软管理者的高度重视。微软的规模是 Google 的 10 倍,而且有大量的资金去竞争,但微软的领导者明白,眼下 Google 的创新进程为其带来了优势。"微软每年花费 6 亿美元于 MSN 的研发,10 亿美元于 Office 的研发,10 亿美元于 Windows 的研发,但 Google 的桌面搜索却抢在我们之前公布于众,"微软的一位高级官员说道,"这的确是一个实实在在的警钟!"

(资料来源:达夫特著,王凤彬等译:《组织理论与设计》(第九版),清华大学出版社 2007 年版。)

案例思考题:

1. 结合 Google 的案例,体会创新在企业中的作用。

2. 请说明 Google 的创新是如何做到制度化的,并指出 Google 为创新提供了怎样的支持?

3. Google 的创新可以为其他企业带来怎样的启示?

4. 如果你是一个咨询顾问,你会给微软怎样的建议?

案例分析二

海尔集团的管理模式

海尔集团从一个亏损 147 万元濒临倒闭的小厂,发展到中国家电行业名列前茅的国家特大型企业集团,除改革开放给企业带来的发展机遇及其一整套缜密的经营管理方式之外,更重要的也许是海尔管理的特色。

一、高科技质量占领市场制高点

海尔的高质量有着丰富的内涵,它不是仅仅符合工厂或国家规定的标准即可,而是适应市场的需求,利用高科技创造高质量,有了技术上的高起点,才有质量的高起点。自 1996 年以来,海尔集团加大以科技为核心的技术创新工作的力度,明确技术创新三原则,即技术创新目标国际化、技术创新课题市场化和技术创新成果商品化。于是,海尔人的技术创新支撑起海尔集团13个门类、600多个规格品种的产品质量大厦,让产品站在了高新技术开发与应用的肩膀上。

二、以无形盘有形,专吃休克鱼

海尔盘活企业有三招:一是投入资金,全盘改造;二是投入资金,输入管理,扩大规模,提高水平;三是以无形资产盘活有形资产,以海尔名牌及海尔的OEC管理模式转变观念、转变机制,实现精神变物质。在兼并原青岛红星电器公司时,海尔首先派企业文化、资产管理、规划发展、资金调度和咨询认证五大中心的人员开赴红星,开始贯彻和实施"企业文化"先行的战略。随后,张瑞敏总裁亲自到红星解释"80/20"管理法,灌输"关键的少数决定非关键多数"的理念。进而,他们从分析企业亏损引申出OEC管理方式,简称"日事日毕,日清日高",即今天的工作必须今天完成,今天完成的事情必须比昨天有质的提高,明天的目标必须比今天更高一点。员工每人都有一张"卡",每天按要求填写,收入以这张卡为依据。全新的海尔观念,使原红星员工受到强烈震撼。集团还组织员工参观海尔冰箱公司,使他们亲眼目睹了海尔科学有序的管理现场。还是原来红星厂那些人,还是那些设备,海尔也没注入资金,只是派来几位领导,红星厂在被兼并后三个月开始扭亏为盈。

三、国际星级一条龙服务

海尔集团于1996年推出"国际星级一条龙服务"。其核心内容是从产品的设计、制造到购买,以上门设计服务到上门安装,从产品使用到回访服务,不断满足用户新的要求,并通过具体措施使开发、制造、售前、售中、售后、回访等环节的服务制度化、规范化。这种"国际星级服务"细致到上门服务时先套上一副脚套,干活时先在地上铺一块垫布,以免弄脏地面,服务完毕后,再用抹布把电器擦干净。由于海尔在提供"化用户烦恼为零"的星级服务方面达到国际先进水平,1996年不满意率为零,获得了美国优质服务科学协会颁发的五星钻石奖。

四、"三分天下"二分在外

张瑞敏从宏观角度,把世界经济格局分为十大经济协作区,由此确定"三分天下"的市场全球化战略布局,即国内市场销售1/3,海外市场销售1/3,境外建厂辐射1/3。这里的1/3不是指销售量,而是三种不同的经营方式。

在出口及市场国际化方面,海尔一反常规先在发达国家创出名牌,将自己置身于与强手的竞争中,获得迅猛的发展,再占领发展中国家。目前海尔已分别在北美、欧盟、中东等重点市场发展了30多家海尔专营点、5 500多个经营点,并通过这些专营商使海尔在国际市场上的市场份额及声誉不断提高,取得良好的市场效果。同时,海尔以设备与技术作为投资在印尼建立起拥有51%股份的合资厂,这将对海尔产品打入印尼及马来西亚等东南亚周边国家起到很好的促进作用。

（资料来源:孙元欣:《管理学——原理·方法·案例》,北京:科学出版社 2006 年版。）

案例思考题:

1. 海尔集团在哪些方面的创新是推动其成功的因素？为什么？
2. 通过对海尔的了解,你认为推动管理创新成功需要哪些配合因素？

本章小结

全球化是当今世界的趋势,它是指世界各国在经济上相互依赖性越来越强。一个成功的全球化管理者需要具备国际商务知识、文化适应能力、视角转换能力、国际视野、创新能力等。

全球化的经营模式有出口、非股权安排与国际直接投资三种方式。全球化面临着当地化与全球化两种压力,因此它的组织模式可以采用多国组织模式、国际组织模式、全球组织模式以及跨国组织模式等四种形式。

信息是指经过加工处理后呈现出一定规律的数据。它具有高质量、及时和完全等三个特征。

一般的信息系统包括输入、处理、输出、反馈和控制等五个基本要素。而管理信息系统是一个智能化程度高的人机社会系统,它为组织管理提供决策支持。

企业信息系统经历了开环物料需求计划、闭环物料需求计划、制造资源计划与企业资源计划四个阶段。

业务流程再造是指对企业的业务流程进行根本性的再思考和彻底性的再设计。它是以顾客为导向的组织重新设计,着眼于提高组织运行效率。

所谓团队就是指由具有互补技能和共同责任并执行相互依存的任务,以完成共同使命的一种特殊类型的群体。团队是当今管理领域中一种新型组织模式,它具有良好的工作效率。

　　虚拟企业是指为了一个特定的商业目标而建立起来的企业与企业之间的组织网络,具有投资较少、优势互补与快速响应等特点。

本章思考题

1. 简述全球化的含义与原因。
2. 简述全球化管理者需要哪些知识与技能?
3. 简述全球化经营模式与组织模式。
4. 简述信息与数据的区别。信息具有哪些特征?
5. 简述管理信息系统的含义。
6. 简述企业信息系统的四个阶段。
7. 简述业务流程再造的含义。
8. 简述团队的含义与类型。
9. 简述虚拟企业的含义,并举例说明。

第二篇　计　划

第六章

计 划

本章学习目标

通过本章的学习,理解并掌握:

1. 计划的基本概念、内容、作用与类型;

2. 计划原理和制定过程,目标管理的基本原理;

3. 计划方法,如滚动计划法、网络计划技术、关键路线法和甘特图等。

引导案例

海尔集团在全员中推进"个人事业承诺"

海尔在实施"全球化品牌"战略中,为了将有竞争力的目标分解落实到全员中,2007 年年底开始推行以"PBC"为核心的绩效管理体系。所谓"PBC",是指个人事业承诺(personal business commitment),即每个海尔人基于自身的岗位目标及对能力的要求而对海尔事业成功所作出的年度承诺。按照要求,每个海尔人的 PBC 目标以及为实现这些目标所采取的行动,都必须清晰地支撑海尔的事业发展目标。

PBC 和海尔集团以前推行的目标预算体制的主要区别是:首先,PBC 在业务目标之外还增加了员工管理目标和个人发展目标;其次,PBC 是绩效管理的一个核心工具,是个人对组织作出的绩效承诺。海尔新实行的以 PBC 为核心的绩效管理体系更强调业务经理的主导角色,强调从 PBC 的签订开始的绩效计划,到绩效辅导、绩效评价和绩效激励的系统的、闭环的管理。

海尔集团专门成立了人力资源管理转型项目组,负责以"PBC"为核心的绩效管理体系的推进。并且,2007 年 12 月底,海尔集团的高层经理人率先签订了 PBC。如果各业务单位的目标不合理、不可行,各高层经理人就不可能签订他们的 PBC;高层经理人的目标不确定,无法签订 PBC,员工 PBC 的签订也就无从谈起。

海尔集团 CEO 张瑞敏将高层经理人的目标分为三个层次:合理目标是指制定在市场有竞争力的目标;可行目标是指寻找到支撑有竞争力目标的可行路径;可签目标是指有竞争力的目标分解到全员所签订的个人事业承诺(PBC)。而合理目标是根据市场份额、行业增长速度等因素科学预测出来的,"合理"之"理",就是"竞争力"。

根据专家意见,各 BU/FU/PL(产品本部)首先要通过集团 2008 年方针目标的论证,依据方针目标明确的 2008 年有竞争力的战略目标和关键任务进行指标的分解,以此作为 PBC 的主要内容。在时间上,要将年度目标与每个季度、每个月、每一天的目标统一起来;在空间上,要将年度目标细分到每个层级、每个人;并且使整个 PBC 成为一个能将员工成长与企业发展结合起来的系统,而不是孤立的一份份承诺书。

(资料来源:摘自《海尔人》2007 年 12 月 5 日,总第 814 期,第 2 版。)

思考题:

根据上述案例,谈谈目标、商业模式与资源之间是一种怎样的关系?

第一节　计划概述

一、计划的概念

计划与计划工作是两个不同的概念,但是彼此有一定联系。

计划(plan)是指用文字、符号和指标等形式表述的,组织在未来一定时期内,关于目标和行动方案的管理文件。计划是一种结果,它是通过一系列计划工作之后的成果。

计划工作(planning)具有动词的含义,又有广义与狭义之分。从广义上讲,计划工作就是制定计划、执行计划和检查计划的执行情况等三个紧密衔接的过程。

从狭义上讲,计划工作就是制定计划,即根据实际情况,通过科学的预测,权衡客观的需要和主观的可能,提出在未来一定时期内所要达到的目标,以及实现目标的途径。

计划工作有两个关键词,一是目标,二是途径。在制定计划中,要明确未来一定时期内要达到的目标。目标的设定,可能来自公司董事会的要求,可能来自上级的要求,也可能管理者自己设定的目标,或者在竞争环境下必须要实现的目标。在明确目标的前提下,还要确定实现目标的途径。途径主要指过程、重点工作、方法、措施和保障体系等。

二、目标

目标是指组织在某一时期所要实现的最终成果,包含组织的目的、任务、指标和时限。

确定的目标是引导组织行为的一个重要激励和方向,明确了组织和个人的具体努力方向。一般来说,明确的目标要比只要求人们尽力去做会有更高的业绩,而且高水平的业绩是和高水平的意向相关联的。

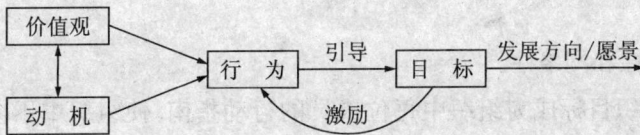

图 6.1　目标的功能图

（一）目标的分类

（1）主要目标和次要目标。主要目标是组织发展中最为关键的目标,是组织生存与发展方向的指南。对企业来说,生存、盈利与发展是三个最为重要的目标,缺一不可,相辅相成。因此,企业通常在以下主要方面设立目标:市场地位;技术进步与创新;生产率;物资和财力资源;利润率;主管人员的绩效和发展;员工的工作质量和劳动态度;社会责任。

（2）长期目标和短期目标。一般而言,时间跨度在 5 年以上的目标称为长期目标。由于长期目标历时较长,实施过程中的变动因素很多,故而必须不断调整目标以适应变化的环境。短期目标指 1 年以内要达到的目标。短期目标是长期目标的基础,任何长期目标都必须分解为许多短期目标,通过完成所有短期目标来逐步实现长期目标。

(3)定性目标和定量目标。定性目标对组织发展具有方向性指导作用,不宜用数量表示。而可操作、定量的目标,是组织目标体系中最重要的、可考核的目标,便于检查执行效果。相对而言,定性目标对管理人员有更大的灵活性和主动性,便于实施与控制。

（二）目标的特点

目标的特点包括以下几个方面:

(1)多重目标。

面对未来,组织也会有多个目标。其可能有多个主要目标,或者在主要目标之外,还有一些次要的目标。不同类型的社会公众会对同一组织提出不同的要求。因此,组织目标的多元性是组织为了适应组织内外部环境的不同要求而导致的必然结果。

(2)目标时间性。

组织目标的时间性一方面意味着组织目标都是在特定时间内要达到的目的,在确定组织目标时必须指明其时间期限;另一方面意味着在不同的时间里,组织目标是发展变化的,管理者要根据环境的发展和组织内部条件的变化及时制定出新的组织目标。

(3)层次性和网络性。

为了使组织目标成为组织中每位成员的行动指南,使组织中不同层次和岗位的员工都了解自己的职责,组织目标往往要进行层次分解,形成一个分层次、分等级的目标层次体系。组织目标可按其重要性分为总目标、战略目标和行动目标等三个层次。组织中各类、各级目标构成一个网络,形成彼此相互联系、相互依存的关系。

(4)可考核性和可接受性。

目标必须是可考核的,只有可考核的目标才能便于检查其是否实现以及实现的程度。不论是定量目标,还是定性目标,都应尽量做到可考核。组织目标应能被组织成员接受和产生激励作用。如果目标的设定超过了员工的能力所及的范围,无论如何努力都无法实现,则该目标对员工根本就没有激励作用。

(5)挑战性。

如果组织目标设定的标准很低,即使员工不需要努力也能够达到,那么该目标对员工也没有激励作用。组织目标的设定应有一定挑战性,组织成员需要通过一定努力才能实现,这样才能极大地调动员工的积极性。目标的可接受性和挑战性是对立统一的辩证关系。

(三)目标的作用

目标的作用包括以下几个方面:

(1)指明管理工作的方向。

目标的作用就在于为管理指明方向。只有目标明确,才能便于优化配置组织资源,实现组织资源的合理利用,同时检验组织成员为实现目标而做的贡献。将总目标分解而设定的目标体系,实际上是为组织各部门、员工在一定时间里安排的任务,对各部门、员工具有指明方向的作用。

(2)凝聚作用。

组织凝聚力的大小受到多种因素的影响,其中的一个因素是组织目标。当组织目标充分体现了组织成员的共同利益,并能够与组织成员的个人目标取得最大程度的和谐一致时,才能极大地激发组织成员的工作热情、献身精神和创造力。而组织目标与个人目标之间潜在的冲突,则是削弱组织凝聚力的主要原因。

(3)激励作用。

目标是激励组织成员的力量源泉。对组织员工而言,目标的激励作用具体表现在:第一,个人只有明确了目标,才能调动其潜在的能力,尽力而为,创造出最佳成绩;第二,个人只有在达到了目标后,才会产生成就感和满意感。因此,要使目标对组织成员产生激励作用,一方面要符合员工的需要;另一方面要有挑战性。

(4)考核标准。

根据明确的目标进行考核比较客观、科学、合理,有利于调动员工的积极性;而凭主观印象的考核极不科学,对某些工作热情高的员工甚至是一种打击,不利于激发员工的工作热情。一种有效的方法是对总目标进行分解,然后从具体工作的角度制定目标。

有效的目标可以用 SMART(精彩的,帅气的)英文词组来表示,S 代表 specific(具体的),即目标的表述应该明确清楚,切忌含糊不清;M 代表 measurable(可测量的),即目标要易于考核评价;A 代表 achievable(可实现的),即目标符合组织的共同愿景,经过努力可以实现;R 代表 relevant(相关的),即有利于部门和成员之间的协调和配合;T 代表 traceable,即可追踪和可以监控。

三、计划内容

计划工作的任务决定了计划的基本内容。计划的内容实际上包含了计划在时间和空间两个维度展开时的原因、内容、时间、主体、地点与方法。无论是广义的计划工作，还是狭义的计划工作，都包含 5W1H 的内容，即制定计划需要回答一些基本问题。

(1) What，做什么？明确所要进行的活动内容及要求。

(2) Why，为什么做？明确计划工作所要进行的原因和目的，具体表现为组织目标，并论证其可行性。

(3) When，何时做？规定计划中各项工作的开始和完成时间，以便进行有效的控制和对资源、能力的平衡。

(4) Who，谁去做？规定由哪些部门和人员负责实施计划。

(5) Where，何地做？规定计划的实施地点或场所，了解计划实施的环境条件和限制，以便合理安排计划实施的空间。

(6) How，怎么做？制定计划的措施以及相应的政策和规则，对资源进行合理分配和集中使用，对生产能力进行平衡，对各种派生计划进行综合平衡等。

通常人们会说，要"做正确的事"和"正确地做事"。"做正确的事"涉及正确地选择所要做的工作，是方向性选择；"正确地做事"是如何正确地展开已经明确的工作，是事务性展开。显然，"做正确的事"更为重要。在 5W1H 中，与"做正确的事"相关联的有 What 和 Why(做什么？为什么做？)，这在计划制定中，是关于目标和方向的基本问题。

另外，一个完整的计划还应该包括控制标准和考核指标，从而告诉实施计划的部门和人员，做成什么样，达到什么标准才算完成计划，目的在于把计划的执行控制在计划预先设定的框架之中，最终为实现组织目标服务。

四、计划的作用

为了保证组织工作有条不紊地进行，实现计划所设定的目标，计划工作需要遵循一定的原理、程序和方法，确保计划的作用得到有效的发挥。如果计划工作失误，往往会导致组织目标的偏离，甚至严重失败。计划工作的作用主要表现在以下几个方面：

（1）为组织成员指明方向，统一思想，统一行动。

良好的计划可以明确组织目标，通过科学的计划体系使组织各部门的工作协调起来，以组织整体的合力朝着组织的同一目标而有条不紊地开展工作，使管理人员摆脱日常事务性工作，集中精力关注于对未来的不确定性和变化的战略洞察，随机应变地制定相应的对策，减少内耗，降低成本，提高效率，实现组织与环境的动态协调。

（2）为组织的未来预测变化，减少冲击。

计划是基于对过去和现在的把握，面向未来的谋划。然而，未来的组织生存环境和自身条件都具有一定的不确定性和变化性。而计划工作可以通过组织周密细致的科学预测，把"意料之外的变化"转化为"意料之内的变化"，安排富有弹性的内部资源，制定相应的补救措施。根据环境的变化状况动态的调整、修订计划，变被动为主动，变不利为有利，减少组织外部变化带来的冲击。

（3）减少重叠和浪费性的活动。

计划工作的一项重要任务就是保证组织的未来活动均衡发展。组织在实现目标的过程中，各种活动会出现前后不协调、联系脱节等现象，多种活动在并行过程中也会出现不协调的现象。通过设计协调一致、有条不紊的工作流程，良好的计划能够消除不必要的重复活动，减少资源浪费，避免经济损失。计划工作还有助于用最短的时间完成工作，减少迟滞和等待时间，减少误工损失，促使各项工作能够均衡稳定地发展。

（4）有效进行控制。

组织在实现目标的过程中离不开控制，而计划则是控制的基础，控制中几乎所有的标准和指标都来自计划。如果没有既定的目标和规划作为衡量的尺度，管理人员就无法检查组织目标的实现情况，就无法实施控制，就可能会因为偏离目标而失败。

五、计划的性质

（一）首位性

计划工作相对于其他管理职能处于领先地位，要为组织的全部活动确立必要的目标。从管理过程的角度来看，计划工作常常先于其他管理职能。计划工作的影响贯穿于组织、人员配备、领导、领导和控制各项工作中。

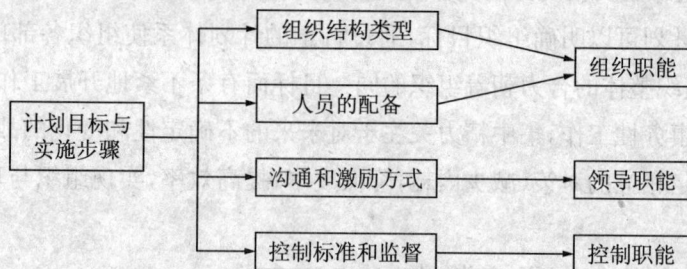

图 6.2   计划工作与其他职能的关系图

（二）普遍性

无论是何种形式的组织,也无论是组织中哪个层次的管理者,要想实施有效的管理以完成组织的任务,实现组织的既定目标,都必须做好计划工作,循序渐进地推动生产经营活动,有效地克服企业外部环境变化带来的风险。计划工作在组织中几乎是无处不在,无时不在,是组织各级管理人员的一个共同基本职能。组织中的管理人员,尽管由于所处的职位不同而行使的职权不同,管理的范围也不同,但是他们都必须面临制定计划和执行计划的共同任务。

（三）目的性

任何计划都是为实现组织目标服务的,同时组织的各层次计划都是围绕组织目标而展开的。计划工作在管理活动中具有基础性的职能作用,其他管理职能则在计划的基础上进一步开展,而且所有的管理职能之间彼此相互联系、相互影响,共同作用以完成组织任务,实现组织目标。另外,计划也是管理者的智力和创造力的结晶,管理者作为具有主观能动性的高等动物,其活动本身具有的目的性必然体现在计划工作中。

（四）效率性

计划工作的任务,不仅要确保实现目标,而且要从所有可能的备选方案中选择最优的资源配置方案,以求合理利用资源和提高效率。组织的目标是生产或提供能够满足社会需求的产品或服务,获得财富或社会效用的最大化。因此,组织的目标本身就包含着企业的任何活动必须高效率、高效益。计划作为基本管理职能之一,当然应该服从于组织的目标,提供高效率的工作。

（五）创造性

计划工作总是针对需要解决的新问题和可能发生的新变化、新机会而作出决定的,而新问题、新变化和新机会要求计划过程必须具有创造性,否则计划工作就成为一成不变的固定模式或程序,根本无法应对新问题、新变化和新机会的客观要求。另外,计划工作必须具有创造性,才能因组织或组织层次的不同而满足其职责的要求。

六、计划的影响因素

计划要根据组织自身条件和外界环境特点来制定,组织及其所处环境特点不同,计划工作的重点也不同。影响计划工作的因素包括以下几个方面:

(一)组织层次

在通常情况下,高层管理者主要制定具有全局性、方向性、长期性的计划,计划工作的重点是战略计划,基层管理者主要制定局部的、具体的、短期的计划,其计划工作的重点在可操作性上。中层管理者制定的计划内容介于高层管理者与基层管理者制定的计划之间,同时具有指导性与可操作性。

(二)组织生命周期

任何组织都要经历一个从形成、成长、成熟到衰退的生命特征现象,表现为一定的周期性。组织处于形成期时,各类不确定性因素很多,目标是尝试性的,要求计划也能随时按照需要进行调整。所以,计划工作的重点放在其方向性、指导性上,计划的期限应该比较短。在成长阶段,随着目标更确定,不确定性因素减少。因此,计划工作的重点可放在具体的操作性上,但是为了保持灵活性,仍然应该侧重于短期计划。当组织进入成熟期,组织面临环境的不确定性和波动性最少,计划工作的重点可放在长期性、具体的可操作性计划上。当组织进入衰退期时,组织面临的变化和波动性又增多了,计划工作的重点又重新放在短期的、指导性计划上。

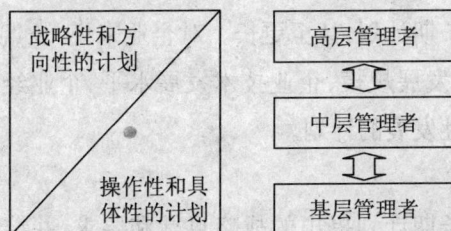

图 6.3 组织层次与计划特点的关系图

（三）组织文化

组织文化是指组织在长期的实践活动中形成的,并且为组织成员普遍认可和遵循的具有本组织特色的价值观念、团体意识、行为规范和思维模式的总和。组织文化有强弱之分,带有很强的组织特征。在强有力的组织文化中,组织成员对于组织的立场有着高度一致的看法,组织对员工应该做什么、怎样做都十分清楚,组织文化对员工的影响相当深远。从而,这种目标和行动的一致导致了内聚力、忠诚感和组织承诺。在强文化背景下,组织成员所共有的价值体系也会对计划工作的重点产生影响。在手段倾向型的组织文化中,组织的计划更侧重于具体的操作性内容;而在结果倾向型的组织文化中,组织的计划则会倾向于目标性和指导性内容。

（四）环境的波动性

一方面,若环境波动的频率高,变化较多,则组织的计划重点应放在短期计划内容上,反之,计划的重点则可偏向于长远的规划上;另一方面,若环境变化的幅度大,计划的内容重点则应放在指导性的内容上,反之,组织的计划则可侧重于操作性的具体内容方面。

第二节　计划的类型

一、按计划的时间跨度分类

（一）长期计划

长期计划又称远景规划,是为实现组织的长期目标服务的,具有战略性、纲领性指导意义的综合发展规划。长期计划主要规定了组织在未来为实现组织长期目标的主要行动步骤、分期目标、总的方法和重大措施,其时间跨度大多为3—5年左右,也有长达20年的长期计划,甚至更长。对企业来说,长期计划主要包括企业产品发展方向、企业生产发展规模、企业技术发展水平、企业经济技术主要指标水平等具有影响企业全局性发展的计划。

（二）中期计划

中期计划是根据长期计划提出的战略目标和要求,并结合计划期内实际情况而制定的计划。中期计划介于长期计划与短期计划之间,起着衔接长期计划和短期计划的作用。中期计划是长期计划目标的具体化,同时又是短期计划的依据。长期计划以问题为中心,而中期计划以时间为中心,将长期计划内容细化为每个时段的目标。中期计划的时间跨度一般为1—3年。企业的中期计划包括生产、销售、设备维修、物资供应、企业改造计划等,其主要任务是具体确定企业发展的水平、规模和速度,并制定实施计划的重大措施。

（三）短期计划

短期计划是根据中长期计划规定的目标和当前的实际情况,对长期计划和中期计划具体落实,并为实现组织的短期目标服务,对各种活动作出的详细的说明和规定。短期计划通常是年度计划,因而其时间跨度一般在1年或1年以内,具有较强的可操作性。

例如,北京大学、清华大学正在实施"建设成为国际一流大学"的战略目标,涉及时间达20之久的长期计划,但是这项战略目标又包括许多2—3年的中期计划,而中期计划又包括许多1年之内的短期计划,从宏观到微观,从长期到短期,既有战略的高度,又有实施的可操作性,便于检查和考核计划的实施状况。

总之,长期计划为组织发展指明方向,中期计划则为长期计划赋予了具体的内容,为组织发展指明了具体路径,短期计划则为组织规定行进的步伐。长期计划、中期计划和短期计划依次是整体与部分之间的关系,共同形成一个体系,在制定与执行计划过程中,将长期计划、中期计划与短期计划结合起来具有重要意义。

二、按计划的广度分类

按照计划的广度划分,可以将计划分为:战略计划、战术计划和作业计划;分别由组织的高层、中层和基层管理者制定。

（一）战略计划

战略计划是由组织高层管理者负责制定,应用于整个组织的,为实现组织的长期目标的综合性计划。战略性计划的特点是长期性、全局性和指导性,决定了组织在相当长的时期内配置大量资源的运动方向,弹性较大、涉及面广、相关因素较多。

（二）战术计划

战术计划是各组织职能部门在未来某时期的行动方案。战术计划是以战略计划为依据,并在战略计划指导下制定和实施的行动计划。从影响和作用上看,战略计划的实施是组织活动能力的形成与创造过程,而战术计划的实施则是对战略计划形成的能力的应用。

(三) 作业计划

作业计划是规定实现目标的细节性的、往往内容非常具体的操作计划。其计划期很短,为已经存在的目标提供一种实现方案。根据战术计划确定的计划期的预算、利润、销售量、产量以及其他更为具体的目标,确定工作流程,划分合理的工作单位,分派任务和资源,以及确定权利和责任等。

例如,我国著名的门户网络企业搜狐,为自己制定"办成百年老店"的战略目标,为了有效实施这项战略计划,它将战略计划分解成许多的战术计划,而战术计划再分解成具体的作业计划,形成了计划体系,逐项实施作业计划,定期检查,一定时间再考察战术计划的实施状况,目标指向战略终点。

三、按计划的表现形式分类

计划的表现形式有宗旨、使命、目标、战略、政策、程序、规则、规划以及预算等多种形式,共同形成一个等级层次结构。

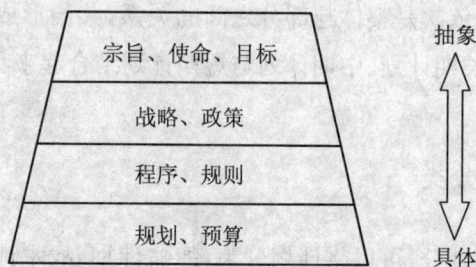

图 6.4　计划表现形式层次关系图

(1) 宗旨。

它是关于组织存在的目的或对社会发展的某一方面应作出贡献的陈述。不仅陈述组织未来的任务,而且要阐明为什么要完成这个任务以及完成任务的行为规范是什么。

(2) 使命。

它指明一定的组织机构在社会上应起的作用和所处的地位。它决定组织的性质,是决定此组织区别于彼组织的标志。组织的活动通常有自己的使命。例如,大学的使命是教书育人和科学研究;研究院所的使命是科学研究;医院的使命是治病救人;法院的使命是解释和执行法律;企业的使命是生产和分配产品及提供服务。

(3) 目标。

组织的使命说明了组织要从事的事业,而组织的目标则更加具体地说明了组织从事这项事业的预期结果。组织的目标在时间和空间两个维度上展开,包括组织在一定时期内的目标和组织各个部门的具体目标等。将组织目标细化后,形成一个目标体系。

(4) 战略。

战略是为实现组织长远和全局的总目标而采取的行动和利用资源的总计划,其目的是通过一系列的主要目标和政策去决定和传达期望成为怎样的组织的情景,其重点是指明发展方向和资源配置的优先次序,而不是说明组织如何去实现目标。

(5) 政策。

政策指明组织活动的方向和范围,即鼓励什么和限制什么,以保证行动与目标一致。政策可以书面文字形式发布,也可能存在于管理者行为的"暗示"之中。政策要规定范围和界限,但其目的不是要约束下级,而是要鼓励下级在规定的范围内承担责任、主动工作。

(6) 程序。

程序是一种经过优化的计划,是对大量日常工作过程及工作方法的提炼和规范化,是大量经验事实的总结。其管理的程序化代表着执行管理活动的规范化,程序化水平是管理水平高低的重要标志,制定和贯彻各项管理工作的程序是组织的一项基础工作。

(7) 规则。

规则是在特定条件下有关行为规范的规定。因此,按规章条例形式行事,没有酌情处理的余地。规则与政策的区别在于:规则在应用中不具有自由处置权,而政策在决策时则有一定的自由处置权。

(8) 规划。

规划是为实施既定方针所必需的目标、政策、程序、任务分配、执行步骤、使用的资源以及其他要素的复合体。组织的规划是一份综合性的、粗线条的、纲要性的计划。规划有大小之分,大的规划往往派生出许多小的规划,从而形成规划体系。

(9) 预算。

预算是用数字表示投入与产出的数量、时间、方向等预期结果的一种报告书。

预算帮助组织各级管理部门的管理人员,从资金和现金收支的角度,全面、细致地了解组织经营管理活动的规模、重点和预期成果。预算还是一种主要的控制手段,是计划和控制工作的连接点,计划的数字化产生预算,而预算又将作为控制的衡量基准。

五、计划的其他类型

(一)指导性计划和指令性计划

按照计划的明确程度划分,可以将计划分为指导性计划和指令性计划。指导性计划为组织指明方向,统一认识,但并不提供实际操作指南。因而,指导性计划只给出一般性的原则,执行时具有较大的灵活性。指令性计划具有明确的可衡量目标以及一套可操作的行动方案。指令性计划规定了计划执行者必须执行的各项任务。组织经常面临着不确定性和不可预见性的环境,因而需要根据不同的具体情况选择不同类型的计划。

(二)各种职能和业务计划

按照组织的职能,可以将计划分为生产计划、营销计划、财务计划、人事计划等。生产计划是组织的主要计划,长期生产计划涉及组织生产规模的扩张以及实施步骤,短期生产计划则主要涉及不同车间、班组的季、月、旬以至周的作业进度安排。营销计划主要涉及产品或服务如何有效地从生产厂商传递到消费者手中,实现组织的社会价值。财务计划研究如何筹措资本和有效利用资本,人事计划提供人力资源保证。

(三)专项计划和综合计划

按照计划的内容划分,可以将计划分为专项计划和综合计划。专项计划是指为完成某一特定任务而拟订的计划。而综合计划是指对组织活动所作出的整体安排。综合计划与专项计划之间的关系是整体与局部的关系。专项计划是综合计划中某些重要项目的特殊安排,专项计划必须以综合计划作指导,避免同综合计划相脱节。

例如,国家针对整个社会的协调、可持续发展制订的"十一五"规划是一项涉及政治、经济、文化、技术、军事、自然资源等方方面面的综合性计划,而针对当前某些地方社会治安比较差的状况,制定社会治安整顿专项计划,主要内容就是惩治犯罪行为,扭转社会风气。

第三节　计划原理

一、计划原理

　　原理反映了客观事物的本质及其运动规律。管理原理是对管理过程中基本规律的一种理论概括，是管理现象的抽象和总结，对各项管理制度和管理方法的高度综合与概括。制定计划应该遵循以下原理：

　　（一）限定因素原理

　　所谓限定因素，是指妨碍组织目标实现的主要因素。限定因素原理表达如下：主管人员越是能够了解对达到目标起主要限制作用的因素，就越能有针对性地、有效地拟订各种行动方案。限定因素原理又被形象地称为"木桶原理"。其含义是指，一个破旧的木制水桶，其桶板可能变得长短不一，参差不齐，因而它的容水量只能取决于桶壁的那块最短木板条。

　　限定因素原理表明，主管人员在制定计划时，必须全力找出影响计划目标实现的主要限定因素或战略因素，有针对性地采取措施。一般地，组织在实现某种目标的过程中受到许多因素的影响，并且这些影响因素之间存在彼此依存、相互制约的串行关系，要改变这些因素的共同功能，实现组织的目标，就必须提升串行关系链中瓶颈的功能，这样所有影响因素的整体功能就会得到改善，目标就会得以实现。

　　（二）承诺原理

　　承诺原理表述为：任何一项计划都是对完成各项工作所作出的承诺。基于承诺原理，管理者应该在计划中全面和深入地筹划各项工作，使计划达到科学性、前瞻性和可行性的要求。

　　按照承诺原理，计划必须有期限要求。事实上，对于大多数任务来说，完成期限往往是对计划最严厉的要求。每项计划的承诺不能太多，因为承诺（任务）越多，则计划时间越长。另外，管理者的计划承诺还与能否获得各种资源有关，如果能够获得足够的资源，计划完成的可能性就大，管理者的计划承诺就越有保证。例如，承诺的是某项新技术的开发，若增加资金和专业人才两个方面的投入，在规定的研发期限完成任务的把握就越大。

　　承诺原理揭示了计划目标与计划时间期限之间的关系，计划目标定得越高，完成目标所必须投入的资源也就越多,而时间也是一种资源,期限越长,投入的时间资源也越多。在未来较长的时间阶段内,外部环境的因素会发生变化,不确定性的因素将增加,这会增加计划承诺的难度。

（三）灵活性原理

灵活性原理表述为:计划中体现的灵活性越大,未来意外事件引起损失的危险性就越小。灵活性原理是指制定计划时要留有余地,保留一定的弹性,至于执行计划,一般不应有灵活性。例如,执行一个生产作业计划必须严格准确,否则就会发生组装车间停工待料或在制品大量积压的现象。对管理者来说,灵活性原理是计划工作中最重要的原理,在任务重、计划期限长的情况下,灵活性便显出它的作用。

灵活性是有一定限度的,其限制条件是:(1)不能总是以推迟决策的时间来确保计划的灵活性。因为未来的不确定性是很难完全预料的,如果决策者一味等待收集更多的信息,以便尽量将未来可能发生的问题考虑周全,当断不断,就会坐失良机,招致失败;(2)使计划具有灵活性是要付出代价的,甚至由此而得到的好处可能补偿不了它的费用支出,这就不符合计划的效率性;(3)有些情况往往根本无法使计划具有灵活性。即存在这种情况,某个派生计划的灵活性,可能导致全盘计划的改动甚至有落空的危险。例如,企业销售计划在执行过程中会遇到困难,可能实现不了既定的目标。如果允许其灵活处置,则可能危及全年的利润计划,从而影响到新产品开发计划、技术改造计划、供应计划、工资增长计划、财务收支计划等。

为了确保计划本身具有灵活性,在制定计划时,应量力而行,不留缺口,但要留有余地。本身具有灵活性的计划又被称为"弹性计划",即能适应变化的计划。

（四）改变航道原理

改变航道原理可以表述为:计划的总目标不变,但是实现目标的行程(即航道)可以因情况的变化而改变。改变航道原理与灵活性原理的区别在于:灵活性原理是计划本身要具有适应性,而改变航道原理是计划执行过程要具有应变能力。因此,主管人员要经常检查、调整、修订计划,从而达到预期目标。

计划制定出来以后,就要促使计划的实施,必要时可以根据当时的情况作必要的检查和修订。因为未来情况随时都可能发生变化,制定出来的计划不能一成不变。尽管管理者在制定计划时已经预见到了未来可能发生的情况,并制定出相应的措施,但正如前面所提到的,一是不可能面面俱到;二是情况在不断变化;三是计划往往赶不上变化,总有一些问题不可能预见到,所以要定期检查计划。如果情况已经发生变化,就要调整计划或重新制定计划。就像航海家一样,必须经常核对航线,一旦遇到障碍就可能绕道而行。

二、计划制定过程

管理者在制定计划时,应遵循基本的方法,以完成整个计划过程。

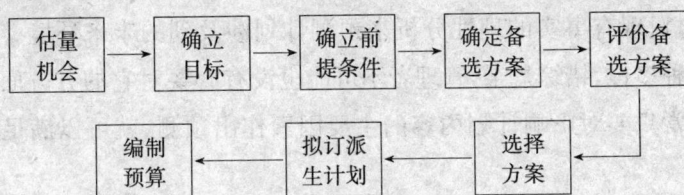

```
估量     →  确立    →  确立前   →  确定备   →  评价备
机会        目标       提条件      选方案      选方案
```
```
编制     ←  拟订派   ←  选择    ←
预算        生计划      方案
```

图 6.5　计划制定流程图

（一）估量机会

管理者应该考虑的内容包括:对未来可能出现的变化和预示的机会、威胁进行初步分析;把握机会或防范威胁所需的资源和能力;分析自身的长处和短处,了解自身能力所在;列举主要的不确定因素,分析其发生的可能性和影响程度;在反复斟酌的基础上,下定决心,扬长避短。估量机会的工作就是要根据现实的情况对可能存在的机会作出客观判断。

（二）确立目标

目标的选择是计划工作极为关键的内容,需要解决三个问题。

（1）确立目标的内容和顺序。要确定组织在一定的时间内到底要取得哪些成果,以及这些目标成果的价值。计划设立的目标应对组织的总目标有明确的价值,并且能够与总目标相对应。不同的目标内容和优先顺序,将导致不同的政策和行动,以及资源分配的先后顺序。正确地选择目标内容和顺序,与管理者尤其是高层管理者的个人经验和判断力有关。

（2）选择适当的目标时间。目标时间指计划花多长时间来达到目标。一般来说,人们往往习惯于按日历的相等间隔时间确定计划时间,也就确定了目标时间,但是这种做法容易与实际工作中所需的时间不一致。按照承诺原理,选择某项计划方案就是对未来将采取的某一串行动作出的"承诺",确定合理的目标时间应当与合理承诺所包括的时间相同。

（3）目标要有明确的评估体系。目标应当明确,可以设立一些评价指标从不同的角度来全面量度,同时尽可能数量化,便于控制。综合评价的目的在于反映出事物的本质,确切地反映出计划的目标。评价指标不仅要有数量指标,而且要有质量指标;不仅要有绝对指标,而且要有相对指标。

(三)确立前提条件

选定计划预期目标的前提是确定整个计划活动所处的未来环境,计划是对未来条件的一种"情景模拟"。人们对未来环境的预测往往都是不完全的,因为未来的环境毕竟现在还没有出现,将来出现时会受到许多已知和未知的因素影响。因而,只能通过对现有事实的理性分析来预测计划涉及到的未来环境。未来环境的表现形式多种多样,错综复杂,管理者不可能也没有必要对它的方方面面都作出预测。组织通常只要对影响计划内容的主要因素作出预测,就可以满足组织制定计划的要求。

一般来说,对环境因素预测的主要内容有:(1)宏观的社会经济环境,包括总体环境以及与计划内容密切相关的部分具体环境;(2)政府政策,包括政府的税收、价格、信贷、能源、技术、教育等;(3)组织面临的市场环境,包括市场环境的变化、供应商、批发商、零售商以及消费者的变化;(4)组织的竞争者,包括国内外的竞争者、潜在的竞争者等;(5)组织的资源,包括资金、原料、设备、人员、技术、管理等。这些环境因素,有些属于可控制的,有些属于不可控制的,不可控制的因素越多,预测工作的难度也就越大。

(四)确定备选方案

实现预期目标的途径往往很多,只有一种可行方案的情况极其少见。对可供选择的行动方案数量越多,被选中方案的相对满意程度就越高,实际执行方案的效果就越好。因而,只有发掘了各种可行的方案,才有可能从中选择出最佳的方案。在确立备选方案时,管理者必须集思广益,开拓思路,大胆创新,广泛发动群众,充分利用专家智慧,产生尽可能多的备选方案。

(五)评价备选方案

通过考察、分析对各种备选方案进行评价,以便选择出符合组织实际情况,从而有助于实现组织计划目标的最佳方案。评价备选方案的两个尺度是:一是评价的标准;二是各个标准的相对重要性(即权重)。

评价方法有定性方法和定量方法两种,其中定量方法有矩阵评价法、层次分析法和多目标评价方法等。在评价备选方案时,应当注意以下几个问题:(1)仔细考察每个备选方案的制约因素和隐患;(2)着眼于总体的效益去衡量方案;(3)不仅要考虑到每个备选方案的定量因素,而且还要考虑到它们的定性因素;(4)动态地考察计划的效果,不仅要考虑执行方案时带来的收益,而且还要考虑到执行方案时带来的损失,尤其是那些潜在的损失。

(六)选择方案

选择方案是整个计划流程中最为关键的步骤。选择方案是在评价方案的基础上,对备选方案进行优劣排序,然后进行选择的过程。为了保持计划的灵活性,选择的结果往往可能会选择两个方案,并且决定首先采取哪个方案,并将另外一个方案也进行细化和完善,作为后备方案。

(七)拟订派生计划

完成选择方案这一步骤以后,还要对计划内容所涉及的下属部门制定支持总计划的派生计划。派生计划就是总计划下的分计划和行动计划。总计划要依靠派生计划来保证,派生计划是总计划的基础。

(八)编制预算

编制预算,就是把计划转化为预算,使之数字化、定量化,通过数字来反映整个计划。编制预算主要有两个目的:第一,计划必然涉及资源的分配,只有将其数字化后才能汇总和平衡各类计划,分配好各类资源;第二,预算可以成为衡量计划是否完成的标准。定性的方案内容,在可比性、可控性以及奖惩等方面比较难以把握,而定量的方案内容,则具有较强的约束力。

第四节 目标管理

一、目标管理的概念

目标管理是指将组织的总目标分解为各个部门和职工的分目标,上级管理人员根据分目标对下属进行管理(彼得·德鲁克,1954)。组织的最高管理层根据面临的形势和社会需要,制定出一定时期内组织经营活动所要达到的总目标,然后层层落实,要求下属各部门主管人员以至每个员工根据上级制定的目标和保证措施,形成一个目标体系,并把目标完成的情况作为各部门或个人考核的依据。

20世纪50年代中期,美国管理学家彼得·德鲁克率先提出"目标管理和自我控制"的理念,逐步形成了以泰勒的科学管理和行为科学理论为基础,强调组织成员参与,通过"自我控制"实现目标的整套管理制度。目标管理以明确的目标作为考核标准,员工以目标为导向,能够形成良好的预期,由此大大激发员工为完成组织目标而努力工作的热情。

二、目标管理的基本思想

(一) 强调以目标为中心的管理

目标管理强调明确的目标是有效管理的首要前提,目标的确定是一切管理活动的开始。组织目标是组织行为的导向,同时也是任务完成情况的考核依据。组织的目的、任务、行动都必须转化为目标,管理人员必须通过各级目标对员工实施管理,并以此保证组织总目标的实现。

(二) 强调以目标网络为基础的系统管理

任何组织都会有不同层次、不同要求的多个目标,并且这些目标之间相互关联、相互支持,形成了整体的目标网络系统。管理者必须着眼于整个网络系统,明确组织内各个部门和成员的工作与责任,建立工作绩效评价的标准,从而使组织能够有效运作。

(三) 强调以人为中心的参与式管理

目标管理要求组织中上级管理人员同下级管理人员,以及同员工一起共同制定组织目标,并把其具体展开到组织每个部门、每个层次、每个成员,不仅能使目标更符合实际、更具可行性,而且有利于激发各级人员在实现目标的过程中的积极性和创造性。

三、目标管理的特征——SMART

目标管理的特征除包括明确目标(specific)、测度定量化(measurable)、可达性(attainable)、相关性(relevant)、规定时限(time-bounding)外,还包括以下四个方面。

(一) 参与决策

员工参与是有效管理的关键,参与感使员工产生强烈的认同感,是提高员工工作热情的有效手段。管理者与员工应该加强沟通和交流,让员工们了解组织的目标,认真听取员工们的意见和建议,形成具有协作精神的团队。

（二）强调"自我控制"

目标管理强调员工是愿意承担责任的,愿意在工作中发挥自己的聪明才智和创造性。目标管理的主旨是用"自我控制的管理"代替"压制性的管理",使管理人员能够控制自己的行为与业绩。自我控制可以成为更强烈的动力,促使员工尽力把工作做好。

（三）下放权力

集权与分权的矛盾是组织的基本矛盾之一,担心失去控制是阻碍大胆授权的主要原因之一。下放权力可以增强员工的满足感,有利于调动员工的积极性,增强组织的凝聚力。

（四）自我评价绩效

组织管理中不断将目标的进展情况反馈给员工,以便他们调整自己的行动,员工根据组织目标和部门目标设定自己的绩效目标,自己应作的贡献也非常明确,并同上级管理人员一起检查目标的实现状况,勇于承担相应的责任。管理人员要努力吸引下属对照设定的目标来评价业绩,积极参加评价过程,用鼓励自我评价和自我发展的方法,鞭策员工对工作积极投入,并创造一种激励环境。考核结果应明确告知员工本人,组织应将考核绩效与奖惩办法、升迁制度相结合,以利于调动员工积极性。

四、目标管理的过程

目标管理可以划分为 GEM 三个阶段,即目标设定(G),授权赋责(E)和述职测评(M)。具体来说,目标管理过程可分为以下五个步骤。

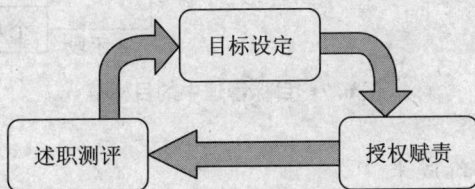

图 6.6   GEM 目标管理的过程

（一）设定目标体系

实行目标管理,首先要建立一套包括组织的总目标和各部门的分目标的完整目标体系。总目标是组织在未来从事活动所要达到的状况和水平,其实现有赖于全体组织成员的共同努力。组织总目标源于组织共同愿景、宗旨和使命。共同愿景规定了组织行进的方向,决定了组织阶段性总目标的基本内容。为了协调组织成员在不同时空的努力,各个部门的各个成员要建立与组织总目标相结合的分目标。从最高主管部门开始,然后自上而下逐级确定目标,形成目标体系。目标体系应与组织结构相吻合,从而使每个部门都有明确的目标,每个目标都有人负责。

（二）明确责任

实施目标管理,要做到责任落实到部门和落实到人。权力与责任对等是挖掘员工潜能、提高组织效率的最好办法。应该对部门和个人的权利和义务作出明确的规定,做到事事有人负责,人人有事可做,在所期望的结果和责任之间建立起一种对应关系。

（三）逐级授权,组织实施

目标既定,主管人员就应放手把权力交给下级,而自己则重点抓综合性管理工作,完成目标主要靠执行者的自我控制。授权是保证下级管理人员切实承担起责任的基础,上级的管理应主要表现在指导、协助、提出问题、提供情报以及创造良好的工作环境方面。组织中各层次、各部门的成员应被授予相应的权力,使之有能力调动和利用必要的资源,实现各自的分目标,从而形成一个"目标—手段"链。

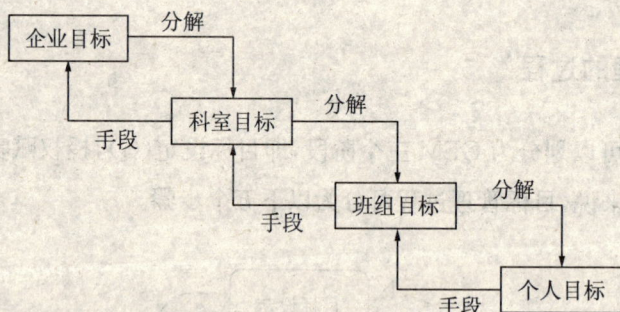

图 6.7　目标管理中的目标链

（四）检查与评价成果

对各级目标的完成情况,要事先规定完成的期限,定期进行检查。检查的方法可以灵活地采用自检、互检和责成专门的部门进行检查。检查的依据就是事先确定的目标。对于最终的结果,应当根据目标进行综合评价。

成果评价既是对某一阶段组织活动效果的总结和实行奖惩的依据,也是上下沟通、左右沟通的机会，同时还是自我控制和自我激励的手段。成果评价既包括上级对下级的评价，也包括下级对上级、同级关系部门相互之间以及各层次自我的评价。上下级之间的相互评价，有利于信息、意见的沟通，从而达到加强对组织活动的控制；横向的关系部门相互之间的评价，有利于保证不同环节的活动协调进行；各层次组织成员的自我评价，则有利于促进他们的自我激励、自我控制以及自我完善。

（五）反馈和开始新的目标管理

根据评价的综合结果，组织对不同成员实施奖惩。奖惩可以是物质的，也可以是精神的。奖惩是对组织成员贡献大小的评价，奖励可以使组织成员得到需求的满足，或者提供满足需要的手段，惩罚可以使组织成员明白自己的不足，惩前毖后，督促组织成员努力工作。公正合理的奖惩，有利于维持和调动组织成员的工作热情和积极性；奖惩有失公正，则会影响组织成员的工作积极性。

根据目标对最终结果进行评价，并将评价结果及时反馈，便于组织掌握目标的实施状况。反馈对绩效有积极的影响，可以使组织成员了解自己的行动方式的效果，知道其努力水平是否足够或是还要加强，能够促使组织成员在实现原先的目标后进一步提高目标。

成果的综合评价与成员行为的奖惩，既是对某阶段组织活动效果以及组织成员贡献的总结，也为下一阶段的工作提供参考与借鉴。进一步地，为组织成员以及各个层次、部门的活动制定新的目标，并组织实施，开展目标管理的新一轮循环。

五、目标管理的局限性

目标管理作为一种新的管理思想与管理方法，具有形成激励、有效管理、明确任务、自我管理以及有效控制等五大优点，但是也存在明显的不足。

（一）制定目标比较困难

真正可考核的目标通常很难确定。一方面，要建立对同一级主管人员始终具有正常的"紧张"和"费力"，很难保证分解给每个员工的目标完全公平，致使准确评估员工的业绩变得十分困难；另一方面，有些目标难以定量化，而制定的目标过于着重经济效果或远离实际，除了会对个人产生过大的压力外，还可能会出现下级人员为追求过高的目标而不择手段，采取违法或不道德做法的情况。

（二）过分强调短期目标

通常情况下，管理人员制定目标管理计划很少会设立超过一年的目标，所确定的目标往往是一季度或更短期的目标。短期目标容易导致行为的短期化，高层管理者必须对各级目标制定者予以必要的指导，从长期目标的角度提出总目标和制定目标的指导方针，以确保短期目标为长期目标服务，实现组织的长期目标。

（三）缺乏灵活性

明确的目标和明确的责任是目标管理的主要特点，也是目标管理取得成效的关键。但是，计划是连接现在与未来之间的桥梁，必须在未来的时间里具体执行过程中才能检验其效果好坏，而未来又存在着许多不确定的因素，必须根据变化着或变化了的情况对计划工作的目标进行修改，修改目标体系会耗费巨大的精力，也容易导致目标管理的中止。

另外，有效开展目标管理，需要有良好的组织文化，员工们应有较强的责任心和工作主动性，员工们有参与管理和自我激励的热情。

第五节　计划方法

一、滚动计划法

滚动计划法是一种将短期计划、中期计划和长期计划有机地结合起来，根据近期计划的执行情况和环境变化，定期修订未来计划，逐期向前推进的方法。在制定长期计划中，由于很难准确地预测未来影响经济发展的各种变化因素，并且随着计划期的延长，不确定性会越来越大，如果机械地按照原定计划执行，就可能脱离实际而造成严重损失。滚动计划法采用了近细远粗的制定计划办法，可以有效避免不确定性带来的不良后果。

在每次编制和修订计划时，滚动计划法都要根据前一期计划执行情况和客观条件的变化，把近期的详细计划和远期的粗略计划结合在一起，在近期计划完成后，再根据执行结果的情况和新的环境变化逐步细化并修正远期计划，将计划期向前延伸一段时间，使计划不断向前滚动。

滚动计划法的特点包括以下两个方面：

一是计划期分为若干个执行期,近期计划内容制定得详细、具体,是计划的具体实施部分,具有指令性;远期的内容较粗略笼统,是计划的准备实施部分,具有指导性。二是计划执行一段时期,就要根据实际情况和客观条件的变化对以后各期的计划内容进行适当的修改、调整,并向前延伸一个新的执行期。

例如,某公司在 2011 年年底制定了 2011—2015 年的五年计划。采用滚动计划法,到 2012 年年底,就要根据 2011 年计划的实际完成情况和客观条件的变化,对原定的五年计划进行必要的调整和修订,在此基础上编制 2012—2016 年的五年计划,其后依此类推。

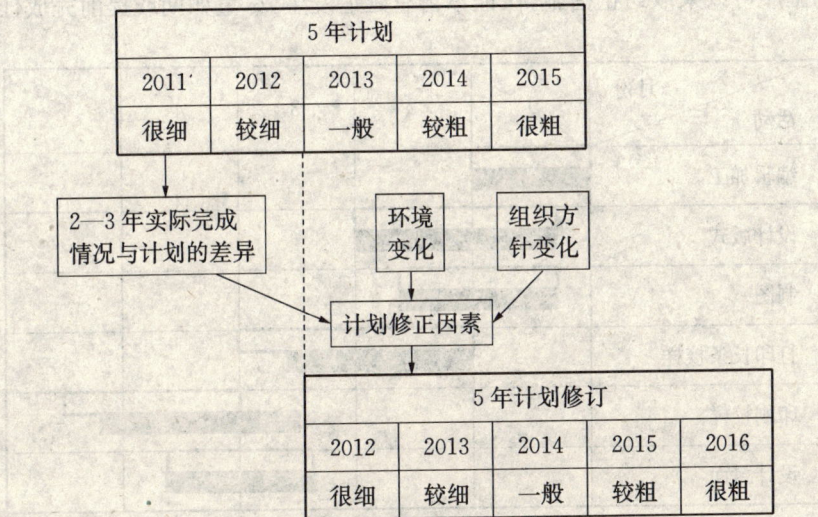

图 6.8　滚动计划示意图

滚动计划法的优点包括:(1)使计划更加切合实际,大大地提高了计划的准确性,更好地保证了计划的指导作用,提高了计划的质量;(2)使长期计划、中期计划和短期计划相互衔接,能检查计划实施效果,及时进行调整,使各期计划保持衔接和一致;(3)大大增加了计划的弹性,这在环境剧烈变化时尤为重要,可以有效提高组织的应变能力。我国国民经济与社会发展五年计划,即采用了滚动计划法。

二、甘特图法

甘特图(Gantt chart)是在 20 世纪初由美国管理学家亨利·L.甘特发明的。

甘特图是一种线条图,横轴表示时间,纵轴表示要安排的工作内容,线条表示在整个期间内计划和实际任务完成情况,线条之间有平行与先后两种关系,其中平行关系表示工作内容同时进行,先后关系表示必须前一工作完成后才能开始后一工作的先后顺序。甘特图作为一种控制工具,直观地表明计划任务的起始时间,以及实际进度与计划要求的对比,帮助管理者掌握实际进度偏离计划的情况,既简单又实用,使管理者对计划任务的完成情况可以一目了然,以便对计划工作进行正确的评估。

例如,图书出版要经过编辑加工、设计版式、制图、打印长条校样、印刷校样与设计封面等工序。项目管理者可以根据计划安排与实际执行情况的比较,对落后计划的工序可以采取纠正措施,保证不再有延迟发生,尽量如期或提前完成任务。

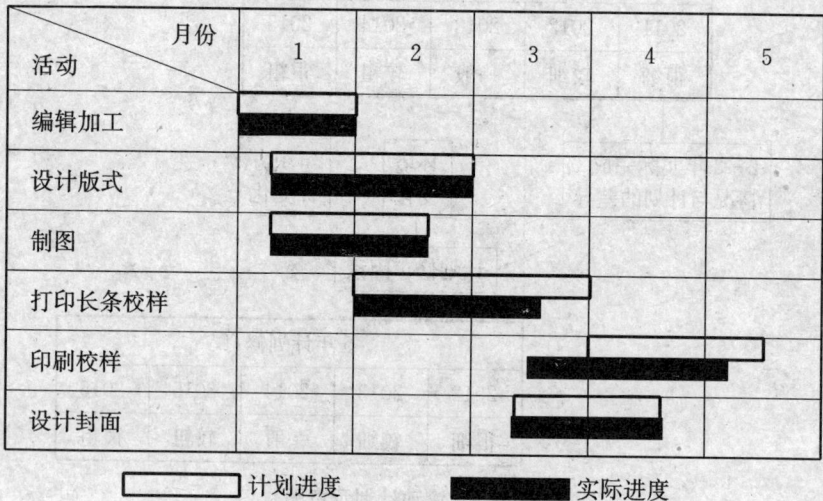

图 6.9　图书出版的甘特图

三、网络计划技术

(一) 网络计划技术

网络计划技术(program evaluation and review technique, PERT)于 20 世纪 50 年代后期在美国产生和发展起来,是一种利用网络理论来安排工程计划,寻求最优的计划方案,并用来组织和控制计划的执行,以实现预期目标的科学管理方法。

网络计划技术主要应用于项目型工作的计划制定工作。例如,建筑工程建设项目,水利工程建设项目,举行大型博览会,ISO9000 国际质量认证项目,企业资产购并项目,教学培训项目,举办联欢会项目等。

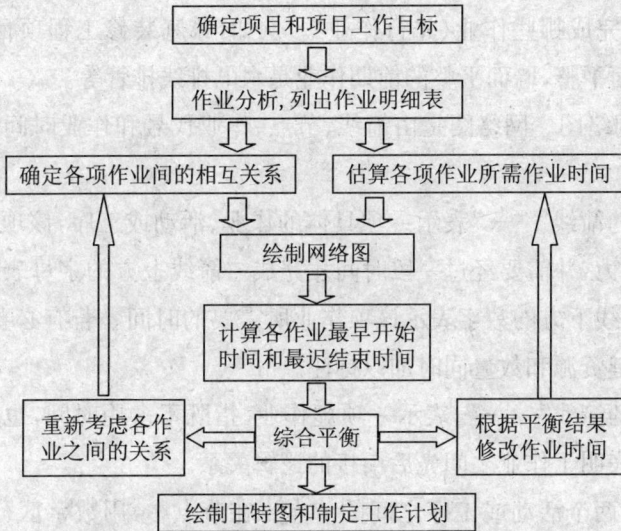

图 6.10　网络计划技术的基本步骤

网络计划技术的原理,是把一个完整的工作项目分解成各项具体的作业或活动,然后根据作业先后顺序进行排列,通过网络图对整个工作或项目统筹规划和控制,以便用最少的人力、物力和财力资源,用最快的速度完成工作。

采用网络图表达计划进度的安排以及其中各项活动(工序、作业)之间的相互关系,可以形象地反映出整个工程或任务的全貌;利用网络图进行网络分析,计算网络时间,确定关键工序与关键路线;利用时差不断地改善网络计划,求得工期、资源与成本的优化方案。

运用网络计划技术对项目计划开展分析,得到的成果是:完成某项目所需要的总工期;获得该项目的关键路线;实施该项目的具体时间计划,即甘特图;资源与时间整体优化方案等。

根据建立网络图的表达形式不同,可以分为箭线活动法(activity-on-arrow,AOA)和节点活动法(activity-on-node,AON)。前者使用箭线来表示活动,而后者则以节点来表示活动。这里主要介绍箭线活动法。

(二)箭线活动法的基本步骤

(1) 分析作业和作业时间。根据某个项目工作目标要求,给出该项目内含的各项作业,以及各项作业的估计完成时间。例如,家庭装修工程项目包括水电排线排管、木工、铺设地板、装修门窗、墙面平整、墙面粉刷、清洁、灯具安装等具体作业。

（2）确定各项作业的先后逻辑次序。即哪些作业需要率先完成,当开展某项作业时,前期需要完成哪些作业(先行作业)。例如,家庭装修工程项目,墙面粉刷的前期作业是墙面平整,墙面平整的前期作业是水电排线排管等。

（3）绘制网络图。网络图是由箭线、节点、作业代号和作业时间等标识形成的示意图。

实线表示的箭线"——→"表示一项具体的作业、活动或工序,该项作业需要投入人力、物力和财力,并需要经过一段时间才完成。箭线上方的字母表示该项作业的名称或代号,箭线下方的数字表示该项作业所需要的时间。若有必要,可以将该项作业所需的关键资源和数量同时加以标注。

虚线表示的箭线"------→",表示一项虚作业,指既不占用时间,也不消耗资源的作业。虚作业表明了作业之间先后衔接的逻辑关系。

"○",表示两个活动或工序之间的节点。在节点中,用数字区分不同的节点。节点既不消耗资源,也不占用时间。除起始节点和结束节点以外,其他节点只表示前一项活动的结束和后一项活动开始的瞬间。网络图应该只有唯一的起始节点和唯一的结束节点。

（4）计算各个节点的最早开始时间,得出总工期。在靠近各个节点处,绘制"□"方框图形,在方框内标上经过计算得到的该节点的最早开始时间。对于网络图的起始节点,最早开始时间为零。其他节点的最早开始时间等于上一节点的最早开始时间与作业时间之和。若上一阶段有多个节点,取各个节点最早开始时间与作业时间之和的最大值。网络图结束节点的最早开始时间,即为完成该项目的总工期。

（5）计算各个节点的最迟结束时间,得出关键路线。在靠近各个节点处,绘制"△"三角框图形,在三角框内标上经过计算得到的该节点的最迟结束时间。网络图上结束节点的最迟完工时间,假设为已经计算得到的项目总工期。然后,逆向计算得出各个节点的最迟结束时间。各个节点的最迟结束时间,等于下一节点的最迟结束时间与作业时间之差。若该节点有多个下阶段节点,则该节点的最迟结束时间,等于各自最迟结束时间与作业时间差的最小值。最后,计算节点上的时差。时差=最迟结束时间－最早开始时间。将时差为零的节点相连,经过验证,即为关键路线。

关键路线是指通过整个工作网络需要花费最长时间的路径。根据关键路线的定义,当网络图的图形较为简单时,可以直接找出该网络图上的所有工作路径,计算这些工作路径所花费的时间,其中需要花费最长时间的路径即为关键路线。关键路线需要花费的时间,就是完成整个项目的总工期。然而,当网络图的形式十分复杂,工作路径很多,则需要通过对逐个节点的工作时间推算,从而得到项目总工期和关键路线。

(6) 绘制相应的甘特图。项目甘特图反映的内容与项目网络图的内容一致,甘特图的特点是更为直观和简明,并且具体给出了按时间顺序的作业进程计划。

(7) 根据其他资源约束条件,调整甘特图上的各项活动,重新平衡人力、物力、财力,经过几次平衡,最后可以得到最优方案,实现时间和资源优化。

例如,用箭线法绘制的某工程项目网络图。

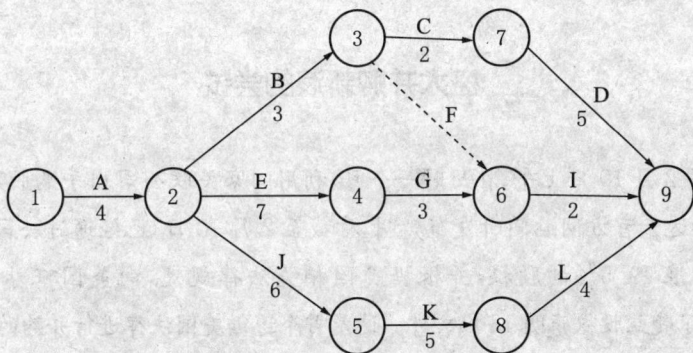

图 6.11　箭线活动法的网络图

这个网络图上共有 11 条箭线(含一条虚箭线),共表示 10 项作业,即 A、B、……,各项活动代号的下方,标注了所需要的时间单位。例如,开展 A 活动需要 4 个时间单位,开展 G 活动需要 3 个时间单位。作业 F 是虚作业,表示了节点 3 与节点 6 之间的逻辑顺序关系。另外,该图上有 9 个节点。节点 1 是开始节点,节点 9 是结束节点。

首先,如何缩短项目总工期和加快项目进度。关键路线是指通过整个工作网络需要花费最长时间的路径。若要缩短总工期,应该考虑如何缩短关键路线上相关作业的工期。若网络图上存在多条关键路线,在多条关键路线上要同时缩短相关作业的工期。当然,要缩短作业时间,通常的办法是加班,这有可能要增加成本。另外,可以采用"快速跟进"的方法,即将呈先后顺序的作业有轻微的重叠。快速跟进的缺点是,由于太早开始某些作业往往增加项目质量风险和导致返工,从而可能导致项目进度延迟。

其次,如何实现时间和其他资源的整体优化。面对除时间以外的其他资源约束时,首先调整网络图上非关键路线上作业的作业安排,若不能满足有关资源约束,则需要进一步调整关键路线上的作业安排。通过反复调整和权衡,可以得到满足各类资源约束的时间计划。

另外,如何处理不确定型作业时间的计划制定。例如,新产品设计作业时间存在不确定性,乐观地估计花费时间3个月,悲观地估计花费时间6个月,把握比较大的估计花费时间4.5个月。当若干项不确定型作业形成一个项目,如何确定项目的网络图、总工期和关键路线。

案例分析

盛大并购新浪的尝试

2005年2月19日上午,在历时一个月,利用四家关联公司出手购股后,盛大在其网站及纳斯达克官方网站同时发布声明,称截至2月10日,已经通过公司公开交易市场购买了新浪19.5%的股权,并根据美国相关法律规定,向美国证券交易委员会(SEC)提交了受益股权声明13-D文件。这是首个遵循美国法律进行并购的中国案例。

盛大自从完成美国上市之后,最重要的任务在于转型,即从简单的网络游戏运营商转变为一家综合的数字娱乐服务提供商,内容包括数字娱乐平台和娱乐内容两个方面。盛大的目标是成为"网上迪斯尼"。为了实现业务转型,盛大开始了收购。2003年,盛大已经先后收购了北美、日本以及国内的近10家公司,分别成立了从事游戏产品、游戏周边产品以及游戏类电视媒体业务开发的分公司。进入2004年,自获得了上市募集的资金后,盛大的扩张步伐进一步加快,曾创下了两个月内完成6次资本运作的纪录。

盛大的收购清单让人眼花缭乱:移动应用服务供应商、网络游戏开发商、网络游戏周边产品开发商、网吧管理软件开发商、网络游戏引擎核心技术开发商……其中,最值得关注的是,北京"位红"是手机游戏开发商,杭州边锋是棋牌类休闲游戏提供商,上海浩方是中国最大的电子竞技对战平台。盛大还将曾任联众CEO和炎黄新星CEO的知名职业经理人钱中华及其团队"游网络"招至麾下,成立北京分公司,专攻数字娱乐平台的提供。从大型网络游戏,到休闲游戏、手机游戏,再到电子竞技,盛大初步构建了一个完整的互动娱乐网。

此次对新浪的收购是盛大战略中重要的一步。"2月8日,新浪发布2004年第四季度财报,预计2005年第一季度表现将不如2004年第四季度,股价暴跌26%,盛大趁机大口吃进新浪股票,并持续到2月9日,盛大以23.17美元的均价购入了7 280 000股新浪股票。2月10日,盛大再次以22.97美元的均价购入了160 000股。2月18日,农历春节后的第二个工作日,盛大宣布,截至2月10日,盛大与其控股股东Skyline Media Limited通过在二级市场交易目前持有的新浪公司股份合计占到新浪发行股份的19.5%。"而直到此时新浪才知道这一情况。

针对盛大的敌意收购,摩根士丹利被新浪急聘为财务顾问,并迅速制定了购股权计划(俗称"毒丸计划")的技术细节。新浪股东所持有每一股股票,都能获得一份购股权。如果盛大继续增持新浪股票致使比例超过20%时或有某个股东持股超过10%时,这个购股权将被触发,而此前购股依附于每股普通股票,不能单独交易。一旦购股权被触发,除盛大以外的股东们就可以凭着手中的购股权以半价购买新浪增发的股票。这个购股权的行使额度是150美元。如果触发这个购股权计划,除盛大之外,一旦新浪董事会确定购股价格,每一份购股权就能以半价购买价值150美元的新浪股票。假设以每股32美元计算,一半的价格就是16美元,新浪股东可以购买9.375股(150/16)。新浪目前总股本为5 048万股,除盛大所持的19.5%(984万股)外,能获得购股权的股数为4 064万股,一旦触发购股权计划,那么新浪的总股本将变成43 148万股(4 064万股×9.375+4 064万股+984万股)。这样,盛大持有984万股原占总股本的19.5%,一经稀释,就降低为2.28%。因此,毒丸稀释股权的作用得到充分的显现。如果盛大停止收购,新浪董事会可以以极低的成本(每份购股权0.001美元或经调整的价格)赎回购股权,用几万美元支付这次反收购战斗的成本。

(资料来源:王凤彬、刘松博、朱克强:《管理学教学案例精选》,复旦大学出版社2009年版。)

案例思考题:

1. 盛大的扩张性收购对企业的长远发展有何战略性优势?

2. 在盛大陷入"毒丸"困境时,应该怎样抉择? 继续设法收购还是妥协? 为什么?

3. 如果盛大在同新浪的收购与反收购战中胜出,顺利完成了对新浪的收购,那么盛大应如何实现企业战略重组?

本章小结

计划是指用文字、符号和指标等形式表述的，组织在未来一定时期内，目标和行动方案的管理文件。计划工作是指根据实际情况，通过科学的预测，权衡客观的需要和主观的可能，提出在未来一定时期内所要达到的目标，以及实现目标的途径。

目标是指组织在某一时期所要实现的最终成果，含组织的目的、任务、指标和时限。目标具有多重性、时间性、层次性、网络性和挑战性等特点。目标的作用有：指明管理工作的方向；激励作用；凝聚作用；考核标准。

计划的主要内容包括 5W1H。计划作用为：(1)为组织成员指明方向，统一思想，统一行动；(2)为组织的未来预测变化，减少冲击；(3)减少重叠和浪费性的活动；(4)有效进行控制。

计划有不同类型。按照计划的时间跨度分类，可分为长期计划、中期计划和短期计划；按照计划的广度分类，可分为战略计划、战术计划和作业计划；按照计划的表现形式分类，可分为宗旨、使命、目标、战略、政策、程序、规则、规划以及预算等多种形式。

计划的主要原理有：限定因素原理、承诺原理、灵活性原理以及改变航道原理等。计划工作包含八个步骤，即估量机会、确立目标、确立前提条件、确定备选方案、评价备选方案、选择方案、拟订派生计划、编制预算。

目标管理是指将组织的总目标分解为各个部门和职工的分目标，上级管理人员根据分目标对下属进行管理。目标管理强调以目标为中心的管理、以目标网络为基础的系统管理、以人为中心的参与式管理。目标管理的过程为：(1)设定目标体系；(2)明确责任；(3)逐级授权，组织实施；(4)检查与评价成果；(5)反馈和开始新的目标管理。

计划的方法有滚动计划法、甘特图法、网络计划技术等。

本章思考题

1. 计划的基本含义是什么？其性质如何？其影响因素有哪些？

2. 计划分为哪些类型？不同的计划类型的特点如何？

3. 如何制定科学的计划？

4. 目标的含义是什么？它具有哪些特点？其作用如何？

5. 什么是目标管理？其基本思想是什么？目标管理与计划的关系如何？怎样实施目标管理？目标管理的优缺点有哪些？

6. 计划工作的主要原理有哪些？具体内容是什么？

7. 网络计划技术的基本原理是什么？

8. 计划在管理中的地位是怎样的？它与其他管理职能的关系又是怎样的？

9. 制定计划的方法有哪些？各种方法的特点如何？

10. 网络计划方法与甘特图法之间如何相互转化？

11. 网络计划技术的节点法的实施步骤如何？

第七章

决　策

本章学习目标

通过本章的学习,理解并掌握:

1. 决策的含义与构成要素;

2. 决策的特点与过程;

3. 决策的类型;

4. 决策的标准;

5. 决策的方法,包括定性方法与定量方法等。

引导案例

引滦入津的决策

1981 年 5 月,中央决定:密云水库今后不再为天津供水,它的任务是确保首都北京的用水。天津市用水,要靠滦河下游的潘家口水库解决。潘家口水库的任务是第一保天津,第二保唐山,第三供给农业用水。

南线,还是北线?

潘家口水库位于河北省的迁西县境内,距离天津市区尚有几百华里之遥。通过什么路线,再由唐山,把水引到天津?有两个方案:

第一个,"南线方案",即引水河道由水库出发,一直向南,经迁安县、滦县,直奔唐山,再由唐山,把水引到天津市区。

第二个,"北线方案",即引水河道由水库出发,向西穿过燕山山脉的几座山到遵化县,输入于桥水库,然后利用旧有的蓟运水道,再加新开挖的引水渠道,把水引到天津市区。

两个方案,各有优劣。

"南线方案",一个工程可以同时解决天津、唐山以及河北省沿水道地区的用水问题,从总体上看,国家可以减少投资。而且,南线工程已于1975年上马,施工已进行了5个年头,如果再投入一些力量的话,工程可以较早竣工,有利于解决天津的燃眉之急。因此,上级主管部门倾向于这个方案。当天津市连续呼喊水源告急的时候,1.65亿的投资追加给了南线工程,打算以此来解决天津供水问题。南线工程已经上马,事情已成定局,似乎不好再改变。

"北线工程"要由天津市单独引水,投资要增加一些。最令人担心的是工程的困难。据估计,仅勘测、设计至少要花一年的时间。而且,要打通施工难度极大的引水隧洞,再加上各种配套工程,至少要5年的时间,3年完成,将是个奇迹。

同时,"北线工程"也有南线不可比的优点:(1)因为可利用旧有的河道,投资可以节省;(2)这条线占地少,拆迁少;(3)沿线有公路、有电源,施工方便;(4)拥有处于最下游的天津的专用供水水源。

"引滦入津"的根本目的是确保天津用水。南线方案尽管仍有许多优点,但是不能确保天津。天津曾经深有体会:大旱时,从密云水库放下30个流量的水给天津,可是等水到了天津,就只剩下0.9个流量了!"理论"数字与实际数字相差如此悬殊,使人不能不认识到水资源在使用上的特殊规律。

1981年,天津市领导力主"北线方案",上报中央,并获得了批准。

(资料来源:鲍丽娜、李孟涛、李浇:《管理学习题与案例》,东北财经大学出版社2007年版。)

思考题:

通过上述案例应该明白,决策应该包含什么内容?

第一节　决策概述

一、决策的定义

决策(decision, decision making)是指组织或个人为了实现某种目标,在两个或两个以上的备选方案中,选择一个最佳的或满意的方案的分析、判断、实施与监督的过程。

在决策的定义中,必须注意以下几个要点。

（一）目标

作为决策主体的组织或个人,在决策前必须明确自己所要达到的决策目标,这是决策实施过程中与决策结束后判断决策成效的依据。而且,局部目标要服从总体目标,短期目标要服从长远目标。

（二）两个或两个以上的备选方案

决策总是在若干个有价值的备选方案中进行选择,否则就没有进行决策的必要,并且这些备选方案之间彼此具有某种替代性。从理论上讲,应当把所有可行的备选方案都罗列出来,以便从中筛选出最佳的或满意的方案;而在实际决策过程中,至少应当"尽可能多地"提出各种可能的备选方案,这样决策者才能够从中选出较好的决策方案。

（三）最佳的或满意的方案

所有的备选方案首先必须是可行的,其次是有差异性的,这种差异性表现在实现决策目标上能否达到最优值。但是,由于决策问题所涉及的系统的复杂性、目标的多样性以及备选方案的不可穷尽性,使得决策者难以获得最佳方案,只好追求满意的决策方案。

（四）分析、判断、实施与监督

每个备选方案都有其优缺点,决策者必须掌握充分的信息,进行逻辑分析,才能在多个备选方案中选择一个较为理想的合理方案,然后按照该方案具体开展与实施。但在实施决策过程中的运行绩效与理想状况相比可能存在着偏差,监督的作用在于保证决策的实施始终处于良好的状态,为实现决策目标服务。

（五）过程

决策是一个循环过程，而不是瞬间行动。实际上，决策过程是一个在时间和空间两个维度上的延展，不仅涉及诊断活动、设计活动、选择活动与执行活动等步骤，而且还要对执行的结果进行反馈，及时发现问题与纠正偏差，同时为下一轮新的决策过程提供经验与教训，是一个学习过程。

二、决策的构成要素

决策的构成要素包括以下几个方面：

（1）决策者。决策者是表现为组织或个人形式的决策主体，其行为受社会、政治、经济和心理等因素的影响。例如，某公司的总经理或董事会。

（2）决策目标。决策目标是一项决策所期望实现的成果和价值，其表现形式既可能是单个目标，也可能是多个目标。

（3）自然状态。自然状态是决策环境客观存在的各种状态，它是不依决策者的主观意志为转移的条件，是决策者无法改变、只能参考的变量。

（4）行动方案。行动方案是实现决策目标所采取的具体措施和手段，其数目可以是有限多个，也可以是无限多个，甚至是连续变量形式。

（5）条件结果值。条件结果值是决策者采取某种行动方案时，在不同的自然状态下所出现的结果，其形式可以是收益值，也可以是损失值。

（6）决策准则。决策准则是为实现决策目标而选择行动方案时所依据的价值标准和行为准则，其往往依赖于决策者的价值取向和偏好态度。

例如，以肯德基1986年在中国投资决策为例，决策者就是肯德基家乡鸡公司的东南亚地区高级管理者们（尤其是托尼·王），决策目标就是建立第一家店，占领战略制高点，辐射今后的其他中国分店，自然状态就是中国的宏观环境和拟投资地点的微观环境，行动方案就是综合比较北京、上海、天津和广州，确定方案相对于目标的优劣关系，条件结果值是各方案的优势与劣势，决策准则是以决策目标为参考标准，综合分析，全面衡量，决定方案的取舍。

三、决策的过程

决策是一个循环的过程，而非瞬间的行动。从识别决策问题开始，经过八个步骤,最后对决策效果进行评价与反馈,表现为一定的决策程序。

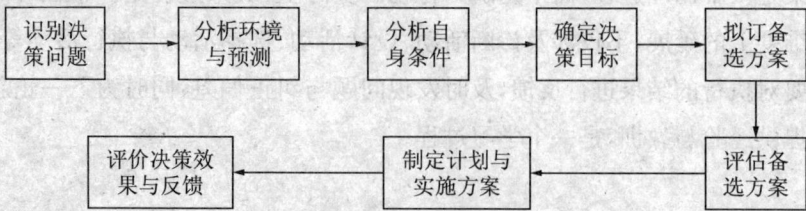

```
┌────────┐   ┌────────┐   ┌────────┐   ┌────────┐   ┌────────┐
│识别决  │ → │分析环境│ → │分析自  │ → │确定决  │ → │拟订备  │
│策问题  │   │与预测  │   │身条件  │   │策目标  │   │选方案  │
└────────┘   └────────┘   └────────┘   └────────┘   └────────┘
                                                          │
┌────────┐   ┌────────┐   ┌────────┐   ┌────────┐         ↓
│评价决策│ ← │制定计划与│ ← │评估备  │
│效果与反馈│  │实施方案│   │选方案  │
└────────┘   └────────┘   └────────┘
```

图 7.1　决策的过程

(一)识别决策问题

一切决策都是从问题开始的,寻找和确定应该进行的决策问题,是决策工作的起点。决策问题开始于现状与希望状态之间的差异,这种差异所造成的结果是导致决策者发现问题的机会。但是,有些问题比较明显,而有些问题比较隐藏,只有具备一定洞察力的决策者才能感知到隐藏着的问题。决策者在决策过程中只有首先能够分辨出在什么情况下存在问题,才能抓住机遇、避免和克服危机。

(二)分析环境与预测

决策环境往往不断变化和难以控制,决策者只有通过利用可以控制的因素去适应和满足决策环境,才能实现决策的目标。因此,要研究系统的外部环境的变化规律和特点,分析环境对系统的作用和约束,以及系统对外部环境的影响,并且预测环境的未来发展趋势。一般而言,影响决策的外部环境包括宏观环境和微观环境两个方面,宏观环境对决策起着间接作用,主要涉及政治、经济、文化、技术、自然环境等内容;而微观环境对决策起着直接作用,主要涉及现在的竞争对手、入侵者、替代品生产者、供应方与需求方等内容。

(三)分析自身条件

自身条件是决策者可以控制的因素,也是实施决策的物质基础。决策者要研究系统的组成结构、各部分的相互关系、系统的运动机理,以及系统的特性和状态等,明白自身条件所具有的优势与劣势,注意扬长避短,发挥优势,对自身条件的不足之处要善于借用外部力量或加以克服。

(四)确定决策目标

决策的目的在于解决问题,因此,决策者要分析出决策朝什么方向发展以及应当解决到什么程度。决策目标对于进一步解决问题具有至关重要的指引作用,因而要注意解决目标的层次结构体系、目标的可定量化、目标的可实现性与目标的评价体系等问题。

（五）拟定备选方案

决策者应当根据要解决的问题与实现的目标，提出尽可能多的备选方案，奠定决策的基础。决策者通常利用经验与创新两种途径多思路、多角度来提出备选方案，备选方案既可以是标准化的、明显的，也可以是独特的、富有创造性的。

（六）评估备选方案

在评估备选方案的过程中，综合考虑环境的变化和方案执行过程中将会出现的问题，利用定性与定量的方法，使用预定的决策标准分析每个方案的预期成本、收益与风险，权衡各个方案的利弊得失，对各个方案按优先顺序排序，最后确定最优方案。同时，还可以选择若干备选方案作为预防应对措施，以备急用。

（七）制定计划与实施方案

在执行决策之前，应当制定一个周密细致的实施计划，以便有条不紊地实施决策，最大限度地保证决策实施的成功。方案实施的有效性不仅取决于方案及其实施计划本身的可行性，而且还取决于负责方案的管理者的技巧和能力。在实施方案的过程中，应保持信息畅通，把责任落实到每个执行单位和个人身上，建立起重要的工作报告制度，控制方案进展的节奏。

（八）评价决策效果与反馈

在执行决策的过程中，由于实施的时间往往比较长，内部条件和外部环境很容易发生变化，而决策的制定往往建立在对问题的初步估计上。因此，要建立信息反馈系统，将每一步的实施结果与预期目标进行对比，不断对方案进行修改和完善，以适应变化了的形势，并确保决策目标的实现。决策执行完成后，还要对它进行绩效评价，考察决策是否已经解决了问题，是否已经达到了预期的目标。如果评价结果表明决策执行已经解决了原来的问题，达到了目标要求，那么整个决策过程已经圆满完成，可以进入下一轮新的决策。如果评价结果表明决策目标没有实现，问题还或多或少存在着，管理者就需要进行追踪决策，返回问题识别阶段，重新开始一个新的决策过程。

例如，长江三峡水利工程的建设决策是一个非常典型的、复杂的决策过程。历史上的封建王朝和新中国政府都被几乎每年发生的长江水患所困扰，为了避免长江所造成的严重水灾，使老百姓安居乐业，同时充分利用水资源，使国家兴旺发达，三峡水利工程一直处于高层考虑决策中。环境分析需要考虑建设后造成的生态环境影响，以及战争带来的影响，自身条件分析需要考虑耗资巨大给经济、社会带来的正负面影响,以及技术上的可行性,备选方案有建与不建之争,而建设又有怎么建的争论,经过充分论证,评估备选方案后决定还是加快建设。然后,制定计划与实施建设的具体方案,并总结经验教训和反馈。

四、决策的特点

(一)主观性

决策是一个主观思维活动的过程。决策者是决策的灵魂,任何决策都是人的智能活动。无论是对决策目标的选择,还是对实现目标的手段的选择,都是由决策者或决策群体作出的。

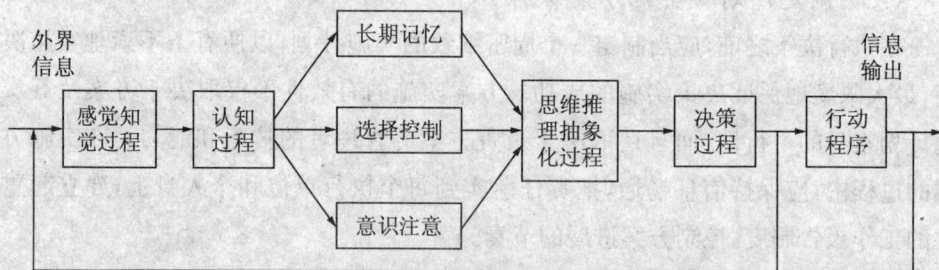

图7.2　决策的思维过程图

(二)目标性

任何决策都有一定的目的。目标体现了组织希望获得的结果,为达到目的而服务。目标明确之后,方案的拟定、比较、选择、实施以及实施效果的检查等都有标准和依据。但是,决策的目标好坏没有一个绝对的标准,不可能有一个最优解,而只能有符合决策者偏好的满意解。不同的决策者对满意决策目标的理解是不同的,表现出一定的模糊性。

(三)可行性

任何方案的实施都需要利用一定的资源。由于资源的有限性以及决策追求效益、效率的约束,因此,在决策过程中,决策者不仅需要考虑采取某种行动的必要性,而且还要注意实施条件的限制。

(四)选择性

决策的关键是选择,没有选择就没有决策。为了实现决策目标,组织可以提供相互替代的多种方案,可以从事多种不同的活动。而这些活动在资源要求、可能结果以及风险程度等方面存在着或多或少的差异。由于决策的外部环境是不确定的,组织内部的条件也是动态的,因而无论决策者采取什么决策方案,都面临着一定的风险,决策的实施结果都可能与决策的预期不一致。

（五）过程性

组织的决策涉及方方面面的内容,因而是一系列决策的综合。决策的顺利完成还需要资金、人事与组织的支持,是依靠一定的物质基础的空间和时间上的展开,离开时间和空间的限制来考虑决策没有任何实际意义,因而往往形成很多阶段,表现出一定的过程性,而且是一个不断循环的过程。由于组织的外部环境处于不断变化中,决策者必须不断关注外部环境的变化,从中发现问题或寻找机会,及时调整组织的活动,以实现组织与环境动态平衡。

（六）科学性

虽然决策是一项决策者的主观活动,但它也有一定的规律可循。任何决策都需要一定的信息与条件,人的思维判断也有一定的程序,现代数理方法和计算机技术也为决策者提供了寻优的手段。只要掌握足够可靠的信息,按照的一定的决策程序,使用一定的决策方法和技术,可以使主观判断最大限度地符合客观实际,表现出一定的科学性。决策的目的就是实践,同时实践也是对决策进行检验的唯一标准。

例如,建设长江三峡水利工程是人类改造自然,利用自然资源的主观能动性的反映,目标是规避长江水患,充分利用水利资源,发电造能,强国富民。其可行性体现在经济承受能力和技术上先进与否,选择性涉及有建与不建,以及怎么建等多种备选方案;过程性体现在耗时数十年反复、数十次论证;科学性体现在科学家从经济、技术、自然、战争破坏、生态、移民等多方面的综合评价与模拟等。

第二节　决策的类型

一、战略决策、战术决策和业务决策

（一）战略决策

战略决策是指一个组织为了适应不断变化的外部环境而作出一种具有全局性、长期性、方向性与竞争性等特点的决策。战略决策又称经营决策,是组织最重要的决策,通常包括:组织目标、方针的确定,组织机构的调整,企业产品的更新换代,技术改造,企业的并购与上市,拓展海外市场,扩大生产能力等。战略决策是由企业的高层管理者作出的决定着企业的经营方向,并对企业的生存与发展具有长期、深远影响的重大决定。

(二)战术决策

战术决策是在战略决策的框架下,对组织的人力、资金、物资等资源进行合理配置,以及经营组织机构加以改变的一种决策。战术决策又称管理决策,具有局部性与中期性等特点。战术决策的制定必须纳入战略决策的轨道,为组织实现战略目标服务与支持。比如,机构重组、人事调整、资金筹措与使用、制定销售与生产计划、设备的更新、新产品的定价等都属战术决策的范畴。

(三)业务决策

业务决策是指在一定的组织运行机制的基础上,为提高工作效率而处理日常业务的决策。业务决策又称作业决策或执行性决策,涉及的范围较窄,只对组织产生局部的影响,具有琐碎性、短期性与常规性等特点。比如,工作任务的日常分配与检查、工作日程的安排与监督、岗位责任制的制定与执行、广告策划、培训计划、材料的采购、库存的控制等都是业务决策的范畴。业务决策中包含众多细节,而细节往往决定成败,考虑欠周,处理不当,对组织的战术决策与战略决策都会造成致命的损害,必须给予足够的重视,妥善加以处理。

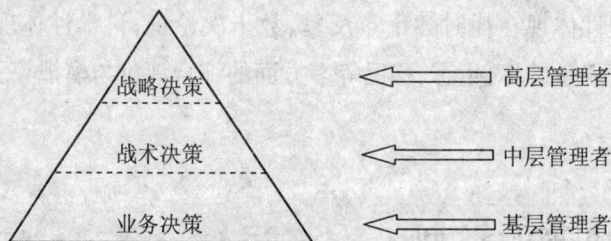

图 7.3　管理者与决策类型

组织中不同层次的管理者所承担的角色互相区别,因而承担的决策任务各不相同。一般而言,战略决策关系全局,实施时间较长,对组织影响深远,往往由高层管理者承担;战术决策大多涉及组织的局部问题,时间相对较短,对组织的影响较为直接,往往由中层管理者承担;业务决策涉及的时间更短,对组织的影响更小,往往由基层管理者承担。在决策方法上,战略决策对未来的情况估计不容易准确,资料难以收集,风险较大,大多使用定性方法而较少使用定量方法;战术决策可以使用运筹学、计算机仿真等比较系统的数量分析方法去寻求最优解,结论的精确性比较高。

二、确定性决策、风险性决策和不确定性决策

根据决策信息的完备程度和环境因素的可控程度,可以把决策分为确定性决策、风险性决策和不确定性决策。而决策信息的完备程度和环境的可控程度主要体现在决策的备选方案、自然状态及后果三个方面,它们之间实际上是彼此相互关联的。决策的备选方案是指可供决策者选择的各种可行方案;决策的自然状态是指决策时所面临的不以决策者的主观意志为转移的客观情况与条件;决策后果是指采取决策所决定的行动后所带来的后果、结果或引起的变化。

（一）确定性决策

确定性决策是指在稳定、可控的条件下,只存在一种自然状态时的决策。在确定性决策中,决策者确切地知道自然状态的发生,每个备选方案只有一个确定的结果,最终选择哪个方案取决于对各个方案结果的直接比较。

（二）风险性决策

风险性决策又称随机决策,是指在可供选择的方案中,存在两种或两种以上的自然状态,哪种状态最终会发生是不确定的,但是每种自然状态发生时的概率大小可以估计出来的决策。例如,在能源危机的环境下,发展不用汽油的汽车,需要投入大量资金来从事研发,则会面临两种后果:研制出来投入市场,几年之后收回投资,并获得大量利润;汽车造价太高,没有市场需求,处于失败状态。

（三）不确定性决策

不确定性决策是指在可供选择的方案中存在两种或两种以上的自然状态,或者决策者根本不知道有多少种自然状态,并且这些自然状态所发生的概率无法预先估计出来的决策。例如,某公司有一笔闲置的资金,可以用来投资扩建现有的工厂,也可以用来另建相同规模的工厂,都面临着市场的三种状态:销路好、销路差和销路一般,但是每种市场状态发生的概率并不清楚。

不确定性决策与风险性决策统称为非确定性决策,它们之间的区别在于各种自然状态发生的概率是否可知,不确定性决策下的各种自然状态的概率一无所知,而风险性决策下各种自然状态的概率是已知的或者可以估计出来的。

三、程序化决策和非程序化决策

根据决策问题出现的重复程度划分,决策可以分为:程序化决策和非程序化决策。组织中面临的管理问题基本上可以分为两类:一类是例行问题,另一类是例外问题。例行问题是指那些重复出现的、日常的管理问题。例如,管理者日常遇到的产品质量、设备故障、现金短缺、材料采购等都属于例行问题。例外问题则是指那些偶然发生的、新颖的、性质和结构不明的、具有重大影响的问题。例如,组织结构变化、重大投资、开发新产品、拓展海外市场、产品质量长期低劣、重要的人事任免等都属于例外问题。同时,例行问题表现出良好的结构化特征,而例外问题则表现出非结构化特征。

(一)程序化决策

程序化决策是指对例行问题可以程序化到呈现出重复和结构的状态,进而制定出一套处理这种问题的固定程序,以至每当它出现时,不需要再进行新的决策而只需重复处理。例如,一个企业订购原材料,需要先了解哪些企业生产或供应这种原材料,进而了解每个企业提供的材料质量、价格、运输、交货条件等,进行综合比较,然后发出订单,交纳货款,材料运送到达,进入仓库等程序。

(二)非程序化决策

非程序化决策是指对例外问题而采取的一次性、非常规决策。非程序化决策往往不经常出现、涉及面广、情况复杂、缺乏常规的经验和方法,需要依赖决策者的经验、智慧、直觉和判断等。

程序化决策与非程序化决策具有对立、统一的关系,构成像一个光谱一样的连续统一体。在统一体的一端为高度程序化的决策,而另一端为高度非程序化的决策,在这个光谱式的统一体中间,可以找到不同灰色程度的各种决策。与组织层次对应起来,越是组织的上层主管人员,所作出的决策越倾向于非程序化决策;越是组织的下层主管人员,所作出的决策越倾向于程序化决策。

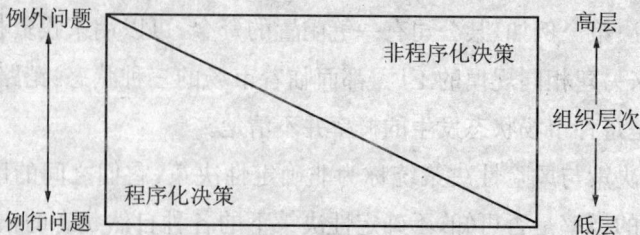

图 7.4　问题类型、决策类型与组织层次关系图

随着科学技术的发展,程序化决策与非程序化决策的处理手段更多地融入了科学合理的成分,更大程度上保证了决策的准确性。传统的程序化决策技术中最普遍和最为盛行的技术是惯例,与惯例紧密相关的是标准操作规程,它提供了一种教育新成员适合于习惯性组织活动模式的手段,提供了一种将习惯模式公之于众,经受检查、修正和改进的手段。

组织结构可以看做一种更有效、更全面地进行程序化决策的手段。组织结构规定了一套关于组织的哪些成员将对哪些类型的决策负责的体制,还规定了一套目标结构,成为各级主管人员的标准。而现代的程序化决策技术,几乎可以全部包含在"运筹学"和"管理信息系统"这两种技术和手段的体系中。尽管运筹学和管理信息系统技术在管理中的应用领域不断扩展,但时至今日,大量的中上层尤其是上层主管人员处理的决策问题,仍不能便捷地转化为数学模型,由计算机自动处理。对非程序化决策,人们具有某种一般的解决问题的能力,但是与人们解决问题的心理过程有关,不同管理者的决策效果迥然不同。

表 7.1　程序化决策与非程序化决策技术

决 策 类 型	决 策 技 术	
	传统式	现代式
程序化决策: 常规性、反复性决策;组织为处理上述决策而研制的特定过程	惯例;事务性常规工作标准操作规程;组织结构;分目标系统;明确信息通道	运筹学,结构分析,模型,计算机模拟;管理信息系统
非程序化决策: 重大的、没有先例的、偶发的决策;依靠决策者的智慧和经验	判断、直觉和创造性;主观概率法;经理的遴选和培训	探索式解决问题技术适用于:培训决策者;编制人工智能程序

四、其他决策类型

(一)群体决策和个人决策

按照决策主体的人数划分,可以将决策分为群体决策和个人决策。

群体决策是指多个组织成员共同参与作出的决策。个人决策则是指单个人作出的决策。

群体决策和个人决策各有优缺点,两者都不可能适用于所有的情况。相对于个人决策,群体决策的优点有:(1)能更大范围地汇集信息;(2)能拟定更多的被选方案；(3)能得到更多的认同；(4)能更好地沟通；(5)能作出更好的决策等。群体决策的缺点主要包括：(1)要花费较多的时间；(2)容易产生群体思维，随波逐流；(3)权力和责任不对等；(4)决策折中处理等。

例如，"厂长负责制"企业中的决策就主要由厂长个人作出决策，尽管在决策过程中可能受到"工厂管理委员会"这类智囊机构的限制；"董事会制"下的决策制则是一种群体决策，由集体作出决策方案的选择。

(二)单目标决策和多目标决策

按照决策目标的数量划分，可以把决策分为单目标决策和多目标决策。

单目标决策是指要解决的问题仅有一个目标值，评价准则也是单一的，在多个备选方案中选择一个最优方案的决策。多目标决策则是指要解决的问题有多个目标值，评价准则比较多，而且目标之间可能彼此相互冲突的决策。多目标决策的特点是：(1)决策问题的目标多于一个；(2)目标之间不可公度，即各目标没有统一的计量标准或单位；(3)各目标间的矛盾性造成各个备选方案之间存在矛盾。例如，企业追求利润、销售额、企业规模(包括员工人数、生产能力、占地面积等)、市场占有率等就是多目标决策；反过来，只考察利润目标，不考虑其他目标就是单目标决策问题。

(三)初始决策和追踪决策

按照决策问题的起点划分，可以把决策分为初始决策和追踪决策。

初始决策是指从零起点出发，在有关活动尚未进行从而环境未受到影响的情况下进行的决策。而追踪决策则是指在初始决策已实施后而组织环境也已经发生了变化的情形下，对组织活动方向、内容或方式的重新调整的非零起点决策。

例如，20世纪50年代纽约最大的一家百货公司的初始决策是"向来买时装的人推销家用电器"，时装是主业，家用电器是副业，但是，消费者对家用电器的兴趣增加，反而使家用电器的销售额远远超过时装的销售额，公司定位也就发生很大的变化，需要改变销售的主业与副业定位了，追踪决策就是"向来买家用电器的人推销时装"。

(四)长期决策和短期决策

按照决策时间的长短划分，可以将决策分为长期决策和短期决策。

长期决策是指有关组织今后发展方向的长远性、全局性的重大决策。例如，投资方向的选择、人力资源的开发和组织规模的确定等都是长期决策。而短期决策是指为实现长期战略目标而采取的短期策略手段。例如，企业日常营销、物资储备和生产中的资源配置等都是短期决策。

第三节　决策的标准

一、泰勒的"最优"标准

　　基于不同的行为假设可以建立不同的决策合理化标准,进而形成不同的决策理论体系。因而,决策的合理化标准反映了决策理论的演进过程和研究深度。

　　在20世纪50年代以前,决策处于弗雷德里克·泰勒的科学管理时代。基于"经济人"的假设,从经济的角度来看待决策问题,决策的目的在于为组织获取最大的经济利益,决策者是完全理性的,从而形成了决策的"最优"标准。

　　在"最优"标准下,理性决策模式、科学决策模式、规范决策模式、古典模型、经济模型等称谓含义等同。该理论认为,决策者是完全理性的,决策者能够作出"最优"选择,追求效用最大化。

　　"最优"标准下理性决策必须具备的条件包括:

　　(1) 决策者能够得到所需要的全部详细的决策信息;

　　(2) 决策者能够了解所有人的社会价值取向;

　　(3) 决策者能够找到所有的决策方案;

　　(4) 决策者能够准确地预测各种备选方案可能产生的后果;

　　(5) 决策者能够正确地选择最有效的决策方案;

　　(6) 决策者进行决策的目的始终都是使本组织获取最大的经济利益。

　　"最优"标准下理性决策模式的基本内容包括:

　　(1) 决策者面临的是一个既定的问题。这个问题同其他问题相区别,或至少同其他问题比较而言是重要的。

　　(2) 引导决策者作出决定的各种目的、价值或各种目标是明确的,并且可以按它们的重要性依次排序。

　　(3) 决策者将所有可能的解决问题的方案一一列举出来,以供选择。

　　(4) 决策者运用一系列的科学方法对每一个决策方案进行评估,并预测出执行该方案后可能产生的后果。

（5）决策者将所有备选方案进行——对比，并按优劣排出先后顺序。

（6）决策者正确地选择最大限度地实现预定目的、价值或目标的那个方案。

二、西蒙的"满意"标准

1978 年诺贝尔经济学奖获得者，美国卡内基—梅隆大学计算机科学与心理学教授赫伯特·西蒙提出有限理性决策模式，对经济组织内的决策程序进行了开创性的研究。

西蒙的"满意"标准模型又称有限性模型、西蒙最满意模型。基于"有限理性"的假设，西蒙提出了决策的满意原则，以代替最佳决策，是一个比较现实的决策模型。

西蒙的"满意"标准的主要内容包括：

（1）人的理性是完全理性和完全非理性之间的一种有限理性。在高度不确定和极其复杂的现实决策环境中，人的知识、想象力和计算力是有限的。

（2）决策者在识别和发现问题时，容易把问题的部分信息当作认知对象，而在对未来的情况作出判断时，直觉的运用往往多于逻辑分析方法的运用。

（3）由于受决策时间和可利用资源的限制，决策者即使充分了解和掌握有关决策环境的信息，也只能做到尽量了解各种备选方案，而不可能做到全部了解，决策者选择的理性是相对的。

（4）在风险型决策中，与经济利益的考虑相比，决策者对待风险的态度对决策起着更为重要的作用。一般而言，决策者往往厌恶风险，倾向于接受风险比较小的方案。

（5）决策者在决策中往往只求满意的结果，而不愿费力寻求最佳方案。主要因为决策者的个人能力有限、往往满足于已知的备择方案而缺乏继续研究的积极性以及寻求最佳方案的时间、经济成本太大。

三、孔茨的"合理性"标准

美国著名管理学家哈罗德·孔茨教授提出了决策的"合理性"标准。

在管理工作中有效地制定决策一定要合理，以合理的方式做事或选择的决策者，力图实现只有通过行动才能达到的某种目标。实际上通过分析组织自身的条件与复杂多变的环境之间的关系,决策者必须清楚地了解备选的方案,在现有的环境和限制条件下能够达到目标。决策者还必须根据既定目标,具备分析和评估备选方案的能力。最后,决策者必须通过选出最有效地满足实现目标的方案,达成最佳解决问题的愿望。

在管理工作中很少做到完全合理,其原因在于:首先,没有一个人能作出影响过去的决策,决策一定是针对未来而作出的,而未来几乎肯定会牵涉许多不确定因素;其次,很难识别所有可能用来实现目标的备选方案;在制定决策过程中牵涉要做从前未曾做过的事情时,更是如此。此外,在多数情况下,不是所有的备选方案都能加以分析,即使利用现有的最新分析技术,也不能分析所有备选方案。

四、效率标准

效率是指单位时间内所取得的效果的数量,反映了劳动时间的利用状况,与效益有一定的联系,而效益是有效产出与投入之间的一种比例关系。效益是组织管理的根本目的,而效率是实现效益的有效途径。企业生存与发展的必要条件,就是能够利用有限的资源生产出更多的产品或服务,而在竞争激烈的环境中,时间作为一种特殊的资源也是稀缺的,因而效率是体现一个组织竞争能力的重要指标之一。在当今世界,消费者的需求特征发生了根本性变化,基于时间竞争的消费者个性化需求是未来的变化趋势之一,因而企业必须在最短的时间里高效率地向社会提供优质产品或服务才能获得更多的利润,才能取得竞争优势。组织决策必须追求高效率,这是组织管理对决策的基本要求。

例如,一个企业的副总经理受命为新工厂寻找厂址,如果他花大量时间去搜寻所有信息,找到所有备选方案,反复比较,直到找到最佳地址(不要考虑成本、时间的限制),也可能找到最好的厂址,或许永远都找不到这样地址;如果找到第一个大致符合交通条件、相关设施条件和价格方面的基本条件的场所后,就会决定下来,尽管进一步的寻找也许还会找到条件更好的地点,这就是满意标准;如果这位副总经理已经建立了"合理性"的定性或定量评价方法,把能够找到的备选方案,由评价方法来给出准确的结果,这就是"合理性"标准;如果这位副总经理考虑时间与经费等约束,能够在较少时间内花较少的成本找到比较好的地址,就是"效率"标准。

第四节　决策方法

一、定性决策方法

定性决策方法是一种直接利用决策者本人或有关专家的智慧来进行决策的软方法。在定性决策方法中,管理者运用社会科学的原理,并根据个人的经验和判断能力,充分发挥各自丰富的经验、知识和能力,从对决策对象的本质特征的研究入手,掌握事物的内在联系及运行规律,对企业的经营管理决策目标、决策方案的拟订以及方案的选择和实施作出判断。其主要有以下几种。

(一) 德尔菲法

德尔菲法(Delphi technique)是由美国兰德公司于 20 世纪 50 年代初提出的预测未来的方法,后来推广应用到决策中。

德尔菲法是一种向专家进行调查研究的专家集体判断方法。它是以匿名方式通过几轮信函征求专家们的意见,组织决策小组对每一轮的意见进行汇总整理,形成参考资料再发给每一个专家,供他们分析判断,提出新的意见。如此反复,直到专家的意见日趋一致,最后作出最终结论。德尔菲法的基本步骤如下:

(1) 拟订决策提纲。首先,确定决策目标,设计专家们应回答的调查表,对答案的要求是:标明概率的大小;对问题作出明确回答:"是"或"不是";对判断的依据和判断的影响程度作出说明;对决策问题熟悉程度作出估计。

(2) 选择专家。所选择的专家一般是指有名望的或从事该工作数十年的有关方面的专家。选择专家的人数一般以 10—50 人为宜。但一些重大问题的决策可选择 100 人以上。

(3) 提出预测和决策。发函或邀请专家个别交谈,要求每位专家提出自己决策的意见和依据,并说明是否需要补充资料。

(4) 修改决策。决策的组织者将第一次决策的结果及资料进行综合整理、归纳,使其条理化,再反馈给有关专家,然后据此提出修改意见和提出新的要求。对于决策的修改,一般可进行三至五轮,而以三轮为宜。德尔菲法是一个反复的反馈过程,每一轮都把上轮的回答作统计综合整理、计算所有回答的平均数和离差,再下一轮告诉各专家,平均数一般为中位数,离差一般用全距或用分位数间距。

（5）确定决策的结果。经过专家们几次反复修改，根据全部资料，确定出专家趋于一致的决策意见。

与传统的集体决策相比，德尔菲法的主要特点有：

（1）匿名性。参加决策的专家彼此不见面，不知道其他专家姓名，有利于消除权威专家对其他专家的影响，防止出现人云亦云现象，保持各专家决策的独立性与科学性。（2）价值性。由于不同领域的专家参加决策，各有所长，考虑问题的出发点不同，会提出很多事先没有考虑到的问题和有价值的意见。（3）反馈性。由于各专家的知识、经验与智慧的差异，掌握的信息也有充分程度上的不同，一般很难对决策问题立刻达成一致意见，往往要经过多轮反馈与反复修改，才能最终达成比较一致的意见。（4）统计性。为了对决策进行定量估价，采用统计方法对决策结果进行处理，最后得到综合的统计评定结果。

但是，德尔菲法也存在缺点：受专家的主观制约，决策的准确程度取决于专家们的观点、学识和对决策对象的兴趣。专家们的评价主要依靠直观判断，缺乏严格的论证，科学性与合理性有待进一步证明。

（二）头脑风暴法

头脑风暴法（brainstorming）是由英国心理学家奥斯本（A. F. Osborn）提出的创造性决策方法。将对解决问题感兴趣的专家集合起来，在完全不受约束的条件下，通过专家们的相互交流，敞开思路，畅所欲言，在头脑中进行智力碰撞，产生新的智力火花，使专家们的讨论不断集中和精化，最终达到收集对某一特定问题看法的方法。因此，头脑风暴法常用于收集新设想，便于发表创造性意见。

头脑风暴法强调集体思维，主要吸收专家积极的创造性思维意见。其基本原则如下：（1）严格限制问题范围，明确具体要求以便使注意力集中。（2）不能对别人的意见提出怀疑和批评，要研究任何一种设想，而不管这种设想是否适当和可行。在没有讲完所有的意见和建议之前，不要以任何方式影响别人的思路和束缚大家的想象力，不要漏掉每一个有意义的设想。（3）发言要精练，不要详细论述。冗长的发言将有碍产生富有成效的创造性气氛。（4）不允许参加者用事先准备好的发言稿，提倡即席发言。（5）鼓励参加者对已经提出的设想进行改进和综合，为准备修改自己设想的人提供优先发言。（6）支持和鼓励参加者解除思想顾虑，创造一种自由的气氛，激发参加者的积极性，思路越宽越好。

头脑风暴法的目的在于创造一种自由奔放思考的环境，诱发创造性思维的共振和连锁反应，产生更多的创造性思维。一般参与者以 10—15 人为宜，时间一般为 20—60 分钟,参加的人员中不只有领导,也不一定参加者都与所讨论的问题专业一致,可以包括一些学识渊博、对讨论问题有所了解的其他领域的专家。

(三)电子会议

电子会议(electronic meeting)是将专家会议法与计算机网络技术结合起来的最新集体决策方法。参加决策的专家们围坐在一张桌子旁,桌子上只有一台计算机终端,每位专家都有一个显示屏与计算机终端连接,他们都可以把自己的回答显示在计算机屏幕上,其他的专家也可以看到答案。计算机终端还与一个大的会议显示屏连接,个人评论和投票统计都可以显示在会议显示屏上。

电子会议的主要优点是匿名、诚实和快速。决策参与者能不透露姓名地输入自己所要表达的任何信息,使所有其他人都能看到。而人们充分地表达自己的想法不受影响或惩罚,消除了闲聊和讨论偏题,且不必担心打断别人的"讲话"而影响别人的思路和新想法。一般地,电子会议比传统的面对面的会议节省时间一半以上,非常适合高效、集体决策。

(四)名义小组技术

名义小组技术,又称名义群体法,是指参与决策的每一个成员不允许进行任何口头语言交流,而只限于纸和笔等方式的交流的群体决策方法。名义小组技术的主要特点是小组成员之间没有相互作用和相互影响。名义小组技术主要用于对问题的性质不完全了解且意见分歧严重的情形,往往耗时较少,成本比较低,可以有效地激发成员的创造力和想象力。

在名义小组技术中,管理者首先召集一些决策者构成名义小组,在安静的环境里,把要解决的问题的关键内容告诉给各成员,并请他们独立思考,要求每个人尽可能地把自己的备选方案和意见写下来,通过书面的形式在小组成员之间传递反馈意见,在一张简单的图表上,用简洁的语言记录下每一种想法,然后再按次序让小组成员进行书面讨论方案和意见,最后由小组成员对各种想法进行投票,通过数学方法处理投票结果,用等级排列和次序得出决策。

二、定量决策方法

定量决策方法是运用数学和运筹学的决策方法,其核心在于把同决策有关的变量与变量、变量与目标之间的关系,用数学关系式表示,建立起数学模型,然后通过计算求出答案,供决策参考使用。由于方案是在未来实施的,因此在决策时必须考虑未来环境下的经济效果。根据决策信息的完备程度和环境因素的可控程度，可以把有关活动方案的决策分为确定性决策、风险性决策和不确定性决策。下面分别介绍这三种类型决策下的定量方法。

（一）确定性决策的定量方法

在比较和选择活动方案时，如果未来只有一种情况并且管理者也知道这一事实，则须采用确定性决策的定量方法。

1. 线性规划

线性规划主要用于解决有限资源的最佳配置，即如何对有限的资源作出最佳方式的调配和最有利的使用，以便最充分地发挥资源的效能去获取最佳经济效益。通常是在一些线性等式或不等式的约束条件下，寻求线性目标函数的最优值。对于一般的线性规划问题，常用单纯形法求解；但对于只有两个或三个决策变量的线性规划，可以使用图解法求解。

运用线性规划建模的步骤包括：第一，确定影响目标函数大小的决策变量，列出目标函数方程；第二，找出目标函数的约束条件；第三，确定目标函数解的情况，有解还是无解，如果有解时，有多少解；第四，判断目标函数的最优值的情况，如果存在最优值，确定其大小。

[例 7.1]　红卫公司拟生产甲、乙两种适销产品，每件产品的利润分别是 3 元、5 元。甲、乙产品的部件各自在 A、B 两个车间分别生产，每件甲、乙产品的部件分别需要 A、B 车间的生产能力为 1 工时、2 工时，两种产品的部件最后都要在 C 车间装配，装配每件甲、乙产品分别需要 3 小时、4 小时。A、B、C 三个车间每天可用于生产这两种产品的工时分别为 7、10、30，其资料如下表 7.2 所示。假设市场上的销售不成问题，产品供不应求，试问怎样安排甲、乙这两种产品的生产数量，以确保企业利润最大化？

表 7.2　红卫公司的产品资料

车间 \ 产品	甲	乙	生产能力（工时/小时）
A	1	0	7
B	0	2	10
C	3	4	30
利润(元/件)	3	5	

解：(1) 确定影响目标函数的决策变量。由于本例的目标是利润，影响利润的决策变量是甲、乙产品的数量，假设其分别为 X、Y。

（2）列出目标函数：$f = 3X + 5Y$。

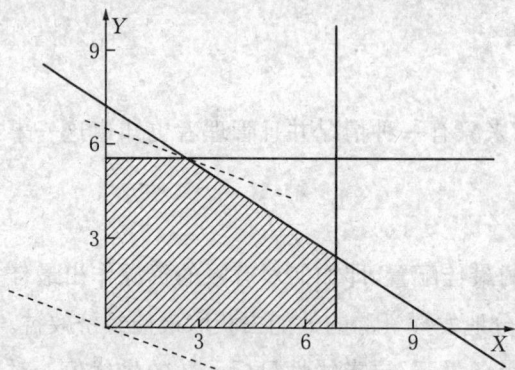

图 7.5　线性规划的图解法

（3）找出约束条件。甲、乙两种产品在任何车间的利用时间具有竞争性，但它们之和的总时间不能超过该车间的可利用时间，即 A 车间：$1X + 0Y \leqslant 7$；B 车间：$0X + 2Y \leqslant 10$；C 车间：$3X + 4Y \leqslant 30$。另外，非负约束条件为：$X \geqslant 0$；$Y \geqslant 0$。

（4）求出甲、乙产品组合的解。通过图解法，求出该线性规划的解为 $X = 10/3$ 和 $Y = 5$，红卫公司的最大利润为 35 元。

2. 量本利分析法

量本利分析法，又称保本分析法或盈亏平衡分析法，是通过分析生产量或销售量、成本与利润三者的关系以及盈亏变化规律为决策提供依据的定量方法。量本利分析法在企业经营管理中具有广泛的用途。

量本利分析法的基本原理为：企业在进行生产经营活动过程中，基于利润最大化的目标，往往面临着盈利与亏损两种结局，在盈利与亏损之间的临界点的利润为零，其所对应的生产量或销售量就是保本产量或保本销售量。而保本产量或保本销售量是企业面对外界市场环境变化可以控制的决策变量，因此，保本产量或保本销售量成为量本利分析法的核心。

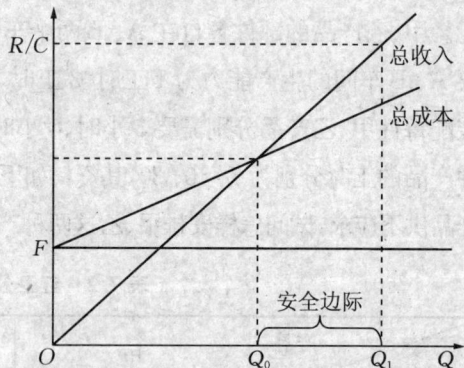

图 7.6　量本利分析图

企业的利润来源于总收入与总成本两者之间的对比。总收入可以通过单位产品的价格与销售量得到体现，总成本表现为固定成本与变动成本之和，变动成本可以通过单位产品的变动成本与生产量得到体现。在假设市场供不应求的前提下，市场营销的风险降低为零，企业不必担心产品的销售问题，因而销售风险就转化为企业内部生产商品的产量风险。

假设 p 代表单位产品的价格，Q 代表产量或销售量，Q_1 代表方案的产量，Q_0 代表保本产量，F 代表总固定成本，v 代表单位变动成本，π 代表总利润，则 $\pi = pQ - (F + vQ)$。

在目标利润为 π 时，产量 $Q = (\pi + F)/(p - v)$；

特殊地，目标利润为零即不亏不盈时，保本产量 $Q_0 = F/(p - v)$；

安全边际＝方案的产量－保本产量＝$Q_1 - Q_0$；

安全边际率＝安全边际／方案的产量＝$(Q_1 - Q_0)/Q_1$。

[例 7.2] 某企业一年内生产某种产品，单位售价为 1 000 元，销售量为 48 000 台，总固定成本为 3 200 万元，总变动成本为 2 400 万元，试确定该企业的保本产量。

解：由量本利分析法知，单位变动成本为：

$$v = 24\,000\,000/48\,000 = 500(元)$$

盈亏平衡点的保本产量为：

$$Q_0 = F/(p - v) = 32\,000\,000/(1\,000 - 500) = 64\,000(台)$$

[例 7.3] 某企业生产某种产品的总固定成本为 60 000 元，单位变动成本为 1.8 元，产品的价格为每件 3 元。假定该企业预测下一年度的市场需求量为 80 000 件，试问该方案是否可行？

解：由量本利分析法知，保本产量为：

$$Q_0 = F/(p - v) = 60\,000/(3 - 1.8) = 50\,000(件)$$

因为 $Q_0 = 50\,000 < Q_1 = 80\,000$，所以该方案可行。

(二) 风险性决策的定量方法

常用的风险性决策的定量方法是决策树法。决策树法是把决策的有关问题列成树状图形，用来描述各种方案在不同情况下的损益值，然后对图形中的各种状态和方案进行期望值的计算，再比较期望值的大小，最后选出较好方案的决策方法。

决策树由决策点、方案枝、自然状态点、概率枝等组成（图 7.7），从左向右形成一个树形网状图。

应用决策树法进行决策的程序是：首先，根据决策问题绘制出决策树图；然后，根据决策树最右端损益值和概率枝上的概率，从右至左逐步计算出同一方案在不同状态下的期望损益值；最后，根据不同方案的期望损益值的大小进行选择，从而得到最优方案。

某方案的期望损益值 $=\sum$（方案的某种自然状态的概率×该自然状态下的损益值）。

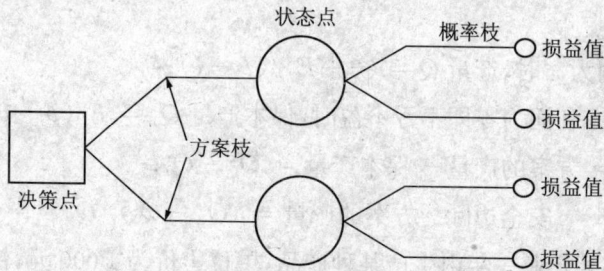

图 7.7　决策树结构图

[例 7.4]　某企业准备今后五年生产某种产品,需要确定产品的批量。根据市场预测估计,这种产品的市场状况的概率为:畅销(0.3),一般(0.5)以及滞销(0.2),各种状态下的收益值(单位:万元)如下表 7.3 所示。目前,提出产品生产方案有大、中、小三种批量,试问怎样决策才能获得最大的经济效益?

表 7.3　各方案收益值表

自然状态 方案	畅销(0.3)	一般(0.5)	滞销(0.2)
大批量	30	26	12
中批量	24	20	14
小批量	18	16	15

解:首先画出决策树图:

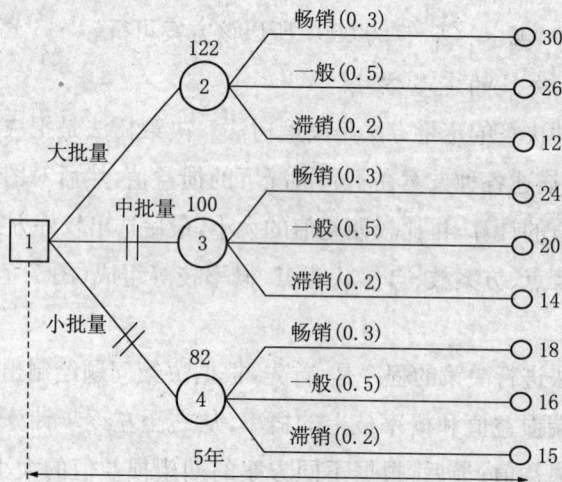

图 7.8　决策树图

大批量生产②的期望值 $=(30\times0.3+26\times0.5+12\times0.2)\times5=122$(万元)

中批量生产③的期望值 $=(24\times0.3+20\times0.5+14\times0.2)\times5=100$(万元)

小批量生产④的期望值 $=(18\times0.3+16\times0.5+15\times0.2)\times5=82$(万元)

比较各方案的期望收益值,选择大批量方案,剪去中批量和小批量方案枝。

[例7.5] 某企业为了扩大产品的生产量,拟建设新厂,提出了3个方案,每个方案规划期为10年,并且预计方案1和方案2的整个规划期以及方案3的前3年销路好的概率为0.7,销路差的概率为0.3。

方案1 新建大厂,需要投资300万元。据估计,销路好时,每年可获利100万元;销路差时,每年亏损20万元。

方案2 新建小厂,需要投资140万元。据估计,销路好时,每年可获利40万元;销路差时,每年仍可获利30万元。

方案3 先建小厂,3年后根据销路状况再决定:如果销路好,则投资200万元扩建,扩建后销路好时估计每年可获利95万元,销路差时每年则亏损20万元;如果销路差,则后7年销路一定差。如果前3年产品销路好,则后7年销路好的概率为0.9,销路差的概率为0.1;如果前3年产品销路差,则后7年销路一定差。试确定最优方案决策。

解:首先画出决策树:

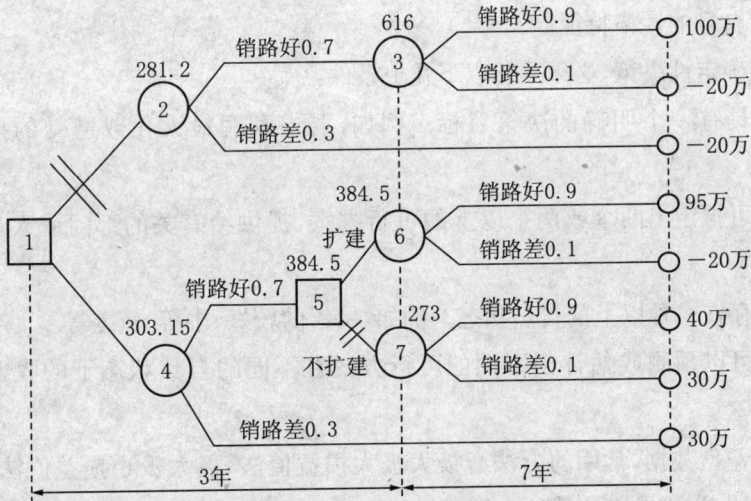

图7.9 两阶段决策树图

其次,计算各点的收益期望值。

点 3：

$$[100 \times 0.9 + (-20) \times 0.1] \times 7 = 616(万元)$$

点 2：

$$[100 \times 0.7 \times 3 + 616 \times 0.7 + (-20) \times 0.3 \times 10] - 300 = 281.2(万元)$$

点 6：

$$[95 \times 0.9 + (-20) \times 0.1] \times 7 - 200 = 384.5(万元)$$

点 7：

$$[40 \times 0.9 + 30 \times 0.1] \times 7 = 273(万元)$$

比较点 6 和点 7 的收益期望值,点 6 的期望值大,因而销路好时,第一阶段决策时选择扩建比较好;

点 4：

$$[(40 \times 0.7 \times 3 + 384.5 \times 0.7) + 30 \times 0.3 \times 10] - 140 = 303.15(万元)$$

比较点 2 和点 4 的收益期望值,点 4 的期望值最大,因而第二阶段决策时选择建大厂。

(三) 不确定性决策的定量方法

不确定性决策是一种比风险性决策所面临着更大的不确定性的决策。对这类决策,它在很大程度上取决于决策者对组织状况和环境的判断、采用的决策标准以及决策者自身的性格特征。

对不确定性决策,必须具备以下几个条件：

(1) 具有一个明确的决策目标。例如,要求利润最大化或遭受的损失最小化等。

(2) 可拟定出两个或两个以上的可行方案,提供给有关的部门或人员进行比较、选择。

(3) 存在一种以上的自然状态。例如,销售的较好、中等、较差等。

(4) 可以预测或估计出不同的可行方案在不同的自然状态下的收益值或损失值。

对收益型数据,常用的方法有极大极大损益值法、极大极小损益值法、极小极大后悔值法、折中主义决策法。

[例 7.6] 某企业准备生产某种产品,根据对市场的分析,产品的销路面临着三种状态:畅销、一般与滞销。生产该产品有三种方案:改进生产线、新建生产线、

与其他企业合作。根据估计,各方案在不同情况下的收益(单位:万元)如表 7.4 所示。试问哪个方案更合适?

表 7.4　各方案在不同情况下的收益

自然状态 方 案	畅　销	销路一般	滞　销
1. 改进生产线	189	132	−43
2. 新建生产线	245	109	−87
3. 与其他企业合作	113	89	18

1. 极大极大损益值法

极大极大损益值法也可称为乐观法,主要特点是采用实现方案选择中的乐观原则。决策者在决策时不放弃任何一个获得最好结果的机会,争取收益值大中之大,充满乐观、冒险的精神,不担心失败的风险。

极大极大损益值法的决策程序为:首先,从每个决策方案中选择一个各自然状态下最大的收益值;然后,再从这些方案已选择出的最大收益值中选择一个最大值,其对应的方案就是被选中的决策方案;最后,如果最大收益值中最大者对应的方案不止一个,则可以把所有对应的方案都作为被选中的方案,也可以选择各自然状态下数据比较集中,离散程度较小的方案作为被选中的方案。

根据表 7.4 提供的数据,首先,从每个方案的各状态下的收益值中选择一个最大的收益值(表 7.5):

方案 1(改进生产线):

$$\max\{189, 132, -43\} = 189(万元)$$

方案 2(新建生产线):

$$\max\{245, 109, -87\} = 245(万元)$$

方案 3(与其他企业合作):

$$\max\{113, 89, 18\} = 113(万元)$$

其次,从三个方案的最大收益值中选择一个最大的收益值:

$$\max\{189, 245, 113\} = 245(万元)$$

最后,245(万元)对应的方案是方案 2,就是被选中的决策方案;因此,选择新建生产线比较合适。

表 7.5　极大极大损益值法

方案 ＼ 自然状态	畅　销	销路一般	滞　销	每个方案最大收益值
1. 改进生产线	189	132	−43	189
2. 新建生产线	245	109	−87	245
3. 与其他企业合作	113	89	18	113
在三个方案最大收益值中,再取最大值				245

2. 极大极小损益值法

极大极小损益值法也可称为保守法,决策者采用这种标准时比较小心谨慎,持悲观的态度,总是从未来的情况比较差的状态出发考虑问题,然后再选择最优的可行方案。

极大极小损益值法的决策程序为:首先,从每个决策方案中选择一个各自然状态下最小的收益值;然后,再从这些方案已选择出的最小收益值中选择一个最大值,其对应的方案就是被选中的决策方案;最后,如果最小收益值中最大者对应的方案不止一个,则可以把所有对应的方案都作为被选中的方案,也可以选择各自然状态下数据比较集中,离散程度较小的方案作为被选中的方案。

根据表 7.4 提供的数据,首先,从每个方案的各自然状态下的收益值中选择一个最小的收益值(表 7.6):

方案 1(改进生产线):

$$\min\{189,132,-43\}=-43(万元)$$

方案 2(新建生产线):

$$\min\{245,109,-87\}=-87(万元)$$

方案 3(与其他企业合作):

$$\min\{113,89,18\}=18(万元)$$

其次,从三个方案的最小收益值中选择一个最大的收益值:

$$\max\{-43,-87,18\}=18(万元)$$

最后,18(万元)对应的方案是方案 3,就是被选中的决策方案;因此,选择与其他企业合作比较合适。

表 7.6　极大极小损益值法

方案 ＼ 自然状态	畅　销	销路一般	滞　销	每个方案最小收益值
1. 改进生产线	189	132	−43	−43
2. 新建生产线	245	109	−87	−87
3. 与其他企业合作	113	89	18	18
在三个方案最小收益值中,再取最大值				18

3. 极小极大后悔值法

在决策过程中,当某一种自然状态可能出现时,决策者应该选择该自然状态对应下的收益最大的方案,但是如果决策者由于决策失误没有选择收益最大的方案,而选择了其他的方案,必然会看到收益最大的方案没采用而后悔。把某一自然状态下最大收益值与该状态下其他收益值的差值称为后悔值或遗憾值。基于在决策时避免将来的后悔为原则,极小极大后悔值法的程序是:将每种状态下的最大收益值减去该状态下的其他方案的收益值并以该差值作为后悔值,找出每个方案的最大后悔值,然后从所有最大后悔值中选择一个最小的后悔值,其对应的方案作为选中的方案。

根据表 7.4 提供的数据,首先找出每个方案的各自然状态下的最大收益值(表 7.7)。

表 7.7　各方案在不同自然状态下的最大收益值

方案 ＼ 自然状态	畅　销	销路一般	滞　销
1. 改进生产线	189	132*	−43
2. 新建生产线	245*	109	−87
3. 与其他企业合作	113	89	18*

用每列标注"＊"符号的最大收益值减去该列各方案在这个状态下的收益值,列出后悔值表:

表 7.8　各方案在不同情况下的后悔值

方案 ＼ 自然状态	畅　销	销路一般	滞　销
1. 改进生产线	56	0	61
2. 新建生产线	0	23	105
3. 与其他企业合作	132	43	0

从表7.8中找出每个方案的最大后悔值,列在表的最右列;然后从各方案的最大后悔值中,选出其中最小者,其对应的方案作为选中的方案,如表7.9所示。

表 7.9　各方案的最大后悔值及选中方案表

方　案　＼　自然状态	畅　销	销路一般	滞　销	每个方案最大后悔值
1. 改进生产线	56	0	61	61
2. 新建生产线	0	23	105	105
3. 与其他企业合作	132	43	0	132
在三个方案最大后悔值中,选择最小的后悔值				61

最后,找出最小的后悔值为61,对应的方案为方案1(改进生产线),作为选中的方案。

案例分析一

肯德基在中国的投资选址

1986年9月下旬,肯德基家乡鸡公司开始考虑如何打入世界上人口最多的中国市场,发掘这个巨大市场中所蕴含的巨大潜力。虽然前景乐观,但是许多现实难题也使肯德基的决策者们倍感头痛。对世界最大的鸡肉餐馆公司而言,中国市场是完全陌生的:肯德基的纯西方风味是否能为中国消费者所接受? 开发中国市场不但需要技术资源,更为重要的是还需要宝贵的管理资源。此外,从中国不能汇出大量的硬通货利润,即使是中等水平的汇出也不大可能,因而面临着很大的转移资金的困难。最为关键的是,要打入中国市场,就必须选择一个特定的投资地点,但这又带有很大的不确定性。

1986年4月肯德基东南亚地区办公室买进了在新加坡的全部特许经销权,经营29家肯德基家乡鸡商店。梅耶邀请托尼·王担任东南亚地区的业务主管,并支持托尼·王努力去开拓中国市场。

托尼·王上任并于1986年夏天成立了总部设在新加坡的肯德基东南亚地区办公室。王接受职务的原因是"在中国开发肯德基家乡鸡这一项事业是对自己的挑战"。

从肯德基在整个东南亚地区的业务全局考虑,王开始以特殊的眼光来看待在中国的投资决策。肯德基在整个东南亚地区都有巨大的发展潜力,尽管该地区其他国家的市场之和比中国市场都还要小,但是,他们已经接触了西方风味的快餐,对肯德基产品的需求方式已经有了较深的理解。与中国相比,追求在这些市场的增长和更高的投资回报,也容易获得硬通货。而开拓中国市场需要投入大量稀缺的管理资源。肯德基能讲汉语的管理人员数量有限,并且这部分管理人员大多数已经在香港和新加坡有了安排。到1986年夏末时,王开始怀疑把这部分人力资源放在中国是否符合由他负责的整个东南亚地区的最大利益。

王决定对中国市场进行更全面彻底的调查。首先要解决的问题是:第一家肯德基店址应当选在何处。最初想到的是中央政府直接领导的三个直辖市之一的天津。通过早先的经历,王已经同天津市政府建立了非常友好的关系。然而,天津有几个弱点。首先,天津缺乏供应方便的谷物饲养的肉鸡。肯德基在中国香港的经验表明,中国消费者非常注重食物的新鲜和味道鲜美,尤其对中国人还不熟悉的产品更为重要。其次,西方旅游者一般不经常光顾天津。主要销售收入是软货币——人民币,但一部分硬通货销售收入对汇出利润以及购买重要的投入物比如鸡肉包裹材料、包装、促销材料等也是很重要的。最后,也许是最重要的,天津也许不能成为肯德基今后开拓全国市场的基地,因为天津不具备这项宏伟计划所需的形象和影响力。在地理位置上,天津通常被视为北京的门户。

上海是中国最大的市场,有1 100多万居民,9 000多家工厂和中国最繁忙的港口。上海是中国最繁荣的商业中心。工业总产值占全国的11%,外贸出口占全国的17%,是自行管理的直辖市之一。上海的明显优势是容易获得合乎质量的充足的肉鸡供应。通过兴办合资企业,泰国的正大集团已经在东南亚地区建立了10个饲料厂和家禽饲养基地,可以为上海供应肉鸡。肯德基的东南亚办公室与正大集团有良好的关系,目前正在与该公司的一个分部谈判在曼谷出售特许权的业务。

虽然上海一向是中国主要的商业中心,但是它的噪音和污染却让旅游者感到沮丧。东道城市的实际人口对肯德基很重要,但比潜在的顾客群大小就次要一点。虽然上海可以为肯德基提供它渴望得到的新闻宣传,但还要表明有足够的外汇收入,才能最终论证投资的合理性。

广州是另一个可供选择的方案。它位于中国东南部,离香港很近。广州作为中国14个沿海开放城市之一,于1984年成立了优惠外资的经济特区。因而,广州在批准外资项目、减免税收和鼓励技术开发方面被授予更多的自主权。到1986年年底以前,大约60亿美元都投放到这些沿海开放城市里。广州是西方商人经常光顾的地方,同时也是旅游者从香港出发一日游的好地方。广州和香港之间只有不到120公里路程,公路铁路交通都很便利。在广州做买卖很容易得到肯德基香港办公室提供的服务。另外,广东地区的中国人也更熟悉西方管理惯例和文化。广东和香港讲同样的粤语,差别不大,而找到一个充分供应肉鸡的来源也没有什么大的困难。

北京是最值得周密考察的地点。北京有900万居民,人口数量仅次于上海。自从13世纪以来,北京就一直是中国的政治文化中心。北京市有发达的轨道交通、快车道系统和现代化的国际机场。此外,北京是向往故宫、长城、十三陵的西方旅游者的必到之地,因而肯德基将会有一个稳定的外汇收入。

第一家分店地点选择得当可以使打入中国的风险大大减小,需要把降低风险的可能性与通过投资可能得到的潜在收益加以比较。由于在中国没有其他竞争者,目前是采取行动的最佳时机。

王开始考虑和评价在中国选择投资地点的各种方案,逐个城市进行评价。由于找不到任何可靠的决定市场需求和定价依据的市场信息,选择投资地点的决策更加复杂化。由于没有一个本地同行作向导,投资地点的决策主要是追求能够对公司今后打入范围更大的中国市场提供最大的长期影响力。考虑到北京的现代化宾馆,大量的流动人口和在全国的形象,王决定暂时把北京作为一个起点。北京作为直辖市拥有与省政府一样的自主权,投资意味着与庞大的政府系统打交道时可以减少一个层次。在意向性地选定把肯德基在中国的第一家分店设在北京之后,接下来就是寻找潜在的当地合作伙伴的过程。

（本案例改写自:王俊柳、邓二林:《管理学教程》,北京:清华大学出版社2003年版。）

案例思考题:

1. 文中肯德基在中国的战略是什么?
2. 选择北京主要分析了哪些因素? 采用的决策方法是哪些?

案例分析二

格兰仕的直觉决策模式

一、选择在上海卖出第一台微波炉

在各方面很薄弱的情况下,格兰仕不可能进行全国性的渠道建设,因为既没有这个实力,也没有可行性。在考虑各方面的因素后,梁庆德选定了上海作为切入点。选定上海的原因主要有三个:首先,上海是整个中国经济的晴雨表,产品在这个城市上柜有一种示范性的作用;其次,上海的消费者是整个中国最挑剔的消费者,征服了上海的消费者,就有了征服全国的底气;再次,上海的消费者是最赶时髦的,比较前卫的产品要在全国打开局面就先要从上海打开局面,在整个中国大众对微波炉还未了解的情况,在上海上柜也是最佳的选择。

但是,以当时国有百货公司的"老大哥"作风,一个默默无闻的小乡镇企业想要进去,其难度可想而知。后来担任格兰仕的副总经理陈署明是格兰仕的第一代业务员,也是第一个打进上海的业务员。他跑到上海最有代表性的南京路,向当时号称"中国第一店"的百货公司推介格兰仕的微波炉。一开始百货公司根本不给他任何机会,陈署明天天碰壁,但是仍然天天去,跟百货公司的人交朋友,帮人家干活,慢慢地感动了人家。百货公司的人终于勉强同意让他的微波炉上柜试一试,卖不掉就拿走。花了三天时间,陈署明终于把格兰仕的第一台微波炉给卖了出去。卖出去以后,打电话回来,说了声"德叔"就哭了。

民营企业草创之初的艰难,从这一台微波炉上可见一斑。而正是这样千千万万个敢于碰壁的员工,为中国的民企在一片荒芜中开垦出一条道路。

二、"价格屠夫"的背后决绝

有一次,梁庆德在广州的友谊商场发现一对年轻夫妇:在商场徘徊良久,打量着一台微波炉,但来来回回看了三次都没有买。梁庆德很奇怪,上前跟他们搭话,这对年轻夫妇说:"这个产品很好,但价格太高。如果我要买一台微波炉,那我们两口子半年的工资就没有了。所以,我们虽然很想买,但觉得还是有点奢侈。"

这段话深深地刺激了梁庆德的市场神经。如果按照微波炉当时的价格和这个行业的发展速度,微波炉这种产品将永远不会进入百姓家庭。"产品不能进入百家庭,就意味着它容量很小,市场面很窄,这样的企业将会永远被这个市场容量限制住,没有做大的机会。"

当时,格兰仕除了微波炉以外,羽绒制品的生产线并没有停掉,从广州回到顺德以后,他在工厂开了一次会,决定把轻纺生产线全部卖掉,全力以赴把微波炉这一块的规模做大,以规模的增大来降低成本,在这样的决断下,格兰仕砍掉了轻纺部门,把所有的资源向微波炉集中。"只有规模做大才能把成本降下来。把成本降下来,消费者才能在价格符合他们需求的情况下踊跃去购买。像现在汽车和房子一样,不是老百姓没有消费的欲望,而是他们消费不起,因此他们便持币待购。当时的微波炉也是这种情况。"

三、凭直觉取胜

在集中精力做微波炉这样的决断,要面临比在水灾期间发两个月的工资更大的压力。一旦微波炉这一块做坏了,整个企业也就危险了,这是一种背水一战的行为。在格兰仕内部,当时也不乏反对的声音,但梁庆德终于拍板了。

要把资金往一个地方集中→上规模→降成本→市场上微波炉降价→降价以后把消费者的消费欲望变成消费行为,把市场上消费潜能变成消费事实→市场容量增大→拉动销售→企业资金回流→企业规模再次扩大→成本再次下降……这个简单的逻辑,引起了中国微波炉一波又一波的价格战。

中国民营企业早期之所以成功,很多时候靠的就是领航者的敏锐直觉。对他们而言,总是行动先于理论。实际上,管理学上的成功理论也不过是对成功经验的总结。在很多时候,左右市场竞争结果的就是决策速度:等到21世纪,"成本领先"等理论进入中国为大多数企业家所接受的时候,市场早已经被梁庆德们瓜分一空了。

(资料来源:林俊敏:《赢周刊》第1535期,广州报业出版社。)

案例思考题:

1. 你认为格兰仕所做的一系列决策真的是靠"直觉"取胜的吗?为什么?
2. 格兰仕作出低价取胜决策的依据是什么?
3. 请对格兰仕在管理决策方面给出建议。

本章小结

　　决策是指组织或个人为了实现某种目标,在两个或两个以上的备选方案中,选择一个最佳的或满意的方案的分析、判断、实施与监督的过程。决策的构成要素包括决策者、决策目标、自然状态、行动方案、条件结果值以及决策准则等六项基本内容。

　　决策的过程包括识别决策问题;分析环境与预测;分析自身条件;确定决策目标;拟定备选方案;评估备选方案;制定计划与实施方案;评价决策效果与反馈等八个步骤。

　　按照不同的分类标准和角度,决策可分为不同的类型。根据决策涉及影响的范围划分,可将决策分为战略决策、战术决策和业务决策;根据决策信息的完备程度和环境因素的可控程度,可将决策分为确定性决策、风险性决策和不确定性决策;根据决策问题出现的重复程度划分,可将决策分为程序化决策和非程序化决策;按照决策问题的起点划分,可将决策分为初始决策和追踪决策;按照决策主体的人数划分,可将决策分为群体决策和个人决策;按照决策时间的长短划分,可将决策分为长期决策和短期决策;按照决策目标的数量划分,可将决策分为单目标决策和多目标决策。

　　基于不同的行为假设可以建立不同的决策合理化标准。决策的合理化标准主要有泰勒的"最优"标准;西蒙的"满意"标准;孔茨的"合理性"标准;效率标准。决策方法主要包括定性决策方法和定量决策方法两大类。其中,定性决策方法包括德尔菲法、头脑风暴法、电子会议和名义小组技术法。定量决策方法包括确定性决策、风险性决策、不确定性决策等三类问题的定量方法。而确定性决策问题有线性规划法、量本利分析法等。风险性决策有决策树法。针对效益型数据,不确定性决策有极大极大损益值法、极大极小损益值法、极小极大后悔值法。

本章思考题

1. 什么是决策? 决策的标准有哪些? 结合现实讨论为什么会存在这些标准?

2. 根据不同的分类依据,决策有哪些类型?

3. 试述决策的过程一般包括哪些步骤?

4. 决策的方法有哪些? 它们分别适用于哪些不同的情况环境?

5. 为什么说决策具有普遍性?

6. 影响决策的因素有哪些?

7. 对不确定性决策问题,采用成本型数据与效益型数据的计算方法是否一致?

8. 群体决策与个人决策的优缺点是什么?

9. 决策树法的具体内容是什么?

第八章

战略管理

本章学习目标

通过本章的学习,理解并掌握:

1. 战略的含义、特征、构成要素和层次;

2. 战略的类型;

3. 战略计划的主要理论、五种竞争力模型、竞争战略、多元化战略、培育核心竞争力;

4. 战略制定方法,如 SWOT 分析法、经营业务组合分析法等。

引导案例

格兰仕的"价格战"

格兰仕号称微波炉行业的"价格杀手"。格兰仕这个重量级拳手杀入微波炉市场的第一个重拳就是价格战。它在 1996 年 8 月和 1997 年 10 月分别进行了两次大规模的降价活动,每次降价幅度都达 40%,使微波炉行业产生两次大的地震。最初,许多大企业都没有反应过来,以为格兰仕降价出货退出市场竞争。但是,等这些企业反应过来时,格兰仕已经掌握了市场的主动权,并进行了大规模的宣传活动。虽然同行大加指责,但整个微波炉的市场价格都迅速地降到 1 000 元左右。如果仔细分析一下,就会发现,格兰仕在这个方面所进行的并不是单纯的"价格战"。

格兰仕的降价原则不是像"价格战"一样基于"不怕亏损",它的大幅度降价是基于成本的大幅度降低。在没有达到规模效应的情形下,降低成本的最有效手段就是扩大规模,用规模去降低成本,然后用低成本去进一步扩大规模,形成一个良性循环。格兰仕扩大规模的战略起点是"创造"消费市场,让微波炉从"贵族化"消费品走到老百姓的家庭消费,使整个消费群体一下扩大了千百倍,然后根据专业化、高效高质低耗的成本管理体系,形成自己的成本优势,使产品的成本大规模降低,因此产品的价格可以远远低于同行的价格,从而迅速稳定地占领了自己应有的市场份额。

格兰仕降低成本的最有效手段是扩大规模。由于微波炉属于家电产业,其重要的原材料和元器件采购成本都会随生产规模的扩大而迅速下降,加工成本和平均固定成本也会降低。从生产角度来看,1 万—10 万台之间规模经济最为明显,从销售角度来看,100 万台以上规模效益则更显著,一是单位产品分摊的分销费用少了,二是可以在全国范围内进行大规模的促销活动,三是消费者一旦认同一个产品,就容易产生链式反应。

（资料来源:《改革与战略》,2005 年第 1 期。）

思考题:

根据上述案例,可以判断 1996 年 8 月和 1997 年 10 月格兰仕进行的两次大规模的降价活动属于哪一种战略?

第一节　战　略

一、战略的定义

（一）战略的演变

"战略"是一个最早来源希腊的军事术语,原意是指将帅的智谋、才能与军事力量的运用,它解决在一定时期内战略攻击的主要方向、兵力的总体部署和所要达到的基本愿景。战略思想最早在军事领域得到广泛的应用,苏格拉底的弟子、希腊将军色诺芬·恺撒是非常出色的战略家。而我国的《孙子兵法》则是一部关于战略的经典著作。在东亚战略思想则演变成了一门高级艺术。

随着社会经济的发展，人类的实践活动范围日益扩大，战略思想则逐渐扩展到政治、经济、科技、教育等诸多领域。1938年，美国管理学家切斯特·巴纳德在其代表作《经理的职能》中，最早将战略思想引入企业管理领域。1962年，哈佛工商业史学家艾尔弗雷德·钱德勒在著作《战略与结构》中第一次提出企业战略。1965年，美国管理学家安索夫的著作《企业战略》一书问世后，"企业战略"一词才被广泛使用。

（二）战略的定义

企业战略至今还没有一个明确、统一的定义，不同的学者从不同的角度阐释了它的不同含义。下面介绍一些主要的定义。

（1）模式论。

安德鲁斯认为，战略是目标、意图或目的，以及为了达到这些目的而制定的主要方针和计划的一种模式。

（2）决策论。

安索夫认为，经营战略是企业为了适应外部环境，对目前从事的和将来要从事的经营活动所进行的战略决策。

（3）5P论。

明茨伯格认为，战略是一种计划（plan）、计策（ploy）、模式（pattern）、定位（position）与观念（perspective）。

（4）规划论。

1999年，英国著名学者杰森和舒勒对战略给出了具有深远影响的定义。他们认为，战略是通过有效地组合组织内部资源，以在动态的环境中确定组织的发展方向和经营范围，从而获得竞争优势的规划活动。

综合起来，本书对战略给出如下定义：

战略是指在市场经济条件下，企业为了谋求长期的生存与发展，在分析外部环境与内部条件的基础上，以正确的指导思想对企业的主要目标、经营方向、重大方针、策略和实施步骤作出长远的、系统的、全局的谋划。

二、战略的特征

一般地，战略通常具有下列特征：

（1）战略的全局性。

全局性是战略最根本的特征。全局性是指战略往往以组织的全局作为研究对象来确定组织的总目标，并规定组织的总行动。因此，组织战略的重点不是研究组织的某些局部性质的问题，而是组织的整体发展。

（2）战略的长远性。

长远性是指战略的着眼点是组织的未来，是为了谋求组织的长远发展，而不是为了追求眼前利益，甚至可能牺牲眼前利益以换取将来更大的利益。

（3）战略的纲领性。

纲领性是指战略所确定的战略目标和发展方向，是一种原则性和概括性的规定，是对组织未来的一种粗略设计。它是对组织未来成败的总体谋划，而不是纠缠于现实的细枝末节。战略不在于精细，而在于洞察方向。

（4）战略的竞争性。

竞争性是指战略描述了组织在竞争中战胜对手，应付外界环境威胁、压力和挑战的整套行动方案。它是针对竞争对手制定的，具有直接的对抗性。

（5）战略的风险性。

风险性是指战略考虑组织的未来，而未来是发展变化的，因此战略所描述的内容是不确定的，它的结果具有多种可能性，必然具有一定的风险性。

三、战略的构成要素

根据安索夫的观点，战略一般由经营范围、增长向量、竞争优势和协同作用等四个要素构成。这四个要素可以产生合力，成为组织的共同经营主线。在这条主线指引下，组织内外人员都可以充分了解组织的发展方向和产生作用的力量，从而扬长避短、发挥优势。

（一）经营范围

经营范围是指组织从事生产经营活动的领域，又称为组织定域。经营范围反映出组织目前与外部环境之间相互作用的程度，以及组织计划与外部环境发生作用的要求。对于大多数组织而言，应该根据自己所处的产业、自己的产品和市场来确定经营范围。组织确定经营范围的方式可以多种多样。从产品角度来看，组织可以根据自己产品系列的特点来确定经营范围，比如半导体器件公司、机床公司、图书经营公司等。此外，组织还可以根据产品系列的技术来确定自己的经营范围，比如计算机公司、软件开发公司、光导纤维公司等。

（二）增长向量

增长向量是指组织经营运行的方向，或成长的方向。增长向量说明组织从现有产品与市场组合向未来产品与市场组合移动的方向。但是，它不涉及组织目前产品与市场的态势。

表 8.1　增长向量的要素

市场 ＼ 产品	现有产品	新产品
现有市场	市场渗透	产品开发
新市场	市场开发	多种经营

市场渗透是指通过现有产品与市场的份额增长达到组织成长的目的。市场开发是为组织现有产品寻找新的市场。而产品开发则是指利用现有市场，创造新的产品。多种经营则是指以新产品进入全新的市场领域。

在市场渗透、市场开发与产品开发中，组织的共同经营主线比较明确、清晰，或开发新的市场营销技能，或开发新的技术，或两者同时进行。但是，在多种经营中其共同经营主线就不太清晰，它包含多种技能的混合使用。

增长向量不仅指明了组织在现有产业里的发展方向，而且还指明了组织计划跨越产业界线的方向。并且，增长向量描述的共同经营主线是对以经营范围来描述的组织经营的一种补充。

（三）竞争优势

竞争优势说明了组织中某产品与市场组合的特殊属性，它可以利用这种属性给组织带来强有力的竞争地位。一个组织要获得竞争优势，可以通过寻求兼并、专利保护和新产品开发等途径来实现。无论哪一种情形，组织的竞争优势都在于表现出与竞争对手相比更胜一筹的特殊属性。

（四）协同作用

协同作用体现出一种联合作用的效果，使组织内部各经营单位联合起来所产生的效益大于各个经营单位各自努力所创造效益的总和，实现 $1+1>2$ 的效果。协同作用涉及组织与其新产品和新市场项目的配合。协同作用可以进一步区分为生产协同作用、销售协同作用和管理协同作用等。

上述四种战略构成要素相辅相成，共同构成了组织的战略基本内核。其中，经营范围指出了组织寻求获利能力的范围,增长向量指出了经营范围扩展的方向,竞争优势则指出了组织最佳机会的特征,协同作用则有助于挖掘组织总体获利能力的潜力。

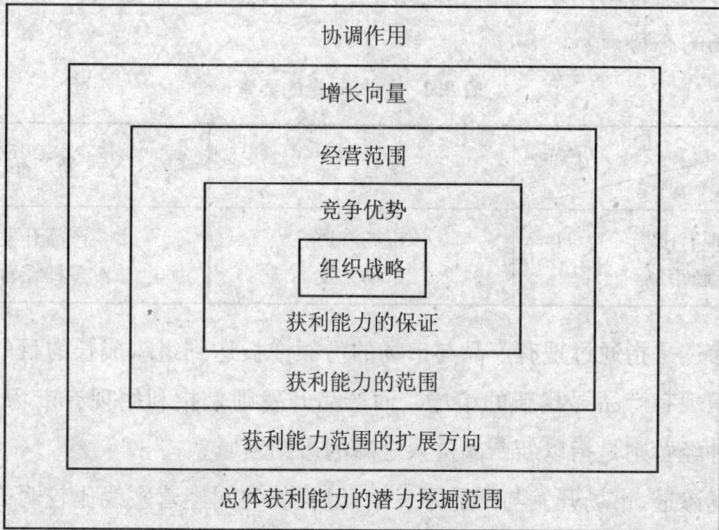

图 8.1　战略构成要素

四、战略的层次

随着组织规模的日益扩大,组织越来越倾向于分权化方向发展,从而要求不同的管理层级和职能部门制定相应的战略。对于大型组织来说,可能提供多类产品或服务,同时涵盖多种职能活动。因此,它将发展成多层次的战略结构,形成一种完整的战略体系。大型组织的战略主要包括公司战略、事业部战略和职能战略等三个层级。

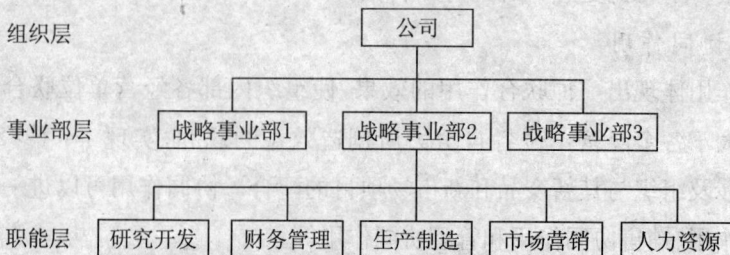

图 8.2　战略的层次

（一）公司层战略

公司层战略(corporate level strategy)是指决定组织发展方向的战略。它包括行业的选择以及进入行业的手段、方式。因此,公司层战略主要解决组织如何成长的问题,以及在不利条件下收缩和巩固的问题。若组织拥有一种以上的事业或产品大类,将需要一种公司战略。公司战略寻求回答以下问题:企业未来发展的主业是什么? 企业应当拥有何种事业组合? 各种事业部在企业中具有何种地位? 这些事业部具有哪些竞争优势? 哪些事业部将得到优先发展? 哪些事业部将被逐步淘汰?

公司层战略是组织整体发展的战略纲领,是组织最高管理层指导和控制组织一切活动的指南。而事业部的组合则体现了组织的整体利益,使组织在可以接受和控制的风险水平下让其收益和资产结构处于良好状态。组织可以通过并购、收购、出售等资产经营方式,开展事业部的结构调整,从而形成组织新的事业部组合。

公司层战略主要考虑两个方面的问题:一是从组织全局出发,根据外部环境变化与内部的条件,选择组织所从事的经营范围和领域;二是在确定所从事的业务后,在各事业部之间进行资源分配,以便实现组织整体的战略意图,这是公司层战略的关键措施。

（二）事业部层战略

事业部战略(business level strategy)是在总体性的公司战略指导下,为经营管理某一个特定业务的战略经营单位所制定的战略计划,它是公司层战略下的子战略。每一个事业部都服务于某个特定的细分市场,而事业部战略则重点改进所从事的产业中提供产品和服务的竞争地位。事业部战略寻求回答以下问题:在规定的事业部领域内谁是主要的竞争对手? 从事的领域有哪些独特的竞争方法? 应该如何开展竞争? 对于只经营一种产品或服务的小型公司,或者不从事多元化经营的大型公司,则不需要事业部层面的战略。

各个事业部按照自身的能力和竞争需要开发自己的战略,但它必须与组织整体的能力和需要相一致。在实行事业部制的大型组织中,最高管理层往往将事业部看成组织内具有高度自主权的战略经营单位。在组织总体目标和战略范围内,允许事业部发展自己的经营战略,以及对本事业部范围内产品与服务的生产、销售、成本控制、销售利润率等方面有较大的自由安排处置权。

（三）职能层战略

职能层战略(functional level strategy)关心的是组织的不同职能如何为组织的公司层和事业部层战略服务。因此,它主要寻求回答这样的问题:如何从职能的角

度支持公司战略和事业部战略？新产品开发、营销、财务、制造和人力资源管理等
职能部门如何正确开展本职能工作，保持与公司整体发展一致？

职能部门的战略应该符合职能领域的工作规律，满足组织的公司战略中的资
源配置要求，并且做到职能部门之间的良好协调和合作。

第二节　战略理论

一、战略理论

（一）战略管理理论的兴起

20 世纪 60 年代初美国管理学家钱德勒的《战略与结构：工业企业史的考证》一
书，提供了系统的企业战略问题研究框架。从此，有关战略研究形成了两个相近的学
派："设计学派"和"计划学派"。学者们的研究方法和具体主张不尽相同，但从根本上
说，其核心思想是一致的，企业战略的出发点是适应环境。经典的企业战略实质是一
个组织对其环境的适应过程，以及由此造成的组织内部结构变化的过程。

（二）竞争战略理论

20 世纪 80 年代初，哈佛大学商学院迈克尔·波特教授提出了竞争战略理论，
该理论逐步成为战略管理理论的主流学派。

竞争战略理论认为：产业地位和长期盈利能力是决定企业盈利能力的关键因
素；企业在已经确定的产业中，可以通过选择和执行一种基本战略，改善和加强企
业的相对竞争地位，获取市场竞争优势。

另外，价值链活动是竞争优势的来源，企业可以通过调整价值链活动和价值链
关系（包括一条价值链内的活动之间及两条或多条价值链之间的关系），实施企业
的基本战略。竞争战略理论提出了一整套企业"市场应变"的方法。

（三）培育企业核心竞争力理论

1990 年美国学者普拉哈拉德和哈默在《哈佛商业评论》发表了题为《企业核心
能力》论文，提出企业应当注重培育自身的核心竞争力。

该理论强调，企业内部条件对于保持竞争优势以及获取超额利润发挥了决定
性作用。20 世纪 90 年代中期以来，随着产业环境的动态化，技术创新的加快，竞争

的全球化和顾客需求的日益多样化,为了适应环境变化,企业需要开展合作和联盟,与此同时,应关注企业自身的竞争能力和合作的砝码。培育企业核心竞争力理论提出了一整套"以不变应万变"的方法。

（四）创新与企业生态系统理论

创新是企业发展的原动力,创新能够为社会源源不断的提供新产品和新服务。企业创新竞争,可以替代企业之间的产品低价竞争。另外,应形成企业生态系统,即企业之间既有竞争也有合作,注重多项要素之间的均衡,以获得企业长期发展的空间。

归纳起来,企业战略理论的演进,隐含着如下的规律:

（1）从战略理论的内容看,从关注企业内部,强调战略是一个计划和分析的过程,强调核心能力的构建与产业环境相结合,到关注企业外部,强调产业结构的分析,强调企业间的合作,强调创建优势互补的企业有机群体;

（2）从竞争的性质看,从强调企业之间的竞争和对抗,到竞争合作和共生;

（3）从竞争优势的持续性来看,从追求有形（产品）、外在、短期的竞争优势,到追求无形（未来）、内在、持久的竞争优势。

二、竞争战略理论

为了分析产业地位和产业长期盈利能力,迈克尔·波特提出了产业分析的五种竞争力模型。该模型指出,一个产业的发展取决于五种竞争力的相互作用。这些作用力相互作用的结果,决定着该产业的地位和长期盈利能力。这五种竞争力为:产业竞争者与竞争强度、潜在入侵者、替代品、买方（消费者）和供方（供应商）。

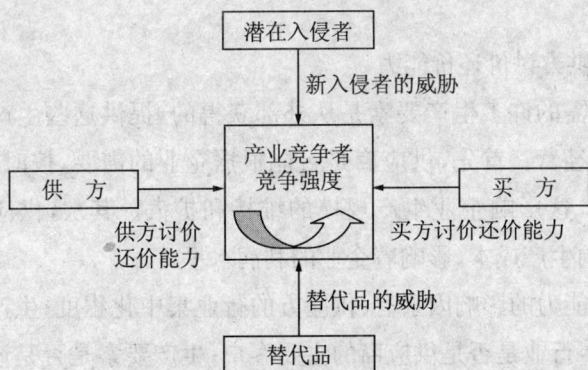

图8.3 产业的五种竞争力

（1）产业竞争者与竞争强度。

对现有竞争对手的研究主要包括以下内容：

① 竞争对手基本情况，竞争对手的数量和分布，竞争对手的规模、资金和技术力量；

② 主要竞争对手研究。找出主要竞争对手，研究其对本企业构成威胁的主要原因，如技术力量雄厚、资金多、规模大等，主要竞争对手有哪些竞争实力；

③ 主要竞争对手的发展动向，市场发展或转移动向，产品发展动向，竞争对手可能开辟哪些新产品和新市场。另外，还要分析产业竞争强度和发展趋势。

（2）潜在入侵者。

若潜在的竞争者进入行业，将成为现实的竞争者，由于它的新的业务能力和充裕的资源，将导致行业竞争的加剧，其结果是产品价格可能被压低，或从业者的经营成本上升，从而导致行业利润下降。某一行业被入侵者的威胁大小取决于行业进入障碍，行业产品价格水平，行业对入侵者的报复能力以及入侵者对报复的估计。

（3）替代品。

产业提供的产品或服务若存在替代品，那么就可能形成竞争。另外，替代品限定了该产业产品的最高价格，从而限制了产业的潜在获益能力。若替代品生产形成规模经济，从而增强其定价能力，那么，消费者就会分流，产业发展将受到威胁。分析替代品主要包括两项内容：首先，判断哪些产品是替代品；其次，判断哪些替代品可能对本企业经营构成威胁。其中，应特别重视两类替代品：容易导致价格变化的替代品和先行盈利率很高的替代品。

（4）买方与买方讨价还价能力。

消费者在两个方面影响产业内企业的经营：第一，买方对产品的总需求决定着行业的市场潜力；第二，不同买方的砍价能力，诱发企业之间的价格竞争，从而影响企业的获利能力。

（5）供方与供方讨价还价能力。

企业生产所需的许多生产要素是从外部获得的，提供这些生产要素的供应商也制约着企业的经营。首先，供应商是否能根据企业的需要，按时、按质和按量提供所需生产要素，这影响企业生产规模的维持和扩大。其次，供应商提供货物价格，决定着企业的生产成本，影响着企业的利润水平。

供应商砍价能力的影响因素有：供应方的行业集中化程度；生产要素替代品行业的发展状况；本行业是否是供应商的主要客户；生产要素是否是该企业的主要投入物；生产要素是否存在差异化，以及转移成本的高低；供应商是否采取"前向一体化"经营。

三、培育核心竞争力

1990 年美国学者普拉哈拉德(C. K. P. rahalad)和哈默尔(G. Hamel)提出了核心竞争力(Core competence)的概念。他们认为,随着世界的发展变化和竞争加剧,企业的成功不再归功于短暂的或偶然的产品开发或灵机一动的市场战略,而是企业核心竞争力的外在表现。按照他们的定义,核心竞争力是能使公司为客户带来特殊利益的一种独有技能或技术。

培育企业核心竞争力的范例有,日本索尼公司对家用电器的微型化研制,日本佳能公司对光电一体化复印打印产品的开发,美国 3M 公司对磁记录材料的领先研究,美国 GE 通用电气公司 6σ 质量管理模式,上海联华超市公司的采购能力、建设销售网络能力、配送能力和资本运作能力等。用通俗的语言表述,即"一业特强,兼顾其他","百业勤,不如一业精"。

培育企业核心竞争能力的意义在于,能够强化企业自身的竞争优势地位,能够获取规模经济和范围经济的效益,也是国际合作和企业联盟的基础和交换砝码。

(一) 核心竞争力的形式和特征

核心竞争力是企业独具的,能在一系列产品或服务中取得领先地位所必须依赖的关键性能力,这种能力是一组资源、技术和技能的结合体(并非拥有的单个资源、技术或技能)。例如,组织整体所拥有的关键能力,所拥有的诸多能力的整合,组织中的集体学习能力等。核心竞争力是企业长期经营积累的产物,核心竞争力可以使自身企业与其他企业区别开来。

(二) 核心竞争力的具体表现

核心竞争力主要表现在以下五个方面:

(1) 企业技术开发能力。

国内外一些大企业,比如海尔、联想、三星、IBM、松下、微软等公司都成立了专门的技术开发机构,在激烈竞争中抢得先机,形成了一种对新技术的吸收、消化、开发能力,使别人难以模仿和超越,确保企业的竞争优势。

(2) 企业的战略决策能力。

企业的战略决策决定了企业核心资源的配置。在产业发展相对稳定的时期保持企业核心能力和积累的一致性,准确预测产业的动态变化,适时进行企业核心能力的调整。如微软公司创立时比尔·盖茨的发展战略是让人人拥有个人电脑,每个人的电脑都用微软的操作系统,长期坚持这一战略目标造就了微软在计算机界的地位。

(3)市场应变能力。

客观环境时时都在变化,企业决策者必须具有敏锐的反应、应变能力,保持经营方略适应外部环境的变化。其中市场营销能力十分关键,即运用科学的营销方案,培养优秀的营销队伍,配合各级营销点,有效利用策划、广告效应,将企业的技术优势、管理优势转化为市场竞争优势。

(4)组织协调企业各生产要素的能力。

面对不断变化的市场,企业要有优势,必须始终保持生产、经营、管理各个环节的协调、统一、高效。它涉及企业的组织结构、战略目标、信息传递、激励机制和企业文化等方面。

(5)组织中的集体学习能力。

组织能够随着科学技术的发展,不断学习发展,具备持续创新能力,向市场不断推出新技术、新产品和新工艺。

(三)企业核心竞争力的主要特征

核心竞争力的主要特征包括以下四个方面:

(1)具有顾客可感知的价值,对顾客所重视的价值必定有超水准的贡献;

(2)具备独特性,核心竞争力支撑企业的长期竞争优势;

(3)使得竞争对手难以模仿,核心竞争力具有不可分享和复制性;

(4)获取范围经济的源泉,核心竞争力具有延伸性,有助于企业不断开拓新的经营领域。

(四)企业核心竞争力的识别

企业通常采用高层管理者恳谈会、组织员工讨论,总结企业的发展历程和经验等方式,帮助自身识别和认识自身的核心竞争力所在。同时,可以从不同角度开展思考。

(1)从提升顾客价值的角度分析。

企业为顾客提供哪些价值,这些价值中的核心部分是什么? 能给顾客提供核心价值的就是核心竞争力。例如,日本本田公司的发动机技能,顾客购买本田汽车的主要原因是优越的发动机和传动系统,该系统省油、易发动、提速快。

(2)从产品和服务的差异性分析。

从产品和服务的差异性分析,企业核心竞争力具体包括核心技术的差异、业态的差异、营销网络的差异、组织结构的差异、企业家的差异等。

（3）从企业所拥有的技术和经验分析。

企业核心技术和经验构成了竞争能力。例如，美国沃尔玛公司拥有的物流控制技术，采用卫星技术，建立通讯控制网络，有效降低了经营成本。又如，上海建工集团在高层建筑施工方面拥有丰富经验。

（4）从企业战略资产持久性分析。

战略资产是指支撑企业长期发展的资产，如人力资源、专用设备、文化资源等。资产的持久性越强，越能持续地释放出能量。

（5）从价值链的角度分析。

价值链是指企业经营活动的附加增值过程。有些经营活动具有很高的附加值，有些经营活动没有附加值效益。开展价值链分析，能够发现哪些经营活动对企业竞争优势起关键作用，即有助于形成企业的核心竞争力。

（五）核心竞争力的培育

培育企业核心竞争力是一个长期和艰辛的过程。美国学者提供了企业能力层次模型。该模型指出，核心竞争力的培育有四个阶段：第一阶段，企业拥有资源，如技术、资金、人工等；第二阶段，企业拥有经营能力，能够为目标消费群提供产品和服务；第三阶段，企业形成竞争能力，即企业提供的产品和服务，能够超越竞争对手，得到消费者的欢迎；第四阶段，形成企业核心竞争力，即在诸多企业竞争能力中，发现核心竞争能力，并长期发展和持有该项能力，在市场竞争中获取竞争优势。随着企业能力阶段的上升，企业资产价值不断增加，然而竞争能力形成的难度也不断增加。

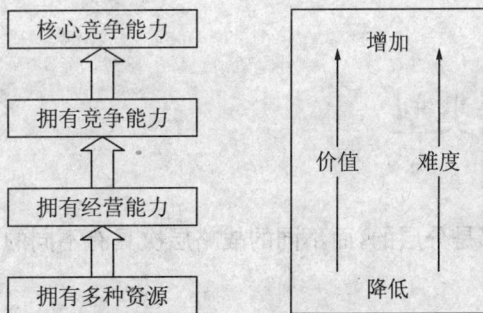

图8.4　核心竞争力层次模型

培育企业核心竞争力的具体方法有：

（1）开发人力资源。

企业核心竞争力离不开高素质的人力资源特别是人才资源。要有一批对企业忠心耿耿的管理者和业务骨干,企业才能保持核心竞争力并不断开发出核心产品。

(2) 技术创新。

在激烈的市场竞争中,企业只有在生产技术上保持先进性和独特性,其产品才能在市场上获得消费者的青睐,而实现这一点必须具备较强的技术创新能力。许多企业采取借"人"借"脑"的办法推动技术创新,有的购买关键技术专利,有的与科研单位合作,达到了事半功倍的效果。

(3) 管理创新。

管理创新是多方面的,融入企业生产、经营、管理的方方面面,包括管理理念创新、管理制度创新、管理方法创新等,重要的是要调动人的积极性和创造性,使之与企业生产、经营、发展协调一致。2002 年中国石化集团公司开始实施信息化战略,利用 3—5 年的时间在集团总部以及各子公司全面实施 ERP(enterprise resources planning)系统,取得了明显成效。

(4) 服务创新。

随着企业间在技术、质量、营销、设计等方面能力和水平的差异日趋缩小,企业越来越重视服务的个性化、多元化、全程化、特色化、超前化、情感化、网络化、艺术化和适时化等,以增强企业的竞争能力。服务已不仅是商品售出后免费的、捆绑式的附加品,而是包含了较高的价值和使用价值。

企业应该根据自身实际情况,探索和寻找适合企业经营特点的方法,持续和有效地培育核心竞争力。

第三节 战略类型

战略在组织内部是分层的,而不同的战略层次具有不同的内容和重点。

一、公司层战略

公司层战略从组织的整体视角来思考问题,并为其确定出最可行的经营方案。因此,它是组织整体的战略纲领,是组织最高管理层指导和控制组织的一切行为的最高行动纲领。

公司层战略根据组织的条件(优势和劣势)和外部环境的状况(机会和威胁)两个维度,可以分为几种不同的战略类型(图 8.5)。

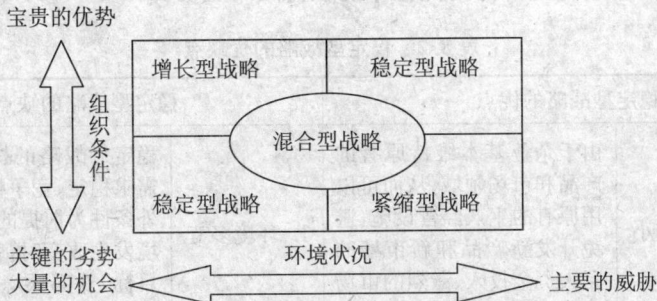

图 8.5　公司层战略类型

(一)稳定型战略

稳定型战略是指在组织内外环境的约束下,组织准备在战略规划期使其资源分配和经营状况基本保持在目前状态和水平上的战略。稳定型战略从本质上追求的是过去经营状况基础上的稳定。按照稳定型战略,组织目前所遵循的经营方向以及正在从事经营的产品和面向的市场领域,组织在经营领域内所达到的产销规模和市场地位,都大致不变或以较小的幅度增减。因此,实行稳定型战略的前提条件在于组织过去的战略是成功的。

从组织经营风险的角度来看,稳定型战略的风险相对较小。对处于上升趋势的行业和稳定环境的组织来说,稳定型战略是组织成功的有力保证。一般来说,组织实施稳定型战略的主要原因是:(1)组织对过去的经营业绩满意,决定追求既定的或与过去相似的经营目标;(2)与过去相比而言,组织准备以相同的产品或服务满足社会需求。稳定型战略主要依据前期战略,因而在产品方面不进行创新。

稳定型战略的主要特征包括四个方面:其一,环境的稳定性。组织的外部环境是稳定的,内部条件也基本保持不变,组织没有实施变革的压力和动力。其二,绩效的满意性。组织对过去的经营效果感到满意,保持战略不变可以使组织实现既定的经营目标。其三,产品的不变性。由于组织外部的产品需求不变,因此以相同的产品或服务来满足社会需求,没有必要进行产品创新。其四,战略的成功性。过去,组织实施稳定型战略取得了成功,已经获得了不少经验和教训,对稳定型战略的实施比较有把握。

　　稳定型战略的优点和缺点是相对的,在具体执行过程中必须权衡利弊,准确估计风险和收益,并采取合适的风险防范措施。只有在仔细分析外部环境与内部条件的基础上,根据组织的自身的优势才能取得战略成功。

表8.2　稳定型战略的优缺点

稳定型战略的优点		稳定型战略的缺点	
1. 经营风险较小	由于企业基本维持原有的产品和市场领域,从而可以用原有的生产经营设施,避免开发新产品和新市场的巨大资金投入、激烈的市场竞争和开发失败的风险	1. 环境多变	稳定行战略的执行是以市场需求稳定、竞争格局不变等内外条件为前提的,当组织的环境发生改变时,就会打破战略目标、外部环境、组织实力之间的平衡,使组织陷入困境
2. 资源分配容易	由于经营领域与过去大致相同,因而不必考虑原有资源的增量或存量的调整,资源分配比较容易	2. 风险较大	如果组织资源不足,组织只能在部分市场上采用竞争战略,实际上将资源重点配置在细分市场会产生很大的风险
3. 发展比较稳健	在产业迅速发展时期,组织无法看到潜伏的危机而盲目发展,结果造成资源的巨大浪费	3. 缺乏创新	稳定型战略使组织风险意识降低,甚至形成害怕风险、回避风险的文化,就会大大降低组织对风险的敏感性、适应性和冒险勇气,从而减少了组织的创新
4. 利于储备能量	为组织提供一个休整期,为今后发展积聚更多的能量,以便其将来发展		

(二) 增长型战略

　　增长型战略是指一种使组织在现有战略水平上向更高一级的目标发展的战略。它以发展作为自己的核心内容,引导组织不断地开发新产品、新市场,运用新的生产方式和管理手段,以便增加市场的销售额,获得更多的客户认同与市场份额。

　　增长型战略可以通过直接扩张、合并同类组织以及多元化等经营方式实现。一般地,组织的增长型战略可以分为密集化战略、一体化战略和多元化战略。

1. 密集化增长战略

　　密集化增长战略又称集约型战略、加强型战略,是指在原有生产范围内充分利用产品和市场方面的优势、潜力,以求得组织成长与发展的战略。它要求组织提高努力程度,尽量发现产品线、市场、分配与竞争等方面的缺口,实现组织的增长。

随着市场需求的多样化和业务种类的增加,组织只能将自己有限的资源集中在最能代表自己优势的业务上,力争实现这项业务上的最佳业绩。

(1)市场渗透战略。

市场渗透战略是指组织通过各种措施,增加现有产品在现有市场上的销售量的战略。这是一种稳打稳扎、步步为营的战略。例如,通过增设销售网点,尽量使顾客增加重复购买的次数与数量。

市场渗透战略主要从三个角度出发,增加组织的销售量。①扩大产品使用者的数量。一方面,组织通过努力把原来不使用本组织产品的人转变为自己的客户。例如,飞机货运服务公司说服新的客户,让他们相信空运比陆地运输有更多的好处。另一方面,组织把产品卖给从未使用过自己产品的用户。比如,把为妇女生产的洗发剂成功地推销给男士与儿童使用。此外,组织可以努力把竞争对手的顾客吸引过来,使他们购买本组织的现有产品。例如,百事可乐公司劝说可口可乐的饮用者改喝百事可乐。②扩大产品使用者的使用频率。一方面,组织可以努力使顾客更频繁地使用自己的产品。比如,肉联厂可以宣传自己生产的火腿肠不仅可以夹在面包里吃,而且还可以放在菜里、汤里吃,味道同样鲜美,可以成为早、中、晚三餐的食物。另一方面,组织可以努力使用户在每次使用时增加产品的使用量。比如,油漆公司可以广告或其他说明暗示用户,每次使用自己的产品来油漆家具时,起码要上漆三遍,而且上油漆的次数越多,则家具会愈光亮、美观。③挖掘现有产品的新用途。通过开发现有产品的新用途,可以扩大潜在的用户数量,从而增加产品的销售量。比如,为制作降落伞发明的尼龙,发现它可以做成衬衣等各种服装,后来还发现在橡胶中加入尼龙可以做成轮胎,并大大增加了轮胎强度和耐磨性。又如,海尔发现四川农民在用洗衣机清洗地瓜时造成堵塞,通过改进产品设计则开发出可以清洗地瓜的洗衣机。

(2)市场开发战略。

市场开发战略是指用现有产品去开发新市场,以扩大现有产品的销售量。比如,将老产品推广到新的地区,开发新的产品用途以及进入新的细分市场等。

实施市场开发战略,可以通过以下途径:①在当地开发潜在客户,进入新的细分市场。②在当地开辟新的营销渠道,包括雇用新类型的中间商和增加传统类型中间商的数目。例如,葡萄酒原来只通过烟酒专卖渠道等中间商才能最终到达消费者手中,现在为了增加销售量,既有葡萄酒厂自己开设的经销店,也有城市中的各种饭店、旅馆等,直接将葡萄酒卖给消费者,扩大了销售量。③开拓区域外部或国外市场,从而扩大现有产品的销售量。例如,当彩色电视机在国内大中城市已经逐渐普及时,长虹等彩色电视机企业就通过将彩色电视机销往农村或出口到非洲等地区,以扩大自己的销售量。

（3）产品开发战略。

产品开发战略是指向现有市场提供新产品或改进的产品,增加组织在现有市场的销售量。比如,增加产品的规格、式样,使产品满足顾客不断变化的需求。

产品开发战略是组织发展战略的核心,因为市场总是不断变化的,是组织不可控制的因素,而产品开发则是组织可以努力做到的可控制因素。采用产品开发战略的前提条件是:组织要透彻了解自己原有的顾客,能够提供满足顾客需求的其他的产品。产品开发战略具有一定程度的创新开拓性,强调技术进步对组织的巨大贡献,鼓励员工从事新的探索,依靠产品开发增加对市场变化的适应能力。

2. 一体化增长战略

一体化增长战略是指组织充分利用自己在产品、技术、市场上的优势,根据物资流动的方向,使组织不断地向深度和广度方向发展的一种战略。一体化增长战略有利于深化专业分工与协作,提高资源的利用深度和综合利用效率。

一体化增长战略可以分为横向一体化（水平一体化）和纵向一体化（垂直一体化）;而纵向一体化又可以分为前向一体化和后向一体化。

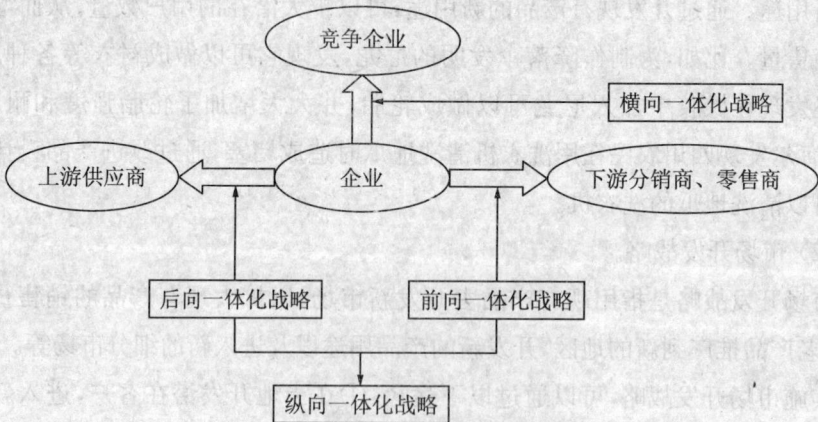

图 8.6　一体化战略

（1）横向一体化。

横向一体化也称为水平一体化,是指组织与处于相同产业、生产同类产品或工艺相近的组织实现联合,实现现有生产活动的扩展并使现有产品市场份额扩大。横向一体化实质是资本在同一产业和部门内的集中,实现规模经济。其目的是扩大规模、降低产品成本并巩固市场地位。例如,海尔集团整体收购合肥黄山电子集团,就是为了扩大海尔彩电的生产规模。

由于横向一体化与原有生产活动有关,比其他类型增长更易于实现,因此组织早期大多采用这种增长方式。并且,横向一体化主要可以通过契约式联合、合并同产业组织等两种方式来实现。

(2)纵向一体化。

纵向一体化也称为垂直一体化,是指组织向原有生产活动的上游和下游阶段扩展,实现生产或经营方面相互衔接、紧密联系的组织之间的一体化。纵向一体化可以使组织通过内部的安排,将不同的生产阶段联结起来,实现交易内部化。

按照物资流动的方向,可以将纵向一体化分为前向一体化和后向一体化。①前向一体化。这是指组织与客户组织之间的联合,通过控制原属客户组织的生产经营活动实现一体化。其目的是为了促进和控制产品的需求,促进产品的营销。例如,纺织印染厂原来只是将坯布印染成各种颜色的花布供应服装厂,现在纺织印染厂与服装加工厂联合,不仅搞印染而且还制成服装出售,从而促进和控制了产品需求,实现产品的营销。②后向一体化。这是指组织与供应组织之间的联合,通过介入原供应商的生产活动实现一体化。其目的是为了确保产品或服务所需的全部或部分原材料的供应,加强对所需原材料的质量控制。例如,自行车厂原来要向橡胶厂购买轮胎,现在自行车厂收购了橡胶厂,自己生产自行车轮胎,从而保证了自行车轮胎的供应。电视机制造公司兼并显像管制造公司,食品公司投资兴办养殖场等都属于后向一体化。另外,还有组织既可以实现前向一体化,又可实现后向一体化。例如,化学工业公司既可以向石油冶炼、采油方向扩展以实现后向一体化,也可向塑料制品、人造纤维等方向扩展以实现前向一体化。

纵向一体化是组织发展到一定阶段的主要扩张战略。一般来说,组织通过横向一体化打败竞争对手,达到市场多头垄断地位以后,就会进入纵向一体化扩张,以占领其供应和市场领域。当组织在某一生产领域占据重要地位之后,向多种领域扩张就成为其唯一的增长战略。

3. 多元化增长战略

多元化战略是指组织在现有业务领域基础上增加新的产品或业务的经营战略。多元化经营是组织开拓经营空间,建立新的增长点的一种有效战略。然而,多元化经营将使组织从现有产品市场中分出资源和精力,投入到组织不太熟悉的新产品市场上,因此多元化经营不可避免地会带来一定的风险。多元化经营作为一种战略模式,其实施成功还是失败,关键在于有效运用自身的资源、能力以及把握好战略适合的相关条件。

(1) 多元化战略的类型。

根据现有业务领域和新业务领域之间的关联程度,可以把多元化战略分为相关多元化与非相关多元化两种类型。

① 相关多元化。相关多元化是指组织发展的业务具有一定的新特征,但是它与组织的现有业务具有战略上的适应性,它们在技术、工艺、销售渠道、市场营销、产品等方面具有共同或相近的特点。

根据现有业务与新业务之间关联内容的不同,相关多元化又可以分为同心多元化和水平多元化两种。同心多元化是指组织利用原有的技术、特长和经验等发展新产品,增加产品种类,从同一圆心向外扩大业务经营范围。例如,汽车制造厂增加拖拉机的生产。同心多元化的特点是原产品与新产品基本用途不同,但是有较强的技术关联性。比如,海尔、春兰等企业利用同心多元化战略生产冰箱和空调,就是利用这两种产品共用的制冷技术。水平多元化是指组织利用现有市场,采用不同的技术来发展新产品,增加产品种类。例如,原来生产化肥的企业现在投资农药项目。水平多元化的特点是现有产品与新产品的基本用途不同,但是存在较强的市场关联性,可以利用原来的分销渠道销售新产品。例如,牙膏厂在生产药物牙膏时又增加牙刷生产,就是为了利用原有的市场推广经验与渠道。

② 非相关多元化。非相关多元化也称为集团多元化,是指组织通过收购、兼并其他产业的业务,或者在其他产业投资,把业务领域拓展到其他产业中去,新产品、新业务与组织的现有业务、技术、市场没有任何关系。因此,组织既不以原有技术也不以现有市场为依托,向技术和市场完全不同的产品或服务项目发展。这往往是实力雄厚的大企业集团采用的一种经营战略。例如,美国通用电气公司在 20 世纪 80 年代收购美国业主再保险公司和美国无线电公司,实现从单纯的工业生产向金融服务和电视广播产业扩张。我国的海尔、格力等企业除生产空调等家用电器外,还涉足地产等业务领域。

(2) 多元化战略的风险。

组织实施多元化战略,可能面临五个方面的风险:

① 削弱原有产业。组织的资源总是有限的,多元化经营的投入往往意味着原

有产业要受到削弱。这种削弱不仅是资金方面的,管理层注意力也会分散,它所带来的后果往往是严重的。原有产业却是多元化经营的基础,新产业在初期需要原产业的支持。如果原产业迅速受到削弱,组织的多元化经营就会面临危机。

② 市场整体风险。支持多元化经营的经典理由是,通过"把鸡蛋放在不同的篮子里"去化解经营风险——正所谓"东方不亮西方亮"。然而,市场经济中的广泛关联性决定了多元化经营的各产业仍面临共同的风险。即使"鸡蛋"仍放在一个篮子里,只不过是篮子稍微大了一些而已。在宏观力量的冲击之下,组织多元化经营的资源分散反而加大了风险。

③ 行业进入风险。组织在进入新产业之后还必须不断地注入后续资源,去了解、学习这个行业并培养自己的员工队伍,塑造自己的品牌。同时,行业的竞争态势是不断变化的,竞争者的策略也是一个未知数,组织必须相应地不断调整自己经营策略。所以,行业进入不是一个简单的"买入"过程,而是一个长期、动态的过程,很难用通常的投资额等静态指标来度量行业的进入风险。

④ 行业退出风险。组织在多元化投资前往往很少考虑到退出的问题。由于资产的专用属性,多元化战略所进行的投资往往形成沉没成本,难以转移到其他的产业领域。如果组织深陷一个错误的投资项目却无法做到全身而退,那么很可能导致组织全军覆没。

⑤ 内部经营管理整合风险。新投资的产业会通过财务流、物流、决策流、人事流给组织既有的产业经营带来全面的影响。不同的行业有不同的业务流程、市场模式和组织文化,因而对组织的管理机制有不同的要求。而组织作为一个整体,必须把不同行业对其管理机制的要求以某种形式融合在一起。

(3) 多元化战略的方法。

多元化战略的实现途径具有多种多样,主要有以下几种:

① 购并已经存在的公司。购并是组织进入另一行业常用方式。与进入一个新行业相比,购并提供了一条进入目标市场的捷径,而且能够迅速跨越行业壁垒。

② 内部开发。内部开发是指主要依靠组织所拥有的资源和能力进入新的行业领域来开展多元化经营。

③ 战略联盟。战略联盟是指两个或多个组织为了实现特定的战略目标而采取的任何股权或非股权形式的共担风险、共享利益的联合行动。

④ 剥离清算。一方面,母公司可以从一项经营中抽离股本,使之成为财务和管理独立的公司;另一方面,母公司可以在其中部分保留或不保留所有权,或者母公

司可以将其业务单元彻底卖掉,但是需要寻求一个购买者。

（三）紧缩型战略

紧缩型战略是指组织从目前的战略经营领域和基础水平收缩和撤退,并且偏离起点战略比较大的一种经营战略。与稳定型战略和增长型战略相比,紧缩型战略是一种消极的发展战略。一般而言,组织实施紧缩型战略的根本目的在于使组织度过危机后转向其他的战略领域,实现以退为进的战略部署。

1. 紧缩型战略的特征

作为一种消极的战略行为,紧缩型战略具有以下特征:

（1）业务规模上的收缩性。

紧缩型战略对组织现有的产品和市场领域实行收缩、调整和撤退战略。比如,放弃某些市场和某些产品线系列。同时,由于组织规模在缩小,一些反映组织效益的指标会明显下降。比如,利润率和市场占有率等指标会降低。

（2）成本控制上的严格性。

对组织资源的运用采取较为严格的控制,尽量削减各项费用支出,往往只投入最低限度的经济资源,因而紧缩型战略的实施过程往往会伴随着大量的裁员,暂时停止购买一些奢侈品和大额资产。

（3）时间维度上的短期性。

紧缩型战略是一种短期行为,其根本目的并不在于长期节约开支、停止发展,而是为了将来的发展而积蓄力量。

2. 紧缩型战略的途径

根据实施紧缩型战略的基本途径,可以将它分为三类:

（1）抽资转向战略。

抽资转向战略是组织在现有的经营领域不能维持原有的产销规模和市场份额,从而不得不缩小产销规模和市场占有率,或者组织在有新的、更好的发展机遇情况下,对原有的业务领域进行压缩投资、控制成本,以改善现金流为其他业务领域提供资金的战略方案。另外,在物价上涨导致成本上升或需求下降使财务周转不灵的情况下,如果组织财务状况下降时,也有必要采取抽资转向战略,以获得新的发展机遇。

（2）放弃战略。

放弃战略是指组织将一个或多个主要部门转让、出卖或停止经营。这个部门可以是一个经营单位、一条生产线或者一个事业部。例如,IBM 公司把它的 PC 业务卖给联想集团就是放弃战略。

（3）清算战略。

清算战略是指组织卖掉其资产或停止整个组织的运行而终止一个组织的存在。一般地，只有在其他战略都失败时才考虑使用清算战略。因为在确实毫无希望的情况下，尽早制定清算战略，组织可以有计划地逐步降低其市场价值，逃脱更大的债务，尽可能多地收回资产，从而减少全体股东的损失。因此，清算战略在特定的情况下也是一种明智的选择。

（四）混合型战略

混合型战略是指组织采用稳定型战略、增长型战略和紧缩型战略的组合形式。它具有风险大、灵活性、成本高、预期收益高以及时间长等特点。从长期来看，大型组织一般都采用多种战略的结合形式。

一般而言，大型组织拥有较多的战略业务单位，并且这些业务单位可能分布在完全不同的行业和产业群中，它们所面临的外界环境、所需要的资源条件完全不同，因而不可能对所有的战略业务单位采用统一的战略类型，否则就可能由于整体战略与具体的业务单位不一致而导致组织的总体效益受到损害。因此，混合型战略是大型组织在特定的历史阶段的必然选择。

按照战略组合的顺序不同，混合型战略可以分为以下两种：

1. 同时性战略组合

同时性战略组合是指不同类型的战略在不同的战略业务单位被同时执行而组合在一起的混合型战略。例如，某大型钢铁企业集团的钢铁冶炼部门在国际铁矿石价格上涨、钢材产品价格下降时采取收缩战略，而它下属的地产、投资部门由于行业形势好、产业政策刺激等则同时采取扩张战略。

2. 顺序性战略组合

顺序性战略组合是指一个组织根据其生存与发展的需要，先后采用不同的战略方案，从而形成自身的混合型战略方案，因而这是一种在时间上的战略组合。

二、事业部层战略

事业部层战略是组织的二级战略，强调各单位在各自产业领域中的生存、竞争与发展之道。因此，它主要关注如何通过整合资源、创造价值以满足顾客需求。

按照竞争优势和竞争范围两个维度，可以将事业部层战略分为成本领先战略、差别化战略、集中化战略和最佳价值战略;其中,集中化战略又分为集中成本战略和集中差异化战略。

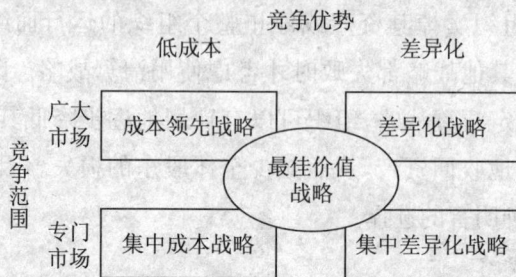

图 8.7　五种竞争战略

(一) 成本领先战略

成本领先战略是指组织通过内部加强成本控制,采用一切可能的方式和手段,在研究开发、生产、销售、服务和广告等领域内把成本降到最低限度,成为产业中的成本领先者的战略。其实质是以成本战略作为组织的基本竞争战略。

1. 实施成本领先战略的原因

组织实施成本领先战略的主要原因在于:(1)现有竞争组织之间的价格竞争非常激烈;(2)组织所处产业的产品基本上都是标准化的或者同质化的;(3)实现产品差异化的途径很少;(4)多数顾客使用产品的方式相同;(5)消费者的转换成本很低;(6)组织具有较大的生产规模和较高的市场占有率。

2. 成本领先战略的实施途径

组织主要通过以下途径实施成本领先战略:(1)通过扩大规模,利用规模经济;(2)通过技术革新降低成本;(3)通过提高管理水平,降低管理费用;(4)通过对上下游的整合,减少组织之间的摩擦来降低交易成本;(5)通过不同的生产工艺、新的分销渠道、新的原材料、纵向整合上的重大差异等多种方式来重新构造价值链,改变整体的成本结构,利用组织的优势资源来改变竞争的基础。

3. 成本领先战略的优势

组织实施成本领先战略,可以获得高于产业平均水平的收益,主要具有以下优势:

(1)增强组织的讨价还价的能力。

由于组织的成本低,可以使自己更易于应对投入费用的增长,提高组织与供应商的讨价还价能力,拥有更大的灵活性,降低投入因素变化所产生的影响。同时,由于组织成本低,还可以提高自己对购买者的讨价还价能力,拥有更大的主动权以对抗强有力的购买者。

（2）形成进入障碍。

组织的生产经营成本低，可以建立起巨大的生产规模，为产业的潜在进入者设置了较高的障碍。那些生产技术尚不成熟的、经营上缺乏规模经济的组织，将很难进入这个产业。

（3）降低替代品的威胁。

由于组织的成本低，因此可以在激烈的竞争中凭借低成本的产品和服务吸引大量的顾客，降低替代品的威胁，使自己处于有利的竞争地位。

（4）保持领先的竞争地位。

当组织与产业内的竞争对手进行价格战时，可以在竞争对手毫无利润水平时保持盈利，从而扩大市场份额，保持绝对竞争优势的地位。

4. 成本领先战略的风险

组织在使用成本领先战略时，要注意防范以下风险：

（1）生产技术变化或新技术出现，可能使原有设备投资或学习经验变得无效。当生产技术发生变化时，其效率更高、成本更低，落后的技术自然就会被淘汰。

（2）行业中新加入者采用模仿的方法。当组织的产品或服务具有竞争优势时，竞争对手会采取模仿的办法，形成与本组织相似的产品和成本，给自己造成困扰。

（3）竞争者购买更先进的生产设备，开发出更低成本的生产方法。例如，竞争对手利用新的技术，或更低的人工成本，形成新的低成本优势，使得组织原有的优势成为劣势。

（4）组织可能发现所生产的产品尽管价格低廉，却不为顾客所欣赏和需要。如果组织过分追求低成本，但是降低了产品和服务的质量，则会影响顾客的需求偏好，使优势变成劣势。

（5）受通货膨胀的影响，生产投入成本升高，难以降低产品成本，使竞争优势丧失，导致战略失败。

（二）差异化战略

差异化战略又称差别化战略、别具一格战略，组织往往通过提供与众不同的产品和服务，满足顾客的特殊需求，形成竞争优势的战略。在差异化战略中，组织的主要竞争手段是依靠产品和服务的特色，而不是产品和服务的成本。

1. 差异化战略的优势

差异化战略中组织在行业中表现别具一格，具有很强的独特性。建立起差别竞争优势,形成对"入侵者"的行业壁垒,可以有效地防御行业中直接而剧烈的竞争。组织利用差别化带来的较高边际利润去补偿因追求差别化而增加的成本,获得超过平均水平的利润。其优势主要体现在以下四个方面:

(1) 形成进入障碍。

由于组织自己的产品特色,顾客对产品或服务具有很高的忠诚度,形成了特殊的偏好,从而使产品和服务具有强大的进入障碍。潜在的进入者要与差异化战略组织竞争,则需要改变产品的独特性造成的顾客偏好结构。

(2) 降低顾客敏感程度。

由于产品或服务的差别化,顾客对它形成特殊的忠诚,即使产品或服务价格发生改变,顾客对价格的敏感程度也不高。因而,生产这种产品或服务的组织便可以运用差异化战略,在产业竞争中形成一个隔离带,避免竞争者的伤害。

(3) 增强讨价还价的能力。

产品差异化战略可以为组织带来较高的边际收益,降低组织的总成本,增强组织对供应者的讨价还价的能力。同时,由于顾客没有更多、更好的选择,对价格的敏感程度又比较低,组织还可以运用这种战略降低购买者的讨价还价的能力。

(4) 防止替代品的威胁。

如果组织的产品或服务具有特色,能够赢得顾客的信任,便可以在与替代品的竞争中比同类组织更为有利,从而有效地阻止了替代品对自己的威胁,长期地保持高利润。

2. 差异化战略的风险

组织在实施差异化战略时,通常会面临着以下风险:

(1) 形成产品差异化的成本过高,大多数购买者难以承受产品的价格,组织也难以盈利。产品的成本是形成其价格的基础,往往占据价格的主要部分,当竞争对手的产品价格大幅度降低时,组织即使控制成本水平,购买者也不再愿意为差异化的产品支付高昂的价格。

(2) 竞争对手推出相似的产品,会降低产品的差别化特色。如果竞争对手生产相同或类似的产品,就会形成很大的替代性,甚至会直接威胁到产品或服务的独特性,使其差别化程度降低,进而降低产品或服务的市场价值。

(3) 竞争对手生产更有差别化的产品,使得组织的原有购买者转向竞争对手。如果竞争对手生产的产品或服务更具有差别性,追求个性化的消费者就有可能改变偏好,放弃对自己产品或服务的需求,转向追求更具个性化的产品,使自己的差异化战略竞争力下降。

（4）购买者不再需要本组织赖以生存的产品差异化的因素。当市场发生改变，产品质量普遍提高，顾客对价格越来越敏感时，其差异化的重要性就降低了。另外，社会消费文化的改变，也会影响到顾客对产品差异化的追求。

3. 差异化战略的途径

组织成功地实施差异化战略，通常需要特殊类型的管理技能和组织结构。例如，组织需要从总体上提高某项经营业务的质量、树立品牌形象、保持先进技术和建立完善的分销渠道；需要具有很强的研究开发与市场营销能力的管理人员；同时在组织结构上，成功地实现差异化战略还需要良好的组织结构，以及能够确保激励员工创造性的激励体制和管理手段。

（三）集中化战略

集中化战略也称为目标集中战略、目标聚集战略，是指组织将经营重点放在一个特定的目标市场上，为特定地区或特定的购买人群提供特殊的产品或服务。因此，组织往往集中使用资源，以快于过去的增长速度来增加某种产品的销售额和市场占有率。集中化战略的前提条件是：组织业务的专一化，能够以更高的效率和更好的效果为某一狭窄的细分市场服务，从而超越在较为广阔范围内的竞争对手。

表 8.3　集中化战略与成本领先战略、差异化战略的比较

战略类型 项　目	集中化战略	成本领先战略	差异化战略
目　　标	细分市场	广大市场	广大市场
焦　　点	基于细分市场，成本更低	低总成本	产品特色
关　　键	以最低的总成本服务细分市场	保持低价格	不断创新产品

1. 集中化战略的类型

集中化战略旨在以更高的效率、更好的效果为某一类被选择的消费群体服务，从而超越在产业范围内的竞争对手，获得高于平均水平的利润。组织往往根据自己拥有的资源来决定采用哪种具体的集中化战略形式。根据集中化战略选择的结合点不同，可以分为集中成本战略和集中差异化战略等两种主要形式。

（1）集中成本战略。

集中成本战略以低成本为基础，通过向目标市场的顾客提供比竞争对手低的成本和价格，以保证获得竞争优势。组织通过把顾客限制在一个定义清晰的顾客

群中,通过降低成本来满足顾客需求,使自己在价值链上比竞争对手增值更多。

集中成本战略在实践中被普遍采用,是一种比较容易成功的战略选择。比如,市场上一些规模比较小的打印机生产制造商开始以低成本的仿制品代替惠普、佳能商标的高价墨盒,把墨盒分成几块,在不影响消费者使用的前提下重新组合。由于克隆墨盒的成本很低,大量交易就可以获得丰厚的利润。

(2) 集中差异化战略。

集中差异化战略通过向集中的顾客提供满足其独特品位和偏好的产品来获得竞争优势。寻找独特产品的顾客群、销售人员的能力和组织抵御竞争对手攻击的能力,是能否成功运用集中化战略的关键。

集中差异化战略的焦点在于差异化的切入点上。例如,劳斯莱斯、LV、欧莱雅、香奈儿和哈根达斯成功地运用集中差异化战略,锁定了偏好世界水平产品和服务的高端奢侈消费群。

2. 实施集中化战略的条件

集中化战略的目的就是在低成本或差异化的基础上建立竞争力,其实施的条件是:

(1) 目标市场的细分要有足够大的盈利空间和成长潜力;

(2) 目标市场要具有完全不同的顾客群;

(3) 组织的资源不允许其追求广泛的细分市场;

(4) 在相同的目标市场群中,其他竞争对手不打算实行重点集中的战略;

(5) 行业中各细分部分在规模、成长率以及获得能力方面存在着很大的差异。

3. 实施集中化战略的优势

实施集中化战略的优势包括以下三个方面:

(1) 集中力量服务特定的细分市场,经营目标集中、管理简单方便,经营成本比较低,组织能够为目标消费群提供更好的产品或服务;

(2) 规模大的组织由于追求高额销售收入,对于某些细分市场可能不感兴趣,这给中小组织实施集中化战略提供了良好的机遇;

(3) 服务于目标小的细分市场,独特的专业化生产能力能够有效防御各种竞争力量,实现规模经济效益。

4. 实施集中化战略的风险

组织实施集中化战略也面临着风险,主要风险包括:

(1) 竞争对手可以通过更有效的途径与集中化战略的实施者在目标市场竞争,

甚至可能提供更具有吸引力的产品,或者发展抵制实施者的专业技术和能力。

(2) 集中化战略放弃了其他市场变化,因而对环境的适应能力较差,有比较大的风险。如果目标市场突然发生变化,比如,技术进步、替代品出现、价格猛跌、购买者兴趣转移、价值观念更新等,组织就有可能陷入困境。如果组织实施单一产品或服务的增长战略,其风险将更大,因为产品或服务的市场萎缩,组织就会面临困境。

(3) 集中化战略的细分市场吸引力很大,容易吸引很多竞争对手,使得竞争加剧,利润降低。

(四) 最佳价值战略

最佳价值战略的目的是顾客用同样的价格可以购买到价值更高的产品。如果组织能够以更低的成本,组合各种吸引顾客的特征,就能够达到最佳价值的目标。为了达到这个目标,组织必须有资源和能力实现产品的高质量,并可以把一些特性加以组合,使之与产品性能相匹配,并提供优良的客户服务。

表8.4 组织的战略类型

分　类	战　略		含　义
事业部层战略	成本领先战略		以低成本价格获取用户
	差异化战略		以产品特色获取用户
	集中化战略		集聚某细分市场发展
公司层增长战略	一体化	前向一体化	与供应链下游企业整合发展
		后向一体化	与供应链上游企业整合发展
		横向一体化	与同行企业整合发展
	多元化	同心多元化	增加新的、与原来业务相关的产品
		横向多元化	向现有顾客提供新的异类业务
		混合多元化	增加新的、与原有业务不相关产品
	加强型	市场渗透	提高现有产品在现有市场的份额
		市场开发	将现有产品或服务打入新市场
		产品开发	提供新产品而提高销售
公司层紧缩战略	收缩战略		收缩或重组,加强基本经营能力
	剥离战略		出售部分业务,加强基本经营能力
	清算战略		将公司资产全部或分块出售

最佳价值战略介于低成本战略与差异化战略之间,并且对广泛的市场及特定的细分市场都有依赖,它在低成本和差异化之间寻求平衡。其竞争优势在于:对新的功能特性进行组合的同时,仍然能够保持低成本。因此,与竞争对手相比,就能以更低的价格出售让顾客满意的产品或服务。

顾客的多样化通常会造成产品的差异化,使得各种战略都有自己的生存空间。但是,如果顾客对价格和价值都比较敏感,采用最佳价值战略就会有很大的吸引力。因此,最佳价值战略往往把自己定位在市场中层,既可以在低价格下提供中等质量的产品,又可以在中等价格下提供高档产品。除非组织拥有资源、渠道或能力,以更低的成本将高消费品或服务组合起来,否则不适宜采用这种战略。

三、职能层战略

职能层战略是指组织中各职能部门制定的指导某种具体业务活动的战略。职能层战略主要根据职能工作的技术特点去执行、完成组织的公司层和事业部层战略。一般地,职能层战略主要回答以下问题:员工如何支撑公司层和事业部战略?职能层战略一般可分为营销战略、人力资源战略、财务战略、生产战略、研究开发战略等。因为职能战略是为组织战略和事业部层战略服务的,所以必须与公司战略和事业部战略相配合。

(一)市场营销战略

市场营销战略是组织的市场营销部门根据战略规划,在综合考虑外部市场机会及内部资源状况等因素的基础上,确定目标市场,选择相应的市场营销策略组合,并有效地实施和控制的过程。市场营销战略是组织最重要的职能战略,其基本内容包括市场细分战略、市场选择战略、市场进入战略、市场营销组合战略等。其基本内容往往都涉及产品、价格、营销渠道、促销组合的设计。

市场营销战略计划的制定是一个创造和反复的相互作用过程。对市场营销战略的评价可以采用销售额增长率、市场占有率、产品线宽度、用户满意度等指标,还可以通过行业对比和竞争对手对比来进行评价。

(二)财务战略

财务战略是指为谋求组织资金均衡有效的流动和实现组织整体战略,以增强组织财务竞争优势,在分析组织内外环境因素对资金流动影响的基础上,对组织资金流动进行全局性、长期性与创造性的谋划,并确保其顺利执行的过程。

财务战略主要探讨组织的公司层与事业部层战略对财务的要求,并寻求最佳财务行动方针。财务战略以提供最低成本的资金与灵活的融资能力,支持经营战略而带来竞争优势。因此,财务战略通常力图使组织财务价值最大化。财务战略的关注焦点是组织资金流动的影响,这是它不同于其他各种战略的质的规定性;财务战略应基于组织内外环境对资金流动的影响,这是它的环境分析特征所在;财务战略的目标是确保组织资金均衡有效流动并最终实现组织总体战略;财务战略应具备全局性、长期性和创造性等主要特征。

(三)研究开发战略

研究开发战略是组织对产品和工艺的创新与改进而制定的战略。组织的研究开发战略主要包括技术领先战略(创新先锋)和技术跟随者战略(模仿竞争者)两种。无论是技术领先战略还是技术跟随者战略,都可以成为组织实现成本领先或差异化的有效途径。但是,组织要想保持其持续的全球竞争优势,还必须依靠技术领先战略。

表 8.5 研究开发战略的竞争优势

优势＼类型	技术领先	技术跟随
成本优势	1. 率先推出最低成本的产品设计 2. 学习曲线上最领先的组织 3. 建立以低成本完成价值活动的行为方式	1. 通过学习领先者的经验,降低产品成本 2. 通过模仿,逃避研发费用
差异化	1. 率先推出增加购买者价值的独特产品 2. 在其他活动中创新,以增加购买者价值	1. 通过学习领先者的经验,改进产品或分销系统,更接近购买者需求

(四)生产战略

生产战略是指组织根据所选定的目标市场和产品特点,构造其生产系统时所应遵循的指导思想及其一系列决策、规划和计划。生产战略作为一个职能战略,其作用体现为在生产领域内取得某种竞争优势以支持组织的经营战略,而不局限于处理和解决生产领域内部的矛盾和问题。

生产战略与传统生产管理相比的两个特点:(1)强调对产品竞争力的保障,通过目标优先级的决策实现产品的竞争优势,而传统生产管理仅以成本和效率为中心,强调生产系统的高产出和规模经济;(2)生产战略强调各要素之间在生产类型结构框架下的协调性,而传统生产管理过分强调高效率与现代化技术的运用,往往使系统内部的要素组合失调,不能最佳发挥出结构的潜力。

（五）人力资源战略

人力资源战略是指组织为实现战略目标而制定的一系列有关人力、人才开发和管理的总体规划。它力图找到人力与组织之间的最佳匹配，是组织发展战略的重要组成部分。

人力资源战略抓住组织的战略目标和目的，将它们转化为前后一致的、整体化的、完善的员工管理计划和政策。人力资源战略从人力资源的质和量两方面入手，评估目前的人力资源的质量与组织目前、未来发展变化所需之间的差距，并满足这些要求。

第四节　战略管理

一、战略计划

（一）战略计划的概念

战略计划是指着眼于组织整体，为组织未来较长时期设立总体目标和寻求组织在环境中的地位的计划。战略计划决定了组织整体的发展目标、重点工作、资源配置和保障体系等，具有长期性、综合性和全局性等特征。战略计划包括如下四要素。

1. 远景与使命

战略性计划的任务不在于描述组织目前应该怎么样，而是在于看清组织将来会变成什么样。美国著名的管理学家彼得·德鲁克曾说过，"一个企业不是由它的名字、章程和公司条例来定义，而是由它的任务来定义的。企业只有具备了明确任务和目的，才可能制定明确和现实的企业目标。"因此，战略计划的首要内容是远景陈述和使命陈述。

2. 战略定位

组织通过外部环境和内部条件分析，选择未来的发展领域，确定自己将来在行业中的地位。未来发展领域规定了组织希望进入的竞争市场，是组织提供产品或服务满足市场需求的生存空间。比如，上海光明乳业公司主要经营范围为各类牛奶制品，而并不生产汽车、化妆品或家具。20世纪80年代著名企业家杰克·韦尔奇出任美国通用电气公司总裁时,他要求公司的各项业务都必须达到行业的第一或第二名的领先地位,若哪一个业务部门不能成为行业的主导者,就将被出卖或关闭以逐步淘汰出局。

3. 战略选择

通过对各种可供选择的战略进行比较和评估,选择适合组织发展的途径。例如,组织采用多元化发展战略,可以不断拓展新的业务领域,并规避行业周期性变化的风险。又如,组织运用目标集中化战略,瞄准了具有良好成长性的细分市场,就可以为目标消费群体提供更好的产品或服务。

4. 战略实施

战略实施即通过制定一系列战术计划将战略计划付诸实践,在具体经营中检验战略的效果。在实施战略的过程中,应该使用系统理念来充分考虑组织内各事业部之间、职能部门之间的协同作用,比如资金筹措、人员培训、新技术采用、组织结构调整、市场营销、资产运作等多方面内容。

(二)战略计划的内容

1. 现状分析

即详细分析有关组织的发展现状和发展历程,已经取得的主要经验和教训,组织具有哪些主要特征,组织目前在行业中的地位以及发展中遇到的瓶颈或困难等。

2. 内外部环境分析

面向未来某个时期,如未来 5 年或 10 年,甚至更长的时间,分析组织在这段时期内的外部环境变化,外部环境能够提供哪些机遇或威胁,同时剖析组织内部具有哪些优劣势。通过对内外部条件的分析,明确自身的具体情况,可以为组织未来的发展方向和可能性提供一些思路。在开展内外部环境分析的过程中,通常采用一种或多种战略分析方法,例如 SWOT 分析法、竞争地位—市场吸引力矩阵和核心竞争力分析等。

3. 指导思想与发展目标

经过深入分析之后,应给出组织未来某个发展时期的指导思想。而指导思想的内容具体包括发展的主线、发展的理念以及如何处理发展中面对的矛盾等。例如,中国未来发展的指导思想之一是全面落实科学发展观。政府和企业应把这种全新的发展理念应用到具体的管理实践中,指导实际的生产、经营活动。

同时,还应给出组织发展目标的定性描述和定量分析。发展目标的定量分析通常采用某些统计指标和指标值,具体刻画组织的发展要求。而指导思想和发展目标的描述则属于定性描述内容,应该采用具有高度概括性的语言文字,简练、明确地描绘组织的发展前景,生动逼真地表达出来,发挥激励、鼓舞员工的作用。

4. 重点工作与资源配置

根据指导思想和发展目标,给出相应的若干重点工作。应该对重点工作的定义和范围有清晰的描述,给出某项重点工作的具体内容。明白组织未来的重点工作,确定了组织的重点资源配置方向。

5. 保障体系与主要措施

为了保证战略的有效实施,推动重点工作的顺利开展,需要采用一系列的措施加以保障。战略保障体系的具体内容通常包括制度保障、人才保障、资金保障、组织保障、措施保障、物质保障、激励保障等方面。

(三)战略计划的作用

战略计划直接关系着组织的兴衰成败,在整个组织体系中有着极为重要的作用。其具体作用表现在:

(1)战略计划有利于组织明确方向。

战略计划为组织指明了发展的总方向,为组织在今后较长时间内的发展规划提供了蓝图,使得组织在成长过程中具有发展方向的导航器,并对组织的今后活动确定了严格的约束和规范。同时,清晰明确的发展方向还有利于组织上下协调一致、彼此相互支持。

(2)战略计划有利于合理配置组织资源。

组织资源的有限性决定了在使用过程中应该实施"少投入多产出"的基本原则。战略计划通过对组织经营领域的筛选和经营项目的优劣排序,大大减少了资源盲目投入而造成的不必要损失,从而使组织的资源得到合理利用和优化配置。

(3)战略计划有利于组织获取竞争优势。

组织如果期望长久生存与发展,就必须具有自己的特殊长处,适应社会的变化,做到趋利避害。战略建立在对组织系统的深刻认识和环境分析基础上,将有助于组织充分利用自身优势,抓住稍纵即逝的机会,扩大市场份额,巩固自己的竞争地位。

二、战略管理过程

战略管理的实质不是战略而是动态的管理。战略管理的任务在于,通过战略制定、战略实施和战略控制,实现组织的战略目标。战略管理过程具体包括确定组织使命、战略分析、战略选择、战略制定、战略实施和战略评估等环节。

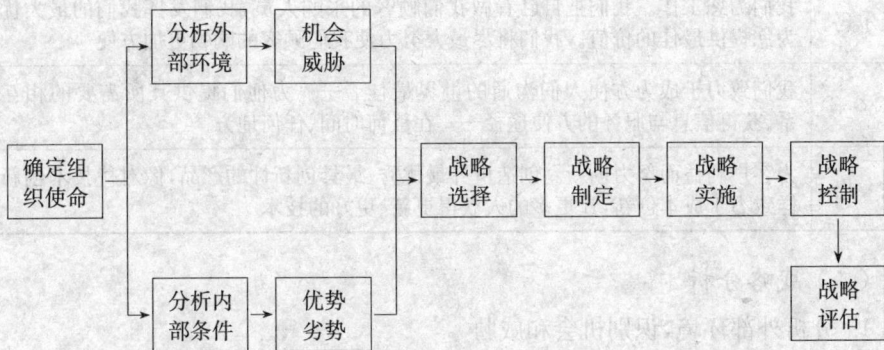

图 8.8　战略管理过程

(一) 明确组织使命

每个组织都有自己的使命,使命是对组织目的的陈述,它规定了组织的存在目的和从事的事业。使命是组织最基本的经营目标,它回答了组织存在的理由,并且是一种区别于其他组织的经营哲学。确定组织的使命是战略制定的第一步,它会迫使管理者仔细地确定组织的产品和服务范围。组织使命一旦确定,就应在组织计划中得到正式表达,然后通过制定合适的战略对后续步骤进行指导。

确定组织的使命一般分为两步:

(1) 确定业务领域。明确组织的业务领域,才能进一步确定组织能够为顾客创造什么价值。为了确定业务领域,管理者要思考以下问题:谁是我们的顾客? 我们应该提供什么样的产品和服务? 我们怎样满足顾客需求? 这些问题都有助于管理者确定组织的业务领域。

(2) 明确组织的目标。在确定业务领域之后,管理者要建立组织的经营目标,因为目标能够使组织具有方向性和使命感。因而,经营目标是组织使命的具体表现和细化形式,它决定了组织的发展路径。一般地,组织的目标是由高层管理者根据组织使命而提出和制定的。比如,通用电气的 CEO 韦尔奇确定了"不是第一就是第二"的企业目标。

表 8.6　世界上一些著名公司的使命

公司名称	使命
沃尔玛	我们为您工作。我们把自己看做我们顾客的采购人员,我们发挥我们的最大优势为您提供最佳的价值。我们将尽最大努力使我们顾客的购物更加方便
AT&T	我们致力于成为方便人们沟通的世界最佳者——为他们提供其所需要的相互联系、获得信息与服务的方便途径——在任何时间、任何地方
联　想	为客户利益而努力创新。创造世界最优秀、最具创新性的产品,像对待技术创新一样致力于成本创新,让更多的人获得更新、更好的技术

（二）战略分析

1. 分析外部环境,识别机会和威胁

外部环境分析最重要的是社会的宏观环境分析,宏观环境分析中应主要考虑以下五大变量：

（1）经济力量。

美国众多的学者研究表明,共有 27 项经济因素的变化可能给企业带来机会或威胁。核心的经济因素有六个部分：①国家宏观经济政策、经济发展趋势、产业结构变化、通货膨胀率、利率水平;②国民生活消费状况、居民平均收入、消费率与储蓄率、失业率、地区和消费群体差距;③金融政策、货币政策、汇率动向、银行信贷、股票市场动向;④对外经贸政策、进出口情况、劳动力和资本输出变化;⑤财政政策、政府赤字预算、税收政策和外债承受能力;⑥国际经济的动向等。

（2）社会文化和环境。

主要影响因素有四部分：①社会因素：家庭结构变化、离婚率、单亲家庭数量、儿童生长与保健、社会职责感;②文化因素：人们的价值观、风俗习惯、行为准则,劳动者的教育水平,职业分布的变化;③人口因素：社会老龄化,民族和性别的人口结构变化,人口和地区教育水平和生活方式差异;④环境因素：对自然环境的保护、废品再利用政策、水资源及空气污染、生态平衡和沙漠化等。

（3）政治和法律。

影响企业的政治、法律方面的因素主要包括如下内容：政府政策的稳定性、税率和税法的变化、企业法、雇佣法、反垄断法、广告法、环保法、关税、专利法的改变,政治运动、国防（军费）开支、进出口政策、政府预算和货币改革,各地方政府的特殊法律规定,对外国企业的态度等。

（4）技术。

科学技术的快速发展，给企业生产过程和技术带来了巨大影响。比如，计算机的广泛应用、互联网的发展、机器人柔性工厂、高效药物、太空通讯、激光技术、卫星通讯网络、光导纤维、生物工程和生命工程等技术。技术革新会对企业的产品、服务、市场供应者、供货、竞争者、顾客和市场销售手段产生直接影响。

（5）竞争对手。

竞争对手通常来自相同行业，甄别竞争对手主要考虑对方的长处、短处、能力、机会、威胁、目标和战略。收集和评价竞争对手的信息是形成战略取得成功的基本条件。应把握竞争对手的动向和策略，做到知己知彼、百战不殆。

环境分析的主要任务是寻找与组织相关的发展机遇。由于不同组织之间的差异，环境变化将对各类组织产生不同的影响，提供不同的机遇。

2. 分析组织资源，识别优势和劣势

首先，分析组织拥有的资源，例如，组织拥有的人才资源、销售网络资源、技术储备资源（拥有专利和专有技术）、信息管理资源、企业商誉等，应明确哪些资源能够在未来发展中继续发挥重大作用。其次，对自身组织的优势与劣势展开分析。管理者要明白组织的优势及劣势在什么地方。

（三）战略选择

战略选择是指综合考虑未来时期的外部环境机会和威胁以及组织内部的优势和劣势，调整组织的宗旨和目标。例如，经济一体化的大背景为企业跨国经营提供了便利，企业应该考虑在全球寻找资源，以及开发全球市场。若企业确定在未来时期要开发海外业务，那么企业发展目标就要发生变化，由以国内市场为主转向国内市场与海外市场并重。

（四）战略制定

战略制定是指在新的组织宗旨和目标下，思考各种可行的战略方案，进而对各个层次的战略备选方案开展评价。然后，确定未来发展的战略计划，包括相应的政策和措施。战略计划不仅应该做到各个层次的协调一致，而且能够最佳利用组织资源和市场机会。

（五）战略实施

再好的战略计划，如果不恰当地贯彻实施，也只是空中楼阁。战略实施的关键是组织落实，行动是实现目标和战略的重要手段。同时，战略决定组织结构，如果公司战略有重大改变，那么就有必要对该组织的总体结构重新加以设计。

战略实施的另一个问题是管理者和关键人员,通过管理者和关键人员的创造性工作,可使战略的各个环节得到有效落实。

（六）战略控制

战略控制主要是指在企业的战略实施过程中,检查企业为达到目标所进行的各项活动的进展情况,把它与既定的战略目标、绩效标准进行对比,发现战略差距,分析产生偏差的原因,采取措施纠正偏差,使企业战略实施与当前所处的内外环境保持协调,实现战略目标。

（七）战略评估

战略评估是整个战略管理过程的最后一个环节。在战略计划实施过程中,需要对其实施情况进行跟踪检查,明确各项活动进展正常与否,以及预期成果的实现情况。评估指标含定性指标和定量指标两方面。在定性指标方面,包括战略计划与环境的适应性,对环境机会的把握等。

第五节　战略分析方法

一、SWOT 分析法

SWOT 是企业内部优势（strengths）、劣势（weaknesses）、外部环境机会（opportunities）、威胁（threats）的英文简称。SWOT 分析法是确定企业生存环境和发展战略的一种决策分析方法。由于 SWOT 分析法简明易懂、分析便捷,故其具有很大可操作性。

开展 SWOT 分析的步骤为:

(1) 采用列举的方法,分别逐项分析企业内部的优势和劣势,如果列举的项目较多,应取其中主要的项目,以便把握企业内部优势和劣势的重点,然后把列举的项目按重要性排序;

(2) 采用列举的方法,对外部环境的机会和威胁开展分析,列举出主要项目内容,并按重要性排序;

(3) 分析企业内部优势和劣势,与外部环境机会和威胁之间的关系,反复比较和研究。比如,外部环境提供了机会,企业内部刚好具有这方面的优势;

(4) 根据 SWOT 分析,给出相应的发展战略,如增长型战略、多元化经营战略、扭转型战略和防御型战略等。

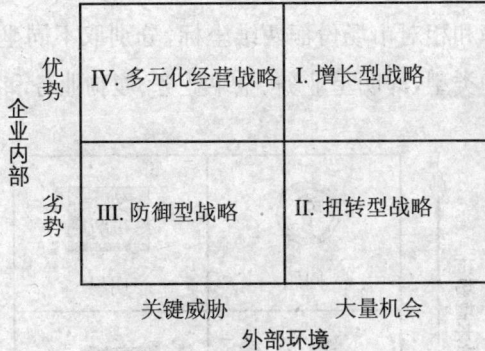

图 8.9　SWOT 分析图

其中,第 I 类的企业具有良好外部机会和有利内部条件,可以采取增长型战略,如开发市场、增加产量等,充分把握环境提供的发展良机。第 II 类企业虽然面临良好的外部机会,但是受到内部劣势的限制,因此可采取扭转型战略,设法清除内部不利的条件,以便尽快形成利用环境机会的能力;第 III 类企业内部存在劣势,外部面临巨大威胁,可以采用防御型战略,例如收缩业务范围,甚至退出经营,以设法避开威胁和消除劣势。第 IV 类企业具有强大的内部实力,但外部环境存在威胁,宜采用相关多元化经营战略,它一方面使自己的优势实力得到更充分的利用,另一方面也使经营风险得到一定程度的分散。

二、经营业务组合分析法

美国波士顿咨询公司(BCG)为企业平衡各项经营业务和资源分配,提出了经营业务组合分析法,又称为波士顿增长—份额矩阵。该方法的前提假设是,企业经营两项以上的业务,这些业务扩展、维持还是收缩,应该立足于企业全局的角度加以确定,以便使各项经营业务在收益与现金收入方面形成相互补充、相互促进的良性发展状态。

这种方法指出,企业应该综合考虑每项经营业务的市场增长,以及相对竞争地位。市场增长状况反映了某项业务的市场发展和潜力,具体采用近两年平均销售增长率来表示。通常,平均市场销售增长率在 10% 以上为高增长业务,10% 以下则为低增长业务。确定相对竞争地位的方法有：分析市场占有率或相对市场占有率。市场占有率决定了企业在该项业务经营中获得现金回笼的能力及速度。较高的市场占有率可以带来较大的销售量和销售利润额，从而能使企业得到较多的现金流量。

根据市场增长率和相对市场份额两维坐标，分别取不同坐标值，可以把企业的经营业务划分为四种类型，即明星业务、金牛业务、瘦狗业务和问题业务。

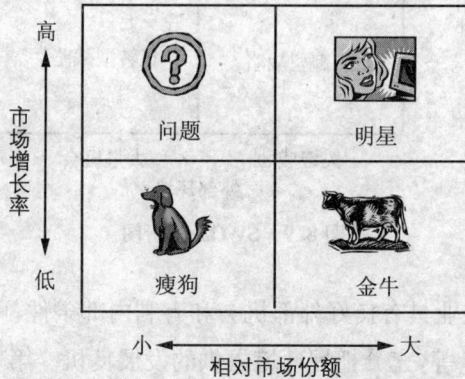

图8.10　经营业务组合分析图

（一）"明星"业务

这类经营业务的市场增长率和企业相对竞争地位都较高，能给企业带来较高的利润，但同时也需企业增加投资，以便跟上总体市场的增长速度，巩固和提高市场占有率。"明星"业务的基本特点是，无论其所回笼的现金还是所需要的现金投入，数量都非常大，两者相抵后的现金流有很大不确定性，有可能出现零或者负值状态。

（二）"金牛"业务

该类经营业务的特点是，企业拥有较高的市场占有率，相对竞争地位强，能从经营中获得高额利润和高额现金回笼，但该项业务的市场增长率低，前景并不好，因而不宜投入很多资金盲目追求发展。应该将大力维护和增加当前市场份额，使"金牛"类业务成为企业发展其他业务的重要资金来源。

（三）"瘦狗"业务

这是指市场销售增长率比较低，市场上相对竞争地位较弱。由于销售前景和市场份额都比较小，经营这类业务只能给企业带来极小的利润。对这种不景气的"瘦狗"类经营业务，企业应采取缩小业务规模，或者采取清算或放弃的策略。

(四)"问题"业务

这类经营业务的市场增长率较高,但企业目前拥有的市场占有率相对较低,其原因很可能是企业刚进入该项相当有前途的经营领域。由于高增长速度要求大量的资金投入,但是较低的市场占有率又只能带来少量的现金回笼;因此,企业需要将由其他渠道获得的大量现金投入该项"问题"业务中,使其尽快扩大生产经营规模,提高市场份额。采取这种策略的目的就是使"问题"业务尽快转变成"明星"业务。但是如果决策者认为某些刚开发的业务并不可能转成为"明星",则应及时采取放弃策略,因为这类业务如果勉强维持下去,企业可能要投入相当的资金,其投资量甚至还会超过它们提供的现金量。这样,企业就很容易出现资金的短缺。

经营业务组合分析法将企业所有的经营业务综合到一个平面矩阵图中,使决策者可以直观地综合分析各种经营业务,判断企业经营中存在的主要问题,以及未来的发展方向。

比较理想的经营业务组合情况应该是:企业有较多的"明星"类和"金牛"类业务,同时有一定数量的"问题"类业务和少量的"瘦狗"类业务,这样企业在当前和未来都可以取得比较好的现金流量平衡。

三、竞争地位—市场吸引力矩阵

(一)竞争地位—市场吸引力矩阵

20世纪70年代美国通用电气公司(GE)与麦肯锡公司联合开发了竞争地位—市场吸引力矩阵。竞争地位—市场吸引力矩阵设两个决策变量,即竞争地位和市场吸引力。

竞争地位—市场吸引力矩阵与经营业务组合法(波士顿增长—份额矩阵)的区别在于,两个决策分量不是单一指标,而是分别综合了环境和内部的若干关键因素。每个决策变量给出三个水平,并与不同的战略相对应。

市场吸引力	高	(1) 成长/渗透	(4) 发展性投资	(7) 选择性投资或剥离
	中	(2) 选择性收获或投资	(5) 细分市场或选择性投资	(8) 有控制的退出或剥离
	低	(3) 收获利润	(6) 有控制的收获	(9) 快速退出或攻击性业务
		强	中	弱
			竞争地位	

图 8.11　竞争地位—市场吸引力矩阵

　　为了评价各项经营业务的"市场吸引力"和"竞争地位",采用一套定量评价系统。通过评价,计算得出各项经营业务"市场吸引力"和"竞争地位"的数值,即两维坐标值。另外,各项经营业务的规模,由代表该业务的圆圈面积大小表示。

　　在竞争地位—市场吸引力矩阵中,每个方格都给出了一种决策方案。左上角(成长/渗透)内的业务具有高市场吸引力和强竞争力地位,这类业务享有高增长率,应优先考虑加强投资。左列中间单元格(防御/投资地位)的业务处在吸引力稍低的市场里,但必须保证足够的投资以保持已确立的强竞争地位。处在左下角(收获利润)业务的市场吸引力较低,但其相对竞争地位仍较高,这类业务通常能产生丰厚的利润,但该利润不应用于再投资。因此盈余现金可以抽出来投资那些缺乏资金的业务,或用于提供其他类型的资源。

　　竞争地位—市场吸引力矩阵中间位置的业务,需要认真进行市场细分分析,进行选择性投资。处在矩阵右侧中央(8)的业务则应撤出/剥离或追求地位战略。处在右下角(9)的业务市场吸引力弱,竞争地位弱,这类业务只可能带来损失,不可能产生正的现金流量,应该关闭或剥离。还有一种选择是使其成为攻击性业务,去攻击竞争者的收获性业务,削弱它们的现金创造能力。竞争地位—市场吸引力矩阵中的每一项战略,均隐含着不同的目标,若企业目标发展变化,内部管理系统和激励系统也要随之变化。

　　竞争地位—市场吸引力矩阵给出了一种综合方法,用于评价经营业务的战略地位,使得管理者可以综合分析各经营业务的关系,以便于未来的发展。

　　(二) 竞争地位的加权评分法

　　加权评分法的步骤如下:①根据企业经营业务的状况,设计"竞争地位"若干指标值;②给每个指标一个权重,各个指标的权重之和等于1;③通过数据搜集或专家评分,给出某项经营业务每个指标的得分值;④通过加权计算,得到该项经营业务竞争地位的综合评价得分。

表 8.7　采用加权评分法评价企业业务的竞争地位(举例)

决定性成功因素 I	权重	评分	加权分数	决定性成功因素 II	权重	评分	加权分数
1. 市场份额	0.1	5	0.5	10. 经验曲线效应	0.15	4	0.6
2. SBU 增长率	x	3	～	11. 原材料成本	0.05	4	0.2
3. 产品线宽度	0.05	4	0.2	12. 附加价值	x	4	～
4. 分销渠道的有效性	0.2	4	0.8	13. 相对产品质量	0.15	4	0.6

决定性成功因素 I	权重	评分	加权分数	决定性成功因素 II	权重	评分	加权分数
5. 专利和关键技术优势	x	3	～	14. 研发优势/地位	0.05	4	0.2
6. 价格竞争力	x	4	～	15. 现金交付	0.1	5	0.5
7. 广告和促销效果	0.05	4	0.2	16. 职员素质	x	4	～
8. 设施定位与新旧程度	0.05	5	0.25	17. 整体形象	0.05	5	0.25
9. 生产能力和生产率	x	3	～				
合　计					1		4.3

注:(1) x 表示此因素不影响企业在此行业中的相对竞争地位;

(2) 1=非常弱的竞争地位,5=非常强的竞争地位。

表 8.7 中,共选择了 17 项指标,有 11 项指标给出了具体的权重,有 6 项指标作为参考指标,没有给出具体权重。采用专家打分法,给出每项指标得分值,最低分为 1 分,最高分为 5 分。然后,经过加权计算,得到该经营业务竞争地位的综合得分为 4.3 分,即为矩阵图上竞争地位的坐标值。

评价经营业务竞争地位的常用指标:

(1)市场份额。市场份额等于企业某业务销售额除以市场上该项业务的全部销售额。

(2)相对市场份额。相对市场份额等于企业某业务市场份额除以其他三家最大竞争对手的市场份额之和。

(3)市场份额趋势。过去三年内的市场份额趋势。

(4)相对获利能力。相对获利能力等于公司产品获利能力值,除以其他三家最大竞争对手的平均获利能力值。

(5)相对价。公司产品的价格与其他三大竞争对手平均价格相比所得的百分比。

(6)顾客集中度。构成 80%公司业务量的顾客数量,购买者越少,其力量也就越强。

(7)产品创新速度。过去三年新产品销售额在总销售额中所占的百分比。

(三) 市场吸引力的加权评分法

参照竞争地位的加权评分法,根据同样的道理可对市场吸引力决策变量打分评价。

表 8.8　采用加权分数评价市场吸引力(举例)

吸引力指标 I	权重	评分	加权分数	吸引力指标 II	权重	评分	加权分数
1. 规模	0.15	4	0.60	9. 周期性	0.05	2	0.10
2. 增长	0.12	3	0.36	10. 顾客经济能力	0.10	5	0.50
3. 定价	0.05	3	0.15	11. 能源压力	0.08	4	0.32
4. 市场多样性	0.05	2	0.10	12. 社会因素	x	4	～
5. 竞争结构	0.05	3	0.15	13. 环境因素	x	4	～
6. 行业获得能力	0.20	3	0.60	14. 法律因素	x	4	～
7. 技术地位	0.05	4	0.20	15. 人文因素	0.05	4	0.02
8. 对通货膨胀的脆弱性	0.05	2	0.10	合　计	1.00	51	3.38

注:x 表示此因素对市场吸引力的影响很小,权重近似为零。

其中,共选择了 15 项指标,有 3 项指标是参考指标,给出 12 项指标权重值,通过专家打分和加权计算,得到该项经营业务市场吸引力的综合得分为 3.38。

四、驱动力法

驱动力法强调来自企业自身的动力。驱动力法有两个基本变量:机遇和驱动力。基本思路是战略方案=机遇+驱动力。其中,驱动力包括企业优势和决策者意愿两个方面。

通过研究发现,企业发展的驱动力有多种类型,各自具有不同的特点。

(1) 快速反应型。

市场反应驱动型企业善于对市场变化作出快速和恰当的反应。一旦确定了某个市场,这类企业会开发新产品或服务,努力满足目标市场的消费者需求。

(2) 优质产品或服务型。

优质驱动型企业提供的产品和服务范围很窄,在本行业中通常以"最好"和"最专业"著称。这些企业趋向专业化方向发展,在特定的产品或服务领域成为最优质的供应商。优质驱动力企业致力于有限产品或服务上,不断提高产品质量和信誉。

(3) 生产效率型。

生产效率驱动型的企业首先考虑的是提升现有生产和服务的效率,即实现能力最大或效率最高。这类企业的特点是能够提供价格低廉的产品或服务,或提供大批量的产品或服务,或在短时间内提供产品或服务。美国福特公司、麦当劳公司和肯德基公司等就是这种类型的代表。

（4）自然资源或人力资源。

自然资源驱动型企业将自然资源和人力资源等作为竞争优势的关键。自然资源包括石油、木材、农作物、牧场和金属。企业区位条件也是一种资源。

（5）市场支配型。

市场支配驱动型的企业的目标是占有、扩大和控制市场。这类企业追求市场份额的持续、显著增长。为达到目的，一般采取合并、收购、降价、快速扩张性投资等方式。这类企业希望迅速扩大销售规模和品牌认知度，由此加强对市场的控制。

（6）利润驱动型。

利润驱动型公司总是处于"收获"的状态。这些企业特别重视短期边际利益，所以，他们常常推迟或减少对自身的重要投资。

（7）销售方法型。

销售方法驱动型企业以具有创意的销售方法为主要力量，并将其转化为竞争优势。例如，分时销售、网上销售、多层次销售组织、自动化购物服务等。亚马逊书店、戴尔电脑均为这种类型。

（8）分销方法型。

分销方法驱动型企业通过建立分销渠道，向相同或相似的市场提供多种产品或服务。企业将分销产品或服务作为首要驱动力，并由此产生竞争优势。该企业建立了分销网络，并充分利用这一网络，用以配送其他各类产品或服务。

（9）技术优势型。

技术优势驱动型的企业拥有尖端技术，能在技术竞争中领先于竞争对手。这类企业不断投资、开发或应用最新技术，以维持竞争优势。例如，日本丰田公司、索尼公司和美国 3M 公司就是这种类型的企业。

案例分析一

海尔集团实施多元化战略的实践

一、海尔集团多元化战略的发展阶段

（1）高度相关多元化时期（1992—1996 年）。

1992 年海尔进入的冰柜和空调行业与之前经营的电冰箱行业存在高度的相关性。1995 年海尔进入洗衣机行业，这与以前的制冷家电行业存在较高的相关性，技

术方面中度相关,但洗衣机生产技术低于制冷家电,因此,技术协同作用较明显;市场方面,品牌、销售网络等资源可以完全共事,是高度相关的。

(2) 中度相关多元化时期(1997年)。

1997年海尔进入的黑色家电行业与以前经营的白色家电行业存在中度的相关性:技术方面,由于白色家电的关键技术是设计,而黑色家电大多是以电子技术为核心,两者之间技术相关性是低度的;市场方面,品牌及销售资源是高度相关的。

1997年海尔进入的家居设备行业与家电行业存在中度的相关性:技术方面除利用家电技术外,还需要一些其他技术,因此是低度相关的;市场方面可利用家电的销售服务网络,再增加安装服务,因此是高度相关的。

(3) 非相关多元化时期(1997年——)。

1997年海尔谨慎地尝试进入医药行业——一个与家电行业在技术和市场方面均为无相关的行业。这也许是海尔集团未来进军生物工程领域的战略准备行为。1998年海尔进入的知识产业与家电行业是垂直一体化关系:海尔各行业中的技术难题是这类企业的研究课题,这类企业将新技术和新产品直接转让给海尔集团使用并推向市场。

二、海尔集团开展多元化经营的动机

海尔从家电行业发展壮大,其主导产品在行业中处于优势地位,这为发展多元化战略提供了基础。当企业处于其生命周期的盛年期,为了开拓发展空间,企业倾向于选择多元化发展战略。海尔选择多元化发展是由市场占有率驱动的。海尔集团总裁张瑞敏认为:任何产品的市场容量都是有限的。随着企业经营规模的扩大,当市场占有率达到一定的水平时,再要求进一步提高就要付出很大的代价。在这种情况下,企业适时地转向另一个竞争不太激烈的市场,是一种合乎理性的选择。

海尔从市场的角度来看待产品,不同的产品意味着不同的市场。当企业在这一市场上的占有率处于领先地位,并趋于饱和状态,这时市场上竞争激烈,企业若想进一步扩大份额,付出的成本将很大。这样,企业进入另一个更有潜力的市场相比之下将更为有利。海尔集团在电冰箱市场占有率处于领先地位之后,逐渐进入了空调、洗衣机市场,并且迅速占据了市场,接着进入彩电市场,取得了惊人的成绩。海尔集团对产品的要求是市场占有率必须在国内行业前三名,这就意味着企业在每一个市场中都具有竞争优势。海尔追求市场占有率的动机驱使企业进行多元化发展战略,依靠"东方亮了再亮西方"的模式,企业规模不断扩大。

三、海尔集团开展多元化经营的类型

海尔1997年以前采取的是相关多元化发展战略。海尔集团的多元化经营所选择进入的市场都是家电、电子行业,生产的是与企业原主导产品相关的产品。海尔从生产电冰箱开始发展,逐渐生产空调器、洗衣机和彩电等,并且在市场上占据了一定的优势。海尔的产品在技术上、工艺上相近,市场比较接近,因而可以共享广告、销售系统和售后服务等资源,企业的商标和信誉可以转移到新产品上。

1997 年 4 月,海尔控股青岛第三制药厂 80% 的股份。1998 年,海尔的扩张目标投向了国家级科研机构;继该年 1 月对工程塑料国家工程研究中心实行控股经营后,4 月又与广播电视电影总局广播科学研究院合资成立了海尔广科数字技术开发有限公司,旨在以数字技术占领未来数字化家电制高点。此外,海尔还向生物工程、食品行业、金融保险等行业进行了扩展。这样,海尔的多元化战略就由相关多元化变为了非相关多元化。

四、海尔集团开展多元化发展的途径

海尔的一个突出特点是针对不同情况采取不同的进入方式。进入新行业一般有三种不同的方式:内部发展,主要依靠企业自身的经营资源进入新行业;外部并购,通过合并收购其他企业进入新行业;以合资合作为主的战略联盟,通过与其他企业建立合资合作等形式的战略联盟进入新行业。这三种方式各有不同的适用范围、条件,各有不同的优点和不足,对经营资源差距的缩小各有不同的作用。

海尔集团进入新行业的方式是综合运用的,即根据不同的具体情况选择较为合适的方式。例如,海尔采取内部发展方式进入的新行业主要有家居设备行业,因为这个行业技术是综合性的,海尔集团在其组成技术上均有相当的积累,而且销售资源可以共享,所以内部发展较为合适。

海尔采取外部并购方式进入的新行业主要有空调、冰柜、洗衣机、微波炉等,这方面有一定的行政因素起作用,但由于海尔自身拥有较高的管理能力、品牌价值和良好的销售服务网络,并购后企业经营也获得了成功。

海尔采取合资方式进入的新行业主要有小家电、彩电、知识产业等,这种方式利用了合资方的经营资源优势,缩小了进入新行业的经营资源差距。

五、海尔集团多元化战略的运行效果

海尔基本上采取的是相关多元化为主的道路,其相关多元化也是依次进入高度相关、中度相关和低度相关的行业,等到企业能力有显著提高时才考虑谨慎地开展非相关多元化经营。海尔集团坚持相关多元化发展,沿着电气、电子技术方向发展,是在主导产业领域稳定的基础上发展的,是发挥专业领域优势的多元化经营。

实践证明,海尔的多元化战略取得了成功,企业的规模和实力迅速扩大,已逐渐成为亚洲甚至全球较有声望的企业(1998 年被评为亚洲十大最具声望的企业之一)。海尔的多元化经营是拿利润换市场占有率,以便将来获取更大的利益。1997年海尔的营业额为 108.76 亿元,利税为 6.82 亿元。

但是,也有人对海尔的多元化策略提出了质疑。海尔的品牌很有知名度,市场运作能力也强,企业管理水平较高,但靠这些就能保证其多元化策略成功么?海尔早期能够顺利地将产品线从电冰箱扩展到洗衣机、空调,很大程度上是因为当时中国家电业利润率高,竞争不甚激烈,市场有空白。

20 世纪 90 年代后期至今,电视机、电脑、手机等产品面临着激烈的市场竞争,海尔依着扩张冲动盲目杀入这些领域,立马就碰到麻烦。它的能力没有想象中强,它没有机会做到市场前三强。按照海尔所崇尚的通用电气公司(GE)韦尔奇的理论,做不到前三强,就得关停、弃子。可海尔没有这个勇气。这一方面是为了维护形象的需要,另一方面也是因为海尔的"全球五百强"情绪在作怪。

海尔真正优于同行的包括品牌在内的销售和服务,是海尔多元化战略顺利进行的一个关键因素。海尔的多元化经营是围绕海尔品牌做文章的。海尔的战略是把海尔的品牌延伸到其他相关领域,如电视机、计算机。但这些领域竞争的残酷程度并不比白色家电领域低。很难想象,海尔在这些领域都能成为市场前三名,而且,海尔在这些新领域要有很大的投入。联想到最近有关海尔的种种新闻,资源能否得到有效保证还将是一个谜。

(资料来源:孙元欣:《管理学——原理、方法、案例》,科学出版社 2006 年版。)

案例思考题:

1. 请分析海尔多元化经营战略成功的关键在哪里?其中隐含了哪些风险?
2. 海尔多元化策略是什么?海尔的企业文化对其多元化经营是否产生了积极影响?
3. 海尔的经营范围是否应该继续向不相关行业扩散呢?

案例分析二

美国东方航空公司的战略调整

吉奥丽娅·鲁妮于 20 世纪 90 年代末任美国东方航空公司的总裁,在此之前她已在另外两大航空公司担任执行副总裁并充分证明了她的能力。与大多数其他生存下来的航空一样，美国东方航空公司也经历了20世纪90年代初的艰难时期。但是，在新世纪来临之际，鲁妮接管了这家经营不错的航空公司。但是，鲁妮并不满足于现状，她想干得更好，而且她知道该怎么做。

鲁妮发现航空服务业的服务质量数年来持续下降。机场拥挤、航班延误、定票超员、偶尔发生的灾难性事故以及其他因素导致乘客们对该行业怨声载道。与此同时，乘客的飞行距离也达到了空前的规模。

鲁妮的机会来了，她终于可以将自己坚信不疑的航空公司的管理方法付诸实践了："你做什么并不重要，重要的是看你怎么做。"她反复告诫员工："我们要做的事情并没有什么了不起的。我们只不过是将乘客从一个地方运往另一个地方。但是，与竞争对手不同的是要看我们如何运送这些乘客。"东方航空公司是一个"讲究舒适飞行的航空公司"。公司在每架飞机上腾出一块地方，改装成能容纳一名乘客的微型酒吧。对于那些不愿离开座位的乘客，公司照例每次飞行给每人免费赠送两杯饮料，而且送到座位上。另外，公司还聘用了一名国际知名的厨师来监督食品服务系统，以便尽量按技术标准制作出美味的饭菜。在乘客走下每一架东方航空的飞机之前，公司将对他们进行摸底，弄清他们对飞行的基本服务和对东方航空"讲究舒适飞行"的做法有何意见。鲁妮这次活动的最初结果表明，乘客的满意度在通航业中高居榜首。1个月之后，令人吃惊的事发生了，公司竟然未接到客人的任何申诉。这下让鲁妮高兴坏了。"有人说航空公司的服务不可能不出现任何失误，但我们证明了这种说法是不正确的。"乘客们为东方航空欢呼并尽可能地乘坐东航的航班，有时他们只是为了好玩，但心里却非常清楚世界上没有免费的午餐。为了保证超一流的服务，东方航空大幅度提高了机票的价格，但有些人却乐意出高价。

但是，不幸的是乘坐东方航空公司的乘客数量反而急剧下降。继续乘坐东方航空的乘客热爱东方航空，他们不断地为东方航空宣传。然而，这样做的人并不多。鲁妮意识到，她被那个绝妙的调查结果给骗了。她调查的只是继续乘坐东方航空航班的人，并没有包括那些"一去不复返"的人。

通过对更广泛的人进行调查，包括以前的乘客和其他航空公司的乘客，鲁妮改变了她的经营策略。"说穿了，"她说，"这真是一项简单的买卖。轮船曾经是一种交通工具，现在虽然有豪华客轮，但结果并没有让航运业走出困境。但是，我们的生意却不同，人们要的是飞来飞去，但是要尽量少花钱。现在的市场上，人们期望的就是便宜的价格。因此,我们就应该满足他们。我们不能忘记我们那些忠实的乘客。如果这一步走得好,我们就能把他们都吸引过来。"

为了执行新策略,东方航空公司减少了头等舱的座位,但把座位的尺寸加大,增加一流的设备和服务。这样,那些曾经赞成"舒适飞行"并愿意为此支付高额票价的乘客就会留下来。但是,在飞机的其他空间,"经济便利"成了公司的口号。飞机里加入了大量的座位,航班服务人员大大减少,以糕点为主的"饭菜"变成了椒盐卷饼。

东方航空公司的利润开始回升,但是,申诉的人却创下了历史纪录。典型的意见有:

"你们的服务只在头等舱。我们这些被塞在后面的人怎么办?"

"我看装在牲畜卡车里的那些家伙比我们的条件还好。"

"我以前可以坐在窗前或过道旁,现在却总是被夹在中间,怎么回事儿?"

"我知道你们公司发大财了。用那些钱改善一下我们乘客的飞行条件,好吗?"

"我身高 1.85 m,可我却还得缩着腿窝在你们留给我的那块弹丸之地里。"

"座位太窄了,挨得太近。服务员把椒盐卷饼递给我时,好像我们的飞机在降落!"

"我看环城巴士上的座位和服务都比这好。"

这些失望和愤怒的乘客把气全撒在机组人员身上。机组人员的工作士气开始下降。鲁妮感到为难和丧气。"在这种行业中你们无法取胜。你满足了人们的需要,埋怨却大大增加。"

她很关心下次的董事会,董事们将对她的管理作出何种评价呢?

(资料来源:Rober C Ford & Cherrill P. Heaton,边毅、赵丰跃译:《现代美国旅游饭店服务管理》,湖南科学技术出版社 2003 年版。)

案例思考题:

1. 决定航空公司生产能力的关键因素是什么?

2. 实践证明,影响东方航空公司顾客需求的关键因素是什么?

3. 东方航空公司的实践说明,顾客需求量和服务质量是"鱼和熊掌不可兼得"的。你怎么看待这个问题?你有什么建议提供给鲁妮吗?

本章小结

战略计划是关于组织整体的长期性、综合性和全局性的计划。

大型公司的战略主要包括企业战略、事业部战略和职能战略。

获取竞争优势有三种基本竞争战略:总成本领先战略、差异化战略和目标集聚战略。

核心竞争力是能使公司为客户带来特殊利益的一种独有技能或技术。企业核心竞争力有四项主要特征:具有顾客可感知的价值;具备独特性;使得竞争对手难以模仿;获取范围经济的源泉。

多元化战略是指企业在原主导产业范围以外的领域从事生产经营活动。多元化经营是企业开拓经营空间,建立新的增长点的一种有效战略。

战略计划方法有:SWOT 分析法、经营业务组合分析法、竞争地位—市场吸引力矩阵和驱动力法等。

本章思考题

1. 试论述战略的含义、特征与作用。
2. 战略管理过程分为哪几个步骤?
3. 战略有什么价值?
4. 波特的五种竞争力模型中指的是哪五种竞争力? 它们会对企业战略产生什么影响?
5. 阐述三种竞争战略分别是什么?
6. 阐述企业核心竞争力的含义,它具备什么特征?
7. 阐述战略管理过程的基本步骤。
8. 怎样运用 SWOT 分析法?

第三篇　组　织

第九章

组织设计

本章学习目标

通过本章的学习,理解并掌握:

1. 组织的基本概念、组织的职能;

2. 组织结构的特征、组织设计的任务与原则;

3. 组织设计的影响因素;

4. 组织设计的基本原理;

5. 组织结构的基本类型以及组织发展的新类型、新趋势。

引导案例

联想的组织结构设计

联想成立于 1984 年 11 月,当初命名为"北京新技术发展公司"。公司成立之初,卖过彩电、旱冰鞋、蔬菜、电子表等,没有明确的业务方向,也没有明确的组织结构。公司的权力等级非常简单,甚至可以说没有权力等级,成员之间完全是基于研究的合作关系。人员少,部门少,人员和部门都是一专多能,市场需要什么就做什么,这就是所谓的"平底快船"结构。

通过"平底快船"结构,联想完成了自己的原始资本积累和市场的初步扩张。1988 年,香港联想成立。在随后相当长的一段时间里,联想都是采取在北京、香港两地同时运营的模式。同时,联想的业务规模不断扩大,其国内及海外市场也得到了不断拓展。为了能够在管理上保持集中与高效,联想采取了所谓的"大船结构"。这种结构强调在统一指挥的基础上实现专业化分工,如北京联想与香港联想的分工、销售系统各业务部的分工等等。所谓的"大船结构",就是整个联想公司是一条大船,各个业务部门则是船舱,只有各个业务部门一致向前,整个联想大船才能够乘风破浪地前进。与此同时,联想不仅扩大了业务规模,而且还形成了自己独特的企业文化:强调集体主义精神,要求员工既要做"船员",又要做"船主",与公司"风雨同舟"。

随着联想业务规模的不断扩大,"大船结构"的弊端逐渐显现。1993年,联想没有完成大船的既定计划,尤其是香港联想的业务出现了大幅度下滑。因此,联想开始进一步反思自己的"船的结构"问题,并随后开始全面从"大船结构"向"舰队结构"转变,将原来大船的船舱转变为小舰艇,使各个小舰艇都具有自己的指挥中枢。

1994年3月19日,联想的计算机事业部正式成立,杨元庆被任命为总经理,并被赋予经营决策、财务、人事三项权利,计算机的研发、生产、销售、质量控制、服务、软件支持等都放在了事业部。当年,联想的计算机销售量就达到4.5万台。1996年,计算机的销量又跃居全国第一。

与此同时,由于放权的效应,联想高层开始有时间思考更重要、更深刻的战略问题,并开始有意识地总结联想的经验。渐渐地,联想开始强调分工与配合,并且开始形成"搭班子、定战略、带队伍"的管理思想。再后来,联想打造了自己的"航空母舰"。

(资料来源:谭力文、刘林青:《管理学》,北京:科学出版社2009年版。)

思考题:

通过上述案例,可以发现联想经历过怎样的组织结构设计?

第一节　组织设计概述

组织是人类社会最常见、最普遍的现象。为了提高运行效率和有序管理,人类的活动大多以某种组织形式存在着。目前,组织已经成为现代社会中人与人之间活动关系的基本载体。

一、组织的含义

从管理学的角度来看,组织有两种含义:一方面,组织指它所代表的实体结构形态,比如,医院、政府机关、军队、学校和工厂等都是具体的组织形式;另一方面,组织是管理的一项基本职能,是人与人之间或人与物之间资源配置的活动过程。

（一）实体组织

组织是指为了实现某些特定的共同目标,由分工与协作以及不同层次的权力和责任制度而构成的人的集合。这个定义包含着三层含义:

（1）组织必须具有共同的目标。

任何组织都是为了实现某些特定目标而存在的。无论目标是明确的还是隐含的,它们都是组织存在的前提与基础。比如,大学的目标是传授知识、培养高级人才。而一些非正式组织的隐含目标则是使组织成员受到保护,满足成员在某些方面的特殊情感需求。

（2）分工与协作是组织的基本特征。

分工与协作关系是由组织的目标限定的。只有把分工与协作结合起来,才能提高效率。例如,企业为了达到经营目标需要具备采购、生产、销售、财务和人事等职能部门,每个部门专门从事某一特定的工作,但是这些部门又需要紧密配合,共同完成组织的任务。

（3）组织具有不同层次的权力与责任制度。

组织在分工的基础之上,赋予各部门、各岗位与每个人相应的权力,从而形成自上而下的权力传递结构关系,为完成组织任务构造了组织骨架,进而为实现组织目标服务。权力与责任是完成组织任务的两个对等条件,也是赋权的基本原则。只有权力而不负责任,可能导致滥用权力;只有责任而没有权力,则不具备承担责任的基础。因此,职权和责任是达成组织目标的必要保证。

（二）组织职能

组织职能也被称为组织工作,它是指通过设计和维持组织内部的成员、任务及各项活动之间的结构和相互关系,对组织资源进行合理的配置,使人们为实现组织的目标而有效地协调工作的过程。组织职能的主要内容包括以下几个方面:

1. 组织结构的设计

组织结构的设计包括组织内横向管理部门的设置和纵向管理层次的划分。当组织目标确定以后,管理者首先应对组织的工作内容进行划分和归类,把性质相近或联系紧密的工作进行归并,成立相应的职能部门进行专业化管理,并根据适当的管理幅度来确定组织的纵向管理层次,最后形成一个完整的、秩序良好的组织系统。

2. 适度分权和正确授权

在确定了组织结构的形式以后,要进行适度的分权和正确的授权。分权表示组织内管理的权力由高层管理者委派给各层次和各部门的程度,分权要讲求适度;授权则要体现职权委任给各个管理层和各个部门的过程。分权适度与授权成功有利于组织内各层次各部门为实现组织目标而协调工作。

3. 组织内各职务人员的选择和配备

组织内部人力资源的管理工作也是组织的基本职能之一,它为组织任务的完成提供人力支持,主要包括人员的招聘和定岗、训练和考核、奖惩制度,以及对人的行为的激励等。

4. 组织文化的培育和建设

组织文化是组织的生命和灵魂,为创造良好的组织气氛而进行团体精神的培育和组织文化的建设,为组织的运行注入活力。

5. 组织运作和组织变革

组织运作使设计好的组织系统围绕目标有效运转起来,包括制定和落实各种规章制度以及建立组织内部的信息沟通模式。而组织变革则是对组织工作进行必要的调整、改革与再设计。

6. 组织与外部环境的关系

组织存在于特定的社会环境之中,组织的形态、功能、结构以及管理活动都会受到环境的影响,如何使组织行为与外部环境保持一致是组织职能的重要内容。

二、组织结构设计

组织结构是组织中正式确定的使工作任务得以划分、组合和协调的框架体系。它是指构成组织的各层次之间所建立的一种人与人、人与事之间的相互关系。组织结构是实现组织目标的手段,同时组织形状也由结构来决定。

（一）组织结构特征

组织结构特征描述了一个组织的内部特征,使得人们能够对不同的组织加以衡量和比较。组织结构特征主要包括四个方面:

1. 复杂化

复杂化是指组织中存在的活动或子系统的多少,它反映了组织的分化程度。复杂化可以从横向、纵向和区域等三个方面来加以描述。纵向的复杂化反映了组织构造中的层次数目;横向复杂化是指组织在水平方向上的职位或部门的数目;区域复杂化反映了组织在地理区域上的分布情况。一个组织的劳动分工越细化,纵向层级越多,组织单位的地理分布越广泛,人员与活动的协调和控制越困难,则组织的复杂化程度就越高。

2. 正规化

正规化是指组织依靠规则和程序来指导员工行为的程度,表现在组织中的规章、制度、程序等正式的书面文件的多寡上。在激烈的市场竞争中,组织往往建立各种规定来指导员工可以做什么和不可以做什么。一个组织使用的规章制度越详细明确,组织结构就越正规化;可以用组织所拥有的正式文件的数目来判断组织的正规化。

3. 集权化

集权化是指组织的决策权在相对的上层的集中程度,反映了决策权在组织层级上的分布情况。组织的决策高度集中,则往往由高层管理者下达命令,员工由上而下传达并服从,这就是高度集权化的组织。反之,如果决策授予下级管理人员,则称之为分权化的组织。

4. 专业化

专业化反映了组织的成员所具有的正式教育和训练的程度。若组织成员为了履行职责必须接受较长时间的训练,组织的专业化程度就比较高。专业化程度一般可以用员工的平均受教育年限来加以衡量。

组织结构是对组织的复杂化、正规化、集权化和专业化程度的一种量度。管理者在设计一个组织的结构时,就是使组织结构的要素之间相互匹配,进而可以创造出各种各样的组织类型。

（二）组织结构图

组织结构图是指用图形来表示组织结构的状态,以及各种管理职务或部门在组织结构中的地位与相互关系的框架体系。

组织结构图由方框、直线或虚线等基本要素构成。方框表示为一个部门或基本机构,方框内注明相应的部门或机构名称,方框的位置表示对应部门或机构的层次和等级。方框位置越高,层级越高;方框位置越低,层级越低。直线表示了部门或机构之间的直接领导和被领导关系,位置较高的部门领导着位置较低的部门,虚线表示部门或组织之间存在合作关系。

通常组织结构图是自上而下进行目标分解后绘制得到的。在改进现有组织结构时,也往往自上而下地重新划分各个部门的职责关系,形成清晰的组织结构框架。

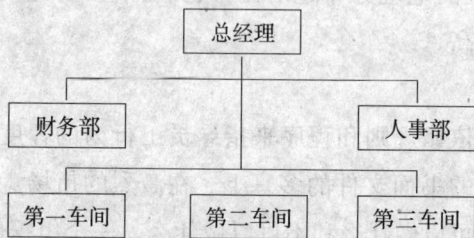

图 9.1 一般的简单组织结构图

三、组织设计的任务与原则

(一)组织设计的任务

组织设计就是把为实现组织目标所需完成的工作,划分为若干个性质不同的业务工作,然后再把这些工作"组合"成若干部门,并规定各部门的职责与职权。组织设计还要明确组织内部门之间的上下级关系,以及领导与被领导的关系。组织设计主要有三项基本工作:职务设计与分析、划分部门和形成组织结构。

1. 职能和职务的设计与分析

职务分析与设计是组织设计最基础的工作。首先,根据组织总的任务目标进行层层分解,分析并确定完成组织任务究竟需要哪些基本的职能与职务;然后,设计和确定组织内从事具体管理工作所需的各类职能部门以及各项管理职务的类别和数量,分析担任每个职务的人员应具备的资格条件、应享有的权力范围和应负的职责。

2. 部门设计

根据每个职务人员所从事的工作内容性质以及职务间的相互关系,按照组织职能相似、活动相似或关系紧密的原则,可以将各个职务组合成为"部门"的基本管理单位。由于组织活动的特点、环境和条件不同,划分部门所依据的标准也是不一样的。对同一组织来说,在不同时期不同的战略目标指导下,划分部门的标准也可以根据需要进行动态调整。

3. 层级设计

在职能与职务的设计以及部门划分的基础上,必须根据组织内外能够获取的现有人员情况,对初步设计的职能和职务进行调整和平衡,同时要根据每项工作的性质和内容确定管理层级,并规定相应的职责、权限,通过规范化的制度安排使各个职能部门和各项职务形成一个严密、有序的活动网络。

组织设计的成果是以组织结构图和职务说明书两种形式体现的。其中,职务说明书给出了重要岗位的工作内容、职责与权力、与组织中其他部门和职务的关系,以及职务人员的基本素质、技术知识、工作经验、处理问题能力的基本条件。

(二) 组织设计的基本原则

尽管组织结构的具体形式因不同的环境条件而不同,但是任何组织在进行结构设计时都有一些共同的原则需要遵守。组织设计时应遵守的主要原则是:

1. 因事设职、因职用人的原则

为了保证组织目标的实现,必须将组织活动落实到每一个具体的部门和岗位上去,确保"事事有人做"。同时,组织中的每项活动都需要人去完成,就需要考虑人员的基本素质与具体条件,使得"人尽其能"、"人尽其用"。在组织结构设计时,因事设职就是根据组织工作的需要设置工作岗位,而因职用人则是根据工作岗位的需要选择合适的人选。坚持因事设职与因职用人的原则,既可以保证组织的工作需要,择优录用员工,又可以防范人员过多的问题,使组织内的人力资源能够得到有效的整合和优化。

2. 有职有权、权责对等的原则

权责对等是指职权与责任必须对应相等,自我实现职、权、责的相符与统一,以利于组织工作的顺利开展。组织中每个部门和职务都必须完成规定的工作,同时任何活动都需要利用一定的人力、物力、财力资源来支持。为了保证"事事有人做"、"事事都能正确地做",则不仅要明确各个部门的任务和责任,而且要规定相应调配人、财、物、信息资源以及指挥、命令、奖惩的权力。没有明确的权力,或权力的应用范围小于工作的要求,可能造成无法履行相应责任,任务也无法完成。若权力大于工作的要求,虽能保证任务的完成,也会导致不负责任地滥用权力,甚至会危及整个组织系统的有效运行。

3. 统一指挥、精简机构的原则

统一指挥是指组织的各级机构以及个人只能服从一个上级的命令和指挥。统一指挥要求组织内每个成员只服从直接领导的指挥和命令,也只向直接领导汇报工作,并由直接领导对其工作负责。它可以避免多头领导和多头指挥,使管理部门的决策得以贯彻执行,保证组织机构高效率地运转。若一个下属同时接受两个上司的领导,而两位上级的指示并不一致时,下属的工作就会混乱甚至无所适从。同时,下属无论依照谁的指令行事,都有可能受到另一位上级的指责。"政出多门、多头指挥"的现象在组织工作中应该杜绝,同时在组织设计中也应注意避免。另外,应在保证组织各项工作正常进行的前提卜,尽可能地减少管理层次,简化部门机构,选择、配置少而精的主管人员。精简机构既可以达到节约管理费用的目的,又可以减少组织中可能出现复杂的人际关系,减少协调工作,提高管理效率。

四、组织设计的影响因素

在组织设计的过程中,必须考虑到各种因素对组织结构设计及其效能的影响,才能建立起组织内外各因素协调配合、科学合理的组织模式。一般而言,影响组织设计的因素包括以下几个方面。

(一)组织战略

组织跟随战略是组织建设的重要理论依据。因此,组织结构必须服从组织所选择的战略并随着战略的改变而改变。同时,正确的组织形式可以确保战略的实施,不同的战略需要运用不同的组织设计作为战略实施成功的保障。一般来说,不同的战略选择能够在两个层次上影响组织结构:一方面,不同的战略需要不同的业务活动来支持,从而影响管理职务的设计;另一方面,战略重点的改变,会引起组织的工作重点以及各部门与职务在组织内重要程度的改变,因而要求各管理职务以及部门之间的关系作相应的调整。

例如,在实施竞争战略中,采用成本领先战略的管理者要从提高效率的角度来设计组织,强调的重点是控制;而采用差异化战略则要求考虑学习能力,生产出与众不同的产品,强调的关键是适应。因此,成本领先战略是与高强度的集权、严密的控制、标准化的操作程序以及高效率的采购和分销系统紧密相联。而差异化战略可以给予员工充分的授权,鼓励他们直接与顾客一道工作,要求不断尝试和学习,因而采取一种灵活而有弹性的结构,强化横向之间的协调。这类组织对创造性和创新性的重视超过了对效率和标准程序的关注,并奖励员工的创造力和敢于冒险的精神。

(二) 组织环境

任何组织作为社会的一个单位,都必须存在于一定的环境之中。同时,组织还必须是一个开放的系统,需要不断与环境进行信息和资源的交换,才能求得生存与发展。因此,组织必然受到各种环境力量的影响。一般来说,组织的外部环境是组织难以控制的,组织只能通过调整自身结构来适应不同的环境。任何组织都处于一定的政治、经济、文化、技术与法律等一般环境中,组织设计必须关注环境的影响。同时,组织的具体环境对组织设计产生直接影响,这些具体环境因素主要包括供应商、顾客、竞争者、政府管理机构、公众压力群体等。组织环境不同,组织设计中的各项工作就会不同。

组织的外部环境对组织的内部结构形式产生的影响,主要表现在三个不同的层次上。

(1) 对职务和部门设计的影响。

组织是社会经济大系统中的一个子系统,它同样与组织外部存在的其他社会子系统之间存在着分工与交换问题。社会分工方式的不同,决定了组织内部工作内容的不同,从而所需完成的任务以及所需设立的职务和部门也不相同。

(2) 对各部门之间关系的影响。

环境的不同造成组织中各项工作完成的难易程度不同,由此产生的对组织目标实现的影响程度也不同,因此组织的工作重点及各部门的重要程度也应有所差别。

(3) 对组织结构总体特征的影响。

环境的不确定性影响到组织的结构。对比较稳定的环境,可以设计出一种各部门权责关系相对固定、等级结构严密的组织结构,它依靠标准化的工作过程协调各项活动。比如,发电厂、军工企业的环境就比较稳定。对容易变化的环境,则可以设计出一种有机的、灵活的组织结构。比如,玩具、时装、个人计算机组织的环境就比较多变。

(三) 组织规模

组织规模对组织设计具有明显的、直接的影响。组织规模的扩大会导致组织复杂性程度的提高,相应的组织专业化、规范化程度也会增强,组织信息的传输、收集与整理都变得更困难。当组织规模呈现扩张趋势时,组织员工会增加、管理层次会增多、组织专业化程度会不断提高,因而组织的复杂化程度也会不断提高,组织管理的协调难度也就越大。组织结构与组织规模呈正相关关系,但是边际相关度则呈递减趋势。因此,当组织规模达到一定水平以后,组织规模对组织结构的影响程度将呈现逐渐减弱的势态。

（四）技术因素

技术发展因素已经成为当今任何组织管理者必须高度关注的问题。技术是指组织把投入转化为产品的手段和过程。每个组织都至少拥有一种技术,从而把人、财、物、信息等资源转化为产品或服务。技术因素对组织结构的影响主要体现在两个方面:一方面,信息传递方式与速度的改变影响到组织中的职务设置、结构特点以及对管理人员的素质要求。如果组织拥有先进的自动化办公设备和完善的管理信息系统,将提高信息传递、处理效率,大大减少一般日常管理职务,使组织结构扁平化、部门设置综合化、管理职能集中化,同时也会产生新的管理岗位。另一方面,采用先进的技术设备对组织结构产生影响。先进的技术不仅节省大量的经营成本、提高服务质量,而且也改变了业务流程和组织结构。比如,激光照排技术及其设备彻底改变了图书出版企业的生产流程;计算机在金融行业的应用大大减少了证券、银行、保险等金融机构的人工劳动强度。

（五）组织发展阶段

组织的演化成长呈现出生命周期的特征,它的发展一般要经历由非正式到正式、低级到高级、简单到复杂、幼稚到成熟的阶段性发展过程。在生命周期的各个阶段,组织结构、内部控制系统以及管理目标可能都不相同。创业阶段的组织往往规模较小,整个组织面对的问题主要是求生存,生产产品比较单一,组织结构往往是非正规的和集权的。当组织步入成熟期时,组织面临的主要问题是求发展,它的规模往往很大,生产产品多元化,管理比较复杂,组织中职能部门已经建立,管理开始规范化,组织结构仍欠规范合理。在规范化阶段,组织的主要目标是提高内部的稳定性和扩大市场,其结构呈现官僚行政式特征,建立了清晰的层级制度,设置了大量的控制系统、规则和程序,专业化劳动分工使工作规范化、程序化,管理人员也大量增加。

第二节　组织设计原理

20 世纪初,德国管理学家韦伯、法国管理学家法约尔等着眼于设计既有效率又有效果的组织,进而提出了组织设计的基本理论。这些理论为管理者从事组织设计提供了可供遵循的一套原则。

一、劳动分工与有效协作

劳动分工是指把组织的一项完整任务划分成若干个相对独立的组成部分或步骤,每个人专门单独完成其中的一部分或一个步骤。例如,亚当·斯密在《国富论》中描述了制针厂通过劳动分工对生产效率的影响。如果制针的所有程序都由一个人包干完成,那么每个人每天只能完成 20 根针的生产任务。如果把制针程序划分为抽钢丝、拉直、切割、削尖、打孔等五个步骤,每人完成一个步骤,那么每个人每天能生产平均 48 000 根针。

劳动分工主要包括横向分工与纵向分工两个方面。

(1)横向分工。根据不同的标准,将劳动分解成不同岗位和部门的任务。其结果是组织部门的设置,形成组织的部门化。

(2)纵向分工。根据管理幅度的限制,确定组织系统的层次结构,并根据管理层次在组织系统中的位置,规定各层次岗位和人员的职责与权限。其结果是在责任分配基础上的权力相对集中或分散状况。

劳动分工的优点主要包括:

(1)有利于增强个人的灵巧性。如果一个员工只限于从事少数几项工作,则其熟练程度将大大提高,并有可能成为某项工作的专家。

(2)有利于缩短时间。当员工要从事多项工作时,每项工作转换往往要花费很多时间。而如果员工专门从事一项工作,则可以节省许多转换时间。

(3)有利于降低培训成本。当员工专门从事某一项任务时,其学习时间较快,相应的培训实践费用都会相对降低。

(4)有利于使用专业化的设备。劳动分工越细、越具体,就更容易采用专业化的机械设备,从而可以大大提高生产效率。

（5）有利于同时完成多种目标。许多大型的复杂项目的设计与建造需要大量专家的通力合作。

虽然劳动分工具有可以给组织带来经济性的极大优点，但是工作过于专业化也可能带来一些负面的影响。过度的劳动分工会使工作变得高度重复、枯燥和单调，给员工带来过度疲劳与压力，他们产生厌倦和不满情绪，从而导致低生产率与质量下降，以至于员工经常缺勤和高离职。因此，这些由劳动分工产生的人员非经济性，可以通过工作扩大化或者工作轮换的方式来提高劳动生产率。

协作是指劳动者在同一劳动过程中或者彼此相关联的不同劳动环节中，相互配合与支持，按照计划和分工为实现组织的共同目标而进行协调、合作的劳动形态。实现合理分工下的有效协作，在组织工作中确立职务与职位，是组织设计时需要首先考虑的基本问题。

二、统一指挥

统一指挥是指组织中一个下属应当而且只能接受一个上级的直接领导。这是当今大多数组织遵循的基本原则。当多个上级命令或意见不一致时，多头领导会导致下属无所适从的尴尬局面。同时，任何一个上级不能越级指挥和命令，但是可以越级检查工作或监督直接下级纠正工作中的错误；任何一个下级不能越级请示，但是可以越级反映问题、提出建议。统一指挥使组织内各个职位的权责明确，沟通渠道清晰，命令逐级下达，工作逐级上报，从而形成一个权威、有效的组织指挥系统。

统一指挥的优点在相对比较简单的组织结构中尤其明显，它可以使政策和行为一致，下属员工任务明确，责任比较清晰，减少信息传递失误造成的损失，有利于管理人员的控制。在统一指挥原则下，信息沟通渠道主要通过自上而下的命令和自下而上的服从来完成。随着组织不断发展、层级不断增加，信息流通的行程与信息传递的时间逐渐增长，使信息失真或过滤现象愈发严重，也使组织对环境变化的反应日益迟钝，从而造成决策失误。

为了克服组织渠道延长与信息传递复杂化导致的管理低效问题，古典管理学家法约尔提出了著名的"法约尔桥"的跳板原则，通过横向联系有利于组织内部的横向沟通及迅速反应。现代组织理论又提出了斜向联系，通过不同指挥链上的不同层级部门之间的直接联系,加强组织内部的有机联系。

同时,过于强调统一指挥的原则会造成组织运行的机械、僵化,员工会缺乏工作热情与创造力,把遵循工作程序当作不变的信条,视规章制度为工作目标,从而淡化组织的真正目标。因此,需要组织各部门相互协调、相互合作,高层管理部门要下放权力,让下属部门在一定范围内有决定权。比如,在项目管理中经常采用的矩阵制结构就是对统一指挥原则的否定,但是它有利于项目型的组织管理活动。

三、部门化

部门是指组织中主管人员为完成规定的任务而有权力管辖的一个特殊领域。部门化是指按照一定的方式,将工作和人员组合成可以管理的单位的过程。比如,政府机关的部、处、科、室等等。划分部门的目的是为了明确组织内部的职权和责任归属,以求分工合理,职责分明,有利于各部门根据其工作性质的不同而采取不同的政策,加强本部门的内部协调。

部门的划分一般依据工作职能、提供的产品或服务、顾客要求、地区分布或者生产流程等进行,主要着眼于组织和个人单位的目标实现。划分部门的标准不同,所形成的部门以及各部门之间的关系也不相同。目前,常见的部门划分方式主要包括以下几种。

(一)职能部门化

按主要职能划分、设置部门是最常见的一种方法。它以组织的主要经营职能为基础设立部门,凡是属于同一性质的工作都要放置在同一部门,由这个部门全权负责相应职能的执行。例如,在企业中设置财务、生产、研发、人事、法律咨询等部门;医院可以分成门诊部、护理部、住院部、保健部以及研究部等;职业足球队则可能设球员人事部、售票部门、旅行及后勤部门等。

职能部门化的主要优点在于,把同类专业或相关人员集中在一起,便于工作指导和监督,便于配置专业人员,简化人员培训,便于部门内部协调活动,有利于提高管理的专业化程度,有利于提高管理人员的技术水平和管理水平。职能部门化的缺点在于可能造成官僚主义、本位主义,导致决策缓慢和按局部观点处理问题,形成所谓的"隧道视野"现象,不利于高级管理人才的培养。同时,对某个职能部门的绩效较难考核。例如,人事部门的主要职责是招聘和培训员工、员工档案管理与年度员工考核等,要评估人事部门的直接经济效益就比较困难。

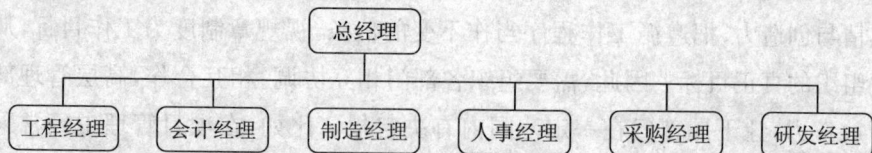

```
                    总经理
   ┌──────┬──────┬──────┬──────┬──────┐
 工程经理  会计经理  制造经理  人事经理  采购经理  研发经理
```

图 9.2　职能部门化

(二) 产品部门化

按产品部门化,就是把某种产品或产品系列的设计、制造、销售等管理工作划归一个部门负责。其中,根据组织生产的产品大类进行部门化,开展产供销一条龙管理,形成战略业务单位或产品事业部,这也是一种典型的产品部门化。比如,在石化企业中将燃料、润滑剂与蜡制品、化学制品这三大主要领域划归一位副总裁管理,他对产品生产线有关的一切问题负责。

产品部门化的主要优点在于便于协调与产品有关的各种经济活动,从而提高组织决策效率,有利于产品大类的绩效考核,有利于组织专业化生产和经营,有利于扩大产品销售和改善售后服务工作。但是,产品部门化的缺点在于可能导致管理成本上升,员工缺乏对组织整体的关心以致组织整体工作的协调性下降。例如,每个产品大类都要配置销售人员、财务人员,对整个组织来说就会导致管理人员的增加,他们往往只关心本产品大类的销售、财务状况。

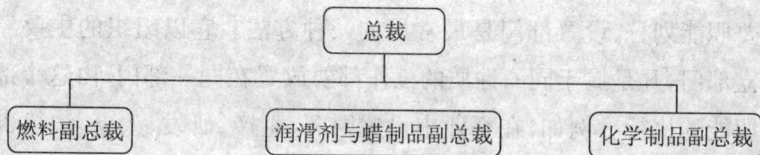

```
                    总裁
     ┌─────────────┼─────────────┐
  燃料副总裁   润滑剂与蜡制品副总裁   化学制品副总裁
```

图 9.3　产品部门化

(三) 区域部门化

区域部门化是根据客户分布或生产的地域因素来设立管理部门,把不同地区的经营业务和职责划归不同部门全权负责。比如,中国的很多商业银行按省、市、县和社区设置银行分社或营业所。当产品市场销售地区较为广阔时,各地区政治经济形势、文化科学技术水平、用户对产品的要求、购买习惯等都有很大差别,可按消费者的分布地域分为东、南、西、北和中心等分区,从而有针对性地开展营销管理工作。因此,区域部门化比较适合顾客在较大区域分布情形下的组织设计。

区域划分部门化的主要优点在于:对于本市场范围内的问题反应比较灵敏,有利于各部门因地制宜地制定政策和决策,便于区域性协调,提高管理的适应性和有效性,还有利于培养独当一面的综合性管理人才。区域部门化的缺点在于,需要有较多综合性的管理人才,分地区管理会造成职能部门重复设置,会增加管理成本等。

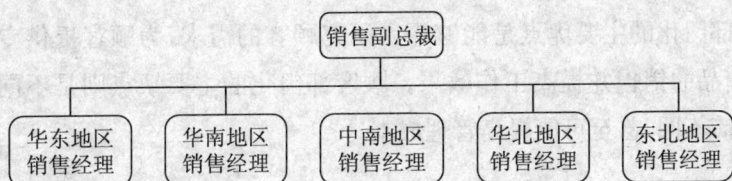

图9.4　区域部门化

(四)工艺部门化

工艺部门化是以工作程序为基础组合各项活动,从而划分部门的一种方法。例如,某铝制品加工厂按工艺流程设置各生产部门,每个部门负责铝管制造过程的特定步骤。首先,金属被投入巨大的熔炉中熔炼;然后送到冲压部门挤压成型;再转到制管车间轧制成各种形状的管道;接着进入精轧车间进行切割;最后到检验、包装和发运部门。工艺部门化同样适用于某些服务行业。例如,个人申领驾驶执照需要依次经过照相、材料审核、收款、制作证书和发放证书等环节。

工艺部门化的主要优点是能够加强专业工艺管理和提高工艺水平,有利于获取规模经济效益,有利于简化员工的培训等。工艺部门化的缺点在于部门之间的衔接工作难度比较大,产品质量保证和质量控制比较困难,需要组织的高层管理者协调部门并对整体负责。

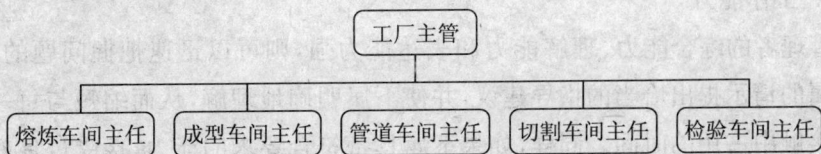

图9.5　工艺部门化

（五）顾客部门化

顾客部门化是以被服务的顾客为基础来划分部门,按顾客的不同市场特征来设置部门。这种划分方法主要适用于销售部门。例如,在银行内设置个人信贷部、农业信贷部、商业信贷部和工业信贷部,分别面向个人、农业客户、商业客户和工业客户提供服务。又如,大型法律事务所按企业客户与私人客户划分部门。采取这种顾客部门化方式隐含的假设是,每个部门所服务的顾客都有共同的问题和要求,具有相同或相似市场特征,需要分别采用专家才能更好地解决。

顾客部门化的主要优点是能够深入研究顾客的需求,为顾客提供专业化的服务,促进商品的销售并提高工作效果。顾客部门化的主要缺点则是不同的部门可能工作负荷不同,甚至可能提高管理成本。

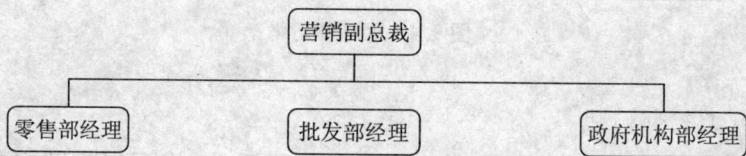

图 9.6　顾客部门化

四、管理幅度与管理层次

（一）管理幅度

管理幅度是指一名管理者直接有效地指挥和监督下属人员的数量。比如,一个公司经理能领导几个营业部长,一个车间主任能管理多少名工人。由于管理者的时间和精力是有限的,其管理能力也因个人的知识、经验、年龄、个性等的不同而有所差异,如果超过一定限度,就不能做到具体、高效与正确的领导。

管理幅度有着合理的限度,究竟多宽才能实现有效管理,主要受到下列因素的影响。

1. 工作能力

管理者的综合能力、理解能力和表达能力强,则可以迅速把握问题的关键,就下属的请示提出恰当的指导建议,并使下属明确地理解,从而缩短与每一位下属在接触中占用的时间。同样,如果下属具备符合要求的能力,接受过良好的系统培训,自主工作的能力强,则可以根据自己的理解妥善地处理问题,并减少上级管理者的负担。因此,管理者与被管理者的工作能力强,管理幅度可以适当放宽些。

2. 工作内容和性质

影响管理的工作内容和性质表现在四个方面。

(1) 主管所处的管理层次。主管处在管理系统中的不同层次,其决策和用人的工作比重并不相同。决策的工作量越大,主管用于指挥和协调下属的时间就越少,而越接近组织的高层,主管人员的决策职能越重要,其管理幅度要比中层和基层管理人员小。

(2) 下属工作的相似性。下属从事的工作内容和性质相近,则对每个员工的工作指导和监督大体相同,同一主管可以对比较多的下属进行建议和指导,管理幅度可以适当加宽。

(3) 计划的完善程度。下属在完成目标明确的任务时,必须有详细的保障计划。只有当计划制定得明确,既有通向期望目标的路径,也有执行过程中政策许可的范围,下级能及时理解上级的意图与策略时,管理者的幅度可以更宽些。

(4) 非管理事务的多少。主管作为组织不同层次的领导,往往必须花相当的时间去处理一些非管理事务,因此大量的非管理事务会限制主管的管理幅度。

3. 工作条件

良好的工作条件可以提高信息处理的效率,缩短主管与下属的沟通时间,提高管理工作的质量。工作条件对管理幅度的影响具体表现在以下三个方面。

(1) 助手的配备。为主管配备的适当数量的助手,其可以分担一部分联络下属和处理次要问题的工作,从而为主管节省了宝贵的时间并减少一些工作量,这样可以适当增加主管的管理幅度。

(2) 信息手段的配备。信息是决策与管理的前提。利用先进的技术去收集、处理和了解下属的工作情况,不仅可以及时地提出忠告和建议,而且可使下属了解更多的与自己工作有关的信息,从而更自如、自主地处理分内事务,这样有利于扩大主管的管理幅度。

(3) 工作地点的相近性。不同下属的工作岗位在地理上的分散,会增加管理者与下属沟通的难度,从而会影响主管直接领导的下属的多少。

4. 工作环境

组织环境的稳定与否会直接影响到组织活动的内容与政策的调整频度与幅度。环境变化越快,变化程度越大,组织中出现的新问题就越多,下属向上级的请示就越有必要、越频繁。因此,上级能用于指导下属工作的时间和精力也就越少,因为他必须花更多的时间去关注环境的变化,思考应变的措施。工作环境越不稳定,各层主管人员的管理幅度就越受限制。

（二）管理层次

管理层次是指组织中自上而下的职位等级的数目。由于组织任务存在递减性,从最高层的直接主管到最低的基层具体工作人员之间就形成了一定的管理层次。高层管理者的命令往往通过组织的层级结构自上而下地传递,但是信息在传递过程中往往会出现过滤和扭曲现象,从而导致组织的中低层次管理者获得的信息出现不同程度的失真。一般而言,组织的规模越大,往往就需要更多的管理层次。

从一定意义上讲,管理层次是组织设计的必然产物,但是它的存在具有一定的副作用。

（1）管理层次越多,组织的费用就越大。

组织的管理层次增加,就需要更多的管理者与辅助人员,同时每个人员都需要配备一定的设施和设备。由于人员与部门的增加,部门之间的协调工作量也相应地增加,所有这些安排都会导致费用的增加。

（2）管理层次增加将使沟通更加困难与复杂。

信息经由组织层次自上而下传达时,不可避免地会产生曲解和遗漏,由下往上的信息流动同样也会变得更加复杂与困难。同时,增加的部门和层次将使得计划和控制活动变得更为复杂。一个最高层制定的清晰完整的计划方案,会因为组织层次分解而变得模糊不清,以致协调困难。随着组织层次和管理人员的增多,控制活动会变得更加困难。而计划的复杂化和沟通的困难却使得控制活动更加重要。

（三）管理幅度与管理层次关系

在组织规模确定的情况下,管理幅度与管理层次呈反比关系。管理者的管理幅度增大,需要的管理层次就越少,反之管理幅度减少,管理层次则会增加。同时,如果管理幅度不变,管理层次则与组织规模成正比。组织规模越大,它所包括的组织成员就越多,组织工作就越复杂,则管理层次也就越多。比如,在大型汽车工业企业中,从集团公司总裁到生产车间,管理层次有八层之多,这就形成了一个复杂而又巨大的组织管理体系。

管理层次与管理幅度的反比关系决定了两种基本的组织结构形态:扁平式组

织结构形态与锥型式组织结构形态。

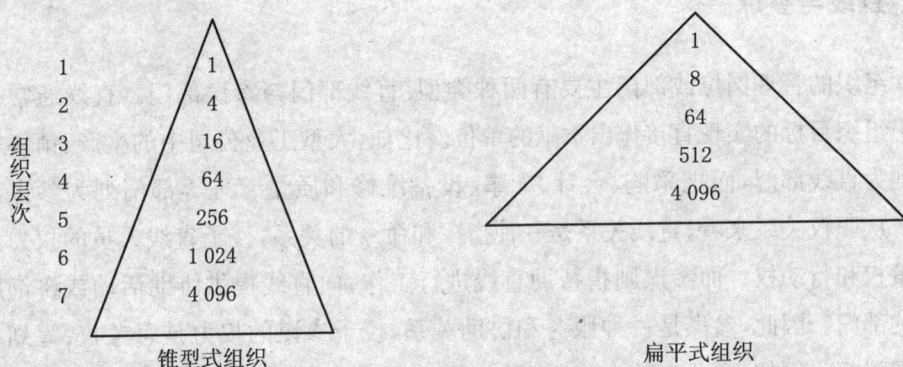

图 9.7　管理幅度与管理层次的比较

1. 扁平式组织结构形态

扁平式组织结构是指组织管理层次少而管理幅度大的一种组织结构形态。扁平化结构的优点是：由于层次少，信息纵向流通快，高层管理者能够及时掌握信息并开展决策；有利于缩短上下级距离，密切上下级之间的关系，并及时采取相应的纠偏措施，减少管理费用；由于信息传递经过的层次少，传递过程中失真的可能性也较小；由于管理幅度较大，从而使下属有较大的自主性、积极性和满足感。扁平结构的缺点是：由于过大的管理幅度，增加了管理者对下属有效监督的难度，也会妨碍同级之间的有效沟通。

2. 锥型式组织结构形态

锥型式组织结构又称直式结构，是指管理层次较多而管理幅度较小的一种组织结构形态，呈高、尖的金字塔型。锥型结构的优点是：较小的管理幅度可以使主管仔细地研究从每个下属那里获得的有限信息，并对每个下属进行比较详细的指导，具有管理严密、分工明确、上下级易于协调的优点。锥型结构的缺点是：管理层次多，信息传递容易失真；不易调动下属的积极性；计划体系比较复杂，协调管理成本大；决策速度慢，组织对环境的应变能力比较弱。

在环境和科学技术快速变化的情况下，组织较多地倾向于采用扁平式组织结构。然而，采用扁平式组织结构后，出现的另一个问题是组织成员晋升机会相对减少，这可能会降低对员工的激励效果。因此，在采用扁平结构时，组织应该采取相应的管理措施，弥补由于晋升机会的减少带来的激励不足缺陷。比如，开展管理者的职业化定位，鼓励管理者走职业化生涯的道路等。

五、直线与参谋

组织的管理岗位或部门主要有两种类型:直线部门与参谋部门。直线通常指对于组织目标的实现直接作出贡献的单位。比如,大型工业公司中的生产、销售等被列为直线部门,而把采购、会计、人事、设备维修和质量管理等部门列为参谋部门。从职权关系来看,直线关系是一种指挥和命令的关系,授予直线人员的权力是决策权和行动权。而参谋则指帮助直线进行工作,向直线提供协助活动或咨询服务的部门。因此,参谋是一种服务和协助关系,授予参谋的权力是思考权、筹划权和建议权。例如,企业中的人事部、财务部、法律咨询部等主要是为直线部门提供支持作用。参谋职权的性质主要是顾问性、服务性、咨询性和建议性,旨在协助直线职权有效地实现组织目标。

在组织工作中,应该明确直线与参谋之间的关系。在组织中,直线关系是一种命令关系,是上级指挥下级的关系。这种命令形成一种等级链,链条中每一个环节的管理人员都有指挥下级工作的权力,同时又必须接受上级管理人员的指挥。组织中指挥和命令的关系越明确,则直线主管的权限越清楚,就越能保证整个组织的统一指挥。直线关系是组织中管理人员的主要关系,组织设计的重要内容就是规定、规范这种关系。

参谋关系是伴随着直线关系而产生的。组织规模越大,活动越复杂,参谋人员的作用就越复杂,参谋的数量就越多,从而参谋与直线的关系就越复杂。参谋的设置首先是为了方便直线主管的工作,减轻他们的负担。随着组织规模的扩大,参谋人员的数量会不断增加,参谋机构就会逐渐规范化,但是他们主要还是同层次直线主管的助手,主要任务仍然是提供某些专门服务,进行某些专项研究,以提供某些对策建议。

直线人员掌握的是命令和指挥的职权,参谋人员拥有的则是协助和顾问的职权,二者之间的关系是"参谋建议、直线命令"的关系,它是组织命令统一原则的基本要求。参谋的职责是建议而不是指挥,只有当其建议被直线人员采纳并向下级发布指示时才能有效。为了充分发挥直线与参谋的作用,可以采取以下措施:

(1) 明确直线与参谋各自的职权范围和存在价值,促进两者协调工作;

(2) 授予参谋部门一些必要权力,比如参谋权、事前咨询权、事先征得同意权与职能管理权等;

（3）直线管理者应该向参谋管理者提供必要的信息。例如，直线管理者在作出某种决策时，应该请参谋部门共同参与和讨论。比如，厂长打算对某员工进行劳动纪律处罚时，应该事前征求人事部门的意见；销售部门在对外签订销售合同前，应该向法律咨询部门咨询或请求共同参与签订销售合同等。

六、集权与分权

集权与分权是组织层级化设计中存在的两种相反的权力分配形式。

（一）集权与分权的关系

集权是指决策权在组织系统中较高层次的一定程度的集中，而分权是指决策权在组织系统中较低层次的一定程度的分散。为了保证组织的有效运行，必须处理好集权与分权的关系。集权管理是社会化大生产保持统一性和协调性的内在需要。一般来说，技术越发展，社会化程度越高，分工越精细，协作劳动越紧密，就越需要集中统一指挥与管理，以利于加强组织内各部门的协调与配合。但是，集权也有它的弱点，表现为弹性差，适应性弱，在社会化大生产中会由于其复杂性和多样性而造成组织窒息。因此，又要实行局部管理权限的分散。各领导层把其决策权分配给下级组织机构和部门的负责人，下级部门按照上级的决定和指示办事，能够行使权力自主地解决职责范围内的问题。处理好集权与分权的关系，要求对组织中的重大决策与全局性问题实行集权，对局部的日常管理问题则实行分权。

在组织的上级与下级关系中，集权和分权都是不可缺少的。但是，绝对的集权与绝对的分权都是不存在的，它们是两个相对的概念。绝对的集权要求组织中的全部权力都集中在一个主管手中，组织活动的所有决策都由主管作出，主管直接面对所有的命令执行者，中间没有任何管理人员，也没有任何中层管理机构。这在现代社会经济组织中几乎是不可能的，也是做不到的。而绝对的分权则意味着将全部权力分散下放到各个管理部门中去，甚至分散至各个执行操作层，因而主管的职位就是多余的，统一的组织也就不再存在。因此，将集权和分权有效地结合起来是组织存在的基本条件，也是组织既保持目标统一性又具有柔性与灵活性的基本要求。

（二）集权与分权的影响因素

集权与分权虽然只是组织的两种不同权力分配形式，但是组织中几乎普遍存在着一种集权的倾向。影响组织集权与分权的因素主要有：

(1) 工作的重要性。

组织中重要的工作往往采取集权的方式，例如，财务管理和人事管理等。而一般的和非重要的工作，往往可以采取分权的方式，比如，行政事务。

(2) 政策的统一性。

由于集权有利于确保组织方针政策的统一性，因此，有些工作关系到组织的大局，需要统一思想和行动，集中资源重点完成，往往采取集权的方式，比如，处理危机事件和重点项目。这一类工作往往由高层管理者亲自主持展开和完成。

(3) 经营规模。

组织规模较小时，实行集权化管理可以使组织高效率地运行。随着组织规模的扩大，管理的层次增多，为了加强组织的应变能力，需要授予各级管理者相应的权力，往往会采用分权的方式。如果组织规模达到一定程度以后，决策权仍然高度集中，则可能导致规模不经济，以致成本快速增加。

(4) 工作性质。

工作性质主要指工作的流动性和变化性。对于流动性较大和变化性较大的工作，例如，销售工作、维修工作、勘探工作等，往往会采取分权的方式，这有利于第一线的管理者根据实际情况，因地制宜地开展管理。反之，如果组织的业务活动常规化，则要求实行较大程度的集权。

(5) 环境特征。

若组织面对的环境变化有很大的不确定性，而市场需求变化快，新的科学技术应用层出不穷，组织就必须保持较高的灵活性和创新性。因此，为了提高组织对环境的应变能力，往往采用分权的方式。反之，组织的经营环境稳定，则要求实行较大程度的集权。

(6) 空间分布。

如果组织经营领域范围甚至地理区域分布广泛，各个地区的经营环境差异比较大，则要求组织采用分权化的方式应对环境的差异。反之，如果组织经营的地理区域分布比较集中，则有利于组织采用集权控制的方式。

(7) 组织历史。

如果组织在较小的规模基础上逐渐发展起来，并且发展过程中没有其他人员或组织加入，那么集权倾向可能更为明显，尤其是组织一直在创始人的经营控制之中。因为事业不断发展，规模不断扩大，最高主管仍然愿意保留着对组织控制的权力。

(8) 领导个性。

权力是地位的象征,权力的运用可以证实、保证与提高其使用者在组织中的地位。组织中自信、个性强的管理者往往喜欢按照自己的意志来运作组织,而集中控制权力则是保证个人意志绝对服从的先决条件。同时,集中地使用权力,统一地调度和协调组织的各种力量,创造比较明显的工作业绩,也是提高自己在组织中的地位、增加升迁机会的重要途径。

(三) 集权与分权程度的标志

确定和判别集权与分权程度的标志,是组织设计中研究和指导组织集权与分权形式,提高组织运行效率的前提。评价一个组织集权与分权程度的主要标志有:

(1) 决策的频度。

组织中较低管理层次制定决策的频度或数目越大,则分权程度越高。比如,按地区划分的管理单位,如果只有权力对生产问题作出决策,则组织的分权程度较低;相反,如果对市场营销甚至财务问题也有一定的决策权,则组织的分权程度就比较大。

(2) 决策的幅度。

组织中较低管理层次作出的决策,上级要求审核的程度越低,则组织的分权程度就越高。如果上级根本不要求审核,分权程度就最高。如果作出决策前还必须请示上级,则分权的程度就更比较低。一般来说,组织的下级决策范围越广,管辖的内容越多,则分权程度越高。

(3) 决策的重要性。

决策的重要性可以从两个方面来衡量:一个是决策的影响程度,另一个是决策过程的费用。如果组织中较低层次的决策只影响到部门的日常管理,而不影响部门的长远发展,那么决策对整个组织的影响程度较小,则组织的分权程度较低;反之则较高。同样,如果较低层次的管理部门制定决策时需要较多费用,则与费用较少的决策相比组织的分权程度较高;反之则较低。

(4) 对决策的控制程度。

如果高层管理者对低层管理者决策没有任何控制,则分权程度极高。如果低层管理者在决策后还要向高层管理部门报告备案,则分权程度次之;如果低层在决策前要征询上级部门的意见,向其咨询或请示,则分权程度更低。

(四) 集权和分权的优缺点

组织中采用集权方式的主要优点在于:组织目标高度统一,组织成员行动一致,便于集中主要资源进行发展,有利于管理者对组织行为的监控。当一个组织的规模比较小的时候,高度集权可能是必要的,而且可以充分显示其优越性。但是,随着组织规模的发展,如果仍将许多决策权过度地集中在较高的管理层次,则可能表现出种种弊端。比如,集权会降低组织的适应能力,过度集权的组织对造成各个部门失去适应和调整能力,从而削弱组织整体的应变能力。此外,在集权管理方式下,基层管理人员和操作人员的任务就是被动地、机械地执行命令,经过长期的发展,会使他们逐渐失去积极性、主动性、创造性。

组织中采用分权的方式的主要优点在于:有利于发挥各级管理组织的作用和积极性,使组织的管理方式生动多样,有利于组织采取行动、迅速地解决问题。而分权的缺点在于权力分散,不利于统一行动,甚至有可能使组织失控。

七、授权

权力的分散可以通过两个途径来实现:组织设计中的制度分配权力与主管人员在工作中的授权。制度分权与授权都是让较低层次的管理人员行使较多的决策权,以实现权力在下属的分散化。

制度分权是指在组织设计时,考虑到组织规模和组织活动的特征,在工作分析的基础上,进行职务和部门设计时,根据各管理岗位工作任务的要求,规定必要的职责和权限。而授权则是担任一定领导职务的管理者,在实际工作中为了充分利用专门人才的知识和技能,或在出现新增业务的情况下,将部分权力委任给下属,使他们具有解决问题、处理新增业务的能力。

(一)授权的含义

授权就是上级管理者将其一部分权力委让给下级的过程。因此,下级在一定的监督之下,拥有相当的行动自主权。管理者开展授权可以使组织结构更加严密,改善组织关系;减轻高层管理者的工作负担;发挥下属专长,培养他们的能力;提高下属的工作积极性,提高组织效率。

管理者进行授权时,涉及职责、职权和责任等三项基本的要素。职责是指需要完成的某项工作,职权是完成这些工作所需

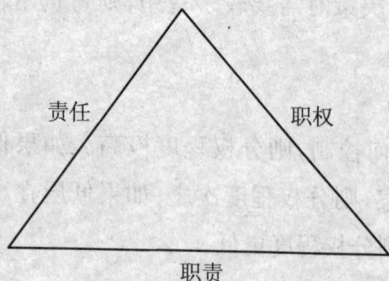

图9.8　授权三要素

要的相应权力,责任是谁对这些工作的最终结果负责任。例如,某公司的财务主管授权一位资深财务人员带领两名财务人员,完成某项财务审计工作。这项授权的职责是审计工作,职权是授予资深财务人员对两名财务人员的指挥权,责任表现为资深财务人员对审计工作的进度和质量的把握。

(二)授权的一般原则

1. 职责和权力对等原则

授权的同时应该授予相对的职责和权力。当一个下属得到某种权力的同时,也就要承担相应的工作。若职责大于权力,则对顺利开展工作会造成困难;若权力大于职责,则会造成权力的滥用。

2. 统一命令原则

授权者直接、统一地对下属布置工作和安排任务,被授权的下属则直接接受上级的任务与工作检查,并对相应的上级负责。在授权过程中的统一命令,将有效消除可能产生的工作模糊和责任不清的现象。

3. 等级链原则

授权应该根据组织结构的层次,逐级开展授予,一般应避免越级授权和越级指挥,因此,授权应该遵照等级链展开,有利于发挥每一个管理层次的作用。若过多地采用越级授权,将打乱组织的部门和层次分工,从而难以发挥整个组织的协同作用。

4. 责任不能委派原则

授权者对授权对象的行动和工作结果负有责任。尽管授权者将某些工作和权力授予下属完成,但是他仍然对授权的结果负有责任。其主要原因在于:若授权者无需对工作成果负责,那么授权者的岗位也失去了存在的意义。

八、正式组织与非正式组织

正式组织是指通过组织设计而建立的正规的组织架构、部门和权力体系。正式组织的活动以成本和效率为主要标准,主要以理性的原则指导着正式组织的工作安排。正式组织的基本特征是:目的性、正规性和稳定性。

在组织内部,除正式组织以外,还存在着一种非正式的组织。例如,同乡会、同学会、老上级和老下级、师生关系、同属某个团体等。非正式组织主要以感情和融洽的关系为标准,主要依靠接受与欢迎或孤立与排斥等感情上的因素维系,它与传统的正式组织的理性原则往往有冲突。非正式组织的基本特征是：自发性、内聚性和不稳定性。

非正式组织对正式组织的功能和目标的实现，具有重要的影响作用，表现为积极的和消极的两个方面。

非正式组织的积极作用表现为：

（1）人们在非正式组织中的频繁接触，会使相互之间的关系更加和谐、融洽，从而易于产生和加强合作的精神，促进正式组织的稳定。

（2）非正式组织成员之间也可能在工作上互相帮助。对于那些工作困难者、技术不熟练者，非正式组织中的伙伴往往会给予自觉的、善意的帮助与指导，从而可以帮助正式组织起到一定的培训作用。

（3）非正式组织为了组织群体的利益，往往会自觉地帮助正式组织维护正常的活动秩序。

非正式组织的消极作用表现为：

（1）非正式组织的目标如果与正式组织的目标冲突，则可能对正式组织的工作产生极为不利的影响。

（2）非正式组织要求成员一致性的压力，往往会束缚成员的个人发展。

（3）非正式组织的压力还会影响正式组织的变革，增加组织的惰性。

非正式组织的上述影响是客观存在的，应能加以妥善处理。正式组织的领导应善于因势利导，最大限度地发挥非正式组织的积极作用，克服其消极作用，促进组织目标的顺利实现。

由于非正式组织的存在能够满足人们渴望社会交往、追求自由平等和归属感等精神需求，是人类正常交往的一种体现，因而管理者在正式组织的建设过程中，要注意发挥非正式组织的正面作用，促进组织的健康发展。管理者主要从两个方面入手：

（1）发挥非正式组织作用。要认识到非正式组织存在的客观必然性和必要性，允许甚至鼓励非正式组织的存在，为非正式组织的形成创造条件，并努力使之与正式组织相吻合。

（2）引导非正式组织提供积极的贡献。通过建立和宣传正确的组织文化，影响非正式组织的行为规范。研究发现，形成良好的组织文化，有利于正式组织与非正式组织之间的协调，以及规范非正式组织的行为。

第三节　组织结构类型

所谓组织设计,实际上就是组织结构的设计。而组织结构则是指表现组织各个部分的排列顺序、空间位置、聚集状态、联系方式以及各个要素之间相互关系的一种模式。组织结构同时也是承担着组织在职、权、责方面的结构体系,具有"硬件"与"软件"共同的特征。组织结构的类型多种多样,而且随着组织的发展与环境的变化而改变。

一、组织结构的基本类型

(一)直线制结构

直线制结构又称简单组织结构,它是一种最简单、最古老的集权式组织结构形式。其特点是:组织中各种职务按垂直系统直线排列,各级主管人员对所属下级拥有直接的一切职权,并且按照统一指挥的原则对所属下级行使管理职权,一个下属单位只接受一个上级领导者的指令,组织结构中不设专门的职能机构。直线制组织结构是一种高度集权的结构,适用于人数少、规模小的初创期组织,或现场的作业管理,而且环境比较简单、稳定。

直线制组织结构的优点在于:结构比较简单,权力相对集中,责任分明,命令统一,信息沟通便捷,决策迅速,运营成本比较低,便于统一指挥和集中管理。其缺点在于:横向协调比较差,没有职能机构分担管理任务,管理者负担比较重;要求管理者具有全面的能力,通晓多种知识,并亲自处理各种业务;在组织规模扩大的情形下,管理工作会变得更加繁杂,管理会变得越来越缺乏效率。

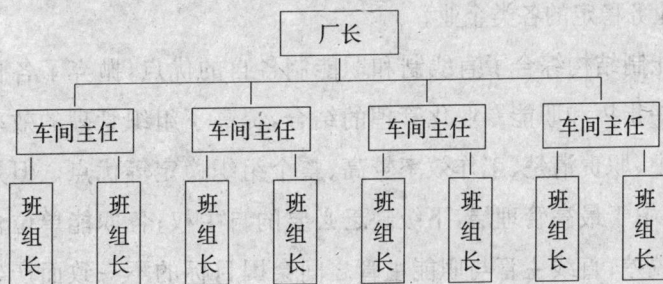

图 9.9　直线制组织结构图

（二）职能制结构

职能制结构又称为 U 形组织结构、一元组织结构。职能制结构的特点在于：权力集中于组织高层，实行等级化的集权式控制，组织活动按照职能的不同被划分为若干垂直管理部门，每个部门实行职能分工，并直接由最高主管协调控制。

职能制结构的优点在于：分工严密，职责明确，实行职能专业化分工；能够集中利用有限的资源，具有较高的组织效率。而其缺点在于：过度集权；组织适应性比较差。职能制结构适用于小规模、产品单一、市场销售比较稳定的组织。

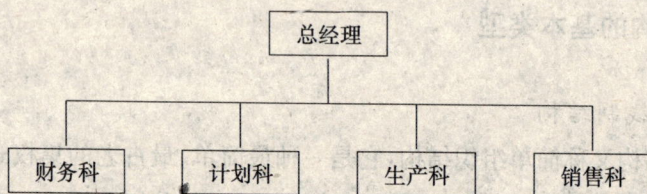

图 9.10　职能制组织结构

（三）直线职能制结构

直线职能制结构是综合直线制和职能制两种类型的组织特点而形成的组织结构形式。其特点在于：以直线为基础，在各个管理层次上设置职能部门，从事专业管理，协助直线主管工作。由于组织中设置了两套系统，一套是按命令统一原则组织的直线指挥系统，而另一套是按专业化原则组织的职能系统，因此它是直线主管统一指挥与职能参谋相结合的组织结构类型。职能管理人员是直线指挥人员的参谋，只能对下级机构进行业务指导而不能进行直接指挥和命令。这样就保证了整个组织的统一指挥和管理，避免了多头指挥和无人负责的现象。直线职能制组织结构适用于业务稳定的各类企业。

直线职能制结构综合了直线制和职能制各自的优点，抛弃了各自的缺点，实现了集中统一指挥和职能专业化管理的结合，提高了组织管理的效率。因此，它具有领导集中、职责清楚、工作效率较高、整个组织稳定等优点。但是，它的缺点在于：权力集中于最高管理层，下级缺乏必要的自主权；各职能单位自成体系，横向沟通联系较差；直线主管与职能主管之间会因目标的不一致而产生矛盾；信息链较长，信息沟通速度较慢；组织刚性大，适应环境的能力较差。直线职能制结构是典型的集权式管理。

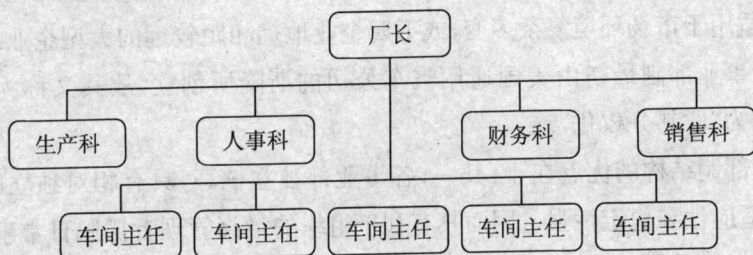

图 9.11　直线职能制结构

（四）事业部制结构

事业部制结构又称分部结构或 M 形结构。所谓事业部制结构,就是在一个组织内对具有独立的产品责任、市场责任和利益责任的部门实行分权管理的一种组织形态。事业部制结构必须具备三个要素:(1)具有独立的产品和市场,它是产品责任或市场责任单位;(2)具有独立的利益,实行独立核算,它是一个利益责任单位;(3)具有足够的权力,能够自主经营,它是一个分权单位。

集中决策与分散经营是事业部制结构的突出特点。各事业部在公司的统一领导下实行独立经营、独立核算与自负盈亏;各事业部都是一个利润中心,都是实现总公司利益目标的责任单位;各事业部都是多种职能或多个部门的一种组合,这些职能或部门共同运作;建立事业部的目的在于在组织内部创建一个更小、更好管理的单位。

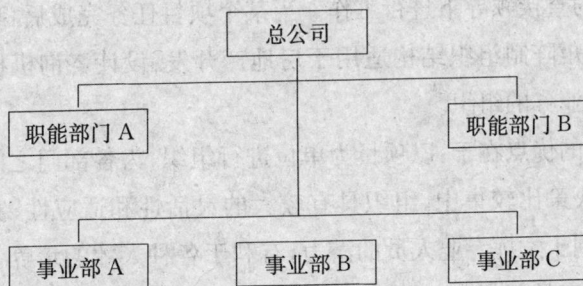

图 9.12　事业部制结构

事业部制结构具有产品结构、地区结构和市场结构三种形式。当按照产品或服务类型组织事业部时,采取的就是一种产品结构;当按照经营市场的不同地区组织事业部时,采取的就是一种地区结构;当按照特定的市场类型组织事业部时,采取的就是一种市场结构。事业部制结构适用于产品多样化或从事多元化经营的组织,尤为适用于市场环境复杂多变,或下属企业地理相距较远的大型企业或跨国公司。由于事业部制最初由美国通用汽车公司的斯隆所创立,故其又称为"斯隆模型",也称为"联邦分权化"。

事业部制结构的优点在于:其一,各事业部独立核算,具有相对独立的利益和自主权,适应性和稳定性强。因而其有利于组织的最高管理者摆脱日常事物,而专心致力于组织的战略决策和长期规划,有利于调动各事业部的积极性和主动性,不断为公司培养出全面的高级管理人才。其二,事业部制的组织结构有很强的柔性(可变性)、机动性和适应性。例如,若某事业部经营不善,组织可以将这个事业部整体出售,这并不对整个组织产生很大影响;同样,根据组织发展需要和市场环境变化,也可以收购某个企业成为本组织的一个事业部。

事业部制结构的主要缺点在于:机构臃肿,容易滋生本位主义,导致资产滥用与浪费;资源重复配置,管理费用较高,事业部之间协调困难。

（五）矩阵制结构

矩阵制结构又称规划—目标结构,是指按职能划分的部门和按项目(产品、服务等)划分的部门相结合形成的一种矩阵组织结构形式。它由纵横两套管理系统组成:一套是纵向的职能系统,另一套是为完成各项任务而组成的横向项目系统。纵向系统的组织是在职能经理领导下的各职能部门。而横向系统的组织是在项目经理领导下的项目小组。因此,参加项目小组的成员接受着双重领导,既接受职能部门的专项业务领导,又接受项目经理的具体工作领导。每个项目小组都有负责人,在组织主管的直接领导下进行工作。当某个项目任务完成后,项目组成员则回到原部门工作。矩阵制组织结构适用于房地产开发、设计咨询机构以及各类以项目形式开展主要业务的组织。

矩阵制结构的优点在于:以项目为单位进行组织,为各部门之间的沟通提供了渠道,使组织的决策比较集中,组织具有较大的灵活性和适应性;实行集权与分权共存的结构,有利于发挥专业人员的潜力,有利于各种人才的培养。矩阵制结构具有职能部门化和产品部门化的优点,同时又避免了它们各自的缺点。而矩阵制结构的缺点在于:项目主管的权力和责任不平衡,责任大于权力;由于组织实行纵向、横向的双重指挥,容易因领导意见分歧,使得下级人员无所适从,或造成工作中的矛盾和扯皮现象;组织关系较复杂,对项目负责人的要求较高;组织形式具有临时性的特点,一旦项目完成后就解散,因而容易导致人心不稳。

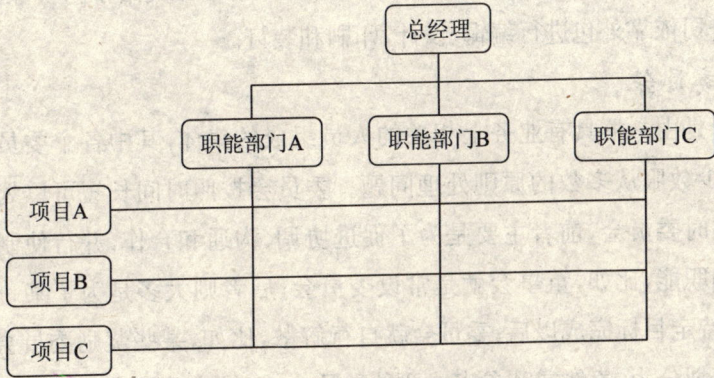

图 9.13　矩阵型结构的组织图

（六）网络型结构

网络型结构是一种以知识经济和信息时代为背景,以项目为中心,通过与其他组织建立研发、生产制造、营销等业务合同网,有效地发挥核心业务专长的协作型组织形式。网络型结构只有很小的中心组织,这个组织以合同为基础,通过业务外包形式,把制造、分销、广告或其他业务的经营活动联系起来。从本质上说,网络型结构的管理者将大部分时间花在协调和控制上。由于网络结构中大部分职能是从组织外购买的,因此这为管理者提供了高度的灵活性,也使组织能集中精力做其最擅长的事。但是,网络型结构也存在一些弱点,比如,管理者对其制造活动缺乏传统组织所具有的紧密控制,供应品的质量难以预料。同时,其需要面对如何保护技术创新、专利设计等知识产权等问题。网络型结构既适用于小型组织,也适合大型企业。

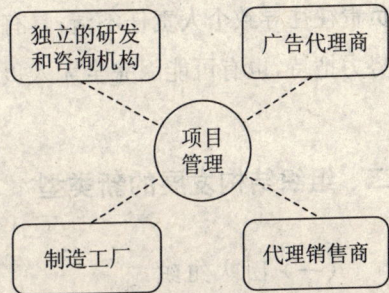

图 9.14　网络型组织结构

网络型结构比较适用于玩具和服装制造企业,因为这些行业需要相当大的灵活性,可以对市场的变化作出迅速反应。网络组织也适合于那些制造过程中需要低价劳动力的公司,他们可以与一些外国或其他地方的低价供应商签订合同,由它们制造所需要的产品。

例如,耐克公司、爱默森无线电设备公司创设一个关系网络,分别与独立的设计者、制造商、代理销售商等合作,根据合同执行相关业务。另外,还有些大公司发展了网络结构的变种形式,将某些职能活动外包出去。比如,美国电话电报公司将其信用卡业务进行外包;美孚石油公司将其炼油厂的维修交给了另一家公司,许多图书出版公司依靠外包进行编辑、设计、印刷和装订。

（七）委员会

委员会是由一群具有业务上相关的人员组成的集体,其中各个委员的权力平等,并依据少数服从多数的原则处理问题。委员会按照时间长短可以划分为常设委员会和临时委员会,前者主要是为了促进协调、沟通和合作,并行使制定和执行重大决策的职能,比如,董事会就是常设委员会;后者则大多是为了某一特定目标而设立,当特定目标完成以后,委员会就自行解散,比如,某些奖励委员会。委员会按职权可以划分为:直线式和参谋式两种委员会,直线式委员会的决策下级必须执行,参谋式委员会则主要为直线人员提供咨询和建议。另外,委员会还可分为正式委员会和非正式委员会,凡是隶属组织结构的一个组成部分并授予特定权责的委员会都是正式委员会,而非正式委员会则是由成员通过私人联系或部门安排但没有正式授权的委员会。

委员会的主要优点在于:可以充分发挥集体的智慧,避免个别领导者的决策失误;遵从少数服从多数的原则,可以防止个人滥用权力;各个委员地位平等,有助于彼此之间的沟通和协调。委员会的主要缺点在于:决策往往需要较长的时间;集体负责往往导致个人责任不清;具有委曲求全与折中调和的危险;有可能被某种特殊势力把持,也有可能因完全无人负责而形同虚设。

二、组织结构发展的新类型

（一）团队组织

团队组织是目前组织工作活动中最流行的一种组织类型。团队组织的特点在于:打破了组织部门的界限,下放决策权给团队成员,团队成员具有多种技能,既是全才又是专才。无论是在小型组织中还是在大型组织里,都可以采用团队组织的形式,并发挥团队组织的特殊功能。在小型组织中,可以把团队作为整个组织形式,而团队则对日常的大多数作业和服务负全部责任。在大型组织里,团队组织则是机械式组织的补充,既可以运用标准化的规范与程序进行组织管理,又可以使用团队化的运作来提高组织效率,并增强组织局部的灵活性与适应性。

（二）网络组织

网络组织是指组织为了生产和销售某种产品而与供应商、制造商和分销商结成的一系列战略联盟。通常将组织中一些部门的工作任务承包给其他组织完成，形成所谓的外包关系。网络组织是一个组织从长远利益出发，把资源整合起来而寻找竞争优势的新途径，其特点是柔性化和虚拟化。网络组织的优点在于：具有很强的灵活性；对市场变化能够迅速作出反应。网络组织的缺点在于：管理者对工作活动缺乏控制力；创新性成果容易流失或被窃取。网络组织追求不为所有、但为所用的外部资源扩张形式，强化核心业务，但它并不适用于所有的组织。

（三）无边界组织

无边界组织着眼于消除指挥链所带来的限制，无限扩大控制幅度，并用授权团队代替职能部门。无边界组织结构的特点在于：纵向结构无界限，层级结构扁平化；打破组织与组织环境之间的界限，全球化、战略联盟和组织与顾客之间的联系渠道都可以突破组织与外部环境之间的界限。无边界组织的产生基于网络化与计算机系统在组织管理中的应用，这些技术能够使人们打破组织内与组织间的界限，进行直接的通信联系，并实现资源与信息共享。

（四）学习型组织

学习型组织强调通过员工的持续学习和创新实现组织的持续改进，是一种协助员工终身学习和个人发展，同时持续对变化的需求作出适应性反应的组织。学习型组织常见的目标在于组织品质的提高与持续改善以及组织绩效的提高，它强调最符合逻辑和一致性的持续改进的战略，可以持续提升组织员工的能力、技能和知识。学习型组织相信，只有组织成员持续学习，组织才能得到持续的改进。比如，如果组织中的每个员工每天学习新的知识，并且能够将新的知识转化为同组织工作相关的活动，则组织的持续改进将会成必然的结果，组织的效率将会大大提高。

（五）集群组织

集群组织是指同一产业内部在业务上密切相关的一群组织和相关机构积聚在一个较小的地理范围内，共享信息、知识与技术，形成既有分工又有合作的超组织集体。例如，美国硅谷积聚了微电子、生物技术、风险资本等，而美国好莱坞则积聚了影视娱乐、动漫技术、广告制作等。在组织集群内，通常既有主导产业企业，又有为主导产业提供配套服务的其他产业企业和机构。集群组织的特点是：从纵向关系看，它包括提供专业化投入的上游企业和下游的分销渠道与顾客；从横向关系看,它既包括提供互补产品的制造商,又包括政府和其他提供专业化培训、教育、研发的机构。这些机构既相互协作又激烈竞争,从而获得竞争优势。集群组织是一种典型的网络组织,它促进了学习、创新与竞争,带来了组织外部的规模经济效益,代表着知识经济时代的发展趋势。

三、组织结构发展的新趋势

组织结构发展的新趋势既包括在组织内部结构的改造,提高组织对环境的适应性,又包括从组织外部获得其他资源方面的扩张,实现核心业务与非核心业务的分工、合作。

（一）扁平化

组织结构扁平化是指组织形态随着管理层次的削减、管理幅度的增大,由金字塔形向圆锥形转变。随着计算机技术与网络技术的发展,信息容量不断扩大与增长所带来的管理复杂性问题可以逐步得到解决。由于组织的生存与竞争环境比过去发生了巨大的变化,传统的层级结构已经无法满足组织有效运作的需要,严密的等级层次阻碍了信息的加速流通和反馈,因此减少管理层次使组织结构扁平化成为当今组织发展的一种趋势。

（二）柔性化

组织结构柔性化是指以一些临时的基于任务导向的团队式组织取代那些固定的或正式的组织机构,以增强组织的灵活性与组织对环境的适应能力。组织结构柔性化的主要特征表现为:一是组织结构柔性化是集权与分权的内在统一,因此柔性化的组织结构往往能够很好地利用非正式组织而实现基于分权的必要集中;二是组织结构柔性化是稳定与变革的内在统一,因此柔性化的组织结构往往通过实现正式组织与非正式组织、职能部门与项目小组的并存,进而实现稳定性与灵活性的统一。

（三）分立化

组织结构分立化是指组织将其内部的一些功能性部门外化的过程。随着组织规模的不断扩大,组织内部的管理成本也会不断增加,组织的运行效率会不断下降。当这种增加量突破一定的极限时,组织就会表现出一种分立的趋势。组织的分立不同于组织的内部分工,分立出来的部门独立成为具有法人资格的实体,它们之间通过控股或人事安排来进行间接控制。例如,从企业中分离出一些能够独立运营、自负盈亏的中小企业。

（四）信息化

组织结构信息化是指组织采用计算机技术、信息技术与网络技术来支持相关信息的快速传递与高效处理。传统的组织结构设计通常重视业务流程的设置、职能部门作用的发挥、劳动分工的细化程度等方面的工作，对信息的利用比较忽视。随着信息技术水平的不断提高与信息资源对组织成长与发展的功能日益凸显，更多的组织越来越重视组织的数据库和信息库建设，甚至把组织的信息系统建设放在首要位置。组织结构的信息化是一种全新的组织结构模式，它将提高组织利用信息资源的能力，增强组织的竞争优势。

案例分析一

海尔吃"休克鱼"

1997 年 12 月 31 日，海尔集团整体兼并了安徽省的黄山电子公司。类似黄山电子公司这样的企业在海尔集团被形象地比喻成"休克鱼"。对海尔而言，吃这种休克鱼，只要注入企业文化，它就会活起来。

但是，在兼并之初，具有强烈市场意识的海尔人与习惯在计划经济舒服的"温床"上躺着的黄山电子人在思想意识上还是存在很大差别的，两者发生冲突在所难免。

1998 年 6 月 2 日上午，合肥海尔劳动人事处下发了要求全体员工签订《劳动合同》的通知，通知规定除了技术人员签订五年期合同之外，其余人员一律签订一年期的劳动合同。这个举措犹如一声惊雷，使得长期处于计划经济条件下的部分员工不理解，认为一年后公司就不要自己了。加上少数人恶意煽动与散布谣言，渐渐地不少员工开始由不理解演变为不满意，并跟着起哄，直至最后发展成聚众闹事与上街游行，整个工厂生产停顿，歪风盛行，打砸事件不时发生。合肥海尔员工要求与合肥市政府对等谈判，以不答应条件就不复工相要挟。一时间，全厂弄得乌烟瘴气，人心惶惶。

面对如此局面，合肥海尔管理高层立即作出重大决策：全厂停产三天，组织全体员工进行集体大讨论。后来，通过一轮又一轮的认真交流与讨论，合肥海尔员工的思想开始逐渐发生转变，不少员工甚至动情地说："海尔人不能走，海尔管理不能走。"

随后，合肥海尔加快了技术革新的步伐，分别与菲利浦、三洋、大宇及德国METZ 等国际知名大公司建立了技术联盟与合作，并新建了三条国内一流的大屏幕生产线,为实现模块化生产奠定了坚实的基础。

　　而合肥海尔每月一次的"最佳员工"、"最差员工"评选则在极大程度上调动了合肥海尔员工的生产积极性。慢慢地,合肥海尔的员工开始实现从"要我干"向"我要干"转变,他们的自主管理意识大大增强了,工作效率也有了较大的提高,而工厂的产量则不断上升,产品质量也有了进一步的提高。

　　八个月后,在彩电市场竞争日趋激烈的情况下,海尔彩电销售火爆,销量一路上扬,合肥海尔开始盈利。后来实践证明,海尔不仅医好了"黄山"的瞌睡症,而且还激活了其他数十条"休克鱼"。

　　(资料来源:谭力文、刘林青:《管理学》,北京:科学出版社 2009 年版。)

案例思考题:

　　海尔入主"黄山"引起什么组织冲突?

案例分析二

麦肯锡的学习型组织

　　麦肯锡公司从 1980 年开始就把知识的学习和积累作为获得和保持竞争优势的一项重要工作,在公司内营造一种平等竞争、激发智慧的环境。在成功地战胜最初来自公司内部的抵制后,一个新的核心理念终于在公司扎下根来,这就是:知识的积累和提高必须成为公司的中心任务;知识的学习过程必须是持续不断的,而不是与特定咨询项目相联系的暂时性工作;不断学习的过程必须由完善、严格的制度来保证和规范。公司将持续的全员学习任务作为制度被固定下来以后,逐渐深入人心,它逐渐成为麦肯锡公司的一项优良传统,为加强公司的知识储备,提升公司的核心竞争力打下了坚实的基础。

　　有效的学习机制为麦肯锡带来了两个方面的好处:一是有助于发展一批具有良好知识储备和经验的咨询专家;二是不断充实和更新公司的知识和信息资源,为以后的工作提供便利的条件,并与外部环境日新月异的变化相适应。麦肯锡公司不但建立了科学的制度促进学习,而且还通过专门的组织机构加以保证:从公司内选拔若干名在各个领域有突出贡献的专家作为在每个部门推进学习机制的负责人,并由他们再负责从部门里挑选六七个在实践领域和知识管理等方面都有经验和热情的人员组成核心团队。

麦肯锡的领导人还意识到,公司里最成功的员工往往都拥有庞大的个人关系网络。因此,对原先公司内部这种建立在非正式人际关系基础上的知识传递方式并不简单加以取缔,而是应该很好地加以利用,以作为对正式学习机制的有益补充,由核心的学习领导小组在每个地区的分支机构里发掘并利用这种内部的关系网络作为信息和知识传播的渠道,实现全公司范围内的知识共享。

为了进一步促进知识和信息在组织内的充分流通,麦肯锡公司还打破了以往建立在客户规模和重要性基础上的内部科层组织体系,取而代之的是以知识贡献率为衡量标准的评价体系。这样组织内的每一个部门和每一个成员都受到知识贡献率的压力,而不是仅仅将工作重点放在发展客户方面。

（资料来源：鲍丽娜、李孟涛、李浣主编：《管理学习题与案例》，东北财经大学出版社 2007年版。）

案例思考题：

1. 麦肯锡公司是如何通过组织设计实现分工协作的？
2. 麦肯锡公司是如何处理制度化管理与人性的关系的？

本章小结

组织是指为了实现某些特定的共同目标,由分工与协作以及不同层次的权力和责任制度而构成的人的集合。

组织职能的主要内容包括：组织结构的设计、适度分权和正确授权、组织内各职务人员的选择和配备、组织文化的培育和建设、组织运作和组织变革以及组织与外部环境的关系。

组织结构特征主要有四个方面：复杂化、正规化、集权化与专业化。组织结构图是指用图形来表示组织结构的状态,以及各种管理职务或部门在组织结构中的地位与相互关系的框架体系。

组织设计主要有三项基本工作：职务设计与分析、划分部门和形成组织结构。组织设计时应遵守的主要原则是：(1)因事设职、因职用人的原则；(2)有职有权、权责对等的原则；(3)统一指挥、精简机构的原则。一般而言，影响组织设计的因素包括组织战略、组织环境、组织规模、技术因素以及组织发展阶段。

组织设计原理包括：劳动分工与有效协作、统一指挥、部门化、直线与参谋、集权与分权、授权、正式组织与非正式组织。目前，常见的部门划分方式主要有：职能部门化、产品部门化、区域部门化、工艺部门化、顾客部门化。

管理幅度主要受到下列因素的影响：工作能力、工作内容和性质、工作条件与工作环境。管理层次与管理幅度的反比关系决定了两种基本的组织结构形态：扁平式组织结构形态与锥型式组织结构形态。

影响组织集权与分权的因素主要有：工作的重要性、政策的统一性、经营规模、工作性质、环境特征、空间分布、组织历史以及领导个性。集权与分权程度的标志有：决策的频度、决策的幅度、决策的重要性、对决策的控制程度。

组织授权的一般原则有：职责和权力对等原则、统一命令原则、等级链原则、责任不能委派原则。

组织结构的基本类型有：直线制结构、职能制结构、直线职能制结构、事业部制结构、矩阵制结构、网络型结构、委员会。组织结构发展的新类型有：团队组织、网络组织、无边界组织、学习型组织以及集群组织。组织结构发展的新趋势包括：扁平化、柔性化、分立化、信息化。

本章思考题

1. 简述组织的基本特征，组织职能的主要有哪些内容？
2. 管理幅度和管理层次的关系是什么？如何使组织结构扁平化？
3. 组织设计的主要原则有哪些？
4. 组织设计的基本原理有哪些？按照部门划分的组织形式有哪些？
5. 影响组织集权与分权的因素有哪些？集权与分权的标志是什么？
6. 影响组织设计因素有哪些？它们是怎样影响组织结构的选择的？
7. 组织授权的原则有哪些？怎样授权？
8. 组织结构的基本类型有哪些？
9. 组织结构发展的新类型有哪些？组织结构发展的新趋势是什么？

第十章

组织变革

本章学习目标

通过本章的学习,应该理解并掌握:

1. 组织冲突的产生原因、特点、类型、功能与管理策略;

2. 组织变革的内容、动因、目标、类型、阻力与过程;

3. 组织创新的动力、内容、模式、策略与发展趋势。

引导案例

联想的全球组织重构

2005 年 9 月 30 日上午 11 点,联想召开全球新闻发布会,宣布重大业务组织变革。

为了延续 ThinkPad 和联想在业界领先的创新能力,新联想将全球的产品和产品营销业务整合为一个新的全球产品集团。该产品集团将主要负责联想品牌、ThinkPad 品牌、IBM-Think 品牌产品的全球业务,并且下设台式计算机和笔记本电脑两个国际业务群组,同时还设有专门的数码等其他业务、客户服务和质量控制部门。

为了获得最高的运营效率,新联想将把供应链的各环节合并成一个新的全球供应链系统,它将包括采购、物流、销售支持、供应链战略规划及生产制造等的全面运作。

为了保持高水平的客户满意度,新联想将区域总部由 3 个扩展到 5 个,区域总部将主要负责该地区的产品销售和客户服务。联想过去在美国和 EMEA(欧洲、中东和非洲)这两个区域总部的组织架构将保持不变,在亚太地区的总部将主要负责日本、韩国、澳大利亚/新西兰、中国香港、中国台湾和东盟等主要市场,而在中国内地,Think 品牌和联想品牌的业务将合并成一体,成立联想中国大陆区——全球第四大区域总部。从 2006 年 1 月 1 日开始,联想将在其业务发展最快的国家——印度设立第五个区域总部。

与此同时,联想将把设在中国北京、日本大和以及美国北卡罗来纳州罗利的研发中心整合到一起,统一由联想集团的首席技术官负责。联想集团 CEO 史蒂夫·沃德表示:"我们今天发布的全球组织架构是为了能在成熟市场和新兴市场中实现联想的创新战略、高效运作和达成高水准的客户满意度而设计的。客户告诉我们,他们之所以选择联想品牌和 ThinkPad 的产品,是由于我们产品的设计和品质,而客户的需求也不断激励我们更加快速而高效地在更广阔的市场内推出诸如'气囊技术'(保护硬盘数据的技术)和'一键杀毒'技术等业内领先的创新技术。"

2005 年 10 月 15 日,联想全新的组织架构生效,联想原有业务和被联想并购进来的 IBM 的 PC 业务在全球范围内整合到一起,形成了统一的组织架构。过去双方各自的产品运作、供应链和销售体系合并,统一整合到全新的联想组织架构中。

(资料来源:谭力文、刘林青主编:《管理学》,科学出版社 2009 年版。)

思考题:

通过上述案例,可以发现联想的组织架构发生了什么变化? 有什么效果?

第一节　组织冲突

任何一个组织都不同程度地存在着各种各样的冲突。所谓冲突,是指组织内部成员之间、不同部门之间、个人与组织之间,由于在工作方式、利益、性格、文化、价值观等方面的差异而导致的彼此相抵触、争执甚至攻击等行为。组织中存在冲突是一种正常现象,最重要的工作是要研究导致冲突的原因、性质以及化解冲突的方法,有效地利用冲突促进组织建设。

一、组织冲突的原因

组织冲突是很常见的,特别是在变革中几乎是不可避免的。尽管产生组织冲突的原因很多,但是归结起来主要有以下三种。

(一) 结构因素

绝大多数组织冲突都是由组织结构的差异引起的。分工会造成组织结构中垂直方向和水平方向各系统、各层次、各部门、各单位、各岗位的分化,而且组织愈庞大、愈复杂,组织分化愈细密,组织整合就愈困难。因为信息不对称、利益不一致,员工与管理者在设计组织目标、实施方法、绩效评估、资源分配、劳动报酬、奖惩制度等问题方面就会产生不同的看法,这种差异是由组织结构本身所造成的。为了本单位的利益和声誉,员工往往都会与其他单位甚至上级组织发生冲突。有些管理者甚至把挑起这种冲突看做自己的职责,或者将它作为自己建立组织威望的手段。几乎每位管理者都面临着与同事、上级和下属之间的冲突。

(二) 个人因素

组织个体之间的差异也是组织冲突的来源。每个人都有各自不同的社会背景、教育程度、生活与工作阅历、文化修养,这些因素塑造了每个人各不相同的性格、价值观和行事作风。个人价值观都带着深深的历史烙印,它会固化个人的行为,从而导致与其他人的冲突。如果管理者将其价值观强加给员工,则必然会引发组织冲突。同样,管理者如果以某种刻板的模式看待员工,也往往会引发组织冲突。另外,有些员工往往喜欢无事生非,甚至寻衅滋事,这时组织冲突就更容易发生。

(三) 沟通因素

完善的沟通体系可以使信息接受者对信息的理解很少甚至没有偏差。由于文化、历史与职业背景不同,语义困难,误解及沟通过程中的噪音干扰等原因,完善的沟通体系几乎并不存在,因此员工的意见往往难以达成一致。尽管不成功的沟通引起的冲突不是根本对立的冲突,但是不成功的沟通仍然可以对引发组织冲突产生强大的影响力。

二、组织冲突的特点

(一) 突发性

在组织中,个人与个人之间、个人与团体之间、团体与团体之间都存在着潜在的矛盾和冲突。这些矛盾和冲突在什么时候、什么地点以及在什么事件上爆发出来，往往都难以预测，因此组织冲突的爆发常常具有突发性。

（二）侵略性

组织冲突的主体都想在组织中压制甚至战胜对方，组织冲突常常表现出很强的侵略性。组织冲突的侵略性主要体现在利益侵略与感情侵略等方面。

（三）传播性

组织冲突如果没有得到有效解决，那么它就会迅速传播开来，并且毒化组织气氛，使组织人心涣散、内耗加重，从而使得组织目标难以实现。

（四）润滑性

如果组织冲突公开爆发，管理者就会知道组织冲突产生的原因，于是通过采取有效的措施对冲突双方进行协调、沟通，就会使矛盾双方达成谅解甚至加深感情，因而对矛盾双方相当于增加润滑剂，从而有利于使员工共同向实现组织目标的方向运动。

三、组织冲突的类型

每一种组织环境都可以对应一种冲突类型。常见的组织冲突来源于组织目标不相容、资源的相对稀缺、层级结构关系的差异以及信息沟通上的失真等。根据不同的角度，可以将组织冲突分成不同的类型。

（一）建设性冲突与破坏性冲突

按照冲突的作用效果来划分，可以将组织冲突分为建设性冲突与破坏性冲突。

所谓建设性冲突，是指组织成员从组织利益角度出发，对组织中存在的不合理之处提出意见。建设性冲突可以使组织中存在的不良功能和问题充分暴露出来，防止事态的进一步恶化；同时，可以促进不同意见的交流和对自身弱点的检讨，有利于促进组织的良性发展。

所谓破坏性冲突，是指由于认识上的不一致、组织资源和利益分配方面的矛盾，员工发生相互抵触、争执甚至攻击等行为，从而导致组织效率下降，并最终影响到组织的发展。破坏性冲突造成了组织资源的极大浪费和损失，影响了员工的工作热情，导致组织凝聚力的严重降低，从根本上妨碍了组织任务的顺利完成。

（二）组织部门之间的冲突

组织冲突可以在不同层次水平上发生，比如，个体内部的心理冲突、组织内部个人之间的冲突、各种不同部门之间的冲突等。尤其以组织内部门之间的冲突为典型,它可以分为:正式组织与非正式组织之间的冲突、直线与参谋之间的冲突以及委员会之间的冲突。

1. 正式组织与非正式组织之间的冲突

正式组织与非正式组织之间成员是交叉混合的,由于人们心理上存在的感性、非理性因素的作用,非正式组织的存在必然要对正式组织的活动产生影响。正面的影响可以满足员工在友谊、兴趣、归属、自我表现等心理上的需要,使员工之间的关系更加和谐融洽,易于产生和加强成员之间的合作精神,使员工自觉地帮助维持正常的工作和生活秩序。

但是,如果非正式组织的目标与正式组织目标相冲突,则可能对正式组织的工作产生负面影响。尤其是在强调竞争的情况下,非正式组织可能会认为竞争会导致成员间的不合,从而会采取措施抵制竞争。非正式组织一般会要求成员的行动保持一致,因而将会束缚成员的个性与发展,使个人的才智受到抑制,从而影响组织工作的效率。由于非正式组织中大多数成员担心变革会改变其组织团结性,因此容易演化成为组织变革的一种反对势力。

2. 直线与参谋之间的冲突

组织中管理者主要以直线主管和参谋两种类型的不同身份出现,如果这两种人员之间出现矛盾则往往是组织缺乏效率的重要原因。组织中的直线关系是一种指挥和命令的关系,具有决策和行动的权力,而参谋关系则是一种服务和协调的关系,具有思考、筹划和建议的权力。无论什么组织,直线管理关系居于主导的核心地位,参谋关系处于辅助的从属地位。然而,保证命令的统一性往往会忽视参谋作用的发挥;而参谋作用发挥失当,又会破坏统一指挥的原则。因而,组织的直线和参谋可能互相指责,互相推诿责任。

3. 委员会之间的冲突

委员会是集体工作的一种机制与形式,它起到了集中智慧、汇合各种信息、加强人员交流、协调部门关系等重要作用。在委员会工作机制中,每个成员都有发言的权力,这些成员既代表了不同的利益集团、利益部门,也代表了个人的行为目标。在资源一定的条件下,委员会成员的利益很难取得一致。如果某个利益代表未能得到支持,他将会被动执行或拒绝执行委员会的统一行动,导致组织效率的降低。委员会必须充分考虑各方利益,平衡各种关系,其协调的结果必然是各方势力相互妥协、折中的结果,反过来又会影响决策的质量和效率。

四、组织冲突的功能

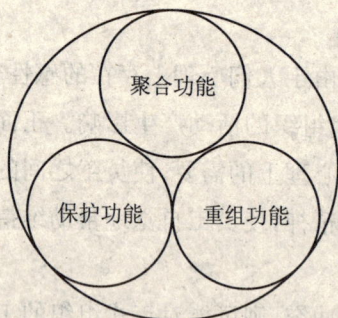

图 10.1　组织冲突的功能

组织冲突是一种客观存在的现象。管理者要正视组织冲突、积极探索解决冲突的方法,把组织冲突作为组织功能提升的重要契机。在一定程度上,组织冲突可以激发组织进行调整与优化,从而成为组织发展与变革中的动力。一般而言,组织冲突的积极功能主要体现在它对组织的聚合功能、保护功能与重组功能三个方面。

(一)聚合功能

在组织的管理活动中,各部门之间的冲突往往会给各部门的员工带来压力,这些压力使部门成员强烈地意识到自身同外界之间的差异,并导致部门内部的群体认同感,进而导致部门内部的参与意识加强,增强部门内部的内聚力与亲和力。同时,组织内部的部门冲突对维持和建立组织分工层级的稳定性也具有积极的作用。可以通过甄别组织冲突行为对组织目标的正确或越轨、积极或消极作用,使组织成员明晰自己的任务和职责,强化员工的责任意识。当然,组织冲突的聚合功能产生必须具备一个前提条件,就是只有当组织冲突不影响到组织的根本原则和核心价值时,组织冲突才能起到积极的作用。否则,组织冲突将促成或加速组织的分裂,导致组织功能的瘫痪。

(二)保护功能

如果组织成员能够不断宣泄自己的不满,并借此保持精神上的愉快,那么这种不满并不直接针对组织的根本原则和核心价值,因而是可以接受的冲突。如果部门间为了保护自己的部门工作和利益而表现出情绪激昂,则这将有利于组织结构和职能结构的稳定,因而对组织具有保护作用。就组织的发展和变迁而言,一个开放的组织应当允许某些冲突的存在和延续,因为它们客观上能够对组织的相关利益与价值形成一层保护网,并在一定程度上阻止组织因内部爆发严重的冲突而迅速分裂瓦解。

(三)重组功能

随着组织环境的不断变化,组织内部的结构以及职权关系也要随之变革,以适应环境的变化。组织冲突可以激发或建立变革的机制,使组织关系的调整成为可能,从而强化组织对外部环境的适应和参与能力。另外,组织内部的各种冲突可以导致组织职权关系的改变,并形成组织资源分配的新准则,可以防止以往冲突行为的再次出现,从而使组织达到新的境界,并在组织资源重组的过程中形成一种组织内外平衡的机制。例如,财务部门产生过分的冲突,原因可能是部门领导的协调能力有待提高,也可能是部门成员的业务学习有待加强,为了避免过分冲突,就需要重新调整和分配组织的领导结构和学习机制,促进组织的健康、稳定发展。

当然,组织冲突的消极作用就是当冲突关系到组织的原则与核心价值观时,将对组织产生的破坏性作用,表现为组织任务无法顺利完成或组织功能的失调,甚至导致组织形态发生改变或面临着组织崩溃。

五、组织冲突的管理策略

一般来说,组织冲突是不可避免的,因为组织不可能使所有的员工、部门都能达到预期的水平。它是在组织的目标、价值、资源或情感达不到预期的水平时,而在工作中表现出来的管理症状。而且,适当的组织冲突还可以激发组织成员的工作热情,促进他们为达到预期的目标而积极工作,有利于组织的健康运行。就组织冲突管理策略而言,大致可以分为以下五种策略。

（一）合作策略

合作策略是一种组织冲突双方共赢的解决方法。冲突双方采取合作策略都是为了满足自己的利益。如果组织存在一定程度的冲突,可能会有利于组织的健康发展,那么这时冲突各方之间完全可以公开地讨论、沟通,并积极倾听对方的意见,理解各方存在的利益与情感差异,对有利于各方的所有可能的解决途径进行仔细考察,并从中找到富有成效的解决途径。例如,如果组织成员对工作没有什么个人成见,而仅仅都是站在工作本身的立场上对分歧意见展开激烈的争论,那么争论各方就应该采取合作的态度,开诚布公地把工作的相关问题摆明,反倒有利于开展建设性的组织工作。

（二）迁就策略

迁就策略是把一方的需要放在高于自己的位置上,并以此维持彼此关系和谐的一种对策。一般而言,当组织冲突程度不高且组织绩效水平较高时,使用迁就策略往往最合适。例如,当一名公司总经理要求加薪,否则就将辞职时,而公司又找不到合适人选来代替,那么这时采用迁就策略就比较合适。因此,迁就策略的适用情况往往是形势比较紧急或者对自己的损失不大而利益更大的场合。

(三)妥协策略

妥协策略是要求每一方都作出有价值的让步而使问题能够得到顺利解决的一种方法。当组织冲突双方势均力敌,根本解决冲突几乎不可能时,妥协策略就是比较合适的策略。特别是如果冲突问题本身对工作特别重要,妥协是为了更大的战略利益而放弃暂时的冲突。一般而言,冲突发生时的协调成本与冲突强度呈正相关关系。如果一项冲突强度很高,但是又需要在较短的时间内加以处理,则协调成本往往很高,而妥协策略在一定程度上能够减少这种协调成本。

(四)回避策略

在解决组织冲突时,并不是每一项组织冲突都要对其进行充分的协调与克服。当组织冲突程度与水平很低时,没有必要立即对其进行处理,因为这时组织绩效水平可能处于上升阶段,更高强度与水平的冲突可能对组织的发展更有利。因此,这时采取回避策略从组织冲突中退出或抑制组织冲突往往是最好的解决办法。

(五)强制策略

强制策略是试图以牺牲一方或牺牲双方利益或情感为代价而处理组织冲突的一种方法。比如,管理者运用职权解决争端问题就是强制策略,冲突双方不得不服从组织的命令。当冲突达到一定程度,并且这种冲突给组织带来的利益较少或给组织带来的利益损失较大时,就应该运用组织权威对其加以强制性的制止。例如,如果组织中的某些成员仅仅只是为了家庭、购物或美食等方面的观点不同而发生争吵甚至打架时,采取强制策略有利于及时平息纷争,促进组织的建设与发展。

第二节　组织变革

任何一个组织,无论曾经的业绩如何辉煌,都必须随着环境的变化而不断调整自我并与之相适应。环境的变化是不以人的意志为转移的普遍规律,一般情况下只有组织适应环境,却很少发生环境适应组织的情况。

一、组织变革

所谓组织变革,是指组织管理者在组织内外环境变化的影响下,及时对组织中的要素进行结构性的调整,以适应组织未来发展的需要。

组织变革的根本目的就是为了在变化的环境中提高组织的效能,保持生存、成长与发展的能力。在动荡不定的环境条件下,要使组织顺利地发展,管理者就必须关注环境的变化,自觉地研究组织变革的内容、阻力及其一般规律,采取具体有效的措施来推进组织的健康运行。

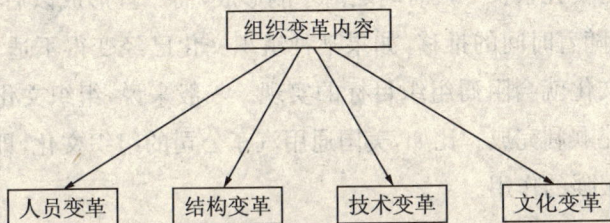

图 10.2　组织变革的内容

组织变革具有互动性和系统性,组织中任何一个因素的改变都会带来其他因素的变化。因此,管理者从事组织变革活动主要是对整个组织系统进行优化。而组织变革的主要内容体现在人员、结构、技术与文化四个层面上。

(一)人员变革

人员变革是指员工在态度、动机、行为、技能、期望、认知、行为、修养、道德、人际关系、价值观等内容的改变。在组织的发展中,人是最主要、最复杂的因素,它既可能是推动变革的力量,也可能是反对变革的力量。人员变革的主要任务是促进组织成员之间在权力和利益等资源方面的重新分配,进而改变他们的组织行为。为了顺利实现人员变革,必须注重员工的参与,改善人际关系并提高实际沟通及协调的质量。

(二)结构变革

结构变革包括权力关系、协调机制、集权程度、职务与工作再设计等其他结构参数的变化。管理者的任务就是要对组织设计模式、工作计划、权力授予等一系列行动作出决策。在实际运行中,组织结构一定要随着环境条件的变化而改变,管理者要根据实际情况灵活地改变组织结构中的某些组成要素。

（三）技术变革

技术的改变包括对作业流程与方法的重新设计、修正和组合，更换机器设备，采用新工艺、新技术和新方法等。在全球化的时代，由于产业竞争的加剧和科技不断地创新，管理者需要重视信息技术对组织运营的影响，注重在流程再造中利用先进的计算机技术进行的一系列技术改造。同时，管理者还需要对组织中各个部门、各个层级的工作任务进行重新组合，加强组织内部部门之间的协作，提高组织整体运行效率。

（四）文化变革

组织文化相对稳定、持久，这种特性导致组织文化变革存在着相当大的阻力。一种组织文化需要在很长一段时间之内才能形成，而一旦形成以后，则常常牢不可破、不易更改。随着时间的推移，如果某种组织文化已经变得不适合组织的发展，那么这种组织文化就会阻碍组织目标的实现。一般来说，组织文化变革常常需要多年的时间才能顺利完成。比如，美国通用汽车公司的组织文化，即使公司面临破产时仍然具有很强的作用。

二、组织变革的动因

影响组织变革的动因主要来自组织环境的外部和内部两个方面，它们共同推动着组织的变革。

（一）外部环境因素

（1）宏观社会经济环境的变化。目前，人们生活在一个不断变化的时代，比如，政治、经济政策的调整、经济体制的改革、政府预算赤字、市场需求的变化、石油价格的上升、利率的变化、汇率的变动以及证券市场的波动等，这些社会经济变化对某些行业的冲击比较大，往往会引起组织内部深层次的调整和变革。

（2）科技进步的影响。知识经济社会里，科技发展日新月异，新产品、新工艺、新技术、新方法不断涌现，对组织固有的运行机制产生强有力的挑战，导致组织产生变革的需要。例如，昂贵诊断仪器的技术改进为医院和医疗中心创造了显著的规模经济；在危险的环境里，使用机器人代替人类劳动有利于保护员工；互联网的快速发展催生出电子商务，改变了人们传统的交易方式。

（3）资源变化的影响。资源对组织发展具有重要的支持作用，因此要尽量减少对资源的过度依赖而变革组织。比如，原材料、能源、资金、人力资源、专利使用权等会制约组织的成长与发展。

（4）竞争观念的改变。竞争不可避免地会影响到组织的价格制定和产品类别，进而影响关系组织的生存。比如，当竞争对手降低商品的价格，组织自己不得不跟随降价，否则会失去大量的市场。同时，全球化的时代导致竞争会越来越激烈，竞争方式也会多种多样，组织转变观念，适应环境变化非常重要。

（5）法律法规的修订。法律法规的不断出台与修订会促进或限制行业的发展，进而影响组织的兴衰成败。比如，对上市公司监管的法律法规不断出台，不仅对上市公司的信息披露提出了更高要求，而且改变着上市公司的经营管理水平。《我国劳动用工法》的实施对企业合理使用劳动力、改变粗放的管理模式都产生了冲击。

（6）劳动力市场的供需变化。劳动力市场的供需波动会迫使管理者进行组织变革。如果组织需要某种技能的员工，则组织应当改变其人力资源管理方式，以吸引和留住组织急需的高技能员工。例如，上海市利用落户政策吸引和留住某些高级技工。

（7）社会文化的变迁。社会文化价值观念决定了什么样的产品或服务可以被市场所接受，进而影响到组织的变革。

（二）内部环境因素

内部环境的改变是推动组织变革的重要力量，直接影响着组织的运行效率。它主要体现在以下几个方面。

（1）组织机构适时调整的要求。组织机构的设置必须与战略目标保持一致，当环境发生改变时，新的组织职能必须得到充分的保障和体现。组织机构的调整是对组织中的权责体系、部门体系的改变，比如，管理幅度与管理层次的重新设计、核心部门与协调部分的权责确定等。

（2）保障信息畅通的必要。随着外部环境中不确定性因素的增多，组织决策对信息的依赖度增强。为了提高组织决策的效率，必须通过组织变革来确保信息渠道的畅通。比如，建立员工与组织高层管理者直接联系的电话、座谈会、邮件与信箱等，使基层信息快速、及时地传递到最高管理层。

（3）克服组织低效率的需要。组织长期运行以后，往往会由于机构重叠、权责不明、目标分歧等原因而造成运行低效率现象。组织只有及时变革，才可阻止导致组织效率下降的影响因素进一步扩散。比如，组织中权责不清导致部门之间遇事相互推诿、遇利相互争夺，组织内耗严重、效率低下，将会为组织树立不良的范例。

（4）快速决策的要求。组织决策过于缓慢，就会因为决策的滞后而坐失良机。

为了提高决策效率,组织必须通过变革以改变决策的机制、疏通决策各环节,确保决策信息真实、完整而迅速。比如,组织高层管理者遇事拖沓、部门之间争斗导致决策拖延等,都会使组织丧失机遇或计划不能按期执行。

（5）提高组织整体管理水平的需要。组织整体管理水平的高低是竞争力的重要体现。组织在每一个发展阶段都会遇到新的问题,为了达到新的战略目标,必须在人员素质、技术水平、价值观念、人际关系等各个方面作出进一步的改善和提高。

三、组织变革的目标

组织变革往往通过组织内部的结构调整,使组织适应其战略、规模、技术等因素的变化,或者外部环境变化的需要。变革的主要目的在于改善激励机制、加强内部协作,以提高工作效率、降低成本,加强对市场的应变能力等。

组织变革的基本目标主要体现三个方面。

（1）使组织更具环境适应性。

组织环境因素本身具有不可控性,控制组织环境的变化往往是不可能的。组织要想在动荡的组织环境中生存并得以发展,就必须改变自己的任务目标、组织结构、决策程度、人员配备、管理制度等。只有通过组织变革,管理者才能有效地把握各种机会,识别并应对各种威胁,使组织更具环境适应性。

（2）使管理者更具环境适应性。

在组织运行过程中,管理者是决策的制定者和资源的分配者。面对组织变革,管理者必须清醒地认识到自己是否具备足够的决策、组织和领导能力来应对未来的机遇与挑战。管理者一方面需要调整自己过去的领导风格和决策程序,使组织更具灵活性和柔性;另一方面要能根据环境的变化要求重构层级之间、工作团队之间的各种关系,使组织变革的实施更具针对性和可操作性。

（3）使员工更具环境适应性。

组织变革的最直接感受者就是组织的员工。组织若不能使员工充分认识到组织变革的重要性,并顺势改变员工对变革的观念、态度、行为方式等,就可能无法使组织变革措施得到员工的认同、支持和贯彻执行。但是,改变员工的固有观念、态度和行为是一件非常困难的事情,组织要使员工更具环境适应性,就必须不断地对他们进行再教育和再培训,重视员工的决策参与和授权,要能根据环境的变化改造和更新整个组织文化。

四、组织变革的类型

按照不同的标准,可以将组织变革分成不同的类型。

（一）渐进式变革和激进式变革

按照变革的程度与速度不同,组织变革可以分为渐进式变革和激进式变革。

1. 渐进式变革

渐进式变革表现为一系列持续缓慢的改进,这些改进依然维持着组织的总体平衡,而且通常只影响到组织的局部。在很大的程度上,渐进式变革是发生在已有的组织结构和管理流程之中的,它可能包含技术改进或产品改进。比如,宝洁公司为它的汰渍洗衣粉添加清洁因子以保护织物、防止褪色等。

2. 激进式变革

激进式变革则与渐进式变革相反,它打破了组织的基本运行规则,使得整个组织发生根本的改变。激进式变革常常包含了创设新的组织结构和管理流程。例如,在市场营销部门增加销售团队是一种渐进式变革,而将整个组织从纵向型结构转变为横向型结构则是一项激进式变革。因为在横向结构中,所有服务于同一核心流程的员工都被组合到一个团队,而不是分散在各个独立的职能部门中。同时,激进式变革可能要采用突破性的技术,由此产生的新产品也将形成新市场。当今,由于环境的动荡性和不可预测性,人们更多地关注激进式的变革。

（二）战略性变革、结构性变革、流程性变革和人员性变革

按照组织变革的内容划分,可以分为战略性变革、结构性变革、流程性变革和人员性变革。

1. 战略性变革

战略性变革是指组织对其长期发展战略或使命所做的变革。如果组织决定进行战略扩张,就必须考虑是采用组织内扩张还是组织外扩张;若采用组织外扩张,就必须考虑并购对象、方式以及组织文化重构等问题。如果组织决定进行业务收缩,就必须考虑如何剥离非关联业务,回归到组织的核心业务。

2. 结构性变革

结构性变革是指组织需要根据环境的变化适时对组织的结构进行重组,并在组织中进行权力和责任的重新分配,使组织变得更为柔性、易于合作。

3. 流程性变革

流程性变革是指组织紧密围绕其关键目标和核心能力,充分应用现代信息技术对业务流程进行重新构造。这种变革往往会使组织结构、组织文化、客户服务以及质量管理等方面产生重大的变化。

4. 人员性变革

组织中人的因素最为重要,组织必须改变人的观念和态度,才能顺利推进变革。以人为中心的变革是指组织必须通过对员工的培训、教育等引导,使他们能在观念、态度和行为方面与组织保持一致,成为推动变革的重要力量。

另外,按照管理者对组织变革的态度与环境状况不同,还可以分为主动性变革和被动性变革等。

五、组织变革的阻力

组织变革是一种对现有状况进行改变的努力。任何变革往往都会遇到来自各种变革对象的阻力和反抗。

(一)产生组织变革阻力的原因

产生组织变革阻力的原因很多,既有传统价值观念和结构惯性,也有对变革不确定后果的预期等。归结起来,组织变革阻力的主要原因有:

(1)过于关注成本。

管理者可能认为成本是组织最重要的管理内容,把成本作为变革考虑的首要因素,因而对那些不适宜以成本为中心的变革,没有给予足够的重视。比如,旨在提升员工积极性或顾客满意度的变革,管理者可能缺乏足够的动力。

(2)认识不到变革的益处。

任何重大的变革都会同时带来积极和消极两方面的后果。对组织发展有利的变革要加强教育,使管理者和员工认识到变革的积极性大于消极性,顺利地推动变革。例如,组织的薪酬系统过分强调平均主义,变革有可能受阻,因为员工会感到变革带来的竞争压力太大。

(3)担心失去既有利益。

变革会威胁到某些员工已经取得的收入、权利、地位,甚至影响为工作所做的投资。当员工对现有组织管理体制的投入越多时,反对变革的阻力越大。这就说明了为什么老员工比新员工更加反对变革。在这种情况下,变革应当谨慎、逐步推进,而且应该尽可能地让所有员工参与到变革决策中,以便推进变革。

（4）不确定性规避的倾向。

许多员工往往会担心变革导致的不确定性,进而极力反对变革。因此,需要通过不断地与员工沟通,使他们了解变革的可能结果、进展情况以及对各项工作的影响。

（5）缺乏协调与合作。

在组织变革的实施过程中,如果缺乏应有的协调,常常会造成组织分裂和冲突。比如,制度变革对老员工与新员工带来不同的利益影响,就需要考虑具体的情况。另外,在应用新技术时,组织也必须考虑新旧两种系统的兼容性问题。

（二）克服组织变革阻力的策略

1. 教育与沟通

管理者通过与员工进行沟通,帮助他们认清组织变革的必要性,理解组织变革的理由,从而减少组织变革的阻力。

2. 鼓励员工参与

在组织变革决策之前,应把那些持反对意见的人吸引到决策过程中来,让他们阐述反对变革的理由,然后进行充分的辩论,最终减弱反对力量甚至争取支持变革。

3. 促进和支持

组织变革推动者可以通过提供一系列支持性措施来减少阻力,比如,员工心理咨询、新技术培训或短期的带薪休假等。

4. 沟通与谈判

通过在各种利益群体之间开展沟通和谈判,寻找各自比较能够接受的妥协方案。

5. 强制与威胁

强制就是管理者运用合法权力直接对抵制者实施威胁和压力,强制推进组织变革方案。不过,这种策略有可能导致严重的冲突甚至组织的分裂。

六、组织变革的过程

为了使组织变革顺利进行,并能达到预期的效果,必须先对组织变革的过程有一个全面清楚的认识,然后按照科学的程序组织实施。推行变革的常用方法是勒温(Kurt Lewin)的三阶段模型和行为研究方法。

（一）勒温的三阶段模型

勒温的三阶段模型认为,成功地组织变革应该遵循解冻—变革—再冻结三个步骤。

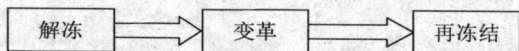

```
┌────────┐    ┌────────┐    ┌────────┐
│  解冻  │ ⇒ │  变革  │ ⇒ │ 再冻结 │
└────────┘    └────────┘    └────────┘
```

图 10.3　勒温的组织变革模型

1. 解冻阶段

这是变革前的心理准备阶段。一般来说,成功的变革必须对组织的现状进行解冻,然后通过变革使组织进入一个新的调整阶段,同时对新的变革予以再冻结。组织现状是一种平衡状态,解冻是打破平衡的必要行动。解冻期间的中心任务是改变员工原有的观念和态度,通过积极的引导,激励员工更新观念、接受变革并参与其中。

2. 变革阶段

这是变革过程中的行为转换阶段。进入组织的变革阶段,组织变革的措施开始实施,并随时检查变革效果是否达到预期的目的。实施阶段是组织变革的关键阶段,它关系到变革能否成功。变革过程要注意进一步调动员工参与变革的积极性,使变革成为全体员工的共同追求。

3. 再冻结阶段

这是变革后的行为强化阶段。变革实施后组织并不能确保它的持久性,需要通过对变革驱动力和约束力的平衡,使新的组织状态保持相对的稳定。由于员工的传统习惯、价值观念、行为模式、心理特征等都是在长期的社会生活中逐渐形成的,往往一次变革不能彻底改变现状,需要采取措施对员工的心理状态、行为规范和行为方式等方面不断地巩固和强化,以保持稳定、持久的状态。

（二）行为研究方法

行为研究方法是指在组织变革过程中,通过系统地收集信息,然后在分析信息的基础上选择、实施和评价变革的行为过程。行为研究方法包括诊断、分析、行动和评价四个阶段。

（1）通过组织诊断,发现变革征兆。

组织变革首先需要对现有的组织进行全面的诊断,以便理解变革的原因、阻力和行动切入点。通过收集资料,对组织的职能系统、工作流程系统、决策系统以及它们的内在关系进行全面的诊断。组织要从各种内在征兆中找出导致组织、部门绩效下降的具体原因,并确立需要进行整改的具体部门和人员,以便推进变革。

(2) 分析变革因素,制定变革方案。

对组织诊断任务完成之后,就要对组织变革的具体因素进行分析,然后制定几个可行的变革方案,以便选择较优方案实施。比如,组织应对组织职能设置是否合理、决策中分权程度如何、员工参与变革的积极性如何、流程中的业务衔接是否紧密、管理层沟通是否顺畅等情况进行分析,综合成几个主要的问题内容,然后有的放矢地提出解决方案。

(3) 选择正确方案,实施变革计划。

组织需要选择正确的方案,并制定具体的变革措施,保障计划的顺利推进。在组织变革方案的具体实施过程中,要充分考虑变革的深度和难度、变革的影响程度、变革的速度、员工的可接受程度以及员工参与程度,做到有计划、有步骤、有控制地进行。当变革出现偏离计划时,要分析产生偏差的原因,并及时采取措施纠正偏差,确保变革目标的实现。

(4) 评价变革效果,及时进行反馈。

组织变革是一个复杂的转换过程,往往会出现许多意料之外的情况。因此,在变革结束之后,管理者必须对变革的结果进行总结和评价,及时反馈新的信息。对于没有取得理想效果的变革措施,应当给予必要的分析和评价,然后再做进一步的选择。评估阶段可以为管理者提供经验和教训,促进组织管理水平的提高。

第三节 组织创新

组织创新是指为了实现组织管理目标,将组织资源进行重组与重置,采用新的管理方式和方法、新的组织结构与配置关系、新的组织规则与组织行为等,从而提高组织运行效率,使组织发挥更大效益的创新活动。组织创新通过调整与优化组织管理的要素——人、财、物、时间、信息等资源的配置结构,从而提高现有管理要素的效能来实现。在全球化的复杂环境下,组织要顺利地实现成长与发展,就必须进行组织创新。

一、组织创新的动力

组织自身的生存与发展是组织创新的根本动力,也是组织创新动力系统的核心要素。组织创新的外部、内部直接动力是引发组织创新的直接动力,它可能是由根本动力引发,也可能是由外部间接动力与根本动力共同引发。无论什么情形,组织创新的直接动力都源于组织创新的根本动力。

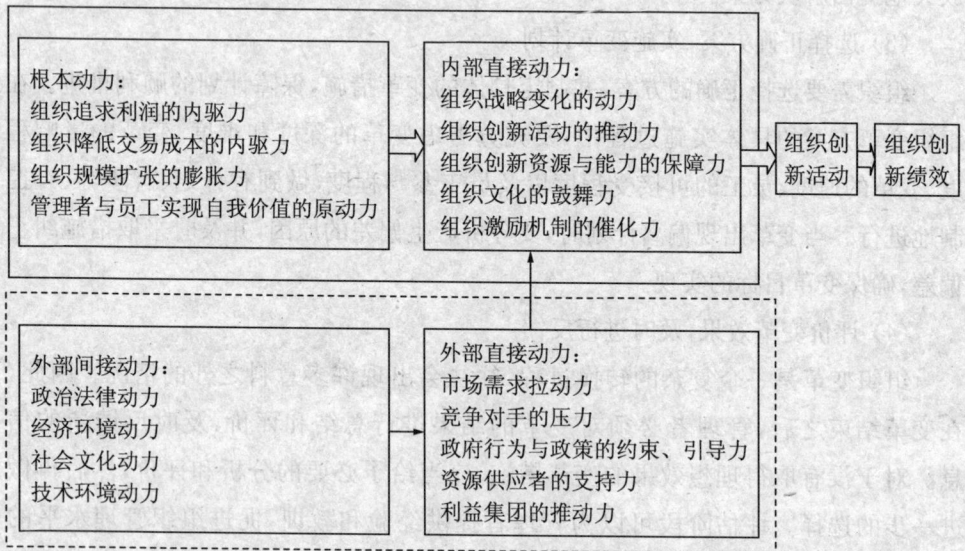

图 10.4　组织创新的动力系统

(一)组织创新的根本动力

维持生存与发展是组织的本能,来自这种本能的动力是组织创新的根本动力。在组织的运行过程中,随着组织管理水平的提高、规模的扩大,必然要求突破原有的组织形态,并在组织结构、组织文化、组织规则和组织流程等方面有所创新,从而为组织下一步的成长与发展奠定良好的基础。组织创新的根本动力主要包括组织追求利润的内驱力、组织降低交易成本的内驱力、组织规模扩张的膨胀力、管理者与员工实现自我价值的原动力。其中,管理者与员工实现自我价值的原动力不仅是组织创新最根本、最原始的动力,也是组织存续与演化的最根本、最原始的动力。

（二）组织创新的内部直接动力

组织创新的根本动力常常需要通过组织内部要素变化形成的直接动力来体现。组织创新的内部直接动力包括组织战略变化的拉动力、组织知识创新、技术创新与管理创新的推动力,组织创新资源与创新能力(包括人力资源、财务资源、物力资源、信息资源和知识资源等)的保障力,组织文化的鼓舞力以及组织激励机制的催化力。

（三）组织创新的外部直接动力

组织创新的外部直接动力主要包括外部市场的变化、竞争对手的挑战、政府的政策、组织资源以及利益集团等。

为了满足市场需求,组织不仅需要进行技术创新,还需要通过组织创新保持自身对市场需求变化的有效、灵敏反应,从而为组织的其他创新活动提供必要的保障。来自竞争对手的挑战不仅会迫使组织开发和改进产品、服务,还要求组织调整自身的结构、流程、文化和规则以适应竞争的需要。政府行为与政策常常会对组织的创新活动产生重要的约束与诱导作用,在组织自身创新能力、动力不足时,政府行为、政策一方面通过制约组织的不合理行为来促进组织调整现有的组织要素,另一方面也能够帮助组织判断形势、明确方向,并为组织的创新活动提出指导性的意见和建议。组织创新活动必须具备相应的人力、物力、财力、信息、技术和知识资源,只有在获得充分资源输入的情形下,组织才有可能实现自身的成长与发展,资源供应者的支持力是组织资源和能力得以保障的不可或缺的因素。组织的利益集团代表着自身的特殊利益,可以通过各种方式影响组织的行为,并对组织提出各个方面的要求,是影响组织创新活动的重要力量。

（四）组织创新的外部间接动力

当政治法律环境、经济环境、社会文化环境和技术环境等一般环境因素对组织有利时,组织成长与发展的速度往往就会加快。一方面,它们对组织结构、组织文化、组织流程和组织规则提出了更高的要求;另一方面,它们也为组织创新提供了更好的条件,有利于组织创新活动的顺利展开。而当这些一般环境因素对组织的成长与发展不利时,组织必须通过创新来应对环境的变化。在多数情况下,一般环境因素是组织创新的间接动力,它们需要通过转化为组织的具体环境因素和内部因素等产生的直接动力来发挥作用。其中,来自经济环境因素的动力主要转化为具体环境因素中的市场需求拉动力、资源供应者的支持力、组织创新资源与创新能力的保障力;来自政治法律因素的动力主要转化为政府行为及政策的约束力和引导力、利益集团的推动力;来自社会文化因素的动力主要转化为组织文化的鼓舞力、管理者和员工实现自我价值的原动力、利益集团的推动力;来自技术环境的动力主要转化为竞争对手的压力,组织知识创新、技术创新和管理创新的推动力以及组织降低交易成本的内驱力。同时,组织战略是沟通组织内部要素与外部环境的主要桥梁,外在动力只有与组织战略相联系,才能形成组织创新的直接作用力。

二、组织创新的内容

组织创新的内容主要包括组织的管理体制创新、运行机制创新、职能结构创新、机构设置创新以及跨组织联系创新等五个方面。

（一）管理体制创新

管理体制是指组织中以集权和分权为中心,全面处理组织纵向各层次之间权、责、利关系的结构体系。管理体制创新主要从以下几个方面进行:

第一,在组织的不同层次,正确设置不同的经济责任中心,包括投资责任中心、利润责任中心、成本责任中心等,消除因经济责任中心设置不当而造成的管理过死或失控的问题;

第二,突出生产经营部门的地位和作用,管理职能部门要面向生产经营部门,既管理又服务,从根本上改变管理部门高高在上、对下指挥与监督多而服务少的传统结构;

第三,作业层实行管理中心下移,作业层承担着作业管理的任务,它可以调整基层的权责结构,将管理中心下移到工段或班组,推行作业长制,使生产现场发生的问题由最了解现场的人员在现场迅速解决,从组织上保证管理质量和效率的提升。

（二）运行机制创新

建立组织内部的价值链,上下工序之间、服务与被服务的环节之间,用一定的价值链形式联结起来并相互制约,力求降低成本和节约费用,最终提高组织的整体效益。同时,改革自上而下进行的考核制度,按照价值链的联系,实行上道工序由下道工序考核、辅助部门由主体部门评价的新体系。

（三）职能结构创新

职能结构创新要解决的主要问题包括:第一,分离由辅助作业、生产与生活服务、附属机构等构成的组织生产主体,发展专业化社会协作体系,精简组织运营体系,集中资源强化组织的核心业务与核心能力;第二,加强生产过程之前的市场研究、技术开发、产品开发和生产过程之后的市场营销、用户服务等环节,同时加强对信息、人力资源、资金与资本等重要生产要素的管理。

（四）机构设置创新

机构设置创新需要考虑在横向上每个层次应设置哪些部门,在部门内部又应该设置哪些职务和岗位,并需要考虑怎样处理好它们之间的关系,以保证彼此间的配合协作。机构设置创新的方向可以是推行机构综合化,在管理方式上实现每个部门对其管理的业务都能够做到从头到尾连续一贯的管理,达到管理畅通、管理过程连续。通常把相关性强的职能部门归并在一起,做到一个基本职能设置一个部门、一个完整流程设置一个部门;机构设置创新的方向也可以是推行领导单职制,做到组织高层管理者尽量少设副职,中层和基层管理者基本上不设副职。

（五）跨组织联系创新

除了考虑组织生产运行需要部门之间的协作,还需要考虑组织外部相关联系的创新问题。比如,重新调整组织与市场的边界,重新整合组织之间的优势资源,推进组织间联系的网络化,这些都是跨组织联系创新的重要发展方向。

三、组织创新的模式

根据组织创新的核心展开内容,可以把它分成三种模式:战略导向型组织创新模式、技术诱致型组织创新模式和市场驱动型组织创新模式。

（一）战略导向型组织创新模式

战略导向型组织创新模式的动力主要来自组织战略导向的变化。在组织高层管理者对组织内外环境变化的快速反应驱动下,组织将管理者的智力和时间资源以及相应的物质和组织资源集中投入到组织战略的变革上,分析组织的外部环境和内部条件,确立组织视野,明确组织目标,调整产品与服务结构,实现组织战略创新。因此,一方面管理者要转变观念,形成组织新规范,调整组织人际关系网络,进行组织文化创新;另一方面,着眼于重新配置组织责权体系与结构,使组织结构创新适应组织战略创新和组织文化创新的需要。

战略导向型组织创新的本质在于,由组织战略创新启动,组织文化创新与组织结构创新同步进行,从而实现组织战略创新、组织文化创新和组织结构创新的动态匹配。由组织创新的三个方面协同匹配,使得战略导向型组织创新表现出带有内源性组织创新的特点。战略导向型组织创新模式的实现除了要求组织管理者具有战略眼光和超强的决策能力之外,还要求组织在快速变化与发展的组织环境中具有充分的成长与发展空间,并能够有效利用各种信息资源,尤其是善于创造性地学习与借鉴外部组织创新的经验,以尽量减少组织创新的成本。

（二）技术诱致型组织创新模式

技术诱致型组织创新的动力主要来自组织新技术的发展,尤其是来自组织根本性产品创新所导致的产品结构变化。由于产品结构的变化,组织的部门设置、资源配置及责权结构都要作出相应的调整,从而引发组织结构创新。在组织结构创新的基础上,组织价值观念和组织行为规范都会发生潜移默化的转变,进而完成渐进式的组织文化创新。而组织结构和组织行为的逐渐变化又会进一步诱致组织战略创新。因而,技术诱致型组织创新总是表现为由组织结构创新到组织文化创新,再到组织战略创新的逻辑顺序。

技术诱致型组织创新的最大特点在于,它是源自组织内部产品结构的变化。由此引起的组织结构和组织文化的调整也是逐渐进行的,一般不至于导致组织在短期内发生整体上的变化,因而技术诱致型组织创新属于组织内源性的渐进式组织创新。技术诱致型组织创新是最常见的组织创新类型,尤其是对于那些正在由单一品种生产向多元化经营转化的组织而言,如果需要适应新品种生产经营的需要,就需要进行相应的组织创新。

一般而言,技术诱致型组织创新首先从开发、生产和销售的技术条件和管理条件的视角考察新产品与组织原有产品之间的关系,以避免机构重叠和资源浪费;其次,组织结构创新和组织文化创新应该保持连贯性和循序渐进,以避免打破组织原有的平衡;再次,一旦组织结构创新和组织文化创新得以实现,则组织应适时进行战略调整,以使组织战略真正转移到多品种生产经营上来。

（三）市场驱动型组织创新模式

市场驱动型组织创新的动力主要来自市场竞争的压力。市场竞争压力迫使组织求生存、谋发展,努力通过组织战略创新、组织文化创新和组织结构创新来保持和提高组织核心能力,依靠持续的组织技术创新赢得组织竞争优势。对大多数组织而言,市场驱动型创新更多地表现为由组织文化创新启动,进而诱发大规模的组织战略创新,最终以反复的组织结构创新来实现组织整体创新的逻辑顺序。

市场驱动型组织创新属于外源性创新,它既可能是渐进式的创新,也可能是激进式的创新,这主要据组织具体的内部和外部环境而定。一般而言,市场驱动型组织创新要求组织首先要有转变观念的内在需要,最高管理层和基层员工都要意识到市场竞争的压力;其次,组织要有进行战略创新的勇气,并努力适应市场竞争的需要而重新配置组织资源;最后,组织要熟悉市场的变化,明确竞争来源,及时准确地把握各种内外部创新资源的变化,学习外部组织成功创新的经验,以尽量降低组织创新的成本。

四、组织创新的策略

组织创新的战略一旦启动,必须依靠一定的策略来保障实施才能取得预期的效果。主要的组织创新策略包括以下几种。

（一）战略平台

组织架构一定要体现宏图大略,要为组织创新的发展构筑一个战略平台。特别是对于那些研发机构而言,一定要有全球化的视野,并在技术路线上指向前沿。战略平台也是一个广泛利用国内外资源的合作平台和开放平台,它可以充分吸收最先进的理念,运用最新的技术成果和方法。

（二）软性实力

组织的软实力是其取得竞争优势的源泉,也是其他组织难以模仿和超越的核心要素。组织建设不仅要有外在的宏伟架构和形象,而且更要具备内在的神韵和实力。形体建构可以速战速决,而创造创新的实力和文化则必须旷日持久。对组织来说,需要培养学习创新能力、团队攻关能力、快速反应能力、领导运筹能力与机制驱动能力等五种主要的软实力。

（三）硬性标杆

创新型组织应当具备柔性,形成一种具有弹性的软组织。但是,这种软组织发挥的功能、承担的任务需要过硬,并用硬性的指标来衡量。无论是具体的技术经济指标,还是抽象的市场经营指标,创新型组织都需要充分挖掘组织的潜力,提升组织在指标上的竞争力,实行纵向比进度、横向比水平。

（四）驱动力量

创新团队需要强劲的驱动力量,这是创新型组织始终保持竞争优势的力量源泉。只有让创造者与组织分享创造的成果,创造的激情才会源源不断地涌现,而打造有利于人才创新的长效机制是组织创新的关键。

（五）疏密文化

创新需要足够的宽容度和自由度,这是创新人才生存的必备空间。因此,创新型组织内部一定要形成宽容失败的风气,一定要为员工提供自由想象和创造的氛围。组织创新需要创造一种疏密有致的文化,以求宽容与精益并存。比如,3M 等创新型公司允许员工动用 15% 的时间和资源自行其是,但同时对流程执行和产品质量却精益求精。

五、组织创新的趋势

由于互联网技术的发展和科学技术的推动,组织内部与组织之间的沟通更为便捷、成本更低,其创新出现了一些新的趋势。

（一）组织结构扁平化

在长期的演变过程中,组织逐渐形成了一套等级森严的层级组织体系,管理层次越来越多,信息的处理和传递要经过若干环节,致使整个组织对外部环境变化的反应迟钝,并使内部管理难度加大,工作效率低下。

20 世纪 80 年代以来,在全球化、市场化和信息化三大时代浪潮的背景下,国内外组织纷纷展开了轰轰烈烈的组织变革。90 年代初期,西方出现了一场声势浩大的"企业再造"运动,核心思想是把原来的金字塔形的组织结构扁平化。例如,某些跨国公司过去从基层到最高层有十几个管理层次,在使用先进的管理手段后,管理层次精简为 5—6 个,大大提高了组织管理效率,降低了管理费用。

组织结构的扁平化是为了适应组织环境日益复杂多变产生的挑战。它的顺畅运作需要具备两个重要条件:一是现代信息处理和传输技术的巨大进步,能够对大量复杂信息进行快捷、及时的处理和传输,致使多数中间组织失去了存在的必要,甚至在组织里不需要中层管理人员。比如,经纪人、批发商甚至某些零售商的作用将逐步弱化,生产者与消费者之间的鸿沟逐步缩小、界限逐步模糊,它们可以直接联系和接触,相互掌握对方的信息。二是组织成员的独立工作能力大大提高,管理者向员工大量授权,组建各种工作团队,员工要承担较大的责任,普通员工与管理者、下级管理者和上级管理者之间的关系,由传统的被动执行者和发号施令者的关系转变为一种新型的团队成员之间的合作关系。

（二）组织运行柔性化

柔性最初起源于制造系统,是指制造过程的可变性和可调整性,强调生产系统对环境变化的适应能力。而组织的柔性则是指组织结构的可调整性,以及对环境变化、战略调整的适应能力。柔性化的典型组织形式是临时团队、工作团队、项目小组等。

所谓团队,就是让员工打破原有的部门界限,绕过原有的中间层次,直接面对顾客和向公司总体目标负责,从而以群体和协作优势赢得竞争主导地位。临时团队往往是为了解决某一特定问题而将有关部门的人员组织起来的突击队,通常在问题解决以后,团队即告解散。这种组织形式是对等级分明、层次多、官僚组织等缺陷的有力修正。

工作团队是一种通过改变传统组织中的高度集权,给员工一定的自主权,把业务流程分解成许多小段,每个人做其中一份工作的方式。在工作团队中,没有监督者,每一个团队有一个由团队成员轮流担任的组长,使之能够亲自感受到自己的工作成果,以此提高员工的工作满足感和成就感。

项目小组由一个项目经理、一个市场经理、一个财务经理、一个设计师和若干位不同工种的工人组成,根据需要还可以吸收组织外部的一些专家加盟。这种组织方式的特点是可以发挥团队合作优势,缩短产品研制与生产出货的时间,对消费者的需求迅速作出反应,消除人浮于事的现象。

(三)组织边界模糊化

随着市场竞争的日益激烈,庞大的规模和臃肿的机构设置已不利于组织的竞争力提高。因此,许多组织在大量裁员、精简机构和缩小经营范围的基础上对组织的结构进行重新构造,突破纵向一体化,组建由小型、自主和创新的经营单元构成的以横向一体化为基础的网络化组织。

组织结构的网络化有两个根本特点:一是用特殊的市场手段代替行政手段,联结各个经营单位之间以及与组织总部之间的关系。比如,各种企业集团和经济联合体以网络制的形式把若干命运休戚相关的企业紧密联系在一起。由于层级制组织形式的基本单元是在一定指挥链条上的层级,而网络制组织形式的基本单元是独立的经营单位,因此这种特殊的市场关系与一般的市场关系具有很大的差别。一般的市场关系是一种非常不稳定的单一的商品买卖关系,交易主体之间的对应关系可以随时随地发生重新组合;而网络制组织结构中的市场关系,则是一种以资本投放为基础的包含产权转移、人员流动和比较稳定的商品买卖关系在内的全方位的市场关系。二是在组织结构网络化的基础上,形成了强大的虚拟功能。传统的企业组织形式高度实体化,其管理就是对实体企业的管理,这种管理要负责组织的各种实物的保存和管理。现代经济活动的数字化和网络化，一方面使空间变小，世界成为地球村；另一方面又使空间扩大，除物理空间外还有媒体空间的存在，虚拟组织也就相应产生了。处于网络制组织中的每一个独立的经营实体，都能以各种方式借用外部的资源进行重新组合。通过虚拟，组织可以获得设计、生产和营销等具体的功能，但是并不一定拥有与上述功能相对应的实体组织，实现不为所有、但为所用的功能，通过外部的资源和力量实现相应的具体功能。

（四）组织驱动学习化

学习型组织的所有成员都积极参与到与工作有关问题的识别与解决，使组织形成了具有持续的适应能力和变革能力。在学习型组织中，员工们通过不断地获取和共享新知识，并参与到组织的知识管理中来，有意愿将其知识用于制定决策，做好他们的工作。

美国管理学家彼得·圣吉在《第五项修炼：学习型组织的艺术与实践》一书中指出，为了帮助组织适应日益变化的环境，管理者应该推行自我超越，改善心智模式，建立共同愿景，团队学习和系统思考等五项修炼，构建学习型组织。

1. 学习型组织的含义

为了适应环境变化的需要，所有的组织都要学习，这是它们维持生存的基本条件。学习型组织是一个不断开发适应与变革能力的组织。在学习型组织中，所有员工都致力于识别和解决问题，促使组织持续地进行试验、变革、改进，从而不断提高其成长能力、学习能力和实现目标的能力。

大多数传统组织进行的是单环学习。当发现错误时，组织改正过程依赖于过去的常规程序和当前的政策。相反，学习型组织运用的是双环学习。当发现错误时，其改正方法包括组织目标、政策和常规程序的修改。双环学习向组织中根深蒂固的观念和规范提出挑战，其提出的截然不同的问题解决办法有利于实现组织变革的巨大飞跃。

学习型组织是解决传统组织经常遇到三个基本问题的良方。这三个基本问题是：分工、竞争和反应性。首先，专业化的分工制造了隔阂，把一个组织分割成许多相互独立也常常是相互冲突的领域。其次，过分强调竞争往往会削弱合作。管理者们相互竞争以显示谁更正确，谁知道的更多，谁更有说服力；部门之间本应相互合作、共享信息，却在相互竞争，容易导致组织内部的内耗。第三，管理者的注意力如果发生了偏离，他们更注重问题的解决而不是开发创新。因此，问题的解决者会尽力避免某些事情发生,而创新者们却努力带来新的变化。

表 10.1　学习型组织与传统组织的区别

内　　容	传统组织	学习型组织
对待变革的态度	只要还管用就不要改变它	如果不变革那就不管用
对待新的观点	不是产生于此时此刻就拒绝它	产生于此时此刻就拒绝它
创新的负责人	研发部门	组织中每个成员
主要担心的问题	发生错误	不学习不适应
组织的竞争优势	产品和服务	学习能力、知识和专门技术
管理者的职责	控制别人	调动别人、授权别人

2. 学习型组织的特征

学习型组织的主要特征表现在组织设计、信息共享、领导力以及文化等方面。

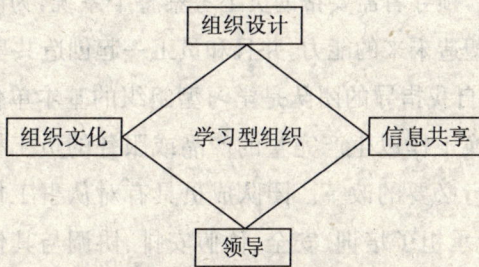

图 10.5　学习型组织的特征

(1)组织设计。在学习型组织中,成员在整个组织范围内跨越不同职能专长及不同组织层级,共享信息和取得工作活动的自主协调,在这种无边界的环境中,员工们以最佳的方式合作完成组织的任务,并互相学习。团队是学习型组织结构设计上的一个重要特征。员工们在团队中工作,执行需要完成的各项工作活动,这些员工团队被授权制定有关其工作开展过程或解决所出现问题的各种决策。经过充分授权的员工及其团队运作组织,根本没有必要配备各级的"老板"来发布命令和实施控制。相反,管理者承担着推动者、支持者和倡导者的角色。

(2)信息共享。学习型组织要能够学习,就必须在成员之间实现信息共享,使组织的所有员工都参与到知识管理中,因此,信息必须公开、及时,并且尽可能精确。学习型组织在设计中取缔了结构和空间边界,对于开放式的沟通和广泛的信息共享具有建设性的作用。

（3）领导。学习型组织中的领导者，应该促进组织内形成一个有关组织未来的共同愿景，并使组织成员朝向这种愿景努力奋进。另外，领导者还应该支持和鼓励组织中建设一种有利于学习的相互协作和配合的氛围。

（4）组织文化。在学习型组织中，其文化特征是：每个人都赞同某一共同的愿景，都认识到在工作过程、活动、职能及外部环境之间所存在的固有的内在联系，彼此都有很强的团体意识，相互之间充满关爱和信任，员工们感觉到可以自由地敞开交流，大胆分享、试验和学习，而不用担心会受到批评或惩罚。

3. 创建学习型组织

针对学习型组织的特征，创建学习型组织意味着在领导、结构、授权、沟通与信息共享、参与式战略和适应性文化等领域发生某种变化。

（1）领导设定目标。传统组织中领导者是设定目标、进行决策和指挥下属的主体。在学习型组织中，领导者需要帮助员工考察整个系统，为团队工作提供便利与推进变革，提高员工塑造未来的能力，并且和员工一起创造共享的愿景。

（2）团队建设。自我指导的团队是学习型组织的基本单位。这些团队是由具有不同技能、经常轮换工作以生产完整的产品或服务的员工构成的。团队成员直接与顾客打交道，进行必要的改革。团队成员具有对从事工作的新方法进行决策的能力。团队成员也承担了培训、安全、休假安排、协调与其他团队的关系和决定工作方法、报酬和奖励制度的责任。

（3）员工授权。在学习型组织中，员工是管理者力量的主要源泉。管理者赋予员工进行决策并采取有效行动的权力、自由、知识和技能，这可以使员工在没有严密监督的情况下从事自己的工作。管理者善待员工，提供给员工富有竞争力的工资、较好的工作条件和职业发展的机会。管理者还通过利润分享来培养员工的主人翁责任感。

（4）公开信息。在学习型组织中，每个员工都可以获得有关预算、利润和部门开支等的正式数据。随着组织的工作基础从产品和事务向思想和信息的转化，信息共享达到了前所未有的状态。管理者承担着向员工提供他们需要信息的角色，而员工具有按所获得的信息采取行动的权力。

（5）参与式战略。在学习型组织中，战略既可以自上而下地产生，也可以自下而上地产生，甚至还可以产生于企业同供应商、顾客、竞争对手之间的合作关系。

（6）培育适应性文化。强烈的适应性文化是学习型组织的基础。其中，公平是学习型组织的一种基本文化理念。组织取消那些体现地位差别的活动，强调关心和尊重每个员工，并最终创造出一种鼓励可以提高学习能力的试验，不怕犯错误，即使失败也不会带来责罚的信任型文化氛围。

4. 建立学习型组织的技能

人们能不能不断检验自己的经验、人们有没有生产知识、大家能否分享组织中的知识以及组织中的学习是否与组织目标息息相关，这些内容都是检验学习型组织的基本标准。

建立学习型组织，需要突破习惯的思考方式，排除个人及组织的学习障碍，重新塑造企业的价值观念、管理方式与方法。因此，彼得·圣吉提出了建立学习型组织的"五项修炼"技能。所谓修炼，对于组织而言，就是通过学习和训练提高组织内部结构和机能对社会、市场变化的适应能力。对个人而言，是指通过学习提高自身素质。

第一项修炼：自我超越。自我超越就是不断认识自己以及外界的变化。不断赋予自己新的奋斗目标，突破过去，超越自己。这是一种学习和成长的修炼，也是学习型组织的精神基础。

第二项修炼：改善心智模式。心智模式是一种思维方法和行为模式，往往是人们长期实践经验的总结。通常人们的一言一行都要受到多年形成的固有思维和逻辑的影响。由于外部环境和社会需求的急剧变化，组织继续年复一年的传统做法会导致失灵。所以，改善心智模式就是改善认知模式，要求组织能够不断随着外界环境的变化适时调整甚至革新组织内部的习惯做法，只有人的思想和逻辑改变才能使行为发生根本的转变。

第三项修炼：建立共同愿景。愿景是期望的未来远景和愿望。建立共同愿景就是建立一个组织成员共同的远景和愿望，并以这个共同愿景感召全体组织成员，使之为这个愿景奋斗。因此，共同的愿景是组织产生活力和勇气的源泉。

第四项修炼：团体学习。团体学习是发展团队成员整体合作与实践共同目标能力的过程，团队学习的主要形式是深度会谈。通过深度会谈，可以使组织内的成员互相帮助，进行有效的沟通，达成目标的共识，使集体思维越来越默契，使团队智商远远高于个人智商，发挥整体的优势。

第五项修炼：系统思考。系统思考的修炼就是要人与组织形成系统观察、系统思考的能力，以系统的观点、动态的思维观察世界，从而决定其正确的方向。系统思考必须跳出个人受到团队影响的局限,站在更高的层次和更远的目标来理性地观察、处理组织与环境之间的错综复杂关系。

案例分析一

微软公司的组织变革

用外人的眼光来看,微软公司似乎是在以闪电般的速度发展着。然而,从内部来看,对发展太缓慢的指责与日俱增。微软公司有 3 000 名员工,生产 180 多种不同的产品,至少有 5 个管理层。公司的员工开始抱怨文案主义和决策迟缓的问题。日益明显的官僚化倾向甚至使公司失去了几个重要的人才。此外,微软公司还面临着一些新的挑战,如美国司法部对这个软件巨人的裁决,以及美国在线公司和时代华纳公司合并所形成的互联网竞争强敌。

在这种情况下,高层管理人员开始重建微软公司。为使公司能对软件行业中的快速变化作出更好的反应,他们建立了 8 个新事业部。其中,商用和企业事业部侧重向企业用户提供诸如 Windows 2000 这样的软件;家用和零售事业部处理游戏软件、家庭应用软件、儿童软件及相关业务;商界生产事业部以知识型工人为其目标市场,为他们开发诸如文字处理方面的应用软件;销售和客户支持事业部则主要集中于像会计师事务所、互联网服务提供商和小企业这样的顾客群。

真正使这一新结构对微软公司具有革命性意义的是,这 8 个事业部的领导被授予了充分的自由和职权,只要能够实现销售收入和利润目标,他们就可以按照自己认为适当的方式经营其业务并支配各自的预算。而在以前,盖茨和鲍梅尔都卷入到每个大大小小的决策中,包括决定 Windows 2000 的主要性能,以及评价用户支持热线得来的反馈纪录,等等。现在,事业部经理被授予了以前所没有的职权和责任。一个事业部经理这样说,他感觉"就像在经营我自己的小企业"。

"互联网使一切都发生了改变",盖茨这样认为。正因如此,他认识到了微软公司也必须改革。他希望新的结构是这一正确方向上的一个起点。

(资料来源:孙元欣:《管理学——原理·方法·案例》,科学出版社 2006 年版。)

案例思考题：

1. 微软公司现在面临的是怎样的环境？

2. 微软公司原来采用的是什么组织结构形式？有何弊端？

3. 微软公司现在采用的是什么组织结构形式？它给公司带来了什么好处？

案例分析二

惠普公司的组织变革

要成功地精简一个公司行政机构的层次，其难度常被比喻为教会一只大象跳舞。但是，惠普公司刚退休的首席执行官约翰·A.杨却赢得了以妙计制胜的声誉。

在1990年年初，杨开始认识到公司的行政机构是如何拖延决策过程的。他通过调查得知，公司在开发一组高速计算机工作站时，因为在技术决策上总是无休止地开会，结果使开发进程延期了一年多。惠普公司原先为促进工作小组之间的沟通和更好地评估各项目决策，设立了38个内部委员会。这不仅增加了成本，还限制了创新和延缓了决策。比如，仅仅为给公司开发出的第一代计算机软件取个名字，竟用了9个委员会、近100个人讨论了7天时间。

杨立即着手改革公司结构，以解决这一问题。他取消了公司的委员会机构设置，并采取措施实现扁平化。他将计算机业务划分为自治的两个集团：一个集团经营代理商销售的个人微机、打印机和其他产品业务；另一集团负责向大客户推销计算机工作站和小型机。他还将公司集中的销售力量一分为二，使每个计算机集团拥有自己的营销队伍。

结果是令人鼓舞的。一位现在只要与3个委员会而不是与38个委员会打交道的总经理这样评论说："我们正在做更多的生意，正在以更少的人将产品更快地送出去。"数据也证实了杨重组机构的成功。到1992年第二季度末，惠普公司的利润比去年同期增加了29%。

（资料来源：鲍丽娜、李孟涛、李浇主编：《管理学习题与案例》，东北财经大学出版社2007年版。）

案例思考题:

1. 约翰·A.杨在惠普公司组织模式上进行了哪些变革?
2. 这一变革从根本上讲能够增强企业竞争优势吗?

本章小结

　　组织冲突主要有结构因素、个人因素和沟通因素等三种。组织冲突具有突发性、侵略性、传播性、润滑性等特点。根据不同的角度,可以将组织冲突分成不同的类型。按照冲突的作用效果来划分,可以将组织冲突分为建设性冲突与破坏性冲突。按照组织内部门之间关系来看,它可以分为正式组织与非正式组织之间的冲突、直线与参谋之间的冲突以及委员会之间的冲突。

　　一般而言,组织冲突的积极功能主要体现在它对组织的聚合功能、保护功能与重组功能三个方面。组织冲突管理策略大致可以分为五种:合作策略、迁就策略、妥协策略、回避策略与强制策略。

　　组织变革的主要内容体现在人员、结构、技术与文化四个层面上。组织变革的基本目标主要体现三个方面:使组织更具环境适应性、使管理者更具环境适应性、使员工更具环境适应性。

　　按照不同的标准,可以将组织变革分成不同的类型。按照变革的程度与速度不同,组织变革可以分为渐进式变革和激进式变革。按照组织变革的内容划分,可以分为战略性变革、结构性变革、流程性变革和人员性变革。

　　成功的组织变革应该遵循解冻—变革—再冻结三个步骤。行为研究方法是指在组织变革过程,通过系统地收集信息,然后在分析信息的基础上选择、实施和评价变革的行为过程。行为研究方法包括诊断、分析、行动和评价四个阶段。

　　组织创新的内容主要包括组织的管理体制创新、运行机制创新、职能结构创新、机构设置创新以及跨组织联系创新等五个方面。根据组织创新的核心展开内容,可以把它分成三种模式:战略导向型组织创新模式、技术诱致型组织创新模式和市场驱动型组织创新模式。组织创新主要的策略有:战略平台、软性实力、硬性标杆、驱动力量与疏密文化。组织创新出现了一些新的趋势：组织结构扁平化、组织运行柔性化、组织边界模糊化、组织驱动学习化。

本章思考题

1. 组织冲突的原因有哪些？组织冲突有哪些类型？
2. 组织冲突的积极功能有哪些？管理组织冲突的策略有哪些？
3. 组织变革的内容体现在哪些方面？组织变革的基本目标有哪些？
4. 组织变革有哪些类型？它的阻力有哪些？
5. 组织变革的步骤有哪些？行为研究方法有哪些？
6. 组织创新的内容体现在哪些方面？组织创新的模式有哪些？
7. 组织创新主要的策略有哪些？
8. 学习型组织有哪些特征？怎样建立学习型组织？
9. 建立学习型组织需要哪些技能？

第十一章
人力资源管理

本章学习目标

通过本章的学习,理解并掌握:

1. 人力资源管理的概念和流程;

2. 人力资源管理的法律约束,人力资源的获取;

3. 人力资源定向、培训和发展,以及绩效评估和报酬体系设计;

4. 员工职业生涯和相关建议。

引导案例

诺基亚的人力资源管理制度

作为世界 500 强的著名企业,诺基亚一直视人才为企业的生命。并且,通过不断的探索、创新与建设,形成一整套选拔、培养和考核的人力资源制度体系。

一、诺基亚对人才的选拔

诺基亚通过独特的人才招聘解决方案和专业的管理流程,确保公司吸收优秀的人才。不论是从专业技能上,还是从职业道德上都要求人才符合公司的要求,并能够在企业文化的熏陶下为公司贡献力量。

人才选拔是业务部门同人力资源部门在每年末一起制定的。人力资源部提出招聘渠道建议,并为通过初步筛选的应聘者组织面试和心理测评。测试项目从题目的选择到制定都紧紧围绕公司价值观,对应聘者个人素质、品质和性格倾向加以考查。通过人力资源部测评专家对面试、问卷、项目合作等方面结果的综合评估,最终作出选择。选择人才中起作用的因素往往并不是应聘者的专业水准,而是看他是否持有与诺基亚相同或接近的价值观。因为个人持有的价值观比掌握的知识技能更难以改变。

二、诺基亚对人才的培养

入职培训是新员工全面了解公司,接受公司价值观教育、感受公司文化的第一课。人事部安排各职能部门的高层领导,集中一至两天的时间,与新员工交流。对新加入公司的中层以上管理人员,公司还安排其与未来工作中发生直接或间接关系的同级和上级管理人员见面,帮助其快速进入角色。

诺基亚分别在中国、美国、欧洲,以及亚太地区设有四所诺基亚学院,其宗旨是为创建持续学习的环境和支持员工不断的成长,并最终确保企业竞争优势的稳步提升。诺基亚学院与全球各地业务部门人员紧密联系,根据业务的技能需求和资源计划,提供节约成本和本地化的培训服务,通过使用共同的流程和平台测评来追踪学习的质量和效果。诺基亚学院还采取了网上教学、跨职能指导、个人发展咨询等新的培训手段以提高培训的针对性。

在对人才的培养上,内部岗位轮换体系是诺基亚独具特色的。诺基亚尊重员工的个人兴趣和职业生涯发展的选择,利用公司内部网站实时刊登不同国家地区、不同组织结构的工作机会。职位申请的程序也尤为简单和开放,员工可以与用人经理进行直接沟通,得到认可后,通知目前经理和人力资源部。在目前工作合理安排和交接后,就可以上任新的工作岗位。在同等条件下,公司优先考虑内部员工转换工作的申请,不但有利于诺基亚人才的循环,同时也保证了公司文化的延续和员工对公司的忠诚度。

同时,公司还鼓励员工在不同的工作环境下尝试新的具有挑战性的工作。例如,从事同一类工作的员工可以到其他国家和地区,乃至合资公司工作,从事某项专业工作的员工,可以转向其他专业领域工作,以增加部门之间的了解与合作。

三、诺基亚对人才的考核

诺基亚公司通过专业手段对员工进行考核,以达到公司的既定目标。诺基亚"投资于人"计划就是一套非常人性化的业绩管理程序,它支持诺基亚战略和价值观的实施。在上级与下级沟通评估中,以价值观为准则的行为得到评估和发展。

"投资于人"的讨论每年分两次实施,分别在 1 月和 7 月进行,全公司由上至下,通过直线经理和下属面对面的交流,双方以平等的原则,开诚布公地讨论工作中的成绩和问题,对工作业绩进行评估,总结并提出改进建议。40%的评估是基于过去一年中员工实施目标所付出的努力及表现,其余 60%是基于所达到的结果。业绩评估的成绩与本阶段奖励计划的结果相联系。

(资料来源:21 世纪人才报,2006 年 4 月 17 日(摘选)。)

思考题:

诺基亚公司通过哪些手段来选拔人才?又是怎样培养人才的?在对人才考核方面有什么独特之处?

第一节　人力资源管理概述

人力资源管理的主要任务是以"人"为中心,以人力资本投资为主线,研究人与人、人与事、人与组织之间的相互关系,充分利用人力资源,不断提高和改善组织工作的生活质量,调动人的积极性、主动性和创造性,促进管理效率的提高和管理目标的实现。现代企业之间的竞争,归根结底是人才的竞争。富有创造力的杰出人才,是组织竞争力的主要源泉。因此,吸引和留住优秀的员工并激发其献身精神,就是人力资源管理的使命。

一、人力资源管理概念

人力资源管理(human resource management,HRM)是指组织为了实现既定的目标,运用现代管理方法和手段,获取、开发、利用和保持高素质员工队伍的一系列计划、组织、领导与控制活动的过程。人力资源管理的目标是解决组织中人与人之间关系的调整、人与事之间的配合,把合适的人配置到合适的工作岗位上去,充分开发人力资源,挖掘人的潜力,调动人的生产劳动积极性。

人力资源管理最为关键的工作是在适当的时候把适当的人员安排在适当的工作岗位上,以人事的协调来提高组织的工作效率,达到组织与员工之间的双赢格局。每一位员工都有不同的天赋能力,比如,写作、沟通、演讲、研究、人际交往和设计能力等。对于不同的工作,个人有不同的偏好、兴趣和工作热情。对组织而言,基于组织目标、工作内容和岗位设置,对各类职务有不同的要求。实现组织与员工之间的双赢,就是为了谋求个人的"天赋能力"、"工作热情"和"组织需要"三者之间有效结合,实现它们之间的最佳配合。如果这三项之间的共享区域面积越大,则交集越大,因而双赢的效果越好。

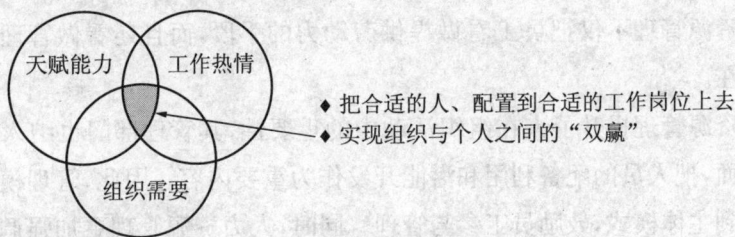

图 11.1　人力资源管理的目标

(一) 人力资源管理的现代思想

人力资源管理将人看做生产经营中一种特殊而宝贵的资源。人力资源管理是以人为本的思想在组织管理中的具体实践,有效的人力资源管理活动要求做到满足组织需要与满足个人需要的有机统一。人力资源管理的现代思想主要包括三个方面的内容。

(1) 所有的管理者都是人力资源管理者。管理者承担着为组织营造工作氛围的重任,人力资源管理是以服务员工为目的的职能,每位管理者都要关心下属的发展和满意度。

(2) 员工被看成组织的宝贵财富。员工是组织活动的重要载体,他们不仅是被管理的对象,而且还具有能动性与创造性。员工与工作对象、机器、环境等要素的有机结合是实现组织目标的基本形式。

(3) 人力资源管理是一个将组织目标和员工需求相匹配的过程。组织和员工需求同样都应该得到满足,它们互相作为对方满足需求的手段。从根本上讲,人类的一切活动都是为了人、发展人、提升人。

(二) 人力资源管理与传统的人事管理的区别

人力资源管理是从传统的人事管理演变发展而来的,延续了"人本管理"的基本观念。过去,西方国家的企业中只有人事部,主要负责招聘、培训与工资管理等工作。目前,人力资源管理延伸和拓展了人事部的工作,反映了人事部门的工作性质和作用的转变。

传统的人事管理把人当做一种物质资源,着眼于成本支出的简单生产要素管理模式,主要考虑如何通过对人的管理工作来提高要素的利用效率。因此,传统的人事管理是目标单一的生产导向型管理模式的具体表现形式。而人力资源管理则力图将组织的目标与员工个人的目标结合起来,注重员工的能动性和内在潜能的开发,通过营造适合员工的工作环境与氛围来实现组织与个人的共同发展。因此,现代人力资源管理不仅把员工看做提供劳动力的手段,而且还看做管理工作的本身目的所在。

人力资源管理提升了人在组织活动中的重要性,其管理部门也纳入组织的战略决策层面,把人员的配备利用和潜能开发作为重要内容。因此,管理模式由垂直模式过渡到主体模式,鼓励员工参与管理。同时,人力资源管理更加强调管理的系统化、规范化以及管理手段的现代化,突出了管理要素之间的互动以及管理活动与组织内外环境之间的互动。

（三）人力资源管理的核心任务

人力资源管理的核心任务,一是激发员工的奉献精神,二是培养和发展员工的能力。前者主要解决员工愿不愿意去做事的态度问题,后者主要解决员工能不能做事的效率问题。在竞争日益激烈的全球化时代,员工的工作积极性和工作能力是组织竞争优势的源泉和关键内容,而人力资源管理则承担着组织竞争力持续发展的重要任务。

人力资源管理要创造出一种环境,将员工所有的资质和潜能都激发出来,并且能够通过在组织中工作来满足自己的成长、发展和自我实现需要。同时,还要通过特有的方式将个人与组织牢固地联结在一起,使员工从内心深处把组织看做自己的一部分,从而在工作中表现出高度的能动性、创造性和责任感。

二、人力资源管理的过程

人力资源管理是组织在特定环境中进行的一种以人为管理对象的专业活动,它包含着一系列程序和步骤。按照人力资源与组织之间的关系来看,可以把人力资源的经历分成进入组织、适应与发展以及离开组织等三个阶段。而按照组织管理工作来看,人力资源管理又可分为人力资源的规划、招聘、发展以及解聘等四个阶段。每个阶段承担着不同的任务,相互联系、相互依存,共同组成人力资源管理的整个过程。

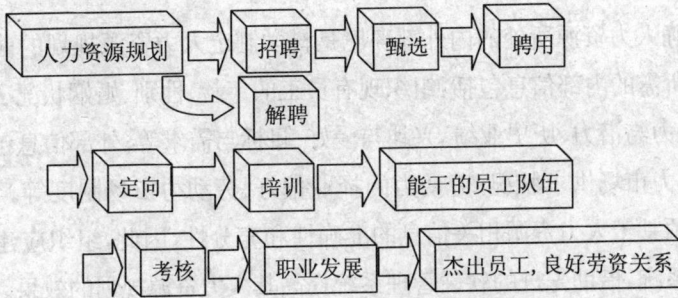

图 11.2　人力资源管理的详细过程

(一) 人力资源规划

人力资源规划,是指根据组织的战略目标以及对组织未来人力资源供求状况的科学预测,制定必要的人力资源获取、开发和保持策略,以确保组织的人力资源需求能够得到满足。科学的人力资源规划有利于组织对现有人力资源的充分利用以及对未来人力资源的合理配置。

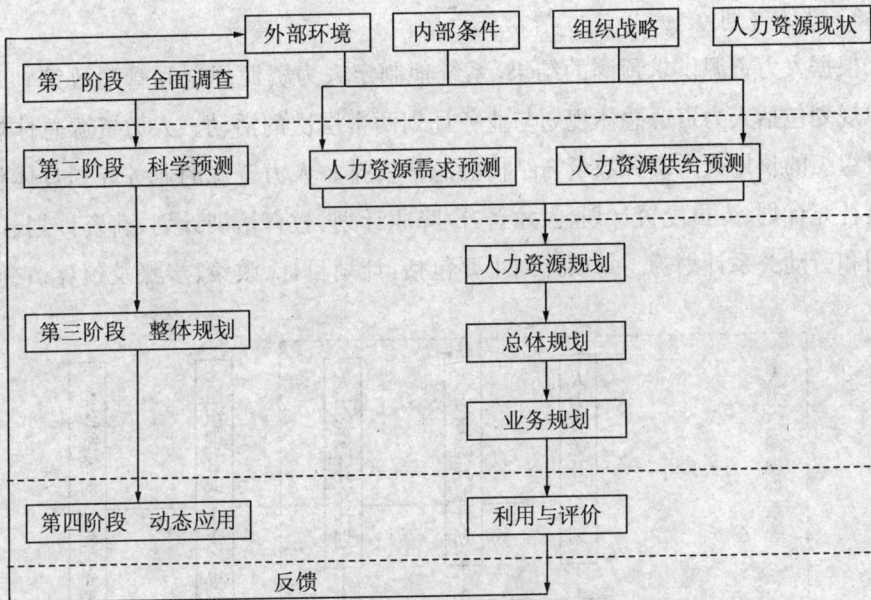

图 11.3　人力资源规划阶段与过程

人力资源规划按照工作顺序又可以划分为：全面调查、科学预测、整体规划以及动态应用四个阶段。

1. 全面调查

组织明确人力资源所处的内外部环境是科学制定人力资源规划的前提。制定人力资源规划所需的内部信息包括：组织现有员工的年龄、性别、婚姻状况、健康水平、知识与经验、能力与潜力、历史业绩、兴趣与爱好、目标与需求等；外部信息包括劳动力市场结构、劳动力市场供求状况、劳动力的择业偏好、劳动力市场制度等。科学的人力资源规划必须基于人力资源相关信息的准确性和充分性，因此，组织应建立自己的人力资源信息系统，借助先进的软件管理系统提高其人力资源规划的效果。

2. 科学预测

人力资源规划的目的在于实现组织在各个阶段的人力资源使用的平衡性，防止组织在某个时期出现人力资源短缺或过剩而影响组织的战略实施。人力资源预测的目的就是科学分析人力资源计划期内各类人力资源的数量与结构状况。同时，人力资源预测也是人力资源规划过程中最具有技术性的阶段。人力资源预测主要包括人力资源供给与需求预测两个方面的内容。只有站在组织发展战略的角度，准确预测出人力资源供给与需求状况，才能采取有效的措施达到人力资源的平衡。

3. 整体规划

根据人力资源供求预测的结果，系统地制定人力资源规划和管理政策。人力资源规划包括人力资源总体规划与业务计划两个层次的活动。人力资源总体规划是对组织的长期人力资源数量与结构的总体安排。人力资源的业务计划具体包括人员补充计划、人员配置计划、人才晋升/降职计划、教育培训计划、薪资计划、退休计划和劳动关系计划等。每项计划主要包括：计划目标、政策、步骤及预算；它们是

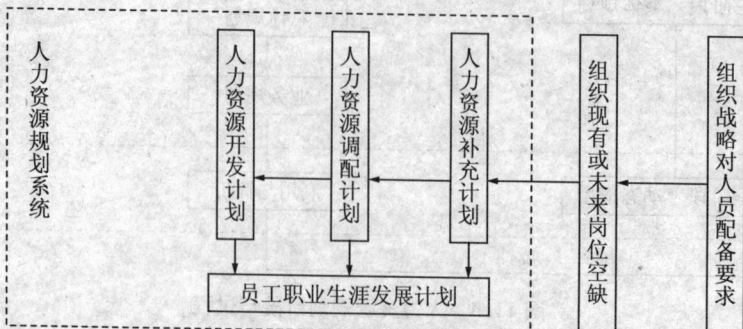

图 11.4　人力资源发展规划系统

人力资源总体规划的具体展开和实施安排。同时,各项人力资源业务规划的有效实施必须得到人力资源招募政策、培训政策、绩效管理政策、薪酬政策、职业生涯政策等人力资源政策的支持,否则人力资源规划的执行就会缺乏系统性和有效性。

4. 动态应用

在完成组织的人力资源规划以后,应当严格按照计划实施人力资源的开发与管理,并定期对计划的执行效果进行评估。由于组织处在一个开放、动态的变化环境中,因此,无论是人力资源总体规划,还是人力资源的各项业务计划,都必须随着组织内外环境的变化作出相应的修正。

(二) 人力资源的招聘

1. 员工的招聘

员工的招聘工作是人力资源管理的重要环节,主要遵循因事择人、公平公开和用人所长的三大原则。组织应根据人力资源规划进行招聘,因为无论招多还是招错都会产生负面作用,对组织文化造成不良影响,从而降低组织效率。同时,对应聘者应一视同仁,通过考核、竞争选拔人才,不得人为地制造各种不平等的限制。这样既可以选出真正优秀的人才,又可以激励其他员工积极向上。最后,在招聘中必须考虑有关候选人的专长,做到量才使用、人尽其才。

从人力资源的来源划分,组织的员工招聘分为:内部招聘与外部招聘两种方式。

(1) 内部招聘。

组织利用内部人力资源主要包括内部晋升、平级调动、岗位轮换和重新聘用。其用途、优缺点如下表 11.1 所示。

表 11.1　人力资源的主要招聘方法

招聘方法	用　途	优　点	缺　点
内部晋升	内部人员岗位调整	成本低,候选人熟悉组织	供应数量有限
平级调动	内部员工岗位调整	成本低,候选人熟悉组织	
岗位轮换	内部员工岗位调整	成本低,候选人熟悉组织	
重新聘用	内部员工岗位调整	成本低,候选人熟悉组织	
求职者主动应聘	各种类型的岗位	供应数量多	
内部人士推荐	各种类型的岗位	可靠性高,能满足岗位要求	容易形成非正式组织
劳务中介机构引介	一般工作岗位	费用较低或免费	
教育机构输入	年轻的后备力量	年轻,受过良好教育的候选者	缺乏实际工作经验

（2）外部招聘。

如果组织存在对基础员工、专业员工、特殊员工和管理者的大量需求，而组织内部的员工供给不足，就会出现从外部招聘员工的现象。组织招聘外部员工的来源主要包括求职者主动应聘、内部人士推荐、劳务中介机构引介、教育机构输入。其用途、优缺点也可参见表 11.1。

员工内部招聘与外部招聘相比各有利弊，其优缺点如下表 11.2 所示。

表 11.2　员工内部招聘和外部招聘的比较

	内部招聘	外部招聘
优点	1. 有利于鼓舞士气，调动员工积极性 2. 有利于保证选聘工作的正确性 3. 有利于被聘者迅速展开工作	1. 具备难得的"外部竞争优势" 2. 能够为组织带来新思想、新方法 3. 有利于平息并缓和内部竞争者之间的紧张关系
缺点	1. 来源局限于组织内部，可能缺乏合适人选 2. 可能导致组织内部"近亲繁殖"现象 3. 可能引起组织内部矛盾	1. 外聘员工需要较长的调整和适应期 2. 组织可能出现选聘失误 3. 对内部员工造成打击

2. 员工的甄选

（1）员工的甄选方法。

① 心理测试。心理测试是员工甄选中必不可少的环节。研究与实践表明，在对员工的智力、创造力、认知能力、性格与气质、人际交往、社会适应能力、意志品质、领导能力等心理品质的测评中，心理测试可以发挥重要作用。

② 面试。目前，面试是组织中应用最为广泛的员工甄选方式之一，它可以使组织有机会更为直接地了解员工候选人的相关特征与能力，然后作出是否雇用的判断。

③ 履历调查。核查与证实候选人的背景信息和推荐信息表也是一种很有效的甄选手段，它可以直接证实候选人的工作状况、个人信誉、工作能力以及人际沟通能力状况。核查与证实可以通过电话咨询推荐人，也可以通过商业信誉核查组织了解候选人以前的工作性质、工作业绩、工资水平、教育背景、离职原因以及人际关系状况等。

④ 管理评价中心面试。所谓管理评价中心面试，是指在组织甄选高级管理人才的过程中，让候选人在 2—3 天的时间内完成一系列的任务，评价专家则以隐蔽的方式对候选人的一举一动进行观察，以此评价候选人的管理能力与潜力。在管

理评价中心可能的模拟任务主要包括公文处理、无领导小组讨论、管理游戏、个人演说、心理测量以及面试等。

（2）员工的甄选程序。

员工的甄选是员工招聘的关键步骤，通常包括审查、面谈、测试和体检等几个步骤。

① 审查。大多数组织都需要求职者提供书面的求职资料，这是申请职位的第一步。求职简历能够反映出求职者的经验、知识和能力是否满足相关职位的最低要求，能够给组织提供求职者的基本资料信息，其中包括面试人员希望询问的求职者背景及相关信息等基础问题。

② 面谈。面谈旨在尽可能多地了解应聘者的各种信息，具有随意性和信息量大等特点。组织面谈要询问的问题包括应聘者的受教育程度、工作经历、家庭背景、现代社会适应特征（比如，兴趣爱好、婚姻情况、配偶兴趣和人格、经济情况、健康状况等）以及动机、性格、情绪稳定性、资产负债情况等。

③ 测试。在面谈之后，组织还需要对入选的求职者做一些正式的测试，以便根据职位的具体要求进行选择。这些测试针对某项工作所必须具备的技术和技能，也可测试求职者的智力、兴趣、领导潜力、忠诚度、人格特征与心理特征等内容。

④ 体检。体检是员工甄选过程的最后一个环节。有些行业具有对身体的特殊要求，法律规定必须进行体检。比如，餐饮行业的从业人员必须体检合格才能上岗。通过体检，组织可以获得员工健康状况的信息，是否能够胜任工作的要求，减少组织未来的管理成本，同时可以为员工的健康保险、职业病防治等提供依据。

（三）人力资源的发展

从人力资源开发和员工的需要出发，员工的发展不仅有利于组织的成长，而且有利于员工的需求满足与自我实现。现代人本管理更加强调员工与组织的共同成长与互相促进，他们互为手段和目的，是彼此休戚相关的利益共同体。因此，组织必须创造一个公平的竞争环境，帮助员工"成为他们能够成为的人"，促进他们在完成工作中的成长与发展。

（四）人力资源的解聘

在组织的发展过程中，如果面临结构性收缩或者员工存在违反组织政策的行为时，就要对冗员或相应的员工作出一定的调整或裁减，以便优化组织结构。因此，根据具体情况的差异，解聘可以有多种不同的表现方式。

表 11.3　主要的解聘方式

方　式	含　义
解　　雇	永久性、非自愿地单方面终止合同
临时解雇	临时性、非自愿地单方面终止合同;可能持续若干天,也可能延续几年
自然减员	对自愿辞职或正常退休空出的职位不予填补
调换岗位	调换员工岗位,不会降低成本,但可以平衡组织内部的劳动力结构
缩短工作周	让员工每周少工作一些时间,或者进行工作分担,或以临时工身份从事这些工作
提前退休	为年龄大、资历深的员工提供激励,使其在正常退休期限前提早离职

第二节　员工培训

人力资源开发是人力资源的重要组成部分,它是提升员工人力资本的重要手段。职务的要求是员工的培训与发展的基本导向,而培训发展则是人力资源开发的重要内涵。

一、工作分析

工作分析是人力资源管理最基本的工作,它是员工培训与发展的指南针。工作分析是对组织中各工作职务的特征、规范、要求、流程、员工素质、知识和技能要求进行描述的过程。

(一)工作分析的内容

尽管当今存在的组织形态千差万别,组织内工作类别、工作要求与组织条件都不同,但是任何组织中都包含着职务与员工这两个基本要素。而工作分析就是对职务与员工这两个基本要素必须的要求进行论证与说明。一般地,把对职务的具体特征概括出来,形成详细的书面文件的过程称为职务说明,而把岗位对任职员工的要求概括起来,并形成具体的书面文件的过程称为工作规范。因此,职务说明文件和工作规范文件是人力资源管理各个阶段的依据与指导。

职务说明文件具体描述了工作的物质特征和环境特点,主要解决工作内容与特征、工作责任与权力、工作目的与结果、工作标准与要求、工作时间与地点、工作岗位与条件、工作流程与规范等问题。虽然职务说明文件没有统一的标准,但是规范的职务说明文件应包括工作名称、工作活动、工作程序、物理环境、社会环境和聘用条件等内容。

职务说明文件	工作规范文件
一、职务类别 　职务名称：××× 　部门：×××　有效期：××	一、职务类别 　职务名称：××× 　部门：×××　有效期：××
二、工作职能	二、教育程度
三、工作职责	三、以往经验
四、工作设备(计算机,绘图仪)	四、技能 　如打字速度,英文口译能力等
五、职权关系 　报告关系：上级 　督导关系：下属	五、个人特性 　人际交往能力,应变能力
六、工作条件或危险	六、行为特征 　工作主动性,与他人合作
七、其他	

图 11.5　职务说明文件与工作规范文件

工作规范文件是用来说明担任某项职务的人员必须具备的生理要求和智力要求。这是任职者必须满足的最低限度的资格标准,主要包括年龄、性别、学历、工作经验、健康状况、力量与体力、运动的灵活性、感觉器官的灵敏度、观察能力、集中能力、记忆能力、理解能力与学习能力等内容。

职务说明文件和工作规范文件是管理者开始招聘和挑选人员时应该理解和使用的重要文件。职务说明文件可用于向申请者详细描述某项职务。而工作规范文件可使管理者牢记某项职务任职者所必需具备的资格条件。

（二）工作分析的方法

工作分析定义了组织中的职务特征以及履行职务所需的条件。开展工作分析的方法有：

（1）观察法。观察法就是直接观察工作人员的活动并且记录有关项目、时间、表现等资料的方法。这种方法通常是由专业的职务分析师进行的,经常用于分析存在大量重复并且重复周期比较短的具体操作的规律,尤其适用于分析生产工人和熟练技术工人。

（2）面谈法。面谈法是指通过询问操作者、管理者和专家等,从而获得对有关某项工作岗位的相关行为或个人特征信息的过程。面谈法是一种应用最为广泛的工作分析方法。通过面谈过程,员工的身份变成工作的观察者,他们可以获得许多不能经常观察到的、周期长的工作活动和工作行为的报告,提高工作分析结果的可靠性。通常面谈的组织者必须就同一工作岗位与多个员工面谈,甚至有些工作岗位的员工要经历两次面谈,以提高面谈结果的普遍性和可信度。

(3) 问卷法。问卷法是一种应用十分普遍的职位分析方法。它是借助于一种结构固定的问卷表,让员工在可能的任务项上选择或排列出来,对组织中的各种职务进行分析的方法。其基本过程是首先设计问卷,然后分发给调查对象,要求在一定的时间内填写,以获得有关信息而进行分析的方法。

(4) 关键事件法。这是一种管理者的积极参与并使用任务导向的工作分析方法。通常由管理者对员工在工作中最终影响工作表现的行为进行记录,然后进行工作分析。关键事件法主要用于工作周期长,以及员工行为对组织任务的完成具有重要影响的工作。在使用关键事件法时,管理者必须充分调动员工参与的积极性,这是有关工作分析能否成功的关键。

二、岗位定位原理

岗位定位原理是一种对员工与岗位之间关系的定位和发展分析的理论框架。它可以帮助组织的管理者分析不同员工的岗位工作状态、下一阶段可能的工作状态,实现员工与岗位之间的最佳匹配,以及应该采取哪些管理措施来促进他们之间的互动。

岗位定位原理以工作兴趣为横坐标,以岗位贡献为纵坐标,将员工对岗位的工作兴趣和岗位贡献分为高低不同的取值,然后形成四种组合形态。

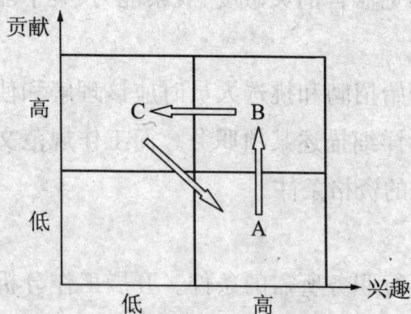

图 11.6 岗位定位原理

管理学的研究发现,当某人获得一个新的工作岗位时,往往工作兴趣很高,而对组织的贡献却比较低。原因是工作才刚刚开始,员工对工作环境还不熟悉,此时他的工作状态处于 A 位置。由于工作兴趣高,因而愿意学习、敢于虚心向有经验的员工请教,并及时总结经验、克服自身的缺点,工作中也十分努力。于是,他会逐渐取得工作上的成绩,对组织贡献度也会得到了提高,此时他的工作状态则处于 B 位置,对应的兴趣和贡献都比较高。随着时间的流逝,这个员工有了工作经验,也逐步把握了工作规律和要点,对工作岗位的兴趣由高变为低,但同时保持了较高的贡献,因而他的工作状态变为 C 位置,对应的兴趣低、贡献高。

岗位定位原理为员工换岗提供了分析的理论依据。例如,在美国公司里一般中层管理者 3—5 年就需要调整一下工作岗位,或者他们自己跳槽换到新的企业里。从人力资源管理角度看,一是如何识别各种员工目前处于何种岗位工作状态,A 点、B 点还是 C 点? 二是对不同岗位工作状态的员工,提出中肯的建议,指导其下一步如何发展? 通常采用的方法是定期进行员工自评、员工之间互评和高层管理者评价,帮助员工了解自己的岗位状态,并规划下一阶段的发展和工作方向。

岗位定位三角形分析还可以进一步细化和展开。比如,分析某员工对组织的贡献,具体包括多种状态:(1)在他人帮助下开展工作;(2)能够独立展开工作;(3)能够帮助和指导周围员工开展工作;(4)能够对组织整体提出综合性的意见和建议等。

三、定向

在选定了某项职务的候选人以后,他就需要被介绍到工作岗位和组织中,并且使之适应工作环境,这个过程称为定向。定向既包括新进人员的适应,也包括原有员工对各项改变的适应。

定向的主要目的是减少新员工刚开始工作时感觉到的焦虑,让新员工熟悉工作岗位、工作单位和整个组织,并促进外来者向内部人的角色转换。定向使员工在甄选阶段所获信息得到进一步扩展,新员工的具体义务和职责也得到进一步明确和具体化,他也将明白未来的工作绩效如何得到评估以及自己面临怎样的挑战。另外,定向也是新员工对职务所可能持有的不切实际的期望得到修正的阶段,使他能适应组织环境的需要。

定向的具体内容包括安排新员工参观办公楼或厂房、观看描述组织历史的影片、与人事部门成员进行座谈、了解组织的人事政策和福利状况、由老员工介绍组织环境和岗位要求等。

四、员工培训

(一) 员工培训的主要内容

培训是一个组织为改善内部员工的价值观、工作能力、工作行为和工作绩效而进行的有计划的教育活动过程。培训有两种基本形式：培养和训练。培养也称为管理能力的开发，目的是使培养对象获得做好未来工作所需的知识和能力。培养立足于员工成长的长远目标，不一定与现有的工作有关，甚至可能为担任更高层次工作而准备。而训练的目的则是使培养对象获得做好目前工作所需的知识、技能或特长，它着眼于传授专门的具体工作技能。一般而言，培养的对象通常是组织中较高层次的管理者、专业技术人员，而训练对象则是较低层次的人员。

员工培训的主要内容包括：技能培训、知识更新培训和价值观塑造培训三类。其中，员工技能培训主要分为三种类型：技术技能、人际关系技能和解决问题技能。绝大多数员工培训活动都着眼于改变其中一项或多项技能。

（二）员工培训流程

对员工而言，通过培训可以帮助他们充分发挥和利用其人力资源潜能，更大程度地实现个人的价值，培育良好的职业道德，提高员工对工作的满意度，增强他们对组织的归宿感和责任感。对组织而言，培训有助于组织价值观的统一，减少组织中的事故发生率，降低管理成本，提高组织的运营效率和经济效益。

组织员工培训的流程包括以下步骤：组织战略制定、培训需求分析、培训目标确定、培训方案设计、培训方案实施、培训效果评估以及培训效果运用。

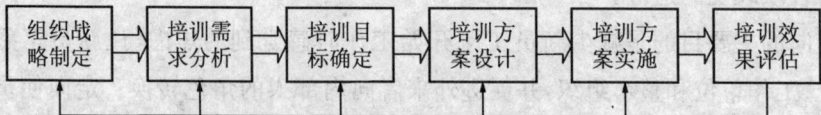

图 11.7　员工培训流程

1. 组织战略制定

组织员工培训旨在实现组织员工的知识、素质、技能与组织战略目标相适应，从而使员工培训为组织战略目标的实现提供有效的支持。因此，明确并制定组织战略发展目标是开展员工培训的前提与基础。

2. 培训需求分析

培训需求分析旨在解决是否需要培训以及进行什么内容培训的问题。培训需求通常产生于组织、工作和个人三个层面，因而对应的需求分析也从这三个层面展开。其中，组织分析着重确定组织范围内的培训需求，主要包括组织战略目标、资源和环境的适应问题，对人力资源的重要内容以及对社会流行培训进行分析，根据组织内外环境的对比分析，从组织运行中存在的问题以及寻求其解决办法出发，确定组织的人才需求结构,进而确定培训目标与计划大纲。工作分析主要对员工的工作能力、工作态度和工作业绩等进行比较分析,以确定员工在各自工作岗位上的实际绩效与期望绩效之间的差距,进而确定组织员工培训的需求结构。个人分析则主要三个方面的内容:一是对员工的绩效做出评价,找出其中存在的问题并分析其原因,以确定解决当前问题的培训需求;二是根据员工的岗位变动计划,确定有关员工发展问题的培训需求;三是针对员工的工作态度问题而进行员工培训需求分析。

3. 培训目标确定

确定培训目标旨在为培训计划提供明确的方向和可供依据的框架。员工培训目标主要包括:技能培训、知识更新培训和价值观塑造培训三类。技能培训旨在帮助员工个人和组织迅速提高解决相关问题的能力;知识更新培训旨在帮助员工和组织实现新知识的导入,挖掘员工和组织知识更新的潜力,并以此增强组织未来发展的可持续发展竞争力;价值观塑造培训旨在提高组织的凝聚力,增强员工对组织的忠诚度。

4. 培训方案设计

培训方案设计必须从组织战略出发,满足组织与员工的需求。因此,培训方案设计必须考虑到组织的资源条件与员工的素质基础,考虑到人才培养的超前性及培训效果的不确定性,进而确定员工培训活动的负责人、培训时间、培训地点、培训费用预算、培训员工名单、培训内容、培训方法、培训教师以及培训应该达到的目标等。

5. 培训方案实施

培训能否取得效果以及效果的好坏就是由实施阶段决定的,因此必须具体、细致地安排培训实施环节,采用因地制宜、切实有效的方法,确保培训达到基本的目标。

6. 培训效果评估

培训效果是指培训过程中受训者所获得的知识、技能及其他特性应用于工作的程度及其有效性。在进行培训效果评估时,主要考察以下内容:在培训以后,员工的相关行为有无发生变化;这些变化是否由培训所引起;这些变化是否有助于组织目标的实现;今后的培训者在完成同样内容的培训之后,是否还能发生类似的变化等。同时,还应将培训效果与组织战略目标的要求进行比较,并根据组织战略的变动来对培训工作的相关内容进行修正,或由培训效果的反馈来修正组织战略,从而使组织培训与组织战略相适应。

（三）员工培训模式

培训模式是指从战略的角度来看开展组织培训活动的系统方式以及所确定的内容体系。组织普遍采用的培训模式主要包括以下五种。

1. 系统型模式

所谓系统型模式，是指根据组织规划有计划、有步骤、系统性地开展培训活动的方式。这种培训模式包括：制定培训政策、确定培训需求、制定培训目标和计划、实施培训计划以及对培训计划的实施进行审核与评估等内容。

2. 战略型模式

战略型模式是指围绕组织战略，通过一系列符合逻辑的步骤开展组织培训的方式。这种模式强调培训的主要目的在于为组织战略目标的实现提供支持和帮助。

3. 双环路型模式

双环路型模式包括内外两个环路，其中内环是系统型培训模式，外环则强调组织战略的实现。通常内环的边界清晰，而外环的边界相对模糊。这种模式保留了系统型模式中作为组织培训指南的内容，同时又将组织培训放在一个更为广泛的组织环境与发展背景之中。

4. 阶梯式模式

按照培训的等级水平将阶梯式模式的培训活动划分为三个阶段：初级阶段、中级阶段和高级阶段。初级阶段培训，独立于组织目标，组织对培训持放任态度，不期望具体的回报。中级阶段培训将人力资源需求与培训结合起来，部门管理者开始参与培训工作，更多地关注个人培训需求，其活动的组织化程度大大提高，培训内容与组织中各项活动联系更加紧密。高级阶段培训是组织活动中的一个完全连续过程，开始从重视正式培训转向重视个人发展、部门经理和个人承担发展责任，而培训人员则要承担咨询者、协调人以及变革促进者等多种角色。

5. 可持续发展型模式

可持续发展型模式是指通过建立和完善组织中的培训政策和制度，实现组织可持续发展的培训方式。这种模式涉及组织培训的政策、制度、责任与角色定位、培训机会及需求的辨识与确定、培训计划、培训成本、培训收益、培训目标等实现组织学习和可持续发展必不可少的因素。可持续发展型模式着力解决组织培训职能长期强化和提高的问题,它更能满足组织可持续发展的需要。

（四）员工培训方法

除定向的岗前培训外,员工培训方式还包括在岗培训和脱岗培训等。

1. 在岗培训

在岗培训是指受训者通过实际参与某项工作、操作某种设备,并接受相应现场指导来学会有关技能的过程。在岗培训一般由经验丰富的管理人员或骨干实地示范,然后在工作过程中完成。常见的在岗培训主要有:

（1）示范。受训者先观摩演示者的工作示范,然后自己逐渐动手练习。其优点是学习内容与工作直接相关,针对性强,效果显著。而缺点是可能会由于演示者自身的不足而造成失误。一般要在示范之后进入辅导教育,建立受训者与培训者之间的互动关系,以促使受训者尽快掌握操作技能。

（2）指导。指导是指让受训者通过观察指导者的工作过程,再模仿其举止行为,而指导者在受训者完成一系列练习过程中提供必要的支持和帮助。如果指导者在组织中有一定的地位,则通过二者之间的持续对话,使指导者施加其影响给受训者,并为其争取更多的锻炼机会,使其增强自信,同时对组织方针和文化有更深入的理解。这种方式特别适合管理人员的培训。

（3）职务轮换。职务轮换是通过横向的交换使员工从事另一岗位的工作。它使员工在逐步学会多种工作技能的同时,也增强其对工作间相互依赖关系的认识,并产生对组织活动更广阔的视角。通过系统的换岗安排,使员工参与不同工作活动而发挥自身的灵活性,增长和丰富自己的才干和经验,并使不同部门之间建立起更加紧密的联系。职务轮换的主要缺点是由于时间限制,每种工作的时间都不会很长,使受训者可能没有机会完整地运用某些技能。

（4）业余进修。业余进修是指员工利用工作之外的时间,通过自学或函授、网上教育等形式获得新知识,进行个人能力的开发。随着知识社会的来临,员工之间的竞争会逐渐加剧,业余进修已越来越引起员工的重视,成为一种补充新知识与拓展能力的重要手段。对于员工的这种自我开发行为,组织应制定相应的政策予以鼓励,激发员工的进取心和学习热情。

大多数的培训是以在岗培训方式进行的,这是因为它简单易行并且成本比较低。但是,在岗培训在学习的过程中,可能会扰乱正常的工作秩序,并导致工作失误的增加。同时,有些技能的培训相当复杂,难以做到一边工作一边学习,因而就产生了脱产培训的必要性。

2. 脱产培训

脱产培训是指员工脱离工作岗位,在专门的课堂环境中集中时间和精力接受系统的培训活动。脱产培训的最大优点是使员工摆脱了工作压力,便于集中精力,比较系统、正规地向组织外的专家学习,培训效果比较好。而其缺陷是需要抽出专门的时间,在一定程度上会影响组织工作,并且培训成本比较高。脱产培训的具体方式包括课堂讲授法、视听教学、研讨会、角色扮演、案例分析、商业游戏和网络培训等。

(1)课堂讲授法。课堂讲授法是最普遍采用的培训方法之一。它是由教师在课堂中讲解培训课程的概念、知识和原理,特别适用于传递某种具体的信息。课堂讲授法最大的优点是可以在较短的时间内向较多的培训对象传递大量的信息,培训成本较低。而缺点是单向沟通,受训人员参与性较差,很难培养员工在实际工作中运用理论解决实际问题的能力。

(2)视听教学法。视听教学法是指利用录像、光盘、幻灯片等电化教学手段实施培训的方法。其优点是通过视听的感官刺激,可以使培训人员留下深刻印象,同时增加培训数量,减少培训费用;而缺点是缺乏交流沟通,实际效果较差。

(3)角色扮演法。这是指为受训者提供某种工作情景,要求某些受训人员担任工作角色并现场表演,其余受训者观看表演,并观察与模仿培训对象有关的行为,培训师则予以现场指导和评价。因此,它比较适用于具体技能的培训。

(4)研讨法。这是指先由专家或专业人士就某一培训专题进行讲座,随后由培训对象就此主题进行自由讨论,以达到深入理解的目的。因此,研讨法比较适用于管理人员的培训。

(5)案例分析法。这是指围绕一定的培训目的,把实际工作中面临的问题加以典型化,形成案例并提供给培训对象,让他们通过阅读、思考、分析与讨论,发现问题、分析问题并提出解决问题的办法。这种培训方法对培养分析和解决实际问题的能力很有帮助。

(6)商业游戏。将参加培训的人员分成若干组,每个小组代表一家公司,根据公司目标对各项经营策略作出决策,并通过计算机和网络在模拟的市场中与其他公司竞争。这种培训方法可以用来开发领导决策能力、培养团队合作精神。

(7)网络培训。这是通过互联网进行的以自我学习为中心的一种培训方式。它要求在企业的网站上设立虚拟课堂,所有的培训活动都在网上进行。其特点是培训不受时空限制,员工可以随时随地上网学习所需的知识。开展网上培训要求企业投资建立良好的网络培训系统,相应的培训成本较高。

（五）管理人员的培训方法

对员工的培训主要目的在于提高素质技能,以便他们能以更高的效率完成组织交给的任务。而管理人员的培训则更多的是要提高他们从整体上把握全局、激励下属以及协调他人来劳动的能力。管理人员通过培训,不仅可以直接丰富个人的知识、增强个人的素质、提高个人的技能,而且可以获得晋升的机会。管理人员的培训方法主要有:

（1）工作轮换。它包括管理工作轮换和非管理工作轮换两种。非管理工作轮换是根据受培训者的个人经历,让他们轮流在公司生产经营的不同部门和岗位上工作一段时间,以帮助他们取得各种工作的知识,熟悉公司的各种业务。管理工作轮换是在提拔某个管理人员担任较高层次的职务以前,让其先在一些较低层次的部门工作,以积累不同部门的工作经验,了解各管理部门在整个公司中的地位、作用及其相互关系,为提升后的管理工作打下基础。

（2）设置助理职务。在一些较高的管理层次设置助理职务,不仅可以减轻主要负责人的负担,而且具有培训待提拔管理人员的优点。助理可以很好地观察主管的工作,学习主管处理问题的方法,吸收他们的优秀管理经验,从而促进助理的成长。另外,通过助理单独主持某项重要的工作,可以观察他们的组织能力和领导能力,以决定继续培养或晋升。

（3）临时职务代理。当组织中某个主管暂时不能工作时,可安排受培训者临时代理主管的工作。这种方法不但可以让代理者进一步体验高层管理工作,提升他们的管理能力,而且可以帮助组织识别人才并进行正确的提拔。

第三节 绩效与报酬管理

一、绩效管理

所谓绩效管理,是指组织采用计划、实施与控制等管理员工业绩的过程与方法,以便确保员工的工作行动和工作产出与组织目标保持一致。因此,绩效管理应遵循一定的流程和方法,以便激发员工的工作热情,调动他们的积极性,使组织保持高效地运营。

（一）绩效管理的流程

绩效管理依照绩效计划、绩效实施与管理、绩效评估、绩效反馈面谈、绩效结果运用等步骤开展。

1. 绩效计划

在绩效计划阶段，管理者和员工之间需要就员工绩效的期望问题达成共识，然后在此基础上员工对自己的工作目标作出承诺。

2. 绩效实施与管理

在制定绩效计划之后，员工就开始按照计划开展工作。在开展工作的过程中，管理者要对员工的工作进行有效的监督，并对发现的相关问题及时予以解决，对绩效计划作出相应的调整。

3. 绩效评估

绩效评估是指在规定的时间内，主管人员对员工的工作绩效进行评价。绩效评估以绩效计划中拟定的共识性指标为依据进行，以便形成客观公正的人事决策。

4. 绩效反馈面谈

绩效评估的根本目的在于发现员工的不足，帮助员工不断提高技能。因此，绩效评估需要主管与员工就绩效计划的执行情况及员工的绩效水平进行反馈面谈，以便使员工了解自己绩效的真实水平，并认识到自己有待改进的方面。同时，员工也可以在反馈面谈中提出相关问题与实际困难，并寻求指导与帮助。

5. 绩效结果运用

绩效考核的主要作用之一在于利用绩效考评结果，为员工培训、晋升与淘汰、薪酬调整、奖金发放、人事调动等人力资源管理活动提供依据。

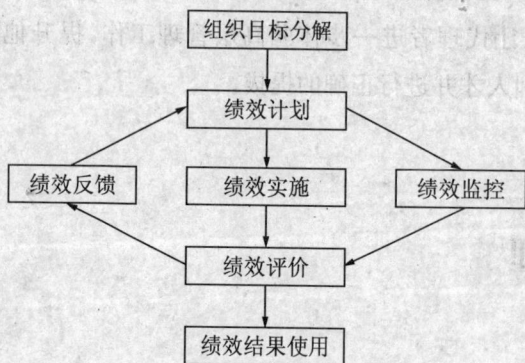

图 11.8　绩效管理流程

（二）绩效评估的内容

1. 贡献考评

贡献考评是考核和评估管理人员在一定时期内担任某个职务的过程中，对完成组织任务与实现组织目标的贡献大小。贡献往往是与努力程度和能力强度相关联的。因此,贡献考评可以成为员工报酬的主要依据。

2. 能力考评

为了有效地指导组织的人事调整、培训计划,还必须对员工的能力进行考评。能力考评是指通过考察员工在一定时期内的工作表现,评估他们的现实能力和发展潜力。因此,能力考评主要分析员工是否具备现任职务的素质和能力,在工作中能否有所提高,能否担任更重要的工作。

（三）绩效评估的方法

1. 书面描述法

书面描述法（written essays）是最简单的一种绩效评估方法。评估人写一份记叙性材料,描述一个员工的工作绩效、优点、缺点和潜能等,然后提出若干改进和提高的建议。书面描述不需要采取复杂格式,也不需要经过多少培训就能完成,但是需要考评者具有较高的写作技能,评估要客观、用词要恰当、建议要可行。

2. 关键事件法

关键事件法（critical incidents）是指评估者把注意力集中在那些区分有效的和无效的工作绩效的关键行为方面。评估者通常记录下一些细小但是关键的事件,说明员工工作的有效性或无效性。这种方法只评述具体的行为,而非笼统地评价个人的个性特征。

3. 评分表法

评分表法（graphic rating scales）是一种最古老、最常用的绩效评估方法。它列出一系列绩效因素,如工作的数量与质量、职务知识、协作与出勤,以及忠诚、诚实和首创精神等。然后评估者逐一对表中每一项给出评分。评分尺度通常采用 5 分制,而评分表法内容要全面。评估比较客观、省时和省力,因此便于自评和复评以及定量分析。

4. 行为定位评分法

行为定位评分法（behaviorally anchored rating scales, BARS）是目前最流行的一种绩效评估方法。这种方法综合了关键事件法和评分表法的主要长处,考评者按某一序数值尺度对某人工作的具体行为打分开展考评,而不是一般的个人特质描述。行为定位评分法侧重于具体、可衡量的工作行为,它将职务的关键要素分解为若干绩效因素,然后为每一绩效因素确定有效行为或无效行为的具体事例,通过考察被评者的行为与对应事例给出分数,再开展综合评价。

5. 多人比较法

多人比较法(multi-person comparisons)是将一个员工的工作绩效与一个或多个其他人进行比较。这是一种相对而不是绝对的衡量方法。最常用的三种形式是：分组排序法、个体排序法和配对比较法。这种方法可以用于员工的业绩排序。

6. 目标管理法

目标管理法是对管理人员和专门职业人员进行绩效评估的首选方法。对每个员工都确定有若干具体的指标，把指标的完成情况作为评价员工的依据。目标管理重视结果超过具体的实施过程，因此采用目标管理法，能使员工得到更大的自主权，可以自主选择实现目标的合理路径。

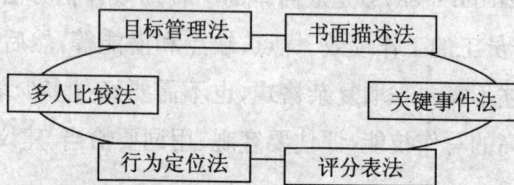

图 11.9　绩效评估的方法

（四）绩效评估的问题与对策

绩效评估中的常见的主要问题有：

（1）单一标准。员工的工作是由多种任务组成的，如果采用单一的标准来衡量工作绩效，评估结果就有很大的局限性。同时，单一的考核标准会使员工忽视其他工作的重要性。

（2）主管评价标准不统一。有的考评者比较宽厚，有的考评者比较严厉，会导致考评结果的差异和不公平。

（3）晕轮效应。考评者对员工个人一种特质的评估影响到他对这个人其他特质的评估。例如，考评者如果认为某员工比较可靠，可能会认为他在别的方面也很出色。

（4）区分度把握不一。考评者可分为两类，高区分度者和低区分度者。低区分度者倾向于忽视或缩小差别，因而考评者看到的同一性比实际情况更高，而高区分度者则相反。

合理开展绩效评估的对策主要有：

（1）运用多种标准评估。工作越复杂，所要识别和评估的标准就应该越多，应重点评估影响绩效高低的关键活动。

（2）使用多个考评者。考评者数量增大，获得更准确信息的可能性也会增加。

（3）记录考评工作。记录考评的理由、依据和结果等，以便复查。

（4）合理选择考评者。考评者只应在自己熟悉的领域发挥评估作用。如果考评者评价那些自己熟悉的事务，就会提高考评结果的一致性和评估过程的有效性。

（5）考评者的培训。对考评者进行专门培训，可以有效提高考评质量和效果。

二、报酬设计

一个组织不仅要有一个公平合理的绩效考核制度，而且还要有一个好的报酬制度。理想的报酬制度不仅能有助于吸引人才、留住人才，而且能在合理成本的基础上激励员工取得良好的绩效。

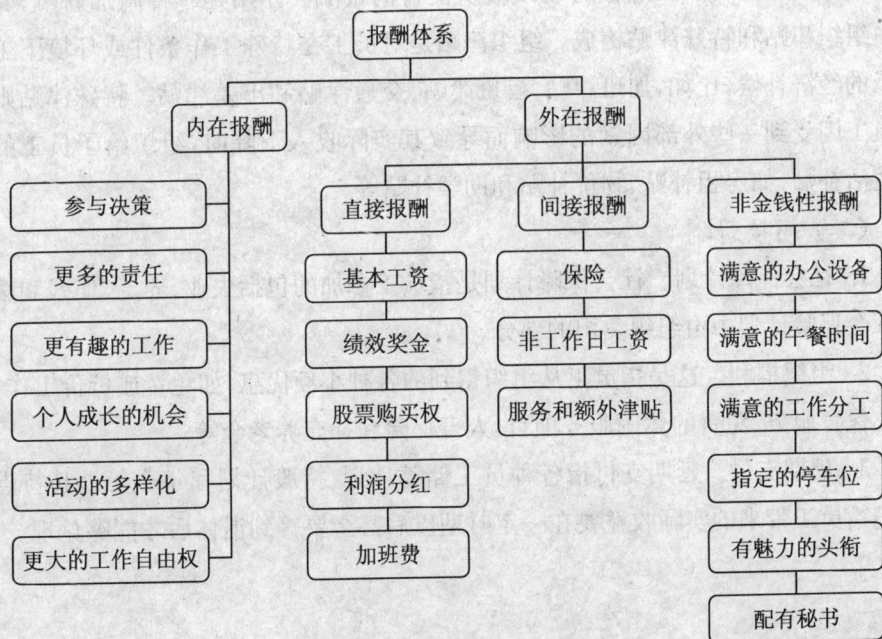

图 11.10　报酬的类型

薪酬是指组织中因使用员工的劳动而付给他们的各种类型的酬劳。报酬则是一个比薪酬更为广泛的概念，它泛指个人从组织获得的各种回报，其结构复杂、形式多样，一般分为外在报酬和内在报酬两大类。

外在报酬是指以物质形态存在的经济性报酬，它包括直接报酬、间接报酬等。直接报酬指以基本工资、加班费、假期津贴、绩效奖金、利润分红、公司股票购买权等形式支付给员工的货币性报酬。间接报酬是指直接报酬以外的其他各种经济报酬，比如，医疗保险、退休资金、伤病补助、带薪休假、非工作日工资、各种服务、额外津贴等。因此，间接报酬也往往被称为员工福利。而内在报酬是指员工由工作本身或工作环境所获得的满足感，比如，工作的趣味性与成就感、较多的职权与发展机会、舒适的工作环境与自由的工作时间、参与决策等。通过工作丰富化或重新设计工作来增强员工在工作中的个人价值感，可能会使工作的内部报酬增强。在人力资源管理中，一般把外在报酬称为薪酬。

（一）直接薪酬

直接薪酬一般分为基本工资（正薪）、奖金薪酬（奖金）和附加薪酬（津贴和股权）。其中，正薪是组织按期付给员工的薪酬，其数目通常是固定的，除晋级以外很少变动。奖金是对员工超额劳动绩效所支付的报酬。津贴是一种附加薪酬，其具体由组织津贴和特殊津贴构成。组织津贴是对员工在特殊工作条件或环境下工作给予的经济补偿，比如，加班津贴、夜班津贴、交通津贴和出差津贴。特殊津贴则是在员工因受到一些外部因素的影响而导致其实际收入下降时，组织给予员工的特殊生活补贴，如房租补贴、物价补贴和助学补贴等。

（二）间接薪酬

1. 社会保障计划。社会保障计划是指员工参加的包括失业、养老、伤残和医疗等社会保险计划中由组织负担的部分。

2. 组织福利。这是指员工从组织得到的各种小额优惠，如免费或折价工作餐、幼儿保育服务、免费的休闲服务项目、人寿保险和补充养老金等。

3. 延期支付。延期支付指各种员工储蓄计划、持股计划和年金等。其特点是它们给员工带来的实际收益要在一定时期以后甚至要等到退休后才能够兑现。

第四节　职业生涯发展

人力资源计划的制定不仅影响到组织的生产经营活动，而且也直接关系到员工的前途和命运。在越来越重视人力资源开发的现代组织中，采取措施帮助员工实现个人的理想，促进员工在实现工作中的成长与发展，已经成为现代组织关于人力资源开发的共识。

一、职业生涯发展的影响因素

组织需要从自身与员工的角度来统筹考虑、制定人力资源计划,以帮助员工确认自己的职业兴趣,并制定适合自己的职业生涯计划。员工职业生涯发展受到许多组织内外因素的影响,主要包括以下三个方面的因素。

(一)个人因素

影响职业生涯发展的个人因素包括个性、体质、性别、年龄、学历、家庭背景等。另外,研究表明,职业锚对个人的职业生涯发展有着极其重要的影响。所谓职业锚,是指一个人在进行职业选择和定位的过程中所依赖的主要动机、需求、价值观和能力,这是人生发展过程中较为稳定的因素。通过工作经验积累产生的职业锚,能够清晰地反映出个人进入成年期的潜在职业发展需求和动机,它往往是一个人中后期职业生涯的基础。在管理实践中,组织和个人都应对职业锚的功能给予足够的重视。

(二)组织因素

组织是员工进行工作、生活以及实现人生价值的平台,它对员工的职业生涯发展产生促进或限制作用。首先,组织所提供的岗位、职务是决定着个人在组织中自我设计和工作状态的重要因素。其次,在个人职业生涯中,工资、福利、工作环境等方面的因素直接影响着个人对组织的满意度。再次,对组织成员进行各种培训是个人职业生涯发展的重要手段。在接受培训的过程中,个人可能进一步正确认识和认可自身所从事的职业,加深对所在组织的理解,有利于激发个人对自身职业生涯的设计。最后,组织中职务的升迁、工作岗位的变更、组织管理风格以及人与人之间的合作和融洽程度,都是人们调整职业角色甚至进行工作变换的一个不可忽视的因素。

(三)社会因素

一般而言,职业需求越多,就业机会就越大,人们就越倾向于选择这种职业。而一种职业的社会声望越高,人们愿意选择它的可能性也就越大。同时,特定的人际关系也会影响择业者的态度和行为,甚至会形成一种环境压力,促使或制约个人的职业决策。另外,就业制度和其他一些社会制度也会对劳动者的职业设计与发展产生激励或抑制作用。

二、职业生涯发展的支持体系

员工在组织中职位的升迁或轮换都必须在组织的结构框架里完成,因而组织的结构制约着员工的职业生涯发展路径,它是员工职业生涯发展的平台。而成功的职业生涯发展必须依靠一定的支持体系,它包括组织职务结构、职业生涯发展计划与职业发展力量等要素。

(一)组织职务结构图

组织职务结构图能够帮助组织系统地反映人力资源的配备状况,可以为员工选择和确定自己的职业生涯发展提供切实可行的路径。以下是摩托罗拉公司技术人员的职务结构图,它直观明确地表明了技术人员的职业发展阶梯,结合管理人员和销售人员等不同类型的职务结构图,组织中每位员工都可以在主管经理与人力资源经理的指导下,借助于职务结构图,选择自己的职业发展道路。

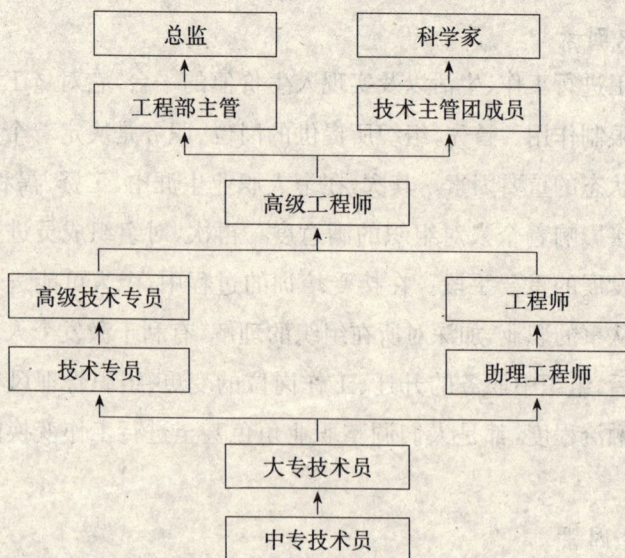

图 11.11　摩托罗拉公司技术人员的职务结构图

(二)职业生涯发展计划

组织为员工提供职业指导具有四条基本途径:一是由管理人员对其下属从事哪些类型的工作提出有价值的建议,并帮助其分析晋升与调动的可能性;二是请外部专家为员工提供职业生涯发展咨询,有针对性地提供参考方案;三是提供进行能力和个人特质测试的各种工具,鼓励员工通过自测把握自己的职业发展倾向;四是及时反馈绩效考评和培训成果的信息数据,构建充分讨论、平等协商的组织氛围。

(三)职业生涯发展力量

员工职业生涯发展计划的成功实现需要员工与组织的共同努力。对组织来说,需要承担以下工作:首先,在招聘时需要注意了解应聘者的职业追求,向应聘者真实地介绍组织的情况及其今后在组织中可能的发展机会,以免造成应聘者不切实际的期望;其次,在工作期间尽力向员工提供多样化、多层次的学习和培训机会,使员工能胜任工作并从工作中获得成就感;再次,组织尽量创造条件实施阶段性的工作轮换,帮助员工在一次次新工作的尝试中了解自己的职业生涯倾向,客观地认识到自己的优点与不足,明确自己的努力方向;最后,组织必须建立科学合理的绩效考评、晋升调动的制度规范,保证依靠公平竞争的机会与制度,为员工的职业生涯发展提供畅通的路径。

另外,组织还要着力培养一种求真务实、公平透明的组织文化,使组织与员工之间的关系呈现良性的互动,激发员工积极向上的工作热情。

三、职业生涯发展阶段

根据职业生涯发展的特点及相对独立性,可将员工职业生涯分为探索期、确立期、维持期和衰退期等四个阶段。

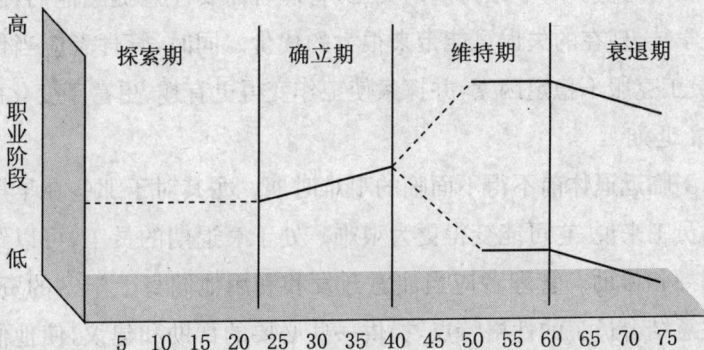

图 11. 12　职业生涯发展的四个阶段

（一）探索期

探索期大约发生在一个人开始进入社会的早期。许多人可能在小学、中学时期就形成了对自己职业的初步认识，受到亲人、老师、朋友以及小说、电视和电影录像的影响，使其逐渐缩小了自己职业选择的范围，并指导他们朝着一定的方向发展。在职业探索期，最初可能作出一些带有试验性质的比较宽泛的职业选择，然后根据对自己兴趣和能力的认识，不断地修正和重新界定自己的职业选择决策。探索阶段的最重要任务，就是个人对自己的能力和天资形成一种现实性的评价。管理者对找到第一份工作的员工，主要是通过提供有关工作和组织的正面、负面信息，帮助个人形成对职业工作的一种正确预期，使员工和组织避免遭受不必要的损失。

（二）确立期

确立期大约发生在一个人的青年及进入中年时期。通常个人会在这个时期找到适合自己的职业，并全身心地投入到工作中去，有助于取得永久发展的技能与业绩。确立期又可分为尝试、稳定和职业中期危机等几个阶段。尝试阶段是个人确定当前所选择的职业是否适合自己，如果不合适可能准备换一份工作。稳定阶段是个人已经给自己确立了比较坚定的职业目标，并制定了较为明确的职业计划来确定自己晋升的潜力、工作调换的必要性和所需要的教育培训等。职业中期危机开始于四十岁左右，主要原因在于环境的变化给自身能力造成压力。

（三）维持期

这是职业生涯的中后阶段。个人已经趋向于有所放松，并普遍为自己在工作领域中创下的天地感到愉悦，甚至开始扮演一种元老的角色。员工以自己多年的积累并经过多次经过验证的判断力，以及与其他人共享其知识和经验的能力，向组织证明其存在的价值。对于维持期的员工，管理者需要注意提醒他们，使其认识到自己已不是学徒，现在的失误可能带来很大的代价。同时，管理者应当作好充分的准备，帮助员工克服不稳定因素，并探索使工作变得更有趣、更富于变化的途径。

（四）衰退期

这是员工临近退休前不得不面临的艰难时期。尤其对于那些在早期阶段持续获得成功的员工来说，它可能变得更为艰难。处于衰退期的员工，可以给周围员工提供良好指导和帮助。管理者应当注意开发和利用他们身上丰富的资源。此外，管理者要注意结合员工的性格特点，提供一些必要的帮助和建议，使他们顺利地实现角色的转变。

案例分析一

诺基亚公司的薪酬体系

一、薪酬参数保持行内竞争力

诺基亚公司认为,优秀的薪酬体系,不但要求企业有一个与之相配的公平合理的绩效评估体系,更要在行业内企业间表现出良好的竞争力。比如说,如果行业内A层次的员工获得的平均薪酬为5 000元,而诺基亚付给企业内A层次员工的薪酬只有3 000元,这就很容易造成员工流失,这样的薪酬体系是没有行业内竞争力的。

然而这里又存在一个问题,如果企业员工的薪酬水平远高于业内平均水平,就会使企业的运营成本高于同业,企业的盈利能力就会削减,这同样也是不利于企业发展的。

如何解决这一矛盾呢?为了确保自己的薪酬体系具备行业内竞争力而又不会带来过高的运营成本,诺基亚在薪酬体系中引入了一个重要的参数——比较率(Comparative Rate),计算公式为:诺基亚员工的薪酬水平,与行业同层次员工的薪酬水平的比值。例如,当比较率大于1,意味着诺基亚员工的薪酬水平超过了行业同层次员工的薪酬水平;比较率小于1,则说明前者低于后者;等于1,两者相等。

为了让比较率能保持客观性和及时性,诺基亚每年都会拨出一定的经费,让专业的第三方市场调查公司进行大规模的市场调查。根据这些客观数据,再对企业内部不同层次的员工薪酬水平作适当调整,务求每一个层次的比较率都能保持在1—1.2的区间内(即行业内同层次薪酬水平与高于水平的二成之间)。这样,既能客观有效地保持企业薪酬体系在行业内的竞争力,又不会带来过高的运营成本。

二、重酬精英员工

帕雷托法则(Pareto's law)又称80—20法则,它概括性地指出了管理和营销中大量存在的一种现象,比如:20%的顾客为企业产生了80%的利润,或20%的员工创造了企业80%的绩效。根据前者,营销界衍生出一套大客户管理(key customer management)营销管理理论与方法。而后者则促进了人力资源管理上的一种新理论——重要员工管理(key staff management)的产生。

诺基亚是重要员工管理理论的推崇者,从其薪酬体系中即可明显发现这一点。例如,诺基亚的薪酬比较率明显地随级别升高而递增:在3—5级员工中,其薪酬比较率为 1.05;而在更高一层的 6 级员工中,其薪酬比较率为 1.11;到了 7 级员工,这个数字提高到了 1.17。也就是说,越是重要、越是对企业有贡献的精英员工,其薪酬比较率就越高。

重要员工管理理论在诺基亚薪酬体系中的嵌入,一方面保证了高层员工有更好的稳定性和更好的绩效表现,同时也给低层员工开拓了一个广阔的上升空间,在薪酬体系表现出相当强的活力与极大的激励性。

三、注重本土化与人性化的薪酬制度

如果说以上是先进管理的理论在薪酬体系中的灵活应用,让人感受到一种来自理性制度的优越,那么,诺基亚在薪酬体系中表现出来的本土化与人性化的元素,就足以让人享受到一份来自感性上的欢畅。

打开"诺基亚北京公司薪酬体系"的"现金福利"部分,可以看到一个排满中国节日的现金福利发放表:春节每个员工发放现金福利 600 元,元旦 200 元、元宵节 100 元、中秋节 200 元、国庆节 300 元、员工生日发放 400 元。

诺基亚是一个典型的跨国公司,其现金福利的发放虽然不算一个大数目,却完全是按照中国传统的节日来设计的。其中体现出的对中国文化的理解,让中国员工有被尊重与被照顾的感觉。而"员工生日"现金福利的规定,更是让员工感受到细致入微的个性化体贴。

（资料来源:孙元欣:《管理学——原理·方法·案例》,科学出版社 2006 年版。）

案例思考题:

1. 请分析诺基亚公司内部薪酬体系的基本特点。
2. 诺基亚公司内部薪酬体系的管理理论基础是什么?
3. 诺基亚公司内部薪酬体系是否具有普遍意义?

案例分析二

迪斯尼公司对人员的培训与激励

自 1983 年以来,世界著名的迪斯尼公司经过艰苦卓绝的尝试,终于在 1988 年使每股股票股利由 1984 年的 0.69 美元上升到 3.8 美元。而且,迪斯尼王国的规模

也不断扩大,拥有了沃尔特迪斯尼制片厂、沃尔特迪斯尼世界以及东京迪斯尼乐园。

迪斯尼公司在短短的几年间取得如此大的成功,除了其最高主宰沃尔特迪斯尼慧眼定位的产品——"欢乐"具有特殊价值外,更重要的一点是迪斯尼公司在人力资源的培训与激励上具有独特之处。

由于员工的需要不同,迪斯尼公司对其培训方式也不同。为此,在20世纪60年代,沃尔特先生创办了迪斯尼大学,主要负责研究与分析公司对员工的需要,并提出训练计划来满足这些要求。大学根据各个营业点面临的不同问题,成立了众多训练基地,针对不同的工作人员设计训练课程。例如,对"卡通人物"的要求,他们强调"这不是在做一项工作,而是在扮演一个角色"。对前往应聘的人,他们首先要求其做自我评估,找到适合自己的位置,之后,会放一段影片给应聘者看,详细介绍工作纪律、训练过程及服饰,然后才能进入面谈,最后再经过评选,被选中的卡通人物方能由穿着全套角色服饰的教师带领进入受训阶段。迪斯尼大学的教师大多由各相关单位指派的杰出卡通人物担当,这类杰出人选的主要工作与其他卡通人物一样,但每周有一部分时间要承担上课任务。

迪斯尼大学的课程之一是8小时的新人指导课,目的是让新人了解公司的历史、哲学和为顾客服务的标准。这一时期是他们接受无形产品——欢乐的时候。课程之二就是让他们了解自己所要担任的角色,并学习如何扮演。训练目的是使新人更加敏锐。接下来就是老手带新手的"配对训练",时间长短视参与节目而定,大约是16—48小时。在这期间,新手可以向备受尊敬的优秀员工直接学习,同时培养以迪斯尼为荣的理念,使他们更有热情地投入工作。在完成这一部分的学习,并熟练掌握训练单上所列的项目之后,新手才能单独接待游客。

迪斯尼的干部有25%是从内部提升的,公司制定了"迪斯尼乐园实习办法"作为主要的人力规划手段。对新人的指导课包括密集训练和主管介绍,以使新人了解公司的产品和历史。之后再对各部门高级主管访谈,以使新人了解各部门的目标及其在组织结构中所扮演的角色。最后,参加一个正式的训练课程,了解公司策略及节目的制作过程。这些来自各部门具有管理才能发展潜力的人,在接受6个月的在职训练(他们每天要穿上卡通人物服饰)之后要通过期末考试才算结业,但结业并不意味着晋升。受训目的不是训练在职干部,更是训练储备干部,及早发掘人才。

迪斯尼的卡通人物日复一日、年复一年,天天回答同样的问题、干同样的工作,这也是重复枯燥的,而且迪斯尼将"面带微笑,服务顾客"视为宗旨,期望所有的卡通人物都遵守公司高标准的要求。因此,为使卡通人物每天都能设法翻出一些新花样,让游客在这里看米老鼠时会感受到神奇的滋味,迪斯尼公司提供了各种奖励措施,包括:服务优良奖、全勤奖以及服务期满 10 年、15 年及 20 年的特别奖励会餐。此外,公司餐厅提供免费啤酒以助于提高士气,公司还辅助进行各种社团活动。

另外,为更好地激励员工,公司还在各类节日期间,以各种方式感谢卡通人物及其家属。例如,在圣诞节期间,园区为其开放,干部则穿上各种角色的服装,取代卡通人物的工作,向员工庆贺,在迪斯尼乐园中,由管理者充当售货员,贩卖汉堡包和热狗。所有活动的共同目标是:激发员工的活力、热忱、投入和荣耀,使其能在适合自己的工作岗位上自我要求,认同公司,与管理者一起为顾客提供更好的服务。

(资料来源:鲍丽娜、李孟涛、李浇:《管理学习题与案例》,东北财经大学出版社 2007 年版。)

案例思考题:

1. 请分析迪斯尼公司培训方式的基本特点。
2. 迪斯尼公司的激励机制是什么?
3. 迪斯尼公司的激励措施是否具有普遍意义?

本章小结

人力资源管理是指组织获取、维护和保持一支高素质员工队伍的系列工作和过程。人力资源管理的目标是把合适的人、配置到合适的工作岗位上去,充分发挥个人的能力和潜力。人力资源管理过程包括人力资源规划、招聘、发展与解聘四个阶段。

人力资源开发是人力资源的重要组成部分,它是提升员工人力资本的重要手段。职务的要求是员工的培训与发展的基本导向,而培训发展则是人力资源开发的重要内涵。员工培训除了定向的岗前培训外,还包括在岗培训和脱岗培训等。

绩效评估主要考察贡献与能力两个方面。绩效评估的方法主要采用书面描述法、关键事件法、评分表法、行为定位评分法、多人比较法、目标管理法等方法。

员工的薪酬包括直接薪酬与间接薪酬两种,直接薪酬一般分为基本工资(正薪)、奖金薪酬(奖金)和附加薪酬(津贴和股权);间接薪酬包括社会保障计划、组织福利与延期支付等。

职业生涯发展主要受到个人、组织与社会等三个因素的影响。职业生涯发展有四个阶段:探索期、确立期、维持期和衰退期。管理者应区别对待处于不同职业发展阶段的员工,并且运用多种技巧,提高管理效率。

本章思考题

1. 人力资源管理过程包括哪些内容? 为什么任何组织都要进行人力资源管理?

2. 简述内部招聘和外部招聘的优缺点。

3. 解聘主要有哪些方式? 各有什么优缺点?

4. 管理者在进行绩效评估时,容易犯哪些错误? 应怎样克服?

5. 绩效评估有哪些方法? 各有什么优缺点?

6. 员工的职业生涯包括哪几个发展阶段? 它们各自有什么特点?

7. 员工培训有哪些方法?

8. 管理人员有哪些培训方法? 与普通员工培训相同吗?

9. 管理者应该怎样发展自己的管理生涯?

10. 简述报酬主要包括哪些内容?

第十二章

组织文化

本章学习目标

通过本章的学习,理解并掌握:

1. 组织文化的基本概念、主要特征、结构和内容;

2. 组织文化的不同类型;

3. 组织文化的主要功能与形成机制;

4. 组织文化建设的步骤、精神文化与制度文化建设以及一般方法。

引导案例

华为的核心价值观

华为技术有限公司成立于 1988 年,是由员工持股的高科技民营企业,主要从事通信网络技术与产品的研究、开发、生产与销售,是中国电信市场的主要供应商之一,已成功进入全球电信市场。2002 年,华为的销售额为 220 亿元人民币,目前有员工 22 000 多人,85% 以上为大学学历。

总结华为二十多年的迅速发展,其独特的企业文化功不可没。1996 年初开始,华为公司开始了"华为基本法"的起草工作。其中,基本法中的核心价值观分别涉及追求、员工、技术、精神、利益、文化和社会责任等内容。

第一条 华为的追求是在电子信息领域实现顾客的梦想,并依靠点点滴滴、锲而不舍的艰苦追求,使我们成为世界级领先企业。

第二条 认真负责和管理有效的员工是华为最大的财富。尊重知识、尊重个性、集体奋斗和不迁就有功的员工,是我们事业可持续成长的内在要求。

第三条 广泛吸收世界电子信息领域的最新研究成果,虚心向国内外优秀企业学习,在独立自主的基础上,开放合作地发展领先的核心技术体系,用我们卓越的产品自立于世界通信列强之林。

第四条 爱祖国、爱人民、爱事业和爱生活是我们凝聚力的源泉。责任意识、创新精神、敬业精神与团结合作精神是我们企业文化的精髓。实事求是是我们行为的准则。

第五条 华为主张在顾客、员工与合作者之间结成利益共同体。努力探索按生产要素分配的内部动力机制。我们绝不让雷锋吃亏,奉献者定当得到合理的回报。

第六条 资源是会枯竭的,惟有文化才会生生不息。一切工业产品都是人类智慧创造的。华为没有可以依存的自然资源,惟有在人的头脑中挖掘出大油田、大森林、大煤矿……精神是可以转化为物质的,物质文明有利于巩固精神文明。我们坚持以精神文明促进物质文明的方针。

第七条 华为以产业报国和科教兴国为己任,以公司的发展为所在社区作出贡献。为伟大祖国的繁荣昌盛,为中华民族的振兴,为自己和家人的幸福而不懈努力。

华为的核心价值观从行业使命到员工操守,从技术追求到精神世界,从文化诉求到社会责任,涉及各方面的内容,呈现出华为立足中华、放眼世界的崇高理想,展现了华为以产业领先为己任的精神风貌。华为人明白,只有根植于中华文化,追求世界一流的技术才会如虎添翼;只有平衡各方利益,企业才能焕发出无穷生机。

(资料来源:《华为基本法》,摘录自 http://www.eduyang.com/exellence/haweifa.html。)

思考题:
华为的核心价值观阐明了它要成为什么样的企业?

第一节 组织文化概念

组织的成功或失败经常归因于组织文化。组织文化是被组织成员广泛认同、普遍接受的价值观念、思维方式、行为准则等群体意识的总称。组织通过培养、塑造文化,影响成员的工作态度和引导工作中的行为方式,从而实现组织目标。

一、组织文化的定义

文化最初来源于古拉丁文 cultura,本意是"耕作"、"培养"、"教习"、"开化"的意思。文化有广义和狭义之分。广义的文化是指人类在社会历史实践过程中所创造的物质财富和精神财富的总和。其中,物质文化被称为硬文化或器的文化,精神文化被称为软文化。狭义的文化是指社会的意识形态,以及与之相适应的礼仪制度、组织机构、行为方式等物化的精神。

组织文化迄今没有一个统一的定义。目前,关于组织文化的定义主要有以下几类。

第一种"总和说"。这种观点认为,组织文化是物质文化和精神文化的总和。物质文化是生产资料、生活资料、厂容厂貌和文教卫体等基本设施及产品,是组织文化的物质基础,也是组织文化发达程度的外在标志。精神文化是指价值观念、道德规范、心理素质、精神面貌、行为准则、经营哲学、审美观念等,是组织文化的核心。

第二种"同心圆说"。这种观点认为,组织文化包含三个同心圆,外层圆是物质文化,中层圆是制度文化,内层圆是精神文化。精神文化处于核心位置,制度文化也是组织文化不可或缺的组成部分。组织的制度文化是由组织的法律形态、组织形态和管理形态构成的外显文化,它是组织文化的中坚和桥梁,把组织文化中的物质文化和精神文化有机地结合成一个整体。组织的制度文化一般包括组织法规、组织的经营制度和组织的管理制度。

第三种"精神现象说"。这种观点认为,组织文化是指一个组织以物质为载体的各种精神现象。它是以价值为主要内容的组织精神、思想意识和行为方式,是组织全体成员在生产经营活动过程中形成的一种行为规范和价值观念。

第四种"群体意识说"。这种学说认为,组织文化是指组织员工群体在长期的实践中所形成的群体意识及行为方式。

第五种"五因素说"。美国学者迪尔和肯尼迪在《公司文化》中指出,组织文化是由五个因素组成的系统,其中价值观、英雄人物、习俗仪式和文化网络是它的四个必要的因素,而外部环境则是形成组织文化的一个最大的影响因素。

总结而言,组织文化是指在一定的社会经济条件下,组织在长期的经营实践活动中所形成的并为全体组织成员普遍认可和遵循的具有本组织特色的哲学思想、共同意识、价值观念、工作作风、行为规范、思维方式和道德形象的总和,其中最核心的内容是价值观。

二、组织文化的主要特征

对任何组织来说,由于每个组织都有自己特殊的环境条件和历史传统,从而形成了自己独特的哲学信仰、意识形态、价值取向和行为方式,因此组织文化具有自己的特征。

（一）独特性

每个组织都有自己的历史、类型、性质、规模、心理背景、人员素质等因素。这些内在因素各不相同,它们是由不同国家和民族、不同的地域、不同的时代背景以及不同的行业特点所形成的。因此,在组织经营管理的发展过程中必然形成具有本组织特色的价值观、经营准则、经营作风、道德规范、发展目标等。在一定条件下,这种独特性越明显,其内聚力就越强。例如,美国的组织文化强调能力主义、个人奋斗和不断进取,而日本的文化深受儒家文化的影响,强调团队合作、家族精神。

（二）稳定性

组织文化是组织在长期的发展中逐渐积累而形成的,具有较强的稳定性,不会因组织结构的改变、战略的转移或产品、服务的调整而随时变化。但是,这种稳定性又不是始终绝对不变,在较长的时期中它又会随着环境的改变而变化,表现出其稳定的相对性。一个组织中,精神文化比物质文化具有更多的稳定性。

（三）实践性

每个组织文化都不是凭空产生的,它是客观物质世界的产物。同时,组织文化又反过来作用、影响生产实践,对生产实践活动具有很强的指导性。因此,离开了生产实践过程,组织文化就丧失其生存与发展的物质环境,它迟早会萎缩甚至消失。

（四）可塑性

组织文化的形成,虽然受到组织传统因素的影响,但是也受到现实的管理环境和管理过程的作用。而且,大多数组织文化都是高层管理者长期精心培育形成的。因此,只要充分发挥能动性、创造性,积极倡导新准则、精神、道德和作风,就能够对传统的精神因素择优汰劣,从而形成新的组织文化。

（五）继承性

每个组织都是在特定文化背景之下形成的，必然会接受和继承这个国家和民族的文化传统和价值体系。但是，组织文化在发展的过程中，也必须注意吸收其他组织的优秀文化，融合世界上最新的文明成果，不断地充实和发展自我。因此，组织文化的融合继承性使得它能够更加适应时代的要求，并且形成历史性与时代性相统一的组织文化。

（六）综合性

组织文化包括了价值观念、经营准则、道德规范、传统作风等精神因素。这些因素不是单纯地在组织内发挥作用，而是经过综合的系统的分析、加工，相互依存、相互作用，使其成为一个有机的整体，形成整体的文化意识。

三、组织文化的内容

（一）组织文化的结构

组织文化作为一种独特的文化，包含着由外到内的物质层、制度层和精神层等三个层次的结构内容，它们之间相互联系，共同构成一个完整的体系。

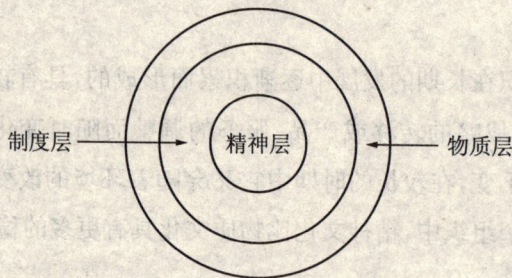

制度层 → 精神层 ← 物质层

图 12.1　组织文化的结构

1. 物质层

物质层又称显现层，它是凝聚着组织文化抽象内容的物质体的外在显现。它既包括了组织整个物质的和精神的活动过程、组织行为、组织体产出等外在表现形式，也包括了组织实体性的文化设备、设施等。物质层是组织文化中的最表层的部分，是人们可以直接感受到的内容，是从直观上把握不同组织文化的依据。

2. 制度层

制度层又称表层，是指具有本组织文化特色的各种规章制度、道德规范和员工行为准则的总和。制度层包括厂规、厂纪、厂服、厂徽,以及生产经营过程中的组织结构、交往方式与行为准则等。制度层是组织文化由虚体文化向实体文化转化的中介层,它构成了各个组织在管理上的文化个性特征。

3. 精神层

精神层又称潜层次,它是具有本组织员工共同的意识活动,包括生产经营哲学、价值观念、道德观念、美学意识、职业精神、管理思维方式等。精神层是组织文化的最深层结构,是组织文化的源泉,是组织文化最为稳定的内核和主体。

精神层是组织文化最根本的内容,它决定着组织文化的其他两个方面。有什么样的精神层,就有什么样的制度层和物质层。同时,制度层和物质层也反映着精神层。

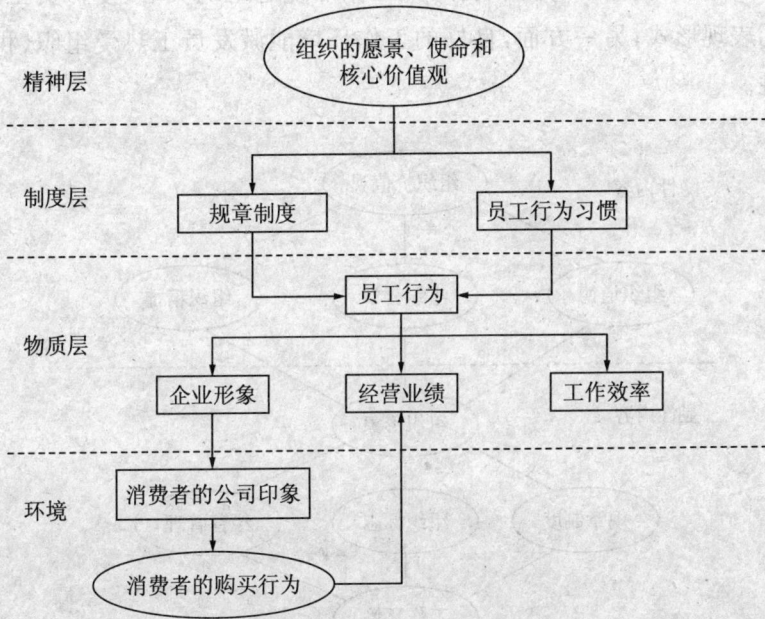

图 12.2　组织文化的作用关系

（二）组织文化的内容

从文化的直观性来看,组织文化的内容可以分为显性内容和隐性内容。

1. 组织文化的显性内容

所谓显性内容,是指那些以精神的物化产品和精神行为作为表现形式,通过直观的视听器官能感受到的符合组织文化实质的内容。它包括组织的标志、工作环境、规章制度、经营管理行为以及组织形象等几个部分。由于它们只是精神的外化,因此显性内容不是组织文化的根本内容。

(1) 组织标志。

所谓组织标志,是指以标志性的外化形态来表示组织的文化特色,并且和其他组织明显地区别开来的内容。它包括厂牌、厂服、厂徽、厂旗、厂歌、商标、组织的标志性建筑等。在许多组织中,都有一整套的组织标志,这些组织标志明显而形象地概括了组织文化的独特色彩,使人们能很快地找出本组织与其他组织的区别。组织标志已经成为组织文化最表层但又不可缺少的重要组成部分。

(2) 工作环境。

所谓工作环境,是指员工在组织中办公、生产、休息的场所,包括办公楼、厂房、俱乐部、图书馆等。当以人为本的组织哲学确立以后,工作环境就成为组织文化的一个重要内容。一方面,良好的工作环境是组织关心、爱护员工,保障员工权利的表现形式;另一方面,良好的工作环境能激发员工热爱组织、积极工作的自觉性。

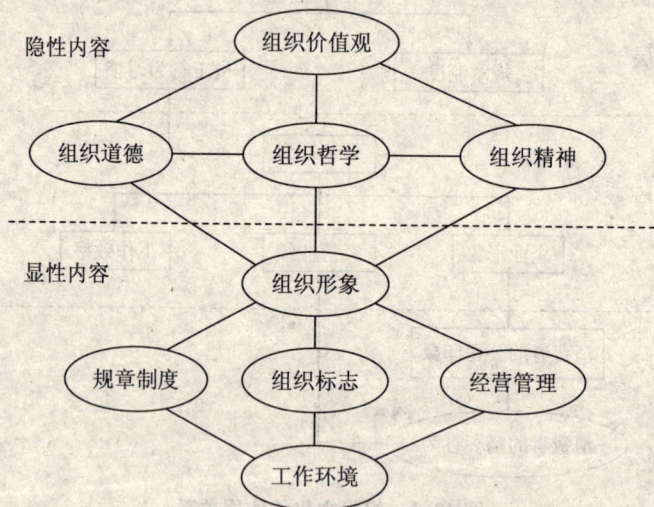

图 12.3 组织文化的内容

(3) 规章制度。

那些能激发员工积极性和自觉性的规章制度是组织文化的重要内容,其中最主要的就是民主管理制度。对员工的生产经营活动严格要求的规章制度是组织的硬性约束,但是无助于员工的积极性和自觉性的发挥。相反,组织培养起来的民主管理制度等软性约束,有利于管理者和员工之间的沟通。

（4）经营管理。

在以人为本的经营管理哲学指导下的领导行为和以全体员工共同意志为基础的自觉的生产经营活动也是组织文化。这些行为都是组织哲学、价值观念、道德规范的具体实施，是组织精神活动发挥作用的桥梁和直接体现。

（5）组织形象。

作为组织文化的载体，组织形象是组织文化重要的外在表现。组织形象是指社会公众对组织、组织行为与组织各种活动成果的总体印象和总体评价。组织形象是组织文化从显性向隐性转变的连接点，它反映了社会公众对组织的承认程度，体现了组织的声誉和知名度。因此，组织形象是组织的一种重要无形资产。

2. 组织文化的隐性内容

组织文化的隐性内容是组织文化的根本，是最重要的组成部分。它直接表现为精神活动，具有文化的特质，在组织文化中起着决定性的作用。组织文化的隐性内容包括组织哲学、组织观念、道德规范、组织精神等主要方面，以及美学意识、组织心理、管理思维方式等内容。

（1）组织哲学。

组织哲学是一个组织全体员工所共有的对客观事物的一般看法，是贯穿于组织各种活动的统一规律的认识，用于指导组织的生产、经营、管理等活动以及处理人际关系等的方法论。因此，从一定意义上讲，组织哲学是组织最高层次的文化，它主导、制约着组织文化其他内容的发展方向。如果组织的组织哲学不同，它的建设和发展必然也不同。组织哲学是组织人格化的基础，是组织的灵魂和中枢。

从组织管理史的角度看，组织哲学已经经历了"以物为中心"到"以人为本"的转变。泰勒的科学管理实质上是以物为中心，行为科学理论则使理性主义哲学开始向人本主义哲学转化。20世纪80年代，组织文化理论使组织哲学再次发生一场变革，形成了"以人为本"的哲学理念。

（2）价值观念。

价值观念是人们对客观事物的一种评价标准，是对客观事物和人是否具有价值以及价值大小的总的看法和根本观点。价值观念包括：组织存在的意义和目的、组织各项规章制度的价值和作用、组织中人的各种行为和组织利益的关系等。不同的组织哲学导致了不同的组织价值观念。以物为中心的组织哲学，会形成一切有利于物的发展为标准的评价体系，而以人为本的组织哲学就会形成一切有利于人的自觉性发挥的评价体系。因此,不同的价值观念催生了不同的评价体系。

(3) 道德规范。

组织的道德规范是组织在长期的生产经营活动中形成的,人们自觉遵守的道德风气和习俗,包括是非的界限、善恶的标准和荣辱的观念等。道德规范是调节人们行为的一种手段,它和组织的规章制度相对应。但是,规章制度是依靠约束力来保证实施的硬性和显性文化,而道德规范则是依靠人们的自觉性来保证实施的软性和隐性文化。道德规范通过影响员工的思想观念,确立明确的是非观念,从而导致员工的自觉行为。因此,组织道德规范在组织生产经营活动起着重要的管理作用。组织文化以组织的道德规范为重要内容,是区别于其他管理理论的一个主要表现。

(4) 组织精神。

组织精神是指在组织哲学和组织价值观的指导下,经过精心培育而逐步形成的并为全体员工所认同的思想境界、价值取向和主导意识。它是组织的组织哲学、价值观念、道德规范的综合体现和高度概括,是全体员工共同追求、共同认识的心理定势和价值取向。组织精神是组织文化的高度浓缩,是组织文化的灵魂。组织精神的核心内容是激发员工的工作热情,发挥自觉性,明确责任感。

第二节　组织文化的类型

组织文化是组织在成长、发展和变革的过程中经过长期的实践而逐步形成的。由于每个组织的成长与发展过程都不相同,它们的文化必然反映这种特殊的经历,因此不同组织的组织文化各不相同,都具有非常个性化的表达形式。但是,从相似的经济与社会文化背景、相同的产业以及相似的管理手段等一般因素的角度,可以实现对组织文化进行分类。

一、迪尔与肯尼迪的分类

1982 年,美国著名学者特雷斯·E.迪尔与阿伦·A.肯尼迪在《企业文化》一书中,把文化区分为四种类型:硬汉型文化、玩命工作—拼命享受型文化、赌徒型文化和过程型文化。他们选择了两个关键指标:风险程度和信息反馈速度;前者与公司活动紧密相连,后者与组织和员工获得判断企业决策或战略成果相关。同时,他们还分析了每种文化的存在行业,管理者只有准确分析组织的具体情况,才可能有效地加强或修正组织文化。

风险程度	高	赌徒型文化	硬汉型文化
	低	过程型文化	玩命工作——拼命享受型文化
		慢	快　　　　　信息反馈速度

图 12.4　迪尔与肯尼迪的组织文化分类

（一）硬汉型文化

硬汉型文化的特征是风险大、信息反馈快。这种高压的文化可能使组织超高速成长,但也可能使之迅速衰败甚至夭折。具有这种文化类型的组织通常风险较大、利润丰厚。例如,广告、娱乐、建筑、咨询和外科医疗等行业。在硬汉型文化中生活的人们大都比较顽固,要求信息反馈迅速。同时,在这种文化中比较突出个人而非集体,违反规定的事情不断发生。只要能够成功,人们可以随心所欲、为所欲为。因此,这种文化比较关注结果而轻视过程的公平性、合理性,是比较功利的文化。

（二）玩命工作—拼命享受型文化

玩命工作—拼命享受型文化的特征是风险小、信息反馈快。销售组织、房地产公司、连锁店、办公设备生产厂等是具有这种文化的典型代表。对员工来说,风险很小,任何一笔生意都不会妨碍他们的成功;信息反馈十分迅速,并且相当明确。因此,这种文化具备高度的互动性。它十分欣赏那些工作出色、创造出惊人的销售记录的"销售奇才"。同时,这种文化经常举行庆典、礼仪和大型集会来巩固它的文化价值观。

（三）赌徒型文化

赌徒型文化的决策风险大、信息反馈慢。比如,石油、航空等行业一般具有这种文化。由于重大决策可能影响组织的未来,因此管理者往往把注意力集中在日常琐事上。赌徒型文化中的英雄崇尚技术能力,若干年后他们会在决策中发挥影响作用。这种文化有利于产生许多可能会带来长期潜在收益的突破性发明,但是所需要的时间很长,难以适应急剧变化的经济环境。

(四)过程型文化

过程型文化的特征是风险小、信息反馈少。最坏的情形就是官僚体制。政府机构和受到严格管制的行业就属于这种情形。员工拼命工作,但是他们对大环境的作用却很少被认识到。过程型文化注重工作过程,要求员工循规蹈矩以免出错,绝对不允许违纪行为出现。因此,员工要学会处理各种具体事务,保护这种体制不受外界的政治干预。官职和头衔对构成过程型文化的"等级制度"至关重要。

过程型文化为人们的工作环境提供了秩序和可预见性,并且也界定了其他文化发挥作用的范围和空间。当组织出现异常情形时,过程型文化也只能用相互矛盾的条例来处理互不相干的情况。

二、丹尼森—达夫特的分类

达夫特教授认为,组织的战略和外部环境对组织文化的影响很大。组织文化应该体现出组织在环境中有效运作所需要的一切。组织文化与组织战略以及环境之间匹配的关系,能够提高组织的绩效。因此,依据文化与战略和环境之间的匹配来进行组织文化的分类,是比较恰当的。

		环境的需要	
		灵活	稳定
战略焦点	外部	适应型/企业家型文化	使命型文化
	内部	小团体式文化	官僚制文化

图 12.5 丹尼森—达夫特模型

(一)适应型/企业家文化

适应型/企业家文化强调通过灵活性和变革以适应顾客需求,战略重点集中于外部环境上。这种类型的组织并不只是快速地对环境变化作出反应,而是积极地创造变化。革新、创造性和风险行为被高度评价并得到奖励。市场营销、电子、化妆品公司可以采用这种类型的文化,因为它们都必须迅速地行动以满足顾客的需要。

（二）使命型文化

使命型文化集中关注于组织目标的清晰、愿景、特定目标的达成。使命型文化的特征着重于对组织目标的一种清晰认知和目标组的完成。管理者通过建立愿景和传达一种组织的期望来塑造员工行为。因为环境是稳定的,管理者可以把愿景转换成为可度量的目标,并且评价员工达到这些设定目标的业绩。在某些情况下,使命型文化反映了一种高水平的竞争力和利润导向的方针确定模式。

（三）小团体式文化

小团体式文化主要强调组织成员的参与、共享和外部环境所传达的快速变化的期望。这种文化中最重要的价值观是关心员工,维系良好的人际关系。只要这样实施,组织才可以适应竞争和不断改变的市场。例如,时装业和零售业的公司可以运用这种文化类型,因为这种文化可以发挥员工的创造力,以对市场变化作出快速反应。

（四）官僚制文化

官僚制文化以内向式的关注、一致性导向来应对稳定的环境。在这种文化中,个人参与在某种程度上有所降低,但被员工之间高水平的一致性、简洁性、合作性所弥补。这种组织依赖高度整合性和高效率而获得成功。

三、权力分配角度的分类

从权力分配的角度看,组织文化可以分为权力导向型、角色导向型、任务导向型和员工导向型四种类型文化。

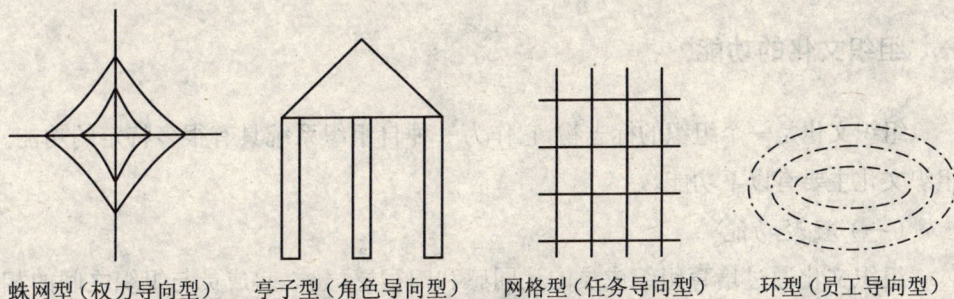

蛛网型（权力导向型）　　亭子型（角色导向型）　　网格型（任务导向型）　　环型（员工导向型）

图 12.6　权力视角下的组织文化类型

（一）权力导向型文化

这种组织文化强调权力的支配作用,上级对下级具有绝对控制权,但是距离权力中心越远,权力的影响越弱。其结构类似蛛网,直线代表纵向权力,弧线代表横向交流,而坐标原点代表权力中心。

（二）角色导向型

这种文化强调对组织的忠诚奉献,因事定岗,因人定岗,每个人都是组织不可缺少的角色,组织的正常运行依靠各角色的努力工作。其结构类似于亭子,其间的柱子代表各种角色。

（三）任务导向型

这种文化强调一切为完成任务服务,为了完成任务将资源集中起来,依任务设岗。其通过各种具体任务的顺利完成来实现组织的整体目标,一般适用于环境变动性大的组织。其结构类似于网格,各交点代表某种角色而组成任务团队。

（四）员工导向型

这种文化强调员工参与民主管理和决策的作用,充分尊重员工的行为选择。每个人可以根据自己的兴趣决定自己的工作,一般存在于俱乐部或会员制组织中。其结构类似于环线,环线代表一致同意的意见,而环线上各点代表每个成员的选择意见。

第三节　组织文化的形成机制

一、组织文化的功能

组织文化是一个组织的标志物,它作为一种自组织系统具有很多特定的功能。组织文化主要有以下功能。

（一）凝聚功能

组织文化通过培育组织成员的认同感和归宿感,建立起成员与组织之间的相互信任和依托关系,使员工的行为、思想、感情、信念、习惯以及沟通方式与整个组织有机地整合在一起,形成相对稳定的文化氛围,凝聚成一种无形的合力,以此激发出组织成员的主观能动性,并为组织的共同目标而努力。组织文化的凝聚功能表现为一种黏合剂,从各个方面把组织成员团结起来,从而产生一种巨大的向心力和凝聚力。同时,组织文化的凝聚功能还反映在组织文化的排外性上。对外排斥可以使个体凝聚在群体之中形成命运共同体,愿意与组织同甘共苦。

（二）适应功能

组织文化从根本上改变员工的旧有价值观念,建立起新的价值观念,使之适应组织外部环境的变化要求。当组织文化所提倡的价值观念和行为规范被成员所接受和认同时,员工就会自觉地做出符合组织要求的行为选择。组织文化具有某种程度的强制性和改造性,其效用是帮助组织指导员工的日常活动,使其能够快速地适应外部环境因素的变化。当组织的环境发生改变时,组织文化会引导员工改变自身的心理、行为,主动适应环境的需要。

（三）导向功能

组织文化的导向功能,是指组织文化能对组织整体和组织每个成员的价值取向及行为取向起引导作用,使之符合组织所确定的目标。作为团体共同价值观的组织文化在很大程度上决定着每个成员的价值取向和行为取向,并引导他们向组织文化的方向靠拢。

（四）约束功能

组织文化的约束功能是指组织文化对每个组织成员的思想、心理和行为都具有约束和规范的作用。组织文化是一种理智的软性约束,而不是制度式的硬约束。组织文化的软性约束体现为组织中弥漫的组织文化氛围、群体行为准则和道德规范。群体意识、社会舆论、共同的习俗和风尚等精神文化内容,造成强大的能够促进个体行为从众化的群体心理压力和动力,使组织成员彼此之间产生心理共鸣,进而达到组织成员行为的自我控制。

（五）激励功能

组织文化的激励功能是指组织文化具有使组织成员从内心产生一种高昂情绪和发奋进取精神的效应。组织文化强调培育共同的价值观,使每个员工都感受到自身及其行为的价值,从而实现组织文化对调动广大员工积极性的激励功能。因此,组织文化对员工的激励是一种内在的引导。在组织精神的感召和组织形象的鼓舞下,员工会产生强烈的荣誉感和自豪感,他们会加倍努力,用自己的实际行动维护组织的荣誉和形象,为组织的发展提供无穷的力量。

（六）稳定功能

组织文化一旦形成，其制度化存续就具有很强的稳定功能。因为在组织的长期实践中形成并渗透到组织各个领域的文化，可以成为组织深层心理结构中的基本部分，能够在较长的时间内对组织成员的思想、情感和行为产生激励、约束和导向作用。组织文化的稳定性是组织文化的控制力量的来源，失去稳定性，组织文化就会丧失对员工的凝聚、激励和约束等影响力。同时，组织文化的稳定性使得组织的改造、融合变得十分困难。比如，许多企业重组后的失败往往都归结为文化改造方面的失败。

（七）辐射功能

组织文化的辐射功能，是指组织文化一旦形成较为固定的模式，它不仅会在组织内发挥作用，对本组织员工产生影响，而且还会通过各种渠道对社会产生影响。组织文化主要通过各种宣传手段和个人交往两种渠道向社会辐射。一方面，组织文化的辐射功能可以树立组织在公众的形象；另一方面，组织文化对促进社会文化的发展有很大的影响。比如，美国以"S"为标志的喜来登管理集团在全世界有500多家饭店，它的"一切从小处着眼，对顾客服务无微不至"的组织精神辐射全世界，成为许多组织学习的表率。

二、组织文化的形成机制

组织文化通常是在一定的生产经营环境中，为适应组织生存发展需要，由少数人倡导和实践，经过较长时间的传播和规范管理而逐步形成的。

（1）组织文化是一定环境中组织为生存发展而形成的。

组织文化的核心价值观是在组织求生存、谋发展的环境中形成的。存在决定意识，环境造就组织。组织作为社会有机体，要生存与发展，就必须克服环境带来的某些制约和困难。为了适应和改变客观环境，就必然产生相应的价值观和行为模式。同时，只有反映组织生存与发展所需要的文化，才能被全体员工所接受、认同，组织才会有强大的生命力。比如，"用户第一，顾客至上"的经营理念，就是在市场经济激烈的竞争环境中形成的。

（2）组织文化发端于少数人的倡导与示范。

文化是人们意识的能动产物，但它不是客观环境的消极反映。在客观上出现对某种文化的需要往往交织在各种相互矛盾的利益之中，因而开始的时候总是只有少数人首先觉悟,他们能够根据环境的要求提出反映客观需要的文化主张,倡导改变旧的观念及行为方式,成为组织文化的先驱。

由于少数领袖人物和先进分子的示范,启发和带动了组织的其他人,形成了组织新的文化模式。在日常工作中,管理者往往不仅言传,而且身教。他们自觉地表现出与自己倡导的价值观和行为准则相应的行为选择,以求对身边的人和其他组织成员的行为产生潜移默化的影响。同时,管理者借助于重大事件的处理,促进组织成员对重要价值观和行为准则的认同。

(3) 组织文化是坚持宣传、不断实践和规范管理的结果。

组织文化实质上是一个以新的思想观念及行为方式战胜旧的思想观念及行为方式的过程。因此,新的思想观念必须经过广泛宣传,反复灌输才能逐步被员工所接受。例如,日本经过几十年的宣传灌输,终于形成了全民族的危机意识和拼命竞争的精神。

组织文化一般都要经历一个逐步完善、定型和深化的过程。一种新的思想观念需要不断实践,在长期实践中通过吸收集体的智慧,不断地补充、修正,逐步趋向明确和完善。

第四节　组织文化的建设

一、组织文化建设的步骤

组织文化的建设是一个长期的过程,同时也是组织发展过程中的一项艰巨、细致的系统工程。一般来说,组织文化建设需要经历七个步骤。

(一) 建立组织文化运营团队

建设组织文化的第一步要建立组织文化运营团队,通过这个团队调查组织文化的现状,分析组织文化建设的要求,诊断出组织现有文化存在的各种问题,为文化的再定位奠定基础。

(二) 分析组织文化并再定位

组织文化运营团队分析组织的行业特征、使命、远景与战略,通过对组织文化基本要素的界定,对组织文化进行再定位。

（三）选择合适的组织价值观

在成功地对组织文化再定位后,应立足于本组织的具体特点,根据组织的目的、环境要求和组成方式等特点,选择适合自身发展的组织文化模式,提炼出科学、简练、准确的核心价值观,完成组织文化精神层面的建设。

（四）强化员工的认同感

在选择好合适的组织价值观后,应以核心价值观为中心,培养和树立典型人物,利用典型案例进行宣传,以其特有的感召力和影响力为组织成员提供可以仿效的具体榜样,并且构造一种能够复制与放大组织核心价值观的机制与策略,同时运用人力资源管理的具体策略,有目的地培训和教育,将组织的核心价值观灌输到员工的头脑中,强化员工的认同感,最终让他们体现在行动上。

（五）提炼定格组织价值观

组织价值观的形成不是轻而易举的事,必须经过分析、归纳和提炼才能定格。在经过员工的初步认同实践之后,应当将反馈回来的意见加以剖析和评价,详细分析和比较实践结果与计划方案的差距,吸收有关专家和员工的合理意见。然后,在系统分析的基础上进行综合化的整理、归纳、总结和反思,再去伪存真,保留积极进步的内容与形式。把经过科学论证和实践检验的组织精神、组织价值观、组织伦理与行为进行条理化、完善化、格式化,再经过必要的理论加工和文字处理,用精练的语言表达出来。

（六）巩固落实组织价值观

在组织文化演变为全体员工的行为习惯之前,必须建立某种奖优罚劣的规章制度,通过制度来规范、管理员工的行为,如明确告诉员工什么行为是组织需要的、什么行为是组织反对的;制度凝聚、体现着组织的价值观。同时,管理者在塑造组织文化的过程起着决定性的作用,他们应起到率先垂范的作用,必须更新观念并能带领组织成员为建设优秀组织文化而努力。

（七）在发展中不断丰富和完善

任何一种组织文化都是特定历史的产物,当组织的内外环境发生变化时,组织必须不失时机地丰富、完善和发展组织文化。这既是一个不断淘汰旧文化、生成新文化的过程,也是一个认识与实践不断深化的过程。组织文化建设是一个不断循环往复达到更高层次的螺旋形过程。

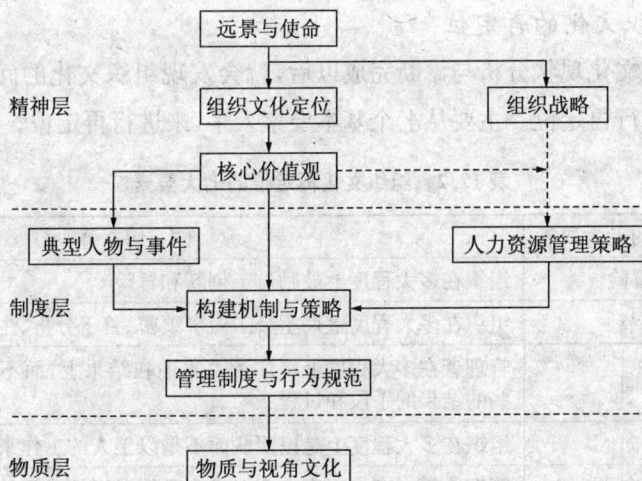

图 12.7　组织文化建设模型

二、组织精神文化的建设

组织精神文化建设既是组织文化塑造中最为核心的内容,也是最为困难的工作。组织文化也是从精神文化开始着手,主要从三个方面来展开。

（一）组织文化诊断

组织文化诊断是组织文化建设的基础工作,它关系到将来最终能否成功,因为后续的许多工作都是在诊断的基础上进一步展开的。只有知道组织文化存在的问题,才能有的放矢地采取措施,提出解决问题的对策和建议。

表 12.1　组织文化诊断表

序号	组织文化诊断 的主要方面	组织文化建设诊断问题
1	员工了解程度	你认识自己的组织文化吗?你知道组织领导层信奉什么?员工信奉什么?他们认为对于提高组织竞争力和凝聚力什么是最重要的?组织现有的文化是否符合组织的需要?
2	文化与战略匹配	你的组织文化和组织战略匹配吗?当组织战略发生改变时,组织文化是否也跟着变化?
3	制度支持状况	你的组织文化和组织管理制度配套吗?
4	管理者行为表率	管理者的言行与组织文化配套吗?
5	组织落实状况	员工对组织文化落实如何?是否说一套,做一套?

（二）组织文化的再定位

一旦组织文化现状分析与诊断完成以后，就会发现组织文化的问题，然后对组织原有文化进行再定位。主要从七个基本要素入手，来进行再定位。

表 12.2　组织文化再定位的七大要素

组织文化定位的七大要素	要　素　的　解　释
创新与冒险	组织在多大程度上鼓励员工创新和冒险
注意细节	组织在多大程度上期望员工做事缜密、善于分析、注意细节
结果导向	管理者在多大程度上将注意力集中在结果上，而不是强调实现这些的结果的手段和过程
团队导向	组织在多大程度上是以团队而不是以工人的工作来组织活动的
人际导向	管理决策在多大程度上会考虑到决策对组织成员的影响
进取心	员工的进取心和竞争性如何
稳定性	组织活动重视维持现状或者重视成长的程度

（三）组织核心价值观的提炼

核心价值观实质是组织文化定位的简洁、凝练、有力和健康的表达，是组织所有政策和行动的前提。当员工认同核心价值观时，他们就会按照这一价值观的指引去行动。为保证核心价值观能够发挥作用，组织需要做到：一是核心价值观必须是自己真正信仰的，不能盲目地把其他组织的价值观照搬过来；二是对核心价值观的陈述可以用不同的方法，但必须简单、清楚、纯真、直接而有力，通过自上而下和自下而上反复沟通，确定 3—6 条就可以把组织价值观概括出来。

表 12.3　著名公司的核心价值观

公　司	核　心　价　值　观
IBM	·给予每个员工充分的考虑 ·花更多的时间使顾客满意 ·坚持到底把事情做好，所作所为追求完美
3M	·创新：你不能扼杀一个新创意 ·绝对正直 ·尊重个人的首创精神及个人成长 ·我们真正的业务是解决问题
福特	·人员是我们的力量之源 ·产品是我们努力的终端成果 ·利润是必要的手段和衡量我们成就的指标 ·以诚实与正直为基础

公　司	核　心　价　值　观
通用电气(GE)	· 以科技与创新改善生活 · 在对顾客、员工、社会、股东的责任之间寻求平衡 · 个人责任与机会 · 诚实与正直
惠普(HP)	· 为我们从事的领域贡献技术 · 尊重惠普人并给予他们机会 · 为所在的社区奉献和负责 · 提供顾客负担得起的高品质产品 · 利润与成长是使所有其他价值和目标可能实现的手段

三、组织制度文化的建设

只有将组织文化建设策略化、制度化,才能确保组织文化建设取得成功。一般而言,构建"理念—典型案例—管理机制"的完整的文化建设流程是组织文化建设成功的保证。

建设组织制度文化应从以下几个方面具体着手。

(1) 将核心价值观与组织的用人标准结合起来。

组织设计人力资源的招聘政策,在制定职位"入职要求"时让文化主管人员参与,只录用与本组织文化契合程度较高的人员。然后,开发合适的测评工具,并且对招聘主管人员与用人部门经理进行严格的技能培训。通过有目的的公关活动和广告宣传,让员工了解组织文化,特别是组织的核心价值观。

(2) 将核心价值观的要求贯彻到组织培训中。

在组织的各类培训活动中,应采用非正式活动、非正式团体、管理游戏、管理竞赛、师傅带徒弟等方式将组织的核心价值观传递给员工,营造一种强大的文化氛围,潜移默化地影响与改变员工的行为。

(3) 将组织文化的要求融入员工的绩效与激励中。

在组织的绩效与激励管理体系内要将组织的价值观的内容作为考评与激励内容的一部分,其具体做法是:将组织核心价值观用各种职业化行为标准来具体描述,通过鼓励或反对某种行为,达到诠释组织核心价值观的目的。比如,通用电气公司的业绩与文化认同匹配度考评模式,然后决定对员工的重用或解聘。

业绩或能力	优秀	？	重用
	一般	淘汰	培养
		低	高　对公司文化的认同度

图 12.8　通用电气公司考评矩阵

（4）组织文化的形成要与沟通机制相结合。

通过各种灵活务实的沟通机制，实现组织的核心价值观达到上下理解一致，从而在员工心目中真正形成认同感。组织可以开展象征性的组织欢庆仪式、礼仪、纪念活动，通过树立本组织典型的英雄人物、传奇人物，运用"树立典型"的方法，明确告诉员工组织提倡什么、鼓励什么。同时，管理者参与到这些活动中，成为忠实实践组织核心价值观的表率。

另外，组织还要着手修订组织制度上与文化建设不相符的部分，用组织的核心价值观来指导组织的各项管理制度的修订与完善。同时，按照组织的核心价值观的要求，培训组织的管理人员，从而在管理方式上作出相应的改进，把组织文化建设融入具体的管理实践中。通过机制与制度建设以及管理改进，新的价值观的群体意识逐步形成，组织文化建设的目标就会得以实现。

四、组织文化的一般建设方法

在组织文化建设的过程中，还需要根据组织的实际情况选择恰当的塑造方法。塑造组织文化的卓有成效的方法主要包括示范法、激励法、感染法、自我教育法、灌输法和定向引导法。其中，示范法通过总结宣传先进模范人物的事迹，发挥优秀员工的模范带头作用等方法，给广大员工提供学习榜样。激励法主要通过物质与精神激励，使员工形成集体凝聚力。感染法运用一系列文艺活动、体育活动和读书活动等，培养员工的自豪感和向心力。自我教育法运用谈心活动、演讲比赛、征文活动等形式让员工对照组织的要求找差距，进行自我教育，转变价值观和行为。灌输法通过讲解、报告会、研讨会等宣传手段进行宣传活动，将组织要建立的文化目标与内容直接灌输给职工。定向引导法是指有目的地举行活动，引导员工树立新的价值观念，并创造出新的价值观氛围。

案例分析一

全聚德:连锁扩张过程中的文化传承与创新

一、全聚德的发展历程

全聚德创建于 1864 年(清朝同治三年)。当年,北京前门肉市街上一家经营干鲜果品店的"德聚全"因经营不善濒临倒闭,以贩卖鸡鸭为业的杨全仁倾其所有盘下这家店铺,并将店名"德聚全"颠倒过来成为"全聚德"的新字号。同时,店主还请来一个叫钱子龙的秀才为他重新书写店名,刚劲有力的"全聚德"金匾悬挂在门上。另外,杨全仁还重金聘请当年皇宫御膳房的师傅专营"挂炉烤鸭",从此全聚德就诞生了。

1959 年,全聚德建立了第一个分号,就是现在的王府井全聚德烤鸭店,到 1979 年又建了第二个大店——和平门店(目前与公司总部在一起)。经过这两次发展,全聚德在北京和国内餐饮行业的影响力显著提升。但在 1993 年之前,这三家店分属不同行政管理部门并各自独立经营。1993 年 5 月,中国北京全聚德集团公司成立,结束了三家店分散经营的局面,并迎来了全聚德新的发展时期。1994 年 6 月,由全聚德集团公司等 6 家企业发起设立了北京全聚德烤鸭股份有限公司。2004 年 4 月,首都旅游集团、全聚德集团、新燕莎集团实施战略重组,首都旅游集团成为北京全聚德烤鸭股份有限公司的第一大股东。2005 年 1 月,北京全聚德烤鸭股份有限公司更名为中国全聚德(集团)股份有限公司。2007 年 11 月,改制后的全聚德在深圳证券交易所中小板正式挂牌上市,成为我国股市里的餐饮第一股。

1999 年 1 月,"全聚德"被国家工商总局认定为驰名商标,是我国第一例服务类驰名商标。在百余年里,全聚德菜品经过不断创新发展,形成了以独具特色的全聚德烤鸭为龙头,集"全鸭席"和 400 多道特色菜于一体的全聚德菜系,备受各国官员和游客喜爱,被誉为"中华第一吃"。2009 年 11 月,在第四届"北京影响力"大型公益评选活动中,经过公众网络、报纸投票和专家评审,全聚德荣获唯一的"辉煌 60 年特别贡献奖——城市名片奖"。

长期以来,全聚德秉承"全而无缺,聚而不散,仁德至上"的精辟诠释,发扬"想事干事干成事,创业创新创一流"的企业精神,扎扎实实地开展了体制、机制、营销、管理、科技、企业文化、精神文明建设的创新,确立了充分发挥全聚德的品牌优势,走规模化、现代化和连锁化经营道路的发展战略。如今已经形成拥有 70 余家连锁点,年销售烤鸭 500 余万只,接待宾客 500 多万人次,品牌价值近 110 亿元的餐饮集团。

截至 2009 年 12 月 31 日,全聚德在北京、上海、重庆等地拥有"全聚德"品牌直营店 16 家,还拥有"全聚德"特许加盟店 53 家和海外"全聚德"特许加盟店 5 家。2009 年,公司实现营业收入 12.04 亿元,较上年增加 9 200 万元,比上年同期增长 8.27%,实现利润总额 11 720.77 万元,较上年增加 1 159.17 万元,同比增长 10.98%。

二、传统工艺影响连锁扩张

为了推动连锁经营健康、快速发展,全聚德在企业文化建设、用工制度改革、质量管理体系建设、内部控制体系完善、物流配送中心和食品生产基地建设等方面下功夫,并设计了较为完善的特许经营制度体系,内容主要包括:申请加盟条件、申请程序、特许费用标准、餐厅服务规范、秘密顾客制度、总部对连锁店的支持等。食品生产基地的建设,使鸭坯生产实现了工业化。同时,全聚德在产品标准化方面大力改进,抓住中餐的温度、湿度、时间、配料、用量等关键环节,开展定标工作。具体做法是:从掌握的 400 多种菜品中挑选出 40 种巨头代表性的、最为消费者欢迎的采品,将其标准化,并在主要技术人员当中贯彻和推广。同时,全聚德还专门成立了一个由工程师、厨师、营养师组成的定标小组,定标过程完全按照国家的标准要求来进行,先是一个数据一个数据地试,然后一个数据一个数据地记录下来,再经过反复的研究、比对,最后确定标准工艺参数。定标工作并不顺利,来自内部老职工的阻力较大,他们对标准化不以为然,第一批 20 道菜的定标工作就用了 8 个月的时间。

在制度建设、管理创新和产品标准化等方面的不懈努力,为全聚德连锁经营奠定了基础,连锁扩张的步伐也不断加快。截至 2007 年公司 IPO(首次公开募股)之时,公司已经拥有直营店 10 家、特许加盟店 40 多家的大型餐饮企业。通过十几年的连锁经营,全聚德也彻底摆脱了"前店后厂"的旧管理模式。

在连锁经营中,全聚德还是遇到一些瓶颈问题。首先是标准化问题。标准化是连锁经营的基本特征,也是连锁经营的基本条件。全聚德的龙头菜品是烤鸭,烤鸭生产能否标准化是全聚德连锁经营的关键。在 2007 年之前,为了实现产品标准化和加强质量控制,全聚德必须为每一家新建连锁店送派厨师,特别是挂炉烤鸭厨师,他们是公司的核心技术人员。挂炉烤鸭制作过程包括堵塞儿、灌水、入炉、燎档、转体、出炉等工序,而且每道工序在具体的操作中有不少独特的技术诀窍,因此挂炉烤鸭厨师的培养是通过长期的言传身教,以师傅带徒弟的方式进行,至少需要三年以上的时间。因而,向新店培训和外派厨师的成本很高,这也成为制约全聚德连锁扩张的重要因素。

其次是自主知识产权保护的问题。在全聚德开展连锁扩张的同时,国内市场不断涌现出各种以烤鸭为主要菜肴的牌号,它们大多是全聚德离职员工创办的。尽管全聚德提高了核心技术人员的待遇,但是仍然有不少员工离开。因此,核心技术的流失成为全聚德连锁扩张的巨大障碍。

三、新工艺促进连锁扩张

在 140 年的时间,全聚德一直沿用果木、炭火、悬挂的烤鸭制作工艺,这不仅成就了全聚德烤鸭"外酥里嫩、油而不腻"的独特口味和"传统工艺、口味正宗、原汁原味"的形象魅力,而且成为"全聚德"品牌文化的重要组成部分。在 2007 年年底,全聚德对外宣布:传统的烤鸭制作工艺将被"革命",全聚德将使用智能型微电脑烤炉来制作烤鸭。这种烤炉的硬件部分是在德国专家帮助下开发出来的,而软件部分属于自主开发。智能型微电脑烤炉的引入,将使得全聚德烤鸭实现批量化、标准化生产,而且在有效控制了生产成本的同时,较好地解决了质量控制和环保的问题。工艺革新带来了显著的变化。比如,一般情况下传统工艺烤制一只烤鸭需要 1 小时,而采用新工艺后烤制时间缩短为 40 分钟;烤制好的鸭子在烤炉中存放一段时间不会影响品质,可以为顾客提供更及时的服务。同时,电烤炉代替了果木燃料,对环境起到保护作用。

工艺革新还帮助全聚德较好地解决了知识转移与自主知识产权保护的两难问题。开发智能电烤炉,使技术知识得到物化,能够在促进知识转移的同时,最大限度地保护核心技术。因为在使用电烤炉时烤鸭全部工艺技术都靠芯片来控制,操作人员只要会操作电烤炉就可以了,而关键技术指标则由芯片控制,操作人员无从得知。因此,全聚德不再担心连锁经营会培养潜在竞争对手的问题。

目前,全聚德国内开发的直营店和特许加盟店一律使用电烤炉,而且电烤炉只租不售,合同到期就把烤炉收回。电烤炉一般租赁期为三年,三年期满,电脑程序会自动停止运行。根据全聚德总部规定,每台电烤炉押金为 15 万元,合同签订前缴纳,合同履行期间如无重大违约,合同期满予以返还;租金 5 万元/年,自试营业之日起算,按年缴纳。此外,经过努力,电烤炉的生产已完全实现国产化,而且还开发出了车载电烤炉。

四、新工艺还能保留老文化吗?

用电烤炉代替传统工艺烤出来的烤鸭还能保证原汁原味吗? 为了保证电烤炉烤鸭与传统烤鸭的果木香味完全一致,全聚德将特制的天然果汁提前喷涂在鸭坯上,消费者根本体会不到口味的差异。全聚德的手工技艺经过百年传承,早已成为"全聚德"品牌的一部分,以流水线进行自动化生产,其中蕴涵的文化价值是否会受到冲击? 工业改进并不代表放弃了几百年沉淀下来的餐饮文化技艺,全聚德会用其他的方式加以传承。智能烤炉并不单单是机器,它也是几百年技术技艺的结晶。此外,在全聚德的店里现在还都保留着明火挂炉的表演,通过这种表演将 100 多年文化一代一代传下去。

(资料来源:苏敬勤、朱方伟、王淑娟:《MBA 管理案例评选百优案例集锦》(第 1 辑),科学出版社 2011 年版。)

案例思考题:

1. 全聚德的餐饮文化主要体现在哪些方面? 工艺革新从哪些方面促进了它的连锁扩张?

2. 在连锁经营中,如何处理好知识转移和知识产权保护的关系?

3. 烤鸭制作工艺革新是否会冲击"全聚德"的品牌价值? 全聚德市场定位是否需要调整? 全聚德文化是否需要创新?

4. 对中华老字号经营者来说,如何处理好文化传承与创新的关系?

案例分析二

TCL 的企业文化

TCL 集团股份有限公司创办于 1981 年。经过 20 年的发展,TCL 集团现已经形成了以王牌彩电为代表的家电、通讯、信息、电工四大产品系列。特别是进入 20 世纪 90 年代以来,连续 12 年以年均 50% 的速度增长,是全国增长最快的工业制造企业之一。2001 年,TCL 集团销售总额 211 亿元,利润 7.15 亿元,税金 10.8 亿元,出口创汇 7.16 亿元。2001 年 TCL 品牌价值 144 亿元,在全国知名品牌中排第

5名。

　　TCL的企业宗旨是:"为顾客创造价值,为员工创造机会,为社会创造效益。"

　　"为顾客创造价值"。这是TCL文化生生不息的价值根本,明确企业最重要的工作目标就是用高质量的产品、全方位的服务满足社会广大顾客的需求,通过卓有成效的工作,让更多的顾客认同TCL产品和服务的价值。这就要求TCL人在生产经营的每一个环节,都时刻把顾客的需求放在第一位。

　　"为员工创造机会"。这是TCL文化生生不息的动力源,明确员工既为手段又为目的。TCL要建立一个科学、公平的员工考核和价值评价体系,建立员工教育和培训制度,建立合理的薪酬和福利制度,使员工在企业能获得更好的成长和发展机会,实现自己的事业追求,同时也获得合理的回报和生活福利保障。

　　"为社会创造效益"。这是TCL文化生生不息的生态链。TCL是国有控股企业,企业所创造的效益,在更大程度上是为社会创造效益,是为国家经济的振兴、为民族工业的发展尽力尽责,这是所有TCL人的使命。

　　TCL倡导的企业精神是:"敬业、团队、创新"。

　　"敬业"是鼓励为事业而献身的精神,这种敬业实质上是TCL过去"艰苦拼搏"精神的延续;追求更高的工作目标,勇于承担工作责任,掌握更好的工作技能,培养踏踏实实和精益求精的工作作风。

　　"团队"是要求企业内部要有协作和配合的精神,营造企业和谐健康的工作环境,员工不但要对自己的工作负责,同时也对集体的工作负责,对整个企业负责,提倡员工间互相鼓励、互相关心和帮助。

　　"创新"精神一直是TCL高速发展的重要动力。创新包涵了"开拓"的内涵。

　　TCL提出的企业经营目标、宗旨、精神,构成了一个相互支撑的企业文化体系。

　　(资料来源:周三多:《管理学——原理与方法》(第4版),复旦大学出版社2006年版。)

案例思考题:

1. 结合案例谈谈你对企业文化在企业管理中的作用的看法。
2. TCL的文化是如何体现组织文化的基本特征的?
3. TCL文化是如何建立起来的?

本章小结

组织文化具有多种不同的含义,它主要有独特性、稳定性、实践性、可塑性、继承性以及综合性等六个特征。组织文化的结构包括物质层、制度层和精神层等三个层次。组织文化的内容包括显性和隐性两个方面;其中显性内容包括组织的标志、工作环境、规章制度、经营管理行为以及组织形象等几个部分;而隐性内容主要包括组织哲学、组织观念、道德规范、组织精神等内容

组织文化的分类很复杂,不同的角度有不同的分类。主要介绍了迪尔与肯尼迪的分类、丹尼森—达夫特的分类以及权力分配的分类等三种分类方法。

组织文化具有凝聚功能、适应功能、导向功能、约束功能、激励功能、稳定功能、辐射功能等七大功能。组织文化建设一般要经历七个步骤,组织的精神文化与制度文化建设需要使用不同的方法,而一般的组织文化建设方法包括示范法、激励法、感染法、自我教育法、灌输法、定向引导法等六种方法。

本章思考题

1. 组织文化具有哪些含义?具有哪些主要特征?

2. 组织文化的结构包括哪些层次?显性文化包括哪些内容?隐性文化又包括哪些内容?

3. 迪尔与肯尼迪的组织文化分类有什么内容?

4. 丹尼森—达夫特的组织文化分类有什么内容?

5. 按权力分配的分类有哪些内容?

6. 组织文化具有哪些功能?

7. 组织文化建设一般要经历哪些步骤?

8. 怎样进行组织的精神文化建设?

9. 怎样进行组织的制度文化建设?

10. 组织文化建设的一般方法有哪些?

第四篇　领　导

第十三章

领　导

本章学习目标

通过本章的学习,理解并掌握:

1. 领导、领导者、领导者素质和领导权力的来源;

2. 领导特质理论;

3. 领导行为理论;

4. 领导情景理论;

5. 有效领导的艺术。

引导案例

微软公司的领导问题

据统计,微软公司以每年 30% 的利润增长,平均每个雇员的收入水平在 25.7 万美元,而一般普通公司员工的收入水平为 1.7 万美元。公司有 220 亿美元的流动资金,股票价值总额达 4 140 亿美元。微软公司是最近 30 年来最成功的企业。

随着微软公司规模的不断扩大,管理系统变得缓慢而官僚化。第一,一些高层管理人员因为决策层办事效率太低而辞去了他们的职务。第二,雇员们对公司的长远目标及战略方针并不了解,作为如此庞大的复杂系统和产品的生产者来说,这种现象并不奇怪。微软公司似乎要往 50 个不同的方向发展,就是微软公司的雇员也不确定到底微软要往何处走！而微软公司的广告标语是："今天你要往何处去？"显然，连微软人都不知道自己的目标在哪里。第三，微软公司几乎所有的决定，大到软件的基本特性，小到技术员在多长的时间内回答客户的问题，都要通过批准。

　　（资料来源：鲍丽娜、李孟涛、李浣：《管理学习题与案例》，东北财经大学出版社 2007 年版。）

思考题：

　　通过上述案例可看出，微软的问题说明其企业的领导层存在什么问题？有什么改进方法？

第一节　领　导

一、领导的含义

（一）领导的定义

　　领导在汉语中有两个基本的含义：一种是指担任领导职务的人，称为领导；另一种是指工作，如领导组织成员做好工作。而在管理理论中，有组织中的领导人员与组织中的领导工作两种含义。

　　一般而言，领导工作（leading）就是领导者指导和影响组织成员为实现组织目标而努力做出贡献的过程与艺术。因此，领导工作的基本含义有：

　　（1）领导是一个过程。领导并不是存在于领导者身上的一种特质或特征，而是发生在领导者和其追随者之间的一种交互活动过程。

　　（2）领导是一种影响。领导者对其下属要有一定的影响力，因此领导并不一定要有头衔，也不一定是权威。领导过程就是对他人和组织施加影响并通过这种影响改变他人或组织，进而达成领导的目的。

　　（3）领导存在于群体或组织环境中。领导行为发生在群体或组织中，群体或组织是领导行为得以产生的环境。

　　（4）领导是目标导向的。领导活动产生的目的在于实现共同目标，否则就没有领导的必要。只有在所有个体都朝着一个共同目标努力的背景下才会产生领导和领导影响力。

因此,领导过程必须具备三个要素:其一,领导者必须有下属或追随者;其二,领导者拥有影响追随者的能力或力量;其三,领导工作的目的是通过影响下属来实现组织的目标。

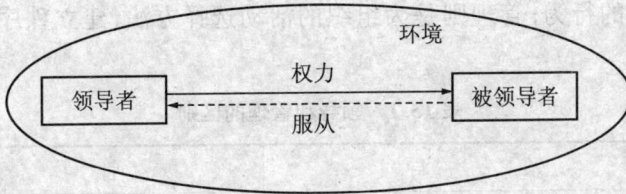

图 13.1 领导过程

(二) 领导的作用

领导者在带领、引导和鼓舞下属为实现组织目标而努力的过程中,具有指挥、协调和激励三个方面的作用。

1. 指挥作用

在组织活动中,领导者需要头脑清醒、胸怀全局,能够高瞻远瞩、运筹帷幄,可以帮助组织成员认清所处的环境和形势,指明活动的目标和达到目标的路径。

2. 协调作用

在完成任务、实现目标的过程中,组织面临着各种内外因素的干扰,需要领导者来协调组织成员之间、组织成员与职位之间的关系和活动,朝着共同的目标前进。

3. 激励作用

在组织管理中,领导者能为组织成员主动创造能力发展空间和职业生涯发展机会,根据人的行为规律来提高员工的积极性,实现激励的目的。

二、领导者

领导者是指在特定环境下被组织赋予或实际承担着指导和影响组织成员的人。它是领导工作的主体和核心要素,在相当大的程度上推动着组织的发展。

领导与管理既有区别又有联系。从本质上说,管理是建立在合法的、有报酬的和强制性权力基础上,进而产生的对下属的命令行为。下属必须遵循管理者的指示与安排,并尽自己最大的努力去完成任务,实现组织目标。在管理的实践中,管理只能诱导职工发挥 60% 左右的能力。而领导既可能建立在合法的、有报酬的和强制性的权力基础之上,又可能是建立在个人影响权、专长权以及模范作用的基础之上。领导的本质是被领导者的追随和服从,它不是由组织赋予的职位和权力所决定的,而是取决于追随者发自内心的意愿。领导是为组织的活动指出方向、创造态势、开拓局面的行为;管理则是为组织的活动选择方法、建立秩序、维持运动的行为。

表 13.1　领导和管理的区别

项　目	领　导	管　理
制定议程	确定经营方向——确立未来,通常是将来的远期目标,并为实现远期目标制定进行变革的战略	计划、预算过程——确定实现计划的详细步骤和日程安排,调拨必需的资源实现计划
人员安排	联合群众——通过言行将所确定的组织经营方向传达给群众,争取有关人员的合作,并形成影响力,使相信愿景目标和战略的人们形成联盟,并得到他们的支持	配备人员——根据完成计划的需要,建立起组织机构,配备人员,赋予他们完成计划的职责和权力,制定政策和程序对人员进行引导,并采取某些方式检查计划的执行情况
执行计划	激励和鼓舞——通过唤起人们未得到的最基本的需求,激励人们战胜在变革过程中遇到的政治、官僚和资源方面的主要障碍	控制、解决问题——相当详细地监督计划的完成情况,及时发现偏差,组织人员采取行动解决问题
成　果	引起变革——通过剧烈的变革,并形成非常积极的变革潜力,产生强大的竞争力	维持现状——在一定程度上实现预期计划,维持秩序,并为不同的利益相关者创造一致的、重大的成果

同样地,管理者和领导者也是既有区别又有联系的。组织中的个人可能既是领导者,又是管理者;也可能只是领导者,而不是管理者;也可能是管理者,而不是真正的领导者。管理者的本质是依赖被上级任命、拥有某种职位所赋予的合法权力而实施管理的人,被管理者往往因为追求奖励、害怕惩罚而服从管理。而领导者的本质来自被领导者的追随和服从,它完全取决于追随者的意愿,而不完全取决于领导者的职位与合法权力。

表 13.2　领导者和管理者的特征区别

项　目	领　导　者	管　理　者
权力的来源	个人的影响力	职位的影响力
主要的工作	剖析、开发	执行、维护
工作的时间维度	长期视角	短期视角

项　目	领　导　者	管　理　者
工作的目的	做正确的事情	正确地做事情
与现状的关系	挑战现状	接受现状
思考的问题	做什么、为什么做	怎么做、何时做
行为特征	远见的，积极的，创造性的，灵活性，鼓舞的，创新的，大胆的，富有想象力的，勇于试验的，引起变化	理性的，折中的，保守的，问题解决型，固执已见，分析式的，条框的，顾虑重重的，权威的，稳定的

三、领导的权力

（一）权力的类型

领导的核心在于权力，因而它成为判断领导的基本标准。根据约翰·弗伦奇（John French）和伯特伦·雷文（Bertram Raven）的研究成果，权力主要有五种来源。

1. 法定权力

法定权力是由组织或团体正式授予给个人的法定地位，因而它是由个人在组织中的职位决定的。因此，一旦得到了正式任命，个人就具有了合法的权力。而组织内各级管理者所具有的正式权力主要就是法定权力，它影响到人们对于职位权力的接受和认可。没有合法权力为基础，强制权力和奖赏权力都不能够被证实，职位的权威性也会受到挑战。同时，要承担多大的责任，就应该有多大的权力。

另一方面，员工拥有宪法、劳动法、合同法和工会法等法律和规章制度赋予的法定权力。他们可以凭借这种权力，有效地影响和抵制管理者的领导行为，捍卫自己的合法权利。比如，管理者对下属的绩效考核评价比较差，员工可以提出申诉甚至诉诸法律，维护自身的合法权利。

2. 奖赏权力

奖赏权力是指个人控制着别人所重视的资源而对其施加影响的能力。管理者可以利用奖赏的方式来吸引下属，让其愿意服从自己的意志、听从自己的指挥。比如，上级在其职权范围内可以决定或影响下级的薪水、晋升、提拔、奖金、表扬或分配任务、职位，或给予下属所希望得到的物质资源或精神上的安抚、亲近、信任、友谊、支持，从而有效地影响他人的态度和行为。

奖赏权力的效果取决于管理者必须确切了解对方的真实需要,只有针对有真实需求欲望的奖赏,才能起到积极的激励作用。它使下属认识到,完成一定的任务,会带来一定的物质与精神奖励。同时,被领导者也拥有某种奖赏权力,可以对领导行为产生有效的影响。

3. 强制权力

强制权力是一种对下属精神上或物质上进行威胁、处罚甚至剥夺而影响他人的强迫性权力。比如,批评、罚款、降职、撤职、除名、辞退、开除、起诉等,或者调离到偏远、劳苦的岗位上。强制权力是一种惩罚性的权力,是建立在人们对惩罚和失去既得利益的惧怕基础之上的。下属如果不服从领导,那么管理者就可以惩罚、处分、批评下属。为了维护组织的秩序与纪律,保证生产运营活动的顺利开展,管理者必须拥有强制权力。比如,管理者可以批评、处罚甚至解雇犯错误的员工,因而员工就会非常在乎领导者的意见。但是,强制权力是奖赏权力的对立物,管理者决不能滥用它,否则容易导致专制与腐败,引发严重的矛盾与冲突。例如,下属在合法范围内拥有消极怠工、抗议、上访、静坐、游行、示威、罢工等权力,以对管理者的不当行为进行惩罚,甚至伴随着暴力事件。

4. 专长权力

专长权力是指个人在某一领域所特有的知识、技能与专长而影响他人的权力。在劳动高度分工的社会里,专业化越来越强,技术对生产、生活产生日益严重的影响,专门的知识技能已经成为权力的主要来源之一。

5. 感召权力

感召权力是指领导者具有良好的思想品质、个性、作风和道德而引起人们的认同、赞赏、钦佩、羡慕,因而自愿追随、服从与接受其影响。比如,坦荡无私、刚正不阿、主持正义、清正廉洁、思路敏捷、开拓创新、不畏艰难、助人为乐、察纳雅言等模范行为,都会吸引大批追随者,形成巨大的影响力。

感召权力的大小与职位高低无关,只取决于个人的行为,依靠个人魅力来影响下属。不过,职位高低对模范行为具有一种放大的乘数效应。比如,对普通人来说很平常的行为,但是对某些高层领导者就会变成非常感人的模范行为,产生巨大的影响力。

(二) 领导的权力构成

领导的权力构成包括正式权力和非正式权力两个方面的内容。正式权力主要表现为法定权力、奖赏权力和强制权力;而非正式权力则主要表现为专长权力和感召权力。一个优秀的领导者不仅要依靠正式的权力,而且更需要发挥其专长权和感召权,让下属发自内心地遵从上级的意愿。因此,组织中的各级领导者只有正确地理解领导权力的来源,精心地营造与善于运用这些权力,才能成为真正有效的领导者。同时,领导者必须正确处理好与追随者之间的关系,充分利用自身的优势,吸引下属到工作任务中去,进而提高工作效率。

表 13.3　领导的权力构成

	正式权力	非正式权力
目　　　标	完成任务	加强感情交流
形　　　式	法定权、奖赏权、强制权	专长权、感召权
影响因素	传统观念、职位、资历	品格、才能、知识、感情
作用效果	直接效果	间接效果

四、领导素质

作为一个领导者,必须具备一些基本的素质。我国从 20 世纪 80 年代开始,对领导者素质进行了一系列研究发现,通常优秀的领导者素质包括思想素质、知识素质、能力素质及身心素质四个方面的内容。

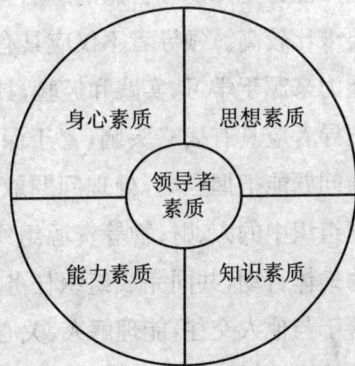

图 13.2　领导者素质结构图

(一) 思想素质

一名优秀的领导者,应该具备良好的思想素质和工作作风。思想素质的具体包括:
(1)要有理想、有干劲、有事业心、有责任感,勇于进取、积极拼搏,渴望在领导岗位上有所成就。(2)要有正确的思想作风,一心为公,不谋私利,能上能下,谦虚谨慎,戒骄戒躁,有自知之明。(3)要有良好的生活作风,不搞特殊化,品行端正,艰苦朴素,模范遵守规章制度和社会道德规范;(4)要有正确的工作作风,善于集中正确意见,不拉帮结派,工作细致深入,讲究方式方法。(5)要有较高的情商,善于团结他人,平等待人,和蔼可亲,不计较个人恩怨,关心员工切身利益,对待员工一视同仁。

(二) 知识素质

领导者的主要工作是管理,因此要求领导者必须具有广博的知识。领导者应该具备一些共同的知识:

(1)对于一般的社会科学、自然科学各方面的知识,都要有所了解,具备较广的知识面。(2)对管理科学各方面的知识要比较精通,具备驾驭现代企业的技能。具体包括:懂得管理的基本原理、方法和各项专业管理的基本知识,了解统计学、会计学、经济法、财务金融和贸易等方面的知识。(3)懂得业务和科学技术知识,掌握本行业的科研和技术发展方向,本组织产品的结构原理、熟悉产品的性能和用途。(4)懂得政治思想工作、心理学、人才学、行为科学、社会学、行政管理、科技管理、领导科学等方面的知识,以便做好思想工作,激发员工的士气,协调好人与人之间的关系,充分调动员工的积极性。(5)掌握计算机的基础知识,能熟练应用计算机、信息管理系统和网络,及时了解和处理有关最新信息。(6)对于社会生活方面的实际知识也要比较熟悉,要有丰富的生活经验和工作经验,具备处理复杂社会问题的能力。

(三)能力素质

能力是知识和智慧的综合体现。领导是一种综合实践活动,对于能力素质的要求比较高。领导者不仅应具有一定的业务知识,而且还要有比较高的业务能力。能力来源于学习、实践和经验,具体包括以下几个方面:(1)分析、判断和概括能力。领导者应具有战略头脑,善于深谋远虑,运筹全局。(2)筹划和决策能力。针对复杂问题能把握全局,处理问题敢于作出决断。(3)组织、指挥和控制的能力。擅长把组织中的人、财、物等资源组织起来,运用组织的力量,形成配合默契、协调一致的集体行动,共同完成组织任务,实现组织目标。(4)沟通、协调各种关系的能力。善于与他人交往,能理解人、关心人,善于倾听各方面的意见。(5)不断探索和创新的能力。领导者能面对变化的环境,及时提出新观念、新方案和新办法。(6)灵活应变的能力。在复杂多变的环境中,领导者能审时度势、沉着冷静地处理所遇到的新问题。(7)知人善任的能力。领导者要重视人才的发现、培养、提拔和使用,知其所长,委以适当工作。

(四)身心素质

领导者的工作任务和对象比较复杂,要有健康的身体、良好的心理状态,始终保持精力充沛,满足繁忙工作的需要。其中,身心素质中心理素质是核心,是形成独特领导风格的决定性因素,也是选择领导者的重要标准。心理素质包括追求、意志、情感和风度等。其中,追求是人的志向,是理想、信念和价值观等行为和动机的指向。意志是指人克服困难的勇气和坚持不懈的精神。情感与性格有关,领导者的性格和情感互相影响、互相感染,在一定程度上决定了领导者的工作气氛、人际关系和群体氛围。此外,领导者应该具有宽容大度、高瞻远瞩、临危不惧、光明磊落、机智幽默的风度,从而增加个人的人格魅力。

第二节　领导特质理论

20世纪40年代,领导特质理论开始出现,其核心观点是:领导能力是天生的。从20世纪40年代末到60年代末,研究者开始关注领导行为理论,其核心观点是:领导效能与领导行为、领导风格有关。从20世纪60年代末至80年代初,出现了领导的权变理论,其核心观点是:有效的领导受不同情景的影响。从20世纪80年代初至今,出现了大量领导风格理论的研究,其主要观点是:有效的领导需要提供愿景、鼓舞和注重行动。

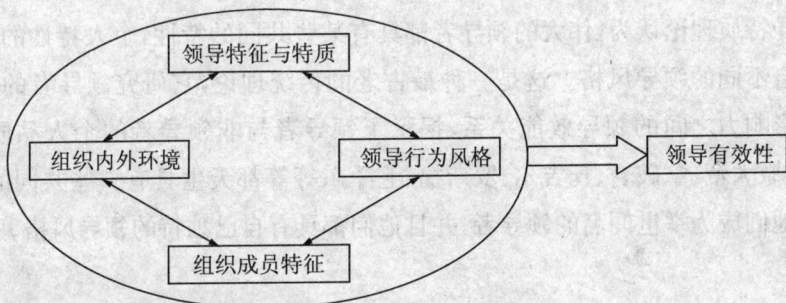

图13.3　领导力的演变结构

而领导特质理论主要研究领导者的个人特性对领导绩效的影响的理论。它的基本假定是:领导者拥有特殊的个人特质(性格、素质、品质和能力等),使得他们区别于非领导者,并且能够成为成功的领导者。领导特质理论是起源于较早的领导理论,先后经历了传统领导特质理论、现代领导特质理论和当代领导特质理论等几个阶段。

一、传统领导特质理论

传统领导特质理论的系统研究开始于20世纪初,许多学者对领导特质进行了大量深入的研究,得出了许多不同的结论。领导特质理论的创始人阿尔波特及其同事们曾经分析过 17 953 个用来描写人的特点的形容词。1920 年,贝尔德举出 20 份不同的领导特质表,认为是成功的领导者必须具备的个人特质。20 世纪 20—30 年代,有关领导特质的研究所关注的内容主要有体型、外貌、社会阶层、情绪稳定性、语言能力和社交能力等。根据有关统计资料,自 1940 年至 1947 年就有 124 项相关研究涉及领导特质理论。

1949 年,亨利在调查研究的基础上指出,成功的领导者应具备 12 种特质:(1)成就需要强烈;(2)工作积极努力;(3)尊重上级;(4)组织能力和预测能力强;(5)决断力强;(6)自信心强;(7)思维敏捷;(8)富有进取精神;(9)讲求实际,不空谈未来;(10)忠于职守,尽心尽力;(11)独立性强,不过分依赖别人或家人;(12)同上级较为亲近,而同下级保持一定的距离。

1954 年,吉伯指出,天才的领导者具有 7 项特质:(1)智力过人;(2)英俊潇洒;(3)能言善辩;(4)心理健康;(5)外向而敏感;(6)具有自信心;(7)有支配他人的倾向。

领导特质理论认为,伟大的领导者都具有某些共同的特性,个人特性的差异形成了各自不同的领导风格。这是一种最古老的传统理论,它研究领导者的心理特质与其影响力之间的领导效能关系,揭示了领导者与非领导者的个人品质差别。例如,恺撒大帝、拿破仑、丘吉尔、罗斯福、毛泽东等等都天生具有一些共同的特性,从而使他们成为举世闻名的领导者,并且他们都具有自己独特的领导风格。

二、现代领导特质理论

20 世纪 70 年代以后,领导特质理论出现了一些新的观点,并且逐步形成了现代领导特质理论。这些观点认为,虽然领导者确实具有某些共同的特性,但是领导者的特性并非与生俱来的,既可以在领导实践中形成,也可以在后天经过训练和培养的方式逐步形成。因此,现代领导特质的研究一般从两个方面入手:(1)采用心理测量法对领导者的气质、性格和行为习惯等进行测验,并通过心理咨询给予矫正或治疗;(2)根据现代组织的基本要求提出评价领导者特质的标准,并通过专门的方法训练、培养有关的领导特质。

（一）现代领导特质的新观点

美国心理学家吉色利(E. E. Chiselli)在 1971 年的《管理才能探索》中,提出有效领导者应具有 8 种特质：(1)才智；(2)创新精神；(3)管理能力；(4)自信心；(5)合作能力；(6)决断能力；(7)兼备男性与女性优势；(8)高度成熟。

1974 年，美国俄亥俄州立大学的教授斯托格蒂尔(R. M. Stogdill)认为，领导特质应包括有良心、可靠、责任心强等 16 个方面。日本企业界认为，有效的领导者应具备使命感、责任感等 10 项品德和判断能力、创造能力等 10 项才能。美国管理协会在提出 7 项领导特质的调查研究基础上，又对在事业上取得成功的 1 800 多名管理人员进行了调查，发现成功的管理人员一般具有工作效率高、有主动进取精神等 20 种特质。

（二）基本的领导特质

有效的领导者具有努力进取、强烈的权力欲望、正直诚信、充满自信、追求知识与信息、不断开拓创新、善于处理人际关系等共同特性，如下表 13.4 所示。

表 13.4　领导者的七项特质

领导特质	含　　　义
努力进取	领导者非常努力，有着较高的成就愿望。他们进取心强、精力充沛，对自己所从事的活动坚持不懈、永不放弃，并有高度的主动性
强烈的权力欲望	领导者有强烈的愿望去影响和统帅别人，他们乐于承担责任
正直与诚实	领导者通过真诚无欺和言行一致在他们与下属之间建立相互信赖的关系
充满自信	下属觉得领导者从没有怀疑过自己。为了不让下属怀疑自己的目标和决策的正确性，领导者必须表现出高度的自信
追求知识与信息	领导者需要具备不断的学习精神，拥有足够的智慧来收集、整理和解释大量信息，并能够确立目标、解决问题和作出正确决策
不断开拓创新	有效的领导者对有关组织、行业和技术的知识十分熟悉，广博的知识能使他们作出睿智的决策，并能认识到这些决策的意义
善于处理人际关系	处理人际关系是领导者具备的基本特质。领导需要能够在复杂的人际关系环境中获得更多下属的信任与支持，团结下属共同努力实现组织目标

（三）领导特质与领导有效性之间的关系

领导特质与领导有效性之间关系的强度，往往与情境的相对强度呈负相关关系。在变化的环境中，领导特质与领导的有效性存在着更为密切的关系。今天的组织环境大多变化不定，组织的变革需要不断提速，领导者往往面对着不熟悉甚至陌生的情境。因此，领导特质在管理行为中将发挥日益重要的作用。如果组织能准确地识别领导特质，通过多轮选拔具备领导者特质的人员，他们就能更加胜任领导岗位的要求,为组织的运行提高效率。同时,在变化的环境中,具备领导特质的人更可能带领组织成员完成任务,实现组织目标。

（四）领导特质理论的局限性

领导特质理论对领导理论的进一步发展,以及领导者的选拔与培养等实践活动作出了重要贡献。但是,无论是传统的还是现代的领导特质理论都存在着一些局限性。

领导特质理论的局限性主要包括:

（1）领导特质的研究存在争议,不仅各研究结果之间的相关性不大,而且还存在着一些矛盾。随着研究的深入进行,被当做领导特质的内容越来越多,而且还有不断增多的趋势,从而导致了理论上的争执与混乱。

（2）领导特质理论难以将领导者和非领导者,以及有效的领导者和平庸的领导者区分开来。进一步研究发现,他们只存在量的差别,并不存在质的差异。

（3）大量的实例研究发现,仅仅依靠领导特质并不能充分解释领导者的成功与否,一些有效的领导者并不具备特质理论所列举的各种特质,甚至某些拥有特质的领导者反而没有能够有效地履行领导的职责。

（4）领导特质与领导的有效性之间的关系,还受到领导者所处的情景因素的制约。

（5）没有研究在什么情况下哪种领导特质更加重要,它们之间存在什么样的相对重要关系。

三、当代领导特质理论

当代领导特质理论以一种更加简洁的综合特质反映当代管理对领导者的要求,其主要的代表性理论是魅力型领导特质理论。魅力型领导特质理论产生于20世纪70年代后期,主要研究魅力型与非魅力型领导者之间的特质差异及其对下属影响的差异,以及领导魅力特质的培养等问题。德国社会学大师、官僚组织理论创始人马克斯·韦伯认为,魅力是存在于个体身上的一种品质,它超出了普通人的品质标准,因而会被认为是超自然所赐,具有超凡的力量,或者至少是一种与众不同的力量与品质。

魅力型领导者是指能对下属产生不同寻常影响的领导者,领导者的人格魅力与下属的高绩效和高满意度之间有着显著的相关性。魅力型领导者通常具有的特

质和影响:

(1)能够清晰地描述宏伟前景,它将组织的现状与更美好的未来联系在一起,使下属对组织的发展有一种连续的认识,并树立坚定的信念。

(2)善于调动下属的潜能,向下属传达高绩效的期望,并对下属达到这些期望表现出充分的信心,以便提高下属的自尊和自信水平,调动下属的情绪,并开发出他们的潜能。

(3)树立新的价值观体系,能够树立一种有利于组织发展的新价值观体系,通过言语和活动传达这种价值观,并以自己的行动为下属设立效仿的榜样。

(4)具有非常的行为,不循规蹈矩,具有远见卓识,充满自信,敢于做出自我牺牲和反传统的行为,以表明他们的勇气和对未来前景的坚定信念。

(5)具有非凡的感染力量,总是保持乐观的态度,不怕困难与风险,善于用激情作为催化剂激发他人的热情,运用整个身体而不仅仅是言语进行沟通,具有化繁为简的高超的表达能力。

魅力型领导者能够有效地激励员工,调动他们的积极性,使他们付出更多的努力。但如果魅力型领导者过分强调自己的个人需要高于组织利益,要求下属绝对服从自己,或者利用其高超的说服能力误导、操纵下属,则可能产生不良的后果,导致下属的反感以至背叛。

第三节　领导行为理论

领导特质理论主要研究了成功的领导者应该是什么样的人。可是,面对研究结果的不足与现实环境的复杂性,研究者又开始关注"成功的领导者应该怎么做"这个问题。因而,就产生了领导行为特征的理论。

领导行为理论主要研究领导者的行为特点与绩效之间的关系,并试图寻找最有效的领导风格。因为领导行为往往更容易被度量、被观察,而领导特质、价值观、智力必须通过行为、测试等手段才能推断出来,所以,领导行为的作用效果更直接。同时,与关于人格、智力的判断不同,大多数领导者对其行为方面的判断较少存在戒备心理,可操作性更强。

目前,领导行为理论主要包括:勒温的三分法理论、领导连续统一体理论、利克特的四种管理方式、四分图理论以及管理方格理论。

一、勒温的三分法理论

美国心理学家库尔特·勒温(Kurt Lewin)、罗夫·怀特(Ralph K. White)和罗纳德·李皮特(Ronald Lipper)等人于 1939 年通过试验研究不同领导方式对下属群体行为的影响,提出了领导方式三分理论。他们把领导行为分成:专制型领导、民主型领导和放任型领导等三种领导模式,其特征如下表 13.5 所示。

表 13.5   三种领导行为的特征比较

领导方式 比较内容	专制型领导	民主型领导	放任型领导
权力分配	权力集中于领导者个人手中	权力在群体成员之中,也有适当的集中	权力分散在每个成员手中,放任自流的方式
决策方式	领导者独断专行,所有决策都由自己作出,不重视下属意见	重视下属意见,群体成员参与决策,通过集体讨论作出决定,领导者只起到指导者或主持人的作用	群体成员具有完全的决策自主权,领导者几乎不参与
关注重心	只关注工作绩效,不关心员工	既关心工作绩效,又关心员工的需要	对工作绩效和员工的需要都不重视,无规章、无要求
管理下属的方式	领导者对工作步骤、方法、人员调配与分工等加以具体干预,不让下属知道工作的全过程和最终目标	成员有机会选择工作步骤、方法和共事者,任务分工也由群体协商决定,让下属了解全过程和目标,领导者给予鼓励、指导和协助	采取无政府主义领导方式,成员各行其是,领导者只布置任务,为成员提供必要的信息和物质条件,被动地解答成员提出的问题
影响力	领导者以权力和地位等因素强制性地影响下属	领导者以自己的能力和人格魅力影响成员,员工愿意听从他的指挥和领导	领导者缺乏影响力
与员工的关系	领导者与员工很少接触,相互之间的社会心理距离和隔阂较大,被领导者对领导者存在戒心和敌意	营造一种民主与平等的氛围,领导者与员工之间的社会心理距离较近,成员的工作满意度较高	领导者游离于群体成员之外,双方关系生疏

比较内容 \ 领导方式	专制型领导	民主型领导	放任型领导
员工的工作态度	员工只是被动、盲目和消极地遵守制度、执行指令,容易产生挫折感和机械化行为倾向	群体成员工作主动性和责任心较强,工作积极性和效率较高	非工作性质的活动很多,工作效率低下
对员工的评价与反馈	根据领导者的个人情感对员工进行工作评价,采用惩罚的方式反馈评价信息	根据客观事实对员工进行评价,并通过反馈评价信息来训练员工	不对员工的工作进行评价和反馈
群体成员之间的关系	群体成员之间缺乏合作与创新精神,而且易产生攻击性行为	领导者善于在成员之间进行调和,群体成员富有合作与创新精神	成员之间存在过多的与工作无关的争辩和讨论,人际关系淡薄,但很少发生冲突

综合而言,专制型领导、民主型领导、放任型领导这三种基本的领导方式各具特色,分别适用于不同的环境。领导者的行为是否有效,不仅取决于自身的领导风格,还要受到被领导者和周边环境因素的影响。领导者要根据所处的管理层次、担负的工作性质以及下属的特点,在不同的环境下针对不同特点的下属处理问题时,选择合适的领导方式。

二、领导的连续统一体理论

美国组织行为学家坦南鲍姆(R. Tannenbaum)和施米特(W. H. Schmidt)于1958年提出了领导的连续统一体理论。该理论认为,领导包含多种多样的作风,从以领导者为中心到以下属为中心的各种作风,民主与独裁仅仅是两个极端的情形。领导者既可以是独裁的,也可以是民主的,还可以是两者的某种形式的综合,具体采用哪种方式取决于组织环境。

领导行为的连续统一体从左到右,领导者运用职权逐渐减少,下属的自由度逐渐加大,从以工作为重逐渐转变为以关系为重。根据领导者把权力授予下属的程度不同、决策的方式不同,形成了一系列不同的领导方式:

(1) 领导者作出并宣布决策。领导者确认一个问题,考虑各种可行方案并从中选择一种,然后向下属宣布,以便让下属执行。下属没有参与决策的机会,领导者可能采用或暗示要采用强制手段,下属只有无条件地、不折不扣地执行决策。

以领导者为中心的领导方式　　　　　　　以下属为中心的领导方式

领导者自己作出决策并宣布决策	领导者向下属说明决策（即推销决策）	领导者发表意见决策并征求有无疑问	领导者提出决策草案供下属人员讨论并修改意见	领导者提出问题，征求意见，最后再作出决策	领导者提出限制条件要求，集体共同决策	领导者允许下属在职权范围内自由行动

权威的来源　　领导者运用的职权　　　　下级享有的自由度　　权威的来源

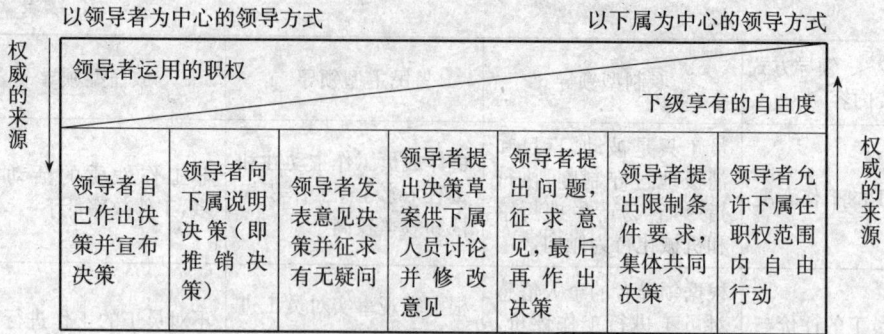

图 13.4　领导的连续统一体理论

（2）领导者"推销"决策。领导者确认问题并作出决策，但他不是简单地宣布决策，而是要说服下属接受这个决策。领导者对自己的决策坚信不疑，无意去修改、调整自己的决策，意识到下属中可能有某些反对意见，所关心的是如何让下属了解其中的战略思想，更好地贯彻执行。

（3）领导提出计划、作出决策并允许下属提问题。领导者确定了大的方针、目标后，在一些局部问题和细节上可以听取下属的建议，并适当地进行调整。下属可以更好地了解领导者的计划和意图，明白决策的意义和影响。

（4）领导提出可以修改的暂定计划。领导首先对问题进行思考，并提出一个方案，然后提交有关人员讨论，广泛听取意见后再作决策，但决策权仍然掌握在领导者的手中。

（5）领导提出问题，征求意见，然后作出决策。领导者先不提任何方案，以免限制下属，下属根据领导所提的问题，提出各种解决的方案，领导从中选择较满意的方案，再运用自己的优势加以完善。

（6）领导明确一定的范围，让下属集体作出决策。领导主要解释问题，规定问题的界限，如何解决则由下属集体讨论、修改并表决通过。

（7）领导允许下属在规定的范围内行使职权。下属拥有较大的自由度，领导只对界限作出规定，下属集体负责确认和分析问题，制定解决问题的各种可供选择的方案，并决定从中选择一种方案。

影响领导者选择领导方式的三个主要因素：一是领导者的因素。比如，领导者的价值观念体系、对下属的信任程度、在领导方式上的倾向、在不确定情景中的安全感等个性因素都起着重要作用。二是被领导者的因素。比如，下属对独立性的需要程度、下属承担决策责任的意愿、下属是否期望有较大的自由、下属对问题的兴趣、下属对问题的重要性认识、下属的知识和经验等。三是情景因素。比如,组织的价值准则和传统、组织的类型、团体的效率、团体本身的性质、时间的紧迫性等。

领导的连续统一体理论从权力的来源和应用、下属参与决策的程度,可以划分出多种领导行为,这是值得肯定的成果。但是,其局限之处在于:将独裁与以工作为重,将民主与以关系为重联系在一起并等同起来;将工作为重与关系为重,将领导的职权与下属的自由度互相对立起来,而仅从领导的决策过程、下属的参与程度来划分领导方式。

三、利克特的二维领导理论

美国密歇根大学调查研究中心,特别是其成员伦西斯、利克特从 20 世纪 40 年代就开始了对领导问题的研究,试图比较群体效率如何随领导者行为的变化而变化。通过对许多领导者和其下属人员的访问调查,研究者发现领导者的行为基本上有生产导向与员工导向等两个变量。

其一,以生产为导向的领导方式。生产导向型领导者关心工作的过程和结果,往往利用自己合法的报酬决定权和强制权,密切地注视和掌握着下属工作的进度以及在工作中的表现,以便获得良好的绩效、满意的工作期限和工作结果,其领导风格相当于关心工作任务变量。

其二,以员工为导向的领导方式。员工导向型领导者对员工的生活、晋级和职业生涯很关心,有意识地培养与高绩效的工作群体相关的人文因素,重视人际关系。

利克特认为,生产导向型与员工导向型这两种领导方式是相互对立的。一个领导者不是以工作为导向就是以职工为导向。研究表明:以员工为导向的领导要比以生产为导向的领导效果更好。在员工导向型的组织中,员工的满意度高,离职率和缺勤率都比较低。而在生产导向型组织中,产出数量虽然不低,但是员工的满意度低,离职率和缺勤率都比较高。

四、弗莱西的四分图领导理论

20 世纪 40 年代末期,美国俄亥俄州立大学的研究者弗莱西(E. A. Fleishman)

和他的同事们开始研究领导行为的独立维度,收集了大量下属对领导行为的描述,开始列出了1 000多个因素,最后归纳出关怀维度和定规维度两大类,并提出了领导行为的四分图理论。

（一）领导行为的维度

1. 关怀维度

关怀维度指的是领导尊重和关心下属的看法与情感,更愿意与其建立相互信任的工作关系。因而,领导者注重与下属之间的友谊、相互信任、尊重下级的意见,关心他们的需求,分担他们的忧愁,鼓励下属与他们交谈,对待所有下属一视同仁,帮助下属解决私事等。

2. 定规维度

定规维度指的是领导更愿意界定和建构自己与下属的角色,以达成组织目标。因而,领导者注重工作的组织、计划和目标,规定成员的工作职责和关系,建立明确的组织形态、信息沟通渠道及工作程序方法,要求群体成员遵守标准的规章制度,强调工作的最后期限。

低定规 高关怀	高定规 高关怀
低定规 低关怀	高定规 低关怀

高 ← 关怀 → 低　　低 ← 定规 → 高

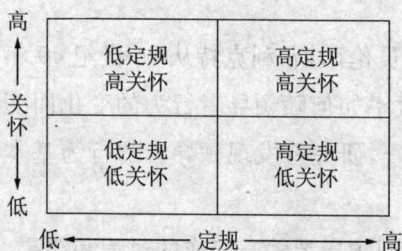

图 13.5　领导行为四分图理论

（二）四种领导方式

按照关怀和定规领导行为的不同程度,分别对这两类变量取高值和低值,就形成了四种领导行为风格。

1. 任务导向型——命令式领导

命令式领导风格很注重工作任务的完成,严格执行规章制度,注重建立良好的工作秩序和责任制。领导者经常给下属下达指示和命令,下属的权力和自主性很小。同时,领导者不注意关心爱护下属,与下属很少交流,并且与下属关系也不融洽。因此,命令式领导是一种比较严厉的领导风格和方式,最关心的是工作任务,它奉行 X 理论作为指导依据。

2. 关系导向型——参与式领导

参与式领导风格很注意关心和爱护下属,经常与下属交流信息和思想,领导者与下属感情融洽,领导者与下属之间具有良好的合作,经常共同讨论问题,共同作出决策,重视相互信任和相互尊重的气氛。但是,这种领导风格的组织内规章制度不严,工作秩序不好。它是一种比较仁慈的领导者所奉行的领导风格,以 Y 理论为指导依据。

表 13.6　任务导向型和关系导向型领导风格比较

	任务导向型	关系导向型
行为理论	X 理论	Y 理论
行为指导	关注工作任务和绩效,不关注人际关系	关注人际关系、员工的感情和满意度,不关注工作任务
行为目的	确保高水平的组织绩效	确保组织成员默契工作和群体的社会稳定性
行为作用	直接实现组织目标	间接实现组织目标
行为方式	经常指示或下达命令 对工作要求严格 明确任务的期限 制定精确的计划 尽量让员工达到工作极限 杜绝员工的不适当的工作方法 制定严格的检查制度 要求下属递交工作进程报告	与下属自由谈论工作,共同决策 信任 支持员工工作 公正对待员工 对员工的出色工作给予认可 处理发生的问题时,会征求下属意见 关心员工的长期发展 关心员工的个人问题

3. 双高导向型——说服式领导

说服式领导风格对工作、对员工都比较关心,注意严格执行规章制度,建立良好的工作秩序和责任制,同时注意关心和爱护下属,经常与下属交流信息、沟通思想,调动组织成员的积极性,通过说服、指导和培养来促进工作质量,促进组织绩效的提高。领导者在下属心目中的形象既可敬又可亲。因此,这是一种高效成功的领导风格和方式,能够产生比较积极的效果。

4. 双低导向型——授权式领导

授权式领导风格对组织工作、对员工都不关心,不注意关心和爱护下属,与下属很少交流,并且关系也不太融洽,也不注意执行规章制度,完全放权。一般情况下,这是一种不负责的领导风格和方式,将会带来工作的无序和效率低下。

究竟哪种领导行为效果比较好,结论并不肯定。例如,有的研究认为在生产部门中,效率与组织之间的关系成正比,而与关心员工的关系成反比;在非生产部门中则恰好相反。一般而言,高定规与低关怀组合会带来更多的旷工、事故、怨言和离职,员工的满意水平比较低。

五、管理方格理论

美国得克萨斯大学的行为科学家罗伯特·R.布莱克(Robert R. Blake)和简·S.莫顿(Jane S. Mouton)教授共同发展了领导风格的二维度观点,于 1964 年提出了"管理方格理论"。

管理方格是一张对等分的方格图,横坐标表示管理者对生产的关心,纵坐标表示管理者对员工的关心,在横向和纵向两个维度坐标上分别划出 9 个等级,从而形成 81 种不同的领导类型。在评价管理者的工作时,就按其两方面的行为,在图上找出交叉点。这个交叉点便是对应的类型。

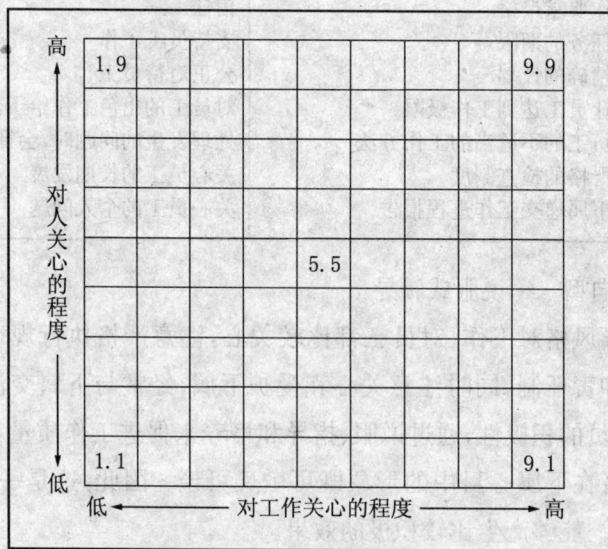

图 13.6　管理方格理论

布莱克和莫顿在提出管理方格理论时,主要列举了五种代表性的管理方式:

(一)"1.1 型管理"——贫乏型

采取这种领导方式的领导者希望以最低限度的努力来完成必须做的工作,对职工和生产均漠不关心,是一种不称职的领导。

(二)"1.9 型管理"——俱乐部型

领导者只注意搞好人际关系,支持和关怀下属的发展与士气,创造一个舒适、友好的工作环境,不太注重工作效率,这是一种轻松的领导方式。

（三）"9.1型管理"——任务型

领导者只注重工作任务的完成，很少关心下属的成长和士气，是一个只关心生产不关心人的领导者。

（四）"9.9型管理"——团队型（或战斗集体型）

领导者对员工和生产都极为关心，努力协调好各项活动，通过协调和综合与工作相关的活动而提高任务效率与工作士气，是一种协调配合的领导方式。

（五）"5.5型管理"——中庸之道型

领导者对员工和生产的关心度能够保持平衡，维持足够的任务效率和令人满意的士气。

布莱克和莫顿认为，"9.9型管理"是最理想、最有效的领导方式，应当成为领导者努力的方向。但是，这种领导方式一般是很难做到的。其次是"9.1型管理"，再次是"5.5型管理"和"1.9型管理"，而"1.1型管理"最差。每位领导者追求的目标都是走向"9.9型管理"。对此，布莱克和莫顿提出要对领导者进行培训，并提出了相应的培训计划，以推动他们向"9.9型"发展。这个培训计划的特点是：(1)由主管这一工作的领导，而不是学者或顾问来主持这一训练计划；(2)应用上述管理方格理论作为训练的理论基础；(3)面向全员培训，使各个管理层的领导者都得到培训，而不仅只是培训某个层次的领导。

培训计划的内容和步骤包括：(1)介绍管理方格理论；(2)应用上述理论对自己的领导方式作出分析和评价；(3)各个管理部门针对本身的特点，确定本部门"9.9型"领导方式的要求和特点；(4)重视人的因素方面的培训，例如，分析研究和解决各部门间存在的人际关系紧张的状况和冲突问题等；(5)关心生产方面的训练，例如，讨论和分析领导者应怎样确定计划目标，并研究如何实现这一目标；(6)回到实际工作中去巩固训练中所得到的进步，并对整个训练计划作出评价和总结。

第四节　领导情景理论

领导情景理论主要探讨领导方式与领导者特征、追随者特征和环境之间的函数。领导情景理论的数学表达式为：

$$S = f(L, F, E) \tag{13.1}$$

式(13.1)中,S 代表领导方式,L 代表领导者的特征,F 代表追随者的特征,E 代表情景。

(1) 领导者。

领导者的特征主要指领导者的个人品质、价值观和工作经历。如果一个领导者决断力很强,并且信奉 X 理论,就很可能采取专制型的领导方式;反之,他会采取相对民主的领导方式。

(2) 追随者。

追随者的特征主要指追随者的个人品质、工作能力、价值观等。如果一个追随者的独立性较强,工作水平较高,那么采取民主型或放任型的领导方式比较适合。

追随者是领导方程式中的关键要素,但并非每个人都能意识到追随者的作用。然而,追随者的预期、人格特质、成熟度、任职能力、激励水平以及工作动机也会影响到领导过程。与仅仅受到物质激励的追随者相比,当追随者认可领导者的愿景和价值观,赞同很好地完成工作能带来内在报酬时,更有可能取得理想的工作效果。

(3) 情景。

情景主要指工作特性、组织特征、社会状况、文化影响、心理因素等等。工作具有创造性还是简单重复,组织的规章制度比较严密还是宽松,社会风气倾向于追随服从还是推崇个人能力等,都对领导方式产生了强烈的影响。

在领导情景理论中,代表理论主要包括菲德勒的权变理论、领导生命周期理论以及路径—目标理论等。

一、菲德勒权变理论

美国学者弗雷德·菲德勒(Fred Fiedler)第一次把人格测量与情境分类联系起来研究领导效率,于 1967 年提出了自己的领导权变理论。他认为不存在一种"普适"的领导方式,领导工作强烈地受到领导者所处的客观环境的影响。其主要内容是:领导的有效性取决于领导行为与环境的协调;任何领导都可能有效,其关键是要与特定的环境相适应。

(一)领导者类型

菲德勒将领导者分成两种类型:以工作取向型和以人际关系取向型。为了确定领导行为风格,菲德勒开发出了一种叫做最难共事者问卷(least preferred coworker questionnaire,LPC)的量表工具,以此测量一个人是工作取向还是关系取向的领导风格。

(二)环境因素

菲德勒认为,主要有三个环境变量影响着领导的效能。

(1)领导者与组织成员的上下级关系。当领导者与组织成员关系融洽并能得到组织成员的信任、尊敬、忠诚与支持时,领导者所处的环境最为有利,因为领导者对群体的影响控制度较高。

(2)员工的工作任务结构。即工作任务程序化、规范化的程度。当一项工作任务的结构较为严谨时,任务的目的、方法和绩效标准比较清楚,领导环境最有利。反而,工作任务含义模糊不清会带来一种不确定性,从而降低了领导者对情景的控制程度。

(3)领导者的职权。即领导者在聘用、解雇、训练、提拔、调薪等人事方面的影响力大小。领导者相应的职权越大,其对组织成员的控制就越强,所处的领导环境就越有利。

将以上三个变量用好坏、高低或强弱两个水平值来评价,那么三个环境变量的不同程度可以组成八种不同的环境情形。其中,前面三种属于较好的环境,后面两种属于不利的环境,其余情形则为中等环境。

表 13.7　菲德勒模型

情景类型	I	II	III	IV	V	VI	VII	VIII
领导者与组织成员的关系	好	好	好	好	差	差	差	差
任务结构	高	高	低	低	高	高	低	低
职位权力	强	弱	强	弱	强	弱	强	弱
环境	有利				中等		不利	
有效的领导方式	任务取向	任务取向	任务取向	关系取向	关系取向	关系取向	任务取向	任务取向

(三)有效领导模式

一般来说,在环境很好或环境很差的条件下,工作取向的领导方式是最有效的。而在中等环境条件下,关系取向型的领导是最可取的。其原因是:首先,在最差的环境条件下,迫切需要指导性强的领导者,同时这种类型的领导者在很好的环境下也很容易处于主动地位,从而提高领导效能;其次,在中等环境条件下,关系取向型的领导者注重改善与组织成员的关系,调动大家的工作积极性,因而领导效能比较高。

（四）环境与领导者的选择

菲德勒认为,每个人的领导风格都是固定的,其 LPC 分数也是固定不变的。不过,有两种途径可以提高领导风格:改变环境因素或更换领导者。因为一个领导者的行为风格不可能轻易地被调整以适应环境。例如,通过重新建构任务或改变领导者可控制的权力(如加薪、晋职以及训导活动等)。

（五）对菲德勒权变理论的评价

菲德勒权变理论主要有以下三个方面的作用:

（1）将复杂的环境因素概括为领导者与被领导者之间的关系、员工的任务结构和领导者的职位权力三方面内容,从而为领导者指明了改善环境条件的方向。

（2）具体分析了环境结构因素的八种组合关系,为领导者指明了在不同情况下应采取的领导方式。

（3）为选拔领导者提供了有益的参考。菲德勒权变领导模型要求一个组织应按照所处的领导环境选择适当的领导者,不仅要考察其以前的工作绩效,还要参考其领导方式同组织现在的领导环境是否匹配。

二、领导生命周期理论

科曼（A. Korman）于 1966 年首先提出领导生命周期理论,保罗·赫塞（Paul Hersey）和肯尼斯·布兰查德（Kenneth Blanchard）再加以发展与完善,他们把下属的成熟度补充为领导行为成功的关键因素。该理论认为成功的领导取决于下属的成熟度,因此,应根据下属的成熟度水平来选择正确的领导风格。

（一）下属的成熟度

成熟度（Maturity）是指个体对自己的直接行为负责任的能力和意愿,包括工作成熟度和心理成熟度两项要素。工作成熟度指下属完成任务时的相关技能和技术知识水平。工作成熟度高的下属拥有足够的知识、能力和经验完成他们的工作任务,而不需要别人的指导。而心理成熟度是指下属的自信心和自尊心。心理成熟度高的个体不需要太多的外部鼓励,他们做某事的意愿和动机强烈,依靠内部动机进行激励。因此,高成熟度的下属既有能力又有信心做好某项工作。

下属由不成熟转变为成熟需要经历四个阶段:

第一阶段(M_1),对执行某项任务既无能力又不情愿,既不胜任工作又不能被信任。

第二阶段(M_2),缺乏能力,但是愿意从事必要的工作任务;有积极性,但缺乏足够的技能。

第三阶段(M_3),有能力,但不愿意做领导希望他去做的事情。

第四阶段(M_4),既有能力,又愿意做领导让他做的事情。

这四个连续的阶段实际反映了一个下属从不成熟到成熟的成长过程。当下属刚刚接触陌生的工作时,他们往往处于一种无所适从的消极状态。然后,当他们对工作的性质和基本内容比较了解之后,就会产生一种很快适应和胜任工作的愿望。同时,会积极主动地学习提高,增强自己的技能。一旦下属在长期的工作中获得了能力与经验,就拥有了一定的社会资本,有可能会提出一些有利于自己职业发展的要求,寻求广泛的参与机会,使自己的价值得到组织与上级的肯定。否则,如果这些愿望得不到满足,就会深深陷入一种挫折感之中。当然,如果这些愿望得到满足,就会更加主动地努力工作。另外,下属在获得了能力以后,会产生更高的要求,希望独立决策和行动,并试图控制局面。

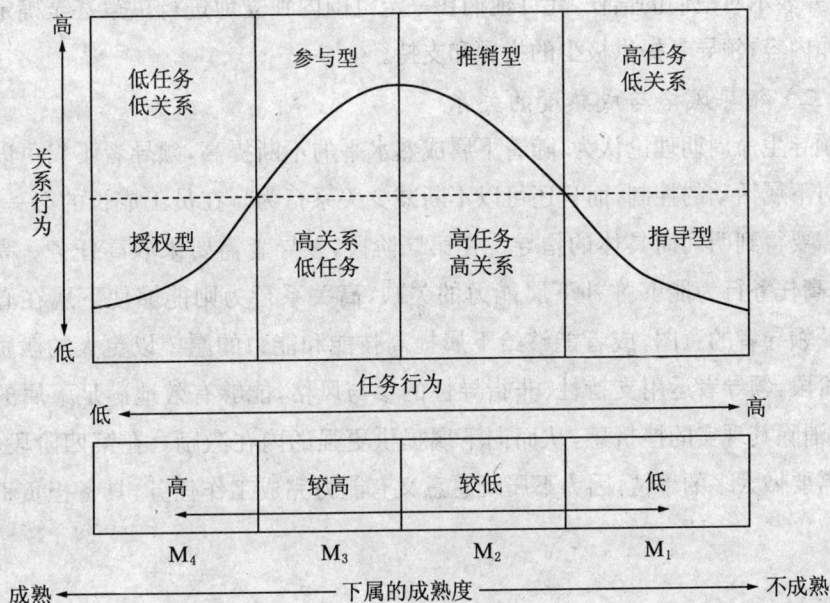

图 13.7 领导生命周期理论

（二）领导风格的类型

领导生命周期理论从任务行为和关系行为这两个维度展开，并且将每种维度进行了细化，从而组合成四种具体的领导方式。

（1）指导型（telling，高任务—低关系）。领导者指定所有的决策，为下属确定角色，告诉下属应该干什么、怎样干以及何时何地去做。

（2）推销型（selling，高任务—高关系）。领导者提供指导性的行为与支持性的行为，既作为一个指导者出现，又作为一个支持者出现。作为指导者，领导者制定决策，为下属确定角色，指导下属的行为；作为支持者，领导者对下属要求其力所能及的范围，愿意向下属解释自己的决策，公平、友好地对待下属并帮助其解决个人问题，在下属很好地完成任务时给予赞赏和表扬。

（3）参与型（participating，低任务—高关系）。这是一种民主式的领导风格。领导者允许下属讨论组织的政策，并鼓励他们参与重要的决策；不仅允许下属讨论现在的工作，而且允许他们讨论将来的工作；鼓励下属参与群体活动。因此，领导者的主要角色是提供便利的条件与沟通。一般而言，有效的员工参与可以减少人与人之间的敌意、挫折、攻击与悲哀，创造良好的群体感觉，提高员工的工作满意度和士气。

（4）授权型（delegating，低任务—低关系）。领导者为下属设立具有挑战性的目标，并表示对他们的信任，允许他们在一定范围内独立地进行决策甚至确定自己的工作内容；领导者提供极少的指导和支持。

（三）领导风格与成熟度的关系

领导生命周期理论认为，随着下属成熟水平的不断提高，领导者不仅可以不断减少对下属活动的控制，而且还可以不断减少关系行为。在员工成长的第一阶段，下属需要得到明确而具体的指导。在第二阶段，领导者需要采取高任务—高关系行为：高任务行为能够弥补下属能力的欠缺，高关系行为则能够使下属在心理上"领会"领导者的意图，或者能够给下属提高技能和能力的愿望以更大的激励。在第三阶段，领导者运用支持性、非指导性的参与风格，能够有效地满足下属的参与欲望，消除其现实的挫折感，从而向下属提供更强的内在激励。在第四阶段，领导者不需要做太多的事情，因为下属既愿意又有能力完成工作任务，具备担负责任的条件。

三、路径—目标理论

路径—目标理论已经成为当今管理学界备受人们关注的领导理论之一,它是由加拿大多伦多大学教授罗伯特·豪斯(Robert Horse)将激发动机的期望理论与领导行为理论结合起来,提出的一种新型领导权变模型。

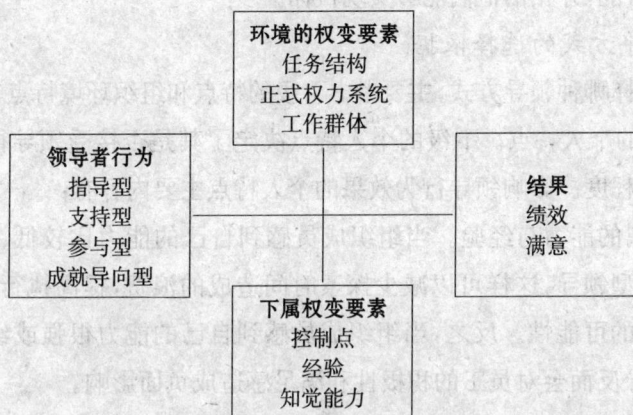

图 13.8 路径—目标理论

```
环境的权变要素
    任务结构
  正式权力系统
    工作群体

领导者行为                    结果
  指导型                      绩效
  支持型                      满意
  参与型
 成就导向型

下属权变要素
    控制点
     经验
   知觉能力
```

图 13.8　路径—目标理论

路径—目标理论是以期望水平模式以及对工作和对人的关心程度为依据的。所谓路径—目标理论,是指有效的领导者应该帮助下属明确可实现目标所遵循的途径,减少障碍和危险,促使目标的实现。该理论认为,领导者的工作是帮助下属达到他们的目标,并提供必要的指导和支持,以确保各自的目标与组织的总体目标保持一致。同时,最有效的领导方式不一定是高工作取向和高关系取向的组合,还必须考虑到环境的因素。当工作目标和方法模糊不清、员工无所适从时,他们希望有高工作取向的领导作出明确的工作规划和安排,明确工作方法,指明达到目标的道路,为完成任务扫清障碍;当工作目标和方法都很明确,或工作是例行性工作时,员工希望有高关系取向的领导关心他们的需要,奖励达到目标的成绩,使员工得到更多的满足,激励员工尽快达成目标。

(一)领导行为类型

领导者必须采用不同类型的领导行为,以适应环境的客观需要。其假定领导者具有变通性,能根据不同的情况表现出不同的领导行为。一般地,有四种领导方式可供同一个领导者在不同的环境下选择使用:

（1）指令型领导。领导者下达指示，明确组织成员的工作目标和方法，决策完全由领导作出，没有下级参与。

（2）支持型领导。领导者亲切友善，关心下属的要求，从各方面给予支持。

（3）参与型领导。领导者在作决策时注意征求下属的意见和建议，并能认真对待，考虑接受和采纳，尽量让下属参与管理。

（4）成就导向型领导。领导者向组织成员提出具有挑战性的目标，鼓励下属树立信心、发挥潜能，并相信他们能够实现目标。

（二）领导方式的选择依据

领导者选择哪种领导方式，主要考虑下级的特点和组织环境特点等两个因素。

（1）下级的个人特点。下级的个人特点决定了其是否接受领导行为以及对领导行为的满意程度。影响领导行为效果的个人特点主要内容有：

第一，下属的能力与经验。当组织成员感到自己的能力比较低、缺乏经验时，通常喜欢指令型领导，这样可以减少探索时间造成的浪费，提高执行工作的效率，大大降低失败的可能性。反之，当组织成员感到自己的能力很强或经验比较丰富时，指令型领导反而会对员工的积极性和满足感造成负面影响。

第二，内外控制中心。内在控制中心的员工往往认为自己才是命运的主宰，敢于对自己的行为后果负责，具有内在的行为是非标准。反之，外在控制中心的员工认为外界力量决定着事物的发展，他们不大可能对自己的行为后果负责，更可能依赖外部力量。一般而言，内控型员工喜欢参与型领导，而外控型员工更愿意接受指令型领导。

第三，需求与动机。组织成员的需求与动机，会直接影响到他们对不同类型行为接受与否以及满足程度。例如，具有合作需求的员工，往往喜欢支持型与参与型领导；而对具有强烈成就动机的员工而言，成就型领导可能更合适、有效。

（2）组织的环境特点。组织的环境特点决定着哪种领导行为最有效。影响组织环境的三个重要因素是：

第一，工作性质。当组织成员对工作的目标与方法不够明确时，他们需要指令型的领导对工作做出明确、具体的安排，从而有助于为员工扫清障碍。相反，如果工作任务不很明确，或工作是例行性的、常规性的，而领导者仍然频繁地发布指示和规定，反而会降低组织的绩效，这时更需要支持型的领导方式。

第二，权力结构。当组织内部职权分工明确，权力系统控制严密有力时，领导者不宜过多地直接干预，更应该采取反馈、检查与监督手段，工作效果往往会更好。

第三,工作群体。当工作群体的组织程度比较高,工作进展井然有序时,领导者也不应直接干预,而应该提供更多的支持与帮助。

（三）领导风格的选择

路径—目标理论的逻辑得到了许多理论研究上的支持。领导者的行为能否成为激励因素,在很大程度上取决于它对下属及其应付环境不确定性的帮助。领导者可以根据不同的情景选择任何一种领导风格。当领导者弥补了员工或工作环境方面的不足时,他就会对员工的绩效和满意度起到积极的影响。因为领导者增加了下属认为自己的努力可导致理想奖励的期望。但是,当任务十分明确或员工的能力、经验能够胜任工作时,领导者无须浪费时间来解释任务,反而在员工看来,这种指导性行为纯粹多余。

第五节　领导艺术

一、领导工作的要求

领导工作是组织管理中的一项重要内容,不仅影响到组织目标的实现,还关系到组织的运行效率。

（1）领导为组织成员指明目标,并使个人目标与组织目标保持协调一致。

组织工作必须目标明确,它能够为员工指明努力的方向。领导者可以利用目标来团结员工,并检查工作进展,依靠组织成员团结一致地投入工作,共同完成组织任务。

（2）加强直接管理。

组织层次越多,往往信息失真的可能性就越大。领导者与下属直接接触得越多,了解的情况就越准确,作出的判断就越有效。领导者只有经过亲身体验才能掌握所需的全部情况,通过面对面的接触,同下级广泛地交换意见,善于听取下属的建议,找出存在的问题,以便采用适宜的方法,更好地对下级进行指导。

（3）保证组织内外沟通联络渠道的畅通。

管理过程中产生的大量信息是正确决策、提高效率的前提条件。信息沟通可以使组织活动统一起来,有效、及时的沟通会使组织成为一个真正的整体。领导者必须保证组织信息传递渠道畅通,通过可靠的渠道获得准确的信息,了解组织内外的动态和变化,以适应变化并保持组织稳定。

(4) 建立合理的制度与措施。

任何领导者的个人精力都是有限的。组织工作的复杂性与职位要求决定着领导者不可能亲自承担组织的所有工作。领导者最重要的工作内容就是进行制度建设,营造公平合理的工作环境,用有效的措施来调动员工的积极性,帮助群体成员获得更大程度的满足。因此,引导个体和群体的行为,才能使领导工作更有效,才能更好地实现组织目标。

二、领导者的修养

领导者在组织中地位特殊,其作用关系到组织的发展全局,需要一种特殊的才能。因此,领导者也要提高自己的修养,才能在组织找到强大的支持力量。

(一) 以身作则

领导者首先明确自己的理念,并使行动与共同的理念保持一致,为他人树立榜样。理念是行动的指南,领导要与下属分享自己的理念,获得大家的认同。在实践自己的理念过程中,领导者一定要率先垂范,以身作则,用实际的行动来感召下属。

(二) 共启愿景

领导者要有比较长远的目光,善于展望未来,明确愿景规划。同时,要了解下属,找到共同的立场,制定一个集体的愿景规划,为工作注入梦想。

(三) 挑战现状

领导者通过追求变化、成长、发展、革新的道路来寻找机会,敢于冒险尝试新的试验,并从错误中学习与提高。领导者不仅要完成已经常规化的工作,还要善于寻找富有意义的挑战,敢于打破思想禁锢、质疑现状。

(四) 激励人心

领导者要使下属与自己一道完成组织任务,共同实现组织目标,就必须在奖励上公平、创新,敢于公开承认别人的贡献,在工作过程中提供反馈意见,培养积极的期望,创造一种团队精神。

（五）团队意识

面对纷繁复杂的组织任务，领导者依靠个人努力往往难以胜任，必须使众人行动来共同完成。因此，领导者要营造互相信赖与信任的环境，提倡互惠互利的行为准则，分享组织资源和信息，创建团结协作的集体氛围。

三、科学的领导艺术

所谓领导艺术，是指领导者在行使领导职能时，所表现出来的技巧与方法。领导艺术是建立在一定知识、经验与智慧基础上的非规范化、有创造性的领导技能。它具有随机性、经验性、多样性和创造性的特点。

（一）待人艺术

待人艺术就是协调人际关系的艺术。领导工作的核心内容是运用各种资源实现组织目标，其中管好人、用好人可以充分发挥下属的积极性和创造性，有效地完成组织的各种计划。因此，优秀的领导者善于巧妙地运用待人艺术，正确地处理各种复杂的人际关系，使员工与各种资源有效地匹配，形成一股有利于组织目标实现的最佳合力。

（二）提高工作效率的艺术

提高工作效率的艺术包括以下几点：

首先，领导者要明确自己的工作职责。这是提高领导工作效率的关键内容。领导者必须时时牢记自己的工作，把精力与时间花在关键点上，不干预下一级领导层次的事，不越级指挥，注重监督与检查工作。同时，领导者不要颠倒工作的主次，主要抓制度建设与实施，关注影响全局的重大决策问题，引导与带领下属前进。

其次，坚持工作简化原则。一项工作可以首先分解成若干小的部分，然后考虑每个部分的价值，就可以找到提高工作效率的途径。

再次，提高会议的效率。利用会议形式进行沟通要注意避免六个方面的内容：没有明确的会议主题；议题过多；没有充分的准备；可以找到替代方式；没有迫切需要；成本过高。

最后，善于运筹时间。有效的时间管理工具是指按照事情的重要性与紧迫性来判断工作的价值，合理安排工作的内容与顺序。

案例分析

柳传志：从大发动机到影子教父

企业核心管理层的领导力问题，一直是东西方企业在管理中遭遇的共同难题。联想在企业发展过程中特别注重人才的培养。柳传志作为联想的"第一把手"，是一个大的发动机。他的领导目标是把各个子公司和主要部门负责人培养成为同步的小发动机。这逐渐成为一种文化，被称为"发动机文化"。

2001 年是联想发展中的一个分水岭。当时兼任董事长和 CEO 的柳传志，从联想 CEO 的位置上退下来，把公司一分为二：其一是联想集团，专做自有品牌的研发、生产和销售；其二是神州数码，专做国外大的产品品牌的代理业务和软件业务。这两家都是上市公司，柳传志退到了两家公司的母公司——联想控股。在联想控股总裁的位置上，柳传志同时建了三家子公司：专事高科技领域风险投资的联想投资、房地产公司融科智地和专事并购投资管理的弘毅投资。联想控股对它们只是投资控股而已，不进行具体的管理。

2007 年大小"发动机"的战绩无比辉煌：联想集团并购 IBM PC 后终于开始全线盈利；投资战线上亦是动作频频，好消息接连不断。柳传志一直在加快向"影子教父"这一角色转变。

已经逐步从实业转型为资本家的柳传志，在另一条战线上成绩也可圈可点，PE 公司的第二期基金回报达 8 倍，"VC 这一块也非常高"。柳传志说，完成这个转变之后最大的感受是"从关注细节到关注宏观的转变"。

（资料来源：王凤彬、刘松博、朱克强：《管理学教学案例精选》，复旦大学出版社 2009 年版。）

案例思考题：

1. 结合案例谈谈你对战略领导力的含义的理解。

2. 柳传志对联想发展战略的规划和管理模式体现了哪些关键战略领导行为？

本章小结

领导的实质是被领导者的追随和服从。领导者的权力有五种来源：法定权力、奖赏权力、强制权力、专长权力和感召权力。领导者的基本素质包括思想、知识、能力和身心四个方面的内容。

领导特质理论研究的重点是领导者与非领导者的个人品质差异。传统的领导特质理论主要研究领导自身的天然条件，当代领导特质理论总结出领导具备的七项素质，现代领导特质理论主要涉及领导的魅力。

领导行为理论研究关于领导行为的结构、组成要素和实际效果的理论，主要包括勒温的三分法理论、领导连续统一体理论、利克特的四种管理方式、四分图理论以及管理方格理论。

领导权变理论认为，不存在一种"普适"的领导方式，领导工作强烈地受到领导者所处的客观环境的影响。领导权变理论主要包括菲德勒权变模型、领导生命周期理论、路径—目标理论等。

任何领导工作都有一些基本的要求，要完成这项工作需要领导者培养一些修养，并讲究领导的艺术。

本章思考题

1. 领导者是否应具备某些个人特点？领导者在管理中起什么作用？

2. 领导者的权力有哪些来源？领导者必须具备哪些基本素质？

3. 领导特质理论主要研究什么内容？在当今社会有什么新的发展？

4. 领导行为理论具体包括哪些内容？这些不同的行为理论含义有什么不同？

5. 领导权变理论具体包括哪些内容？这些不同的权变理论有什么含义？

6. 领导工作有哪些基本的要求？

7. 领导者需要培养哪些修养？

8. 领导艺术主要包括哪些内容？

9. 结合实际谈谈如何提高领导的行为效率？

第十四章

激　励

本章学习目标

通过本章的学习,理解并掌握:

1. 激励的概念与原理、作用;

2. 内容型激励理论;

3. 过程型激励理论;

4. 行为改造型激励理论;

5. 综合激励理论;

6. 激励的实务与方法。

引导案例

在谷歌工作满意吗?

谷歌每天有 3 000 多名申请者。公司里每两周提供一次按摩,洗衣间、游泳池、温泉,以及应有尽有的各种免费美食。这听上去是一份很理想的工作,难道不是吗?尽管如此,谷歌公司还是有许多员工通过他们的离职决定来表明所有这些津贴福利并不足以把雇员留住。一位分析员说:"没错,谷歌的利润丰厚;没错,公司有很多聪明人;没错,那是一个工作的好去处。为什么还有那么多人想离开呢?"

在《财富》杂志评选出的"最佳雇主"榜单上,谷歌连续四年位居前五名。其中,有两年位居榜首。谷歌的高管决定为员工提供丰厚的福利待遇,主要原因是:在残酷的市场竞争中吸引最优秀的员工;帮助员工处理耗时的个人琐事以节省工作时间;让雇员感觉受到重视;使雇员长期保持"谷歌人"身份(对谷歌员工的称呼)。但是,大量的谷歌人还是跳槽或者放弃诱人的福利而选择自己创业。

例如,肖恩·纳普(Sean Knapp)和他的两个同事——俾斯麦·利普(Bismarck Lepe)和贝尔萨·利普(Belsasar Lepe)兄弟产生了一个关于如何处理网络视频的构想。他们就离开了谷歌,准备开始自己的创业之路。正如有人所说:"他们把自己从天堂里驱逐出来,开始自己创业。"当他们三人组合离开公司时,谷歌很想把他们以及他们的计划留下来。于是谷歌给了他们一张空白支票。但是,这三人意识到他们将负责所有艰苦的工作而最终让谷歌坐享其成时,他们带着创业的激情断然离开了。

如果这仅仅是个偶然,那么很快就会被人忘记。但是,事实并不如此。其他充满天赋的谷歌员工也作过同样的选择,走上了自己的创业之路,甚至有许多离开谷歌的员工发起成立了一个非正式的前谷歌人企业家校友俱乐部。

(资料来源:[美]斯蒂芬·P.罗宾斯、玛丽·库尔特著,李原、黄卫伟、黄小勇译:《管理学》(第11版,中译本),中国人民大学出版社2012年版。)

思考题:

谷歌为员工投入那么多,但还是不足以留住某些优秀员工,那么它在激励员工方面面临的最大挑战是什么?

第一节　激励原理

领导的本质在于影响他人。因此,领导者要想引导员工的行为,激发他们的工作热情,提高他们的工作积极性,就必须在深刻理解人性的基础上,研究人的行为,解释支配人行为的动机,找到调动员工积极性的有效方法。

一、激励的含义

所谓激励,就是利用某种外部诱因调动人的积极性和创造性,使人产生一种内在的动力,朝向所期望的目标努力的心理过程。

在管理工作中,管理者对其下属的激励就是通过外在的刺激,在一定程度上影响人们的心理,从而使其产生组织所期望的行为。激励包含以下三个方面的含义:

第一,组织激励过程就是要诱发和刺激员工没有被满足的需要。未被满足的需要使员工产生紧张状态,从而产生行动的动力。此外,组织诱发和刺激员工的紧张程度越大,其工作的积极性就会越大,其潜能也就越能得到充分的发挥。

第二,组织激励过程是要使员工解除内在的紧张,努力实现组织目标。员工处于紧张的根源在于其个体的内在需要,为了消除或减轻紧张状态,被激励的员工就会努力工作,实现个人目标与组织目标。

第三,组织激励取决于某一行动的效价和期望值。所谓效价,就是个人对某种预期结果的偏爱程度,而期望值则是某一具体行动能带来某种预期成果的可能性。因此,激励的效果由效价与期望值共同决定。

二、激励的原理

心理学的研究表明,人的行为是由动机支配的,动机是由需要引起的,行为的方向是寻求目标、满足需要(图 14.1)。

需要 → 内心紧张 → 动机 → 行为 → 目标满足

图 14.1　激励的过程

(一)动机理论

所谓动机,是指引起和维持个体的活动,并使活动朝向某一目标的内部动力。行为科学研究表明,动机就是驱使人产生某种行为的内在力量,它是由人的内在需要引起的。因此,动机过程其实就是需要获得满足的过程。

1. 动机的形成

需要是人的积极性的基础和源泉,动机是引起行为、推动行为的直接原因。要使需要转化为动机,必须满足以下条件:

第一,需要必须有一定的强度。这就是需要的优势表现。某种需要必须成为个体的强烈愿望,迫切要求得到满足。如果需要不迫切,则不足以促使人们去行动来满足这个需要。

第二,需要转化为动机必须具备适当的诱因刺激。这是需要转化的客观条件。诱因刺激既包括物质性的刺激,也包括社会性的刺激。只有具备客观的诱因,才能促使人去追求它,以满足某种需要;反之,则需要无法转化为动机。

2. 动机的功能

动机对人的行为活动具有三种功能:

第一,激活的功能。动机能激发一个人产生某种行为,对行为起着唤起的作用。

第二,指向的功能。动机还是引导行为的指示器,使个体行为具有明显的选择性,能够使行为具有稳固和完整的内容。例如,一个学生确立了出国留学深造的动机以后,他就会为完成所确立的志向而不懈努力。

第三,强化的功能。当个体活动指向所追求的目标时,相应的动机便会获得强化,因而这种活动就会持续下去;相反,当活动背离所追求的目标时,就会降低活动的积极性,甚至活动停下来。

（二）激励的过程及作用

激励的过程首先是个体具有未被满足的需要,以此形成动机,然后产生行为、维持行为,最后实现既定的目标、消除紧张状态。

需要是个性倾向性的基础,是个性积极性的源泉,它与人的行为的发生有直接的作用关系。人的活动总是受到某种需要的驱使,当需要被意识到时就会驱使人去行动,然后以某种活动的方式表现出来。同时,人的需要又在活动中不断产生与发展。当人的某种需要得到满足以后,其内心状态与周围的关系就会发生变化,又会产生新的需要。因此,需要是人的活动的基本动力。

组织的激励具有十分显著的作用,主要表现在以下几个方面:

一是激励有助于吸引大量组织需要的优秀人才。二是激励有助于激发和调动员工的工作积极性。三是激励有助于激发员工的创造性和革新精神,从而大大提高工作绩效。四是激励有助于将员工的个人目标导向实现组织目标的轨道。

第二节　内容型激励理论

自 20 世纪 30 年代以来,国外许多心理学家、管理学家和社会学家从不同角度对怎样激励人们进行了大量的研究,并提出了许多激励理论。需要和动机是推动人们行为的原因,也是激励的起点和基础。内容型激励理论,是指针对激励的原因与起作用的因素的具体内容进行研究的理论,旨在找出促使员工努力工作的具体因素。其理论着眼于满足人们需要的内容,以及需要如何推动人们的行为。内容型激励理论又被称为需要理论,主要包括马斯洛的需要层次理论、赫兹伯格的双因素理论、奥德弗的 ERG 需要理论、麦克利兰的成就需要理论以及麦格雷戈的 X-Y 理论。

一、马斯洛的需要层次理论

需要层次理论是由美国著名的心理学家和行为学家亚伯拉罕·马斯洛(Abraham Maslow)提出来的。1943 年,马斯洛在《人的动机理论》中首次提出人类的需要由五个层次构成,形成低级与高级两种形态。同时,于 1954 年他又在《动机与人格》一书中作了进一步阐述与分析。

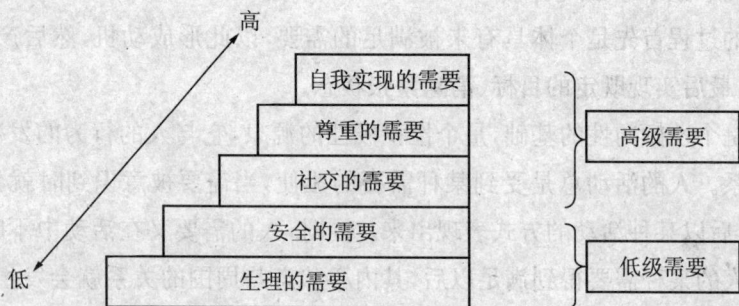

图 14.2   马斯洛的需要层次理论

(一)需要层次理论的内容

马斯洛的需要层次理论包括两个基本的论点。一个基本论点是:人是有需要的动物,其需要取决于他已经得到了什么,还缺少什么,只有尚未满足的需要才能影响他的行为,已经得到满足的需要就丧失了激励的作用。另一个基本论点是:人的需要都有轻重缓急层次之分,某一个较低层次需要得到满足之后,另一个稍高层次的需要才会出现。

根据马斯洛的需要层次理论,人类的需要由五个层次组成。

1. 生理的需要

生理需要是人类维持自身生命的最基本需要,包括食物、水、住所、休息、性以及其他生理需要。在经济欠发达的社会,必须首先研究并满足生理需要。

2. 安全的需要

安全需要是保护身体免于危害的需要,如果得不到保障,人们就会感到威胁与恐惧。从时间的维度来看,安全需要可以分为两种类型:一类是现在的安全需要,另一类是对未来的安全需要。在具体的表现形态方面,安全需要又有多种形式:心理安全,希望解脱严酷监督的威胁,避免不公正的待遇等;劳动安全,希望工作安全,不出事故,环境无害等;职业安全,希望免于天灾、战争、破产等;经济安全,希望医疗、养老、意外事故有保障等。

3. 社交的需要

社交需要是人类社会性的表现形式,包括友谊、爱情、归属感以及接纳等方面的需要。友谊的需要是指人与他人建立情感的联系,比如结交朋友、建立自己社交圈等。爱则体现在互相信任、深深理解和相互给予方面,包括给予和接受爱两个方面。社交需要与个人性格、经历、生活区域、民族、生活习惯、宗教信仰等都紧密相关,属于社会文化的范畴,难以直接度量。

4. 尊重的需要

生活在一定社会环境中的人们会要求自我和受到别人的尊重。尊重的需要分为内部尊重和外部尊重。内部尊重因素包括自尊、自主和成就感;外部尊重因素包括地位、认可和关注等。自尊是指在自己取得成功时有一股自豪感,它是驱使人们奋发向上的推动力。受人尊重是指当自己作出贡献时,能够得到他人的承认。

5. 自我实现的需要

自我实现需要是指个人的成长与发展、发挥自身的潜能、实现自己理想的需要,是人类最高层次的需要。它成为一种促使个人追求能力极限的内驱力,能最大限度地发挥自己的潜能,不断完善自己,完成与自己能力相称的一切事情。自我实现的需要表现在两个方面:一是胜任感,表现在人们力图控制事物或环境,不是等事物被动发展,而是希望在自己的控制下进行;二是成就感,表现在人们工作的乐趣是为了追求成果和成功,他们需要知道自己工作的结果,成功以后的喜悦远远胜过任何报酬。

这五个需求互相关联,按其重要性和发生的先后次序,可以被排列成一个完整的需求层次阶梯。同时,马斯洛需求层次理论还指出了人的需求的多样性、层次性、主导性和潜在性。

（二）需要层次理论的激励方法

根据马斯洛的需要层次理论，对不同的需求层次要采取不同的激励方法。如果管理者能够准确发现不同人们的主导需求，以及下一阶段的潜在需求，就能够有针对性地开展领导工作，调动人们的积极性。

表 14.1　需要层次与激励措施对应关系

需要层次	一般激励因素	激励措施
自我实现的需要	成　长 成　就 提　升	挑战性的工作 创造性 在组织中的提升 工作的成就
尊重的需要	承　认 地　位 尊　重	工作称职 给予奖励 上级、同事认可 对工作有信心 赋予责任
社交的需要	志同道合 爱护关心 友　谊	管理的需要 和谐的工作小组 同事的友谊
安全的需要	安　全 保　障 胜　任 稳　定	安全工作条件 附加的福利 普遍增加工资 职业安全
生理的需要	食　物 住　所	基本工作报酬 物质待遇 工作条件

二、赫兹伯格的双因素理论

双因素理论，也称为"保健—激励理论"，由美国心理学家弗雷德里克·赫兹伯格（F. Herzberg）于 20 世纪 50 年代后期提出，其理论研究重点是组织中个人与工作的关系问题。

1950 年代后期，赫兹伯格在匹兹堡地区的 11 个商业机构中，对近 2 000 名白领工作者进行"个人与工作关系"的调查，要求被调查者在具体情景下详细描述工作中特别满意与不满意的方面。经过调查分析，赫兹伯格发现：引起人们不满意的因素往往是一些工作的外在因素，它们大多与工作条件和环境有关；能给人们带来满意的因素,通常都由工作内容本身所决定。

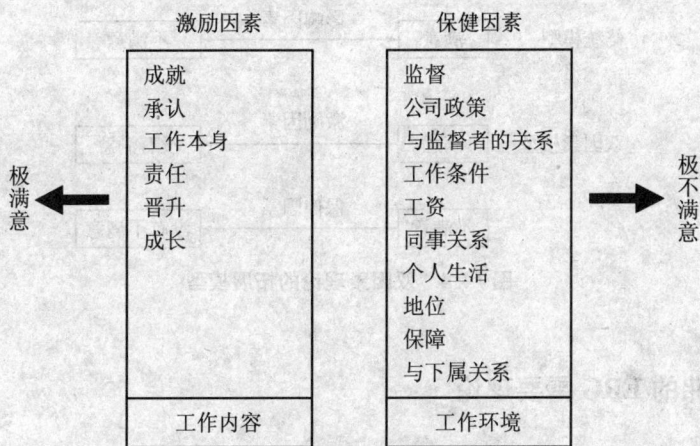

图 14.3　赫兹伯格的双因素理论

赫兹伯格把影响人行为的因素分为保健因素和激励因素两大类。

（一）激励因素

激励因素是指那些与人们的满意情绪有关的工作内在因素,如工作的事业感和成就感、领导对个人工作的肯定、个人发展和晋升的机会、工作愉快、职务上的责任感等。具备与激励因素有关的工作内容,能够使人们产生满意情绪;如果不具备这些因素,最多只是没有满意情绪,而不会导致不满。

（二）保健因素

保健因素是那些与人们的不满情绪有关的环境因素,如公司的政策、管理和监督、人际关系、工作条件、设施状况等。保健因素处理得不好,会使员工产生不满情绪;处理得好,则可以预防或消除这种不满情绪。但是,即使具备保健因素,也并不能使员工受到巨大的激励。

双因素理论对传统"满意—不满意"相对立的观点也进行了修正。传统观点认为,"满意—不满意"是一个单独连续体的两个端点:满意的对立面是不满意。然而,赫兹伯格认为存在两类因素,以及"满意—不满意"的两个连续体:满意的对立面是没有满意,而不是不满意;同样,不满意的对立面是没有不满意,而不是满意。

根据赫兹伯格的双因素理论,要调动和维持员工的积极性,首先要注意保健因素,以防止不满情绪的产生。同时,更重要的是利用激励因素去激发员工的工作热情,努力工作,创造奋发向上的局面,增强员工的工作满意度。

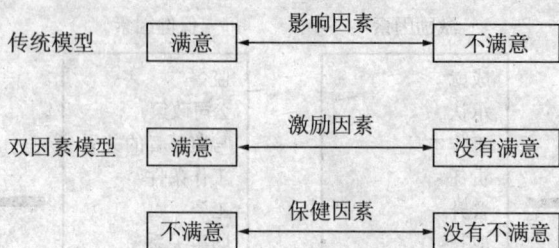

图 14.4　双因素理论的拓展模型

三、奥德弗的 ERG 需要理论

奥德弗(C. P. Alderfer)基于大量的调查研究,对马斯洛的需要层次理论进行了修正,提出了 ERG 需要理论模型,并于 1969 年出版了《人类需要新理论的经验测试》一书。

奥德弗将人的需要分为三种类型:生存(existence)需要、相互关系(related-ness)需要和成长发展(growth)需要,简称 ERG 理论。生存需要与人们的基本的物质需要有关,是生理与安全的保障。比如,食物、空气、水、工资、养老金及工作条件。相互关系需要指人们对于保持重要的人际关系的要求。这种社会和地位需要的满足是在与其他需要的相互作用中得到实现的。比如,通过与同事、上级、下级、朋友和家庭建立并维持的人际关系。而成长发展需要表示个人谋求发展的内在愿望,是比较高级的需要。比如,个体在工作中作出创造性和建设性贡献,寻找个人独特发展的机会。

另外,奥德弗还认为:人在同一时间可能有不止一种需要在起作用;如果较高层次的需要受到抑制,那么人们对较低层次的需要的渴望就会变得更加强烈。ERG 需要层次不是刚性的结构,可能呈现交替的作用关系。比如,即使一个人的生存和相互关系需要尚未得到完全满足,他仍然可以为成长发展的需要而工作,同时这三种需要可以同时起作用。

ERG 理论的需求等级分类与马斯洛的需要层次理论非常接近,但是在对待人们满足不同需求的方式上,两种理论却存在很大的差别。

因此,ERG 理论提出了一种叫做"受挫—回归"的思想。当一个人在某一高级的需要层次上受挫时,那么作为替代,他的某一较低层次的需要可能会有所增强。

例如,如果一个人的社会交往的需要得不到满足,那么他对得到更多的金钱或更好的工作条件的愿望可能会增强。同时,ERG 理论认为在较低层次的需要得到满足之后,会引发人们对更高层次的需要的渴望。

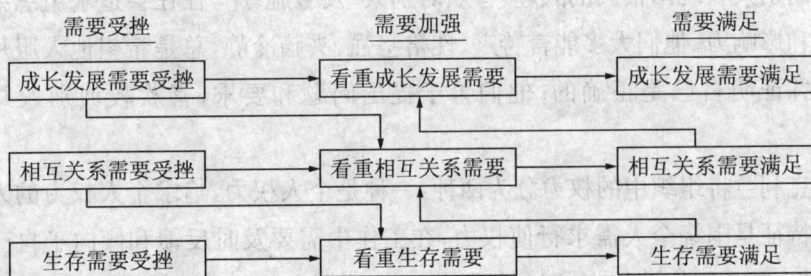

图 14.5　ERG 需要理论模型

四、麦克利兰的成就需要理论

20 世纪 50 年代初期,美国哈佛大学的心理学家大卫·麦克利兰(David C. Mc-Clelland)在研究人的生理需要和安全需要得到满足后的需要状况时,与其他人观察和分析了人们在工作中表现后,提出了一项与管理工作联系更加紧密的新的成就需要理论。

成就需要理论认为,在人的一生中,有些需要是靠后天获得的,因此早期的生活阅历往往决定着人们是否获得这些需要;在人的生存需要基本得到满足的前提下,成就的需要、权力的需要以及依附的需要是人的最主要有三种需要。

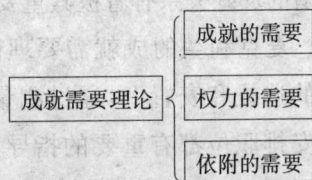

图 14.6　成就需要理论

(一)成就的需要

成就需要指人们渴望完成困难的事情,提高工作的效率,取得尽善尽美的效果。有高度成就需要的人,有极强的事业心,对工作的胜任感和成功有强烈的要求,总是寻求能够独立处理问题的工作机会,热衷于接受挑战。

个体的成就需要与他们所处的经济、文化、社会、政府的发展程度有关,社会风气也制约着人们的成就需要。在不同国家、不同文化背景下,成就需要的特征和表现也不尽相同。

（二）权力的需要

权力需要指人们渴望影响或控制他人、为他人负责以及拥有高于他人的职位的权威。不同的人对权力的渴望程度也有所不同。具有高度权力需要的人，对影响和控制别人表现出很大的兴趣，喜欢对别人"发号施令"，往往会追求组织中的领导地位和影响力；他们大多能言善辩、性格坚强、头脑冷静，总是希望他人服从自己的意志并证明自己是正确的；他们善于提出问题和要求，喜欢教训别人并乐于演讲。

麦克利兰将组织中的权力分为两种：一种是个人权力，追求个人权力的人表现出来的特征是围绕个人需求行使权力，在工作中需要及时反馈和倾向于自己亲自操作；另一种是职位性权力，职位性权力要求管理者与组织共同发展，自觉接受约束，从体验行使权力的过程中得到一种满足。权力需要是管理成功的基本要素之一。

（三）依附的需要

依附的需要是指人们的一种被别人喜爱和接纳，以结成友好紧密的人际关系，回避冲突以及建立亲切的友谊的愿望。依附需要强烈的人通常从友爱、情谊、人与人之间的社会交往中得到欢乐和满足，往往热心助人，能从他人的相互理解中得到乐趣，有着良好的合作精神。他们喜欢保持一种融洽的社会关系，享受亲密无间和相互谅解的乐趣，随时准备安慰和帮助危难中的伙伴，对于维护一个集体中融洽、和谐的友好关系有着极其重要的作用。

麦克利兰的成就需要理论在企业管理中具有广泛的应用价值。首先，在人员的选拔和安置上，通过测量和评价一个人动机体系的特征对于如何分派工作和安排职位都有重要的指导意义；其次，针对具有不同需要的人的激励方式也不同，了解员工的需要与动机有利于建立合理的激励机制；再次，麦克利兰认为动机是可以训练和激发的，可以通过训练和提高员工的成就动机来提高生产率。

五、麦格雷戈的 X-Y 理论

1960 年，美国心理学家麦格雷戈（Douglas Mcgregor）在其著作《企业中的人的方面》中提出了 X-Y 理论，它是管理学中关于人们工作原动力的理论。X-Y 理论基于两种完全相反的人性假设，即消极的 X 理论和积极的 Y 理论，管理者可以根据这些假设来塑造激励下属的行为方式,进而提出不同的管理方法。

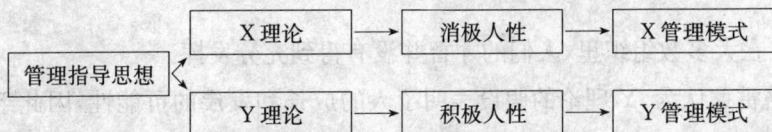

图 14.7 麦格雷戈的 X-Y 理论

（一）X 理论

X 理论是麦格雷戈以"经济人"的人性假设为依据提出的管理理论,其对人性的基本假设包括:

（1）人类本性懒惰,厌恶工作,只要可能,就会逃避工作;

（2）绝大多数人没有雄心壮志,怕承担责任,宁可被领导骂;

（3）员工缺乏进取心,其生理需求和安全需求高于一切;

（4）以自我为中心,漠视组织的要求,对组织目标不关心;

（5）大部分人不喜欢工作,必须以强迫、威胁、处罚、控制和指导等办法,激发他们的工作原动力,迫使他们实现组织目标。

X 理论的结论是,多数人不能自我管理,因此需要另外的少数人从外部施加压力;企业管理的唯一激励办法就是以经济报酬来激励生产,只要增加物质奖励,就能取得更高的产量。同时,麦格雷戈指出:企业采用的许多管理方式,比如,对人的管理、组织结构、管理政策、规划和监督控制,都是以 X 理论为依据的。因此,这种理论特别重视员工的生理和安全需要;同时,也很重视惩罚,认为惩罚是最有效的管理工具,管理人员在促使员工完成任务时,经常采用强制、威胁、严密监督和控制等"强硬"的方法。但是,这些行为的后果可能导致员工的敌视与反抗。

（二）Y 理论

针对 X 理论的错误假设,麦格雷戈提出了相反的 Y 理论。Y 理论支持将个人目标与组织目标融合的观点,与 X 理论相对立。

Y 理论是从积极的角度看待人性,其基本假设是:

（1）员工并非好逸恶劳,而是自觉勤奋,工作是很自然的事,大部分人并不抗拒工作;

（2）员工有很强的自我控制能力,在工作中执行完成任务的承诺,具有自我调节和自我监督的能力;

（3）一般而言,每个人不仅能够承担责任,而且还主动寻求承担责任;

（4）绝大多数人都具备作出正确决策的能力，具有相当高的创新能力去解决问题；

（5）在大多数组织里，人们的才智并没有得到充分发挥。

麦格雷戈认为，Y 理论的假设表明了人的成长和发展的可能性，因此组织应该创造一种条件，使组织成员通过努力争取企业的成功，同时更好地实现个人目标。Y 理论的假设比 X 理论更实际有效，组织激励的办法是扩大工作范围，尽可能把员工的工作安排得更富有意义，并具有挑战性；提供具有满足感的工作，实现员工自尊和自我实现的需要，达到自我激励的积极性。

基于 Y 理论的假设，管理的效果并不在于采用强硬的管理方法，其重点是创造一个良好的工作环境，充分发挥人的才能。领导的主要职责是指导和服务，让下属担当更具有挑战性的工作，赋予员工更多的责任和自主权。

表 14.2　内容型激励理论对应关系比较

马斯洛的需要 层次理论	赫兹伯格的 双因素理论	奥德弗的 ERG 理论	麦克利兰的 成就需要理论	麦格雷戈的 X-Y 理论
自我实现的需要 尊重的需要	激励因素	成长发展的需要	成就的需要 权力的需要	Y 理论
社交的需要		相互关系的需要	依附的需要	
安全的需要 生理的需要	保健因素	生存的需要		X 理论

总之，内容型激励理论突出了人们根本上的需要，认为正是这些需要激励人们采取行动。需要层次理论、双因素理论、ERG 需要理论、成就需要理论以及 X-Y 理论，都有助于管理者理解是什么在激励人们，从而可以帮助管理者设计环境，进而去满足人们的需要。

第三节　过程型激励理论

有效的管理者不仅应该知道用什么激励员工，还应该知道怎样激励员工，才能更有效果。过程型激励理论主要研究管理者所提供的激励因素是否能够发挥作用，以及如何发挥激励作用；如何选择行为方式去满足员工的需要，以及确定其行为方式的选择是否有效。最典型的过程型激励理论主要有期望理论、公平理论以及目标设置理论等。

一、期望理论

1964年,美国心理学家维托克·弗鲁姆(Victor Vroom)在《工作与激励》中提出了期望理论。目前,人们已经把期望理论看做最主要的激励理论之一。

期望理论,又称为"效价—手段—期望理论",其基本的内容主要包括弗鲁姆的期望公式和期望模式。期望理论主要通过考察人们的努力行为与其所获得的最终奖酬之间的因果关系来说明激励过程,并以合适的行为达到最终的奖酬目标。

(一)期望公式

弗鲁姆认为,人总是渴望满足一定的需要,并设法达到一定的目标。当预期到某一行为能给个人带来某种既定结果,而这种结果对他具有吸引力时,人们就会采取某种特定行动。

激励水平取决于效价与期望可能性的乘积。效价越高、期望可能性越大,激发力量就越大。因而,其期望公式为:

$$M = V \times E \tag{14.1}$$

式(14.1)中,M 表示激励力;V 表示效价;E 表示期望可能性。

激励力指激发内在潜力的大小,表现出积极性的高低;期望可能性是指人们对自己能够顺利完成某项工作的可能性估计;效价则是指人们对工作及其结果能够给自己带来的满足程度的评价。

效价和期望的不同结合,会产生不同的激励效果。一般存在以下几种情形:

(1)高 $V \times$ 高 $E =$ 高 M

(2)中 $V \times$ 中 $E =$ 中 M

(3)低 $V \times$ 低 $E =$ 低 M

(4)高 $V \times$ 低 $E =$ 低 M

(5)低 $V \times$ 高 $E =$ 低 M

期望公式表明,只要效价和期望可能性中某一项比较低,激励措施都难以取得令人满意的效果,激励对象在岗位上都很难表现出足够的积极性。

(二)期望模式

期望理论建立在努力与绩效的关系、绩效与奖励的关系以及奖励与个人目标的关系等三者关系基础之上,其理论基础是自我利益与自我满足,其作用关系是双向期望。管理者期望员工的行为,员工期望管理的奖赏。因而,其期望模式如下:

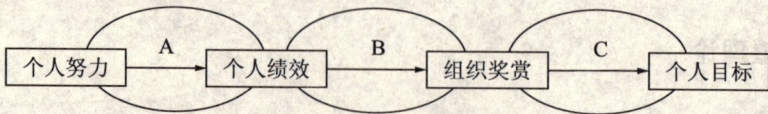

图 14.8　简化的期望模式

在期望模式中包含着四个因素,由此产生出三种关系。

(1) 努力与绩效之间的关系。

人总是希望通过一定的努力能够提高工作绩效。如果个人主观认为通过自己的努力而达到工作预期绩效的可能性较高,就会增强信心,可能激发出很强的工作力量。反之,如果个人认为目标太高,即使通过努力也不会有很好的绩效时,就会失去内在的动力,导致工作消极。

努力与绩效之间关系取决于个体对目标的期望值,期望值又取决于目标是否适合个人的认识、态度、信仰等个性倾向,以及个人的社会地位、别人对自己的期望等社会因素。

(2) 绩效与奖赏之间的关系。

人总是期望在达到预期绩效后,能够得到适当合理的奖励,如奖金、晋升、提升、表扬等。实现组织目标后,如果没有相应的物质和精神奖励来强化,经过长时间消磨,人们的积极性就会消失。

绩效与奖赏之间的关系描述了个体对于达到一定工作绩效后可获得理想的奖赏结果的信任程度。

(3) 奖赏与个人需要之间的关系。

人们总是希望自己所获得的奖赏能满足自己某方面的需要。然而,由于年龄、性别、资历、社会地位和经济条件等方面存在着差异,个体对各种需要得到满足的程度有所不同。因而,对于不同的个体,采用同样的方法给予奖赏能满足的程度不同,由此所激发出来的工作动力也就有所不同。

期望理论对管理者的启示是,管理者的责任就是帮助员工满足需要,同时实现组织目标。管理者必须尽力发现员工在技能和能力方面与工作需求之间的对称性。组织要为员工提供担任多种任务角色的机会,激发他们完成工作、满足需求的主观能动性。同时,工作的能力要求应略高于员工的能力,以达到激励的效果。

二、公平理论

公平理论又称为社会比较理论,它是由美国心理学家斯塔西·亚当斯(Stacey Adams)于 1964 年首先提出来的,分别在《工人关于工资不公平的内心冲突同其他生产率的关系》、《工资不公平对工作质量的影响》以及《社会交换中的不公平》等著作中进行了阐述。公平理论侧重于研究工资报酬分配的合理性、公平性及其对员工生产积极性的影响。

(一) 公平理论的含义

公平理论的基本要点是:人的积极性不仅与个人实际报酬的多少有关,而且与报酬分配的公平性有关。人们总会自觉或不自觉地将自己付出的劳动代价及其所得的报酬与他人的劳动代价及其所得报酬进行对比,以此判断公平与否,比较的结果将直接影响到工作的积极性。

员工选择的与自己进行比较的参照物有三种:其他人、制度和自我。其他人指组织中从事相似工作的同事以及别的组织中与自己能力相当的同类人,比如,朋友、学生或配偶等。制度指组织中的工资政策与程序以及这种制度的运作。自我则指自己在工作中付出与所得的比率。

对某项工作的付出包括教育、经验、努力水平和能力。而工作所得则指工资、表彰、信念和升职等回报。

(二) 公平理论的维度

1. 横向比较

所谓横向比较,就是将“自我”与“其他人”进行比较,以判断自己所获得报酬的公平性,从而对此作出相应的反应。其公式如下:

$$\frac{O_p}{I_p} = \frac{O_x}{I_x} \tag{14.2}$$

式中,O_p——自己对所获报酬的感觉;

O_x——自己对他人所获报酬的感觉;

I_p——自己对个人所作投入的感觉;

I_x——自己对他人所作投入的感觉。

员工通过比较自己的收入—付出比率与别人的收入—付出比率,可能会发现三种不同的关系,因而会根据自己所处的状态来决定自己的行为:

(1) $\dfrac{O_p}{I_p} < \dfrac{O_x}{I_x}$

当这种情况出现时,人们会产生不公平的感觉,进而会产生不满情绪。通常会要求增加报酬,如果不能得到满足,则会产生抱怨情绪,导致工作积极性下降,可能会通过减少投入的办法来求得心理平衡。另外,也可能找上司理论,争取增加自己的收入而达到公平;或者离开这个组织,到新的组织中去寻求公平。

(2) $\dfrac{O_p}{I_p} = \dfrac{O_x}{I_x}$

当这种情况出现时,员工觉得自己的报酬是公平的。他既不希望改变收入,又不希望改变投入,会按以往的努力程度去工作,保持工作的积极性。

(3) $\dfrac{O_p}{I_p} > \dfrac{O_x}{I_x}$

当这种情况出现时,员工得到了过高的报酬或投入的努力太少。一般情况下,员工不会要求减少报酬,而是有可能自觉增加自我的工作投入。经过一段时间后,员工又会重新过高估计自己的投入而对高回报心安理得,于是其产出又会回到原先的水平。

2. 纵向比较

纵向比较是指员工把自己目前的投入与回报比值状况和过去的投入与回报比值状况进行比较,判断自己的现在与过去相比的公平状况。

$$\frac{O_{pp}}{I_{pp}} = \frac{O_{pl}}{I_{pl}} \tag{14.3}$$

式(14.3)中,O_{pp}——自己对现在所获报酬的感觉;

O_{pl}——自己对个人过去所获报酬的感觉;

I_{pp}——自己对现在的所作投入的感觉;

I_{pl}——自己对个人过去所作投入的感觉。

员工把自己的现在情况与自己过去情况之间进行对比时,会产生三种结果:

(1) $\dfrac{O_{pp}}{I_{pp}} < \dfrac{O_{pl}}{I_{pl}}$

当这种情况出现时,员工会觉得很不公平,通常会要求管理者给他增加报酬,如果不能满足,则会产生抱怨情绪,导致工作积极性会下降,也可能会通过减少投人的办法来求得心理平衡。

(2) $\dfrac{O_{pp}}{I_{pp}} = \dfrac{O_{pl}}{I_{pl}}$

当这种情况出现时,员工会认为激励措施基本公平,积极性和努力程度可能会保持不变。

(3) $\dfrac{O_{pp}}{I_{pp}} > \dfrac{O_{pl}}{I_{pl}}$

当这种情况出现时,员工不会产生不公平的感觉,也不会觉得所得报酬过高而主动多做些工作,他可能会认为由于自己的能力和经验有了进一步的提高而应该多得报酬。

(三) 公平理论的应用

公平理论认为,组织中员工不仅会关心自己的工作努力中所得到的绝对报酬,而且还关心自己的报酬与他人的报酬之间的对比关系。员工会对自己的付出与所得和别人的付出与所得之间的关系进行比较,进而作出判断,决定工作努力程度。如果比较之后发现不公平,就会感到紧张,并且进一步驱使员工追求公平和平等的工作环境。

1. 影响公平判断的因素

公平理论中的公平评价受到很多因素的影响,它们直接决定着评价的科学性与合理性。

(1) 个人的判断。

在公平理论中,无论是自己的投入与报酬,还是别人的投入与报酬都只是员工个人的主观感觉,这种感觉有时是不真实的。一般人往往总是对自己的投入估计过高,对别人的投入估计过低。

(2) 公平的标准。

对公平的评价标准有时采取贡献率,有时采取需要率、平均率等标准。比如,有人认为助学金改为奖学金才合理,也有人认为应该平均分配才公平,还有人认为按经济困难程度分配才适当。

(3) 绩效的内容。

绩效的内容是以工作的数量和质量,还是按工作中的努力程度和付出的劳动量来评价;是按工作的复杂、困难程度,还是按工作能力、技能、学历和资历来评价,都是非常复杂的问题。不同的评定内容会得到不同的结果,影响到评价的效果。

(4) 评价的主体。

绩效评价的主体是领导者,还是群众,甚至是自我,都会影响到评价的结果,进而影响到评价的合理性。

2. 公平理论的启示

(1) 公平奖励员工。

要求公平是任何社会存在的一种社会现象。公平理论首次将激励和报酬分配联系在一起,揭示了现实生活中追求公平的社会心理。管理者在工作任务分配、工作绩效考核、工资奖金的评定以及待人接物等方面能否做到公平合理,既是衡量工作水平高低的主要标准,又是保证企业安定、人际关系良好、职工积极性充分发挥的重要因素。管理者要坚持绩效与奖酬挂钩的原则,公平奖励员工,营造良好的工作氛围。

(2) 建立平等竞争机制。

人的动机不仅受到绝对报酬的影响,而且还受到相对报酬的影响。员工在主观上感到公平合理,就会心情舒畅,努力工作,潜力就会得到充分发挥,使组织充满生机与活力。合理的奖酬是以公正科学的评价为前提的,缺乏科学的评价标准和措施,就会造成组织中不公平现象,引发组织内讧。因而,组织要科学地建立系统的评价指标体系,以公正地评价员工的劳动,建立平等的竞争机制。

(3) 科学选择比较对象。

公平理论表明公平与否都源于个人主观感觉,个人判断报酬与投入的标准往往都会偏向于对自己有利的方面,贬低别人的工作努力,过高估计别人的工资收入倾向,甚至选择一些可比性差的对象进行比较,这些情况都会使员工产生不公平感觉,对组织发展非常有害。

(4) 正确认识公平现象。

从社会发展历史角度来看,其实公平只是一个相对的概念,绝对的公平是不存在的。而且,绝对的结果公平往往是以牺牲效率为前提的。即使有公平的机会,也会因为员工个体的差异造成结果的不公平。一般而言,通常所说的公平是指一定范围内的机会公平。管理者要营造一种有利于员工潜力发挥的环境,提供公平竞争的机会,促进组织任务的完成,实现个人目标与组织目标。

三、目标设置理论

美国马里兰大学的心理学和管理学教授爱德温·洛克(Edwin A. Locke)于1968年提出了目标设置理论。这种理论认为,外来刺激都是通过目标来影响动机的,指向一个目标的工作意向是工作激励的一个主要源泉。因而,一个为员工所接受的清楚的目标,可以使员工受到激励。外来的刺激物(如奖励、工作反馈、监督的压力)所产生的需要,通过目标能把人的需要转变为动机。然后,再由动机引导活动指向与目标有关的行为,使人们根据难度的大小来调整自己的努力程度,并影响行为的持久性,将自己的行为结果与既定的目标相对照,及时进行调整和休整,进而实现目标。这种使需要转化为动机,再由动机支配行动以达成目标的过程就是目标激励。

目标可以告诉员工需要做什么,需要付出多大的努力,以及最终达到什么样的结果。员工接受了具有挑战性的可实现目标,会比较接受容易的目标带来更高的绩效。比如,通用电气公司的 CEO 杰克·韦尔奇就经常采用目标设置方法来激励下属。他曾经对部门经理说,"你们要制定一些目标和计划,并为员工注入信心,让他们不断地为一些具有挑战性的目标而努力工作,这样才能有效地实现数一数二的战略"。当下属向他汇报下一年度工作指标时,他经常会告诉对方,"把你的目标乘以 2,然后去做吧"。

在目标设置中起激励作用的一个主要因素是自我效能感。自我效能感是指一个人对他完成一项工作的内在信心。如果员工具有较高的自我效能感,他对自己在一项任务中获得成功的能力就有信心,就会努力克服困难,战胜挑战。相反,自我效能感低的人,在困难的情况下更容易降低努力或干脆放弃。在进行目标设置时,就需要将增强自我效能感的因素设计到工作目标中去。比如,目标的明确性、挑战性、适宜性、反馈性和参与性等都是增强自我效能感的影响因素。

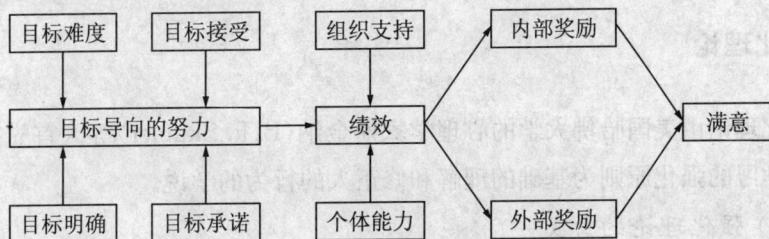

图 14.9　目标转化为绩效的过程

管理者在应用目标设置理论时需要注意有效目标的特征：

（1）目标的明确性。目标的明确性是指目标的具体和明确程度。一般来说，明确、具体和可衡量的目标，其成功的可能性较大；反之，如果管理者只是提出"尽你们最大的努力"的目标，那么员工就很难出色地完成工作。

（2）目标的挑战性。目标的挑战性是指员工完成目标所需要的努力程度。目标的挑战性取决于员工与目标之间的关系。大多数员工在接受比较困难的工作以后，工作目标所带来的挑战能激发员工的成就动机，因而他们会更加努力地工作。

（3）目标的适宜性。目标的难度要适当，既要有利于激发员工的进取心，又不能太高、太难，使得员工经过努力能够实现。目标过高了，员工力所不及；目标过低，员工不需要努力就能完成，两者都无法取得良好的激励效果。

（4）目标的反馈性。反馈是检验目标的实施情况、改进实施方案或修正目标的必要手段，因此，目标的设置要有利于及时反馈完成目标的有关信息。

（5）目标的参与性。在目标设置中，还需要员工的共同参与，通过上下级共同讨论的方式来制定目标，这有利于增强员工对目标的理解，提高他们实现目标的主动性与积极性。

第四节　行为改造型激励理论

行为改造型理论是研究如何改造和转化人的行为，变消极为积极的一种理论。心理学家认为，人具有学习能力，通过改变其所处的环境可以保持和加强积极的行为，减少或消除消极行为，把消极行为转化为积极行为。

一、强化理论

强化理论由美国哈佛大学的心理学家斯金纳（B. F. Skinner）等人首先提出，是一种以学习的强化原则为基础的理解和修正人的行为的学说。

（一）强化理论的含义

斯金纳认为，人或动物为了达到某种目的，都会采取一定的行动作用于环境，并且产生一定的结果。当行为的后果对他有利时,这种行为以后就会重复出现;反之,当行为的结果对他不利时,这种行为就会减弱或消失。这就是环境对行为强化的结果。

所谓强化,是指通过不断改变环境的刺激因素来达到增强、减弱或消除某种行为的过程。强化是人的行为激励的重要手段,控制人的行为的因素称为强化物。只要创造和改变外部环境,人的行为就会随之改变。斯金纳的强化理论主要研究人的行为同外部因素之间的关系。

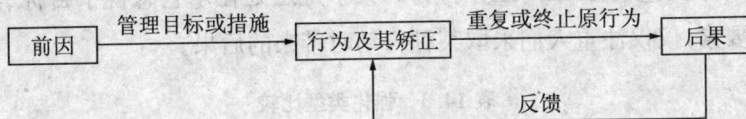

前因 → （管理目标或措施）→ 行为及其矫正 → （重复或终止原行为）→ 后果，反馈

图 14.10 强化过程

（二）强化的类型

根据强化的性质和目的,可将它分为三种类型。

1. 正强化

正强化又称积极强化。所谓正强化,就是奖励那些符合组织目标的行为,以便使这些行为得到进一步加强,从而有利于组织目标的实现。正强化的刺激物不仅包括增加工资、奖金和奖品等物质奖励,而且还包含表扬、提升、赞赏、改善工作关系等精神奖励。

正强化方式包括两种:一是连续、固定地使用,二是间断地、不固定地实施。实践证明,后一种正强化更有利于组织目标的实现。

2. 负强化

负强化又称消极强化。所谓负强化,就是惩罚那些不符合组织目标的行为,创造一种令人不愉快甚至痛苦的环境,以使这些行为削弱甚至消失,从而保证组织目标的实现不受干扰。负强化包含减少奖酬、罚款、批评、降级等方式。

实施负强化的方式与正强化有所差异,应以连续负强化为主,对每一次不符合组织的行为都应及时予以负强化,消除人们的侥幸心理,减少这种行为不再重复出现的可能性。另外,不进行正强化也是一种负强化。比如,对工作业绩突出的员工不加以奖励,会使员工丧失信心,在以后的工作中就会失去积极性。

3. 自然消退

自然消退又称衰减。自然消退是指对原先可接受的某种行为的强化的撤消。

由于在一定时间内不予以强化,这种行为将自然下降并逐渐消退。

自然消退有两种方式:一种是对某种行为不予理睬,以表示对这种行为的轻视或某种程度的否定,使其自然消退;另外一种是对原来正强化建立起来的,认为是好的行为,由于疏忽或情况变化,不再给予正强化,使其出现的可能性下降,最终完全消失。

正强化用于加强所期望的个人行为,负强化和自然消退用于减少和消除不期望发生的行为。强化理论强调行为是其结果的函数,通过适当地运用及时的奖惩手段,集中改变或修正员工的工作行为。其不足之处在于它忽视了目标、期望和需要等个体要素,仅仅注重人们采取某种行动时带来的后果。

表 14.3　强化类型比较

目的 ＼ 途径	积极作用	消极作用
重复性强化	正强化——积极鼓励 　前因:制定并公布鼓励措施 　行为:为得到鼓励,出现有利行为 　后果:受到鼓励 　反馈后行为:重复有利行为	负强化——消极鼓励 　前因:制定并公布惩罚措施 　行为:为避免惩罚,未出现不利行为 　后果:未受到惩罚 　反馈后行为:不出现不利行为
终止性强化	惩罚——积极(正)惩罚 　前因:制定并公布惩罚措施 　行为:出现不利行为 　后果:受到惩罚 　反馈后行为:终止不利行为	自然消退——消极(负)惩罚 　前因:找出并停止鼓励不利行为的正强化物 　行为:出现不利行为 　后果:未受到鼓励 　反馈后行为:终止不利行为

（三）强化理论的应用原则

在具体应用强化理论时,管理者应遵循以下原则:

（1）经过强化的行为趋向于重复发生。

强化因素就是会使某种行为在将来重复发生的可能性增加的任何一种"后果"。比如,当某种行为的后果是受人称赞时,就增加了这种行为重复发生的可能性。

（2）因人制宜,采用不同的强化模式。

由于员工的年龄、性别、职业、学历、经历不同,其需要也不一样。只有采用不同的强化方式,才能取得良好的效果。

（3）设立一个目标体系,分步实现目标,不断强化行为。

首先,在强化时要设立一个明确的、鼓舞人心而又切实可行的目标,只有当目标明确而又具体时,才能进行衡量和采取适当的措施。同时,还要将目标进行分解,分成许多小目标,在完成每个小目标时都及时地给予强化,从而不仅有利于目标的实现,而且还能通过不断的激励增强信心。

（4）及时反馈工作结果,及时强化。

所谓及时反馈,就是通过某种形式和途径,及时地将工作结果告知行动者。要取得最好的激励效果,应该在行为发生后尽快采取适当的强化方法。如果管理者对行为结果不重视,那么这种行为重复发生的可能性就会减少以至消失。因此,必须将及时反馈作为一种强化手段来加以利用。

（5）使用负强化时必须解释原因,并且不要当众惩罚员工。

管理者在采取负强化时,必须让员工知道这样做的理由,力求严肃认真、实事求是,使员工口服心服。同时,不要当众惩罚员工,这样会使其感到屈辱,可能也会引起工作团队对管理者的不满。

（6）奖惩结合,以奖为主。

强化理论认为,一种行为长时间得不到正强化,就会逐渐消退。因此,在强化手段的运用上,应该以正强化为主;同时,在必要时也要对坏的行为对给予惩罚,做到奖惩结合。

二、归因理论

归因理论最初由美国心理学家弗里茨·海德于 1958 年在《人际关系心理》中提出,是关于人的某种行为与其动机、目的和价值取向等属性之间逻辑结合的理论。

（一）归因理论的含义

归因理论主要探讨人们行为的原因,是分析因果关系的各种理论和方法的总称。它试图根据不同的归因过程及其作用,阐明归因的各种原理。

归因理论认为,人的行为的原因可分为个性倾向归因和情境归因。其中,个性倾向归因把个人行为的根本原因归结为行为者本身的因素,如个人的自身能力、兴趣、性格、态度、信念、努力程度等;情境归因把个人行为的根本原因归结为外部力量,如他人的期望、环境条件、社会舆论、企业的设备、奖励和惩罚、指示和命令、天气的变化、工作的难易程度等。

归因时通常使用不变性原则,即寻找某一特定结果与特定原因之间的不变联系。如果某个特定的原因在许多条件下总是与某种结果相连,而且特定原因不存在,则相应的结果也不出现,那么就可把特定结果归结于那个特定的原因。

1967 年,美国社会心理学家哈罗德·凯利在《社会心理学的归因理论》中对海德的归因理论进行了扩充和发展,将归因现象分为单线索归因和多线索归因。其中,单线索归因根据一次观察就作出归因,得出的结论偶然性很大;多线索归因根据多次观察同类行为或事件作出归因,得出的结论具有很大程度的确定性。

（二）归因的三度理论

任何归因都涉及三个方面的因素:客观刺激物、行动者、情境。对这三个因素中的任何一个因素都取决于区别性、一贯性和一致性这三个信息。其中,区别性是指行动者是否对同类其他刺激作出相同的反应,这种行为是在众多场合下表现出来的,还是仅仅在某一特定情境下表现出来的。一贯性是指行动者是否在任何情境和任何时间都对同一刺激物作出相同的反应,这种行为是否稳定持久。一致性是指其他人对同一刺激物是否也作出与行为者相同的反应方式。

（三）归因的影响因素

20 世纪 80 年代,美国心理学家伯纳德·韦纳在《动机和情绪的归因理论》中,把对行为成败的影响因素总结为能力、努力、身心状况、机遇、工作难度、其他(如别人的帮助、评价公正等)这六个方面:

这六个归因影响因素中,能力、努力和身心状况属于内因,而机遇、工作难度以及其他因素则属于外部原因。从稳定性来看,能力、工作难度和身心状况属于稳定因素,而努力、机遇和其他因素则属于不稳定因素。从可控制性来看,能力、努力和身心状况是可以控制的因素,而工作难度、机遇和其他因素则属于不可控因素。

三、挫折理论

挫折理论研究人们遇到挫折后会采取什么行为反应,以及管理者应该如何针对员工遇到的挫折采取相应的措施,引导员工的行为,走出挫折的阴影,积极努力地对待工作。

（一）挫折的含义

挫折是指人们从事有目的的活动,在环境中遇到障碍和干扰,使其需要和动机不能获得满足时的情绪状态。挫折是一种普遍存在的社会心理现象,这是因为客观事物纷繁复杂,环境不断地发生变化,人们对外界的环境往往无法控制,并且不以人的意志为转移。

（二）挫折产生的原因

挫折产生的原因有多种多样,而且非常复杂,不过概括起来大致可以归结为客观环境与主观条件两个方面。

1. 客观环境引起的挫折原因

客观环境引起的挫折原因包括自然环境因素、物质环境因素、社会环境因素。

其中,自然环境因素是指因为气候变化及自然灾害所引起的个人能力无法克服的困难。物质环境因素是指由于物质的缺乏或故障,使人们无法满足其需要而形成的挫折。社会环境因素是指所有个人在社会生活中所遭受的政治、经济、道德、宗教、风俗习惯等人为因素的限制。社会环境因素又包括家庭环境、人际关系和社会文化等三个方面的内容。

2. 主观环境引起的挫折原因

主观环境引起的挫折原因包括个人的生理条件、个人目标的适宜性、个人价值观和态度的矛盾、个人对工作环境的熟悉程度。

其中,个人的生理条件是指个人具有的智力、能力、容貌、身材以及生理上的缺陷、疾病所带来的限制。

个人目标的适宜性是指每个人的行为都是指向一定目标的,在正常情况下,这些目标应该根据自身的客观条件,通过努力才能实现。但是,在实际生活中,许多人所设定的目标往往过高,即使努力也无法实现,就会产生挫折感。

除生理条件和个人目标的适应性外,人们对于事物的取舍,是否愿意在某项事情或工作上花时间和费用,都取决于其价值观念。每个人都只愿意做他认为值得做的事情。在很多情况下,人们可能同时追求两个或两个以上的目标,而无法都达到,就必须学会取舍。

要有效地完成工作、适应环境,就必须对工作条件及周围的环境作深入、全面的了解。如果对工作条件和环境了解不够,将会增加工作的难度,甚至会引起适应不良的情况,常常使人遭受不必要的困难和挫折。

（三）挫折的行为表现

一个人遭受挫折以后,无论是外在因素还是内在因素引起的,都会以一定的行为方式表现出来,这些行为方式包括愤怒的攻击、不安、冷漠、退化(行为表现与年龄不吻合,显得幼稚)等。

第五节　综合型激励理论

一、期望激励模型

美国心理学家和行为科学家莱曼·波特（Lyman Porter）和爱德华·劳勒（Edward E. Lawler）于 1968 年在《管理态度和成绩》一书中首先提出了期望激励模型理论。期望激励模型综合了各类激励理论，并试图将这些理论纳入一个统一的系统之中，成功地运用一个激励模型来直接探讨满足感和绩效之间的关系。

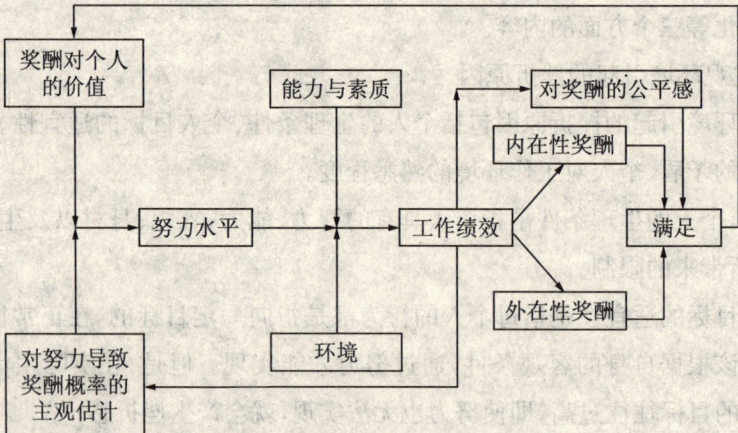

图 14.11　波特-劳勒期望激励模型

期望激励模型把各种激励理论组装成一个完整的体系，反映激励过程的全貌和整体运行机理。其特点是：

（1）激励决定一个人是否努力及其努力的程度。

（2）工作的实际绩效取决于能力的大小、努力的程度以及对所需完成任务的环境，三者共同起作用。

（3）奖励要以绩效为前提，不是先有奖励后有绩效，而是必须先后完成组织任务才能导致精神与物质的奖励。因此，当员工看到奖励与绩效的关联性很差时，奖励就不能成为员工提高绩效的刺激物。

（4）奖励措施是否令人满意，取决于被激励者认为获得的报酬是否公平。如果员工感到报酬符合公平原则,就会感到满意,否则就会感到不满意。同时,满意将会导致员工进一步的努力。

二、工作特征模型

美国哈佛大学教授理查德·海克曼(J. Richard Hackman)和伊利诺伊大学教授格雷格·奥德海姆(Greg Oldham)于1976年提出了工作特征模型,也称作五因子特征理论、工作设计模型。工作特征模型将内容型与过程型激励理论进行了综合,认为良好的工作特征本身就包含了激励因素,可以改善员工的心理状态,进而产生高激励、高绩效与高满意度的效果,并且带来低矿工率与低流动率的结果。

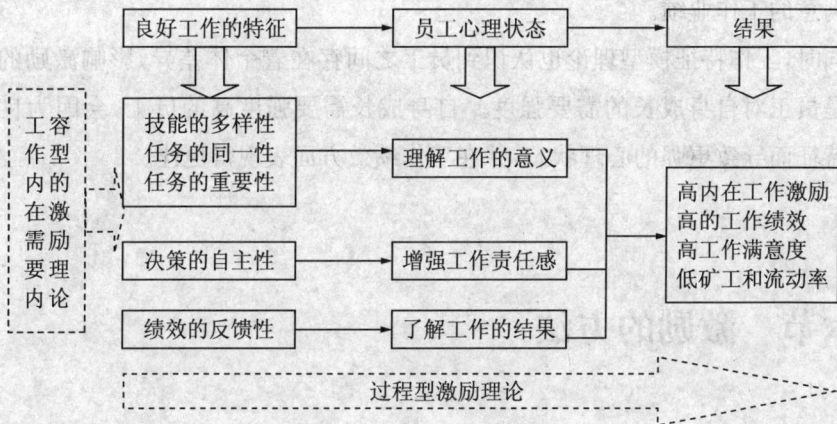

图 14.12　工作特征模型

工作特征模型理论认为,具有良好激励作用的工作设计包含5种特征:

(1) 技能的多样性。一项工作需要若干种不同类型的技能才能完成,而不是只需一种技能的单调工作。

(2) 任务的同一性。员工所承担的工作具有完整性和可辨性,个人可以全面了解整个任务的完整内容,而不是只承担其中的一部分工作,对任务的全貌无从了解。

(3) 任务的重要性。一项工作对组织内外的其他人的工作或生活具有比较重要的影响,而不是影响较小的次要工作。

(4) 决策的自主性。一项工作为承担者在安排工作内容、确定工作程序和方法等方面提供了比较宽松的自由度和较多的独立自主的决策权,而不是什么事情都听从他人的安排和指令。

(5) 绩效的反馈性。员工在完成任务的过程中,可以直接而明确地获得有关自己工作绩效的信息,而不是糊里糊涂地干活,感觉不到自己的成就和不足。

具有以上五种工作特征可以让员工产生和改善三种心理状态:第一,一项工作如果具备前 3 种特征,可以让员工理解和感受到自己所承担工作的意义、价值和重要性。第二,如果工作具有决策的自主性,可以让员工增强工作的责任感。第三,如果工作具有绩效的反馈性,可以让员工及时了解自己工作的效果,一方面可以增强工作的成就感,另一方面可以及时发现问题,调整自己的行为,更好地完成任务。

工作特征模型强调的是员工与工作岗位之间在心理上的相互作用,并且强调最好的工作设计应该给员工以内在的激励。当员工认识到工作的意义,增强了工作责任感,并获得工作结果的反馈信息时,就可以获得一种内在的激励,进而取得令人满意的工作业绩。

同时,工作特征模型理论也认识到员工之间存在着个体差异,影响激励的个体因素是员工对自身成长的需要强度。自身成长需要强度高的员工,会因为良好工作的特征而导致更强的心理状态,并在工作绩效方面表现得更佳。

第六节   激励的方法

在实践中,激励与绩效之间并不是简单的因果关系。任何一种激励理论都只是说明了激励行为的某一方面,没有一种理论或模型可以充分解释动机和激励,因

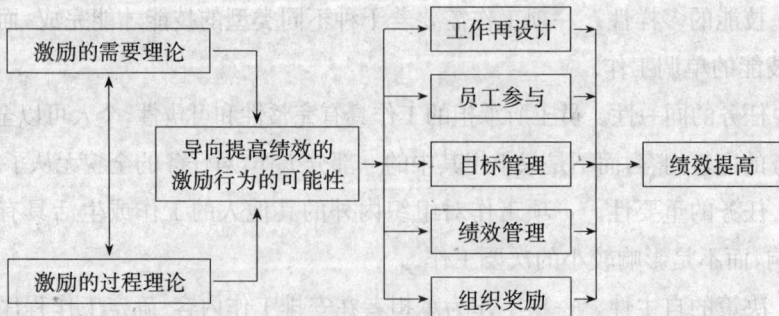

图 14.13   激励与绩效之间的关联性

而不可能把激励涉及全部内容都包括进去而成为一种完美无缺的理论框架。因此,管理者在设计激励制度时,应当以系统工程的视角从整体上来把握组织的现状和目标,从而使众多激励措施、方案和制度之间相互衔接、补充与支持,进而达到整体的激励效果。

一、工作再设计

双因素理论揭示,只有工作本身才能成为真正有利于工作绩效改善的激励因素。因而,并不是所有类型的工作都可以激励员工,只有设计合理的工作才能使员工满意,起到良好的激励作用。

（一）工作专业化

最早的工作设计思想来自于科学管理的创始人泰勒,其主张对工作进行科学研究,进行专业化分工,把工作划分得更细,然后把所有工人完成工作的操作加以标准化。工作专业化带来了效率的大大提高,已经成为工作设计的最基本原则。但是,工作专业化也有其致命的缺陷,比如,会出现工作单调、缺乏乐趣、协作困难、推诿怠慢等现象,促使管理者开始思考工作的再设计问题。

（二）工作轮换

为了减少工作专业化而引起的工作单调性,工作轮换已经成为一种重要的替代手段。工作轮换是指在组织的不同部门或在某一部门内部调动员工的工作,促使其理解不同工作的特殊要求与组织目标的系统需要,从而能够以更加开阔的视野来处理工作的问题,进一步服务于组织目标。

（三）工作扩大化

工作扩大化是指工作范围的扩大或工作多样化,从而给员工增加工作的种类和工作的强度。工作扩大化通常与原来的工作紧密相关或相似,使员工有更多的工作可做。工作扩大化可以使组织效率提高,因为它减少了把产品从一个人手中传给另一个人手中的环节,节约了时间,提高了员工操作的熟练程度。同时,工作扩大化使员工承担整个产品的完成工作,增强了员工的成就感。

（四）工作丰富化

所谓工作丰富化,是指在工作中赋予员工更多的责任、自主权和控制权。工作丰富化往往从垂直的角度上扩展其工作内容,增加工作的深度。它不同于工作专业化、工作扩大化和工作轮换,要求员工承担更多的任务、更大的责任,员工具有更大的自主权和更高程度的自我管理,对工作绩效具有更多的反馈控制。

二、可替代性的工作安排

(一)弹性工作时间

弹性工作时间是指在完成规定的工作任务或固定的工作时间长度的前提下,员工可以自由地选择工作的具体时间安排,以代替统一的、固定的上下班时间的制度。弹性工作时间是 20 世纪 60 年代由德国经济学家提出来的,当时主要是为了解决员工上下班交通拥挤的问题,目前已经成为灵活安排工作的一种主要方式。弹性工作时间让员工自己选择工作日程,满足其想得到更多闲暇的需要。

(二)工作分担

工作分担是由两名或更多的兼职员工分担一项全职工作。工作分担可以减少失业,吸引更多的人就业。同时,它还可以帮助企业降低组织的成本,因为兼职员工的工资、福利与全职员工相比要少得多。

(三)远程办公

远程办公是允许员工在一定的时间里不在办公室而是在家里处理工作。目前,随着互联网技术的快速发展与广泛应用,员工可以利用 E-mail 和视屏会议等多种信息技术来完成自己的工作。对员工而言,远程办公可以减少上下班途中花费的时间,工作自由度大大增加,有更多的时间兼顾家庭和工作之间的平衡。对组织而言,它可以减少缺勤和离职等工作怠慢现象。但是,远程办公增加了协调难度,具有在家办公效率不高等缺陷,这更增加了工作管理与监督的难度,使组织对员工的控制能力下降,甚至可能影响组织任务的完成与目标的实现。

三、员工参与

员工参与又称员工卷入,是指利用员工的投入来增加他们对组织成功的承诺的一种参与过程,主要方式有参与管理、代表参与、质量圈、合理化建议等。增强员工对于其所完成的工作和服务的组织的决策权与话语权,是激励理论应用于实践的一种具体表现形式。

(一)参与管理

参与管理的核心内容在于让员工分享组织的决策权,参加各级管理工作的讨论和研究。参与管理可以使下级感受到上级主管的信任,从而体验到自己的利益与组织的利益、组织的发展之间的密切关系,进一步产生强烈的责任感,为实现组织目标提供了保证,促进组织的蓬勃发展。参与管理的具体形式可以采用鼓励员工参加一些事务的管理、倾听下属的意见、研究决策方案以及提供合理化建议等方式。

(二) 代表参与

代表参与实质上是参与管理的一种具体形式,它是指选举部分代表参与到决策中去。在现代企业的公司治理中,比较典型的做法是设立职工监事委员会和董事会代表。

(三) 质量圈

质量圈最早起源于日本,后来被全世界其他国家广泛运用。它是由通过共同工作而生产某一特定部件或提供某一特定服务的工作人员自愿组成的工作小组,每周在工作之前或之后见面一次,讨论生产问题并找出解决办法。因此,质量圈具有很好的协作精神,能够及时地发现工作的问题,并提出具有专业水准的处理方法。

(四) 合理化建议

合理化建议最早由德国的克虏伯于 1872 年提出,目前已经成为企业管理的重要措施之一。它是指鼓励员工对于组织现行的运行和管理体制提出具体的建议,指出存在的问题和不足,同时给出相应的解决方案,以此达到提高产品质量,简化工艺,节约材料和工作时间,增强生产安全、环境保护和劳动保护的目的。

随着互联网时代的来临,合理化建议也步入 e 时代。例如,在上海大众汽车公司,员工可以通过公司内部网站访问在线管理系统,不但可以在系统中直接输入合理化建议,查询到公司内每一条合理化建议的内容,而且可以通过在线查询,看到每条合理化建议的实施状态,并不断进行跟踪。在生产车间的员工可以将合理化建议提交班组长,由班组长在班组计算机中统一输入信息。仅 2004 年度,公司就收到由员工提交的合理化建议 15 332 条,其中实施完成了 8 449 条,实施技术改进为公司节约了一大笔开支。

四、目标管理

目标管理是一个更广泛的目标设定过程,它通过组织目标进行层层分解,落实到每一职位,并清楚地界定了个人的权利与责任,再通过制度设计来保证个人完成目标后的回报,或者完不成目标所遭受的惩罚。

在管理学家德鲁克提出的目标管理理论与心理学家洛克提出的目标设定理论中,存在着一个共同的基础:员工所接受的目标越清楚、合理,他所受到的激励效果就越显著。在西方国家,目标激励已经成为组织管理中至关重要的激励手段。一般来说,目标设定过程的基本逻辑推理包括四个阶段:(1)确定要达到的标准;(2)判断标准能否达到;(3)判断这个标准与个体目标是否匹配;(4)接受标准,目标随之确定,并开始为实现目标而采取行动。

五、绩效管理

绩效管理的核心是对个体或群体绩效的度量。绩效评估的目的是为了获得有价值的反馈,它可以为组织提供员工的工作状态的衡量结果。同时,还可以对员工过去的绩效进行判断以及预测未来绩效的发展趋势,进一步为员工提供职业生涯的发展参考。

绩效管理的整个过程实质上设定了组织对员工激励的基础,员工将根据绩效评估的结果来调整自己在组织中的行为。

绩效管理主要包括三个方面的内容。

(一)评估者

在大多数评估系统中,员工的评估者就是他的直接上级,因为主管在监督日常工作的业绩方面处于最有利的地位。同时,为了避免主管对下属的信息掌握不完整或者受到故意的歪曲,往往采用引进多个评估者的方法来克服。目前,西方国家企业普遍采用的360度反馈方法,主要由领导、同事和下属来共同参与评估,这种评估系统会对员工的绩效给出更完善的评价。

(二)评估的频率

评估的频率就是评估的周期和次数。大多数组织往往会采取一年一次评估,也有的组织采取一季度一次评估。随着互联网技术的发展,组织中办公自动化程度越来越高,对员工的评估周期可以越来越短,甚至某些领域可以做到实时监控。

(三)评估的方法

评估员工绩效最常用的方法包括图示法评级、检查表、评议书等。无论采用哪种评估方法,关键是要能全面、客观、真实地反映被评估者的业绩状况,为组织提供有价值的信息反馈。否则,评估过程就失去了应有的价值和意义。

六、组织奖励和报酬

激励系统最重要的组成部分是组织奖励和报酬,而组织奖励和报酬最重要的组成部分则是物质奖励和报酬,包括工资、奖金、补贴和福利等。同时,精神奖励也很重要,比如,表扬、称赞和荣誉等,它们是对员工的绩效的另外一种肯定形式。

（一）物质奖励和报酬

1. 基本工资

对于绝大多数员工来说,最重要的工作奖励就是基本工资。因为获得工资收入是其工作的主要动机,它可以满足员工的基本生活需要和其他层次的需要。对组织来说,工资系统设计的好坏直接关系到员工的切身利益,影响到他们的工作热情。

2. 激励性的奖励系统

大多数组织除了提供基本工资以外,还设有其他激励性的奖励系统,以促进员工努力工作。目前,西方国家的激励性奖励形式主要有:

（1）计件工资:将工人的收入与生产数量挂钩。

（2）收益分享系统:根据员工或工作群体提出的降低成本的建议,将收益的一部分给予他们。

（3）红利系统:根据组织或部门的财务绩效向管理者发放的报酬。

（4）长期报酬:根据股票价格、每股收益或股权收益向管理者发放的收入。

（5）价值报酬计划:根据员工的业绩效决定加薪。

（6）利润分享计划:根据事先确定的比例将公司的利润分配给员工。

（7）员工股票期权计划:为员工提供按折扣价格购买股票的权利。

3. 福利

福利又称为间接报酬,它是组织报酬计划的一个组成部分。福利通常包括以下内容。

（1）不工作时间的报酬。比如,上班期间和下班期间等自由时间的报酬。上班期间的自由时间包括午餐、休息、茶歇、清洁和准备时间;下班期间付酬的时间包括假期、病假等。

（2）养老和社会保险。组织和个人分别负担按照国家规定必须缴纳的养老和社会保险,其中组织负担的部分属于福利。

(3) 失业保险。组织和个人共同负担的,当员工失去工作或暂时被迫离岗时获得一定的失业补偿。

(4) 健康保险。健康保险包括:医疗保险、工伤保险和生育保险;其中,医疗保险由组织和个人共同负担,而工伤保险和生育保险则由组织承担。员工在生病或受到伤害后,可以获得一定的补偿。

(5) 住房公积金。住房公积金是解决城市住房问题的专项基金,由个人和组织共同承担,其中,组织承担的部分属于福利。

以上福利又被称为"四险一金",其中"四险"是我国法律明文规定的内容,而"一金"则由组织自行决定。

4. 补贴

补贴是给组织的部分成员提供的特别福利。比较常见的补贴有通信费、汽油费等,其他的补贴包括出差旅行时乘坐头等舱、星级旅馆住宿等,甚至提供飞机、餐厅、高级俱乐部的会员资格等。补贴的提供有利于提升员工的地位,提高组织的形象,增加员工的工作满意度和减少离职。

5. 奖金

在许多组织里,员工会由于各种特别的表现而获得奖金,这也是物质奖励和报酬的重要组成部分。

(二) 精神奖励

精神奖励是以满足员工的精神需求为着眼点的一种内在激励方法。与物质激励相比,精神需求的影响更为持久和深远。其原因在于:首先,精神需求可以满足员工深层次的需要。根据马斯洛的需要层次理论、ERG 理论和期望理论等,在基本的生理、安全需要得到满足之后,员工更关注尊重、自我实现和成就需要等精神内容,而精神激励能够满足员工的这些需要。其次,精神奖励带来满足感、成就感和荣誉感,使员工产生深刻的组织认同感。因此,在精神需求得到满足之后,员工会自觉地与组织形成同甘共苦的命运共同体,增强组织的凝聚力。再次,有效的精神激励在员工中形成具有组织特色的道德氛围,塑造良好的、积极向上的组织文化,进而推动员工做出良好的自我约束和自我激励。

1. 认可

当员工顺利地完成某项工作时,最需要得到组织对其工作的肯定,其中,上级管理人员的认可就是组织肯定的一种形式。

2. 称赞

称赞也是认可员工的一种形式。对员工的称赞实质上意味着对员工的尊重，它代表着员工在组织中占据一定的职位，发挥着重要的作用，他本人受到了组织的关注，他的工作不是无足轻重、可有可无的。

3. 职业生涯

员工在组织中都希望有一个理想的发展空间，以便得到更多物质报酬和精神鼓励，实现人生的价值。因此，组织帮助员工了解自身有哪些优点与不足，具备什么样的潜力，将有哪些成长机会让员工清楚地认识自己，应该具有什么样的人生规划，都具有非常明显的激励效应。

4. 工作头衔

员工在组织中是否得到尊重是影响其工作态度和士气的关键因素。工作头衔是组织对员工重视的一种表达形式。因此，组织在使用各种头衔时，可以考虑让员工参与、提出建议，让他们接受这些头衔，并融入组织文化中。工作头衔是一种荣誉感，会产生积极的态度，导致组织运作的良性循环。

5. 工作环境

工作环境是指工作期间员工所处的周围条件，它直接关系到员工的身心健康，是影响员工满意度的一个重要因素。

6. 培训

组织向员工提供各种学习、锻炼的机会是一种有效的激励方式。培训可以为员工提供增强自身素质、增加人力资本以及为将来更好的发展机会和条件。尤其是在现代社会，知识的更新速度越来越快，员工在组织岗位上受到的挑战也越来越多，对学习的需要越来越强烈。因而，培训激励已经成为世界各国企业普遍采取的一种方法。

7. 细心的指导

细心的指导意味着员工的发展，它不仅传递着相应的知识与技巧，而且还使员工感受自己的存在价值。无论什么时候，肯定的反馈都是激励员工的重要手段。

8. 领导角色

让员工承担领导角色，不仅可以锻炼员工的能力、促进其成长，而且还有助于组织识别、选拔后备人才。让员工主持短的会议；通过组织培训会议发挥员工的力量及技能，让员工领导这个培训；在某位员工参加外面的研究会或考察后指派其担任培训会议的领导，让他简短地对其他员工说明与研究会相关的内容及重点;让员工领导一个方案小组来改善内部程序等,都是有效激励员工的重要举措。

9. 团队精神

如果完成组织任务需要多种技能、经验和判断,通常团队比个人做得更好。当组织进行重组以增强其竞争力时,它们依靠团队能更好地利用员工的才干。在动态的环境中,团队精神具有快速组合、重新定位的能力。通过不定期地让员工交流想法、让员工一起参加某种群体活动或旅游聚餐、把员工的合影悬挂在显眼的位置等,可以创造一个以团队为导向的氛围,是培养团队精神的重要手段。团队精神可以让员工产生自豪感,保持对团队的忠诚、增强团队凝聚力。

10. 榜样

榜样的力量是无穷的。在任何环境中,当员工遇到榜样在起示范作用时,都会不自觉地产生不服输的内在心理,因此就会激发出其克服困难、争取成功的信心和决心。榜样激励就是通过满足员工好胜、模仿与学习的需要,将员工的行为引导到组织目标所期望的方向上。

案例分析

欧莱雅的激励机制

欧莱雅十分重视激励机制,树立诱人的梦想,带来好的"收成",当员工以"诗人"的梦想与"农民"的实干实现了一个又一个成就时,欧莱雅的激励机制都会给予公平、及时的肯定,刺激员工取得更高的业绩,实现更大的梦想。欧莱雅希望员工把公司的钱当做自己的钱来经营,把欧莱雅的生意当做自己的生意来看管,让每一名欧莱雅人都成为公司的"主人翁"。

在巴黎欧莱雅总部,对刚生完孩子的女性员工,除了政府规定的要给四个半月的薪水外,欧莱雅公司还给这些职工多加一个月的薪水,并可以在 2 年之内的任何时候领取。欧莱雅的 8 000 名经理中,2 000 名已有购股权。优厚的员工福利,使欧莱雅的人才流失率保持在很低的水平,每名欧莱雅员工平均在公司工作 14 年。欧莱雅负责人力资源关系的副总裁 Francois Vachey 说:"员工的忠诚度对公司来说非常重要。他们来了,加入了我们,然后留了下来。"

关怀、信任、扶持人才,尤其是年轻人才,是欧莱雅保持朝气与活力的制胜之道。大大超出市场平均水平的优厚的薪资福利,灵活机动的晋升机制,全球内部员工持股认购、年终分红、利润共享的激励策略,吸引着全球各地的人才带着热情与智慧投入欧莱雅的怀抱。

欧莱雅建立了由薪资、福利、奖金、利润分享、股权、巴黎培训等众多激励方式组成的激励体系。

在薪资方面,欧莱雅为员工提供在行业中位于中上水平、富有竞争力的薪资。薪资根据岗位责任与业绩而决定。每年年底根据员工的业绩表现,公司会给予相应的奖励。奖金的幅度完全与业绩挂钩,表现突出奖金也多,表现差的员工甚至拿不到奖金。同时,每年公司还有利润分享计划,拿出一定比例的收益与每一位欧莱雅员工分享。股权也是一种很重要的激励方式,得到股权奖励的员工也将有更多的机会在海外从事工作或参加培训。

表现优秀的员工毫无疑问将优先得到职位晋升的机会。欧莱雅有着众多的品牌与事业部及各种产品线,当公司中某个职位出现空缺时,欧莱雅会优先考虑留给公司内部表现突出的员工,让员工感到欧莱雅用人的灵活性。

欧莱雅人视能够被派往法国巴黎总部培训为一种很大的激励。能够被选送到巴黎不仅仅是去学习某项技能及建立内部工作关系,更是一种荣誉,只有表现最突出的经理人才能得到去巴黎总部学习的机会。

欧莱雅高层与员工的沟通也起到很好的激励作用。例如,创造欧莱雅神话的CEO欧文 2003 年初访问中国,与欧莱雅中国员工进行面对面的沟通,表扬他的爱将盖保罗,激励中国的欧莱雅人,为欧莱雅中国的"诗人"们带来了新的梦想与激情。欧莱雅中国公司的总裁盖保罗是一名很活跃的意大利人,他会利用各种机会在各种场合与员工沟通,每一次的新员工培训,他都要亲自参加并向新人介绍欧莱雅,激励他们在欧莱雅实现梦想。

(资料来源:中国人力资源网摘选。)

案例思考题:

1. 欧莱雅采用了哪些激励措施? 效果如何?
2. 欧莱雅的高层是怎样认识激励机制的?

本章小结

动机是引起和维持个体的活动,并使活动朝向某一目标的内在心理过程或内在动力,它是由人的内在需要所引起的。需要转化为动机需要两个条件:一是需要有一定的强度;二是诱因的刺激。

激励理论分为内容型激励理论、过程型激励理论、行为改造型激励理论和综合激励理论。其中,内容型激励理论包括马斯洛的需要层次理论、赫兹伯格的双因素理论、奥德弗的 ERG 需要理论、麦克利兰的成就需要理论以及麦格雷戈的 X-Y 理论。过程型激励理论包括期望理论、公平理论和目标设置理论。行为改造型激励理论包括强化理论、归因理论和挫折理论。综合激励理论主要包括期望激励模型和工作特征模型。

激励的实务与方法包括物质与精神两个方面,每个方面又包含多种方法。

本章思考题

1. 什么是动机? 动机和激励有什么区别与联系?
2. 激励的基本过程是怎样的?
3. 需要层次理论有哪些主要内容?
4. X 理论与 Y 理论的人性假设有何差别?
5. 按照双因素理论,什么因素才能真正激励员工? 为什么?
6. 根据期望理论,激励力的大小取决于哪些因素?
7. 根据公平理论,当个人认为不公平时,会有哪些表现?
8. 强化理论的主要思想是什么? 对管理者有什么启示?
9. 目标设置理论的主要思想有哪些? 怎样设置目标?
10. 管理者怎样进行工作再设计? 有哪些方法?
11. 组织的奖励和报酬包括哪些内容?

第十五章

沟　通

本章学习目标

通过本章的学习,理解并掌握:

1. 沟通的概念、沟通的功能、沟通过程和沟通分类;

2. 人际沟通的障碍和如何改善;

3. 组织沟通的基本因素、组织的正式沟通/非正式沟通和组织沟通网络等。

引导案例

美国斯塔福德公司的小道消息

斯塔福德航空公司是美国西北部的一个发展迅速的航空公司。最近,在其总部发生了一系列的传闻:公司总经理波利想出卖自己的股票,却又想保住自己的总经理职位。这是公开的秘密了。同时,波利还为公司制订了两个战略方案:一个是把航空公司的附属单位卖掉;另一个是利用现有的基础重新振兴发展。波利还曾经对这两个方案的利弊进行了认真的分析,并委托副总经理本杰明提出一个参考的意见。本杰明曾为此起草了一份备忘录,随后叫秘书比利去打印。比利打印完毕就去职工咖啡厅,在喝咖啡时他将这个消息告诉了遇到的另一位副总经理肯尼特。

比利对肯尼特悄悄地说:"我得到了一个极为轰动的最新消息。他们准备成立另一个航空公司。虽说不裁减职工,但是我们应当联合起来,有所准备啊!"刚好这话又被办公室的通讯员听到了。通讯员又高兴地立即把这个消息告诉了他的上司巴巴拉。巴巴拉又为此事写了一个备忘录给负责人事的副总经理马丁。马丁也加入了联合阵线,并认为公司应保证兑现其不裁减职工的诺言。

第二天,比利正在打印两份备忘录时,又刚好被路过办公室的摩罗看见了。摩罗随即跑到办公室说:"我真不敢相信公司会做出这样的事情。我们要被卖给联合航空公司了,而且要大量削减职工呢!"

消息传来传去,三天后又传回到总经理波利的耳朵里。同时,波利接到了许多极不友好,甚至充满敌意的电话和信件。大家都纷纷指责他企图违背诺言而大量裁减员工,有的人也表示为与别的公司联合而感到高兴,而波利则被弄得不知所措。

(资料来源:芮明杰:《管理学:现代的观点》,上海人民出版社 2002 年版。)

思考题:

通过上述案例,可以发现小道消息的传播与正常沟通之间存在什么样的关系?是否有可能将非正式沟通关闭? 如何关闭?

第一节　沟通概述

沟通是人类社会的普遍现象,一切人类交往都属于沟通活动。沟通是管理活动中最重要的组成部分,也是管理者最重要的职责之一。在组织的管理过程中,要使群体成员在一个共同的目标下协调一致地工作,就需要在管理者与被管理者之间、管理者与管理者之间建立有效的沟通。

一、沟通的概念

沟通是指利用一定的手段把信息、思想和情感在两个或两个以上的个人或群体中传递、交换和理解的过程。沟通的目的是通过彼此的理解和认同来使个人或群体之间的认知与行为相互适应，达到某种共同的目标。沟通包含着下面几层含义：

首先，沟通涉及两个以上的主体。沟通是两个以上的主体的行为过程，在这个活动过程中实现信息的传递、接收与理解，实现他们沟通的目的。没有接收者和发送者的沟通是不存在的。

其次，沟通强调了信息的传递。信息可以有多种表现形式，比如，声音、文字、图片、温度、体积和颜色等，这些都可以通过人的各种感觉器官来接收。如果没有信息的发送与接收，沟通就不会发生。

再次，沟通包含了对信息的理解。沟通的信息包括事实、情感、价值观、意见观点等。要想使沟通成功，就必须理解信息，才能达到沟通的目的。因此，不同的沟通主体往往采用不同的沟通工具，而选择什么样的媒介作为沟通工具对能否达到沟通目的是非常重要的，它影响到大家对信息的理解。

二、沟通的功能

（一）沟通的功能

1. 沟通是润滑剂

由于员工的个性、价值观、生活经历等方面的差异，个体之间会存在观点的差异，产生矛盾冲突。通过沟通，可以使员工懂得尊重对方和自己，不仅了解自己的需要和愿望，也能通过换位思考，增进理解，建立信任、融洽的工作关系。

2. 沟通是黏合剂

沟通的黏合剂功能，可以将组织中的个体聚集在一起，形成一个整体；也能使组织中的员工在组织的发展蓝图中描绘自己的理想，或在构建自身的人生道路中促进组织的发展。同时，沟通还能促进与其他个体协调合作，在实现组织愿景的努力和工作中，追求个人的理想和人生价值。

3. 沟通是催化剂

通过沟通可以激发员工的士气，引导员工发挥潜能，施展才华。研究表明，一些规模中等、制度健全的企业，员工往往只能发挥 15％的潜能。其原因是员工不清楚组织发展的目标，以及组织与个人目标之间存在什么关系。因而，良好的沟通可以通过上级与下属、员工与员工之间的沟通和交流，增进员工对组织目标的理解，从而激发员工内在的潜能，团结协作，实现企业的目标。

（二）沟通的基本作用

1. 降低管理的模糊性

有效的管理是组织不断发展壮大的必然保证，而有效的管理需要完善、高效的沟通网络。组织里部门的分割，岗位职责的差异，造成员工认识的模糊性和不确定性产生，因而面对变幻莫测的环境，容易发生决策失误，而健全、高效的沟通网络可以降低模糊性产生的失误。

2. 实现有效的管理

有效的沟通能力是组织成功的关键。组织中所有管理职能的履行都依赖于管理者和下属之间进行的有效沟通。管理者在作出重要决策前，有必要从公司各部门人员处获得信息，然后将最终决策反馈给下属，以顺利执行决策。为激励员工，管理者需要和员工一起设立目标，并指导他们如何正确履行职责。在业绩评估过程中，管理者需要向员工反馈他们的工作结果，同时展示评估的依据。

3. 满足员工对信息的需要

随着信息技术的发展，员工呈现出越来越强的参与意识，对信息的需求也日趋迫切，愿意了解组织的发展方向和运营状况。尽管不同的个体对信息内容表现出很大的需求差异，但是只有通过组织内畅通的沟通渠道才能得到实现。如果沟通的需要不能通过正式渠道得到满足，必然催生非正式渠道的产生，而它可能会妨碍管理工作的顺利开展。

4. 构建和谐的工作关系

高效的组织能帮助并鼓励员工与员工之间建立和谐的工作关系。因为工作而结成的员工关系在许多方面影响员工的行为表现。而良好的沟通渠道有助于构建并维系积极向上的工作关系。

5. 促进组织的学习

组织学习的观念正逐渐被社会广泛吸收，正在成为组织发展的新的力量源泉。为了能够在激烈的市场竞争中获得优势，建立起对市场的快速反应能力，组织内部的沟通与组织之间的沟通尤其重要。

三、沟通的过程

沟通是信息的传递和理解过程。信息在发送者与接收者之间传送，一般要经历下面的途径。图 15.1 描述了沟通过程。

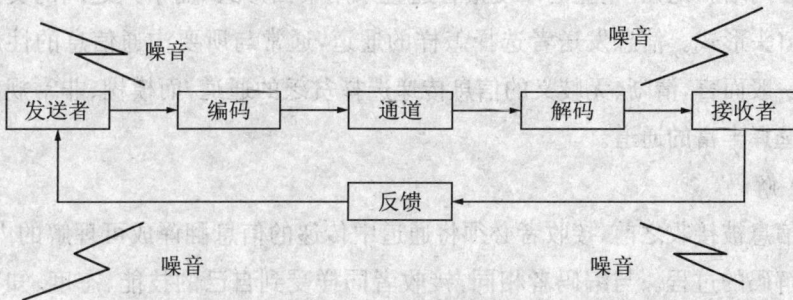

图 15.1 沟通的过程

每个完整的沟通过程都会包括发送者、接收者、编码与解码、信息、反馈、噪音等一系列要素。在选择沟通策略的时候,这些要素相互依赖、相互作用,共同发挥作用。

(1) 发送者。

发送者是信息的源头,是指有信息并试图进行沟通的人或组织。发送者必须激发沟通的过程,决定沟通的对象。在实施沟通之前,发送者必须决定试图沟通的信息,然后将这些信息转化为可以接收的信息符号,比如,语言、文字等形式,再将信息提供给接收者。

(2) 编码。

编码是指将意义符号化,编成一定的语言、文字或者其他形式的符号。为了有效进行沟通,编码必须符合沟通所选择的通道。例如,如果通道是书面报告,符号的形式应选择文字、图表或照片;如果通道是讲座,则应选择文字、投影胶片和板书。

(3) 信息。

信息是经过信息源编码的物理产物,具有丰富的内涵。发送者说话的时候,说出的话是信息;写字的时候,写出的内容是信息;绘画的时候,图画是信息;做手势的时候,胳膊的动作、面部的表情都是信息。而信息通常受到传递意义的编码、信息本身的内容以及对编码和内容的选择与安排等三个因素的影响。

(4) 通道。

通道是由发送者选择的、传递信息的媒介物。发送者必须确定什么通道是正式的,什么通道是非正式的。正式通道由组织建立,传递与工作相关活动的信息,并遵循着组织中的权力网络。而非正式通道传递个人或者社会的信息,不依靠组织的权力网络。比如,企业的年度报告适宜采用书面形式,而个人之间的交谈则往往采用口头形式。信息发送者选择怎样的通道,通常与所要沟通信息的性质密切相关。一般而言,清晰、无歧义的信息传递选择贫乏的通道,而模糊、非常规的信息传递则选择丰富的通道。

(5) 解码。

在信息被接收之前,接收者必须将通道中传递的信息翻译成可理解的内容,这是一个解码的过程。与编码者相同,接收者同样受到自己的技能、态度、知识和社会文化系统等因素的限制。发送者应擅长写或说,接收者则应擅长读或听,而且二者均应具备逻辑推理能力。知识、态度、沟通技能和文化背景不仅影响着传送信息的能力,同样也影响着接收信息的能力。

(6) 接收者。

接收者是信息指向的客体。良好的沟通离不开接收者的需求和对沟通的反馈。在沟通中接收者学会理解别人和被别人理解,提高解码的能力,才能提高沟通的效率。例如,对文化程度低的工人和对专家传递信息时应选择不同的沟通形式和沟通内容。

(7) 反馈。

反馈的作用在于使沟通过程成为双向过程,具有互动性。如果沟通的信息最后又返回到发送者,就形成了反馈。反馈对信息的传送是否成功以及传送的信息是否符合发送者意图都可以进行核实,它确定了信息是否被理解。

此外,整个沟通过程易受到噪音的影响。噪音是指信息传递过程中的干扰因素,也是影响整个沟通的关键因素(图 15.1 中以霹雳线表示)。典型的噪音包括:难以辨认的字迹、电话中的静电干扰、接收者的疏忽大意以及生产现场中设备的背景噪音。无论是内部的因素(如说话人或发送者的声音过低),还是外部的因素(如同事在桌旁高声喧哗),只要对沟通的理解造成了干扰,那它就是噪音。噪音可能在沟通过程的任何环节上造成信息的失真。

四、沟通的类型

沟通的种类很多,按照不同的标准可以分成不同的类型,而且每种类型的沟通所涉及的方法和技巧也不相同。

（一）工具式沟通和感情式沟通

按照功能和目的划分，沟通可以分为工具式沟通和感情式沟通。

1. 工具式沟通

一般说来，工具式沟通指发送者将信息、知识、想法、要求传达给接受者，其目的是影响和改变接受者的行为，最终实现组织的目标。

工具式沟通是以信息传递为导向的，其内容一般不涉及人与人之间的感情因素。因此，有效的工具式沟通是管理者协调组织部门之间关系的重要条件。

2. 感情式沟通

感情式沟通指沟通双方表达情感，获得对方精神上的同情和谅解，最终改善相互间的人际关系。人们通过人与人之间思想、感情的交流满足了情感接受和宣泄的需要，使得人们的各种社会需求不断地得到激发与满足。同时，由于受到人的自身能力的限制，必须与他人进行分工与合作，才能保证任务的实施和完成。人只有善于与他人沟通，才能更好地生存和实现目标。

社会学研究表明，人的社会属性主要来自人与人之间的沟通。感情沟通实际上就是一种社会属性，具有以下几个特点：首先，人际之间的沟通主要是通过语言或文字形式来进行的；其次，人际之间的沟通不仅传递消息，而且进行情感、思想、态度、观点的交流；再次，在人与人的沟通过程中，心理因素具有重要意义。

（二）语言沟通与非语言沟通

沟通的信息载体是沟通媒介的组成部分之一。按照直接用于沟通的媒介载体划分，沟通可分为语言沟通与非语言沟通两类。其中，语言沟通又可以进一步细分为口头沟通和书面沟通等；非语言沟通主要包括身体语言沟通、副语言沟通以及信号沟通等。各种沟通方式的比较如表 15.1 所示。

1. 语言沟通

（1）口头语言沟通。

口头语言是沟通的重要信息载体。人们进行面谈、电话交流、讨论会和演说会时，都是采用口头语言载体的沟通。口头沟通既可以是面对面的，也可以通过电话不见面沟通；既可以是一对一的，也可以是一对多的演讲，或者是群体的会议和讨论；既可以是正式的交谈，也可以是非正式的闲聊。

管理者与下属面对面的口头沟通，会使下级觉得自己被尊重和重视。在"走动式管理"的沟通方式中，管理者通过在工作区域里走动，与下属就大家共同关心的问题进行交流，可以为管理者和下属提供重要的信息，同时有利于培养管理者与下属之间良好的人际关系。此外,通过电话媒介进行口头沟通有利于沟通信息的快速传递,节省时间,提高沟通效率。

口头沟通具有以下优点:能够进行双向交流;信息充分;沟通速度快,信息传递和反馈也快;沟通双方具有近距离的亲切感。口头沟通的缺点是:信息在传递过程中会存在失真的可能性,其明晰性较差;信息的可重复性较弱。

(2) 书面语言沟通。

书面语言沟通是指以书面文字、图表、公式和数据等形式进行的沟通。在使用广告、文件、公告、信函、备忘录、电子邮件和手机短信等沟通媒介时,一般需要采用书面载体。书面表达出来的信息通常是经过反复思考、认真推敲的,因此其含义比较明晰。对于复杂的活动,书面沟通比较准确,有利于双方再次查看,消除沟通的误解。

书面沟通的优点是:沟通的内容比较正式,逻辑性强,条理清晰,含义明确;信息可以长时间保存,可重复性强,还可以再次查看;能够减少面对面沟通带来的情绪影响,不受现场氛围和他人观点的影响;沟通内容有利于大规模传播。书面沟通的缺点是:与口头沟通相比,书面沟通需要反复推敲而耗费时间较多;书面沟通不能及时得到反馈信息,不能及时得到对方是否收到信息;书面沟通效果不如口头沟通直接,沟通效率较低。

(3) 电子沟通。

电子沟通是指运用现代信息网络、闭路电视系统、电子媒介等技术手段进行的沟通。电子沟通既有相对传统的一些方式,比如,传真、闭路电视、卫星电视,又有近十年在计算机网络基础上发展起来的新兴电子工具,比如,BBS、电子邮件(E-mail)、即时通信软件(QQ、MSN、微博、Twitter、Facebook)等。信息技术的出现和应用,从根本上改变了社会成员沟通的方式,使电子媒介成为当今社会的基本沟通手段。

电子沟通混合了口头和书面沟通的优势,其最重要的特点是快捷、廉价、准确、多方向传递,已经成为现代商务与日常生活中人们普遍选择的沟通工具,它将成为未来沟通的一种主要媒介。同时,电子沟通从根本上改变了组织内部的沟通模式,极大地提高了管理者控制员工的技能,促进了组织内部的协调,为员工提供了更多的加强合作和共享信息的机会。

2. 非语言沟通

非语言沟通是通过语言以外的载体表达和传递信息的沟通方式。例如,警笛、十字路口的红绿灯、手势、表情等都是通过非语言形式传递信息的。非语言沟通可以表达非常丰富的信息,或者传递难以用语言表达的意思。非语言沟通可以用来代替字词或句子,对语言沟通具有补充意义,通常是沟通主体内心情感的自觉流露,具有含义模糊、可控性较小、真实性较强等特点。

(1) 身体语言。

身体语言又叫作体态语言,是指传递信息的手势、脸部表情和身体其他的动作、空间位置、目光接触等信息载体。比如,在中国文化里,点头表示同意;一个人穿着正装来参加会议,说明他很重视会议;当两个人面对面交谈时,双方始终保持相当远的距离,说明沟通双方之间可能关系比较疏远;管理者与员工促膝交谈,就会给人一种亲切的感觉;谈话时不停地看手表、钟等,说明对谈话内容不感兴趣,或者可能有急事要马上离开去办理。因此,身体语言表达的含义往往十分隐讳、不直接,需要从特定的文化背景来考虑,才能体会其中的真谛。

(2) 副语言。

副语言是指一个人对传递信息的某些词汇或短语的强调。这种强调可以通过说话时的声音、语调和停顿等变化来实现。心理学研究表明,一句话的含义往往不仅取决于其字面的意义,而且还取决于它的弦外之音。语调的变化可能使得同样的一句话具有多种含义,甚至截然相反。例如,管理者对员工说:"你这是什么意思?"用平和的语调和尖厉的语调以及是否停顿等表达出来的意思可能完全不同。

(3) 信号。

信号沟通是采用具有特定含义的声音、光等信号作为载体的沟通。信号沟通往往在公共环境或特定场合采用,它具有特殊的含义,往往只有具备这种知识的人们才能确切地知道它的含义,对并不具备这种知识的人则没有什么价值。

表 15.1　各种沟通方式的比较

方式	子类型	举　例	优　点	缺　点
语言沟通	口头沟通	交谈、讲座、讨论会、电话	快速传递、快速反馈、信息量大	传递中经过层次越多,信息失真越严重,核实越困难
	书面沟通	报告、备忘录、信件、文件、内部期刊、布告	持久、有形、可以核实	效率低,缺乏反馈
	电子沟通	传真、闭路电视、计算机网络、电子邮件、卫星电视	快速传递、信息容量大、远程传递、同时多方向传递、廉价	单向传递,电子邮件可以交流,但看不到表情

续表

方式	子类型	举　例	优　点	缺　点
非语言沟通	身体语言	手势、肢体动作、表情等体态表现	信息意义十分明确,内涵丰富,含义隐含、灵活	传送距离有限。界限含糊。只能意会,不能言传
	副语言	语调、语气、音质、音量、快慢、节奏等	含义不明确	传送距离有限
	信号	声、光信号(红绿灯、警铃、旗语、图形、服饰)	信息含义明确,传递速度快捷	含义往往单一

(三)正式沟通和非正式沟通

沟通渠道是指信息沟通的通道,它由一个或若干个沟通过程中的信息发送者、信号通道和信息接收者等要素组成。按照组织系统的渠道,可以将沟通分为正式沟通和非正式沟通。

1. 正式沟通

所谓正式沟通,是指按照组织的规定,依靠组织的正式结构系统为渠道进行的信息传递与交流。正式沟通和组织结构紧密相关,主要方式包括会议、书面沟通等。

正式沟通渠道是由一个或若干个相互联系的正式沟通过程的各个环节组成的。任何一个组织为执行其政策以及实现组织目标,都必须借助于正式沟通渠道,以增进成员对组织实施策略及目标的了解,使成员能够同心协力,共同为实现组织目标而努力。因此,管理者要善于运用正式沟通,以帮助整个组织健康发展。

2. 非正式沟通

非正式沟通指以组织非正式结构系统或个人为渠道的信息交流和传递方式。非正式沟通是不受组织结构限定的工作内容之外的沟通,往往是非正式组织所采用的沟通模式。例如,公司员工外出旅游过程中的沟通,员工中具有共同兴趣的朋友之间的非工作事务的沟通,小道消息等都属于非正式沟通。

非正式沟通渠道不受组织结构、部门划分、权力体系、组织规程和工作内容等限制,其沟通途径繁多,而且没有确定的形式,组织中的每一个人都有可能成为小道消息渠道中的成员。非正式沟通能够缓解员工的焦虑情绪,传达员工潜在的愿望,弥补正式沟通渠道的信息刻板、缺失和传播速度慢等不足。因此,它一方面满足了员工的需求,另一方面也补充了正式沟通系统的不足,是正式沟通的有机补充。比如,通用电气公司前董事长杰克·韦尔奇就经常采用给员工写便条和打电话等非正式沟通方式,在公司内部营造一种近乎家庭式的亲友关系,使每个员工都有参与和发展的机会,从而增强管理者和员工之间的理解、相互尊重和感情交流。

（四）下行沟通、上行沟通、平行沟通和斜向沟通

根据信息发送者和接收者所处的级别和部门的差异、管理幅度、权力体系、业务流程和信息流程等影响因素,按照信息传递方向可将沟通分为下行沟通、上行沟通、平行沟通和斜向沟通等类型。

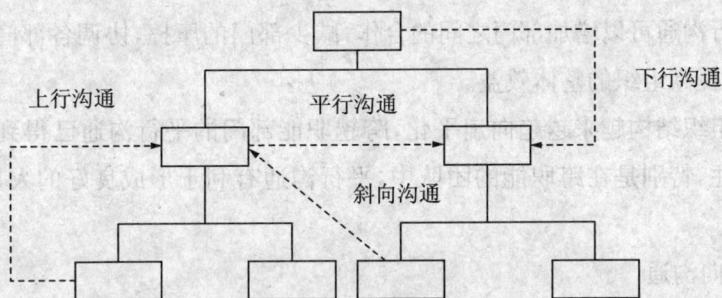

图 15.2　组织沟通的方向类型

1. 下行沟通

下行沟通是指信息从组织结构的较高层次向较低层次流动的一种自上而下的沟通。在传统管理中,下行沟通是组织沟通的主体渠道。比如,组织管理的计划下达、控制、授权和激励等多种职能运行,基本上都是通过下行沟通来实现的。

下行沟通可以凭借职权将信息从上级向较低层次传递。但是,在实际管理中,下行沟通渠道不太畅通,效果并不一定好,往往造成上级下达的要求与下级的理解、执行不一致的矛盾。因此,改善下行沟通的效果需要从单向沟通方式入手,必须要有信息反馈,实行下行沟通和上行沟通同时开放。

2. 上行沟通

上行沟通是指沟通信息从组织结构的较低层次向较高层次流动的一种自下而上的沟通。例如,企业要求下级每人提交一份年终书面总结报告,向上级汇报一年来取得的成绩和存在的不足之处,这就是典型的上行沟通。上行沟通包括:下级向上级汇报工作和提出合理化建议、进行员工态度和意见调查、召开下级讨论会等活动。同时,上行沟通和下行沟通都包含相邻层级之间的沟通、越级沟通和多层级同时沟通等类型。

上行沟通的主要目的是管理者保持对下属工作的了解,从下属那里获取反馈信息,了解下行信息沟通的效果,为员工提供参与管理的机会,减少员工因不能理解下达信息而造成的失误,缓解工作压力,营造民主式管理氛围,提高组织的创新能力等。

3. 平行沟通

平行沟通也称为横向沟通,是指信息在组织结构的同一层次上,在同一部门内部或不同部门之间,沿着水平方向进行信息传递的沟通。平行沟通的信息不包括指挥和命令等指令性信息,主要包括业务共享信息、专业性参谋信息和横向协调信息等。平行沟通可以增加部门之间的合作,减少部门的摩擦,协调各部门之间的关系,更好地提高组织的整体效益。

随着组织结构越来越趋向扁平化,跨越职能部门的平行沟通已得到绝大多数组织的关注,特别是在跨职能的团队中,平行沟通有利于形成良好的人员、组织之间的互动。

4. 斜向沟通

斜向沟通是指信息在组织不同层次的不同部门之间流动的沟通。斜向沟通又可以分为上行斜向沟通和下行斜向沟通。斜向沟通是组织中运用得最少的一种沟通方式,在组织的其他沟通不能达到效果时,斜向沟通可以实现对横向和纵向沟通的补充。例如,组织财务部门的会计,与地区销售经理就某客户的应付款直接进行沟通,就属于斜向沟通。

从沟通的速度和效率来看,斜向沟通是有益的。但是,斜向沟通容易造成直线主管对所管辖工作的失控。因此,斜向沟通一方面和横向沟通相同,不能传递指令性信息;另一方面必须在双方同级主管理部门了解情况并同意的前提下实施,并且要及时将沟通的结果向主管汇报。

(五)单向沟通和双向沟通

按照沟通中是否存在信息反馈,可分为单向沟通和双向沟通。

1. 单向沟通

单向沟通是指在整个信息沟通过程中发送者和接收者的角色不发生改变,一方只负责发送信息,另一方则只接收信息。比如,做报告、演讲、上课等都是单向沟通。正式沟通大多是单向沟通,它比较适合于布置工作任务、传达紧急命令等。

单向沟通的优点是信息传递速度快,容易保持传出信息的权威性,沟通过程简单。但是,其缺点是缺乏或没有信息反馈,沟通的实际效果较差,发送者也不知道信息是否被正确地理解与接受,以及容易造成接收者心理障碍,使下属无法在沟通中获得心理满足,甚至使接收者产生抗拒心理。因此,单向沟通比较适合以下几种情况:问题较简单,且时间较紧;下属易于接受解决问题的方案;下属没有了解问题的足够信息;上级缺乏处理负反馈的能力,容易感情用事;从事例行的工作。

2. 双向沟通

双向沟通是指在沟通过程中发送者和接收者的角色不断交替变换,使信息在沟通双方之间进行相互交流与传递。比如,讨论、协商、会谈、交谈等都属于双向沟通。信息发送者发出信息后,还要及时听取反馈意见,直到双方对信息有共同的理解。因此,双向沟通的优点是沟通信息有反馈,准确性比较高;接收者具有反馈意见的机会,能够产生平等感和参与感,增加自信心和责任心,有助于建立双方的感情。但是,由于信息的发送者随时可能遭到接收者的质询、批评、挑剔等,因而对发送者的心理压力比较大,基本的素质要求也比较高;同时,双向沟通比较费时间,信息传递速度也比较慢。一般来说,双向沟通比较适合以下几种情况:时间较充裕,但问题比较棘手;下属对解决方案的接受程度至关重要;下属能对解决问题提供有价值的信息和建议;上级习惯于双向沟通,并且能够有建设性地处理负反馈。

表 15.2　单向沟通和双向沟通的比较

影响因素	单向沟通	双向沟通
花费时间	少	多
对信息理解的准确程度	差	好
接收者和发送者的自信程度	差	好
满意度	发送者满意	接收者满意
噪音干扰	少	多

第二节　人际沟通

人际沟通是人类社会普遍存在的一种沟通方式。管理者首先要深入了解和研究影响人际沟通的各种障碍,并善于运用各种沟通技巧来克服这些障碍,从而在人际沟通中驾轻就熟。

一、人际沟通的障碍

在人际沟通过程中,由于各种"噪声"的干扰,信息传递与接收在沟通循环的任何阶段都可能受到影响,甚至使人际沟通出现障碍以至产生冲突。因此,了解沟通的障碍与冲突,寻找解决的途径是进行有效的人际沟通的基本前提。

在沟通过程中,时常会有沟通无法进行或不能产生预期效果的现象,称之为沟通障碍。按照影响因素的不同,沟通障碍主要来自个人因素、人际因素、组织因素和文化因素等方面。

（一）个人因素的障碍

1. 个性与气质

信息沟通在很大程度上受到个人心理因素的影响和制约。个体的性质、气质、态度等差别,都会成为信息沟通的障碍。

2. 情绪

在接收信息时,接收者的感觉会影响到他对信息的解释。不同的情绪感受会使个体对同一信息的解释截然不同。极端的情绪体验,比如狂喜或悲痛,都有可能阻碍有效的沟通。这种状态常常使人们无法进行客观而理性的思维活动,而是被一种情绪性的判断取而代之。因此,最好避免在极端情绪下,对某一信息作出反应。

3. 选择性知觉

在沟通过程中,接收者往往会根据自己的需要、动机、经验、背景及个人特点等有选择地去看或去听信息。在解码的时候,接收者还会把自己的兴趣和期望带入信息之中。例如,一名面试主考官如果认为女职员应该把家庭放在事业之上,那么他在对求职者进行审查时都会以这种观念来对待女性,其实求职者不一定真的有这种想法。

4. 知识经验

在信息沟通中,如果双方的经验水平和知识水平差距过大,那么就会产生沟通障碍。同时,个体的经验差异对沟通也会产生一定的影响,人们往往凭经验办事,把个体的经验作为一般规律。信息沟通的双方往往依据经验上的大体理解去处理信息,使彼此理解的差距拉大,形成沟通障碍。现实生活中的代沟就是典型的知识经验的实例。

5. 表达能力

表达能力体现为沟通者能正确地使用语言和非语言的沟通方式。如果不能正确地使用语言,就会出现用词不当、词不达意、口齿不清、自相矛盾等问题。而非语言沟通则常常伴随着语言沟通进行,不懂得使用非语言的技巧,就会使信息表达不完全,或者使信息接收者产生困惑等。

6. 过滤

过滤是指信息发送者故意操纵信息,以达到某种对自己有利的目的。在管理过程中,下属常常将整理的信息向上级传递,个人的兴趣和自己对问题的理解也被加入处理过程中,从而形成了过滤现象。比如,在现实生活中出现的报喜不报忧就是典型的过滤现象。

(二)人际因素的障碍

1. 双方的信任程度

沟通的有效性会受到双方的信任程度影响,如果沟通双方互相猜忌,那么沟通将是一件非常困难的事情。

2. 信息来源的可靠程度

信息来源的可靠性是指信息接收者对于信息的信任程度,它可能取决于信息发送者的个人因素。比如,信息发送者是否一直都很诚实,他传递的信息是否客观等。

(三)组织因素的障碍

1. 地位的差别

实验表明,人们自发的沟通往往发生在地位平等的人之间。同时,人们通常倾向于与地位比自己高的人沟通,并觉得他们提供的信息是准确的,而不重视信息本身的可靠性。相反,他们很少考虑地位比自己低的人所发出的信息,甚至不加考虑地予以否定。

2. 信息传递链

在沟通过程中,信息传递链会影响信息的失真。规模庞大的组织,层次过多,信息传递的中间环节很多,会造成信息的损耗与失真。同时,组织结构不健全,沟通渠道堵塞,也会造成信息传递不畅通。

3. 沟通的氛围

沟通对象之间的氛围也会影响沟通的效率。相互信任、坦诚的氛围有利于沟通的正常进行。相反,缺乏信息的沟通将导致信息传递困难。

(四)文化因素的障碍

1. 跨文化现象

不同文化背景的人之间沟通,常常因为风俗习惯不同而产生沟通障碍。因为他们对相同的语言、现象有着自己不同的理解,而这种理解带有自己的文化烙印。

2. 性别差异

男女沟通风格的差异往往造成两性之间出现沟通障碍。女性比较感性,她们喜欢面对面的交谈;男性比较理性,他们则喜欢并排坐下来交谈。在工作场所,与男性员工相比,女性员工向上级发出的信息比较少,同时所承担的信息负担也小。

二、改善人际沟通

改善人际沟通的方式包括以下五种。

(一)运用反馈

很多沟通问题是由于误解或理解不准确造成的。如果在沟通过程中使用反馈回路,则会减少这些问题的发生。这里的反馈可以是言语的,也可以是非言语的。

当发送者问接收者:"你明白我的话了吗?"他得到的答案就代表着一种反馈。当然,良好的反馈并不仅仅包括是或否的回答。发送者为了核实其发送的信息是否得到接收和理解,可以讯问有关该信息的一系列问题。但最好的办法是,让接收者用自己的话复述这一信息。如果发送者听到复述的话正如他的本意,则理解与准确性就有了保证。

当然,反馈并不一定要以言语的方式来表达,有时肢体动作也能传达反馈之意。例如,当你面对一群人演讲时,你在观察他们的眼神及其他非语言的线索中,就会了解到他们是否接受了你的信息。

(二)简化语言

由于语言可能成为沟通的障碍,因此,管理者应该选择好措辞,并注意表达的逻辑,使发送的信息清楚明确,易被接收者理解。管理者不仅要简化语言,还要考虑信息所指向的听众,以确保所用的语言能适合于该类信息接收者。通常,有效的沟通不仅需要信息被接收,而且需要信息被理解。通过简化用语,尽量使用与接收者一致的言语方式来发送信息,这可以增进理解。

(三)积极倾听

在别人说话时,我们是听者,但在很多情况下,我们并不是在倾听。倾听是对含义的一种积极主动的搜寻,而单纯的听则是被动的。在倾听时,接收者和发送者双方都在进行思索。

积极倾听是指不带先入为主的判断或解释的对信息完整意义上的接受,因此要求听者全神贯注。一般而言,人们说话的速度是平均每分钟 150 个单词,而倾听的速度则可以达到每分钟超过 400 个单词。二者之间的差值显然留给了大脑充足的时间,使其有机会神游四方。

提高积极倾听的效果,可采取的一种办法是发展对信息发送者的共情,也就是让自己处于发送者的位置。鉴于不同的发送者在态度、兴趣、需求和期望方面各有不同,因此共情是接收者更易于准确理解某一信息的真正内涵。一个共情的听者,并不急于对信息作出自己的判断,而是先认真聆听他人所说的话。这样接收者不至于过早判断或解释,而使听到的信息失真,从而提高了自己获得所沟通信息完整意义的能力。积极倾听者可能表现出的具体行为如下图 15.3 所示:

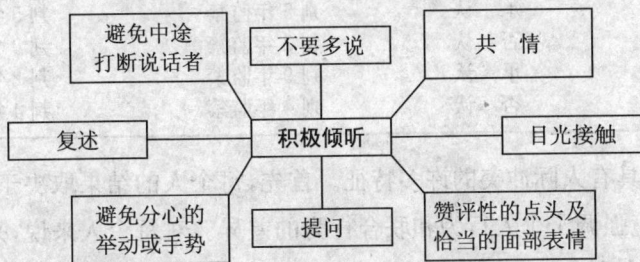

图 15.3　积极倾听的行为

（四）控制情绪

如果认为人们总是以完全理性的方式进行沟通,那就太天真了。一般地,情绪会使信息的传递严重受阻或失真。当接收者对某件事十分失望时,很可能对所接收的信息发生误解,并在表述自己信息时不够清晰和准确。为了避免误解的发生,最简单的办法是暂停进一步的沟通,直至恢复平静。

（五）注意非语言提示

俗话说,"行动胜于言语。"因此,很重要的一点是注意自己的行动,确保他们和你所说的语言相匹配,并起到强化语言的作用。有效的沟通者要十分注意自己非语言形式的沟通,保证他们真的在传达你所期望的信息。

三、人际冲突的处理

（一）人际冲突的含义

人际冲突指的是人与人之间在认识、行为、态度及价值观等方面存在着分歧。

以下通过著名的"囚徒困境"来解释这一冲突。

两名嫌疑犯被分别关押起来,当地的检察官知道他们犯有某种罪,但却没有足够的证据在审讯中判他们有罪。检察官让这两名嫌疑犯作出选择:要么承认警方已掌握的所犯罪行;要么什么也不承认。这位检察官说,如果他们俩都不承认的话,将指控他们犯有类似小偷小摸或非法拥有枪支等罪。这样他们两人所受到的惩处不会太重;如果他们俩都招供的话,那么他们将依法受到严惩。两个罪犯在相互不知道对方选择的情况下,不得不自己作出决定。

表 15.3　嫌疑犯的选择与结局

甲的选择	乙的选择	甲的结局	乙的结局
承　认	承　认	判 5 年监禁	判 5 年监禁
承　认	否　认	判 2 年监禁	判 9 年监禁
否　认	承　认	判 9 年监禁	判 2 年监禁
否　认	否　认	判 4 年监禁	判 4 年监禁

这种情景具有人际冲突的许多特征。首先,每个人的结果取决于别人做什么;其次,这一困境强调了个人行为和联合行为的差异。对每个人来说,采取承认的态度对自己最为有利。然而,最美好的结局来自两人都不承认。这一困境中包含着信任的因素。假设那两名嫌疑犯在各自作出决定前有一次见面机会,见面时这两人商量好不招供。但当他们回到各自的牢房再来考虑这个选择时,最好的结局还是承认,因为他们谁也不知道是否应该相信对方。

（二）处理人际冲突的态度

个人对待人际冲突大致有五种不同的态度,即:回避、对抗、妥协、迎合以及合作。在处理人际冲突过程中采取何种态度,主要取决于冲突中个人本身的需要或目标。上述五种冲突处理态度代表着自信型与合作型的不同结合。

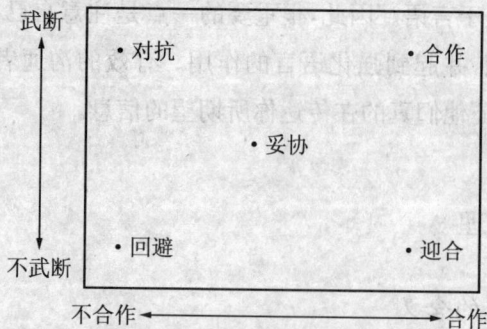

图 15.4　冲突处理态度的坐标图

1. 回避

这一冲突处理态度属于没有自信心且缺乏合作精神的行为。人们运用这一方式来远离冲突，对不同意见者置之不理或持中立态度。这种做法也许是为了让冲突自行发展，或者是为了避免冲突的升级。然而，对于重要问题采取置之不理的态度是不明智的。太多地运用这种方式，会导致别人对你产生不太好的评价。

2. 对抗

这一冲突处理态度属于有自信心，但缺乏合作精神的行为。它是人际冲突中的"赢—输"处理模式。采用这一策略的人往往只是为了实现自己的目标而不顾别人的利益。对抗策略常涉及强权和支配因素。采取这一策略的人认为一方必须赢，而根据需要，另一方必须输。这种策略有时能帮助获得个人目标。和回避一样，这一风格也会导致别人对你产生不太好的评价。

3. 妥协

妥协在解决冲突中被广泛运用，它属于基本合作和自信行为，涉及谈判和让步。较之合作态度，妥协态度不追求双方的最佳满意程度，而是取得各方适中的、部分的满足。在竞争时，对妥协的偏好应该与具体情况相适应。

4. 迎合

这种态度的特点是牺牲个人目标以保持友谊。迎合类型的人在其他人表示不赞同时容易放弃自己的观点。迎合态度属于合作但不自信的行为。它是对别人愿望的一种服从，是一种与别人长期合作的策略。迎合态度往往会赢得别人的好评，但同时也被视做软弱和顺从。

5. 合作

这一冲突处理态度属于具有合作精神和自信心的行为。它是人际冲突中一种"双赢"的冲突处理模式。合作态度表现出将冲突带来的积极作用增加到最大程度的愿望。采用合作态度的人往往具有如下特点：(1)将冲突视为自然现象，具有积极作用；(2)表现出相互间的信任与坦诚；(3)期望每个人在冲突中扮演同样的角色；(4)不会仅仅为了局部利益而牺牲整体的利益。采用合作方式的人往往被认为是精悍的，而且受到的评价也较高。

(三)冲突中的沟通策略

不同的冲突处理会使冲突要么激化，要么减弱，或者维持现状，或者避免冲突。个人冲突处理的目的、处理方法，以及组织对待冲突的价值观决定了采取何种冲突处理策略。以下从沟通的角度来分析。

表 15.4 冲突中的沟通策略

冲突激化策略实例	目的
"你的态度不端正。" "你工作时不能这么懒散。"	对个人或问题进行评价
"我认为你不想完成工作。6 个月前你就一直不愿给我们生产线增加编制,现在仍然和以前一样。"	将冲突现状扩展,同以前未解决的争论联系起来
"我可不想让周围的人都与我作对,要么你现在把机器修好,要么你走人。"	通过控制冲突结果来威胁对方
避免冲突的策略实例	
"我知道你认为你的老板不公平,但我们有公开的政策,如果你有什么不满,可以提出申诉,只有遵循这一程序后,我才会处理这个问题。"(高级经理和不满的雇员)	使用正式的规定、等级制度或其他方式控制过程来限制冲突方的行为
"这不是一个问题,你不必这么激动,我想肯定没有任何问题。"	否认冲突的存在
维持冲突的策略	
"我相信我们都能同意这一点:这个预算水平与我们的期望值相当。如果你考虑你的兼职秘书的费用问题,我也会重新考虑我的旅行计划。"	论及意见一致的方面和可以让步的方面
"我想,我不会把事情弄糟的。在经理会议上我总是支持你,即使我认为是不恰当的,我也会继续支持你。"(两名经理在董事会议前的碰头)	论及意见一致的方面和可以让步的方面
减少冲突的策略	
"目前,改变整个计算机系统是我们最主要的工作,我想,现在我们就应该考虑派一个人去接受新系统的维护培训。"	确认面上的管理问题,建议从具体问题入手
"李先生虽然承诺在本月中旬发货,但看起来很困难。如果他实在来不及按时发货,应该提前通知我们。他只要能在本月底前发货,我们就不与他计较了。"	描述行为和结果,避免冲突

　　当然,没有任何一个过程、一套技巧、一种知识可以将个人及组织从冲突的现实中解放出来,知识、敏感程度、技巧以及冲突各方面的价值观直接影响到冲突结果。有效的管理沟通者知道他们承担着监控自己的能力和为他人提供支持的责任。

第三节　组织沟通

一、组织沟通的含义

组织沟通是指发生在组织环境中的沟通。组织沟通不同于一般意义上的人际沟通：首先，组织沟通有明确的目的，其目的是影响其他人的行为，使之与实现组织的整体目的相符，最终实现企业的目标；其次，组织沟通的活动通常按照预先设定的方式，沿着既定的轨道、方向、顺序进行，作为日常活动而发生；第三，组织对信息传送者有一定的约束，管理者必须为自己的沟通行为负责，并确保实现沟通的目的。

二、组织沟通的类型

组织沟通主要包括三种具体沟通类型：个体沟通、团队沟通、组织间沟通。其中，团队沟通是指组织中以工作团队为基本单位进行信息交流和传递的方式，组织间沟通就是组织之间加强有利于实现各自组织目标的信息交流和传递的过程。在这三种沟通方式中，个体间沟通是构成组织沟通最基本的要素。

组织沟通不同于一般的人际沟通，有其特殊的影响要素。这些要素主要是指沟通的主体和客体，以及沟通的环境和反馈在组织中表现出来的特殊性。可从内外两个方面来考察影响组织沟通的基本因素。

（一）外在因素

从一个企业看，影响组织沟通的外在因素主要包括：组织的结构特点与外部环境两个方面。

由于组织结构本身为组织沟通设定了一些必须遵守的规范和工作程序，因此，不同的组织结构对组织沟通会造成不同的影响。

以直线职能制为例，对组织结构与沟通之间的关系进行讨论。

直线职能制是最传统的组织结构形式，也是最常见的组织结构形式。直线权力由最高管理者开始，经过中层管理者直至底层管理者和员工。同时在每个层面上横向展开的是围绕一种专门领域如销售、营销或生产等而建立起来的职能部门。

每一个职能部门都由一个该领域的管理专家主管。总的来说,在这种结构中每个管理者在其工作范围内对所有雇员有直线管理权力。正是这种上下级职权关系贯穿着组织的最高层和最底层,从而形成所谓的命令链。在命令链中的每个链环处,拥有直线职权的管理者均有权指挥部下的工作而无需征得他人意见,并作出某些决策。

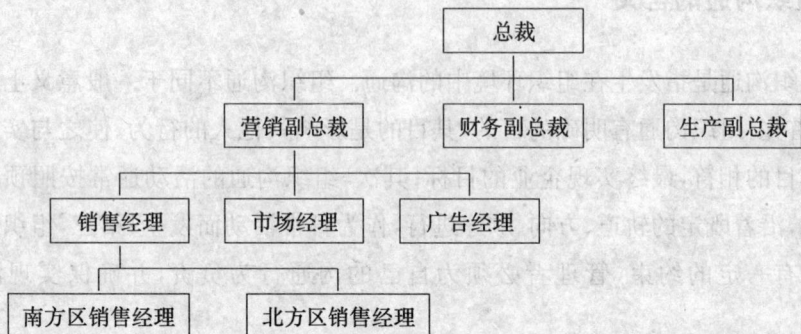

图 15.5 直线职能制组织结构

企业的外部环境通常可以划分为两个层次:第一,顾客、竞争者、供应商、投资与融资机构、行业协会和政府部门等要素构成的具体环境;第二,经济、技术、政治、社会、法律、文化以及自然资源等要素构成的一般环境。

外部环境的最大特点是具有不确定性。而不确定性包括环境的复杂性与环境的变化性两个变量。环境的复杂性,取决于环境的构成要素,它对组织的影响表现在结构复杂性和集权化程度上。随着组织所处环境的复杂性程度增加,组织就会设置更多的职位与部门来加强对外的联系与沟通,并配备更多的管理者来协调企业内部的沟通与工作,这样组织结构的复杂性就不断提高,同时组织的集权化程度反而降低。环境的变化性不仅取决于环境中各构成要素是否发生变化,而且还与这种变化的预见性密切相关。若预见性高,企业可以制定各种规章制度来规范制约成员的行为;若预见性低,则要求组织具有弹性机制和柔性管理的模式,以适应变化多端的外部环境。

(二)内在因素

组织沟通所表现出来的不同形式通常还会受到内在因素的影响,管理者特点及其管理模式与风格等都会影响组织沟通的形式。

1. 约哈瑞窗

约哈瑞窗是由约瑟夫·卢夫特(Joseph Luft)和哈雷·英格姆(Harry Ingham)

于 1961 年提出的一种用于研究人们改进信息沟通的方法。这种方法将人的心灵想象成一扇窗,其中的四个区域代表个人特征中与沟通有关的部分。

第一扇窗:竞技场(公众的我)。这个区域反映互相理解与分享信息,如关于你的工作能力与工作表现,你和你的上司、同事都非常了解。在这个领域,自己了解,别人也了解,双方不存在沟通障碍。共同特有的信息是直接从有效的反馈与公开场合中得来的。当然,沟通畅通的程度会因人、因时、因地而异,主要取决于你与沟通对象的亲密程度。

第二扇窗:盲点(背脊的我)。这个区域包括了那些别人全部知道而自己却一无所知的信息。这是一个隐秘且难以察觉的区域。例如,你的上司知道你有多大的能力去组织与领导一个项目团队的工作,而你可能不知道。此外,你的同事如何评价你的管理沟通能力,是太武断或非常果断? 通常你也不能真正了解。常言道:"当局者谜,旁观者清"。因而,必须通过不断地反馈,了解并理解他人对我们的评价。

第三扇窗:门面(隐秘的我)。这个区域包括自己知道,但别人完全不知道的信息。在组织中,指的是我们的上司、同事或其他重要的人并不知道的关于我们的工作表现与能力的信息。由于我们察觉到同事对于工作关系存在偏见,或者考虑到个人发展的雄伟计划,又或者害怕遭人嘲笑或遇到刁难、报复;因此,人们有时表现得含蓄,并不对所有的人和事敞开心扉。

第四扇窗:未知(潜在的我)。这个区域由自己不知道,他人也不知道的信息组成。这是个有潜力与创造力的领域,我们在扩大公开场合范围的同事,通过有效沟通,可以加强工作联系与自我认知,缩小未知区域的范围。

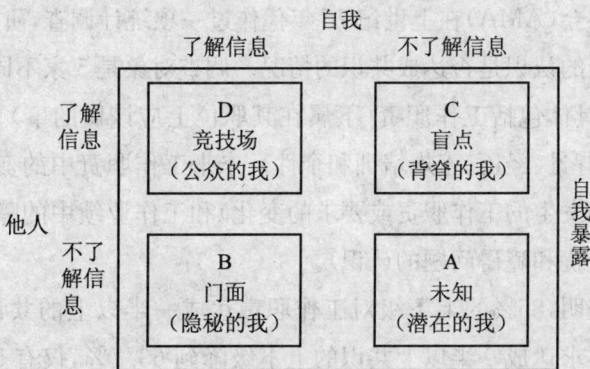

图 15.6 约哈瑞窗

2. 四种类型的管理者

根据约哈瑞窗的分析维度,可以将管理者分为四类。

(1) A型(双盲型)。既不暴露也不反馈,占据双盲式的位置,自我充满焦虑与敌意。这种类型的管理者往往采取专横独断式的管理方式,在他所领导的群体、团队或组织中,人际交往低效,缺乏有效的沟通,部下缺乏创造性。

(2) B型(被动型)。仅仅依靠反馈,缺乏自我暴露,是一种"假面式"的沟通。开始,部下与上司有一定的满意关系,但长此以往,上司不愿打开心扉、不愿与部下及同事坦诚交流的话,部下可能对其产生"信任危机"。

(3) C型(强制型)。一味以自我暴露取代反馈,自我至高无上,他人一无是处。与员工沟通中,常常滔滔不绝,言过其实,以此巩固自己的地位与威信。由于这种理性的管理者采取强制灌输式的管理方式,部下会对其充满敌意,会时时感到忐忑不安,甚至充满怨恨。

(4) D型(平衡型)。合理使用暴露与反馈,达到最佳沟通状态。这种类型的管理者会自由地适度暴露自己的情感,及时地收集他人的反馈,注重自我与他人的互动,采取平衡有效的管理方式。部下会感到心情舒畅,会与上司坦诚交流,其管理效率最高。

三、组织沟通的障碍

(一)组织内向上的信息过滤现象

信息过滤主要是指组织内部向上的信息逐渐减少的现象。尤其是规模比较大、复杂的组织内更容易出现信息过滤现象。

美国管理协会(AMA)在上世纪70年代作过一项统计调查,研究上下级对下属特定的工作职责的认识是否达成共识的情况。调查对象是5家不同企业中58对上下级关系,调查具体包括工作职责(下属在其职位上应该做的事)、工作要求(该职位所需的技能、背景、经历、正规培训和个性)、未来工作职责中的变化(可预见的在未来几年中可能发生的工作职责或要求的变化)和工作业绩中的障碍(上司和下属对完成工作的干扰和障碍问题的认识)。

调查结果表明,85%的上下级对工作职责达成一半以上的共识。但是关于第二项工作资格要求达成一半以上共识的上下级降到63.7%,仅有53.3%的上下级同意在未来几年可能发生的职责变化达成一半以上的共识,而对于障碍仅有

31.7%的上下级达成共识。

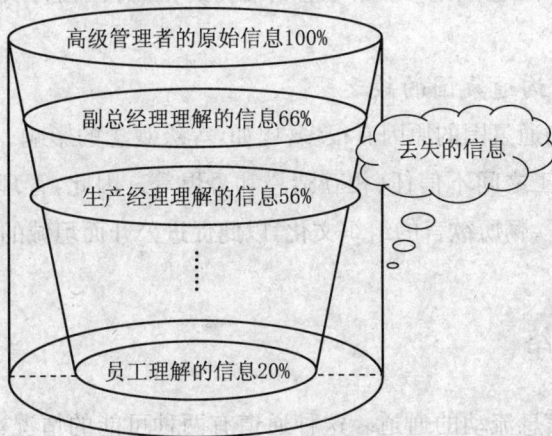

高级管理者的原始信息100%

副总经理理解的信息66%

丢失的信息

生产经理理解的信息56%

员工理解的信息20%

图15.7　信息理解漏斗

(二)组织内下行沟通的障碍

下行沟通运作中信息往往被遗漏和曲解。当下行沟通涉及若干个管理阶层时,会引起信息的丢失和扭曲。一项关于美国企业中层管理者沟通状况调查显示的结果进一步证明,下行沟通的结果是不容乐观的。信息在下行沟通的过程中运行,如同经过一个漏斗一样,层层过滤,100%的信息经过五层后,到达最后一个信息接收者时只剩下20%,80%的信息因为这种或那种原因被过滤或丢失了。

产生上述问题的原因是在于,下行沟通中存在着各种障碍。归结起来主要包括:管理者展示的沟通风格与情形不一致;接收者沟通技能上的障碍;沟通各方心理活动引起的障碍;不善聆听;草率评判以及编码环节语义方面的歧义等。

(三)横向交叉沟通的障碍

组织中沿着组织结构中横线进行的沟通就是横向沟通,包括同一层次上的管理者进行的跨部门沟通和不同部门间不同层次上的管理者和员工之间的斜向沟通。这是广义上的横向沟通,除纵向沟通之外的所有正式的组织沟通在此都视为横向沟通。多数情况下横向沟通指的是部门经理间跨部门的沟通。

横向沟通与纵向沟通的区别是,不存在直接的上下级关系。通常,横向沟通的存在是为了增强部门间的合作,减少部门间的摩擦,并最终实现企业的总体目标。横向沟通的作用体现在两个方面:保证企业总目标的实现;弥补纵向沟通造成的不足。

横向沟通的现状也是令人担忧的。造成横向沟通效果不佳的原因包括：部门"本位主义"和员工短视倾向；对公司组织结构的偏见；性格冲突；猜疑、威胁与恐惧等。

（四）组织内沟通氛围的缺乏

组织内缺乏沟通氛围的原因有很多，比如，等级观念的影响、小集团的利益、员工自身的利益、员工之间不信任、相互猜忌和恐惧等。因此，管理者需要在组织内创造一种相互信任、畅所欲言的组织文化，以此促进公开而坦诚的沟通。

四、组织沟通网络

沟通网络指信息流动的通道。这种通道有两种可能的情况：正式的或非正式的。正式沟通网络一般是垂直的，它遵循权力系统，且只进行与工作相关的信息沟通；非正式沟通网络可以自由地向任何方向运动，且跳过权利等级，在促进任务完成的同时，满足群体成员的社会需要。

（一）正式沟通网络

常用的正式沟通网络有链型、Y型、轮盘型、环型和全通道型等五种。

链型网络代表五个垂直层次的结构，在这种情况下，沟通只能向上或向下进行。这种情况可以发生在一个只有直线型权力关系而没有任何其他关系的组织中。比如，负责工资的职员向工资主管报告，而后者又向会计主管报告，会计主管向企业财务总管报告，而财务总管又向总经理报告。这样五个人的关系代表了一种链型网络。

如果将Y型网络颠倒过来，可以看到有两个下属向其经理报告，在这个经理的上面有两级管理层。因此，这实际上是一个有四个层次的结构。

轮盘型代表车轮的四位下属向他们的主管报告，而四位下属之间没有相互的联系，所有沟通都是通过主管进行的。

环型网络允许其成员与相邻的成员沟通，但不允许其他沟通。它可以表示一种有三个层次的结构，其中，垂直沟通可以在上下级之间进行，而水平沟通只能在最底层进行。

全通道网络允许每一个成员自由地与其他四位成员沟通。在所有讨论的网络中，这种网络最缺乏结构性。沟通没有任何限制，所有的成员都是平等的。这种网络可以比做一个没有正式或非正式任命的人处于支配地位的委员会，在这种情况下所有的成员可以自由地发表他们的意见。

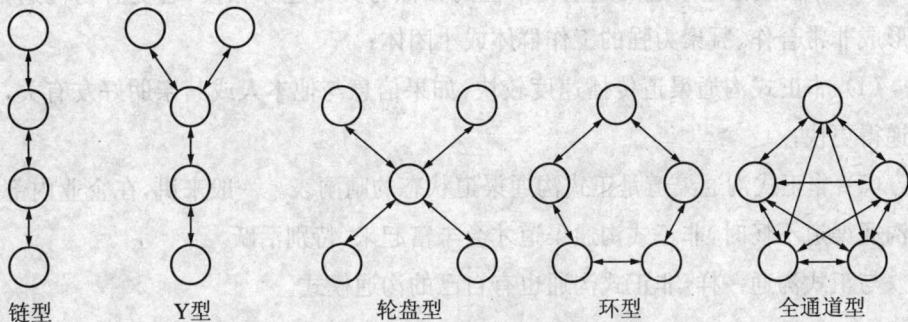

图 15.8　正式沟通网络

管理者选择哪一种沟通网络,主要取决于他的目标:速度、准确性、形成领导的可能性以及成员间的士气。

一般而言,没有一个网络在任何情况下都是最好的。如果速度最重要,那么轮盘型和全通道型是最好的;链型、Y 型和轮盘型在准确性上非常高;轮盘型结构容易形成一种权威或产生一位领导;环型和全通道型可以增强员工的满足感。

表 15.5　正式沟通网络及评价标准

标　准	正式沟通网络				
	链型	Y 型	轮盘型	环型	全通道型
速　度	中	中	快	慢	快
准确性	高	高	高	低	中
领导者的涌现	中	中	高	无	无
士　气	中	中	低	高	高

（二）非正式沟通网络

非正式沟通网络指的是以社会关系为基础,与组织内部规章制度无关的沟通网络。这种沟通不受组织监督,也没有层次结构上的限制,是由员工自行选择进行的,如员工之间的交谈,议论某人某事,传播小道消息、流言等等。非正式沟通渠道传播的信息又称为"小道消息"。

非正式沟通渠道及传播的信息具有如下的基本特征:

（1）非正式沟通渠道内的信息是不完整的,无规律可循,不能作为决策的依据;

（2）非正式沟通渠道涉及到较多的有关情感和情绪的问题,有很强的感情色

彩,容易被出自不同动机和目的的人所利用;

(3) 非正式沟通渠道的建立与个性的相似有关,"趣味相投"者更容易沟通,更易形成非常合作、凝聚力强的工作群体或小团体;

(4) 非正式沟通渠道传播速度较快,如果信息与他本人或其亲朋好友有关,则传递得更快;

(5) 非正式沟通渠道是正式沟通渠道状态的晴雨表。一般来讲,在企业内部正式沟通渠道不畅时,非正式沟通渠道才会丰富起来,特别活跃。

与正式沟通一样,非正式沟通也有自己的沟通模式。

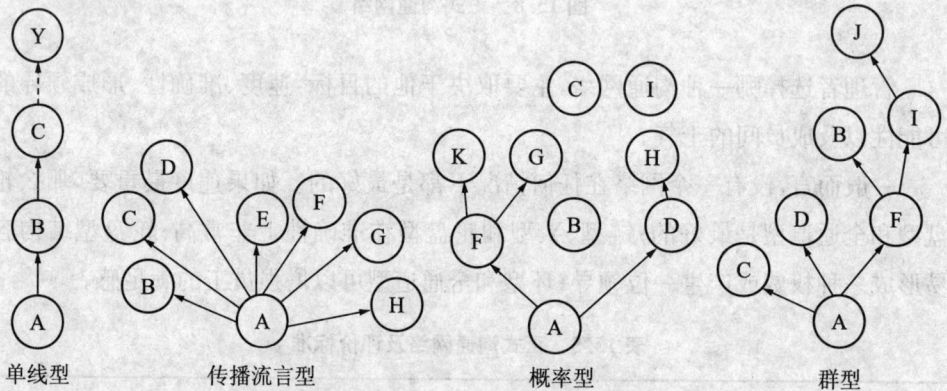

图 15.9　非正式沟通网络的葡萄藤模式

单线型是信息在个人之间相互转告。信息在非正式渠道中依次传递,把信息传播到最终的接收者。例如,信息由 A 传递给各人,A 是非正式渠道中的关键人物,他主动把信息传播给其他很多人。概率型是个人之间随机地相互转告。例如,信息由 A 随机地传递给某些人,某些人再随机地传递给另一些人。群型是一些人有选择性地转告他人。例如,信息由 A 传递到几个特定的人 C、D、F,然后再由他们传递给一些特定的人。这种传播效率最高。

单线传播是人们经常看到的一种形式。然而事实证明,群体传播才是最流行的非正式沟通方式,即有少数人在传播中担当着非常活跃的角色。作为一种规律,在一个组织中大约只有 10%的人担当着活跃分子的角色,他们至少向一个人传递信息。这些人的活跃程度取决于消息本身,如果一项消息令某个员工感兴趣,那么就会刺激他告诉其他人。否则一项没有多少兴趣的消息是不会传播多远的。

管理者不应该忽视非正式渠道传播的信息,尤其是对员工来说非常重要且能引起他们焦虑的信息。由于非正式渠道传播的信息能起到过滤和反馈的作用,因此可以从中挑选出员工关心的问题和"播种"一些能向上传递的管理层的信息。

案例分析

雀巢的危机沟通

1866年,伯奇兄弟在瑞士登记设立英瑞炼乳厂,1867年内斯尔设立年内斯尔工厂,两个厂于1905年合并,称为雀巢炼乳厂。如今,雀巢公司已经成为瑞士最大的工业公司,也是全世界第二大食品垄断组织。

然而,雀巢的发展并非一帆风顺,它也曾差一点遭受灭顶之灾。

雀巢对于许多第三世界国家都堪称是一个咄咄逼人的市场营销者,它的促销活动除了针对消费者以外,还直接针对内科医生和其他护理人员。直接针对消费者的促销活动多种多样,除了电台、报纸、杂志、广告牌等媒体,甚至使用装有高音喇叭的大篷车。它还免费散发样品、奶瓶、奶嘴和量勺。雀巢公司雇用了200多名妇女充当奶护士、营养师或助产士,这些专业人员的绰号通常叫"奶护士"。她们走访婴儿的母亲,给她们送样品,企图说服母亲们不要亲自给婴儿哺乳,她们穿着制服,大大增强了人们对她们的信赖感。对内科医生及其医护人员的推销也遭到批评家们的强烈反对。这种推销形式通常是利用零售人员组织儿科医生、护士及其有关人员讨论她们产品的质量与特点。向内科医生、医院及诊所免费提供产品样品、图片和广告等,医生还应邀参加公司组织的医学学术讨论会。

雀巢公司的婴儿食品推销导致哺乳大量减少。例如,1951年在新加坡所有3个月的婴儿中有80%由母亲哺养,但是到了1971年则仅剩下3%了。

同时,在贫困的第三世界国家,由于卫生条件差,滥用婴儿食品将导致死亡率上升。由于消费者不能充分地享受保健待遇,加上文化素质差,他们从被污染的河水里或一般的井水里取水,用来混合婴儿食品,再装进未消毒的奶瓶,并使用了未经消毒的橡皮奶头,结果导致婴儿生病死亡。在智利,1973年用奶瓶喂养的童婴的死亡率是母亲喂养婴儿死亡率的3倍。

1977年,哥伦比亚总医院早产病房里的婴儿死亡率突然上升,调查显示,原因在于雀巢工厂灭菌不严。在原因尚未查明之前,已有25名婴儿死亡。同年,澳大利亚卫生部报告,由于给婴儿喂了雀巢生产的不清洁奶制品,134名儿童患了严重疾病。根据政府统计,雀巢有2 000多万磅受到污染的婴儿奶制品出口到了西南亚各国。

1976年,当时雀巢在澳大利亚汤加拉的工厂发现婴儿奶样品中的病菌数量很多。经检查发现,原来是把牛奶变成粉状的喷雾干燥器出了问题,由此所产生的变种沙门杆菌能引起严重的肠胃炎,但却没有把这个情况告知澳大利亚国家卫生部。在牛奶制品发现带菌之前,干燥器已整整运转了8个月。雀巢公司想在不停产的情况下对设备进行灭菌,但牛奶制品还是不断发现这种病菌。

雀巢公司形势十分严峻。《杀害婴儿的凶手》和《雀巢杀害童婴》两篇文章的发表,引起了全世界的极大关注。雀巢诉讼案的出现,形成了两个强烈反对雀巢的组织——公司履行义务调查中心和婴儿食品行动联盟。最终导致全球性的对雀巢产品和服务的抵制。

婴儿食品行动联盟及联合抵制雀巢的成员要求雀巢公司:停止使用所有的奶护士;停止散发各种免费的样品;停止向卫生保健行业推销婴儿食品;停止向消费者进行婴儿食品广告和推销。

美国有450多个地方和区域组织支持抵制,是美国历史上规模最大的非工会组织的抵制。在抵制最强烈的波士顿、巴尔的摩和芝加哥,婴儿食品行动联盟建立了五人工作机构,成千上万人签名提议,呼吁从超市的货架上取走雀巢的产品。另外,在大学校园里大学生们打着"砸烂雀巢"的标语,从牛奶、巧克力到茶叶、咖啡和热巧克力,统统成为被扫地出门的对象。

同时,其他国家也采取了同样的行动,并制订法律来减少母乳替代品的市场销售和广告。例如,新几内亚政府于1979年宣布一项严厉的法律生效,旨在抵制人造婴儿食品。而连奶瓶和奶嘴也必须由医生开处方才准购买。

全球性的抵制活动不仅给雀巢公司直接造成了损失,而且还间接地使公众反对雀巢公司的观点更加明朗和具体化。世界卫生组织于1951年5月制定了一项只适合婴儿食品行业的严格的广告规定。欧洲议会PAE以压倒多数的票数通过了这一规定,同时还责成欧共体市场上的厂商负责让他们的国外附设机构遵守。

雀巢公司进退维谷,怎么办? 首先,雀巢公司为了对付外界攻击,不断作出各种辩解,站在维护声誉和形象的立场上,驳斥公众及新闻对自己的控告,结果导致其公共形象越来越差,最终引发了全世界的联合抵制。随后,雀巢所做的其他改变形象的努力也以失败告终。于是,雀巢吸取教训,聘请国际最大的公共公司——希尔和诺顿公司也同样束手无策。最后,雀巢采用了著名公共关系专家丹尼尔·

丁·埃德尔曼的建议:保持低姿态,设法让人们理解。

首先,雀巢同意世界卫生组织关于母乳替代品的市场销售规定。其次,试图与药品管理小组合作,并保证遵守其规定。同时,公司还成立了一个 10 人专家小组,专门监督执行世界卫生组织的规定,调查公众对公司市场营销活动的不满。另外,1982 年 5 月在美国成立了一个雀巢育婴处方审计委员会,由前国务卿、缅因州民主党参议员埃德蒙马斯担任主席,为雀巢公司解决了不少棘手问题,多数组织同意停止抵制活动,另外一些组织则既不抵制也不公开表态继续抵制。据雀巢公司估计,这次联合抵制带来的直接损失达 4 000 万美元,间接损失可能达10 亿美元。

在世界范围内的总销售额中,雀巢婴儿食品的销售只占 3%。因此,很少一部分销售业务给公司的公共形象造成很大伤害,牵连到它的其他产品,差一点给公司带来灭顶之灾。公司数年内与公众处于对立状态,导致抵制活动步步升级。"我们受了一次深刻的教育",公司营养协调中心主任说,"公司必须敏感并能仔细倾听消费者的声音。当问题出现时,必须与有关领导对话,同心协力解决问题"。

(资料来源:改编自翟学智、王强、刘元元:《管理学基础教程》,清华大学出版社、北京交通大学出版社 2010 年版。)

案例思考题:

1. 雀巢在事发前的大规模宣传与推销活动是否实现了与消费者之间成功的沟通?
2. 雀巢对付联合抵制所作出的努力为什么失败?
3. 如果你是雀巢高管,你打算怎样与公众及消费者沟通以化解僵局?

本章小结

沟通是指可理解的信息或思想在两个或两个以上人群中的传递或交换的过程,它有两层含义,即信息的传递和理解。沟通具有三大功能:润滑剂、黏合剂、催化剂。

沟通过程包括七个部分:信息源(发送者)、信息、编码、通道、解码、接收者以及反馈。沟通的各个环节都有可能受到噪音的干扰,从而使沟通的效率下降。

人际沟通的障碍主要表现有:语言表达能力差;发送者信誉差;知识经验的差距;情绪;心理上的障碍;沟通时机不当以及文化的差异等。改善人际沟通的建议包括:运用反馈;简化语言;积极倾听;控制情绪以及注意非语言提示等。

人际冲突指的是人与人之间在认识、行为、态度及价值观等方面存在着分歧。个人对待人际冲突大致有五种不同的态度,即回避、对抗、妥协、迎合以及合作。在处理人际冲突过程中采取何种态度,主要取决于冲突中个人本身的需要或目标。

影响组织沟通的因素包括外在因素和内在因素两个方面。前者主要指组织结构和沟通环境,后者主要指管理者特点及管理模式和风格。

沟通网络指信息流动的通道。这种通道有两种可能的情况:正式的或非正式的。正式沟通网络一般是垂直的,它遵循权力系统,并只进行与工作相关的信息沟通;非正式沟通网络可以自由地向任何方向运动,并跳过权利等级,在促进任务完成的同时,非正式沟通满足群体成员的社会需要。在组织中,正式的沟通网络包括链型、Y型、轮盘型、环型以及全通道型;非正式的沟通网络也有其规律性,主要沟通模式包括单线型、传播流言型、概率型以及群型。

本章思考题

1. 在沟通过程中,哪些地方容易出现失真?

2. 组织管理中使用最普遍的沟通方式有哪些?

3. 面对面沟通效果较好的原因是什么?

4. 为什么说非正式沟通渠道有时要比正式沟通渠道更有效?

5. 为什么说在沟通过程中,发送者与接收者都需要提高倾听能力?

6. 演讲中的非语言技巧通常包括哪些部分?

7. 演讲的语言结构由哪几部分构成?

8. 沟通障碍主要体现在什么地方?

第五篇　控　制

第十六章

控制原理

本章学习目标

通过本章的学习,理解并掌握:

1. 控制的概念、控制系统的类型、控制构成要素以及控制类型;

2. 有效控制原理;

3. 控制的基本过程;

4. 理解危机管理的基本理念,熟悉基本操作方法。

引导案例

美国联邦航空局的控制系统

1958年,美国国会创建了联邦航空局(FAA),要求其"监督空中安全,检查飞机和援助机场"。其实,联邦航空局最大的职责在于"运行空中交通管制系统",包括全国性的导航设备、计算机和36 000名员工组成的网络。这些员工每天指导着34 000架承载220万乘客的飞机从一个机场到达另一个机场。

2003年拉塞尔·G.丘加入联邦航空局,担任首席运营官,负责确保所有的指挥、控制都有效率和有效果地发生。他从自己做起,使基本设备的存货到位并使联邦航空局组织结构开始扁平化。这些活动有助于改善沟通和组织内部的控制跨度。但是,把一个官僚机构转变成拥有良好企业准则的组织是一项艰巨的任务。

拉塞尔需要在财务控制的全部范围内开展组织的预算,进而分解为组织每个部门或单元的独立预算。他甚至鼓励"在预算内开展经营"的文化,每月对预算进行追踪,并在全年内计划如何更有效地使用预算。

美国联邦航空局提出组织计划和控制的概念,把它们连同财务控制一起用于组织的计划过程。并且,由此衍生出一个确定管理团队目标和具体事务的系统。

此外,联邦航空局强调制定衡量整个空中交通控制系统绩效的标准,以及追踪管辖范围内的所有飞机的预防性和常规性的维修标准,以确保公众旅行安全。

(资料来源:改编自斯蒂芬·P·罗宾斯等著,孙健敏译《管理学》(第9版),中国人民大学出版社2008年版。)

思考题:

通过上述案例可以知道,美国联邦航空局采用了怎样的控制方法?它起到了怎样的效果?

第一节　控制基础

控制是管理工作的最重要职能之一,它的主要内容包括确立标准、衡量绩效和纠正偏差。组织的一切活动都是为了实现组织目标,要使计划的任务和目标转化为现实,管理者的一项重要工作就是保障组织的实际运作与计划动态相适应。

一、控制的含义

(一)控制概念

"控制"作为一个专门术语,其概念来自于"控制论",这是由美国数学家罗伯特·维纳(Norbert Wiener)在1948年创立的一门科学理论。

在控制论中,控制就是为了改善某个受控对象的功能,需要获得并使用信息,并以这种信息为基础来施加于受控对象上的作用。因此,控制的基础是信息,一切信息传递都是为了控制,而所有控制又都依赖于信息反馈来实现。

现代管理理论认为,控制就是管理者按照计划系统的设置标准,并以此对照计划执行的情况,发现、纠正计划执行过程中的偏差,确保组织计划目标的实现。因此,管理控制的实质就是管理者利用相关方法和手段促使组织中的成员落实组织的战略规划、战术计划和作业计划,进而实现组织目标的过程。

控制的基本要点包括:

(1)控制具有很强的目的性。控制是为保证组织中的各项活动按计划进行,以实现组织预定的目标。

(2)控制需要对比计划与执行情况。控制是通过"监督"和"纠偏"来实现的,因而制度和规范是开展控制工作的重要保障。

(3)控制是一个动态过程。管理者需要具体分析控制过程、方法、时点和效益,正常地开展组织活动,保障组织目标的实现。

(二)控制与其他管理职能的关系

控制系统是建立在计划过程系统输出结果的基础上的,计划与控制构成了一个连续的闭环过程。在管理职能中,控制与计划的关系最为密切,计划是控制的依据,控制的结果又为进一步修正计划提供了合理的依据。计划主要用于确定组织目标及其实现方法,而控制则关系到计划能否实现,在组织的实际运作偏离计划目标的情况下,如果没有控制就难以保障计划的实现。

控制与计划之间的关系具体表现在:

(1)计划为控制提供衡量的标准。没有计划,控制就失去了监控的参照物与标准。

(2)计划和控制的效果作用互相依存。计划越明确、全面和完整,控制工作就越顺利,效果也越明显。

(3)控制具有反馈作用。通过控制提供的反馈信息,可以通过改变输入系统的变量达到改变输出的目的。同时,控制可以为组织提供经验与教训,提高制定计划的质量。

控制和其他主要管理职能的关系可参见图 16.1。

图 16.1 控制和其他管理功能的关系

控制有助于评价计划、组织和领导职能的执行情况,以及整个组织的工作效率。控制保持着对各项活动的监督和记录,帮助管理者把握全局。通过监督和评估,可以总结经验和教训,发现问题所在。一个有效的控制系统可以发挥监督和保障的作用,保证组织各项工作的有效进行和目标的顺利实现。

(三)控制的作用

控制的作用表现在以下几个方面:首先,通过控制,可保证各项工作按照计划预定的轨道进行,实现组织目标。其次,控制可对复杂的组织活动进行有效监督。再次,面对环境的不确定性,控制可以要求企业对经营内容作出相应的调整,以防止遭受不必要的损失和挫折。最后,控制可防患于未然,及时发现并纠正细微错误,起到防微杜渐之效。

(四)控制系统类型

由于组织类型的差异,不同组织采取的控制系统和控制方法存在着差别。例如,政府行政组织、营利性企业、非政府组织,由于组织的目标和业务性质的差异,则会采用不同的控制系统。

通常有三种不同的控制系统,它们运用不同的方法来实施控制:市场控制、官僚控制和小集团控制。

表 16.1　三种控制系统的特征

类　型	特　　征	使用条件	实　例
市场控制	使用外在市场机制,比如,价格、竞争、利润中心、交换关系和相对市场份额,在系统中建立使用标准	产品或服务非常明确或确定,以及市场竞争激烈的公司	三菱公司
官僚控制	强调组织的权威,依靠管理及等级森严的制度,比如,规章、制度、过程、政策、层级、行为规范、合法的强制手段、良好的工作描述和预算等来保证员工举止适当并且符合行为标准	任务明确,而且员工独立时最有效	BP 阿莫科公司
小集团控制	依靠共同的价值、规范、传统、仪式、信念及其他组织文化方面的东西来调节员工的行为	团体合作频繁,员工有权做出决定,而且技术变化剧烈的公司最有效	SAS 软件研究所

1. 市场控制

市场控制是一种强调使用外在市场机制,比如,价格竞争和相对市场份额等,在系统中建立使用标准,以实现对组织的控制的方法。这种方法常用于产品或服务非常明确,市场竞争激烈的公司。而公司部门常常设计为利润中心,采用利润和利润贡献度等指标,对部门开展评价和控制。例如,日本三菱公司依据利润额对各个部门(消费品生产、工业品生产、工业设备制造及零部件生产)进行评价。市场控制系统中管理者需要对战略变更、资源分配和重点工作等进行决策。

2. 官僚控制

官僚控制强调组织的权威和等级制度,依靠管理规章、制度、过程和政策来开展监督和控制。因而,行为规范、良好的工作描述和管理机制是这种控制系统的基础,比如建立预算、员工职责和行为规范等。政府部门和事业部门的管理控制经常采用官僚控制方式。例如,BP 阿莫科公司的各个部门享有相当大的自由来做它们认为合适的事情,在公司的指导下严格按照预算执行计划。

3. 小集团控制

在小集团中,员工行为依据共同价值观、规范、传统、仪式、信念及其他组织文化来调节。例如,举行某种企业仪式、向周年员工颁奖、举办生日晚餐、假日奖金发放等。官僚控制的基础是森严的等级制度,而小集团控制依靠个体和群体来辨别适当、期望的行为及其衡量方法。小集团控制的基础适合于员工享有共同价值观和规范,团体合作频繁,且技术变化剧烈的公司。

二、控制的构成要素

一个控制系统一般至少包括五个基本构成要素:受控对象、控制标准、绩效信息、纠偏措施以及控制者。控制系统的构成要素之间的关系如下图 16.2 所示。

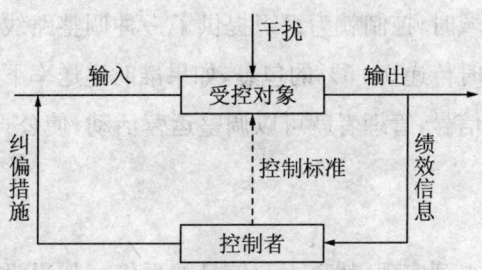

图 16.2 控制系统构成要素的关系

其中,受控对象是指组织中需要接受控制的对象,比如,人员、活动、项目等。控制标准是组织为某个受控对象所制定的详细目标或标准。在管理过程中,控制标准是控制者执行管理控制的准则和依据。而控制标准的制定,不能由控制者主观决定,应根据组织目标和计划来确定。绩效信息可以反映组织经营绩效的效果,作为判断是否采取控制措施的依据。控制者可以是高层管理者、中层管理者,比如,生产主管,财务主管等;也可以是基层管理者和员工,如车间主管、流水线操作人员等。不同的控制者,尽管其控制对象和范围有所差异,但职责是基本相同的。纠偏措施即为保证达到控制目标而采取的行动和手段。

三、控制的特点

控制广泛地存在于自然界和人类生活中,是人们的一种基本活动方式。例如,人体本身就是一个生物控制调节系统,以保持自身的代谢平衡,维持身体的正常运行,实现机理的充分协调。控制的特点主要体现在以下五个方面。

（一）动态性

根据系统的特点,任何控制系统与环境之间都存在着紧密的交互作用,控制的功能就是通过系统与环境之间的相互作用来实现的。因此,从本质上讲,控制是一个动态的过程。组织的外部环境和内部条件随时都在发生变化,控制方法和标准不可能固定不变,需要为适应环境而不断调整,增强其适应性和有效性。

（二）目的性

控制的作用就在于使组织活动朝着计划目标进行,因而任何一种控制都具有鲜明的目的性。控制实际上是组织行为规则,它可以使某些影响因素被维持在可以接受的范围之内,如果没有控制规则,组织就缺乏绩效的衡量指标。当组织的工作超越了可接受的区域时,控制就为组织提供了一种调整路线的机制。例如,联邦快递的控制目标是准时传递99.5％的包裹,如果准时递送率下降到98％,那么控制系统将向管理者发出信号,管理者就可以调整运营活动,使公司绩效重新回到预定的目标上去。

（三）反馈性

控制的目的性要得到实现,就离不开信息的反馈。如果没有信息的反馈,组织就失去了判断对错的对象和依据。因此,目的性和反馈性是任何一个控制系统都具有的特点。信息是根据管理过程和管理技术组织起来的,在组织经营活动中产生、收集、分析和整理出来的数据流。管理信息系统就是处理种类繁多、数量巨大的信息的有效工具,它可以使控制系统更加复杂、技术更加先进、反应更加灵敏。

（四）人本性

人是各种组织活动的执行者,组织中各项活动都需要人来完成。控制活动的最终目的是为了满足人的某种需要,同时在控制活动的过程中需要人的参与,这两个方面的内容都需要立足于以人为本的基本视角来思考控制过程。因此,既要使人遵守控制的准则,又要努力使控制符合人的特性。控制不仅仅成为一种监督,更要成为一种指导,使人在被动接受控制的同时,发挥主观能动性,从而提高工作效率,高效完成控制的任务,圆满实现控制的目标。

（五）创新性

从控制论的观点来看,控制活动的基本目的是设法使系统运行中产生的偏差不超出允许的范围而在某一点上保持平衡。无论是从控制的不同种类来看,还是从某一种控制的内部条件和外界环境来看,任何一种控制活动都表现出某种意义上的特殊性。因此,在执行控制活动的过程中,不要拘泥于现状,要有所创新,争取达到新的目标高度。这是由管理工作的特性决定的。

四、控制的类型

（一）前馈控制、同步控制和反馈控制

控制系统是由系统输入、输出、转换和反馈等基本部分组成的一个整体。根据时机和对象的不同,可以将控制分为前馈控制、同期控制和反馈控制等三种基本控制类型,这是最常见的控制分类方式。

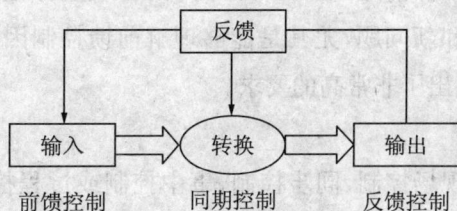

图 16.3　基本控制类型之一

1. 前馈控制

前馈控制又被称为事前控制或预测控制,是指组织在系统运行之前,估计可能发生的不测事件,预先采取防范措施,以确保系统的正常运行,保障计划的顺利实现。

在日常生活中普遍存在着前馈控制，它可以起到明显的预防作用。例如，酒店对住客入住的登记制度和信用卡保证、大型体育活动对气候条件的预测和预防措施、节假日交通运输高峰期的应急预防措施、大学生军训的事故防范、学生离校前的毕业教育以及每天离开家庭时要锁门等。在企业管理中，也有许多前馈控制工作。例如，让员工遵守企业制定的规章制度、对入库的原材料质量进行检查、职工的岗前培训等。

前馈控制的目的是防止问题的发生，其主要工作内容包括对未来环境变化开展调查、分析和预测，从中分析可能的负面效果；然后，根据经营业务的规律，寻找可能出现的问题，采取防范措施；同时，重视没有先例的重大事件的影响，以及各类偶然事故的防范；最后，分析组织采取前馈控制的手段、范围和能力等，以及具体实施控制。

前馈控制具有许多显著的优点。首先，从理论上讲，前馈控制能避免预期问题的出现，防患于未然，避免出现问题以后再加以补偿，属于管理者最希望采取的理想控制方式。其次，前馈控制适用范围极其广泛，可以适用于一切领域中的所有工作，企业、医院、学校、军队、教会、非营利组织等都可以运用这种控制方法。再次，前馈控制发生在工作开始之前，针对计划行动所依赖的条件进行控制，不针对具体的人员，不至于产生抵触情绪，因而不会造成心理冲突，易于被员工所接受并付诸实践。

但是，前馈控制实施起来并不容易，它需要的前提条件比较多，因而也存在一些缺陷。其原因在于它需要准确及时地获取相关信息并进行准确预测，而且管理者应当对控制的过程十分清楚，懂得计划本身的客观规律性并随着行动的进展及时了解出现的新情况和新问题，尤其是能够理解前馈控制因素与计划之间的影响关系，这就对管理者提出了非常高的要求。

2. 同期控制

同期控制又称为现场控制、同步控制、事中控制或过程控制，是指在系统运行中，根据预定的工作计划，监控系统运行的状况和发展趋势，必要时采取措施进行调整，确保工作正常进行。在活动进行之中采取控制，管理者可以在发生重大损失之前及时纠正问题。

同期控制的主要职能包括监督和指导两项工作。一方面，管理者按照预定的标准来检查正在进行的工作，以保证目标的实现；另一方面，管理者针对工作中出现的问题，根据自己的经验指导下属改进工作、提高效率。例如，开车时根据路况的好坏把握好方向盘,必要时踩刹车以控制速度;工厂车间同步监控生产过程和产品质量,确保生产过程安全、高效;酒店大堂经理通过现场巡视监控服务质量和工作状况,确保服务质量稳定、一致;联华超市总部通过收集信息,掌握各个连锁分店的销售状况,便于及时订货与补货。

同期控制的主要优点是其指导功能有利于提高员工的工作能力和自我控制能力。其不足之处在于:首先,运用同期控制容易受到管理者时间、精力、业务水平的制约。管理者不能随时对事事进行现场控制,只能偶尔使用或在关键项目上使用同期控制。其次,同期控制的应用范围比较狭窄。同期控制对那些问题难以辨别、成果难以衡量的工作,比如,科研、研发、管理等工作,几乎无法进行现场控制。再次,同期控制容易在控制者与被控制者之间形成心理上的对立,容易损害被控制者的工作积极性和主动精神。因此,同期控制只能是其他控制方式的补充和辅助形式。

最常见的同期控制方式是直接观察。当管理者直接观察下属的行动时,一方面可以随时发现下属的实际工作与计划要求相偏离的现象,从而及时采取措施,立即纠正,将问题消灭在萌芽状态,避免已经产生的问题对组织的不利影响进一步扩散。另一方面,管理者有机会当面解释工作的要领与技巧,纠正下属错误的作业方法与过程,从而可以提高其工作能力。

3. 反馈控制

反馈控制又称为成果控制或事后控制,是指在系统的输出端,让事件完成之后,管理者对最后结果开展评价,总结经验教训,对系统输入和转换过程提供信息,并改进下一周期的系统运行质量。反馈控制是最常见的一种控制类型。比如,对不合格产品的修理、对某品牌商品的市场销售业绩进行评价等都属于反馈控制。

反馈控制的表现形式有多种多样,一般都能起到改善组织运行质量的目的。例如,组织的年度总结、年终评功授奖、工程项目结束的报告、历史事件的评价和总结以及企业销售收入的分析报告均属反馈控制的具体形式。

反馈控制的主要过程包括:对输出的劳动成果进行检验和筛选;通过偏差分析,从输入端开始对计划实施过程进行动态的反馈控制;在全部计划任务完成后,通过总结对下一轮计划进行反馈控制。反馈控制的重点是对输出的劳动成果进行检验和筛选,在组织中应用最广泛的反馈控制方法表现为:财务报告分析、标准成本分析、质量控制分析以及员工绩效评价等。

反馈控制的前提条件有明确的计划目标,包括进度目标、最终目标和各种单项目标;有效的检验手段和检验方法;科学的偏差分析技术;快捷的信息传递通道;有效的纠偏手段;以及善于对计划实施的情况进行概括和总结。

反馈控制主要有两个优点。其一,反馈控制为管理者提供了关于计划执行的真实信息,能够清楚地了解计划的执行效果,便于总结规律,并为进一步实施战略目标创造条件,从而形成良性循环,提高工作效率和效果。当反馈结果表明实际状况与预先制定的标准之间偏差很小时,说明计划目标已经达到;而当反馈结果显示实际情况与标准之间存在很大的偏差时,管理者就应该仔细分析产生较大偏差的原因,是外部环境与内部条件发生了较大的变化,还是由于计划制定得不够合理,需要总结经验,在制订新计划时更有效率。其二,反馈控制可以增强员工的积极性。因为员工希望获得评价他们绩效的信息,而反馈正好就提供了这样的信息。

反馈控制的最大缺点是在采取措施之前,偏差已经产生,损失已经造成,甚至无法弥补。但是,实际上反馈控制是大多数情况下唯一可用的控制方式。例如,财务报表就是一种反馈控制。因而,传统的控制方式主要就是反馈控制。

（二）直接控制和间接控制

根据控制的手段划分,可分为直接控制和间接控制。

1. 直接控制

直接控制指管理者对系统运行的亲自管理、亲自监督和亲自控制。对组织最终成果具有重大影响的事件,或者具有很大不确定性并且后果较为严重的事件,管理者应该采用直接控制的方法。例如,某高层管理者兼任某个重大项目负责人职务,表示高层管理者对项目采用了直接控制方法。

直接控制的假设前提是,合格的管理者所犯的错误最少、管理工作的效果是可以度量的、管理的原理与方法是判断效果的依据以及管理的原理应用情况是可以评价的。

直接控制的优点是,管理者能够准确地委派任务、有效地采取纠正措施、获得良好的心理效果以及节约经费开支等。

2. 间接控制

间接控制指管理者通过他人或间接方法对系统进行控制。间接控制着眼于发现工作偏差,分析问题产生的原因,并追究个人责任进行改进的一种控制方法。

采用间接控制的方法,可以减少管理者的工作量,也可以提高下属的管理能力和工作主动性。间接控制最明显的缺点是效果的滞后性,如果实际状况与计划对比出现了偏差,间接控制会造成采取措施时机的滞后,因此控制成本较高。

（三）任务控制、管理控制和战略控制

根据控制的组织层次划分,可分为任务控制、管理控制和战略控制。

1. 任务控制

任务控制也称为运营控制、作业控制,是指基层管理者对生产作业和其他具体的业务活动进行的控制活动。任务控制由基层管理人员,比如,工厂车间主任、学校教研室主任、大型超市的理货员来进行控制,他们的主要任务是:监督组织的生产活动以保证按计划进行;监督组织的产品或服务的质量,以保证符合预定的标准等。任务控制以反馈为主,依据的信息来自组织内部,主要有会计信息、库存信息、生产进度信息以及产品质量信息等。

2. 管理控制

管理控制是一种财务控制,也称为责任预算控制,指利用组织的财务数据来观测组织的活动状况,以此考察组织各部门的工作绩效,进而确保组织正常运行的活动。财务控制为各种类型的组织管理者提供了一个比较与衡量支出的定量标准。它主要由组织的财务部门进行控制,其控制的信息来源是组织各部门的财务数据和报表。这种控制类型在组织中广泛使用。

3. 战略控制

战略控制是指高层管理者对实现组织长远计划的控制。由于环境的变化,特别是突发性的环境变化,需要对组织目标和战略作出重大修改或重新确定。对战略进行系统化的检查、评价和控制,是高层管理者的一项重要工作。一般情况下,应该保持组织战略的相对稳定。战略控制与管理控制配合使用,才能更好地发挥作用。

（四）程序控制、跟踪控制、自适应控制和最佳控制

根据控制的标准划分,可分为程序控制、跟踪控制、自适应控制和最佳控制。

1. 程序控制

程序控制的特点是,控制标准是时间的函数关系。因此,它的控制过程表现为按照一定的步骤有序地进行。

在工程技术中,自动化机器都是严格按照预先规定的程序进行运作的。某种动作从什么时间开始,什么时间完成哪些步骤,以及什么时间结束,都是根据计数器给出的时间数值加以控制的,到时间就进行规定的动作,而不管实际具体情形如何。在企业的生产经营活动中,大量管理工作也是程序控制性质的活动。比如,计

划编制程序、统计报告程序、信息传递程序等都必须严格按照事前规定的时间进行活动,以保证整个系统行动的统一与协调。

2. 跟踪控制

跟踪控制的特点是,控制标准是控制对象所跟踪的先行量的函数。因此,当控制所跟踪的先行量在发生变化时,控制标准也跟着发生改变,表现为一定的动态变化特征。

在企业生产经营活动中,税收的交纳、工资与奖金的分配、材料的供应等都属于跟踪控制性质的活动,它们往往随着销售额的变化而改变,而每年的销售额往往受到市场等因素的影响。

3. 自适应控制

自适应控制的特点是,没有明确的先行量而控制标准是过去时间的状态的函数。因此,它是通过学习过去的经验而建立起来的控制方式。

工程技术中的机器人通过学习过去的经验,会对活动中遇到的各种情况采取相应的行动。但是,如果它遇到了学习中没有遇到的新情况,就无法采取行动。因而,自适应是一定限度内的相对有效活动。

在企业的生产经营中,高层管理者对企业的发展方向很难进行程序控制或跟踪控制,因而必须采取自适应控制。他们需要根据过去的外部环境和目前的内部条件,依靠经验与智慧,分析、判断、作出决策,使企业适应外部环境发生的新变化。

4. 最佳控制

最佳控制的特点是,控制标准由某些因素的最佳值构成。这些因素往往是引起控制标准改变的原因,过程表现为在一定的范围内追求最优的结果。

在企业的生产经营中,普遍采取了最佳控制原理进行决策与管理。比如,用最小成本来控制生产批量、用最大利润来控制投资规模、用最小费用来控制运输路线。

(五) 物质资源、人力资源、信息资源和财务资源控制

控制可以适用于各个组织的任何领域。大多数组织都使用物质资源、人力资源、信息资源和财务资源等四种类型,因而控制方式可以分为四大类型的控制。

1. 物质资源控制

物质资源控制主要指库存控制、质量控制和设备控制。而库存控制要做到使库存既不能太多也不能太少,追求最低的库存总费用。质量控制要维持适当水平

的产品质量,提高组织的市场竞争力。设备控制要为组织运营活动提供必要的机器和设备,保证生产活动的正常进行。

2. 人力资源控制

人力资源控制主要包括人员选择与安置、培训与发展、绩效评估与薪酬等,为组织的运营活动提供可持续的人力支持。

3. 信息资源控制

信息资源控制包括销售与营销预测、环境分析、公共关系,生产进度及经济预测等活动;为运营决策提供信息条件,确保决策的准确性与高效性。

4. 财务资源控制

财务资源是组织最重要的物质资源,因而财务资源控制也是最重要的基本控制方式。组织财务资源与组织中的其他资源都有关系,它渗透到与控制相关的大多数活动中。例如,财务报表中存货账户直接反映了一个企业存货控制的水平,而企业财务资金链的断裂则很可能是由于销售预测不当造成的。

第二节　控制原理

一、有效控制原理

任何系统都是由因果关系链联结在一起的元素的集合,元素与元素之间形成耦合关系。在确定系统的控制标准的基础上,通过对系统输出与控制标准的对比,可发现问题、调整输入,从而实现对系统的控制。因此,控制原理与方法主要研究系统的控制与调节过程。

(一) 有效控制的基本原理

1. 反映计划要求原理

控制是实现组织计划的保证,控制的目的是为了实现组织计划。因此,控制的标准、内容和方法,应该与计划保持一致性。例如,计划中有对组织目标的表述、发展指标体系和指标值、开展哪些重点工作、重点工作的具体要求等内容,那么控制中对组织的目标表述、指标体系和指标值、控制的重点工作等对应方面,它们应该与计划一致,不能另设一套。同时,计划越是明确、全面、完整,设计的控制系统面向计划的针对性就越强,则控制工作的成效也就越显著。

每一项计划、每一种工作都有各自的特点,它们所产生的信息也各不相同。因此,控制的标准、控制的关键点和重要参数、如何收集信息、采用何种方法评估成果以及由谁来控制和纠正措施等,都必须按计划的特殊要求和具体情况来设计。比如,质量控制系统和成本控制系统尽管都是在生产系统中存在,但是二者之间的设计要求是完全不同的。

2. 组织适宜性原理

控制必须反映组织结构的类型。一个组织结构越是明确、完整和完善,所设计的控制系统越是符合组织机构中的职责和职务要求,就越有助于纠正脱离计划的偏差。例如,如果产品成本不按制造部门的组织机构分别进行核算和累计,则每个车间主任都不知道部门产出的目标成本,也就不可能知道实际成本是否合理,也不可能对成本控制负责。

同时,组织适宜性原理还意味着控制系统必须符合每个主管人员的特点。因此,在设计控制系统时,不仅要考虑具体的职务要求,还应考虑到担当该项职务的主管人员的个性。因此,送给每位主管人员的信息所采用的形式,就必须分别设计。例如,递送给上层主管人员的信息要经过筛选,要特别清楚地表示出与计划的偏差、与上年同期相比的结果以及重要的例外情况。

3. 控制关键点原理

控制关键点原理是控制工作的一条重要原理。其含义是,为了进行有效的控制,需要特别关注对组织成果产生重大影响的关键点。对一个主管人员来说,其只需将注意力集中在计划执行中的一些主要影响因素上即可。事实上,控制住了关键点,就抓住了控制的关键因素,从而也就控制住了整个全局。

控制工作效率的要求,则从另一个方面强调了控制关键点原理的重要性。所谓控制工作效率,是指控制方法能够以最低的费用,实现探查和阐明实际与计划偏离的原因。对控制效率的要求是控制系统的一个限定因素,因此在很大程度上决定了主管人员只能选择一些关键因素来进行控制。

管理控制的关键点有财务控制、经营态势控制和人力资源控制等。财务是一项综合性和关键性的工作,产品质量、企业投资、市场销售、员工薪酬等各方面的工作质量和成果,都会在财务上反映出来。经营态势指组织的总体运行状况,良性、一般还是恶性状态。人力资源是组织运行和发展中长期起作用的重要资源,它很大程度上决定了组织的效率高低。

目前,管理研究中已经开发出了一些选择控制关键点的方法。例如,项目管理中的关键路线法、运筹分析中的关键约束条件、组织发展的瓶颈、资源约束计划等工具,都是十分有效的关键点选择方法。

4. 控制趋势原理

控制趋势原理含义是,对控制全局的管理者来说,不仅需要关注现状,更要关注发展趋势。一般来说,趋势是多种复杂因素综合作用的结果,是在一段比较长的时期内逐渐形成的,并对管理工作成效起着长期的制约作用。趋势往往容易被现象所掩盖,不易觉察,也不易控制和扭转。比如,一家发电厂当年的统计数字表明市场占有率较上年增长了 5%,但是与行业需求增长 10% 相比,却显示出该厂相对市场地位呈现下降的趋势。生产与改善现状相比,控制趋势变化要重要得多,却也困难得多。趋势与流行不一样,流行往往是一种短期的现象,而趋势具有长期的效应。

通常,当趋势可以明显地描绘成一条曲线,或是可以描述为某种数学模型时,再进行控制就为时已晚了。控制趋势的关键在于从现状中揭示倾向,特别是在趋势初现端倪时就敏锐地察觉到它的走势,这需要高超的管理艺术与经验。

5. 例外原理

例外原理是指管理者应把注意力集中在影响系统发展的大事、新事和突发事上,善于思考新问题。管理者应当只注意一些重要的偏差,也就是说应把控制的主要注意力,集中在那些出现了的特别好或特别坏的情况上,控制工作的效能和效率才能比较高。例如,质量控制中广泛地应用例外原理来控制工序质量,主要通过检查生产过程是否稳定,以及影响产品质量的主要因素有无显著变化来判断质量控制状态。如果生产过程中出现违反规律性的异常状态时,应立即查明原因,采取措施使生产过程恢复稳定。

但是,只注意例外情况是不够的。因为在偏离标准的各种情况中,有一些无关紧要,而另外一些则非常重要。某些方面微小的偏离,可能比其他方面较大的偏离情况影响更大。比如,主管人员可能对利润率下降 1 个百分点感到非常严重,而"合理化建议"奖励超出预算的 30% 也不觉得严重。

因此,在实际运用中,例外原理必须与控制关键点原理相结合才能取得比较理想的效果。如果仅仅立足于寻找例外情况则是不够的,还必须寻找在关键问题上的例外情况。

6. 直接控制原理

直接控制原理是指对于重要的工作和重大的事件,管理者应该亲自管理和直接控制。因而,直接控制有利于管理者把握大局,左右事物发展的主要进程,便于保证组织实现预定的目标。与间接控制相比而言,主管人员及其下属的素质和工作质量越高,就越需要进行直接控制。

同时,直接控制原理还要求,对于重要的工作和重大的事件应该保持足够的控制力,以便能够产生预想的效应,直接为计划目标服务。

(二)有效控制的基本特征

控制的目的是保证组织活动符合计划的要求,以便有效地实现预定的目标。因此,有效控制具有下列基本特征。

1. 适时性

组织经营活动中产生的偏差只有及时采取措施加以纠正,才能避免偏差的扩大,进一步防止不利影响的扩散。适时性控制要求管理者及时掌握反映偏差产生及其严重程度的信息。如果管理者等到偏差已经非常明显,或者对组织已经造成了不可挽回的影响后才采取行动,那么即使再正确、客观的方法也不可能对纠正偏差产生任何指导作用。

纠正偏差的最理想方法应该是在偏差产生之前,管理者就注意到偏差产生的可能性,从而预先采取必要的防范措施,防止偏差的产生,或者防止已经产生的偏差对企业的不利影响进一步扩大。

在实际应用中,组织可以建立许多预警机制,观察系统是否处于正常运行状态。例如,建立评价系统正常运行的指标体系,检查系统的各个指标体系值是否在正常的区间范围内,以判断组织系统的健康状况。

2. 适度性

适度性是指组织管理者采取控制措施的范围、程度和频度要恰到好处。因此,在实施控制的过程中,管理者要注意控制的适度性。

首先,防止控制过多或控制不足。有效的控制应该既能满足对组织活动监督和检查的需要,又能防止与组织成员发生强烈的冲突。一方面,过多的控制会对组织成员带来许多限制与束缚,对他们的积极性、主动性与创造性造成伤害,影响他们的创新精神,抑制其工作热情,进而影响到组织的效率;另一方面,过少的控制又将不能使组织活动有序开展,不能保证组织各部门之间的协调运行,影响到整个组织的活动进度,造成组织资源的浪费,最终导致组织的涣散与崩溃。一般来说,控制的适度性取决于组织的外界环境、组织活动的性质、管理层次以及下属受培训程度等因素。比如,科研机构适宜采取低度控制,制造企业一线工人适宜采取中等控制。

其次,处理好全面控制与重点控制的关系。任何组织都不可能对每一个部门、每一个环节的每一个员工在每时每刻的工作情况进行全面控制。因此,管理者在采取控制措施时,应注意处理全面控制与重点控制之间的关系,利用 ABC 分类方法和例外原则等工具,找出影响组织绩效的关键环节和关键因素,并建立相应的预警机制,进行重点控制。例如,企业在采用目标管理时注重对业绩结果进行控制,而对获得业绩结果的过程则充分授权给员工。

第三,使花费一定费用的控制得到足够的控制收益。任何控制都需要付出一定的代价。不论评价工作绩效、分析偏差产生的原因,还是采取纠正偏差的措施都需要付出一定的费用。同时,任何控制由于纠正了组织活动偏差也会产生一定的收益。因此,组织在采取控制措施时,要权衡控制成本与收益,提高组织控制活动的效果。

3. 客观性

客观控制首先要求管理者对组织的经营活动过程及其变化情况具有清楚的认识;其次,采取科学可靠的检查工具进行测量,准确地判断和评价组织各部门、各环节的工作与计划要求的符合程度;然后采取必要的措施去纠正偏差,确保组织活动顺利地进行,最终完成组织任务,实现组织目标。因此,控制工作应该针对组织的实际情况,采取科学的方法纠正偏差,实施客观的控制。

4. 有弹性

有效的控制系统在维持组织运营活动的过程中应该具有一定的灵活性,保持对外界环境变化的弹性,对变幻莫测的环境具有较强的适应能力。控制的弹性与控制的标准有关,一般说来,控制的标准越严格、苛刻,控制的弹性就越小;控制的标准越宽松、自由,控制的弹性就越大。因此,弹性控制要求组织制定弹性的计划和弹性的衡量标准。比如,对组织中员工的绩效评价采用一定的区间范围作为合理性标准,比采用一个具体实数值要更具有弹性。

二、控制过程

一般来说,控制过程包括设置控制标准、测量工作绩效、比较与分析以及采取矫正措施等四个基本环节。

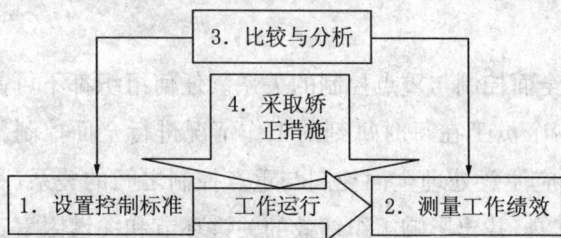

图 16.4　控制过程

（一）设置控制标准

控制标准来源于计划，它应该体现计划目标的要求和组织的客观实际。具体的控制标准有定量和定性两种类型，定量标准分为实物标准、货币标准、实践标准、综合标准；而定性标准只适用于某些不能用数量来衡量的内容，具有一定的弹性。比如，企业的信誉、某人的工作能力等。

控制标准的具体内容涉及受控制的对象。比如，企业经营管理中哪些事务需要加以控制，这是在建立标准之前需要加以分析的。管理者应具体分析影响企业经营结果的各种因素，并把它们列为需要控制的对象。

建立控制标准的方法主要有以下类型：（1）应用各类国际标准、国家标准、行业标准和企业规范等。（2）自行确定控制标准。例如，采用统计方法来确定预期结果，根据经验和判断来估计预期结果，在客观的定量分析的基础上建立工程标准。（3）标准作业方法，即工作标准。工作标准是一种用统计方法制定的控制标准，通过对工作的大量案例活动进行定量分析而确定。例如，机器产出标准是其设计者计算的正常情况下的最大产出量，工人操作标准是经过总结改进的作业方法，劳动时间定额是经过训练的员工进行某个工序工作的平均必要时间。

（二）测量工作绩效

测量工作绩效是指对工作作出客观的评价。测量工作绩效的主要要点有：

（1）依据标准测量工作成效，并通过测量来检验标准的客观性和有效性。

在实际的测量工作中，造成实际与计划偏差一般有：标准执行不佳、外部环境发生重大变化和标准不合理等三个原因。其中，除外部环境的剧烈变化是无法控制的以外，另外两个原因可以控制。测量工作成效必须依据标准来进行，以便依据标准及时纠正执行中的偏差。

（2）管理者获取的组织活动信息必须准确、及时而适用。

管理者获得信息的途径主要有两个渠道：一是通过组织内部获得。组织内部的信息渠道包括各种财务报表和报告；召开会议或倾听下级的汇报等。二是通过组织外部获得。管理者通过与同行的接触，了解组织外部的人对组织内的评价，或者通过社会关系或传播媒介获取组织活动信息。具体可通过听取口头汇报、书面汇报、进行直接观察等方式获得。

（3）建立信息反馈系统。

由于测量绩效的工作并不都是由管理人员直接进行的，有时需要借助专职的检测人员。因此，应该建立有效的信息反馈网络，及时搜集反映实际工作的信息，并适时地传递给管理者，以便及时发现问题，立即纠正错误。

（4）测量的对象要有代表性。

在通常情况下，不可能对所有的对象进行测量，只能对其中的一部分进行测量。目前，已经创造了许多诸如随机抽样的行之有效的方法。

（5）测量的频度要适度。

有效控制强调适度控制，因而控制中测量的频度也要适度。适度测量不仅体现在测量对象的数量上，而且还表现在对同一对象的测量次数上。测量的次数过多不仅会增加控制的费用，而且可能引起组织有关成员的不满，影响他们工作的积极性。而测量次数过少同样也是不可取的，因为它不利于及时发现问题和纠正错误。

（6）采用低成本的可靠测量方法。

组织管理活动追求的目标之一就是低成本、高效率地完成组织活动，实现组织的目标。因此，测量组织工作绩效作为管理活动的基本内容，也要服从于组织目标。

（三）比较与分析

通过比较可以确定实际工作绩效与计划标准之间的偏差。在某些活动中，偏差的产生是难以避免的，但不是所有的偏差都会影响组织活动的最终成果。因此，有必要首先对偏差的性质和程度进行分析和评估，确定可以接受的偏差范围。若偏差明显超过这个范围，就应该引起管理者的重视。在比较时应该特别注意偏差的大小和方向。

一般来说，偏差的性质有不利偏差和有利偏差两种。不利偏差是指进一步扩大后会导致组织实际运行偏离计划要求的偏差，比如，由于贷款利率上升，使得企业投资成本上升,超出预算。有利偏差是指那些符合组织发展趋势的偏差,比如,由于科学技术的进步,使得劳动生产率高于预定标准。

（四）采取矫正措施

在分析偏差的性质并查明其产生原因后,管理者面临着三种选择:什么都不做、矫正偏差以及修正标准。

如果偏差的性质是有利偏差,或偏差的发生在许可的范围之内,管理者一般不必采取任何行动。如果偏差是不利偏差或偏差超过了许可的范围,管理者就应该采取矫正行动。

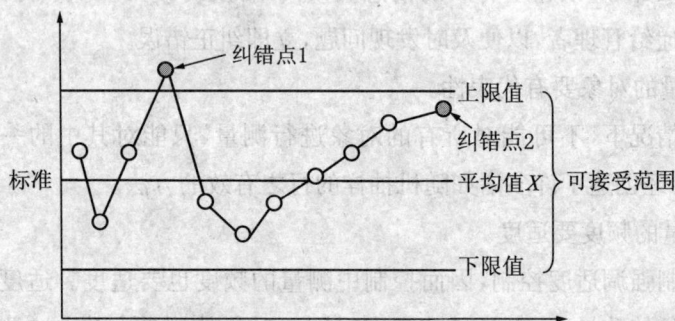

图 16.5 控制的合理范围

由于事物的动态发展,它不会停留在一个固定的发展点上。所以在开展控制工作中,会确定一个平均值 X,然后给出一个上限和下限。只要事物的发展在上下限的容限范围之内,均可认为组织活动处于正常状态,不必采取矫正措施。但是,有两种情况管理者可以考虑采取矫正措施:一是事物发展超出了上下限,二是出现了连续 5 个点连续上升或连续下降的趋势,参见图 16.5 中的纠错点 1 和纠错点 2。

矫正行动的具体措施是:调整组织的管理策略,比如,重申规章制度,明确责任,调整激励措施,强化违规惩罚措施等;调整组织结构,调整人事安排或重新分配员工的工作以及采取补救措施等。同时,管理者在采取矫正措施之前,要注意矫正措施的性质是治标还是治本。如果偏差十分严重,治本措施来不及,则应采取应急措施。如果偏差发生的原因清楚,且有充足的时间标本兼治,则应当推行治本措施。

第三节　危机控制

一、危机管理

（一）危机概念

根据中国《辞源》的定义,危机是指潜伏的祸端。其英文表达是 Crisis。根据《牛津英汉词典》,Crisis 有重大困难或危险的决定性时刻与转机等两层含义。危机不仅意味着危险,同时还蕴含着机遇。

一般地说,国内外著名企业大都遭遇过危机的袭击。危机的出现在企业的成长过程中是不可避免的,关键是企业如何应对。然而,由于缺乏经验、良好的心理准备和应急措施,危机的出现使得企业形象严重受损。比如,1989 年 3 月美国埃克森石油公司瓦尔德斯号在阿拉斯加海岸触礁,成千上万加仑石油流入洁净的水域,造成了极其严重的环境污染,导致鱼虾大量死亡,公众十分愤怒。但是,公司负责人未能认识到事故的严重性,没有及时采取措施控制污染,因而导致公司形象严重受损。

（二）危机的种类

根据来源不同,可将危机分为外部危机和内部危机两大类型。

外部危机的出现,来源于自然、经济和侵权行为等组织外部原因。自然原因造成的外部危机包括自然灾害、流行传染病、地质灾害等。经济环境变化形成的危机包括金融危机、原材料价格大幅度上升,或产品价格的大幅度下跌,或汇率的发生大幅度波动等。而恶意侵权行为则包括失实报道、专利侵权、假冒产品、财务欺诈等。

内部危机包括多种形式:恶性安全事故、恶性质量事故、经营不善、劳资纠纷、高层分裂、高层管理者卷款携逃、高层管理者严重贪污行为等。其中,涉及重大人身事故的危机事件或者涉及巨额资金的卷款携逃危机事件最为严重。

研究发现,不同的行业所面对的风险程度有很大差异。根据 1981 年以来发生的 1 100 多起商业危机的调查报告分析,按照企业可能发生危机的程度高低,可以将各种企业分为高风险型、中风险型和低风险型。

其中,制造商(尤其是医药和化学品制造商)、银行、金融机构、信托联盟、贸易机构、公共交通以及服务机构(宾馆、饭店、航空、旅游)大都是高风险型企业。大学、医院、非营利性机构、教堂、博物馆、零售连锁店、生物技术公司、石油生产商和分销商、电信公司、超市和购物中心经营者以及烟酒公司大都是中等风险的企业。而保险代理、软件公司、慈善机构、广播电视、财务会计公司、法律公司、咨询公司、汽车出租公司以及国际组织(如 UNESCO、世界银行)大都是低风险企业。

（三）易受危机袭击的四大类企业

容易遭受危机袭击的企业类型包括以下四种类型。

1. 高知名度企业和大企业

高知名度的跨国公司、证券市场上的上市公司、行业排名前三名的企业、受到政府高度管制的企业等大都是容易受到危机袭击的企业。而它们受到危机袭击的原因比较复杂，可能与这些公司经营规模巨大、知名度高有关，公众往往对这些公司寄予了很高的期望，而它们产品的采购、生产与销售环节非常多，某个细微的地方出现问题就会影响整个企业。

2. 连锁经营和多元化经营的企业

连锁企业的销售网点多、分布面广，而多元化经营的企业涉及的行业多，它们都是比较复杂的大系统，与公众联系紧密，因而某个点上出错，很容易到处传播，企业整体形象就会受到影响。如果出错点比较多，那么企业经常忙于进行危机处理，企业形象自然不好。

3. 经营状态不稳定的企业

迅速成长的企业和刚刚起步的企业都容易遭遇危机袭击。当企业成长比较快时，往往其发展要素之间难以协调，管理者也比较缺乏经验，就有可能爆发危机。例如，企业高层管理者分裂、发展资金链断裂等。

4. 内部存在某种缺陷的企业

当企业内部存在某种缺陷时，这种缺陷很容易通过产品或经营反映出来，导致企业难以生存下去。例如，对于财务上有问题的企业、管理高层矛盾尖锐的企业以及工作环境恶劣的企业。城市污水工程维护、建筑工程、煤矿等企业的安全问题始终是它们的经营瓶颈，很容易出现恶性事故。

二、面对危机的心态

（一）面临危机需要回答的三个问题

面对危机事件，管理者必须回答三个核心问题，并且最好在半个小时内找到答案。如果管理者能够迅速针对这三个问题听取员工、客户、分销商和公众的意见，就能够消除危机事件的潜在负面效应。

第一,发生了什么事故?(最好用一句话解释清楚事故的原委,回答清楚事故是什么时候、什么地方、危机过程以及原因。)

第二,事故是怎样发生的?(面向新闻媒体回答这个问题,事先最好向法律顾问咨询一下,以免直接引发对危机责任的判断。)

第三,组织将采取什么措施,确保此类事故永远不会再次发生?(例如,减少事故发生的步骤、评审程序、与政府部门的协作、与新闻媒体沟通等。总之,就是要有诚恳的处理问题态度,表现出对事件高度关注的紧迫感,并承诺解决目前的问题。)

(二) 面临危机的心态类型

危机发生后,凡是能够妥善处理危机的企业,其高层管理人员都具有良好的心态和正确的价值观,即把"公众的利益放在首位"。通常,企业面对危机的心态很复杂,主要包括以下几种心态:逃避型、应付型(淡化处理型)、抗拒型(找客观原因,试图推卸责任)、掩饰型(对危机产生的真实原因不予公开)、矛盾型(既希望承担责任,又顾虑说明真相会对企业产生不利)、直面型(直面现实,勇于承担责任)。

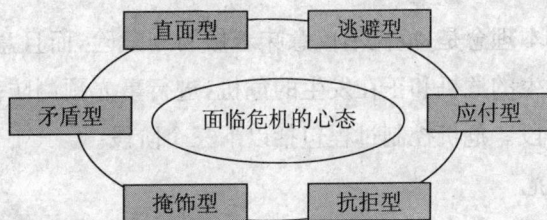

图 16.6　面对危机的心态

(三) 把握危机事件中的"沉没成本"

沉没成本是指当前无论做什么选择都不可收回的、已经花费的支出。例如,企业投资开发油井,初步开采发现地质属于没有油层的结构。为了挽回前期投入,只有继续开采,再坚持开采到底,另一种方法是把前期费用看作沉没成本,下决心彻底放弃开采。

既然沉没成本是已经发生的、不可收回的费用支出,那么企业面临危机时就不应该再考虑它产生损失问题,而是应该考虑危机将来还会产生什么后果,权衡这种后果可能产生什么损失,尽力采取措施避免进一步更大的损失。只有着眼于还没有发生的事件,采取有力措施避免损失或减少损失,才是有价值的行动。对于危机中已经发生的沉没成本,企业要当机立断,敢于放弃沉没成本,不要贻误时机,以免损失进一步扩大。

（四）危机中的道德准则

管理者面对危机应该遵守的道德准则主要有：(1)应诚实、及时地告知事实真相。将事实真相准确地告知新闻媒体、社会公众、用户、股东和员工，甚至坏消息也应如此。怀着侥幸的心理，隐瞒事实真相是危机企业最容易犯的错误。(2)应保护关键人物的隐私。比如，受害者的状况等。(3)应将措施和后果如实地告诉股东。股东有权知道是否已采取措施确保公司免受损失，或者公司是否必须动用内部储备来应对危机事件的开支。

实际上，企业面对危机所采取的行为，折射了高层管理者的心态。而高层管理者在出现危机的短时期内，能否将"公众利益"放在首位，源于个人长期持有的道德观。因而，高层管理者应该从认知、情感和意图等方面，不断提高自身的修养和素质，才有可能面对危机事件，较为准确地把握道德准则。

三、危机控制过程

危机管理的基本理念是，危机不仅意味着威胁与危险，而且意味着机遇。危机管理是针对可能发生的危机和正在发生的危机，进行事先预测防范、事后妥善解决的一种战略管理手段。危机控制过程包括以下三个阶段。

（一）危机防范

这一阶段的主要工作有：(1)组建内部危机管理小组。危机管理小组应有组织高层管理者直接参与，因为危机处理通常是跨部门、跨地域的工作，也涉及资源和信息的分配。(2)对可能发生的危机开列清单，全面检查和审视各种各样可能面临的危机。(3)分类与评估危机。应着重分析危机可能发生的原因是什么，同时对各种危机进行分级，从最可能到最不可能依次列出，形成一张企业的危机评估表。(4)拟定危机管理计划。(5)危机管理模拟训练。(6)广结善缘，广交朋友。如果组织有广泛的合作企业、良好的社会形象和人际关系，在危机事件中则能够相对容易获得社会公众的理解、宽容和帮助。

（二）处理危机

这一阶段的主要工作有：(1)快速启动危机管理计划。比如，高层管理者迅速到达第一线亲自指挥，有关物资和设施迅速到位，召开危机处置紧急会议。(2)设身处地地考虑公众利益，采取"直面型"的良好心态，遵循危机管理的道德准则。

（3）做好传播沟通工作，与新闻媒体合作，及时公布事实真相。（4）邀请权威机构和新闻媒体参与调查和处理危机。（5）针对实际情况，随时修正和充实危机处理对策。

（三）事后管理（形象恢复）

这一阶段的主要工作有：（1）向公众传递企业信息，特别是企业最新发展的信息。比如，产品质量保证新措施、安全生产新制度等。（2）总结如何有效防范新的危机事件发生的经验和教训。（3）举办富有影响力的公关活动。比如，社区公益活动、慈善活动、帮助孤残老年和儿童以及相应政府有关倡议等。（4）补充和完善危机管理计划。（5）恢复和建立企业良好形象，使企业从危机事件中走出来，站到一个新的发展台阶上。

加强危机管理，可从以下四个方面重塑企业形象：一是通过分析危机产生的原因，进一步完善企业管理的各项规章制度，减少以后工作中的失误；二是通过公关活动对受损的企业形象进行一定程度的弥补；三是通过媒体向社会公众表明企业重振雄风的决心和期待大家支持帮助的愿望；四是以此为契机，可作出人事、组织机构等方面的调整，促进企业的未来发展。

案例分析一

德国斯诺公司的成功控制之道

斯诺公司是总部设在德国的大型包装品供应商，它按照客户要求制作各种包装袋、包装盒等，其业务遍及西欧各国。欧洲经济一体化的进程使公司可以自由地从事跨国业务。出于降低信息和运输成本、占领市场、适应各国不同税收政策等的考虑，公司采用了在各国商业中心城市分别设厂，由一个执行部集中管理一国境内各工厂生产经营的组织管理和控制方式。由于各工厂资产和客户（即收益来源）的地区对应性良好，公司决定将每个工厂都作为一个利润中心，采用总部→执行部→工厂两层次、三级别的财务控制方式。

斯诺公司的具体做法如下：

（1）各工厂作为利润中心，独立地进行生产、销售及相关活动。公司对它们的控制主要体现在预算审批、内部报告管理和协调会三个方面。

（2）预算审批是指各工厂的各项预算由执行部审批，执行部汇总后的地区预算交由总部审批。工厂所提供的预算和执行部的审批意见依据历史数据及市场预测作出,在尊重工厂意见的基础上体现公司的战略意图。

(3) 内部报告及其管理是公司实施财务控制最主要的手段。内部报告包括利润表、费用报告、现金流量报告和顾客利润分析报告。前三者每月呈报一次,顾客利润分析报告每季度呈报一次。公司通过内部报告能够全面了解各工厂的业务情况,并且对照预算作出相应的例外管理。

(4) 在费用报告中,费用按制造费用、管理费用、销售费用等项目进行核算。偏离分析及相应措施视偏高额的大小由不同层次决定,偏高额度较小的由工厂作出决定、执行部提出相应意见,偏高额度较大的由执行部作出决定、总部提出相应意见。额度大小的标准依据费用项目的不同而有所差别。

(5) 顾客利润分析报告中列出了各工厂所拥有的最大的 10 位客户的情况。通过顾客利润分析报告,公司可以掌握各工厂的成本发生与利润取得情况,以便有针对性地加以控制;同时也掌握了其主要客户的结构和需求情况,以便适时调整生产以适应市场变化。

(6) 根据以上的内部报告,公司执行部每月召开一次工厂经理协调会处理部分预算偏差,交换市场信息和降低成本的经验,发现并解决执行部存在的主要问题。公司每季度召开一次执行部总经理会议,处理重大预算偏离或作出相应的预算修改,对近期市场进行预测,考察重大投资项目的执行情况,调剂内部资源。

斯诺公司的财务控制制度实现了集权与分权的巧妙结合,散而不乱,统而不死。各工厂直接面对客户,能够迅速地根据当地市场信息变化作出经营调整;作为利润中心,其决策权相对独立,避免了集权形式下信息在企业内部传递可能给企业带来的决策延误,分权经营具有反应的适时性和灵活性。公司通过预算审批、内部报告管理和协调会,使得各工厂的经营处于公司总部的控制之下,相互间可以共享资源、协调行动,以发挥企业整体的竞争优势。其中,执行部起到了承上启下的作用,它处理了一国境内各工厂的大部分相关事务,加快了问题的解决,减轻了公司总部的工作负担;同时,相对于公司总部来说,它对于各工厂的情况更了解,只需掌握一国的市场情况与政策法规,因而决策更有针对性,实施更快捷。另外,对防止预算的僵化、提高公司的反应灵活性也起到了关键性作用。实践证明,斯诺公司的财务控制制度是切实有效的。其下属工厂在各自所处的商业中心城市的包装品市场上有较大的份额,公司的销售收入和利润呈现稳定增长的态势。公司总部也从繁琐的日常管理中解脱出来,主要从事战略决策、公共关系、内部资源协调、重大筹资投资等工作,公司内部的资源通过科学调配发挥了最大的潜能。

(资料来源:鲍丽娜、李孟涛、李浣主编:《管理学习题与案例》,东北财经大学出版社2007年版。)

案例思考题:

1. 斯诺公司采用的主要控制方法是什么?
2. 通过本案例的学习,你认为控制与管理的关系如何?

案例分析二

麦当劳公司的控制系统

麦当劳公司主要是通过授予特许权的方式来开辟连锁分店。其考虑之一,就是使购买特许经营权的人在成为分店经理人员的同时也成为该分店的所有者,从而在直接分享利润的激励机制中把分店经营得更出色。特许经营使麦当劳在独特的激励机制中形成了对其扩展中的业务的强有力控制。麦当劳公司在出售其特许经营权时非常慎重,总是通过各方面调查了解后挑选那些具有卓越经营管理才能的人作为店主,而且事后如发现其能力不符合要求则撤回这一授权。

麦当劳还通过详细的程序、规则和条例规定,使分布在世界各地的所有麦当劳分店的经营者和员工们都遵循一种标准化、规范化的作业。麦当劳公司对制作汉堡包、炸土豆条、招待顾客和清理餐桌等工作都事先进行翔实的动作研究,确定各项工作开展的最好方式,然后再形成书面的规定,用以指导各分店管理人员和一般员工的行为。公司在芝加哥开办了专门的培训中心——汉堡包大学,要求所有的特许经营者在开业之前都接受为期一个月的强化培训。回去之后,他们还被要求对所有的工作人员进行培训,确保公司的规章条例得到准确的理解和贯彻执行。

为了确保所有特许经营分店都能按统一的要求开展活动,麦当劳公司总部的管理人员还经常走访、巡视世界各地的经营店,进行直接的监督和控制。例如,有一次巡视中发现某家分店自行主张,在店厅里摆放电视机和其他物品以吸引顾客,这种做法因与麦当劳的风格不一致,立即得到了纠正。除了直接控制外,麦当劳公司还定期对各分店的经营业绩进行考评。为此,各分店要及时提供有关营业额和经营成本、利润等方面的信息,这样总部管理人员就能把握各分店经营的动态和出现的问题,以便商讨和采取改进的对策。

　　麦当劳公司的另一个控制手段,是在所有经营分店中塑造公司独特的组织文化,这就是大家熟知的"质量超群,服务优良,清洁卫生,货真价实"口号所体现的文化价值观。麦当劳公司的共享价值观建设,不仅在世界各地的分店,在上上下下的员工中进行,而且还将公司的一个主要利益团体——顾客也包括进这支建设队伍中。麦当劳的顾客虽然被要求自我服务,但公司特别重视满足顾客的要求,如为他们的孩子们开设游戏场所、提供快乐餐和组织生日聚会等,以形成家庭式的氛围,这样既吸引了孩子们,也增添了成年人对公司的忠诚感。

　　(资料来源:王凤彬、刘松博、朱克强:《管理学教学案例精选》,复旦大学出版社2009年版。)

案例思考题:

1. 麦当劳公司所创设的管理控制系统具有哪些基本构成要素?
2. 麦当劳公司的控制系统是如何促进它全球扩张战略的实现的?

本章小结

　　控制是指系统地设置标准,以此对照进程,必要时采取矫正措施,将工作纳入规划和预定的轨道。计划与控制构成了一个闭环和连续的过程。控制的作用在于:(1)保证目标和计划的实现;(2)面对组织活动的复杂性;(3)面对环境的不确定性;(4)防微杜渐。

　　控制系统类型主要有外在市场控制型、行政机构控制型和小集团控制型等。控制的基本类型有预先控制、现场控制和反馈控制。

　　控制原理有反映计划要求原理、组织适宜性原理、控制关键点原理、控制趋势原理和例外原理。控制过程包括设置控制标准;测量实际工作;比较与分析;采取矫正措施等四个基本环节。

　　危机管理的基本理念是,危机不仅意味着威胁、危险,更意味着机遇。危机管理是针对可能发生的危机和正在发生的危机,进行事先预测防范,事后妥善解决的一种战略管理手段。危机分为外部危机和内部危机两大类。企业面对危机的心态主要表现有逃避型、应付型、抗拒型、掩饰型、矛盾型、直面型。敢于直面危机的态度属于积极的危机处理态度。面对危机,管理者把握危机事件中的"沉没成本",应该遵守的道德准则有:(1)应诚实及时地告知事实真相;(2)应保护关键人物的隐私;(3)应将措施和后果如实告诉股东。开展危机管理,具体分为危机防范、处理危机和事后管理等三个阶段。

本章思考题

1. 什么是控制? 在管理中控制的作用是什么?
2. 在控制的过程中,我们应把握哪些原理?
3. 理解财务控制具体有哪些内容?
4. 描述控制的过程。
5. 计划与控制是如何产生联系的?
6. 为什么在控制过程中"衡量什么"比"如何衡量"更关键?
7. 处理偏差包括哪三种方法?
8. 危机控制原理在现实企业管理中有何意义和价值?

第十七章

控制方法

本章学习目标

通过本章的学习,理解并掌握:

1. 预算控制方法;

2. 生产控制方法;

3. 财务控制方法;

4. 综合控制方法。

引导案例

青岛钢铁集团的"五个日"管理

青岛钢铁控股集团有限公司是山东省三大钢铁企业之一,一直在行业内具有较高的知名度。过去,青岛钢铁连续多年经营不善,亏损额上亿元,成为全国冶金行业和山东省"第一亏损大户"和青岛市的"污染大户"。1997 年,青岛钢铁实施改革,推行"五个日"管理,2001 年盈利 2 亿元。

"五个日"管理的核心是:以人为中心,以人本管理、目标管理、危机管理、随机管理等现代管理思想为基础,采用定量化手段,通过每天进行的日目标、日反馈、日分析、日考核和日工资评估制度,达到实施全员参与、全过程控制、全方位管理的目的。青岛钢铁把责任与目标相结合,把管理与利益驱动相结合,以确保企业月度、年度经营目标的实现。

青岛钢铁"五个日"管理在实施时的基本流程如下：

1. 确定日目标。首先，要确定企业年度的经营目标，在此基础上将目标细化分解。一方面，将本单位年度目标分解为工序目标和专业目标，再进一步分解为车间目标、工段目标和班组目标，直至分解到个人。另一方面，将年度专业目标、车间目标、工段和班组目标分解为月度目标和日目标，在目标细化过程中，要掌握目标具体、量度适中、留有余地、责任到人的原则。最后，日目标可以进行动态修订并输入信息反馈系统。

2. 及时日反馈。建立一个责任明确、相互制约、反应灵敏的信息反馈系统，具体规定原始数据的记录、收集、处理和反馈单位、人员、程度及时间的要求。信息必须每天进行及时、准确的动态反馈，以实现系统的自我调节，使系统始终处于良性循环的可控状态，日反馈的信息是进行日分析和实施日考核的依据。

3. 进行日分析。将日反馈的信息与日目标进行比较，如果达到日目标就总结经验，将行之有效的做法予以标准化，以达到每天都有所提高、有所进步的管理目的。如果达不到目标，则按"三不放过"的原则，分析问题、找出原因，实施有效的控制手段。

4. 实施日考核。建立企业高效、权威的日考核机构和基层日考核小组，负责对日目标完成情况的信息在每天进行分析后，按照考核规定，确定奖惩情况，并将信息反馈到控制点，以达到有效激励的目的。

5. 落实日工资。每个岗位根据日目标完成情况，确定每个人每天的收入，把分配机制与管理机制相结合，每天公司内各个班组、工段、车间、厂、处都要召开日分析会，对反馈信息进行分析，对每个人的当日收入进行考核。

（资料来源：鲍丽娜，李孟涛，李浇主编：《管理学习题与案例》，东北财经大学出版社 2007 年版。）

思考题：

青岛钢铁推行"五个日"管理的核心思想是什么？其方法符合什么管理原理？

第一节　预算控制

一、预算的含义

所谓预算，就是用数字特别是财务数字的形式来描述企业未来的活动计划。

它预先估计了组织在未来时期的经营收入和各项支出不能超过的额度,把计划分解落实到组织的各层次和各部门中去,建立起与组织目标相对应的控制系统,以达到实施管理控制的目的。

预算控制就是根据预算规定的收入与支出标准来检查和监督各个部门的生产经营活动,以保证各部门或者各种活动在充分达到既定目标、实现利润的过程中对经营资源的有效利用,同时使费用的支出受到严格有效的约束。

预算建立了从财务的视角进行管理控制的计划标准,具有承上启下的作用。其作用主要表现在以下四个方面。

(1) 明确工作目标。

预算是一种计划,它规定了组织在一定时期的总目标以及各部门的具体目标。预算使各部门清楚地了解本单位的经济活动与整体组织经营目标的关系,明确各自的职责以及努力方向,便于从各自的角度去完成组织的目标。

(2) 协调部门关系。

预算把组织各方面的工作纳入统一的计划框架之中,促使组织的各部门相互协调,环环紧扣,达到整体平衡。进而在保证组织总体目标最优的前提下,组织落实各自的经营活动,使组织各部门的工作服从与服务于组织目标。

(3) 控制日常活动。

编制预算是组织管理的起点,也是控制日常经济活动的依据。在执行预算的过程中,组织各部门通过计量、对比,及时发现实际情况偏离预算的差异,并且分析产生偏离的原因,以便采取必要的措施,以消除薄弱环节,确保组织预算目标的顺利实现。

(4) 考核业绩标准。

预算确定的各项指标,也是考核各部门工作业绩的基本尺度。组织在评价各部门工作业绩时,要根据预算的完成情况,分析偏离产生的程度与原因,划清责任范围,奖罚分明,促使各部门为完成预算规定的目标而努力工作。

二、预算的表现形式

按照预算的综合程度来看,预算的表现形式有分预算和全面预算两种类型。为了有效地从预期收入和费用两个方面对企业经营进行全面控制,不仅需要对各个部门、各种活动制定分预算,而且要对组织整体编制全面预算。

分预算就是按照部门和项目来编制的,它们详细地说明了组织各部门的收入目标或费用支出的水平,规定了在生产活动、销售活动、采购活动、研究开发活动或财务活动中筹措和使用劳动力、资金等生产要素的标准,反映了将来一定时期内各部门的局部经营活动计划与相应的措施。全面预算则是在对所有部门或项目分预算的基础上进行综合平衡以后编制而成的,它概括了组织相互联系的各个方面在未来时期的总体目标。在现代管理实践中,全面预算处于承上启下的地位。组织只有编制了总体预算,才能进一步明确组织各部门的任务、目标、制约条件以及各部门活动的相互关系,从而为正确评价和控制各部门的工作提供客观的依据。

　　任何预算都需要使用数字形式来表述,全面预算必须用统一的货币单位来衡量,而分预算则不一定用货币单位来计量。比如,原材料预算可以用千克或吨等单位来表述;劳动力预算可以用职工人数或人工小时来表述;而用时间、长度、质量等单位来表达,能为具体的项目活动控制提供更多、更准确的信息;用货币金额来表达原材料预算,其含义比较抽象,就只能知道原材料消耗的总费用标准,而不能准确地知道原材料使用的确切种类与数量,也难以判断价格变动可能产生的影响。

三、预算的类型

　　不同的企业,由于生产活动的特点不同,在预算表中的项目会呈现不同程度的差异。一般来说,任何企业的预算内容都会涉及收入预算、支出预算、现金预算、资金支出预算和资产负债预算。

(一)收入预算

　　收入与支出是任何企业财务活动的两个主要内容,其关系到企业整体运行与财务控制状况。收入预算和支出预算提供了企业未来一定时期内经营状况的一般说明,它预测了企业未来活动的成果以及取得这些成果所需付出的代价。

　　收入预算的主要内容是销售预算,它是销售预测的详细正式说明。销售预算是在销售预测的基础上编制的,通过分析企业过去的销售情况、现在和将来的市场需求特点与发展趋势,比较竞争对手和本企业的经营实力,确定企业在未来时期为了实现利润目标而必须达到的销售水平。由于销售预测是计划工作的基石,因而销售预算是预算控制的基础。

(二)支出预算

　　企业销售的产品是在内部生产过程中加工制造出来的,因此企业首先需要投入一定的原材料、劳动力和设备等资源,作为制造产品的前提与基础。支出预算就是编制为了获得这些产品以实现销售收入而需要付出的费用支出。

根据企业支出的主要项目内容,支出预算主要包括:

1. 直接材料预算

直接材料预算是指企业根据实现销售收入所需要的产品种类和数量,详细地分析生产产品必须使用的原材料种类与数量。因而,直接材料预算往往成为采购部门编制采购预算、组织采购活动的基础。直接材料预算通常以实物单位来表示。

2. 直接人工预算

直接人工预算是指企业根据生产的产品来确定需要的劳动力结构与数量,进一步确定员工的类型、什么时候需要以及直接成本是多少等问题。直接人工预算确定了企业在人工使用方面的控制限额标准。

3. 附加费用预算

附加费用预算是用来控制企业间接成本的工具,主要包括行政管理费、营销宣传、人员推销、设备维修、固定资产折旧、资金筹措以及税金等内容。

(三)现金预算

现金预算通常由企业财务部门编制,对其未来生产与销售活动中现金的流入与流出进行预测。现金预算实际上是现金的收支预测,可以用来衡量实际的现金使用情况。通过现金预算,可以帮助企业发现资金的闲置与不足,指导企业及时使用暂时过剩的现金,或者尽早筹措维持运营所短缺的资金。

(四)资金支出预算

资金支出预算是一种长期投资支出预算,可以跨越多个时间阶段。资金支出预算包括更新改造厂房与设备的支出、改进工艺的研发支出、职工培训与发展支出以及市场开拓的支出等内容。

(五)资产负债预算

资产负债预算可用来预测企业将来某一特定时期的资产、负债和资本等财务状况。它通过将各部门和各项目的分预算汇总,表明企业的各种业务活动达到预先规定的标准,在财务期末其资产与负债的情况,显示全部预算的整体表现形态。资产负债预算综合统计各分项预算,通过对预算表的分析,可以发现某些分预算存在的问题,有助于管理者及时采取措施进行调整。另外,通过将本期预算与上期实际发生的资产负债情况进行对比,还可以发现企业财务状况中存在的问题,从而进行事前控制。

四、预算的编制步骤

一个企业要编制预算,首先必须建立一套可行的预算制度。建立预算制度的前提是:企业具有健全的组织机构,明确的责任权利关系;具备完善的组织政策,作为编制预算的基础;具有预算项目的预测制度,完备的预算资料;保存着有效的记录,能估计各部门的费用以及根据过去的记录检查目前的运行现状。

编制预算的基本步骤为:

(1) 上层管理者把可能列入预算的计划提交预算委员会。预算委员会综合考虑各种因素之后,可以估计未来某一时期内的业务量,并进而根据销售量、价格与成本来预测利润。

(2) 编制预算的主管人员向各部门主管提出有关预算的建议,并提供必要的资料。

(3) 各部门主管人员根据企业的计划和其他资料,编制本部门的预算。

(4) 企业负责预算的主管人员将各部门的预算汇总整理成总预算,并制成资产负债表与损益表。

(5) 将预算草案提交预算委员会和上层主管人员审查批准。

预算批准以后,在实施过程中,各部门必须经常检查和分析执行情况,甚至可以修改预算,以适应企业的发展。

五、预算的编制方法

(一) 固定预算与弹性预算

在传统的预算过程中,将成本和利润建立在一个预定的产销业务量基础上编制的预算称为固定预算。当编制固定预算的基础与前提——预算业务量与实际业务量差异比较大时,必然导致相应的成本和利润与预算值相去甚远,失去可比性,而不利于开展控制与考核工作。比如,企业预算销售量为生产能力的100%,可是实际销售却是130%时,那么实际成本就无法控制。

在成本性态分析的基础上,按照一系列可能达到的估计业务量编制的能适应多种变化情况的预算方法称为弹性预算。它是针对固定预算的缺陷而设计的,能固定在不同的业务量条件下的预算收支,适用面宽,灵活性强,具有一定的弹性。

编制弹性预算是在选择适当的业务量并确定其有效变动范围的基础上，按照业务量与成本费用之间的内在逻辑关系来实现的。弹性预算常用公式、列表与图示等形式来表达其对应关系。

（二）零基预算与增量预算

零基预算是指在每个预算年度开始时，将所有还在进行的管理活动都看作"零"起点重新开始的预算。根据企业目标，重新审查每项活动对实现企业目标的价值和效果，并在成本—效益分析的基础上，重新确定各项管理活动的优先次序。因此，在零基预算中，企业资金和其他资源的分配是按照重新确定的优先次序来分配的，而不是采用在已有的基础上简单外推的方法来确定。

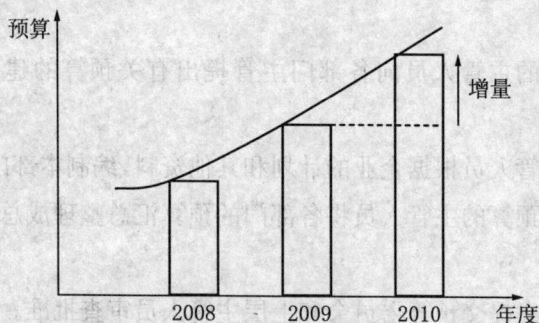

图 17.1　增量预算方法

所谓增量预算，一般是以现有成本费用水平为出发点，结合预算业务量水平以及降低成本的措施，调整有关费用项目而编制预算的方法。增量预算往往不加分析地保留或接受原有的成本项目，将过去的支出趋势延伸至下一个年度。

第二节　生产控制

企业生产活动是通过把原材料、劳动力与设备等作为输入，经过系统的转换过程，制造出产品或劳务作为输出的过程。为了达到预先设定的生产目标，管理人员需要对原材料、劳动力与设备等投入进行控制，才能确保产品或服务等输出符合生产目标的要求。一般的生产控制包括采购控制、质量控制、库存控制等内容。

一、采购控制

对制造企业来说,它需要大量的原料输入,以生产出各种产品。一般地,物料成本占产品成本的比重很大,某些企业的物料成本甚至高达70%左右。因此,有效地控制物料成本就成为企业降低成本和增加利润的重要渠道。

供应商供货及时与否、质量的好坏与价格的高低,对本企业最终产品产生重大影响。因此,企业采购控制的主要内容是物料的性能、质量、数量和价格等因素。采购控制的目标是实现数量可以保障、质量可以接受、来源可靠,同时降低成本。

许多企业正在改变与供应商之间的竞争关系,试图建立一种长期稳定合作的双赢格局。企业帮助供应商提高原材料的质量,降低成本。企业和供应商之间形成相互依赖,相互促进的新型关系,双方都降低了风险,提高了效益,真正做到双赢。

供应商控制的一个有效方法,是制造商持有供应商部分或全部的股份,或由本企业系统内部的某个子企业供货。另外,按产品生产的供应链,向上游供应商开展经营整合,努力实现信息共享,维持长期合作伙伴关系。

在经济全球化的大背景下,企业可以在全球范围寻找供应商,以获得价廉物美的原材料供应基地。企业还可以就近寻找供应商,降低运输成本,实现原材料的及时供应,以提高供应的可靠性,降低企业库存成本。

二、库存控制

库存控制的主要目的是为了保证生产活动正常进行的前提下,减少库存、库存失效和损耗,降低库存的资金占用,提高经济效益。库存控制的关键环节是确定物资的采购数量和采购时间等问题。常用的库存控制方法有:物资管理的 ABC 分类法、经济订货批量模型以及准时库存系统等。

(一)ABC 分类法

ABC 分类法的基本思想来源于意大利经济学家帕累托的 20/80 法则,进一步演变成 20/80 分类法,即 20% 物资具有 80% 的重要性,而 80% 物资具有 20% 的重要性。事实证明,大多数企业库存中大约 10% 的物品占年度库存总价值的 50%;

20%的物资占库存总价值的 30%；70%的物资只占库存总价值的 20%。

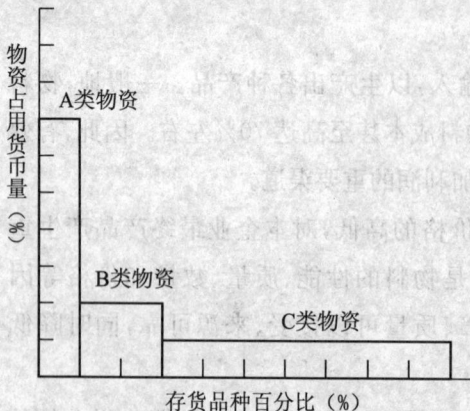

图 17.2　ABC 物资分类图

首先,确定 ABC 三类物资分类标准,分析与计算 A、B、C 三类库存物资;然后针对 A、B、C 不同类型的物资实施不同的管理方法:对 A 类物资进行重点管理和控制,因为它的数量非常少却占用大量资金,对企业成本的影响最大,并且往往是企业的关键技术投入;对 B 类物资进行一般的控制;对 C 类物资进行最少的控制,因为它占用的资金很少,可以通过简单设置订货点的方式进行控制。

(二) 经济订货批量模型

经济订货批量模型(economic order quantity, EOQ)用于计算最优订购批量,使订购库存总成本达到最小。因此,模型主要考虑三类成本:(1)订购成本。订购成本为每次订货所需的费用,主要包括通讯往来、文件处理、差旅和行政管理费用等。(2)保管成本。保管成本为储存原材料或零部件所需费用,主要包括库存、利息、保险、折旧、损坏变质损失等费用。(3)总成本。订购库存总成本就是订购成本和保管成本之和。

假设企业在某一期间总需求量为常数,并且使用速率均匀。每次订购量越大,所需订购的次数则越少;若每次订购量越小,所需订购的次数则越多。前者的订购成本低而库存成本高;后者的订购成本高而库存成本低。运用经济订货批量模型,可以计算出订购库存总成本最小的最优订购批量。

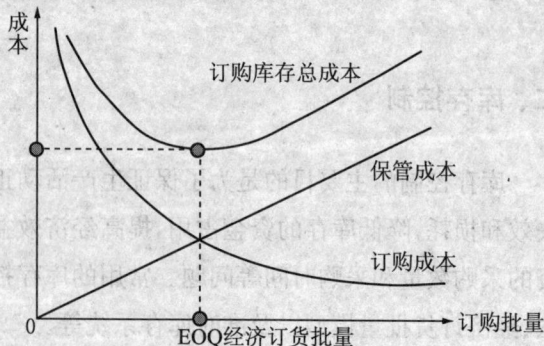

图 17.3　经济订货批量图

EOQ 模型的目标是在订购成本和保管成本之间取得平衡,使总费用最低。假设企业在一定期间内总需求量为 D,每次订购所需的费用为 S,库存物品单价为 p,

库存成本与库存物品单价之比为 c，每次订货批量为 Q，则订购库存总成本 T 公式为：

$$T = \frac{D}{Q}S + \frac{1}{2}cpQ \; ; \tag{17.1}$$

对式(17.1)求导，并令其导数为零，可以解出最优订购批量 EOQ 为：

$$\text{EOQ} = \sqrt{\frac{2DS}{pc}} \tag{17.2}$$

EOQ 模型主要适合于具有独立需求性质的物资，不能用于零部件的库存问题。同时，使用前提条件是假设需求量和提前期都是已知的而且不变的。EOQ 模型是最古老、最通用的库存控制模型，为现代库存控制模型奠定了重要的理论基础。

[例 17.1]　假设某企业对某种材料的年总需求量为 5 000 件，每件价格为 20 元/件，每次订购所需费用为 250 元，库存成本与全部库存物品价值之比为12.5%。试求最优订购批量 EOQ。

解：将有关数据代入公式(17.2)，可以得到最优订购批量 EOQ 为 1 000 件，最优订购次数为 5 次。因此，订购成本为 1 250 元，保管成本为1 250 元，订购库存成本为 2 500 元。

在库存物资的补充控制方面，常用的方法是订货点法和定期补充法。订货点法是设置一个订货点，当现有库存量降低到订货点时，就向供应商发出订货，每次的订货量均为固定的值，如 EOQ 模型。而订货点(Q_0)的确定，需要根据订货提前期(T)、物资平均的日消耗量(q)和安全库存量(Q_s)来确定，有 $Q_0 = T \cdot q + Q_s$。订货点法需要随时检查库存，并随时发出订货，对供应商要求非常高。而定期补充法则采用固定订货时间间隔，每次订货数量为将现有库存量补充到期望水平库存量所需订购的数量。定期补充法简化了管理工作，节省了订货费用，但是订货数量的变化导致供应商成本的上升。

（三）准时制库存系统

日本企业发明了准时制库存系统(just in time, JIT)，其目标是追求零库存。其基本思路是企业不存储原材料，一旦需要时，立即向供应商提出，由供应商保质保量按时送到，以保证生产制造的顺利进行。JIT 准时管理可以减少库存、降低成本以及提高经济效益。供应商必须在规定的时间，按照规定的质量和数量，将原材料或零部件生产出来，并且准确无误地运送到指定的地点。JIT 的具体操作过程是：企业收到供应商送来的装有原材料的集装箱，卸下其中的原材料准备用于生产装配，同时把集装箱中的"看板"交回给供应商；供应商接到"看板"后立即进行生产，并将新生产出来的原材料再送给企业。

然而，许多研究指出，JIT准时管理实际上是将库存风险转嫁给了供应商，而供应商有可能将风险再次转嫁给上一级供应商，可能导致风险逆向传递与供应关系的瓦解。另外，JIT准时管理对供应商的选择和控制提出了相当高的要求，同时其成本也可能大幅度上升。

三、质量控制

质量概念有广义和狭义之分。狭义质量主要指产品质量，而广义的质量涵盖面比较宽泛，除了产品质量之外，还包括工作质量和服务质量。产品质量主要指产品的使用价值，即满足消费者需要的功能和性质，具体表现在五个方面：性能、寿命、安全性、可靠性和经济性。工作质量主要指在生产过程中，围绕保障产品质量而进行的质量管理工作水平。服务质量则是指对用户的售后服务、维修服务、产品性能演示、倾听用户申诉等服务工作的水准。

质量控制是指企业采用有效的质量管理方法，及早发现作业系统中出现的各种问题，防止不合格物料进入生产过程，杜绝有缺陷的零部件流入下一道工序，保证向市场提供合格的产品。在实施质量控制的过程中，基本的环节点包括：(1)抽样方法的问题。企业对产品采用全数检查还是抽样检查的方法，关系到企业的质量控制成本与效果。一般地，抽样检查花费较少，不需要很多人员，但是存在着一定错误漏检的风险。相反，采用普查则费时、费力，成本较高，效果较好。(2)检查的时间地点。在企业质量管理中，一般可以有六个检查点：当供应商在生产时在其厂检测；从供应商处收到货物时在自己厂里检测；在不可逆转的工序之前进行检测；依次在生产工序里检测；完工产品检测；产品装运之前检测。(3)检测的数学计量。对产品可采用计数值检测与计量值检测，前者将产品简单地分成合格品与不合格品，并不标出缺陷的程度。而计量值检测则需要设置一个可接受的偏差范围，然后衡量其指标数字，确定其可接受的范围。任何样本在一定的范围之内是可接受的，在一定范围之外则不可接受。

自20世纪初期以来，质量管理和控制经历了三个阶段：质量检验阶段、统计质量管理阶段和全面质量管理(TQM)阶段。质量检验阶段大约发生在20世纪20至

40 年代,工作重点在生产出来之后的质量检查。统计质量管理阶段发生于 20 世纪 40 至 50 年代,管理人员主要采用统计方法作为工具,对生产过程加强控制,提高产品的质量。

20 世纪 50 年代以来,美国质量管理之父戴明和朱兰开创了全面质量管理时代,其核心思想是以保证产品质量、工作质量和服务质量为中心,企业全体员工参与、全过程控制。全面质量管理的本质是由顾客需求和期望驱动企业持续不断改善的管理理念,具有多指标、全过程、多环节和综合性的特征。全面质量管理已经形成了一整套管理理念和方法,基本要点包括:(1)关注顾客。顾客不仅包括购买企业产品或服务的外部顾客,而且还包括企业内部相互联系的内部顾客。(2)注重持续改善。质量管理追求没有最好、只有更好的境界,质量能够永远被提升和改善。(3)关注流程。全面质量管理把工作流程作为产品或服务质量持续改善的着眼点,而不仅仅局限于产品和服务本身。(4)精确测量。全面质量管理运用统计方法对企业工作流程的每个关键工序或工作进行测量,并且把测量结果与标准进行比较,识别问题,然后寻找问题根源,最后消除问题产生的原因。(5)授权于员工。质量管理不仅仅是质量检验员的职责和任务,也是每个员工和组织都要参与到质量管理工作中。

表 17.1 全面质量管理

要　点	内　　容
永远进取	TQM 认为质量没有最好,只有更好
提高质量	TQM 采用最广泛的质量定义,不仅指最终的产品,而且指覆盖最终产品有关的一切活动
精确衡量	TQM 运用数理统计的方法衡量实绩,比较标准,矫正偏差
雇员放权	TQM 授权生产线上的工人和技术管理人员,动员和鼓励他们参与质量管理工作

目前,ISO9000 是国际标准化组织建立的一组质量管理标准,是为了更好地使产品满足客户需要。它包括了从合同审查到产品设计再到产品提供的所有活动,已经成为国际市场上公认的评估企业质量的标准。若企业质量管理通过国际质量的认证,则说明质量管理工作很到位,已经达到了国际规范的水准。ISO9000 有关质量控制的解释包括:(1)质量控制包括作业技术和活动,其目的在于监视过程并排除质量环所有阶段中导致不满意结果的原因,以取得经济效益。(2)质量控制和质量保证的某些活动是互相关联的。

此外,ISO9000 与质量控制有关的要点包括:

(1) 质量控制的对象是过程,结果能使被控制对象达到规定的质量要求。

(2) 作业技术,是指专业技术和管理技术结合在一起,作为控制手段和方法的总称。

(3) 质量控制应贯穿于质量形成的全过程(即质量环的所有环节)。

(4) 质量控制的目的在于以预防为主,通过采取预防措施来排除质量环各个阶段产生问题的原因,以获得期望的经济效益。

(5) 质量控制的具体实施主要是为影响产品质量的各环节、各因素制定相应的计划和程序,对发现的问题和不合格情况进行及时处理,并采取有效的纠正措施。

第三节　财务控制

每个企业最初的目标就是为了获取利润。为追求这个目标,管理者们需要运用财务控制,合理地安排使用资金,以保证实现企业的财务盈利,为企业创造价值。

一、财务报表分析

管理者要准确地把握企业的财务状况,需要了解和读懂财务报表。财务报表主要有三种类型:资产负债表、损益表和现金流量表。这些财务报表内容从不同角度,反映了企业的财务状况。

(一) 资产负债表

资产负债表表明企业在特定时刻的财务结构以及资产结构中可能存在的风险。基本结构是:资产 = 所有者权益 + 负债。

其中,等式的左端表明了企业资产的占用,主要包括企业经营占用的有形资产和无形资产。而有形资产又主要包括设施、设备、原材料、现金、在制品库存等,无形资产则包括专利、商誉等内容。等式的右端则表明资产的来源,由所有者权益和负债两部分组成。所有者权益是指企业的投资者投入企业的资本金。

对资产负债表进行结构分析,可从中发现企业的财务结构特征。例如,资产中负债的比重过高,企业经营存在较大的风险。又如,如果资产占用的主要项目是成品,说明企业产品销售情况不良。另外,资产占用中设施和设备占用比例是多少,其中专用设备和通用设备比重又是多少,都可以反映出企业专业生产能力和资产应变能力。

（二）损益表

损益表表明企业在一定时期内的业务成绩,是经营盈利、亏损还是盈亏平衡状态,以及企业盈利状况的变化趋势。可以按月、季和年度编制经营活动损益表,以便及时把握经营活动的效果状况。基本结构是:销售收入 － 总成本 － 所得税 ＝ 税后利润。

其中,等式左端是经营活动的收支状况,收入部分为销售收入,支出部分是总成本和税收。对于收入和支出部分可以开展结构分析,如销售收入的构成,主营收入部分和副业收入部分。企业提供哪些产品/服务构成了销售收入的主要部分。总成本又可以划分为固定成本和可变成本。固定成本与提供产品或服务的数量无关,包含设备设施折旧、管理费用等支出。可变成本则随提供产品或服务的数量变化而变化,包含原材料费、水电费、人工费等。

等式右端是企业经营活动收支相抵之后的税后利润数值。若企业出现经营亏损,将用其他资金填补亏损,如贷款、资本金等,若企业出现长期亏损或巨额亏损,就会出现资不抵债的状况,由此进入企业破产程序。

（三）现金流量表

现金流量表表明企业在一定时期内的现金周转状况,企业是否有足够的净现金流量,以及净现金流量的变化趋势。通常企业按月、季度和年来编制现金流量表。基本结构是:现金流入 － 现金流出 ＝ 净现金流量。

其中,等式左端是经营活动的现金流入和流出状况。企业经营活动现金流入的项目包括销售收入、其他收入和投资收入等。现金流出的项目包括经营成本、税收和投资支出等。

等式右端是企业经营现金流出与流入相抵之后的净现金流入量。在企业投资发展时期,由于需要大量的投资,净现金流量可能为负值。而在正常经营时期,一般净现金流量为正值。若当出现净现金流量为负值,企业就需要有其他来源的资金加以弥补,如贷款、企业现金储备、投资者追加投资等。企业若长期出现净现金流量为负值,则经营活动的资金链就会断裂,经营活动就会因资金周转不灵而停止,并将面对破产的尴尬局面。

二、企业财务指标体系

管理者可以采用财务指标体系,对企业的财务状况开展分析和控制。常用的财务指标体系包含财务指标和经营指标两大部分。财务指标包含盈利能力、偿债能力、运营能力三种类型,而经营指标包含市场占有率、相对市场占有率和主要物品的投入产出比等,参见图 17.4。

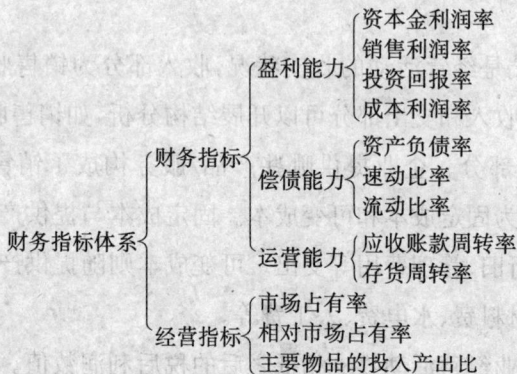

```
                                      ┌ 资本金利润率
                            ┌ 盈利能力┤ 销售利润率
                            │        ├ 投资回报率
                            │        └ 成本利润率
                  ┌ 财务指标┤        ┌ 资产负债率
                  │         ├ 偿债能力┤ 速动比率
                  │         │        └ 流动比率
  财务指标体系────┤         └ 运营能力┌ 应收账款周转率
                  │                  └ 存货周转率
                  │         ┌ 市场占有率
                  └ 经营指标┤ 相对市场占有率
                            └ 主要物品的投入产出比
```

图 17.4　企业财务指标体系

（一）财务指标

1. 盈利能力分析

盈利能力分析的基本信息是税后利润(净利润),即企业的经营最终效果。企业盈利能力分析指标主要有资本金利润率、销售利润率和成本利润率。

（1）资本金利润率。

资本金利润率的公式为:资本金利润率 ＝ 税后利润额／资本金总额。资本金是投资者投入企业的资本总额,也称为净资产,即资产负债表上的所有者权益的数额。将企业的资本金利润率与行业平均资本金利润率相比,可以把握企业的资产收益能力在行业中的竞争力水平。

（2）销售利润率。

销售利润率的公式为:销售利润率 ＝ 税后净利润／总销售额。销售利润率是指每百元销售收入能产生多少元的税后利润,以确定各种产品产生的利润情况。将企业销售利润率与行业销售利润率相比,可以评价该企业的盈利能力的高低。另外,通过企业销量利润率的历史分析,可以发现企业盈利能力的变化趋势。

（3）投资回报率。

投资回报率的公式为：投资回报率＝税后净利润/总资产。投资回报率是指每百元资产能产生多少元的净利润。它是企业资产创造利润效率的衡量。一般来说，资产回报率越高，企业资产利用效率越高，盈利能力就越强；反之，企业资产利用效率则越低，盈利能力就越弱。

（4）成本利润率。

成本利润率的公式为：成本利润率＝税后利润额/成本总额。成本利润率是每百元总成本费用，能产生多少元的税后利润。这个指标同样可以开展横向和纵向比较，用以判断企业的盈利能力。

2. 偿债能力分析

企业偿债能力分析的主要指标是资产负债率、流动比率和速动比率。

（1）资产负债率。

资产负债率的公式为：资产负债率＝总负债/总资产。资产负债率又称为财务杠杆，它反映了企业的资产结构，即企业负债占总资产的比例。财务杠杆是指通过借贷资金来扩张运营活动。因此，只要资金所能创造的利润超过取得该资金的成本时，就能够产生财务杠杆效应。例如，贷款比例为12%，若管理者运用这笔资金所能产生的报酬率是15%，此时贷款是有利的。管理者若能充分运用其借贷能力，则可发挥财务杠杆的作用，这就是举债经营的理由。但过高的资产负债率，即过度的财务杠杆，却又存在潜在风险。例如，当企业获利低于预期或者银行调高利率，则产生财务反杠杆效应，这将对企业造成极大的伤害。因此，企业资产负债率应该处于一个合理的区间。根据经验总结，欧美发达国家企业资产负债率一般在30%—50%之间。

（2）流动比率。

流动比率的公式为：流动比率＝流动资产额/流动负债额。流动比率表明了企业动用流动资产短期内偿还流动负债的能力。虽然各个行业情况不同，但流动比率一般的标准基本上都是2。若流动比率数值较高，表示管理者保留的流动资产比例较高；若流动比率数值低于1，则暗示企业短期偿债（例如，应付账款、应付利息等）存在潜在的困难。

（3）速动比率。

速动比率的公式为：速动比率＝速动资产额/流动负债额。其中，速动资产＝

流动资产－存货。速动资产又称酸性测试比率。由于某些产业的存货变现能力较差,即存货周转慢或难以出销。因此,速动比率比流动比率更能反映出企业的短期清偿能力。一般认为,速动比率的合理数值应为1。

流动比率和速动比率又称为清偿能力指标。清偿能力代表了企业资产转换的流畅能力。有些企业虽然能够盈利,但却因出现周转不灵的清偿能力问题而倒闭。

3. 运营能力分析

企业运营能力分析的主要指标有应收账款周转率和存货周转率。类似的指标还有总资产周转率等。

（1）应收账款周转率。

应收账款周转率的公式为:应收账款周转率＝主营业务收入／应收账款平均余额。该指标反映了企业提供产品或服务的账款回收情况,其影响因素包括产品质量、是否适合消费者需求、市场容量等。若应收账款周转率高,则说明企业提供的产品或服务受到消费者的欢迎,产品周转很快。

（2）存货周转率。

存货周转率的公式为:存货周转率＝主营业务成本／存货平均余额。若企业存货周转率越高,则说明其存货资产的运用就越有效率。

（二）经营指标

经营指标主要有:市场占有率、相对市场占有率和主要物品投入产出比等。

1. 市场占有率

市场占有率等于企业某类产品的销售额与整个市场上同类产品销售额之比。市场占有率高说明企业产品能够吸引较多消费者购买,具有较强的市场竞争能力。市场占有率指标的缺陷是难以统计,因为很难获取整个市场同类产品销售额的数据。

2. 相对市场占有率

相对市场占有率的统计较为简便,因为其分母为主要竞争对手同类产品销售额,这些数据的获得相对较容易,它反映了与竞争对手相比的竞争态势。

3. 主要物品投入产出比

主要物品投入产出比主要指能源、水、钢材、土地等主要物品的投入产出效应,如万元销售收入的能源消耗等,反映了企业利用资源的效率高低。

三、经营审计

审计是指对企业资金运动过程及其结果的会计记录及财务报表进行审核、鉴定,以判断其真实性和可靠性,从而为企业控制和决策提供依据。审计的目的是检查企业财务制度和财务工作是否按规范执行,是否存在问题,以及存在问题时需要采取何种改进措施。根据审计的主体和独立性的不同,可以将审计分为内部审计和外部审计两种类型。

（一）内部审计

内部审计是由企业内部人员进行的审计活动。它提供了检查现有控制程序和方法能否保证有效地实现既定目标和执行既定政策的手段。例如,利用内部的财务与会计人员来确认财务报表。

内部审计可以提供有关改进企业政策、工作程序和方法的对策建议,以促进企业政策符合实际,工作程序更加合理,从而更有效地实现企业目标。

（二）外部审计

外部审计是由外部独立的会计公司或审计机构来进行审计的工作。例如,外聘会计师在确认组织的财务报表后所作的签证。

外部审计实际上是对企业内部虚假、欺骗行为的一个重要的系统检查,可以保证审计的独立性和公正性,起到很好的外部监督作用。

第四节　综合控制方法

一、标杆控制

标杆控制是一种学习先进经验的系统高效的科学方法,在现代企业管理中得到了广泛的应用。根据调查统计,1996 年世界 500 强企业中有近 90% 的企业在日常管理活动中应用了标杆管理方法,尤以美国电话电报公司、柯达、IBM、施乐等世界著名的企业为代表。

（一）标杆控制的内涵

标杆控制是以在某一项指标或某一方面实践上竞争力最强的企业或行业中的领先企业作为基准,将本企业的产品、服务管理措施或相关实践的实际状况与这些基准进行定量化的比较、评价,进而制定、实施相应的改进措施、策略和方法,提高自身的质量,并持续不断地反复进行的一种管理方法。标杆控制的心理学基础在于组织的成就动机导向,通过设定既富有挑战性又具有可行性的目标,引导组织不断地改进业绩。

施乐公司是最早实施标杆控制的典范。1976年前后,施乐公司在世界复印机市场上占据垄断地位。但是,后起的日本竞争者佳能、NEC等公司向它提出了挑战,它们即使以施乐公司的成本销售产品仍能获利,而产品开发周期、研发人员却分别比施乐公司少50%左右。因此,施乐公司通过与日本竞争者佳能等的全方位分析比较,弄清它们的运作机制,找出与它们在哪些方面存在差距,全面调整自己的经营战略与战术,最终把失去的市场份额重新夺回来了。另外,像世界著名的日产公司、美国军队、美国联合航空和沃尔沃建筑设备公司等组织都把标杆控制作为改进绩效的工具。

同时,还有公司选择一些不同行业的标杆比较的合作者,学习其与众不同的管理方法,以改进自身的绩效水平。例如,美国西南航空公司研究赛车小组怎样利用15分钟的时间就完成了轮胎更换的过程,从而找到了缩短它们的登机和离机时间的方法。IBM研究了拉斯韦加斯赌城的运作过程,从中受到启发,找到了防止雇员盗窃公司财物的方法。总部设在香港的佐丹奴控股公司,是一家面向大众服装市场的制造商和零售商,它借用马狮公司(Marks & Spencer)的优质优价概念,以利米特公司的销售点信息采集计算机系统作为标杆,利用麦当劳公司的菜单方法来减少自己的产品结构。

（二）标杆控制的步骤

标杆控制最基本的思想是,管理者可以通过对比分析,然后复制各个领域的领先者的方法来改进自己的绩效。实施标杆控制需要经历一系列的步骤:

1. 明确标杆控制的项目

标杆控制的项目一般是对企业竞争力影响最重要的因素,同时也是企业的薄弱环节。一般来说,企业在对自己的状况进行比较深入的、细致研究的基础上确定控制的项目。如果一个企业的生产成本高于竞争对手,那么它可以选择成本管理作为标杆管理的项目;一个企业的新产品研制速度低于竞争对手,那么它就可以选择研发能力作为对象。例如,日产公司的 CEO 卡洛斯·戈森(Carlos Ghosn)将沃尔玛的采购、运输和物流业务作为其标杆比较的对象。

2. 确定标杆控制的对象和对比点

标杆控制的对象是同组织、同行业、同部门业绩最佳、效率最高的少数具有代表性的典范。其对比点应当在标杆控制项目范围内决定,通常是业绩的作业流程、管理实践、关键要素,进而确立测量指标并作为控制的依据。例如,克莱斯勒以梅赛德斯-奔驰的生产线上的制造技术作为标杆,生产 Sebring 敞篷车,为公司降低了1 亿美元的生产成本。

3. 成立标杆比较计划团队

企业层次的标杆控制活动的组成人员通常由核心部门的专业人士组成,他们具有丰富的实践经验和娴熟的专业技能,具备识别业务流程的优劣的洞察力,能够为企业提供卓有成效的业务指导。例如,国内许多著名的大学成立了跨学科的研究团队,学习美国哈佛大学、普林斯顿大学等世界一流名校的类似领域的组织模式,跟踪其研究进展,取得了卓越的成就。

4. 收集内部和外部数据

企业收集内部和外部的研究报告、调查报告等相关信息,分析研究这些资料,在此基础上拟定现场调查的提纲和调查问卷。然后,通过调查进一步获得关于标杆对象与自己的更直接的信息,为采取改进措施提供有效的依据。而数据来源的真实性和广泛性决定了标杆控制的质量,它们是标杆管理中决策的前提,直接影响将来实施标杆控制的效果。

5. 分析数据找出差距

对调查取得的资料进行分类、整理,分析研究数据蕴含的规律,以便作出合理的判断。需要将调查数据与自己企业的实际情况进行比较,明确调查对象与自身差距及其原因,并确定最合适的行动决策。

6. 制定和实施行动计划

为了实施标杆控制的行动计划,需要准备必要的物质条件,同时还需要与全体成员进行有效的沟通,争取获得更为广泛的理解与支持。同时,在员工的建议基础上,制定比较完善的方案,然后实施行动计划。

7. 检验和监督

在实施计划的过程中,不断与计划标准相比较,检查计划的落实情况,看看是否出现偏差情况,分析偏差产生的根源,并采取有效的纠正措施,努力达到最佳的实践水平，争取赶上并超越标杆对象。

8. 总结与再标杆循环

在完成首次标杆控制的循环之后，必须对实施效果进行客观合理的评价，及时总结经验，吸取教训，提高标杆管理水平。同时，对新的问题需要进一步分析，提出合理的解决方案。然后，在新的管理环境中，选定新的标杆项目和对象，进入下一轮的标杆控制过程中。

（三）标杆控制的评价

尽管标杆控制包含财务和非财务指标等全方位的内容，但是由于其原理本身的局限性，必然会存在一些难以克服的不足之处。首先，标杆控制选择对象与项目的相似性，以及在控制过程中方法上的雷同，容易导致企业之间竞争战略趋同。模仿是标杆控制的主要方法，它会使企业之间相对效率差距逐渐缩小，导致战略上趋向一致，表现在产品、质量、生产、研发、服务甚至销售渠道上的大同小异，进而在运营效率上升的同时产生利润率下降的状况，行业的管理风格趋向单调，不利于形成充满竞争、促进发展的社会格局。其次，标杆控制容易使企业陷入"落后—标杆—再落后—再标杆"的管理陷阱之中。标杆控制为企业提供了一种超越对象的手段，但它还是从模仿的层面来展开的，企业与领先对象之间的"技术鸿沟"往往难以跨越，因而还要求企业寻找自身的管理特色与技术风格，彻底摆脱标杆陷阱。例如，IBM 和通用电器在复印机刚刚面世时，向复印机领先者施乐标杆学习，结果陷入追赶与被追赶的竞争之中，最终导致它们退出复印机行业。

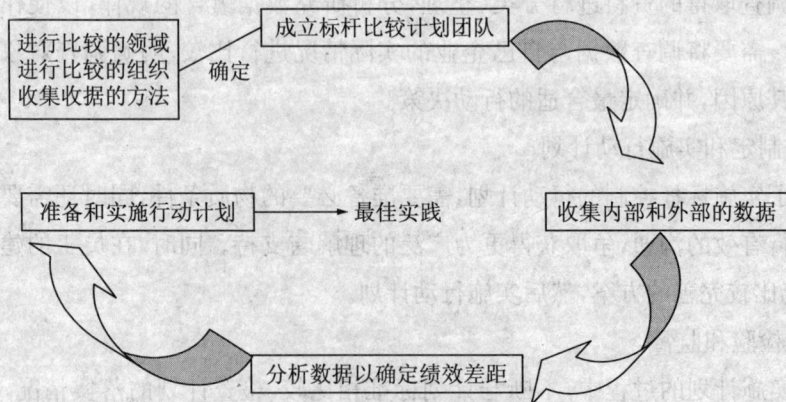

图 17.5　标杆比较的简化程序

二、平衡计分卡控制

1992年,罗伯特·卡普兰(Robert Kaplan)和大卫·诺顿(David Norton)发表了《平衡计分卡——驱动企业绩效的评价指标体系》一文,提出了平衡计分卡(the Balanced Scorecard,BSC)的概念,开创了企业全面、综合评价业绩的新视角。

(一)平衡计分卡控制的内涵

企业的长期协调发展,不仅取决于自己的内部条件,还依赖于变化的外部宏观环境。同时,不仅要关注短期目标,还要注重长远的战略规划;不仅要重视财务指标,还要重视非财务方面的运作能力。因此,企业的成长是在各方面的平衡中实现的。而平衡计分卡是由财务、顾客、内部经营过程、学习和成长等四个方面构成的管理方法,注重企业各种利益平衡下的综合竞争力。

平衡计分卡是在企业战略的基础上协调财务与非财务内容的绩效管理工具。因此,它关注企业战略内容,并在内部达成共识,形成一种系统合力;把部门和个人目标与企业战略目标协调起来;把战略内容与战术手段协调起来,寻求一种长远的稳定发展;利用反馈信息来改进和提升企业的战略,奠定了良好的学习成长基础。

(二)平衡计分卡控制的指标

平衡计分卡从整体上对企业进行衡量,既有整体思想,又有局部观念。它把支持企业协调成长的绩效内容分成四个方面,分别阐明它们对企业绩效作出的贡献。

1. 财务方面

财务平衡不仅是平衡计分卡的基本内容之一,而且还是综合平衡的基础与落脚点。它是企业战略指导下的行动实践,与产品质量、顾客满意、生产效率、企业成长等互为因果联系,也是企业追求的主要目标之一。财务平衡基于企业成长的阶段,按照各个阶段的不同特征,投入相应的资源,获得预期的绩效回报。

2. 顾客方面

顾客是企业成长与发展的基础,商品或服务是联结企业与顾客的桥梁。因此,顾客的满意与企业的发展具有反馈作用。顾客满意的核心指标主要包括市场份额、客户回头率、新客户的获得率、客户满意度和利润率。这些指标之间存在着内在的因果关系,共同指向顾客的满意度,形成了企业的外部利益源泉。

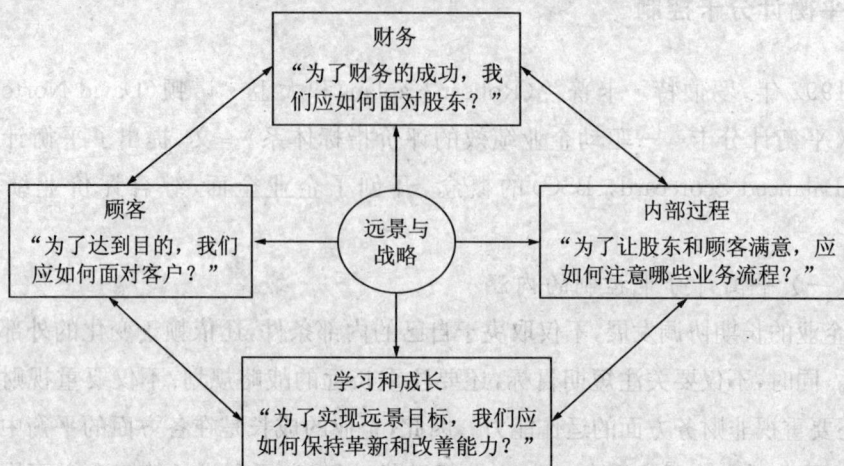

图 17.6 平衡计分卡控制图

3. 内部过程

内部过程是企业为顾客满意服务的操作环节,是以企业外部顾客为起点的内部产品或服务的贯彻落实过程。尤其是在以销定产的经营环境中,关注顾客的需求是内部过程获得成功的关键。内部过程可以从研发、生产制造与售后服务三个方面来衡量。其中,可以采用新产品销售额在总销售额中的比例、专利产品销售额在总销售额中所占的比例、比竞争对手率先推出新产品的速度、开发新产品的时间、研发费用占营业利润的比例、研发人员在全体员工中的比例、初次设计出的产品在可全面满足顾客的产品比例、产品投产前需要修改的次数等指标来衡量企业的研发能力。生产制造可以采用标准成本与实际成本之间的差异、成品率、次品率、返工率、顾客对产品质量的满意度等来衡量。而售后服务则可采用企业对产品故障的反应速度、参与售后服务的人数、售后服务的资金投入、售后服务一次成功的比例等指标来衡量。

4. 学习和成长

在学习和成长方面,最关键的因素是人才、信息系统和组织。要促进企业的学习和成长,就必须改善企业内部的沟通渠道,加强对员工的职业生涯教育和培训,激发员工的积极性与创造性,提高员工的满意度。学习和成长方面的衡量指标主要包括培训支出、培训周期、员工满意度、员工留换率、信息覆盖率、员工建议数量、采纳的建议比例、建议采纳的实施成效、团队满意度等。

（三）平衡计分卡控制的评价

平衡计分卡作为一种企业战略实施与控制的工具，反映了企业的战略意图，有利于短期目标和长期目标、财务指标和非财务指标、滞后型指标和领先型指标、内部绩效与外部绩效之间的平衡。因此，它主要有以下优点：

（1）平衡计分卡将企业战略置于核心地位。

平衡计分卡将企业战略目标在四个方面展开，它们之间存在着因果关系。同时，这四个方面又进一步展开成对应的评价指标，形成以远景规划为导向的行动方案。例如，如果企业的战略中心围绕顾客，则顾客领域很可能得到比其他三个领域更多的关注。

（2）平衡计分卡强调企业内部的协调关系。

平衡计分卡要求企业部门和个人制定自己的计分卡，在内部形成相互交流与学习的渠道，建立支持整体目标的局部目标行动方案，确保企业内部各个层次服务并服从于战略目标。因此，管理者需要认识到不能仅仅关注一个绩效领域而忽视其他领域。

（3）平衡计分卡将长远发展与短期实践统一起来。

平衡计分卡关注长远发展目标下的实践活动，注重开发新的增长能力、顾客资源和新的市场，合理分配企业资源，在不断发展中实现企业长远目标。例如，加拿大安大略医院协会为医院发明了一种计分卡，以评价门诊的利用和收入、医院财务绩效和财务条件、病人的满意度、医院对未来的投资程度等四个方面，强调这些标准之间的互相匹配，并将计分卡评价结果提供给病人，作为病人选择医院的客观依据。

总之，通过平衡计分卡可以将企业的目标、战略转化为具体的行动，并在动态的调整中保持向目标前进的机动性和灵活性，对外界环境的变化具有较强的适应能力，使企业在可预见的未来保持不断发展的势头。然而，平衡计分卡的实施涉及观念、方法、思想认识、内部流程、外部力量、内部员工、竞争、目标、战略、沟通、因果关系等多种因素，需要运用系统管理的思想与方法，从整体上对企业进行变革。

案例分析一

鄂尔多斯的"四统一分"财务控制

鄂尔多斯集团公司具有四大职能中心：投资中心、管理中心、财务中心、技术中心。这四大职能中最基础和最根本的是财务控制。

一、四大职能中心的重中之重:财务中心

财务中心的主要职能可概括为"四统一分,二级管理,两个重点,六项工作"。

(1)"四统"是指机构、人员、制度、资金统一。

机构统一:集团下属企业财务部门的设立全部由集团财务公司统一决定,大企业设部,中企业设科,小企业设股。

人员统一:全集团所有财务人员由集团财务公司派驻和管理,实行垂直领导,人员的工资、奖金、升迁、职称评定,全部实行垂直管理。

制度统一:财务方面的制度由财务公司统一制定。过去各成员企业报销制度各行其是,非常混乱。现在就是一个制度,各成员企业必须严格统一执行。

资金统一:全集团所有的资金由财务公司一个账户统一进行管理。所有下属企业在外的开户一律取消,成立内部银行,从源头上管理资金的流向。过去有些企业乱借钱,乱担保,给集团造成了很大的损失。

(2)"一分":就是分别核算。

各成员企业仍旧是独立核算,自负盈亏。

"四统一分"把过去管不住、管不到位的地方从源头上管住了,只要动用资金,就预先报预算,由集团审批,不合理的就卡住了。

(3)"二级管理":集团一级核算,各企业一级管理。集团把下属的各投资主体管住,各企业再对自己的车间、总务、工会、分厂等部门进行二级管理。

(4)"两个重点":集团的财务管理以资金和成本为重点。采取"抓大放小"的方式抓资金的源头;控制成本,以倒算成本、模拟市场来进行成本指标的分解。

(5)"六项工作"如下:

一是比价采购:原辅材料的采购,采取"货比三家"的方式进行。

二是工程招标:集团所有的建筑、安装、设备维修全部实行招标制,提高透明度。集团下属的建设安装公司和其他非集团的企业一样参与竞标。

三是预算控制:集团所有单位和部门的支出都要实行预算控制,由集团统一进行资金预算管理。

四是成本否决:集团把成本指标给下属企业分解以后,如果完不成,对这个企业领导则要进行否决。

五是费用包干:除有成本的单位外,党政工作处、事业发展处、企业管理处、劳资处、财务处、财务公司等行政部门都实行成本费用包干,即核定一定费用,超支不补,节约部分给予奖励。

六是盈亏考核：指标的考核，与部门的经营责任、业绩、职务的升迁都有相互呼应的关系。

二、财务运用只用"一个漏斗"

账户统一管理的好处如下：第一，统一管理后，由过去的零存变成现在的统一存在集团的一个账户上，可积聚大量的资金，内部从而可以运筹资金，形成内部贷款；第二，启动大量资金还贷款，负责财务的副总经理随时控制资金的流向，如果发现有哪一笔贷款要到期了，就拿出一笔资金先还掉。过去这个企业的钱不可能还是那个企业的钱，内部互相是一种堡垒形式，现在打通了，是一个企业的概念。在财务的运营上他们称之为"一个漏斗进出"。财务管理从被动转为主动。

三、营销环节的财务控制

鄂尔多斯集团的内销市场由集团在北京注册的全资子公司——北京东胜鄂尔多斯工贸中心负责，集团和它在管理上是垂直领导。在财务关系上也实行"四统一分"，然后通过它，再贯彻到它的分公司去。它的分公司资金都要集中到工贸中心的账户上，然后工贸中心再全部打回集团财务的统一账户上来。同时，附有一个分配表，就是它这个资金里边其中应该给某一个企业多少，给另一个企业多少，财务公司再给它分开账户进行管理。如果有一个企业资金闲置不用，集团就可以拿来还集团其他企业的到期贷款，这就把资金的利用率有机地结合了起来。

财务方面，由集团财务公司对工贸中心、工贸中心对分公司实行直统。就像中央银行层层往下直统管理，财务人员的任命、工资和奖金发放，由工贸中心直接进行。分公司经理不能任意雇佣员工，而是由工贸中心的财务部直接配置，配谁就是谁，账户上销售款不准分公司动用，工贸中心财务部指令分公司的财务人员汇款就得全汇来。如果不汇来，就对财务人员作出处理。

（资料来源：鲍丽娜等：《管理学习题与案例》，东北财经大学出版社2007年版。）

案例思考题：

1. 鄂尔多斯的财务控制具有什么特点？其理论依据是什么？
2. 鄂尔多斯的财务控制能给我们以什么启迪？

案例分析二

美国美孚石油公司 USM&R 的平衡计分卡

　　总部设在美国弗吉利亚州法尔法克斯的美孚石油公司,其业务遍及100多个国家,与埃克森、壳牌并列为世界上三大经营油、气和石化的公司。1995年,美孚石油公司的投资回报率是12.8%,在14个主要的石油公司中排第4名;1991—1995年它的平均年股东回报率是19.1%,在14个主要石油公司中最高,超过了标准普尔500家公司平均回报率2个多百分点。

　　美孚的美国营销与精炼分公司(USM&R)是美国第五大炼油厂商,它拥有五家现代化的炼油厂,其7 700多个挂着美孚标牌的服务站每天要卖掉2 300万加仑的汽油,这相当于全国市场7%的份额(在美国排第4位)。美孚的零售网高度集中,在18个州中占有12%的份额,所销售的汽油占其总销量的近95%。最近的增长率约为3%,尤其集中在高等级品牌上。

　　1994年初,USM&R的高层批准了平衡计分卡(BSC)项目。他们聘请平衡计分卡论文合作者大卫·诺顿创建的复兴解决方案咨询公司来协助项目实施。同时,一个高层推动委员会为BSC项目提供长远规划和指导。1994年1月,项目开始实施时项目小组与领导成员分别进行了2个小时的会谈,目的在于了解他们对新战略的看法。小组对会谈中得到的信息进行了汇总,并在大卫·诺顿的帮助下举办了若干次研讨班,以制定各种目标和测量指标,从财务、顾客、内部业务过程以及学习和增长等平衡计分卡的四个角度评价。

　　到1994年5月,项目小组开发了一套试验性的USM&R平衡计分卡。同时,吸收了更多的管理人员进来,分成八个小组来改进和提炼战略目标和测量指标。这些小组包括:一个财务小组;两个顾客小组,一个着重于经销商,另一个着重于普通消费者;一个制造小组:主要关注在精炼和加工成本方面的测量指标;一个供应小组:关注存货管理和运输成本;一个环境、健康和安全小组;一个人力资源小组;以及一个信息技术小组。每个小组负责确定其相应领域中的目标和测量指标。

　　各小组还确认了何时应当建立新机制以提供所期望的测量指标。例如,使三个目标市场的顾客满意这一战略,要求所有的美孚加油站都能迅速交货,员工应友善且乐于助人,并且能够奖励忠诚的顾客。当时,在这些关键过程上,却没有评价经销商绩效的测量指标。为此,着重于一般消费者顾客的小组制定了一个微服购买者计划,要求一个第三方的买主每月在美孚的每个加油站购买汽油和零食,并针对 23 个项目对经销商的表现打分。这些项目包括加油站的外观、服务区、销售区、人员和休息室等。微服购买者评分将作为 USM&R 平衡计分卡上与顾客相关领域中的一个测量指标。

着重于经销商类顾客的小组采取了一项举措以支持经销商训练战略。同时,还开发出了一套工具,帮助营销代表评价经销商并与之一起改进七个方面的业务绩效,即财务管理、服务港、人事管理、洗车、便利店、汽油购买以及顾客美好购买体验。营销代表针对经销商评分,确定现有优势和改进机会。目的在于改进美孚产品的经销商与批发商的利润表现。这主要是通过经销商的总毛利和副业来测量的。

截止到 1994 年 8 月,八个小组已经为平衡计分卡的四个栏目制定了特定的战略目标,并初步选定了一套相应的测量指标。1994 年七八月间,在各小组正在对战略目标和测量指标进一步提炼期间,促进委员会审查了平衡计分卡的每个方面,以确定一两个关键的战略主题。项目小组还编写了一个小册子用以向 USM&R 的11 000 名雇员沟通这些战略主题。1994 年 8 月,USM&R 发布了其最初的平衡计分卡,并分发了说明性的小册子。

在三四年中,平衡计分卡帮助 USM&R 在摆脱了在同行中最差的地位,并一跃成为同行中的排头兵,还获得了上亿美元的现金流入。

（资料来源:杨文士、焦叔斌、张雁、李晓光:《管理学原理》(第二版),中国人民大学出版社2004 年版。)

案例思考题:

1. 对比 USM&R 在使用平衡计分卡前后的业绩状况。
2. 分析总结平衡计分卡的作用与效果。

本章小结

控制的方法主要包括预算控制方法、生产控制方法、财务控制方法和综合控制方法等四种类型。

预算控制就是用数字特别是财务数字的形式来描述企业未来的活动计划,对企业事先控制具有积极的作用。

生产控制方法从采购控制、库存控制与质量控制三个方面来论述,涉及企业内部生产制造过程的主要环节,对企业降低成本、提高效率具有显著的影响。

财务控制方法包括财务报表分析、财务指标体系和经营审计三个方面的内容;是管理者有效控制企业财务的有效手段。

综合控制方法主要介绍标杆控制和平衡计分卡控制两种方法,它们强调对企业绩效的全方位的内容,使管理者能对企业管理中的工作成效进行总的衡量与评价。

本章思考题

1. 预算控制有哪些作用?又有哪些局限性?

2. 预算控制编制包括哪些步骤?

3. 分析采购控制具体有哪些内容?

4. 分析经济订货批量模型成立的前提?怎样计算经济订货批量?

5. 什么是全面质量管理?怎样实施全面质量管理?

6. 财务报表分析主要包括哪些内容?

7. 财务指标体系包括哪些内容?

8. 经营审计具有怎样的作用?

9. 标杆控制的目的是什么?怎样运用标杆控制?

10. 平衡计分卡的含义是什么?怎样运用平衡计分卡?

参考文献

孙元欣:《管理学——原理·方法·案例》,科学出版社 2006 年版。

谭力文、刘林青:《管理学》,科学出版社 2009 年版。

蒋国平、王玉姣:《现代管理学》,工商出版社 2001 年版。

李品媛:《管理学》,东北财经大学出版社 2005 年版。

[美]理查德· L.达夫特:《管理学》(原书第 4 版),机械出版社 1998 年版。

王凤彬、刘松博、朱克强:《管理学教学案例精选》,复旦大学出版社 2009 年版。

潘开灵、邓旭东:《管理学》,科学出版社 2005 年版。

芮明杰:《管理学:现代的观点》,上海人民出版社 1999 年版。

王俊柳、邓二林:《管理学教程》,清华大学出版社 2003 年版。

王垒:《组织管理心理学》,北京大学出版社 1993 年版。

王毅捷、李爱华:《管理学案例 100》,上海交通大学出版社 2003 年版。

薄宏:《管理学》,天津大学出版社 1994 年版。

徐国华、赵平:《管理学》,清华大学出版社 1989 年版。

许庆瑞:《管理学》,高等教育出版社 1997 年版。

杨文士、焦叔斌、张雁等:《管理学原理》(第二版),中国人民大学出版社 2004 年版。

杨文士、张雁:《管理学原理》,中国人民大学出版社 1994 年版。

张智光:《管理学原理》,东南大学出版社 2002 年版。

周建临:《管理学》,上海财经大学出版社 1996 年版。

周三多、陈传明、鲁明泓:《管理学——原理与方法》(第四版),复旦大学出版社 2005 年版。

周三多、陈传明:《管理学》,高等教育出版社 2000 年版。

[美]弗雷德·鲁森斯著,王垒等译:《组织行为学》(第 9 版),人民邮电出版社 2003 年版。

[美]哈罗德·孔茨、海因茨·韦里克著,郝国华等译:《管理学》(第 10 版),经济科学出版社 1998 年版。

[美]斯蒂芬·P.罗宾斯、玛丽·库尔特著,黄卫伟等译,《管理学》(第七版,中译本),中国人民大学出版社 2004 年版。

[美]约瑟夫·M.普蒂、海因茨.韦里奇、哈罗德.孔茨著,丁慧平、孙先锦译:《管理学精要——亚洲篇》,机械工业出版社 1999 年版。

[美]迈克尔·R.贝叶著,聂巧平、汪小雯译:《管理经济学》(原书第 6 版)。机械工业出版社 2008 年版。

图书在版编目(CIP)数据

管理学/周文坤主编. —上海:格致出版社:上
海人民出版社,2013
高等院校管理学科"十二五"规划教材
ISBN 978-7-5432-2276-2

Ⅰ. ①管… Ⅱ. ①周… Ⅲ. ①管理学-高等学校-教
材 Ⅳ. ①C93

中国版本图书馆 CIP 数据核字(2013)第 160225 号

责任编辑　彭　琳
封面装帧　人马艺术设计·储平

高等院校管理学科"十二五"规划教材
管理学
周文坤　主编

出　　版　世纪出版集团
www.ewen.cc
格致出版社
www.hibooks.cn
上海人民出版社

(200001　上海福建中路193号24层)

编辑部热线 021-63914988
市场部热线 021-63914081

发　　行　世纪出版集团发行中心
印　　刷　上海商务联西印刷有限公司
开　　本　787×1092毫米　1/16
印　　张　36.25
插　　页　1
字　　数　621,000
版　　次　2013 年 10 月第 1 版
印　　次　2013 年 10 月第 1 次印刷
ISBN 978-7-5432-2276-2/F·658
定　　价　66.00元